中国花卉产业发展报告 2015

中国花卉协会

中 国 林 业 出 版 社

图书在版编目（CIP）数据

2015中国花卉产业发展报告／中国花卉协会编著．—北京：中国林业出版社，2017.10

ISBN 978-7-5038-9277-6

Ⅰ．①2… Ⅱ．①中… Ⅲ．①花卉－种植业－产业发展－研究报告－中国－2015
Ⅳ．①F326.13

中国版本图书馆CIP数据核字（2017）第224950号

中国林业出版社·生态保护出版中心

策划编辑 刘家玲

责任编辑 曾琬淋 刘家玲

出 版：中国林业出版社（100009 北京西城区德胜门内大街刘海胡同7号）
http://lycb.forestry.gov.cn 电话：（010）83143576，83143519

发 行：中国林业出版社

制 版：北京美光设计制版有限公司

印 刷：固安县京平诚乾印刷有限公司

版 次：2018年8月第1版

印 次：2018年8月第1次

开 本：889mm×1194mm 1/16

印 张：28

字 数：600千字

定 价：188.00元

《2015中国花卉产业发展报告》

王秀英	王桂珍	王新悦	牛　虹	孔伟丽
孔海燕	邓茜玫	左雄中	石　雷	卢　洁
付　丽	白志玲	白燕枫	邢　震	吕复兵
吕艳霞	朱学军	朱根发	华炳均	刘　玮
刘二宝	刘青林	刘政安	刘保东	江　萍
池　坚	许召胜	孙永民	纪忠雄	李　文
李　茂	李　凯	李　彦	李文生	李同杰
李庆卫	李艳梅	李新江	杨　平	连丽娟
吴　昊	吴世光	吴师强	吴朝清	宋言生
宋国柱	张　萍	张远能	张志敏	张启翔
张建民	张宪春	陆继亮	陈　璋	陈永安
陈迁进	陈学群	陈俊强	范少然	尚富德
杲承荣	罗代萍	周　琳	周伟伟	赵世伟
郝继锋	胡益芬	姜岳忠	姚　技	索朗旺堆
贾　伟	贾慧群	晁　俊	钱　宇	徐　彤
徐艺文	高立鹏	郭　阳	郭文英	郭志诚
黄念曾	黄程前	曹应伟	寇小培	宿友民
韩远记	程立欣	程堂仁	董　燕	靳春霞
赖文胜	路　森	窦　霄	谭真真	谯德惠
熊彩灵	冀耀君	瞿　辉		

前 言

到 2014 年底，我国花卉种植面积达 127.02 万公顷，比 2013 年增长 3.51%，销售额 1279.45 亿元、出口创汇 6.20 亿美元，分别比 2013 年减少 0.67% 和 4.02%。我国花卉种植面积稳中有增的同时，销售额和出口额出现下降，这就意味着我国花卉业出现明显的调整和转型态势。

调整转型对花卉业来讲，早在 2005 年 5 月湖北武汉召开的第二届中国花卉产业论坛上，针对花卉品种创新和技术研发能力不强、产品质量和产业效益不高、市场流通体系不健全、产业亟需升级换代的现实，我们就提出了产业转型的问题。所谓花卉产业转型，就是以发展现代花卉业为主题，以加快转变花卉产业发展方式、提升花卉产业质量效益为主线，着力构建花卉产业品种创新、技术研发、生产经营、市场流通、社会化服务和花文化等现代花卉产业发展的六大体系。

一直以来，在集团消费的拉动下，我国花卉产品需求比较旺盛，虽然产业质量效益不高，但调整转型的重要性和紧迫性未被人们重视；调整转型动力不足，成效并不显著。

2013—2014 年，受行业内外因素叠加的影响，我国花卉集团消费骤降，逐渐向大众消费转变，花卉产业发展回归本源，调整转型正式提上重要议事日程。

花卉产业调整转型，最关键的任务是调结构、转方式和增动力。

结构性过剩是当前我国花卉产业最突出的问题，主要表现为绿化观赏苗木比重过大，严重过剩。绿化观赏苗木种植面积和销售额占据花卉业的“半壁江山”，2014 年面积 74.10 万公顷、133.32 亿株，占我国花卉总面积的 58%；销售额 659.07 亿元，占我国花卉销售额的 51.51%。我国绿化观赏苗木普遍过剩，一些常规苗木过剩产能达 50% 以上。如何消化绿化观赏苗木的庞大库存，是摆在全行业面前的一个难题。调整产业结构，就是要消化过剩产能，淘汰落后产能，加快创业创新步伐，使产业从增量扩能为主转向调整存量、做优增量。

转方式，就是从规模数量型粗放增长转向质量效益型集约增长。增动力，就是产业发展不仅仅依靠传统增长点，还要发掘新增长点。从传统产品看，绿化观赏苗木、盆栽植物、鲜切花等是我国花卉经济的增长点；如今，日化、食品、保健等深加工花卉产品和花卉旅游正日益成为我国花卉经济的新增长点。从传统增长点转向新的增长点，意味着产业形态更高级、社会化分工更精细、结构更合理。

当前，我国花卉业调整转型已进入关键期。那么，花卉业究竟应该如何调，如

前　言

何转？从需求角度看，花卉正在由政府购买、集团消费、节庆消费向个人购买、大众消费、日常消费转变，由花卉消费初期的模仿型、“一窝蜂”消费向个性化、多样化消费转变。花卉消费群体正在由一线城市向二、三线城市扩展，甚至延伸到乡镇。从供给角度看，今后应压缩“大路货”产能，增加精品花以及花卉新产品、新服务的有效供给。

面对新的需求和供给形势，我国花卉产业应做出相应调整。从投资角度看，花卉投资应由传统花卉种植业向花卉全产业链延伸，尤其要加强对产业链条两端（如产业前端的品种创新和技术研发，产业后端的花卉精深加工和花卉休闲旅游服务业、花卉电子商务、花园中心等新兴花卉产业）的投资。调整转型后的花卉业，生产要由劳动、土地密集型向资本、技术密集型转变，不仅强调规模化、标准化、专业化，更要强调智能化、定制化和快速响应能力；市场竞争要由过去主要是数量扩张和价格竞争，逐步转向质量型、差异化为主的方向发展。不仅如此，建立花卉大市场，搞活花卉大流通，加快形成统一透明、有序规范的市场环境，提高资源配置效率，将成为产业新趋势。

花卉产业的调整转型，既要发挥花卉企业等经营主体的主动性和创造性，更要重视大众创业、万众创新和互联网的应用。花卉产业的调整转型存在挑战，但更要看到机遇大于挑战。只要我们脚踏实地、埋头苦干，我国花卉业一定能够实现从传统到现代的华丽转身。让我们携起手来，共同迎接花卉业美好的明天！

江泽慧

全国政协人口资源环境委员会　副主任
中 国 花 卉 协 会 会 长
2016年12月8日

目 录

目 录

第三篇 地方篇

第四篇　典型篇

附　录

表目录

表目录

表目录

图目录

第一篇 全国篇

第1章　全国花卉产业概况

一、综述

截至2014年底，我国花卉种植面积为127.02万公顷，比2013年上升3.51%；销售额为1279.45亿元，比2013年减少0.67%；出口额为6.20亿美元，比2013年减少4.02%。2014年，全国花卉从业人员5255122人，其中专业人员280333人；全国设施栽培总面积达12.95万公顷，拥有花卉企业85406家，其中种植面积3公顷或年营业额500万元以上的大中型花卉企业达15127家，全国拥有花卉市场3286个。2014年，我国仍然是世界最大的花卉生产基地、重要的花卉消费国和花卉进出口贸易国（表1-1）。

表1-1　2013—2014年全国花卉产销基本情况

年份	生产面积（万公顷）	销售额（亿元）	出口额（亿美元）	从业人员（人）	其中：专业人员（人）	企业（家）	其中：大中型企业（家）	市场（个）
2013	122.71	1288.11	6.46	5505708	303281	83338	15403	3533
2014	127.02	1279.45	6.20	5255122	280333	85406	15127	3286
增减	3.51%	−0.67%	−4.02%	−4.55%	−7.57%	2.48%	−1.79%	−6.99%

注：大中型企业指种植面积3公顷以上或年营业额500万元以上的企业。

二、主要政策及成效

1. 行业宏观指导

（1）完成《2013中国花卉产业发展报告》。集全国花卉协会组织、科研院校、重点地区、龙头企业等各方面的智慧和力量，编辑出版了《2013中国花卉产业发展报告》。这是关于我国花卉产业的第一部年度发展报告。报告分为全国篇、地方篇和典型篇三大部分，共59章、78万字，全面总结了我国花卉产业30年来的发展成果和发展经验。

（2）完成《2014我国花卉产销形势分析报告》。通过问卷调查、实地调研和组织召开形势分析会，完成了《2014我国花卉产销形势分析报告》。报告印发各省（区、市）花卉协会、中国花卉协会各分支机构，并组织《中国花卉园艺》、《中国绿色时报》等专业媒体进行宣传，对花卉生产和消费起到了重要的引导作用。

（3）举办第九届中国花卉产业论坛。论坛于2014年11月7～8日在江苏省常州市武进区举办，主题为“让花卉走进千家万户”，内容有：中国花卉协会领导的主旨报告、政府和企业对话交流的圆桌会议、专家和企业家的主题演讲、全体与会人员的专题讨论。中国花卉协会副会长赵光华做了题为“促进大众花卉消费　服务美丽中国建设”的主旨报告。国家发展和改革委员会、国家林业局、国家质量监督检验检疫总局等部门有关司局的领导，中国花卉协会、各省（区、市）花卉协会、花卉重点产区、花卉企业、科研院校等代表共200多人参加论坛。论坛发表了《常州倡议书》，分析了产业发展形势，提出了当前我国花卉苗木生产、研发、市场、流通、外贸、金融信贷、税收、检验检疫等环节存在的主要问题及政策建议。

（4）加强花卉标准化工作。一是组织召开了第二届全国花卉标准化技术委员会会议，审议通过了第一届委员会工作报告、新的章程和工作细则，提出了第二届委员会的主要工作任务。国家标准化管理委员会副主任于欣丽、国家林业局副局长孙扎根和中国花卉协会会长江泽慧出席会议并发表重要讲话。二是组织专家审定通过了《蜡梅切花生产技术规程》、《盆栽竹芋生产技术规程》、《四季秋海棠无土栽培技术规程》3个行业标准并报批。三是利用《中国花卉园艺》杂志和中国花卉协会网站，发布了花卉产品质量标准研究指标，刊登了10多项花卉国家标准和行业标准，对现行花卉国家标准和行业标准汇编发送国家标准化管理委员会委员。

（5）推举典型，引领产业发展。一是组织参加2014年度国际种植者评选。在以往评选的三批“全国十佳花木种植企业”中，选拔出推动我国国兰产业化发展的福建连城兰花股份有限公司，代表我国花卉企业参加国际园艺生产者协会（AIPH）组织的“2014年度国际种植者”的评选，荣获国际种植者“银玫瑰

表1-2　2013年中国花木产业年度人物

序号	姓名	单位及职务
1	杨铁顺	天津滨海国际花卉科技园区股份有限公司董事长
2	李谢恩	安徽恩龙园林股份有限公司董事长
3	张　力	昆明国际花卉拍卖交易中心有限公司总经理
4	胡艺春	江苏三维园艺有限公司董事长
5	蒋　全	青海省绿海生态林建设苗木有限公司董事长
6	王　波	北京纳波湾园艺有限公司董事长
7	苏　涌	上海和丰中林林业股份有限公司董事长
8	郭柏峰	杭州赛石园林集团、浙江花市投资管理集团董事长
9	董春燕	青州市亚泰农业科技有限公司董事长
10	王华明	遂平名品花木园林有限公司总经理

奖”。二是联合中国绿色时报社评选出2013年花卉产业年度人物（表1-2），并在2014中国（萧山）花木节期间举行了颁奖仪式和经验交流会。三是制定发布了《国家重点花文化示范基地认定管理办法（暂行）》。

（6）品种选育和审定工作得到加强。有4个牡丹新品种获得国际登录，12个牡丹新品种获得国家林业植物新品种权；梅花蜡梅分会获得蜡梅品种国际登录权，梅花新品种选育及产业升级关键技术课题获教育部二等奖；兰花分会审定注册莲瓣兰、蕙兰、墨兰等24个新品种；茶花分会完成了23个茶花新品种命名登录；桂花分会扩建桂花种群库，新增2个彩叶桂新品种。科研人员运用杂交技术，选育出梅花、牡丹、百合、月季等一批抗性强的新品种。截至2014年底，获得国际登录的牡丹新品种18个、梅花新品种118个，国家林业局授权的观赏植物新品种536个，农业部授权的花卉新品种114个。

另外，召开了第十届梅与蜡梅国际学术研讨会、杜鹃花资源保护及产业发展研讨会、2014年中国蕨类植物学术研讨会；举办了第五届中国兰花产业化论坛；开展了“花卉园艺师”职业资格（三级）培训及资格认定工作；积极参与建设中国茶花博物馆和改造提升国际山茶物种园；开展了蕨类植物资源保护保育工作。

2. 展会活动

（1）成功举办2014青岛世界园艺博览会（简称青岛世园会）。青岛世园会（A2+B1类）于2014年4月25日至10月25日在青岛市李沧区百果山森林公园成功举办。经国务院批准，青岛世园会由国家林业局、山东省人民政府、中国国际贸易促进委员会和中国花卉协会共同主办，青岛市人民政府承办，主题是“让生活走进自然”，秉承“自然创造、科技创新、文化创意”的理念，坚持“惠民利民、节俭办会”的原则，实现了“安全、有序、欢乐、祥和”的目标。来自五大洲37个国家和国际组织，中国31个省（区、市）及香港、澳门、台湾地区全部参展，实现了“五洲聚会、中华团圆”。青岛世园会集中展示了国内外最新的花卉园艺成就。109个室外展园、10项室内国际竞赛精彩纷呈，在184天中，参观人数累计达到466万人次，做到内外联动紧密顺畅，组织管理高效运行，服务保障平稳有序，园区安全扎实到位，得到国内外嘉宾的广泛赞誉和市民的一致好评。

国务院副总理汪洋、AIPH主席维克·克朗对青岛世园会给予高度评价。维克·克朗表示，青岛世园会突出了青岛的特色，促进了国际园艺领域的交流合作，让人惊讶于自然、文化、科技共同的力量，青岛世园会的举办给人们留下了宝贵的生态和精神财富，将对青岛未来花卉产业的发展产生深远的影响。国家林业局局长赵树丛、中国贸促会会长姜增伟、中国花卉协会会长江泽慧、山东省省长郭树清、青岛市市委书记李群和国际园艺生产者协会秘书长提姆·布莱尔克里夫共同插牡丹花启动开幕仪式。江泽慧代表组委会在开幕式上致辞。

青岛世园会的成功举办，有力推动了世界花卉园艺领域的交流合作，集中展示了我国花卉园艺事业发展、生态文明建设的成果，是建设美丽中国，实现中华民族伟大复兴的中国梦的重要实践。

(2) 开展2019北京世界园艺博览会认可和筹备工作。

一是成立2019北京世园会组委会并召开组委会会议。由汪洋副总理担任组委会主任委员，北京市、中国国际贸易促进委员会、国家林业局、外交部、中国花卉协会主要负责同志任副主任委员，37个部门和单位的分管领导为成员。2014年2月11日在北京召开组委会第一次全体会议，汪洋和郭金龙出席并讲话，万季飞、赵树丛、江泽慧、王安顺等相关部门领导分别就相关内容进行了汇报和说明。

二是2014年4月24日组织参加国际展览局执委会会议，进行陈述并递交了相关认可法律文件。6月11日，中国代表团参加国际展览局第155次大会，国际展览局168个成员国一致表决认可2019年北京世园会。国际展览局主席纳吉和秘书长洛塞泰斯向中国代表团授予国际展览局局旗。北京世园会被纳入认可类世博会范畴，上升为国家行为。

三是成立了北京世园会执委会和事务协调局。执委会主任由北京市委书记担任，执行主任由北京市、中国国际贸易促进委员会、国家林业局、中国花卉协会等7个单位主要负责同志担任。2014年10月28日，在北京奥运大厦举行了北京世园会事务协调局揭牌仪式。北京世园会筹备工作有了具体的实施机构和专门队伍。

四是2014年12月3日召开组委会联络小组会议。江泽慧、王锦珍、夏占义以及外交部、国家林业局等有关部门领导出席会议，总结了2014年筹备工作，讨论了下一步工作计划，听取了北京世园会概念性规划汇报，对总体规划方案、健全组织机构、加强国内外招展、加大宣传力度等方面进行重点研究。

(3) 启动第九届中国花卉博览会申办和2016唐山世园会筹备工作。为规范中国花卉博览会的申请、筹备和举办工作，组织各省（区、市）花卉协会及中国花卉协会各分支机构秘书长进行深入讨论，向举办过花博会的各城市发出了问卷调查，再次征求国家林业局办公室和造林司，以及各省（区、市）花卉协会和中国花卉协会各分支机构的意见的基础上，进一步修改、补充、完善，正式印发了《中国花卉博览会管理办法》(中花协字〔2014〕22号），同时发文启动第九届中国花卉博览会申办工作。

2016唐山世界园艺博览会顺利完成了商务部报批手续，得到了国务院正式批准。目前总体规划方案、土地利用、功能分区、招商招展、宣传推介、展览策划等工作均已启动。邀请国际园艺生产者协会秘书长提姆·布莱尔克里夫赴唐山实地考察了园区现场和筹备工作，交流下一步筹备计划。

(4) 举办首届中国杯盆景大赛和第十六届中国国际花卉园艺展览会。首届中国杯盆景大赛于2014年10月25日至11月2日在江苏省如皋市举办，来自全国16个省（区、市）的331件盆景作品参赛，参观人数达数万人次。大赛期间，还组织盆景大师现场创作表演，有200多名盆景爱好者观摩学习；设置了126个盆景展销区，平均每天的销售额达80多万元，最高的一天达200多万元。大赛的成功举办，对普及盆景知识，弘扬盆景文化，加强盆景界的交流合作，促进盆景产业持续健康发展，起到积极的推动作用。

第十六届中国国际花卉园艺展览会于2014年4月23～26日在北京全国农业展览馆成功举办。展出面积2.3万平方米，来自中国（包括中国香港、中国台湾）、俄罗斯、美国等27个国家的435家企业参展。荷兰、德国、法国、中国台湾以展团的形式参加展览会，并举办了中荷园艺发展研讨会、京津冀立体绿化治理雾霾论坛、温室设施与创新技术论坛、中国园艺企业发展交流会、企业技术交流会等专业活动，对加强各国花卉园艺交流、促进花卉贸易与合作发挥了积极作用。

（5）其他会议展览活动。一年来，中国花卉协会还成功主办了2014中国（萧山、夏溪）花木节，一春一秋，成为促进全国花木产销对接的交流平台；支持举办2014广州（国际）盆栽植物及花园花店用品展览会、第八届中国（三亚）热带兰花博览会、2014中国（横县）茉莉花文化节。

此外，中国花卉协会各分支机构组织举办的展会活动有：梅花蜡梅分会在云南昆明举办第十四届中国梅花蜡梅展览会，杜鹃花分会在湖北麻城举办第十二届中国杜鹃花展览会，兰花分会在河南郑州举办第二十四届中国兰花博览会，月季分会在山东莱州举办第六届中国月季花展、在北京举办月季文化节、在河南举办2014南阳月季文化节，零售业分会在福建南平联合举办“荷兰百合日（中国区）”活动，荷花分会在江苏金湖和辽宁铁岭两地举办第二十八届全国荷花展览会，桂花分会在浙江金华举办“第五届中国仙源湖桂花节”。

据不完全统计，2014年各省（区、市）花卉协会举办各种文化节、花展、大赛活动62项，其中连续举办10年及以上的花卉展览大赛12项，2014年首次举办的花卉展览10余项。举办各种花卉论坛及研讨会86次，直接培训近6万人。

3. 花卉信息服务

（1）规范花卉信息管理。制定了《中国花卉信息工作管理办法（试行）》。办法共6章26条，对信息工作的指导原则、机构职责、信息员要求、信息报送制度和考核办法等做了明确规定，是规范花卉信息工作的第一个指导性文件。

（2）及时发布信息。一是加强中国花卉协会网站重点栏目维护，及时更新网站信息，第一时间刊登通知、公告、公示等，提高了工作效率。2014年，中国花卉协会网站点击量已达417.73万人次，比2013年同期增长了24%，在国家林业局50个子网站中位居前10名，与2013年排名持平。二是向国家林业局及时报送协会工作和活动的信息。

（3）加强与国家林业局网站等的协作。一是加强与国家林业局网站的互动，中国花卉协会更新维护国家林业局网站“花卉产业”和“林业产业”栏目50余次，点击量达818.36万人次，在国家林业局49个栏目中排行第八位，比2013年提升2位；二是与国家林业局信息办合作，开展名花网站群建设，首批15个和第二批20个名花网站已建成上线运行；三是加强与《中国绿色时报》、中国林业新闻网等专业媒体的互动协作，为花卉产业发展营造良好的舆论环境。

（4）加强信息员队伍建设。一是在山东省青州市举办首期全国花卉行业信息管理培训班，建立首支36人的花卉信息员队伍，并颁发证书；二是开辟信息队伍沟通渠道，建立中国花卉协会信息员QQ群，吸纳49名成员。

（5）《中国花卉园艺》杂志质量水平不断提升。2014年杂志社调整报道思路，创新宣传模式，专题报道紧扣产业发展热点，质量明显提高。全年编辑出版杂志24期。其中，制作完成年宵花、花卉标准、花卉深加工等12个专题报道。同时，加强杂志社网站的管理和运营，及时更新网站信息；启动杂志社微信平台；开设杂志社官方淘宝书店。

（6）中国花卉协会分支机构信息宣传工作不断加强。编辑出版《中国蕨Sinopteris》、《中国兰花》、《中国观赏苗木》、《中国茶花》、《中国月季》、《中华梅讯》、《云南梅花》、《2014年桂花品种登录年鉴》、《蕨类植物迁地保护的方法与实践》等期刊和书籍。

4. 国际交流合作

2014年，中国花卉协会出色承办第66届国际园艺生产者协会（AIPH）年会，顺利完成2014亚洲杯插花花艺大赛任务，启动2016土耳其安塔利亚世园会参展工作。中国花卉协会分支机构国际交流不断加强：月季分会参加在西班牙和印度召开的2014年世界月季联合会区域大会、在美国纽约植物园举行的第9届世界伟大月季家2014年度世界月季名园堂颁奖仪式；茶花分会参加在葡萄牙、西班牙召开的国际山茶花大会和理事会；蕨类植物分会参加在印度尼西亚召开的第六届亚洲蕨类植物研讨会；绿化观赏苗木分会先后接待来自美国、英国、新西兰等6个国家22人次来访和国际植物繁育协会（IPPS)考察，并组织30余人次出访欧美日。(详细内容见第七章)

5. 花卉行业组织管理

（1）加强分支机构管理和建设。一是于2014年1月8日在云南省昆明市召开2014年中国花卉协会分支机构工作座谈会，交流各分支机构2013年工作情况，传达中国花卉协会工作思路和工作重点，部署2014年工作要点。二是2014年10月29日、11月5日分别在江苏和北京召开中国花卉协会盆景分53会第一届会员代表大会和盆景分会成立大会，审议通过了《中国花卉协会盆景分会工作条例》、《中国花卉协会盆景分会会费标准及使用办法》，选举产生第一届理事会组织机构。三是分支机构自身建设不断加强。梅花蜡梅分会、盆栽植物分会、绿化观赏苗木分会、茶花分会、杜鹃花分会完成换届工作；牡丹芍药分会成立油用牡丹产业发展专业咨询委员会，盆栽植物分会成立组合盆栽产业小组。

（2）组织开展中国花卉协会成立30周年系列宣传活动。30年来，中国花卉协会伴随着我国花卉产业发展走过了不凡的历程，取得了许多成功经验和丰硕成果。本着节俭、高效的原则，《中国花卉园艺》进行了专题报道，《中国绿色时报》开设“纪念中国花卉协会成立30周年专栏——花让美丽中国绽放异彩”，刊登了6篇系列报道文章。

三、2014年花卉产销形势

2014年全国各地花卉品种结构总体格局依然保持不变，其中盆花仍然以花色、叶色、果色鲜艳为主，除蝴蝶兰、凤梨、红掌和大花蕙兰外，杜鹃、君子兰、国兰、水仙等传统名花占有一席之地。小盆栽、多肉类植物、红豆杉等特色花卉也开始进入市场，受到消费者的欢迎。

与2013年相比，全国各地花卉消费结构发生明显变化，政府采购和集团消费进一步下降，家庭和个人消费稳步增长。这种趋势将成为常态，并对未来我国花卉市场产生深远的影响。

1. 老品种人气低迷，新品种颇受青睐

2014年大宗产品蝴蝶兰、凤梨、红掌、大花蕙兰仍占主导，但品种有所变化。以山西花卉市场为例，蝴蝶兰新优品种供不应求，而一些老品种和花色偏淡的品种出现滞销。凤梨老品种‘丹尼斯’、‘红星’等基本退出市场，‘平头红’销量下降，花头大、颜色亮丽的新优品种‘富贵牡丹’受到市场热捧；红掌的‘亚历桑娜’等老品种基本退出市场，‘火焰’销量出现下降。

除了大宗产品，一些特色新产品如红玉珠、高山杜鹃、兜兰等市场销售良好。

2. 集团消费显著下降

2014年花卉市场最大特点是集团消费显著下降。受中央有关规定的影响，集团购买大幅减少，高档盆花纷纷降价销售。广东省是我国盆花的主要产区，往年春节团购花占整个年宵花卉销售额的70%～80%。由于团购大幅减少，2014年广东年宵花卉销售额至少减少了30%，其中高档盆花尤为严重。

3. 家庭和个人消费崛起

与集团消费大幅下降相反，家庭消费正在崛起，市民成购花主力。2014年春节前后，购买花卉的市民等散客群体显著增加，个人消费成为2014年年宵花销售的主要力量。

4. 花卉消费仍以节庆消费为主

长期以来，我国花卉消费主要以元旦、春节、元宵节、情人节最为集中，这种市场消费特征还将在一定时期内存在，但与此同时，日常消费已开始增加，这预示着中国花卉消费市场正逐渐走向成熟。

四、主要问题

2013年初以来，花卉行业虽然已经开始“踩刹车”，调整部分产品生产规模，但由于市场存在滞后效应，2014年花卉市场仍然出现内需不足、产能过剩。主要问题有：

1. 消费结构长期扭曲

2014年以前，我国花卉消费结构中，团体消费比重较大，大型租摆、集团购买是花卉市场尤其是年宵花市场的主力军。虽然花卉需求旺盛，市场交易活跃，但表面繁荣的背后隐藏着畸形的经营消费模式。

2. 生产结构不合理

我国花卉生产以蝴蝶兰、凤梨、红掌、大花蕙兰等大宗产品为主，生产周期较长，品种单一，结构不尽合理。蝴蝶兰、红掌、凤梨、大花蕙兰从小苗到上市需要2～3年甚至更长时间，应对市场变化能力较差。

3. 产品质量不高

产品质量不高，同质化、劣质化现象严重。2014年年宵花市场出现的最大问题是高档花卉产品如蝴蝶兰、红掌、凤梨、大花蕙兰等质量不高，优质产品数量不足，一般和低端产品较多，同时由于催花不过关，花期控制不准，错过了最佳销售期，影响了花卉生产企业和经销商的收入。

4. 经营水平亟待提高

经营手段停留在原始产品直销、简单组合销售上，没有将花卉的高档组合、盆器配套、花卉文化融入其中，更谈不上满足消费者特色化、个性化消费需求。

5. “卖难”、“买难”并存

这在绿化观赏苗木领域表现尤为明显。一方面是品种、质量不对路的苗木大量囤积，形成“卖难”局面；另一方面是重点园林工程等项目找不到品种优、质量高、数量大的合格产品，形成“买难”情形。

五、未来发展趋势

在新常态下，我国花卉生产和消费格局必将发生大的变化。

1. 消费趋势

未来，我国花卉消费结构将发生四大变化，即消费主体由团体向家庭转变，消费时间由节庆向日常转变，消费需求向个性化和多样化发展，消费者对产品质量和价格要求更高。

（1）消费主体由团体向家庭转变。随着市民消费观念的逐步转变，花卉市场的消费主体将继续发生变化，越来越向个人转移，更多的花卉将走进千家万户。据浙江传化生物技术有限公司统计，近年来该公司销售结构显著调整，团体和个人消费比例已由2009年的60∶40变为目前的20∶80。

（2）消费时间由节庆向日常转变。节庆消费特别是年宵花消费量为主的花卉消费状况正逐步改变，其占全年花卉消费量的比例将逐步降低。

（3）消费需求向个性化和多样化发展。随着团体消费向家庭消费转变，市场需求将更加个性化、多样化，原来的同质化产品将被多样化、个性化产品取代。

（4）消费者对产品质量和价格要求更高。质优价廉是大众消费的显著特点。随着家庭花卉消费的兴起，市场对花卉质量要求将更高，对花卉价格将更加敏感。

2. 生产趋势

未来花卉生产将发生三大变化，即花卉产业继续深度调整，产业现代化步伐进一步加快，电子商务迅猛发展。

（1）花卉产业继续深度调整。行业发展将走上服务大众消费的理性发展轨道。在产业转型升级换代过程中，能抓住市场脉搏、早谋划、早行动、积极转变生产经营方式的企业，将成为未来产业发展的主力军。

（2）产业现代化步伐进一步加快。随着消费格局的改变，为满足大众化消费需求，花卉产品将由单一类型、单一品种、单一规格向多类型、多品种、多规格转变；花卉生产将由规模扩张型向质量效益型转变；花卉产业将由以种植业为主向种植业、加工业和服务业并重的格局转变。与此同时，花卉交易模式也将走向多样化，呈现传统批发模式和现代销售模式并存的格局。

（3）电子商务迅猛发展。随着人们购物习惯的改变，依靠互联网及电子商务技术，花卉电子商务必将得到迅猛发展，原先进行花卉贸易的企业和个人开始通过第三方或自建电子商务交易平台完成交易业务。

六、对策建议

面对新趋势、新机遇、新挑战，未来我国花卉产业需要积极转变发展观念，进一步加强宏观引导，加快产业调整，加强零售终端建设，通过提质增效，最终实现由传统产业向现代产业转型。

1. 加强宏观指导，促进产业转型升级

（1）制定落实各项惠农（花）政策。积极贯彻落实《全国花卉产业发展规划（2011—2020年）》和各地花卉产业发展规划，鼓励各地出台相应的扶持政策，有条件的地区应重点抓好现代农业（花卉）生产发展项目、花卉苗木品种引进与创新项目、花卉苗木种植设施设备贷款贴息和政策性保险等，地方政府要督促供水、供电部门对花卉苗木生产用水、用电按一般农业用水、用电标准收费；金融机构加大花卉苗木产业信贷支持力度，适当放宽花卉苗木企业贷款期限，合理浮动利率；加快进出境动植物隔离检疫处理中心建设等，帮助花卉生产单位和生产者降低生产成本，提高市场竞争力。

（2）加强分类指导。各级花卉协会要进一步加强调查研究，全面了解花卉生产经营情况，广泛听取生产者和消费者的意见和建议，提出促进花卉产业结构调整和产品创新的思路，引导花卉苗木企业立足当前市场需求，着眼长远发展趋势，生产更多、更适合大众消费需求的中低端产品和特色产品。研究建立更切合市场实际的信息收集和发布体系，配合各地政府做好分类指导和产销对接工作，力促本地区花卉苗木产业持续健康发展。

（3）进一步完善社会化服务体系。大力推进花卉集散中心、花卉苗木市场建设，引导生产基地、市场交易、物流仓储、检验检疫通关一体化发展。大力培育和壮大龙头企业，鼓励和扶持龙头企业带领小微企业和花农共同发展，积极引导小微企业和花农围绕龙头企业协作配套，形成龙头引领、链条延伸、集群共进的良好发展局面。鼓励和引导大型企业构建电子商务平台，积极推进花卉物流体系建设，减少流通环节，降低流通损耗，提高经济效益。

2. 主动适应深度调整，积极完成企业转型升级

（1）主动压缩过剩产能。对于产能过剩的产品，要积极调整产量，不再盲目扩张种植，实现减量不减价，以维护生产者的利益。在种植过程中，不再刻意把花期控制在春节前后，以免出现花卉集中上市却销售乏力；加大日常供应，实现花卉的全年不间断供应。对于2014年初旺销的小盆栽植物，要加强宣传引导，防止形成新的过剩产能。

（2）积极调整产品结构。要注意淘汰过时的品种，适当减少高端消费品种产量。要拓宽花卉栽培类型，加大面向大众消费的花卉品种的科研、种植、推广力度。

（3）加强经营管理，重视提升质量。要进一步加强企业经营管理，搞好市场定位，实行差异化竞争策略。要切实提高质量意识，通过同高校及科研单位合作，从栽培设施、种苗、栽培基质、肥水控制、花期调控、营养诊断、质量控制、组盆美化、贮藏运输、周年上市等方面入手，全面提升优势花卉的产品质量。

（4）加强产品创新，提高产品竞争力。积极开发携带方便、外观优美的小花型、轻质型礼品花，拓展礼品花卉市场。开发体验式花卉产品，加大花卉文化创意力度。积极推广组合盆栽，通过提高技艺，改进主花材、配花材和花器，增加产品附加值，开发出更具创意的花卉组合盆栽。开发节能低碳产品，以降低生产中的能源成本。

3. 加强零售终端建设，提高市场营销水平

（1）开拓零售终端市场。当前，花卉市场主要集中在郊区，离市区很远，要实现周年供应，便于日常消费，就要逐步开拓零售终端市场，扩大花卉进超市的比例，直接面对终端消费者。

（2）完善营销网络。生产商要完善直营店、配送店，形成完善的营销网络；生产向下游延伸，延长产业链，增强盈利能力。有条件的生产企业可直接入驻花卉市场，批发、零销兼备。

（3）创新销售模式。如将花店办到小区，直接面对广大市民；在卖产品的同时也卖服务，提供“送货、养护、回收”等一系列服务；通过网店、微博营销，采用电子商务的方式开拓更多的业务。

4. 加强舆论宣传，积极培育消费市场

（1）切实加强舆论宣传。利用电视、电台等媒体做宣传，引导居民进行花卉消费。如花卉产区可由政府出面，在电视台播放清明节“鲜花文明祭祀”、春节“鲜花敬老人”、教师节“兰花献教师”等公益广告。

（2）利用会展、节庆拉动消费。通过举办形式多样、内容丰富的花卉展会活动，以及各类花艺比赛、组合盆栽大赛等，拉动花卉消费。

（3）重视引导日常消费。除加强对节日花卉消费、年宵花消费宣传外，还应积极引导日常消费，通过开展花卉进社区、进校园、进阳台等活动，宣传普及花卉栽培养护知识，培育大众花卉消费市场。

执笔：高立鹏、宿友民（中国花卉协会）

第2章 花卉生产经营

花卉业在经过“十二五”前期的快速发展后，2014年无论是花卉种植面积、销售价格、出口情况，还是保护地栽培面积、企业数乃至从业人员数都发生了很大变化，在花卉种植面积增加的同时，销售额和出口额出现负增长，表明花卉行业呈现明显的调整态势和转型特征。

一、全国花卉生产经营情况

1. 种植面积和保护地栽培面积

据农业部统计，2014年全国花卉种植面积为127.02万公顷，比2013年增加3.51%。其中，鲜切花类①6.48万公顷，占总面积的5.10%，同比减少0.53%；盆栽植物类②10.66万公顷，占总面积的8.39%，同比增长2.56%；观赏苗木74.10万公顷，占总面积的58.34%，同比增长3.76%；食用与药用花卉25.05万公顷，占总面积的19.72%，同比增长6.56%；工业及其他用途花卉4.68万公顷，占总面积的3.68%，同比减少12.98%；草坪4.29万公顷，占总面积的3.38%，同比增加14.59%；种用花卉类③1.71万公顷，占总面积的1.35%，同比减少2.96%；干燥花621.20公顷，占总面积的0.05%，同比大幅增长1067.67%（图2-1，表2-1）。

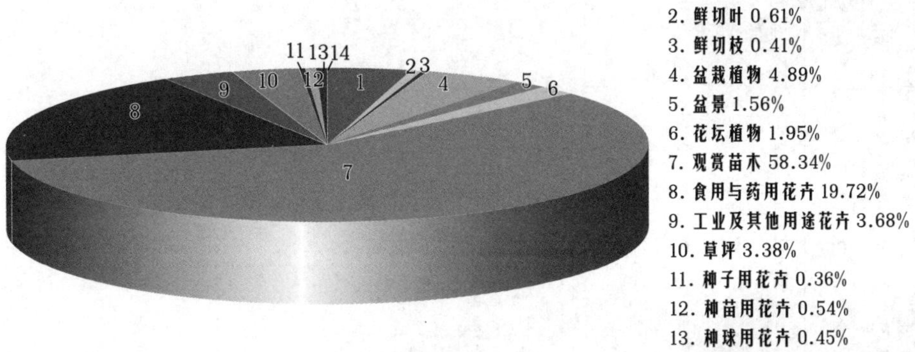

图2-1 2014年全国各类花卉种植面积构成比例

注：①鲜切花类包括：鲜切花、鲜切叶、鲜切枝；②盆栽植物类包括：盆栽植物、盆景、花坛植物；③种用花卉类包括：种子用花卉、种苗用花卉、种球用花卉；下同。

表2-1 2013—2014年全国花卉产销情况比较

类型	种植面积（公顷）			计量单位	销售量			销售额(万元)			出口额(万美元)		
	2014	2013	同比增减(%)		2014	2013	同比增减(%)	2014	2013	同比增减(%)	2014	2013	同比增减(%)
合 计	**1270226.81**	**1227126.40**	**3.51**	–	–	–	–	**12794523.69**	**12881124.74**	**−0.67**	**61982.34**	**64621.01**	**−4.08**
一、鲜切花类	64781.67	65127.55	−0.53	万枝	2045830.22	2564754.10	−20.23	1353349.79	1345058.01	0.62	31603.50	37412.70	−15.53
其中：鲜切花	51867.97	51348.85	1.01	万枝	1789902.19	1906441.67	−6.11	1237063.10	1222555.78	1.19	25406.70	33639.90	−24.47
鲜切叶	7698.14	8592.02	−10.40	万枝	134497.21	203386.92	−33.87	65304.33	72376.07	−9.77	4082.10	3061.30	33.35
鲜切枝	5215.56	5186.68	0.56	万枝	121430.82	454925.51	−73.31	50982.36	50126.16	1.71	2114.70	711.50	197.22
二、盆栽植物类	106615.24	103952.63	2.56	万盆	538572.40	555501.77	−3.05	2796668.54	2815012.78	−0.65	13337.70	11320.10	17.82
其中：盆栽植物	62019.78	61035.51	1.61	万盆	219009.64	286086.16	−23.45	1851637.37	1870392.34	−1	9071.20	7122.14	27.37
盆景	19788.36	18804.92	5.23	万盆	26718.85	38096.32	−29.87	525021.93	541535.37	−3.05	4151.50	4156.96	−0.13
花坛植物	24807.10	24112.20	2.88	万盆	292843.91	231319.29	26.6	420009.24	403085.07	4.2	115.00	41.00	180.49
三、观赏苗木	740954.17	714100.59	3.76	万株	1333202.38	1304951.95	2.16	6590683.32	6523237.82	1.03	3190.44	3808.38	−16.23
四、食用与药用花卉	250459.41	235049.13	6.56	千克	169774137.55	138912772.64	22.22	1276056.55	1387267.60	−8.02	1540.80	251.00	513.86
五、工业及其他用途花卉	46842.30	53826.69	−12.98	吨	21076388.43	7835589.89	168.98	232709.32	243531.33	−4.44	4502.10	3321.30	35.55
六、草坪	42860.58	37402.42	14.59	万平方米	177344.44	181830.20	−2.47	261773.19	227924.76	14.85	0	0	0
七、种子用花卉	4531.08	4612.42	−1.76	千克	579143.77	718293.99	−19.37	39464.40	45618.35	−13.49	228.00	452.00	−49.56
八、种苗用花卉	6903.39	8828.15	−21.80	万株	589356.33	808302.58	−27.09	143391.26	214994.80	−33.3	6903.80	6979.53	−1.09
九、种球用花卉	5657.77	4173.62	35.56	万粒	74738.17	118152.54	−36.74	89545.00	66858.68	33.93	450.00	0	100
十、干燥花	621.20	53.20	1067.67	万枝	0	0	0	10882.32	11620.61	−6.35	226.00	1076.00	−79.00

注：食用与药用花卉计算干重；工业及其他用途花卉计算鲜重。

2014年全国花卉保护地栽培面积为129468.16万平方米，比2013年减少3.01%（表2-2）。其中，温室种植面积28442.40万平方米，占保护地栽培面积的21.97%，同比大幅减少21.20%；大（中、小）棚种植面积56632.89万平方米，占保护地栽培面积的43.74%，同比增长2.70%；遮阴棚面积44392.87万平方米，占保护地栽培面积的34.29%，同比增长5.10%。

表2-2　2013—2014年全国花卉保护地栽培面积变化　　单位：万平方米

年度	合计	其中			
		温室		大（中、小）棚	遮阴棚
		温室小计	其中：节能日光温室		
2014	129468.16	28442.40	9282.46	56632.89	44392.87
2013	133482.08	36096.54	16651.98	55145.15	42240.39
同比增减（%）	−3.01	−21.20	−44.26	2.70	5.10

2. 主要经济指标

（1）总体销售情况。2014年全国花卉销售额为1279.45亿元，比2013年小幅减少0.67%。其中，鲜切花类产品销售额135.33亿元，占全国花卉总销售额的10.58%，同比小幅增长0.62%；盆栽植物类产品销售额279.67亿元，占全国花卉总销售额的21.86%，同比小幅减少0.65%；观赏苗木销售额659.07亿元，占全国花卉总销售额的51.51%，同比小幅增长1.03%；食用与药用花卉销售额127.61亿元，占全国花卉总销售额的9.97%，同比减少8.02%；工业及其他用途花卉销售额23.27亿元，占全国花卉总销售额的1.82%，同比减少4.44%；草坪销售额26.18亿元，占全国花卉总销售额的2.05%，同比大幅增长14.85%；种用花卉类产品销售额27.24亿元，占全国花卉总销售额的2.13%，同比大幅减少16.82%；干燥花销售额1.09亿元，占全国花卉总销售额的0.08%，同比减少6.35%（表2-1，图2-2）。

（2）出口情况。2014年全国花卉出口额约6.20亿美元，比2013年小幅减少4.08%。其中，鲜切花类产品出口额约3.16亿美元，占全国花卉出口总额的50.99%，同比大幅减少15.53%；盆栽植物类产品出口额约1.33亿美元，占全国花卉出口总额的21.52%，同比大幅增长17.82%；观赏苗木出口额3190.44万美元，占全国花卉出口总额的5.15%，同比大幅减少16.23%；食用与药用花卉出口额1540.80万美元，占全国花卉出口总额的2.49%，同比大幅增长513.86%；工业及其他用途花卉出口额4502.10万美元，占全国花卉出口总额的7.26%，同比大幅增长35.55%；种用花卉类产品出口额7581.80万美元，占全国花卉出口总额的12.23%，同比小幅减少2.02%；干燥花出口额226.00万美元，占全国花卉出口总额的0.36%，同比大幅减少79.00%（表2-1，图2-3）。

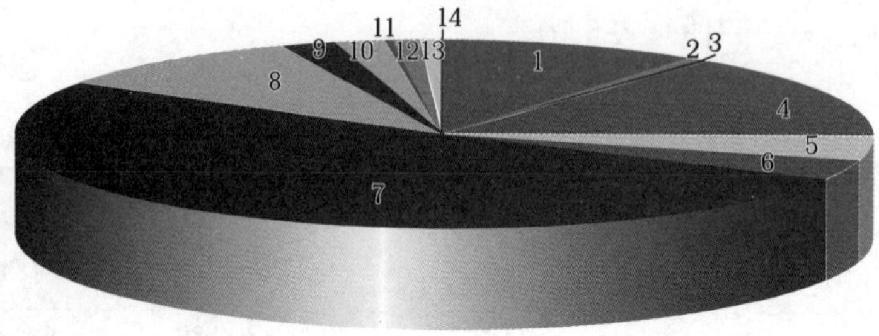

图2-2　2014年全国各类花卉销售额构成比例

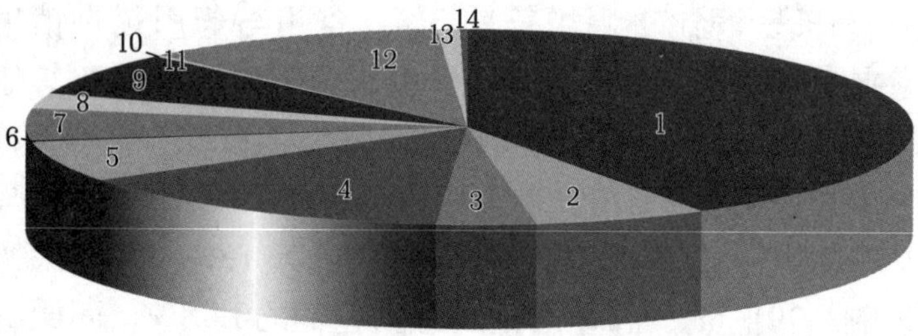

图2-3　2014年全国各类花卉出口额构成比例

3. 经营实体和从业人员

2014年全国共有花卉经营实体88692个，较2013年的86871个小幅增加2.10%。其中，花卉企业85406家，同比增加2.48%。其中，大中型企业15127家，占全国花卉企业总数的17.71%；花卉市场3286个，同比减少6.99%（表2-3）。

2014年全国共有花农188.12万户，较2013年的183.41万户小幅增加2.56%。花卉从业人员525.51万人，比2013年的550.57万人减少4.55%；其中，专业技术人员28.03万人，仅占全国花卉从业人员总数的5.33%，同比减少7.57%（表2-3）。

表2-3 2013—2014年全国花卉生产经营实体及从业人员数变化

项目	单位	2014年	2013年	同比增减（%）
一、花卉市场	个	3286	3533	−6.99
二、花卉企业	家	85406	83338	2.48
其中：大中型企业	家	15127	15403	−1.79
三、花农	户	1881153	1834117	2.56
四、花卉从业人员	人	5255122	5505708	−4.55
其中：专业技术人员	人	280333	303281	−7.57

注：花卉大中型企业是指种植面积3公顷以上或年营业额500万元以上的企业。

二、各省（区、市）花卉生产经营情况比较

1. 种植面积

从各省统计数据（表2-4）看，2014年花卉种植面积排在前10位的省（区、市）依次为江苏、浙江、河南、山东、四川、湖南、广东、云南、福建和湖北，前10名合计种植面积为93.70万公顷，占全国的73.77%，较2013年前10名合计面积小幅减少3.41%。与2013年相比，2014年江苏省排名由第二位上升到第一位，湖北省排名由第十位上升到第九位。浙江、江苏、河南继续保持明显优势，3个省种植面积均超过100万公顷。

从表2-4还可看出，2014年花卉种植面积增加最多的是湖北省，较2013年增加1.14万公顷，但增幅仅列第三，增幅为27.81%；增幅最大的是宁夏回族自治区，增幅达37.52%，较2013年增加2063.39公顷；其次是山西，增幅达36.00%，同比增加2319.8公顷。2014年花卉种植面积减少最多的是辽宁省，较2013年减少5976.90公顷，降幅为17.58%；降幅最大的是北京市，降幅达22.66%，同比减少1376.39公顷。

2. 销售额

2014年花卉销售额排在前10位的省（区、市）依次为浙江、江苏、广东、福建、河南、山东、四川、辽宁、湖南和云南，前10名合计销售额达958.04亿元，占全国总销售额的74.85%，较2013年小幅下降2.52%。与2013年相比，前8名排序没有变化，但湖南省排名由第十位上升到第九位，云南省下降到第十位（表2-4）。

2014年全国各省（区、市）的花卉销售额涨跌互现，分化较明显。销售额增加最多的是广西，同比增加10.24亿元；其次是广东，同比增加3.99亿元；河北、宁夏、山东、福建4省（区）分列第3～6位，同比增加值均超过2亿元。销售额减少最多的是云南，同比减少16.88亿元；其次是辽宁，同比减少13.50亿元；浙江、安徽、陕西和北京4省（市）分别减少3.01亿元、2.76亿元、2.17亿元和2.13亿元。2014年销售额涨幅第一的是宁夏，涨幅高达72.27%；其次是广西，涨幅为41.00%；山西、天津和河北3省（市）分列第3～5位，涨幅分别为

25.93%、20.70%和11.38%；跌幅较大的省（市）有云南、北京和辽宁，跌幅分别为29.36%、21.34%和20.88%。

3. 出口额

2014年全国有15个省（区、市）花卉实现了出口，其中出口前5名的省份同2013年相比没有变化，依然为云南、广东、福建、江苏和浙江，5省出口额合计为5.68亿美元，占全国花卉出口总额的91.57%（表2-4）。其中，云南省为2.50亿美元，位居全国第一，较2013年增长12.79%，主要出口产品为鲜切花，出口额达1.56亿美元，占全省花卉出口额的62.46%；广东省位居第二，出口额1.11亿美元，同比减少11.61%，主要出口产品也是鲜切花，出口额达6319.7万美元，占全省花卉出口额的57.04%，而传统出口产品盆栽植物出口额继续下跌，2014年仅1918.30万美元，较2013年减少34.88%；福建省位列第三，出口额为1.01亿美元，较2013年增长12.07%，主要出口产品为盆栽植物和盆景，二者出口额合计为6923万美元，占全省花卉出口额的68.59%；江苏省位居第四，出口额为5773万美元，较2013年增长9.15%，主要出口产品为鲜切花，出口额达3033万美元，占全省花卉出口额的52.54%；浙江省位居第五，为4863万美元，较2013年减少7.55%，主要出口产品为鲜切叶，出口额达3081万美元，占全省花卉出口额的63.36%。

2014年我国花卉出口面临下行压力。在15个出口花卉的省（区、市）中，仅有7个省（区）出口额较2013年有所提高，增加最多的是云南，同比增加2829.90万美元，其次是福建，同比增加1087万美元，再次为江苏，同比增加484万美元，其余新疆、甘肃、广西、江西4省（区）合计仅增加76.3万美元；有8个省（市）出口额较2013年减少，减少最多的是海南，同比减少3811万美元，其次是广东，同比减少1455.6万美元，再次是上海，同比减少684万美元，浙江、辽宁、山东、北京、贵州分别位列第4～8，分别减少397万美元、380万美元、148.22万美元、134万美元和105万美元；另有河南省与2013年持平。

4. 保护地栽培面积

2014年，花卉保护地栽培面积前10名的省（区、市）依次为四川、江苏、广东、云南、浙江、辽宁、福建、广西、陕西和河北，合计为108178.43万平方米，占全国的83.56%，其中四川、江苏、广东、云南4省均超过10000万平方米（表2-5）。但从保护地栽培面积占当地花卉种植面积的比值来看，前10名排序完全不同，从高到低依次是青海、海南、天津、四川、辽宁、上海、广东、云南、北京和河北，最高的青海省为49.01%，其次是海南省，为35.50%，再次是天津市，为27.87%，而河南省仅1.84%，山东省仅1.63%，湖北省仅0.47%。可以调控生产条件的温室面积前10名的省（区、市）依次为广东、辽宁、江苏、四川、河北、山东、吉林、陕西、甘肃和山西，10省（区、市）花卉温室面积合计为23787.50万平方米，占全国花卉温室面积的83.63%。其中，广东省花卉温室面积达7319.90万平方米，位居第一，温室面积占该省花卉保护地栽培面积

表2-4　2013—2014年全国各省（区、市）花卉产销情况比较①

地区	种植面积（公顷）			销售额（万元）			出口额（万美元）		
	2014	2013	同比增减(%)	2014	2013	同比增减(%)	2014	2013	同比增减(%)
合　计	**1270226.81**	**1227126.40**	**3.51**	**12794666.49**	**12881124.74**	**−0.67**	**61982.34**	**64621.01**	**−4.08**
北　京	4697.61	6074.00	−22.66	78663.10	99999.00	−21.34	344.00	478.00	−28.03
天　津	2173.30	2352.00	−7.60	83386.50	69084.40	20.70			
河　北	21871.12	20682.00	5.75	282609.64	253742.90	11.38			
山　西	8764.50	6444.70	36.00	76108.10	60437.10	25.93			
内蒙古	7104.40	6815.70	4.24	35450.50	36336.41	−2.44			
辽　宁	28023.10	34000.00	−17.58	511700.00	646700.00	−20.88	320.00	700.00	−54.29
吉　林	17322.00	17327.00	−0.03	76004.50	73177.00	3.86			
黑龙江	15666.67	16383.60	−4.38	54200.46	54100.30	0.19			
上　海	2548.20	2746.40	−7.22	78583.40	84059.00	−6.51	2568.90	3253.80	−21.05
江　苏	146589.20	141632.40	3.50	1670490.70	1653006.50	1.06	5773.00	5289.00	9.15
浙　江	145716.40	145225.70	0.34	1686938.60	1717032.40	−1.75	4863.00	5260.00	−7.55
安　徽	43913.98	43900.83	0.03	348881.63	376475.42	−7.33			
福　建	69768.06	60973.21	14.42	1163740.19	1143051.72	1.81	10093.40	9006.25	12.07
江　西	31415.90	30830.60	1.90	287881.00	281163.30	2.39	85.00	80.00	6.25
山　东	99353.00	100261.38	−0.91	765302.10	744454.00	2.80	253.04	401.26	−36.94
河　南	116826.50	118006.60	−1.00	885631.00	902784.00	−1.90	1000.00	1000.00	0
湖　北	52609.00	41163.00	27.81	392268.00	374294.00	4.80			
湖　南	76686.89	74168.15	3.40	497785.82	497472.15	0.06			
广　东	75429.70	73440.30	2.71	1287687.50	1247813.10	3.20	11079.10	12534.70	−11.61
广　西	37533.50	29518.20	27.15	352226.90	249806.80	41.00	13.00	0	100.00
海　南	8110.20	7789.50	4.12	165220.50	162606.10	1.61	370.00	4181.00	−91.15
重　庆	30955.32	30178.27	2.57	228161.49	208604.50	9.38			
四　川	84833.00	81819.00	3.68	705122.80	700952.00	0.60			
贵　州	13036.60	13322.70	−2.15	141466.90	137984.00	2.52	0.00	105.30	−100.00
云　南	69235.90	66693.10	3.81	406019.80	574788.90	−29.36	24951.60	22121.70	12.79
陕　西	26905.00	25320.00	6.26	290000.00	311680.00	−6.96			
甘　肃	13071.10	12975.60	0.74	105036.70	102512.20	2.46	235.00	210.00	11.90
青　海	514.40	528.10	−2.59	11065.80	12063.41	−8.27			
宁　夏	7562.99	5499.60	37.52	51262.48	29757.40	72.27			
新　疆	11989.27	11054.76	8.45	75770.38	75186.73	0.78	33.30	0	100.00

① 西藏、香港、澳门、台湾暂未统计相关数据。

表2-5　2013—2014年全国各省（区、市）花卉保护地栽培面积比较①

地区	合计			其中								
				温室			大（中、小）棚			遮阴棚		
	2014	2013	同比增减(%)	2014	2013	同比增减(%)	2014	2013	同比增减(%)	2014	2013	同比增减(%)
合　计	**129468.16**	**133482.08**	**−3.01**	**28442.40**	**36096.54**	**−21.20**	**56632.89**	**55145.15**	**2.70**	**44392.87**	**42240.39**	**5.10**
北　京	747.17	817.42	−8.59	493.23	580.05	−14.97	79.27	75.13	5.51	174.67	162.24	7.66
天　津	605.70	1700.10	−64.37	93.90	817.30	−88.51	280.60	641.60	−56.27	231.20	241.20	−4.15
河　北	3457.30	4263.00	−18.90	1895.40	2727.90	−30.52	1179.30	1156.30	1.99	382.60	378.80	1.00
山　西	656.70	570.60	15.09	616.60	539.80	14.23	11.60	7.30	58.90	28.50	23.50	21.28
内蒙古	133.00	132.90	0.08	99.00	96.00	3.13	26.50	28.30	−6.36	7.50	8.60	−12.79
辽　宁	7285.70	12292.80	−40.73	4729.30	8925.60	−47.01	2328.40	3129.50	−25.60	228.00	237.70	−4.08
吉　林	2670.00	2566.00	4.05	1250.00	1245.00	0.40	950.00	853.00	11.37	470.00	468.00	0.43
黑龙江	604.40	598.80	0.94	385.87	369.70	4.37	218.53	229.10	−4.61			
上　海	645.61	735.09	−12.17	213.25	251.34	−15.15	392.96	420.92	−6.64	39.40	62.83	−37.29
江　苏	19784.40	19007.70	4.09	2782.00	3459.00	−19.57	12342.10	10816.40	14.11	4660.30	4732.30	−1.52
浙　江	8871.40	8202.50	8.15	543.00	1060.10	−48.78	2836.30	2387.10	18.82	5492.10	4755.30	15.49
安　徽	940.00	935.90	0.44	190.00	188.80	0.64	470.00	468.40	0.34	280.00	278.70	0.47
福　建	6957.53	6630.00	4.94	511.73	258.40	98.04	4859.69	4089.30	18.84	1586.11	2282.30	−30.50
江　西	2168.73	2146.43	1.04	43.66	42.76	2.10	797.10	762.07	4.60	1327.97	1341.60	−1.02
山　东	1623.50	1490.60	8.92	1422.50	1260.60	12.84	125.50	150.00	−16.33	75.50	80.00	−5.63
河　南	2150.00	2169.00	−0.88	530.00	545.00	−2.75	700.00	734.00	−4.63	920.00	890.00	3.37
湖　北	246.00	215.00	14.42	31.00	28.00	10.71	132.00	112.00	17.86	83.00	75.00	10.67
湖　南	2207.66	1770.40	24.70	115.56	85.70	34.84	657.37	375.30	75.16	1434.73	1309.40	9.57
广　东	18249.90	17534.54	4.08	7319.90	7468.76	−1.99	3642.30	3887.20	−6.30	7287.70	6178.58	17.95
广　西	4969.30	3571.10	39.15	410.10	115.70	254.45	2468.80	1744.90	41.49	2090.40	1710.50	22.21
海　南	2879.50	4413.91	−34.76	38.80	72.22	−46.28	91.90	1661.24	−94.47	2748.80	2680.45	2.55
重　庆	707.54	556.91	27.05	35.44	65.62	−45.99	146.71	160.35	−8.51	525.39	330.94	58.76
四　川	22762.00	21987.70	3.52	1941.00	2078.81	−6.63	10604.00	9658.74	9.79	10217.00	10250.15	−0.32
贵　州	309.60	300.00	3.20	7.10	7.10	0.00	132.50	131.40	0.84	170.00	161.50	5.26
云　南	12040.90	12174.03	−1.09	56.90	319.30	−82.18	9367.00	9657.20	−3.01	2617.00	2197.53	19.09
陕　西	3800.00	3950.00	−3.80	1200.00	1200.00	0.00	1500.00	1550.00	−3.23	1100.00	1200.00	−8.33
甘　肃	1029.30	961.70	7.03	630.80	583.60	8.09	201.70	185.10	8.97	196.80	193.00	1.97
青　海	252.10	264.50	−4.69	226.70	239.10	−5.19	23.30	23.30	0.00	2.10	2.10	0.00
宁　夏	434.20	1310.90	−66.88	407.50	1310.90	−68.91	26.70	0.00				
新　疆	279.02	212.55	31.27	222.16	154.38	43.90	40.76	50.00	−18.48	16.10	8.17	97.06

① 西藏、香港、澳门、台湾暂未统计相关数据。

的40.11%；其次是辽宁省，花卉温室面积达4729.30万平方米，占该省花卉保护地栽培面积的64.91%；再次是江苏省，花卉温室面积达2782.00万平方米，占该省花卉保护地栽培面积的14.06%。

5．经营实体和从业人员

从表2-6可以看出，2014年全国共有花卉市场3286个，较2013年减少247个。其中，河北省以332个位列首位，同比增加1个；其次是广东，有314个，同比减少247个；湖南、四川、江苏分列第3～5位，分别有271家、265家和233家。

2014年全国有15个省（区、市）有新增花卉企业，但只有7个省（区、市）新增企业数超过100家。新增企业数最多的是江苏省，为945家；其次是山东430家、湖南302家。有14个省（区、市）花卉企业数较2013年有所减少，减少最多的为云南省，达127家，其次是河北省110家、辽宁省109家。按企业数排名，浙江省有26319家，为全国最多；其次是广东省，有12524家；再次是山东省，有12250家；3省共有花卉企业51093家，占全国的59.82%。排列第4～9名的依次为江苏（6589家）、福建（4725家）、湖北（3500家）、河南（2590家）、云南（1770家）和湖南（1704家），四川和重庆并列第十，均有1625家。但在多达8.5万家的花卉企业中，仅有约1.5万家大中型企业，且主要集中于东部沿海地区。大中型企业数位列前5名的分别为浙江（4355家）、广东（2107家）、山东（1570家）、江苏（1402家）、福建（1081家），5省大中型企业总数占全国的69.51%。我国的专业花农群体则十分庞大，总数多达188.12万户，有7个省（区）专业花农数超过10万户，分别是江苏、云南、浙江、河南、广西、四川和湖南。其中，江苏省有30.19万户，较2013年减少8941户；云南省有26.17万户，较2013年减少14116户；浙江省有18.71万户，较2013年减少5716户；还有7个省（区、市）专业花农超过5万户，分别是湖北、黑龙江、重庆、广东、安徽、江西和辽宁，千家万户齐种花的现象相当普遍。

2013年全国花卉从业人员数超过50万人的有2个省，分别是江苏（69.57万人）和浙江（64.49万人）；30万～50万人的有4个省，分别是云南（45.44万人）、广西（39.48万人）、湖南（37.61万人）和河南（36.12万人）；另有山东、福建、四川和广东4省在20万～30万人间，重庆、湖北、安徽、黑龙江、江西和陕西6个省（市）在10万～20万人间。但全国只有广东省的专业技术人员数占从业人员总数的比例超过20%，达24.61%；上海、山西、甘肃和天津4省（市）在10%～20%间；有18个省（区、市）低于全国平均水平（全国平均值为5.33%），最低的为湖北省，只有0.85%（表2-6）。

三、全国各统计类别花卉生产经营情况分析

1. 鲜切花类

我国鲜切花类生产经过前几年连续增长后，2014年开始进入调整期，表现

表2-6　2013—2014年全国各省（区、市）花卉经营实体和从业人员比较[①]

地区	花卉市场（个）			花卉企业（家）						花农（户）			从业人员数（人）					
				花卉企业合计			其中：大中型企业						从业人员合计			其中：专业技术人员		
	2014	2013	同比增减(%)	2014	2013	同比增减(%)	2014	2013	同比增减(%)	2014	2013	同比增减(%)	2014	2013	同比增减(%)	2014	2013	同比增减(%)
合　计	**3286**	**3533**	**−6.99**	**85406**	**83338**	**2.48**	**15127**	**15403**	**−1.79**	**1881153**	**1834117**	**2.56**	**5255122**	**5505708**	**−4.55**	**280333**	**303281**	**−7.57**
北　京	40	40	0.00	191	255	−25.10	97	85	14.12	1125	1108	1.53	10063	11421	−11.89	958	1238	−22.62
天　津	12	9	33.33	99	66	50.00	23	25	−8.00	4317	3986	8.30	12477	12188	2.37	1266	1246	1.61
河　北	332	331	0.30	777	887	−12.40	118	111	6.31	34109	34491	−1.11	89057	100034	−10.97	6342	7356	−13.78
山　西	196	198	−1.01	247	249	−0.80	18	16	12.50	3966	3975	−0.23	11868	11856	0.10	1802	1791	0.61
内蒙古	49	53	−7.55	319	321	−0.62	15	15	0.00	15429	16467	−6.30	32348	34243	−5.53	756	742	1.89
辽　宁	65	60	8.33	697	806	−13.52	402	411	−2.19	50027	63214	−20.86	79555	125428	−36.57	3289	5423	−39.35
吉　林	44	44	0.00	810	810	0.00	40	40	0.00	5680	5670	0.18	80340	80335	0.01	3825	3822	0.08
黑龙江	12	11	9.09	68	67	1.49	28	27	3.70	59680	57510	3.77	138367	138117	0.18	1810	1759	2.90
上　海	17	17	0.00	183	217	−15.67	45	59	−23.73	1609	1567	2.68	5594	6197	−9.73	858	988	−13.16
江　苏	233	279	−16.49	6589	5644	16.74	1402	1998	−29.83	301915	310856	−2.88	695706	723673	−3.86	38155	35788	6.61
浙　江	99	91	8.79	26319	26271	0.18	4355	3994	9.04	187103	192819	−2.96	644936	694626	−7.15	60117	84328	−28.71
安　徽	132	132	0.00	1580	1578	0.13	75	74	1.35	52000	51665	0.65	152000	151319	0.45	5450	5469	−0.35
福　建	50	36	38.89	4725	4664	1.31	1081	713	51.61	36090	33004	9.35	261395	247837	5.47	14550	13760	5.74
江　西	58	55	5.45	1108	1034	7.16	240	236	1.69	52165	51934	0.44	127344	126560	0.62	2232	2252	−0.89
山　东	65	69	−5.80	12250	11820	3.64	1570	1550	1.29	47800	48100	−0.62	280550	261100	7.45	9200	10220	−9.98
河　南	176	176	0.00	2590	2600	−0.38	706	709	−0.42	133930	135010	−0.80	361210	365350	−1.13	15580	15690	−0.70
湖　北	147	123	19.51	3500	3300	6.06	260	254	2.36	63000	61000	3.28	157000	161000	−2.48	1336	1218	9.69
湖　南	271	248	9.27	1704	1402	21.54	266	211	26.07	117086	107622	8.79	376053	627022	−40.03	6671	5722	16.59
广　东	314	561	−44.03	12524	12354	1.38	2107	2930	−28.09	56418	40966	37.72	235992	174009	35.62	58089	59137	−1.77
广　西	136	135	0.74	1370	1104	24.09	316	96	229.17	123762	85443	44.85	394847	266114	48.38	9083	7735	17.43
海　南	35	34	2.94	640	595	7.56	143	80	78.75	9510	9403	1.14	46506	34585	34.47	824	909	−9.35
重　庆	64	64	0.00	1625	1723	−5.69	281	361	−22.16	58511	57254	2.20	170778	168560	1.32	6117	6948	−11.96
四　川	265	247	7.29	1625	1486	9.35	256	241	6.22	122707	107807	13.82	257194	272043	−5.46	10563	8804	19.98
贵　州	78	78	0.00	730	748	−2.41	70	72	−2.78	6900	6944	−0.63	30270	30315	−0.15	840	828	1.45
云　南	154	181	−14.92	1770	1897	−6.69	883	731	20.79	261657	275773	−5.12	454449	512470	−11.32	11083	10002	10.81
陕　西	80	100	−20.00	610	660	−7.58	180	196	−8.16	36000	28000	28.57	100000	110000	−9.09	5000	5500	−9.09
甘　肃	118	118	0.00	525	522	0.57	86	84	2.38	35428	35428	0.00	34000	33500	1.49	3856	3856	0.00
青　海	5	5	0.00	63	67	−5.97	15	17	−11.76	331	379	−12.66	1733	1831	−5.35	98	101	−2.97
宁　夏	5	9	−44.44	118	128	−7.81	34	44	−22.73	1232	5156	−76.11	5988	16796	−64.35	95	228	−58.33
新　疆	34	29	17.24	50	63	−20.63	15	23	−34.78	1666	1566	6.39	7502	7179	4.50	488	421	15.91

① 西藏、香港、澳门、台湾暂未统计相关数据。
② 大中型企业指种植面积3公顷以上或年营业额500万元以上的企业。

为生产面积和销售额与2013年相比基本持平，出口额大幅减少，但单价明显提高。2014年全国鲜切花类种植面积为6.48万公顷，同比减少0.53%；销售额为135.33亿元，同比增长0.62%；出口额为3.16亿美元，同比大幅减少15.53%，但销售单价达0.66元/枝，同比提高26.14%（表2-7）。

从各省（区、市）统计结果（表2-7）看，2014年湖北省鲜切花类种植面积超过云南省，达1.24万公顷，位列全国第一，但销售额仅3.15亿元，位列全国第九；云南省鲜切花类种植面积为1.13万公顷，位居第二，但销售额和出口额两项指标继续高居全国之首，分别为26.51亿元和1.56亿美元，占全国的19.59%和49.31%；广东省鲜切花类种植面积、销售额和出口额3项指标均进入全国前3名，种植面积和销售额均居全国第三，种植面积同比减少4.25%，但销售额同比增长4.12%，出口额位居全国第二，达6319.70万美元，占广东全省花卉出口总额的57.04%；辽宁省鲜切花类种植面积、销售额和出口额继续大幅下滑，但种植面积和销售额仍居全国第四，种植面积为5836.00公顷，同比减少23.01%，销售额为17.74亿元，同比减少21.59%，出口额仅有320万美元，位列全国第七；四川省鲜切花类种植面积为4327.00公顷，位列全国第五，较2013年减少6.89%，销售额为7.01亿元，位居全国第六，较2013年大幅增长40.95%；江苏省种植面积为4104.30公顷，同比增长32.03，位列全国第六，销售额为19.82亿元，同比大幅增长112.70%，仅次于云南省，位居全国第二，出口额为3033万美元，同比减少9.16%，位列全国第四。此外，海南省种植面积为全国第七，销售额为全国第八，出口额为全国第六；浙江省种植面积为全国第八，销售额为全国第七，出口额为全国第三。从中不难发现，虽然湖北省种植面积已达全国第一，但还不是鲜切花类大省和强省，云南、广东、辽宁3省仍是我国鲜切花类产品的传统产区，但已出现较大分化，云南省种植面积、销售额和出口额都有所下降，这与2014年云南省鲜切花产区持续干旱有关；广东省虽种植面积有所下滑，但销售额不降反升；而辽宁省种植面积、销售额和出口额降幅均超过20%。

在鲜切花类产品中，鲜切花种植面积和销售额略有增长，但出口额大幅下降；鲜切叶种植面积和销售额减少，但出口额大幅增长；鲜切枝种植面积、销售额和出口额均有增长。2014年全国鲜切花种植面积为5.19万公顷，销售额为123.71亿元，同比分别微涨1.01%和1.19%；出口额为2.54亿美元，同比大幅减少8233.20万美元，降幅达24.47%（表2-8）。其中，云南省鲜切花种植面积最大，为1.12万公顷，较2013年略降0.54%；销售额26.29亿元，较2013年减少8.75%；出口额1.55亿美元，较2013年减少7.46%。而湖北省种植面积增加最多，达1282公顷，同比增长15.25%，但销售额大幅减少48.14%。辽宁省种植面积减幅最大，达1500.50公顷，同比减少20.68%，销售额和出口额也同比大幅减少20.60%和54.29%。2014年全国鲜切叶种植面积0.77万公顷，同比减少10.40%；销售额6.53亿元，同比减少9.77%；出口额4082.10万美元，同比大

表2-7　2013—2014年各省（区、市）鲜切花类产品产销情况比较[①]

地区	种植面积（公顷）			销售量（万枝）			销售额（万元）			出口额（万美元）		
	2014	2013	同比增减(%)	2014	2013	同比增减(%)	2014	2013	同比增减(%)	2014	2013	同比增减(%)
合　计	**64781.67**	**65127.55**	**−0.53**	**2045830.22**	**2564754.10**	**−20.23**	**1353349.79**	**1345058.01**	**0.62**	**31603.50**	**37412.70**	**−15.53**
北　京	142.67	186.10	−23.34	2236.04	2514.50	−11.07	4637.10	7063.00	−34.35	178.00	143.00	24.48
天　津	216.00	302.80	−28.67	4719.40	4616.10	2.24	4120.90	7462.90	−44.78			
河　北	983.86	1521.50	−35.34	17575.35	20432.80	−13.98	26648.74	36008.40	−25.99			
山　西	21.50	20.50	4.88	331.70	326.20	1.69	311.80	302.60	3.04			
内蒙古	119.20	123.00	−3.09	1392.10	1453.60	−4.23	1573.10	1570.10	0.19			
辽　宁	5836.00	7580.50	−23.01	180713.00	235042.90	−23.11	177420.80	226265.90	−21.59	320.00	700.00	−54.29
吉　林	343.70	345.00	−0.38	8790.40	8624.00	1.93	4247.90	4790.00	−11.32			
黑龙江	13.80	14.61	−5.54	267.41	297.60	−10.14	374.40	418.11	−10.45			
上　海	456.90	493.00	−7.32	32955.10	35674.60	−7.62	16111.90	14176.70	13.65	67.10	164.90	−59.31
江　苏	4104.30	3108.50	32.03	184695.90	85945.60	114.90	198216.20	93181.10	112.72	3033.00	3339.00	−9.16
浙　江	2780.60	2962.80	−6.15	114703.20	127948.60	−10.35	58165.40	75335.40	−22.79	4520.00	4935.00	−8.41
安　徽	400.80	397.60	0.80	15307.14	15272.13	0.23	11291.78	10382.91	8.75			
福　建	1885.63	1551.75	21.52	96442.54	55195.92	74.73	87263.44	62907.15	38.72	1193.40	546.00	118.57
江　西	438.60	433.80	1.11	10808.20	10889.60	−0.75	8340.50	8320.50	0.24			
山　东	277.20	263.20	5.32	19726.40	15631.10	26.20	16557.10	14278.00	15.96	0.00	156.80	−100.00
河　南	702.00	789.00	−11.03	14982.00	16617.00	−9.84	12816.00	12799.00	0.13			
湖　北	12423.00	10780.00	15.24	17482.00	65496.00	−73.31	31468.00	58346.00	−46.07			
湖　南	1230.14	1270.24	−3.16	20894.98	21042.48	−0.70	18265.30	19375.75	−5.73			
广　东	7692.50	8034.20	−4.25	230602.50	237249.20	−2.80	181954.00	174746.30	4.12	6319.70	6425.70	−1.65
广　西	1120.40	722.60	55.05	10931.10	7628.80	43.29	10325.40	7830.50	31.86			
海　南	2940.70	3176.10	−7.41	71989.10	104214.70	−30.92	51935.10	60084.50	−13.56	355.00	4171.00	−91.49
重　庆	2208.20	1944.33	13.57	22716.12	22160.37	2.51	26310.88	26157.29	0.59			
四　川	4327.00	4647.00	−6.89	261500.00	629800.00	−58.48	70064.00	49710.00	40.95			
贵　州	421.00	427.60	−1.54	17825.30	19605.20	−9.08	7577.00	7766.00	−2.43	0.00	105.30	−100.00
云　南	11328.20	11406.40	−0.69	621543.00	757597.70	−17.96	265087.00	290918.00	−8.88	15584.00	16726.00	−6.83
陕　西	1000.00	1290.00	−22.48	20720.00	25360.00	−18.30	31080.00	39550.00	−21.42			
甘　肃	750.40	744.40	0.81	29462.90	24462.90	20.44	18614.50	17604.30	5.74			
青　海	195.00	197.80	−1.42	4372.90	4397.50	−0.56	4114.10	4833.90	−14.89			
宁　夏	297.35	294.00	1.14	8899.02	8524.70	4.39	4533.20	10887.50	−58.36			
新　疆	125.02	99.22	26.00	1245.42	732.30	70.07	3924.25	1986.20	97.58	33.30	0.00	100.00

① 西藏、香港、澳门、台湾暂未统计相关数据。

表2-8 2014年各省（区、市）3类鲜切花类产品产销情况比较①

项目	鲜切花				鲜切叶				鲜切枝			
	种植面积（公顷）	销售量（万枝）	销售额（万元）	出口额（万美元）	种植面积（公顷）	销售量（万枝）	销售额（万元）	出口额（万美元）	种植面积（公顷）	销售量（万枝）	销售额（万元）	出口额（万美元）
合 计	**51867.97**	**1789902.19**	**1237063.10**	**25406.70**	**7698.14**	**134497.21**	**65304.33**	**4082.10**	**5215.56**	**121430.82**	**50982.36**	**2114.70**
北 京	142.41	2218.60	4596.10	178.00					0.26	17.44	41.00	
天 津	213.30	4661.40	4012.90		2.00	40.00	72.00		0.70	18.00	36.00	
河 北	808.19	16416.15	24770.74		118.20	756.00	1299.90		57.47	403.20	578.10	
山 西	20.90	323.40	307.20		0.60	8.30	4.60					
内蒙古	119.20	1392.10	1573.10									
辽 宁	5755.90	179779.60	176289.60	320.00	53.80	704.10	830.80		26.30	229.30	300.40	
吉 林	298.70	8375.40	3705.90		13.00	90.00	128.00		32.00	325.00	414.00	
黑龙江	11.37	229.98	351.87		1.30	14.98	12.43		1.13	22.45	10.10	
上 海	421.20	32715.00	15726.20	67.00	0.40	15.00	6.40	0.10	35.30	225.10	379.30	
江 苏	3882.80	168767.70	187948.70	3033.00	161.00	14643.00	8689.00		60.50	1285.20	1578.50	
浙 江	1606.50	106066.50	49946.40	1269.00	1157.90	7066.50	6990.50	3081.00	16.20	1570.20	1228.50	170.00
安 徽	258.36	14186.68	10576.23		78.12	775.23	503.22		64.32	345.23	212.33	
福 建	1752.13	92862.70	83683.60	1193.40	75.07	2414.06	2414.06		58.43	1165.78	1165.78	
江 西	361.00	7421.60	6340.30		50.00	2856.00	1700.00		27.60	530.60	300.20	
山 东	270.50	19700.00	16500.00		3.20	21.60	15.60		3.50	4.80	41.50	
河 南	610.00	14136.00	10996.00		51.50	764.00	1248.00		40.50	82.00	572.00	
湖 北	9690.00	7342.00	23601.00		2232.00	8915.00	5664.00		501.00	1225.00	2203.00	
湖 南	764.94	13026.14	11495.78		380.80	6465.34	5713.22		84.40	1403.50	1056.30	
广 东	5467.80	154863.60	156955.40	3479.00	738.40	36984.40	10900.20	896.00	1486.30	38754.50	14098.40	1944.70
广 西	809.50	9738.40	8959.20		139.30	783.40	1061.30		171.60	409.30	304.90	
海 南	664.50	19078.60	26812.70	355.00	1164.20	12895.50	8964.40		1112.00	40015.00	16158.00	
重 庆	1871.95	19013.90	22188.00		182.60	2004.30	1899.90		153.65	1697.92	2222.98	
四 川	2727.00	204500.00	59387.40		600.00	27000.00	3585.40		1000.00	30000.00	7091.20	
贵 州	337.60	16433.40	6847.50		72.60	974.10	469.60		10.80	417.80	259.90	
云 南	11162.60	614500.00	262900.00	15479.00	111.60	6907.00	2144.00	105.00	54.00	136.00	43.00	
陕 西	510.00	18830.00	30128.00		290.00	900.00	450.00		200.00	990.00	502.00	
甘 肃	722.90	28980.10	17983.80		14.90	362.30	475.30		12.60	120.50	155.40	
青 海	185.10	4259.10	4046.30		4.90	77.10	38.50		5.00	36.70	29.30	
宁 夏	296.60	8838.72	4508.93		0.75	60.00	24.00			0.30	0.27	
新 疆	125.02	1245.42	3924.25	33.30								

① 西藏、香港、澳门、台湾暂未统计相关数据。

幅增长33.35%（表2-8）。湖北、海南、浙江、广东和四川5省是我国鲜切叶主产区，2014年5省鲜切叶种植总面积为5892.50公顷，占全国的76.54%；销售额为3.61亿元，占全国的55.29%；出口额为3977.00万美元，占全国的97.43%。但各省间出现了较大分化，湖北省鲜切叶种植面积全国最大，为2232.00公顷，同比增长15.05%，但销售额同比大幅减少46.07%；海南省种植面积居全国第二，为1164.20公顷，同比减少30.06%，销售额也同步减少42.73%；浙江省种植面积位列第三，为1157.90公顷，同比减少7.17%，销售额也同步减少2.26%，但出口额增长1.28%，达3081.00万美元，占全国鲜切叶出口总额的75.48%；广东省鲜切叶种植面积和销售额较2013年分别下降26.08%和19.46%，但出口额从2013年的17.30万美元增加到2014年的896.00万美元，增幅高达5079.19%。2014年全国鲜切枝种植面积为5215.56公顷，同比增长0.56%；销售额为5.10亿元，同比增长1.71%；出口额为2114.70万美元，同比大幅增加197.22%（表2-8）。广东、海南和四川3省是我国鲜切枝主产区，2014年总种植面积为3598.30公顷，占全国的68.99%；销售额为3.73亿元，占全国的73.26%；出口额为1944.70万美元，占全国的91.96%。其中，广东省种植面积为1486.30公顷，位居全国第一，同比减少8.72%；但销售额达1.41亿元，位居全国第二，同比增长14.03%；出口额为1944.70万美元，同比增长379.75%，占全国的91.96%。海南省种植面积为1112.00公顷，位居全国第二，同比大幅增长85.74%；销售额为1.62亿元，居全国第一，同比大幅增长129.63%。四川省种植面积为1000.00公顷，销售额为7091.20万元，同比分别大幅减少24.64%和40.19%。

2. 盆栽植物类

2014年全国盆栽植物类种植面积为10.66万公顷，比2013年增长2.56%；销售额为279.67亿元，同比减少0.65%；出口额为1.33亿美元，同比增长17.82%。从各省（区、市）统计数据（表2-9）来看，2014年种植面积位居前10位的省（区、市）分别为广东、四川、陕西、福建、江苏、湖南、河南、云南、湖北和江西，10省种植面积占全国的75.77%。位居第一的广东省种植面积远高于其他各省，达1.93万公顷，同比减少2.96%；四川省种植面积增加最多，同比增加2547.00公顷，增幅达25.69%；10省中增幅最大的为陕西省，种植面积从2013年的0.82万公顷增加到1.06万公顷，同比增长29.27%；江苏省是10省中降幅最大的，种植面积从2013年的7807.00公顷减少到6946.90公顷，降幅达11.02%。但与2013年相比，种植面积减少最多的当属辽宁省，种植面积从2013年的5066.20公顷减少到3269.10公顷，排名也从第六位跌到第十二位。

2014年全国盆栽植物类销售额居前10位的省（区、市）依次是广东、福建、四川、江苏、辽宁、浙江、云南、山东、陕西和江西，10省销售额占全国的75.24%（表2-9）。广东省位列第一，为57.15亿元，较2013年减少8.96%；其次是福建省，为41.70亿元，同比增长12.72%；再次是四川省，为22.42亿元，

表2-9 2013—2014年各省（区、市）盆栽植物类产品产销情况比较[①]

地区	种植面积（公顷）			销售量(万盆)			销售额（万元）			出口额（万美元）		
	2014	2013	同比增减(%)	2014	2013	同比增减(%)	2014	2013	同比增减(%)	2014	2013	同比增减(%)
合　计	**106615.24**	**103952.63**	**2.56**	**538572.40**	**555501.77**	**−3.05**	**2796668.54**	**2815012.78**	**−0.65**	**13337.70**	**11320.10**	**17.82**
北　京	1242.46	2016.40	−38.38	12223.95	27274.00	−55.18	47245.40	59942.00	−21.18			
天　津	333.40	378.60	−11.94	5166.50	4607.30	12.14	45860.70	28410.50	61.42			
河　北	2241.80	2416.40	−7.23	5664.20	17782.50	−68.15	67903.10	72837.20	−6.77			
山　西	808.80	772.80	4.66	2422.20	2136.90	13.35	13742.30	16512.10	−16.77			
内蒙古	1403.40	1193.20	17.62	15333.30	12153.30	26.17	14345.30	15077.80	−4.86			
辽　宁	3269.10	5066.20	−35.47	17885.50	31313.60	−42.88	161108.10	229993.70	−29.95			
吉　林	467.10	469.00	−0.41	6189.70	5718.00	8.25	20268.10	17041.00	18.94			
黑龙江	204.62	230.39	−11.19	2586.27	3042.67	−15.00	3075.06	3427.88	−10.29			
上　海	440.20	517.60	−14.95	6156.60	7357.80	−16.33	32668.20	36913.10	−11.50	2.00	50.00	−96.00
江　苏	6946.90	7807.00	−11.02	54086.00	48496.70	11.53	200949.10	216561.40	−7.21	2540.00	530.00	379.25
浙　江	3651.80	4069.50	−10.26	28595.90	30258.10	−5.49	133833.50	156177.00	−14.31	51.00	76.00	−32.89
安　徽	1584.24	1579.89	0.28	6297.66	6282.81	0.24	40733.66	39229.33	3.83			
福　建	8374.18	7693.48	8.85	136053.36	62472.66	117.78	416980.73	369941.97	12.72	6923.00	6758.70	2.43
江　西	4260.90	4186.80	1.77	13120.20	12614.50	4.01	79075.00	78434.20	0.82	85.00	80.00	6.25
山　东	3204.00	2976.00	7.66	53005.40	43661.00	21.40	105400.00	84900.00	24.15			
河　南	4750.00	4484.30	5.93	5969.00	5632.20	5.98	59060.00	56650.00	4.25			
湖　北	4375.00	4262.00	2.65	1314.00	952.00	38.03	59021.00	56276.00	4.88			
湖　南	5024.90	4904.10	2.46	4955.99	4892.20	1.30	68588.99	76783.50	−10.67			
广　东	19310.90	19900.50	−2.96	63841.30	70379.50	−9.29	571454.90	627667.70	−8.96	1918.30	2946.00	−34.88
广　西	2133.10	1411.30	51.14	5496.80	3808.80	44.32	75323.30	45752.70	64.63	13.00	0.00	100.00
海　南	1269.80	2083.50	−39.05	3982.10	67423.60	−94.09	41545.40	51787.10	−19.78	15.00	10.00	50.00
重　庆	1263.17	1193.06	5.88	4894.60	4385.76	11.60	57174.67	60038.17	−4.77			
四　川	12460.00	9913.00	25.69	13086.00	17185.00	−23.85	224154.80	216867.00	3.36			
贵　州	801.30	965.30	−16.99	2450.40	3172.70	−22.77	11882.80	13339.10	−10.92			
云　南	4681.80	3706.40	26.32	4873.00	3026.90	60.99	108610.00	71588.00	51.72	1790.40	869.40	105.94
陕　西	10600.00	8200.00	29.27	51000.00	49183.00	3.69	102550.00	83449.00	22.89			
甘　肃	1035.20	1035.20	0.00	5920.00	5931.00	−0.19	14090.20	14090.20	0.00			
青　海	250.60	257.00	−2.49	474.80	484.00	−1.90	6423.30	6654.11	−3.47			
宁　夏	86.84	158.20	−45.11	1413.90	1615.80	−12.50	3612.70	4342.50	−16.81			
新　疆	139.73	105.51	32.43	4113.77	2257.47	82.23	9988.23	4328.52	130.75			

① 西藏、香港、澳门、台湾暂未统计相关数据。

同比增长3.36%。2014年盆栽植物类产品销售额增长最多的为福建省，从2013年的36.99亿元增长到41.70亿元，增幅为12.72%；但增幅最大的为新疆，达130.75%；而销售额减少最多的为辽宁省，从2013年的23.00亿元减少到16.11亿元，降幅也最大，达29.95%。

2014年全国盆栽植物类产品出口格局发生了很大变化，除传统的福建和广东两省外，云南和江苏两省盆栽植物类出口额也大幅增长。福建省以6923.00万美元高居榜首，连续5年位居全国第一，同比增长2.43%；江苏省从2013年的530.00万美元迅速增长到2540.00万美元，同比增长379.25%，超越广东，位居第二；广东省位居第三，为1918.30万美元，同比减少34.88%；云南省位列第四，为1790.40万美元，同比大幅增长105.94（表2-9）。其他出口省（区、市）还有上海、浙江、江西、广西和海南，合计为166万美元，仅占全国的1.24%。

农业部的统计结果（表2-10）还显示，2014年盆栽植物类产品中，盆栽植物、盆景、花坛植物3类产品种植面积均有所扩大，分别为6.20万公顷、1.98万公顷、2.48万公顷，分别占盆栽植物类种植面积的58.17%、18.56%和23.27%；销售额分别为185.16亿元、52.50亿元和42.00亿元，分别占盆栽植物类产品总销售额的66.21%、18.77%和15.02%；出口额分别为9071.20万美元、4151.50万美元和115.00万美元，分别占盆栽植物类产品总出口额的68.01%、31.13%和0.86%。

2014年盆栽植物种植面积前10名的省（区、市）依次为广东、四川、江苏、福建、云南、陕西、湖北、辽宁、江西和河南，合计为4.77万公顷，占全国盆栽植物总面积的76.89%。广东省以1.36万公顷位列全国第一，较2013年增长4.66%；四川省种植面积增加最多，同比增加1747.00公顷，增幅达39.95%；辽宁省种植面积减少最多，同比减少964.10公顷，降幅达15.14%。销售额排列前10位的省（区）依次为广东、福建、辽宁、江苏、云南、四川、浙江、山东、广西和江西，10省（区）销售额合计为145.94亿元，占全国的78.82%。广东省以43.84亿元位列第一，同比减少7.20%；广西销售额增加最多，达2.66亿元，同比增长77.45%；江苏销售额下降最多，达4.59亿元，降幅达23.78%。2014年福建、江苏、广东、云南、江西、浙江、广西、上海和海南9省（区、市）有盆栽植物出口记录，其中，位列第一的为福建省，出口额为4092.00万美元，占全国的45.11%，同比增长34.75%；江苏取代广东位列第二，为2540.00万美元，占全国的28.01%，同比大幅增长379.25%；广东位列第三，为1601.80万美元，占全国的17.66%，同比减少36.11%；云南位列第四，为687.40万美元，占全国的7.58%，同比减少18.98%；其他5省（区、市）出口额均不超过100万美元。

2014年有8个省（区、市）的盆景种植面积超过1000公顷，面积合计为1.60万公顷，占全国盆景总面积的80.97%。其中，四川省种植面积最大，面积增加数也最大，由2013年的2413公顷增加到4087.00公顷，同比增长69.37%；其次是广东省，种植面积为3689.40公顷，与2013年基本持平；再次是福建省，但种植

表2-10 2014年各省（区、市）3类盆栽植物类产品产销情况比较[①]

地区	盆栽植物				盆景				花坛植物			
	种植面积（公顷）	销售量（万盆）	销售额（万元）	出口额（万美元）	种植面积（公顷）	销售量（万盆）	销售额（万元）	出口额（万美元）	种植面积（公顷）	销售量（万盆）	销售额（万元）	出口额（万美元）
合　计	**62019.78**	**219009.64**	**1851637.37**	**9071.20**	**19788.36**	**26718.85**	**525021.93**	**4151.50**	**24807.10**	**292843.91**	**420009.24**	**115.00**
北　京	497.03	3823.28	32876.30		4.44	336.10	1430.10		740.99	8064.57	12939.00	
天　津	327.40	5080.10	45659.30		1.90	28.10	159.70		4.10	58.30	41.70	
河　北	1455.10	3818.30	43750.50		275.90	633.90	13636.60		510.80	1212.00	10516.00	
山　西	387.90	635.80	11126.50		39.40	31.50	674.10		381.50	1754.90	1941.70	
内蒙古	261.20	1731.00	4231.20		40.10	60.10	1902.50		1102.10	13542.20	8211.60	
辽　宁	2727.60	8140.00	150346.60		60.60	94.90	2848.00		480.90	9650.60	7913.50	
吉　林	357.10	2819.60	14521.20		25.00	80.00	3300.00		85.00	3290.10	2446.90	
黑龙江	33.41	208.86	1982.10		6.35	1.78	107.07		164.86	2375.63	985.89	
上　海	341.20	3609.60	25972.40	2.00	37.40	116.90	3534.50		61.60	2430.10	3161.30	
江　苏	5404.20	37223.70	146996.20	2540.00	715.20	562.60	40270.80		827.50	16299.70	13682.10	
浙　江	1744.20	8171.10	81591.00	48.00	1447.40	597.10	28991.10	3.00	460.20	19827.70	23251.40	
安　徽	1078.12	3031.28	18635.17		275.86	350.18	9289.25		230.26	2916.20	12809.24	
福　建	5214.26	32475.08	279167.51	4092.00	2103.67	2928.98	50937.00	2831.00	1056.25	100649.30	86876.22	
江　西	2545.10	5360.20	46620.40	85.00	1067.00	2010.20	11270.60		648.80	5749.80	21184.00	
山　东	1477.00	10792.60	62500.00		27.00	12.00	1400.00		1700.00	42200.80	41500.00	
河　南	2460.00	2062.00	24980.00		730.30	584.00	19860.00		1559.70	3323.00	14220.00	
湖　北	2810.00	790.00	21312.00		1108.00	421.00	36479.00		457.00	103.00	1230.00	
湖　南	2429.90	2848.33	24478.66		1339.20	752.78	13685.69		1255.80	1354.88	30424.64	
广　东	13610.20	44530.30	438360.90	1601.80	3689.40	8756.00	111678.20	298.50	2011.30	10555.00	21415.80	18.00
广　西	1287.70	3203.10	60846.70	13.00	318.20	1269.00	8432.50		527.20	1024.70	6044.10	
海　南	976.60	3806.30	33270.40	2.00	168.30	69.40	7657.90	13.00	124.90	106.40	617.10	
重　庆	653.39	2294.74	15960.70		369.00	506.37	30969.22		240.78	2093.49	10244.75	
四　川	6120.00	6674.00	93336.60		4087.00	3319.00	97831.60		2253.00	3093.00	32986.60	
贵　州	415.00	979.30	6146.30		169.00	94.30	2641.70		217.30	1376.80	3094.80	
云　南	3795.00	4129.00	99659.00	687.40	232.60	28.00	1569.00	1006.00	654.20	716.00	7382.00	97.00
陕　西	3000.00	15680.00	45000.00		1180.00	2560.00	22000.00		6420.00	32760.00	35550.00	
甘　肃	290.20	2327.50	6770.10		220.10	54.80	976.30		524.90	3537.70	6343.80	
青　海	196.70	375.70	5534.10		36.10	21.70	773.90		17.80	77.40	115.30	
宁　夏	37.25	447.00	3084.00		1.13	5.50	33.00		48.46	961.40	495.70	
新　疆	87.02	1941.87	6921.53		12.81	432.66	682.60		39.90	1739.24	2384.10	

① 西藏、香港、澳门、台湾暂未统计相关数据。

面积由2013年的2654.79公顷减少到2103.67公顷，种植面积减少全国最多，同比大幅减少20.76%；而降幅最大的为辽宁省，达69.46%。2014年盆景销售额最大的是广东省，由2013年的10.42亿元增加到11.17亿元，同比增长7.22%；其次是四川省，为9.78亿元，同比增长15.95%；再次是福建省，为5.09亿元，但同比大幅减少37.86%；江苏、湖北分列第四和第五，分别为4.03亿元和3.65亿元，同比分别增长169.57%和4.55%。2014年只有福建、云南、广东、海南和浙江5省有盆景出口记录，其中福建省出口额位列全国第一，为2831.00万美元，同比减少23.94%；其次是云南省，为1006.00万美元，同比增长4690.48%，增幅位居全国第一；再次为广东省，为298.50万美元，同比减少25.00%；而海南、浙江两省分别只有13.00万美元和3.00万美元。

2014年花坛植物种植面积超过1000公顷的省（区、市）也有8个，面积合计为1.74万公顷，占全国花坛植物总面积的69.97%。其中，陕西省种植面积最大，面积增加数也最大，由2013年的4200.00公顷增加到6420.00公顷，同比大幅增长52.86%；其次是四川省，为2253.00公顷，同比减少874.00公顷，降幅达27.95%；再次是广东省，面积由2013年的3207.60公顷减少到2011.30公顷，面积减少全国最多，同比大幅减少37.30%。2014年花坛植物销售额最大的是福建省，由2013年的2.41亿元增加到8.69亿元，同比增长260.12%，增幅仅次于云南省，位居第二；其次是山东省，为4.15亿元，同比增长20.19%；再次是陕西省，为3.56亿元，同比增长15.27%。而广东、四川两省2014年花坛植物销售额大幅减少，广东省由2013年的5.11亿元减少到2.14亿元，降幅达58.11%；四川省由2013年的5.64亿元减少到3.30亿元，降幅达41.52%。2014年只有云南、广东两省有花坛植物出口记录，且均未超过100万美元。

3. 观赏苗木

2014年全国观赏苗木面积增速有所减缓，种植面积达74.10万公顷，比2013年小幅增长3.76%。全国有18个省（区、市）观赏苗木种植面积超过1万公顷，其中浙江、江苏两省均超过10万公顷，分别为12.98万公顷和12.08万公顷，较2013年分别增长0.62%和3.30%；河南、福建两省紧随其后，均超过5万公顷，河南省有8.37万公顷，同比小幅减少1.58%，福建省为5.20万公顷，同比大幅增长20.64%；山东、广东、四川、湖南4省超过3万公顷，分别为4.89万公顷、4.28万公顷、3.75万公顷和3.18万公顷，分别较2013年增长0.62%、9.89%、10.17%和0.34%；另有安徽、江西、湖北、河北、吉林、陕西、辽宁、重庆、云南和广西10省（区）超过1万公顷（表2-11）。

2014年全国观赏苗木销售额为659.07亿元，比2013年的652.32亿元微涨1.03%。全国有16个省（区）观赏苗木销售额超过10亿元，其中，浙江、江苏两省超过100亿元，浙江省以133.84亿元位列第一，同比减少0.13%；江苏省次之，为115.89亿元，同比减少7.77%；河南、福建两省为50亿～100亿元，河南

表2-11　2013—2014年各省（区、市）观赏苗木产销情况比较①

地区	种植面积（公顷）			销售量（万株）			销售额（万元）			出口额（万美元）		
	2014	2013	同比增减(%)	2014	2013	同比增减(%)	2014	2013	同比增减(%)	2014	2013	同比增减(%)
合　计	**740954.17**	**714100.59**	**3.76**	**1333202.38**	**1304951.95**	**2.16**	**6590683.32**	**6523237.82**	**1.03**	**3190.44**	**3808.38**	**−16.23**
北　京	1169.98	1106.40	5.75	500.36	652.60	−23.33	10136.00	12798.00	−20.80			
天　津	1070.40	1088.50	−1.66	4009.50	4197.80	−4.49	27379.90	25618.00	6.88			
河　北	15646.53	14084.10	11.09	41433.10	44387.00	−6.65	163535.50	113489.20	44.10			
山　西	2911.30	2886.30	0.87	7103.60	6995.90	1.54	29835.10	29934.20	−0.33			
内蒙古	872.30	961.30	−9.26	6328.30	7270.00	−12.95	6289.10	6763.00	−7.01			
辽　宁	12695.90	12770.00	−0.58	19161.80	18985.00	0.93	110947.00	110108.10	0.76			
吉　林	14300.00	14302.00	−0.01	7680.00	7600.00	1.05	46619.00	46230.00	0.84			
黑龙江	508.47	511.64	−0.62	315.25	312.10	1.01	838.57	786.49	6.62			
上　海	764.60	814.30	−6.10	189.50	131.20	44.44	3141.30	1632.30	92.45			
江　苏	120813.70	116955.40	3.30	385560.00	418067.60	−7.78	1158893.30	1256591.90	−7.77	100.00	570.00	−82.46
浙　江	129778.80	128974.20	0.62	174757.50	168667.10	3.61	1338406.10	1340146.20	−0.13			
安　徽	28984.66	28983.83	0.00	172356.26	191060.96	−9.79	216917.60	249173.60	−12.95			
福　建	52003.10	43106.24	20.64	73910.08	54827.73	34.80	523997.08	508035.63	3.14	596.00	206.92	188.03
江　西	22217.50	21722.50	2.28	31744.40	31634.40	0.35	158357.00	153477.00	3.18			
山　东	48900.00	48600.00	0.62	28200.00	30200.00	−6.62	402500.00	400500.00	0.50	253.04	184.46	37.18
河　南	83718.50	85060.00	−1.58	81200.00	82500.00	−1.58	617206.00	639450.00	−3.48			
湖　北	16421.00	16378.00	0.26	2113.00	2228.00	−5.16	206006.00	206646.00	−0.31			
湖　南	31753.70	31647.56	0.34	48792.24	52090.70	−6.33	148961.24	155439.60	−4.17			
广　东	42806.70	38952.70	9.89	74587.20	75771.60	−1.56	467481.50	377276.90	23.91	2241.40	2847.00	−21.27
广　西	11373.70	9035.30	25.88	11975.10	10500.00	14.05	124120.90	95631.40	29.79			
海　南	3464.00	2042.90	69.56	2043.90	384.30	431.85	67691.70	46059.10	46.97			
重　庆	12639.20	12301.90	2.74	8320.80	8040.80	3.48	82718.05	84306.50	−1.88			
四　川	37533.00	34067.00	10.17	26109.00	17653.00	47.90	311240.50	298834.00	4.15			
贵　州	4791.30	4688.70	2.19	17975.10	14975.10	20.03	110798.20	104825.70	5.70			
云　南	12080.70	13199.20	−8.47	1250.00	1753.50	−28.71	20229.00	16806.90	20.36			
陕　西	13000.00	13705.00	−5.14	15645.00	16460.00	−4.95	130000.00	158900.00	−18.19			
甘　肃	3682.00	3680.00	0.05	8337.60	8227.10	1.34	25117.60	25117.60	0.00			
青　海	12.30	13.00	−5.38	60.60	63.60	−4.72	102.50	111.30	−7.91			
宁　夏	7163.90	5026.00	42.54	68658.19	11275.70	508.90	43012.58	13806.80	211.53			
新　疆	7876.93	7436.62	5.92	12885.00	18039.16	−28.57	38205.00	44742.40	−14.61			

① 西藏、香港、澳门、台湾暂未统计相关数据。

省为61.72亿元，同比减少3.48%，福建省为52.40亿元，同比增长3.14%；其余省份均低于50亿元。

2014年全国观赏苗木出口额为3190.44万美元，比2013年减少16.23%，且只有广东、江苏、福建、山东4省有出口记录。广东省出口额为2241.40万美元，居全国第一位，但同比大幅减少21.27%；其次是福建省，出口额为596.00万美元，同比大幅增长188.03%；再次是山东省，为253.04万美元，同比大幅增长37.18%；江苏省为100万美元，同比大幅减少82.46%（表2-11）。

4. 食用与药用花卉

2014年全国食用与药用花卉种植面积和销售量继续保持增长，但单位重量售价明显下降，出口额则大幅增长。全国种植面积达25.05万公顷，比2013年增长6.56%。全国有9个省（区、市）种植面积超过1万公顷，由大到小依次是山东、湖南、云南、四川、河南、湖北、重庆、广西和安徽，与2013年相比名次略有变化。湖北省净增9900.00公顷，从2013年度的第十一位跃升到第六位，同比增长152.31%；福建省净增4266.61公顷，从2013年度的第十五位跃升到第十二位，同比增长252.69%。9个省（区、市）种植面积合计为21.22万公顷，占全国的84.74%。其中，位居第一的是山东省，种植面积达4.51万公顷，同比减少3.74%；湖南省位居第二，为3.46万公顷，同比增长6.91%；云南省位列第三，为3.21万公顷，同比增长5.34%（表2-12）。

2014年全国食用与药用花卉销售额为127.61亿元，比2013年减少8.02%。全国有湖南、山东、河南、浙江和福建5省销售额超过10亿元，5个省销售额合计为86.26亿元，占全国的67.60%。其中，湖南、山东两省销售额超过20亿元，分别为23.45亿元和21.68亿元，同比分别增长8.35%和减少3.99%；河南、浙江、福建3省销售额均超过10亿元，分别为18.29亿元、12.40亿元和10.44亿元；湖北、四川、安徽、重庆、山西、甘肃、江苏和广西销售额超过1亿元。

2014年全国食用与药用花卉出口额1540.80万美元，比2013年的251.00万美元大幅增长513.86%，但仅有云南、福建、浙江和广东4省有出口记录，其中云南省出口额为1051.00万美元，占全国的68.21%；其他3个省出口额很小（表2-12）。

5. 工业及其他用途花卉

2014年全国工业及其他用途花卉的种植面积和销售额持续减少，但出口额恢复增长（表2-13）。全国工业及其他用途花卉种植面积4.68万公顷，比2013年减少12.98%。其中，黑龙江、云南、广西、四川和内蒙古分列前5位，5个省（区）种植面积之和为3.31万公顷，占全国的70.64%；黑龙江省以1.39万公顷遥遥领先于其他各省，但较2013年减少656.51公顷，降幅为4.52%。

2014年全国工业及其他用途花卉销售额为23.27亿元，同比减少4.44%。其中，广西、黑龙江、四川、山东和广东分列前5位，5个省（区）销售额合计为

表2-12　2013—2014年各省（区、市）食用与药用花卉产销情况比较①

地区	种植面积（公顷）			销售量（千克，干重）			销售额（万元）			出口额（万美元）		
	2014	2013	同比增减(%)	2014	2013	同比增减(%)	2014	2013	同比增减(%)	2014	2013	同比增减(%)
合　计	**250459.41**	**235049.13**	**6.56**	**169774137.55**	**138912772.64**	**22.22**	**1276056.55**	**1387267.60**	**−8.02**	**1540.80**	**251.00**	**513.86**
北　京	300.30	315.70	−4.88	665245.00	714342.00	−6.87	666.00	801.00	−16.85			
河　北	956.53	885.70	8.00	1850473.80	1667245.60	10.99	9371.20	8021.00	16.83			
山　西	4925.60	2588.70	90.27	10343760.00	5824575.00	77.59	31031.30	11193.00	177.24			
辽　宁	102.00	87.00	17.24	1912.50	1750.80	9.24	795.00	707.60	12.35			
吉　林	155.20	162.00	−4.20	5760.00	6000.00	−4.00	2660.00	2860.00	−6.99			
黑龙江	989.05	1020.18	−3.05	543571.99	557344.74	−2.47	476.46	498.80	−4.48			
江　苏	5391.10	5159.70	4.48	10954607.00	1543002.70	609.95	26191.80	6428.80	307.41			
浙　江	7577.60	7255.80	4.44	9509179.00	7338506.10	29.58	123994.50	121677.60	1.90	144.00	113.00	27.43
安　徽	10611.22	10609.19	0.02	10779422.67	10779351.76	0.00	63563.68	61638.86	3.12			
福　建	5955.10	1688.49	252.69	152738.69	373196.34	−59.07	104411.30	139730.43	−25.28	343.00	40.00	757.50
江　西	845.80	847.70	−0.22	612028.60	611830.70	0.03	3910.50	3884.00	0.68			
山　东	45100.00	46850.00	−3.74	22860000.00	18865000.00	21.18	216800.00	225800.00	−3.99			
河　南	24110.00	24000.00	0.46	2101000.00	2100000.00	0.05	182890.00	180000.00	1.61			
湖　北	16400.00	6500.00	152.31	72800.00	28800.00	152.78	82191.00	36540.00	124.93			
湖　南	34557.00	32323.40	6.91	45444495.00	43189553.70	5.22	234492.89	216418.80	8.35			
广　东	487.90	771.90	−36.79	168543.10	176237.20	−4.37	8974.20	9494.10	−5.48	2.80	98.00	−97.14
广　西	11046.20	12161.90	−9.17	7636990.70	7661306.70	−0.32	20334.80	21326.80	−4.65			
海　南	13.40	20.50	−34.63	25160.00	0.00	100.00	218.90	0.00	100.00			
重　庆	12981.27	12888.47	0.72	461693.30	494990.30	−6.73	45446.82	23430.50	93.96			
四　川	25313.00	27680.00	−8.55	18000456.00	16635688.00	8.20	69137.00	97192.30	−28.87			
贵　州	6619.00	6826.40	−3.04	1555706.90	1665707.90	−6.60	8239.10	8937.50	−7.81			
云　南	32119.00	30491.60	5.34	22970683.00	10534624.00	118.05	2883.00	171778.50	−98.32	1051.00	0.00	100.00
陕　西	210.00	205.00	2.44	270000.00	266090.00	1.47	3000.00	3055.00	−1.80			
甘　肃	2292.60	2280.30	0.54	2783656.50	2651250.70	4.99	28876.60	27936.40	3.37			
宁　夏	13.30	11.00	20.91	2000.00	1250.00	60.00	48.00	123.80	−61.23			
新　疆	1387.24	1418.50	−2.20	2253.80	5225128.40	−99.96	5452.50	7792.81	−30.03			

① 西藏、香港、澳门、台湾暂未统计相关数据，天津、内蒙古、上海、青海4省（区、市）无食用与药用花卉产销统计数据。

表2-13 2013—2014年各省（区、市）工业及其他用途花卉产销情况比较①

地区	种植面积（公顷）			销售量（鲜重，吨）			销售额（万元）			出口额（万美元）		
	2014	2013	同比增减（%）	2014	2013	同比增减（%）	2014	2013	同比增减（%）	2014	2013	同比增减（%）
合计	**46842.30**	**53826.69**	**−12.98**	**21076388.43**	**7835589.89**	**168.98**	**232709.32**	**243531.33**	**−4.44**	**4502.10**	**3321.30**	**35.55**
北京	1153.28	1580.10	−27.01	26017.53	2940.00	784.95	2824.00	3150.00	−10.35			
河北	811.20	1090.80	−25.63	13407.60	25660.70	−47.75	7196.30	15574.00	−53.79			
山西	41.30	117.30	−64.79	216.80	213.00	1.78	238.50	1584.90	−84.95			
内蒙古	2646.20	2442.10	8.36	56249.20	51951.30	8.27	5723.50	5053.00	13.27			
辽宁	2250.00	4132.00	−45.55	9841.90	19250.90	−48.88	6072.00	11913.10	−49.03			
吉林	1040.00	1042.00	−0.19	7812.00	7880.00	−0.86	749.10	920.00	−18.58			
黑龙江	13870.99	14527.50	−4.52	363281.23	382654.35	−5.06	49042.97	48645.80	0.82			
江苏	56.20	49.50	13.54	3406.80	7373.80	−53.80	18.00	171.60	−89.51			
浙江	324.70	176.60	83.86	580.00	639.00	−9.23	2805.00	3366.00	−16.67			
安徽	1606.23	1605.33	0.06	777.64	776.45	0.15	8125.25	8008.51	1.46			
福建	941.00	6410.73	−85.32	12785.13	53379.29	−76.05	4511.60	22837.32	−80.24	400.00	0.00	100.00
江西	495.60	493.80	0.36	1560.60	1555.30	0.34	1300.60	1271.10	2.32			
山东	1800.00	1500.00	20.00	3250.00	3020.00	7.62	12800.00	11600.00	10.34			
河南	126.00	134.00	−5.97	159200.00	170000.00	−6.35	1210.00	1300.00	−6.92			
湖北	1110.00	1060.00	4.72	8720.00	9980.00	−12.63	785.00	750.00	4.67			
湖南	291.50	270.00	7.96	8547.90	8522.90	0.29	642.00	573.00	12.04			
广东	510.10	1442.00	−64.63	45675.50	77938.30	−41.40	11305.60	12956.80	−12.74	0.90	0.00	100.00
广西	6207.60	5097.80	21.77	62993.20	43865.00	43.61	94028.50	70191.80	33.96			
海南	0.00	12.00	−100.00									
重庆	357.10	352.13	1.41	1046.60	1711.60	−38.85	406.50	395.70	2.73			
四川	3200.00	2913.00	9.85	10135.00	13330.00	−23.97	13347.50	14026.50	−4.84			
贵州	5.70	6.20	−8.06	11.80	12.50	−5.60	39.40	43.80	−10.05			
云南	7163.00	6533.50	9.63	13347283.00	19276.50	69141.22	3272.00	2748.40	19.05	4101.20	3321.30	23.48
陕西	35.00	40.00	−12.50	900.00	1010.00	−10.89	1800.00	2020.00	−10.89			
甘肃	798.30	798.30	0.00	6932649.00	6932649.00	0.00	4430.00	4430.00	0.00			
宁夏	1.30	0.00	100.00	40.00	0.00	100.00	36.00	0.00	100.00			

① 西藏、香港、澳门、台湾暂未统计相关数据，天津、上海、青海、新疆4省（区、市）无工业及其他用途花卉产销统计数据。

18.05亿元，占全国的77.58%；广西以9.40亿元位居全国第一，同比大幅增长33.96%。

2014年全国工业及其他用途花卉出口额为4502.10万美元，较2013年大幅增长35.55%，且只有云南、福建、广东3省有出口记录。其中，云南省出口额为4101.20万美元，占全国的91.10%。

6. 草坪

2014年全国草坪种植面积和销售额保持良好的同步增长，种植面积4.29万公顷，销售额26.18亿元，较2013年分别增长14.59%和14.85%。其中，江苏省种植面积和销售额均继续领先全国，分别为8537.20公顷和6.39亿元，同比分别增长8.73%和38.24%；广西壮族自治区草坪种植面积和销售额双双大幅增长，分列全国第二和第四，分别达5387.70公顷和1.69亿元，同比分别增长464.28%和350.05%；甘肃省种植面积位列全国第三，为3360.00公顷，与2013年基本持平，但销售额仅332.90万元，居全国第25位；广东省种植面积位居全国第四，为3342.60公顷，销售额位列全国第三，达2.06亿元；江西省种植面积位居全国第五，为2742.50公顷，但销售额高居全国第二，达到3.15亿元（表2-14）。

7. 种用花卉

2014年全国种用花卉类种植面积为1.71万公顷，较2013年减少2.96%；销售额为27.25亿元，同比减少16.77%；出口额为7581.80万美元，同比增长2.02%（表2-15）。其中，种子用花卉种植面积为0.45万公顷，占种用花卉类种植面积的26.51%，较2013年减少1.76%；销售额为3.96亿元，较2013年减少13.18%；出口额为228.00万美元，较2013年大幅减少49.56%（表2-16）。其中，内蒙古种子用花卉种植面积最大，为906.30公顷，与2013年持平，占全国的20.00%；甘肃销售额和出口额最高，分别为1.04亿元和200.00万美元，分别占全国的26.18%和87.72%，比2013年分别增长4.73%和减少4.76%（表2-16）。种苗用花卉种植面积为0.69万公顷，占种用花卉类种植面积的40.39%，较2013年大幅减少21.80%；销售额为14.34亿元，较2013年大幅减少33.30%；出口额为6903.80万美元，较2013年减少1.09%。其中，湖南省种苗用花卉种植面积最大，为1047.15公顷，占全国的15.17%；广东省销售额最高，为2.08亿元，占全国的14.49%；上海市出口额最高，为2499.80万美元，占全国的36.21%（表2-16）。种球用花卉种植面积为0.57万公顷，占种用花卉类种植面积的33.10%，较2013年大幅增加35.56%；销售额为8.95亿元，较2013年大幅减少33.96%；出口额为450.00万美元，与2013年持平。辽宁省种球用花卉种植面积和销售额均为全国第一，分别为1848.10公顷和4.19亿元，分别占全国的32.66%和46.77%（表2-16）。

表2-14　2013—2014年各省（区、市）草坪产销情况比较[①]

地区	种植面积（公顷）			销售量（万平方米）			销售额（万元）		
	2014	2013	同比增减(%)	2014	2013	同比增减(%)	2014	2013	同比增减(%)
合　计	**42860.58**	**37402.42**	**14.59**	**177344.44**	**181830.20**	**−2.47**	**261773.19**	**227924.76**	**14.85**
北　京	571.81	683.10	−16.29	769.85	831.20	−7.38	5449.60	6020.00	−9.48
天　津	514.50	524.50	−1.91	901.60	824.90	9.30	4198.00	5646.00	−25.65
河　北	983.40	419.50	134.42	1580.00	2142.10	−26.24	5459.80	4677.30	16.73
山　西	38.80	39.50	−1.77	38.80	39.50	−1.77	795.40	728.80	9.14
内蒙古	812.20	845.00	−3.88	214.60	239.10	−10.25	3629.10	3982.30	−8.87
辽　宁	1813.30	1903.30	−4.73	1813.30	1903.30	−4.73	7485.00	7860.50	−4.78
吉　林	525.00	525.00	0.00	340.00	320.00	6.25	450.00	430.00	4.65
黑龙江	12.33	11.20	10.09	10.60	8.74	21.28	88.65	72.51	22.26
上　海	791.40	775.00	2.12	1077.10	1068.20	0.83	6486.80	5732.10	13.17
江　苏	8537.20	7851.40	8.73	11614.80	8951.90	29.75	63881.40	46209.10	38.24
浙　江	1423.50	1461.40	−2.59	2123.70	2806.40	−24.33	14168.70	12952.10	9.39
安　徽	608.24	607.49	0.12	2036.56	2044.67	−0.40	5929.50	5819.40	1.89
福　建	431.23	356.73	20.88	762.83	535.69	42.40	3828.34	2591.52	47.73
江　西	2742.50	2732.50	0.37	10557.60	10467.90	0.86	31482.60	30392.70	3.59
山　东	20.50	30.60	−33.01	20.50	30.60	−33.01	300.00	350.00	−14.29
河　南	2200.00	2273.30	−3.22	1910.00	1980.00	−3.54	4823.00	5175.00	−6.80
湖　北	1320.00	1790.00	−26.26	13200.00	17900.00	−26.26	9453.00	12819.00	−26.26
湖　南	2152.70	2221.00	−3.08	5854.80	6782.20	−13.67	12758.27	11748.20	8.60
广　东	3342.60	2975.50	12.34	82453.00	104846.40	−21.36	20587.80	19072.80	7.94
广　西	5387.70	954.80	464.28	30096.00	2938.10	924.34	16925.20	3760.70	350.05
海　南	368.60	356.70	3.34	337.00	453.50	−25.69	1686.20	2907.00	−42.00
重　庆	1154.20	1108.60	4.11	1767.00	1692.00	4.43	12936.13	11153.63	15.98
四　川	960.00	933.00	2.89	2647.00	7762.00	−65.90	12014.00	11226.80	7.01
贵　州	249.30	252.70	−1.35	147.30	165.10	−10.78	2430.10	2560.70	−5.10
云　南	899.60	982.90	−8.47	133.00	191.70	−30.62	301.20	97.00	210.52
陕　西	980.00	800.00	22.50	4800.00	4880.00	−1.64	13000.00	13560.00	−4.13
甘　肃	3360.00	3330.00	0.90	25.00	25.00	0.00	332.90	229.60	44.99
新　疆	659.97	657.70	0.35	112.50	0.00	100.00	892.50	150.00	495.00

① 西藏、香港、澳门、台湾暂未统计相关数据，青海、宁夏两省（区）无草坪产销统计数据。

表2-15　2013—2014年各省（区、市）种用花卉类产品产销情况比较[①]

地区	种植面积（公顷）			销售额（万元）			出口额（万美元）		
	2014	2013	同比增减(%)	2014	2013	同比增减(%)	2014	2013	同比增减(%)
合　计	**17092.24**	**17614.19**	**−2.96**	**272543.46**	**327471.83**	**−16.77**	**7581.80**	**7431.53**	**2.02**
北　京	117.11	186.20	−37.11	5325.00	7705.00	−30.89	44.00	177.00	−75.14
天　津	39.00	57.60	−32.29	1827.00	1947.00	−6.16	0	0	
河　北	247.80	264.00	−6.14	2495.00	3135.80	−20.43	0	0	
山　西	17.20	19.60	−12.24	153.70	181.50	−15.32	0	0	
内蒙古	1251.10	1251.10	0.00	3890.40	3890.21	0.00	0	0	
辽　宁	2056.80	2461.00	−16.42	47872.10	59851.10	−20.01	0	0	
吉　林	476.00	466.00	2.15	994.40	901.00	10.37	0	0	
黑龙江	67.41	68.08	−0.98	295.93	242.30	22.13	0	0	
上　海	95.10	146.50	−35.09	20175.20	25604.80	−21.21	2499.80	3038.90	−17.74
江　苏	733.10	694.20	5.60	14120.90	25032.60	−43.59	0	0	
浙　江	179.40	321.80	−44.25	15565.40	7326.50	112.45	144.00	128.00	12.50
安　徽	118.59	117.50	0.93	2320.16	2222.81	4.38	0	0	
福　建	175.82	165.79	6.05	22735.70	37007.70	−38.56	638.00	1454.63	−56.14
江　西	415.00	413.50	0.36	5414.80	5383.80	0.58	0	0	
山　东	51.30	41.58	23.38	10945.00	7026.00	55.78	0	0	
河　南	1220.00	1266.00	−3.63	7626.00	7410.00	2.91	1000.00	1000.00	0
湖　北	560.00	393.00	42.49	3344.00	2917.00	14.64	0	0	
湖　南	1676.95	1531.85	9.47	14077.13	17133.30	−17.84	0	0	
广　东	1279.00	1363.50	−6.20	25929.50	26598.50	−2.52	596.00	218.00	173.39
广　西	264.80	134.50	96.88	11168.80	5312.90	110.22	0	0	
海　南	53.70	97.80	−45.09	2143.20	1768.40	21.19	0	0	
重　庆	345.18	386.28	−10.64	3123.44	3097.71	0.83	0	0	
四　川	1040.00	1666.00	−37.58	5165.00	13095.40	−60.56	0	0	
贵　州	149.00	155.80	−4.36	477.40	487.60	−2.09	0	0	
云　南	373.10	349.70	6.69	5459.60	20695.10	−73.62	2425.00	1145.00	111.79
陕　西	1080.00	1080.00	0.00	8570.00	11146.00	−23.11	0	0	
甘　肃	1152.60	1107.40	4.08	13574.90	13104.10	3.59	235.00	210.00	11.90
青　海	56.50	60.30	−6.30	425.90	464.10	−8.23	0	0	
宁　夏	0.30	10.40	−97.12	20.00	596.80	−96.65	0	0	
新　疆	1800.38	1337.21	34.64	17307.90	16186.80	6.93	0	0	

① 西藏、香港、澳门、台湾暂未统计相关数据。

表2-16　2014年各省（区、市）3类种用花卉产品产销情况比较①

地区	种子用花卉（千克）				种苗用花卉（万株）				种球用花卉（万粒）			
	种植面积（公顷）	销售量（千克）	销售额（万元）	出口额（万美元）	种植面积（公顷）	销售量（万株）	销售额（万元）	出口额（万美元）	种植面积（公顷）	销售量（万粒）	销售额（万元）	出口额（万美元）
合　计	**4531.08**	**582143.77**	**39607.20**	**228.00**	**6903.39**	**589356.33**	**143391.26**	**6903.80**	**5657.77**	**72342.17**	**89545.00**	**450.00**
北　京	31.80	6900.00	643.00	28.00	83.19	11936.00	4541.00	16.00	2.12	31.00	141.00	
天　津	25.00	1600.00	236.00		14.00	383.00	1591.00					
河　北	30.80	10206.00	220.30		58.00	684.70	1104.10		159.00	1271.20	1170.60	
山　西					14.60	179.60	104.20		2.60	36.70	49.50	
内蒙古	906.30	2613.20	3213.90		305.90	3882.40	642.30		38.90	30.10	34.20	
辽　宁	133.00	13208.80	1505.80		75.70	3771.80	4488.40		1848.10	38070.80	41877.90	
吉　林	18.00	760.00	56.00		412.00	540.00	880.00		46.00	73.00	58.40	
黑龙江	9.02	139.36	12.54		48.50	1339.57	214.33		9.89	300.26	69.06	
上　海					75.10	34800.70	11702.70	2499.80	20.00	6515.00	8472.50	
江　苏	159.80	46082.60	371.60		549.50	10626.20	12916.50		23.80	953.10	832.80	
浙　江	6.60	19000.00	560.00		104.80	26263.10	12629.60	144.00	68.00	916.50	2375.80	
安　徽	36.12	70202.21	432.26		62.21	1112.33	1456.22		20.26	528.25	431.68	
福　建	6.87	685.30	40.00		116.32	8643.00	17325.70	638.00	52.63	6401.50	5370.00	
江　西	90.00	40500.00	322.00		278.20	5160.00	4950.20		46.80	445.50	142.60	
山　东	10.50	600.00	1020.00		36.00	9800.00	9900.00		4.80	22.50	25.00	
河　南	310.00	49352.00	560.00		790.00	6058.00	6710.00	1000.00	120.00	460.00	356.00	
湖　北	270.00	2100.00	1253.00		230.00	1613.00	1552.00		60.00	810.00	539.00	
湖　南	474.20	155773.00	6477.00		1047.15	15668.00	6503.77		155.60	782.66	1096.36	
广　东	143.00	51005.50	950.60		723.00	398570.00	20775.10	596.00	413.00	5603.10	4203.80	
广　西	40.70	10186.60	8709.10		217.90	2610.30	2412.60		6.20	405.40	47.10	
海　南	1.60	6000.00	4.20		41.20	532.00	2079.00		10.90	5.00	60.00	
重　庆	98.26	5268.60	132.40		204.60	1185.23	2743.94		42.32	154.70	247.10	
四　川	287.00	15314.00	1157.00		653.00	12062.00	3784.00		100.00	74.00	224.00	
贵　州	24.70	2713.80	88.10		55.40	214.70	239.40		68.90	794.10	149.90	
云　南	48.40	1282.00	20.60		91.80	26751.00	3396.00	1975.00	232.90	1307.00	2043.00	450.00
陕　西	380.00	900.00	1100.00		500.00	2490.00	6470.00		200.00	1430.00	1000.00	
甘　肃	788.90	67234.20	10368.50	200.00	84.30	2193.40	2008.40	35.00	279.40	689.20	1198.00	
青　海	13.70	209.60	106.90		19.80	26.30	70.80		23.00	98.90	248.20	
宁　夏									0.30	20.00	20.00	
新　疆	186.81	2307.00	46.40		11.22	260.00	200.00		1602.35	4112.70	17061.50	

① 西藏、香港、澳门、台湾暂未统计相关数据。

四、小结

2014年全国花卉产业发展可谓喜忧参半。喜的是鲜切花、盆栽植物、花坛植物等主要产品稳中有升，食用、药用和工业用花卉消费大幅上涨；忧的是观赏苗木供过于求，产业和产品结构性矛盾依然突出。

鲜切花种植面积和销售额略有增长，但出口额大幅下降，鲜切叶种植面积和销售额减少，但出口额大幅增长，鲜切枝种植面积、销售额和出口额均有增长；盆栽植物全年销售量大幅下降，但销售单价明显提高，总体销售额略有下降；花坛植物销售量和销售额同步增长，但销售单价明显降低；食用与药用花卉种植面积和销售量继续保持较快的增长速度，销售单价下降，销售额较2013年小幅减少；工业与其他用途花卉的种植规模持续减小，销售单价也继续走低，但销售量上涨幅度惊人；观赏苗木供求关系严重失衡，苗木总量过剩、低水平重复、产品同质化、供给单一化与需求多样化等结构性矛盾依然突出。

2014年保护地栽培面积有所萎缩，这里面既有经济效益不佳，以国家政策补贴为主的设施花卉基地建设遇冷的原因，也与大众消费、日常消费提振效果不佳，社会资本对于行业发展持观望态度有关。

针对以上问题，首先，要调整种植结构，以市场为导向，坚持适地适花，不断更新品种，提高产品品质，增强产品的市场竞争力，提升优化第一产业，做大做强第二产业，积极开拓第三产业；其次，要推动花卉产业与其他产业融合发展，大力开发花卉休闲观光旅游产品；最后，要注重花卉文化、花卉科普宣传，要在各种花事活动中挖掘和体现花卉文化内涵，争取社会各界支持花卉产业发展。以花卉消费为中心，拓展上下游产业，强化产业链各个环节的整合，平衡好产业链各环节经营主体的利益，大家开拓创新、合作共赢，共同推动花卉产业的稳步健康发展。

执笔：陈璋（福建省林木种苗总站）

第3章　花卉市场与流通

我国花卉销售大多通过花卉市场完成。除花卉专业市场外，2014年，以大型城市和城市群为中心，各种形式的花卉零售经营服务网点和网络销售迅速发展。传统的批零兼营花店分布在各大批发市场，此外大型超市、酒店、社区、医院、学校等地区的花店、园艺超市、花园中心等如雨后春笋般涌现，网络花店、鲜花速递等日渐兴起。

一、花卉交易市场

江苏、浙江、福建、山东、云南、广东等花卉主产区花卉交易市场数量较多，并且大多是以批发为主的超大型花卉市场，而北京、上海等花卉消费区，花卉市场规模相对较小，大多以零售为主。

根据农业部花卉统计数据，2014年全国花卉市场3286个，与2012年3276个相比略有增加；比2013年的3533个减少247个，降幅6.99%。2014年每个花卉市场年均销售额3893.65万元，比2012年增长5.62%，比2013年增长6.79%。花卉市场年均销售额稳步增长（图3-1）。

从各省（区、市）上报给农业部的花卉统计数据看，广东花卉市场变化最大，比2013年度减少247个；其次是江苏，减少了46个；云南、陕西也分别减少

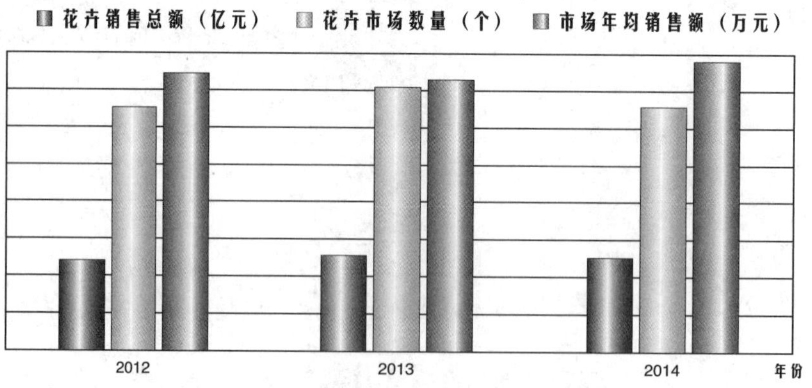

图3-1　2012—2014年我国花卉市场与销售比较

了27个和20个。湖北、湖南、四川、福建花卉市场增长较快，分别新增24个、23个、18个和14个。其余各省（区、市）花卉市场总数变化不大。花卉市场最多的河北比较稳定，为332个，比2013年度增长0.30%；广东次之，为314个；湖南、四川、江苏的花卉市场也都在200个以上，分别达到271个、265个和233个。排在前10名的依次为河北、广东、湖南、四川、江苏、山西、河南、云南、湖北、广西（表3-1）。从表3-1可以看出，广东、河北、江苏、湖南、四川、河南、云南等花卉主产区，花卉市场数量远远高于青海、宁夏等花卉业后发地区。

表3-1　2012—2014年全国花卉市场数量变化　　单位：个

地区	年度			3年平均	排名
	2012	2013	2014		
合　计	**3276**	**3533**	**3286**	**3365**	
广　东	313	561	314	396	1
河　北	357	331	332	340	2
江　苏	271	279	233	261	3
湖　南	246	248	271	255	4
四　川	233	247	265	248	5
山　西	198	198	196	197	6
河　南	179	176	176	177	7
云　南	157	181	154	164	8
广　西	130	135	136	134	9
安　徽	132	132	132	132	10
湖　北	113	123	147	128	11
甘　肃	118	118	118	118	12
浙　江	108	91	99	99	13
陕　西	110	100	80	97	14
贵　州	78	78	78	78	15
山　东	69	69	65	68	16
重　庆	63	64	64	64	17
辽　宁	63	60	65	63	18
江　西	53	55	58	55	19
内蒙古	52	53	49	51	20
吉林省	44	44	44	44	21
北　京	40	40	40	40	22
福　建	31	36	50	39	23

（续）

地区	年度			3年平均	排名
	2012	2013	2014		
海　南	31	34	35	33	24
新　疆	33	29	34	32	25
上　海	17	17	17	17	26
天　津	13	9	12	11	27
黑龙江	11	11	12	11	28
宁　夏	8	9	5	7	29
青　海	5	5	5	5	30

2014年我国的3286个花卉市场中，最具代表性的有拍卖型的云南昆明国际花卉拍卖交易中心有限公司（英文缩写为KIFA），主营鲜切花的昆明斗南花卉市场，主营盆花的福建漳州花卉交易中心和主营苗木的江苏常州夏溪花木市场、海峡花卉集散中心，以及盆花绿植兼营的广东陈村花卉世界。

1. 昆明国际花卉拍卖交易中心有限公司

2014年，昆明国际花卉拍卖交易中心有限公司总供货量7.50亿枝，比2013年的7.22亿枝增长3.88%；总成交量7.13亿枝，比2013年6.77亿枝增长5.32%；总成交额4.99亿元，比2013年的4.53亿元增长10.16%；均价0.70元/枝，比2013年0.67元/枝增长4.48%；成交率95.00%，比2013年的93.75%增长1.25个百分点（表3-2）。

表3-2　2013—2014年昆明国际花卉拍卖交易中心有限公司鲜切花交易情况

年度	总供货量(亿枝)	总成交量(亿枝)	总成交额(亿元)	均价（元/枝）	成交率
2013	7.22	6.77	4.53	0.67	93.75%
2014	7.50	7.13	4.99	0.70	95.00%

2. 昆明斗南花卉市场

昆明斗南花卉市场是著名的国际鲜切花交易市场，也是中国乃至亚洲最大的鲜切花交易中心，80%以上的云南鲜切花和周边省份及国家的花卉入场交易，花卉产品出口46个国家和地区。2014年，斗南花卉市场每天有上万人次入场交易，2014年交易量55.69亿枝，交易额39.94亿元。日现金流量在1000万元左右，旺季达2000万元。围绕斗南花卉市场，云集了上千家花卉企业、6000多位花卉经纪人，加上从事花卉经营、资材、籽种、花艺、包装、餐饮等行业的公司和个体经营户，斗南花卉市场已经形成相对完善的花卉产业集群。

3. 福建漳州花卉交易中心、海峡花卉集散中心

福建漳州是我国盆栽植物主产区，已形成水仙花、兰花、榕树盆景、仙人掌与多肉植物、棕榈科植物、阴生观叶植物、药用花卉、绿化苗木八大类特色系列产品，共有2000多个花卉品种，其中400多个品种出口韩国、日本、欧美、新加坡、泰国、西班牙、加拿大等40多个国家和地区。据统计，2014年，漳州花卉交易中心实现交易额9.20亿元，比2013年的8.50亿元增长8.24%。截至2014年底，海峡花卉集散中心已入住企业118家，其中有不少台湾花木企业，实现交易额3.06亿元，比2013年的2.87亿元增长6.62%。

4. 广东陈村花卉世界

2014年，陈村花卉世界仍以高档景观树种、园林苗木盆景、特色花卉种苗为主要经营产品，同时家庭园艺产品发展迅速，部分花卉企业多渠道发展花卉电子商务、花卉主题休闲旅游等。2014年实现销售额37.50亿元，比2013年的36.00亿元增长4.17%。陈村花卉世界的主要出口种类是蝴蝶兰，2014年出口1.50亿株。此外，景观小盆栽等也是该市场的主要出口种类。

5. 江苏常州夏溪花木市场

夏溪花木市场是国内较大的以苗木为主的花卉市场之一，是我国花卉苗木的重要集散地。2014年，夏溪花木市场交易额达147.20亿元，比2013年的135.80亿元增长8.39%，是国内屈指可数的年交易额在100亿元以上的花木专业市场。

二、花卉物流配送

2014年我国花卉运输仍以航空、公路、海洋运输等多种形式共存。鲜切花长途运输方式主要是空运，高档盆栽花卉、绿化苗木主要采用公路运输。

1．花卉物流设备企业

2014年我国花卉物流台车、专业冷链车等花卉物流设备仍由欧勃亚园艺实业股份有限公司（以下简称欧勃亚）、青岛伊莱特专用车辆有限公司为代表的花卉物流设备制造企业提供。因为人工焊接不规范且容易出现气泡，所以欧勃亚常规尺寸的花卉物流台车都是用从日本引进的“机械手”焊接，产品美观、性能稳定，质量可靠，受到很多花卉企业的欢迎，其中仅昆明安祖花园艺有限公司2014年就从欧勃亚订制了几百台花卉物流台车。

在花卉物流中起重要作用的包装袋也是欧勃亚的重点产品之一。欧勃亚是荷兰皇家布瑞克曼包装袋的唯一供货商。2014年中的很长一段时间内，欧勃亚每周要从青岛的生产车间配发4～5个货柜的包装袋、7个货柜的金属制品销往世界各地。

2. 花卉物流企业

2014年，我国专业化、国际化花卉物流公司仍以广州联合花运花卉营销有限公司（以下简称广州联合花运）和云南锦苑国际物流进出口有限公司（以下

简称锦苑物流）、云南云花联合运销有限公司为代表。广州联合花运除承接广州及周边地区的花卉物流运输外，还负责将宜家家居购买的花卉产品送到宜家货仓。2014年，锦苑物流已开通了昆明－广州、昆明－广西、昆明－上海、昆明－成都、昆明－深圳等多条省际物流线，还开通了省内多条短途线路。而锦苑物流开通的昆明－曼谷全程冷链物流线路比航空运输节约一半物流成本，还能降低花卉损耗。锦苑物流的鲜切花出境业务范围已经覆盖了曼谷全线，并辐射老挝等东南亚国家和地区。

除上述专业花卉物流公司外，在漳州花卉交易中心、陈村花卉世界、夏溪花木市场等大型花卉市场，也活跃着一大批专业性很强的花卉物流企业。以夏溪花木市场为例，周边有10多家专业物流公司，每天停在市场的物流车辆有300辆左右，而市场每天的中转车辆则在1000辆以上。

3. 花卉流通服务

2014年，云南、福建、广东等花卉主产区的海关、质检、商务和交通等部门积极采取措施，纷纷开设“鲜花申报专用窗口”、“绿色通道”和“上门查验”等特色监管方式，为花卉运输特别是花卉出口创造条件。

2014年，我国花卉流通服务水平进一步提升。从采收、运输到批发、零售、消费的各个环节，商家重视对花卉产品的保鲜处理。不少花卉企业如云南锦苑花卉产业股份有限公司、昆明杨月季园艺有限责任公司、通海锦海农业科技发展有限公司等建立了各具特色的花卉采后处理车间和冷藏设施。

随着二、三线城市花卉消费需求的逐渐提升，在广东陈村花卉世界、夏溪花木市场、斗南花卉市场等大型花卉市场，活跃着一大批花卉物流服务队伍。他们根据客户需要，帮助客户联系运输车辆，通过电动车、三轮车等转运花卉产品上车发货。花卉物流运输的社会化分工更加明显。

三、花卉消费与销售

2014年我国花卉生产总面积127.02万公顷，比2013年的122.71万公顷增加3.51%；花卉销售总额1279.45亿元，比2013年的1288.11亿元降低0.67%，其中花卉销售额超过100亿元的有浙江、江苏、广东、福建，分别为168.69亿元、167.05亿元、128.77亿元和116.37亿元；出口额6.20亿美元，比2013年的6.46亿美元降低4.02%。从种植面积上看，切花、盆花、观赏苗木仍然“三分天下”，其中观赏苗木种植面积74.10万公顷，占整个花卉种植面积的50%以上，仍然是我国花卉产业的主导。

近两年，随着集团消费、礼品消费的大幅减少，花卉生产企业对产品结构进行了一定调整，减少蝴蝶兰、凤梨、红掌等集团用花、礼品用花的种植面积。2014年，除观叶芋和杜鹃花外，凤梨、红掌、蝴蝶兰、国兰等盆花的种植面积均大幅降低20%以上。其中凤梨、红掌、蝴蝶兰、国兰分别下降23.13%、

28.55%、24.65%、41.82%。2014年全国鲜切花类产品种植面积6.48万公顷，也比2013年的6.51万公顷略降0.53%。主要切花种类中，除月季种植面积微涨0.22%外，康乃馨、百合、唐菖蒲、菊花、非洲菊种植面积全线下降，尤其是康乃馨、唐菖蒲下降幅度均在30%以上。由于价格下降和家庭花卉消费提升，花坛植物种植面积、销售量、销售额均逆势上升，其中销售量从2013年度的23.13亿盆增长到29.28亿盆，增长26.60%。

1. 花卉消费结构

从花卉消费时间和主体上看，2014年大花蕙兰、蝴蝶兰、红掌、凤梨等大型盆花种类消费仍然低迷，而小盆花、多肉植物等家庭用花卉需求量继续增加。虽然花卉消费仍以元旦、春节等节日消费为主，但小盆花等的日常销量逐渐增大，花卉消费主体向个人回归。

从花卉消费产品结构上看，2014年我国切花品种结构变化不大，仍以百合、月季、康乃馨、非洲菊、唐菖蒲五大类切花为主。与2013年相比，除非洲菊、月季销量分别上涨22.21%、15.73%外，唐菖蒲、康乃馨和百合销量分别下降38.03%、24.27%和8.94%。盆花仍以蝴蝶兰、凤梨、红掌、大花蕙兰、杜鹃、君子兰、国兰、水仙等为主，小盆栽、多肉植物、组合盆栽等特色花卉已开始大量进入家庭。苗木消费上，大规格苗木、彩色苗木、乡土树种成为消费热点。

2. 花卉销售形式

我国花卉产品的销售形式仍以传统花卉市场和花店零售为主，花园中心、网上销售成为花卉销售的重要补充。

（1）传统花店。我国大部分切花、盆花的零售渠道仍然是传统花店。据中国花卉协会零售业分会不完全统计，目前我国经营比较稳定的花店有2.3万多家。

我国各省（区、市）的花店发展极不平衡，广东、北京、浙江、江苏、山东、上海等经济水平相对较高的地区花店数量明显较多，而经济相对落后的中西部地区花店数量明显较少。2014年，中国花卉协会零售业分会有341家会员花店。这些花店经营规范、稳定、高效，绝大多数分布在经济发达地区，如浙江、北京、上海、江苏、山东、福建、广东、河北、天津等省（区、市）(图3-2）。

（2）花园中心。2014年我国的花园中心和花卉超市仍以浙江虹越·园艺家（以下简称虹越）、上海溢柯、友家园艺、北京世纪奥桥园艺中心、杭州青山湖等为代表。

在2013年已有8家连锁店正式营业的基础上，2014年浙江虹越又新开了2家花园中心，分别是山东昌邑花木城店、浙江绍兴东湖店。虹越近几年一直在家庭园艺领域布局，形成了花园中心连锁门店、第三方商超连锁专柜、网上商城

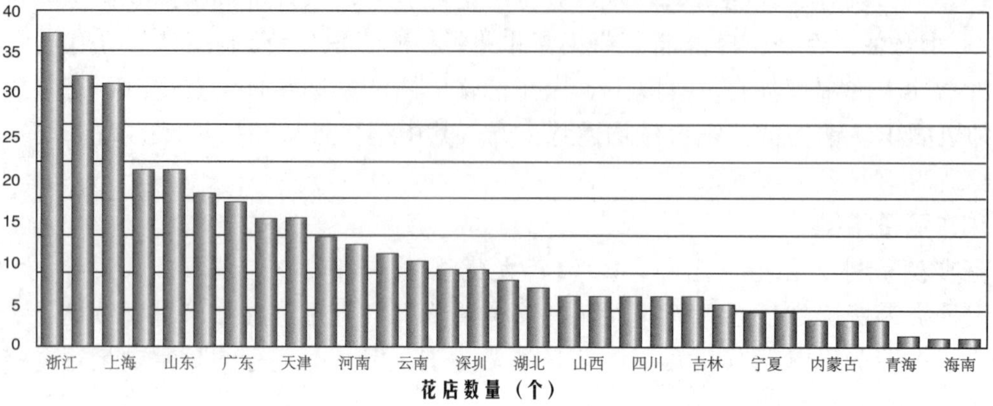

图3-2　中国花卉协会零售业分会会员花店分布

和线上网店群、绿植零批中心四大平台，并在平台上完成62个点的搭建工作。2014年虹越已与苏州华润万家等多家第三方商超合作，并拥有23家门店。2014年虹越利用园艺家门店以及基地，还陆续开设了绿植零批中心，首次涉足中大型绿植产品销售，目标客户是二、三线城市特别是县级城市的绿植经营户。上海溢柯现已陆续建立仲盛店、沪南店、久光店、杨浦百联店等多个大型花园生活中心，并于2014年底新成立了上海溢柯商业经营管理有限公司，全面运作零售业务。友家园艺在广州主流商圈已有5家连锁店，在深圳主流商圈已有2家连锁店。

（3）花卉电商。随着电商时代的到来，鲜花速递、网络花店等形式异军突起。据不完全统计，2014年仅淘宝网上就有花店36000多家。据阿里研究院统计，在2014年阿里零售平台涉农产品类目中，鲜花绿植占5.47%，年增速达164.87%，在所有农产品中增速最高，远远高于其他农产品的增速，成为行业最具潜力的增长点（图3-3）。

花集网、爱尚鲜花是最具代表性的两家花卉电商。花集网是鲜花速递转单行业最大的第三方交易平台。随着网络鲜花速递市场的快速增长，针对漏单、临时恶意加价、花材不新鲜及包装不符等屡遭消费者投诉等问题，从2014年1月起，花集网全网花店实行了全部诚信保证计划，花店必须交纳1000元保证金以后才能在花集网进行正常的展示及接单等功能服务。2014年花集网还出台了优质花店扶持方案，将优质店的年费、佣金和区域招募数量等进行调整，同时出台花店奖励和淘汰规则，以确保花卉产品质量。开展基地直送和同城鲜花速递两大业务板块的爱尚鲜花，已发展加盟及合作花店12000多家，覆盖全国600多

A. 2014年阿里零售平台涉农产品类目分布

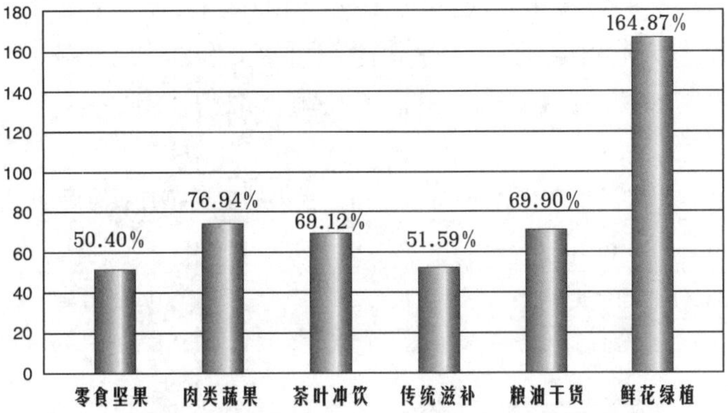

B. 2014年阿里零售平台涉农产品类目增长率

阿里零售平台上农产品销售的类目分布，从具体类目来看，阿里零售平台上，零食/坚果/特产为最大农产品类目，占比 32.21%，但占比有所下降；从增长趋势看，鲜花绿植类目增速最高，达到 164.87%

图3-3　2014年阿里零售平台农产品销售情况

个城市，目前已实现大中城市24小时新鲜送达，中小城市36小时送达。

除通过传统花店、花园中心、花卉电商外，花卉销售也通过超市花卉专柜、小区花卉网点、农贸市场、街头商贩等零售，销售形式更加多样化。

执笔：谯德惠（《中国花卉园艺》杂志社）

第4章 花卉展览

花卉展览是在特定时间、特定场合展示花卉商品、艺术、公司组织形象及服务的活动，也是传播花卉文化、交流花卉信息的重要平台。近年来，在国际园艺生产者协会（AIPH）倡导下，有关政府和组织积极开展各类花卉展览，有力推动了花卉业的发展，同时，促进了国家和地区的经济、文化、社会发展。当前，花卉展览已成为我国花卉经济活动不可替代的重要内容。2014年，我国成功举办多类花卉展览（表4-1），积累了经验，取得了新成果。

表4-1 2014年中国各省（区、市）举办的主要花卉展览活动

序号	名称	时间	省份	地区
1	第八届中国（三亚）国际热带兰花博览会	01.08-01.14	海南	华南
2	第十四届中国梅花蜡梅展览会	01.08-02.28	云南	西南
3	2014中国大理第七届国际兰花茶花博览会	02.16-02.22	云南	西南
4	2014中国（萧山）花木节	03.07-03.09	浙江	华东
5	2014第十四届内蒙古园林园艺苗木花卉展览会	03.16-03.18	内蒙古	华北
6	第十届郁金香花展	03.22-04.27	上海	华东
7	第十五届中国·中原花木交易博览会	03.23-04.20	河南	华中
8	2014上海（国际）花展	03.28-05.31	上海	华东
9	第二十四届中国（郑州）兰花博览会	04.01-04.03	河南	华中
10	第十二届中国杜鹃花展览会	04.10-04.28	湖北	华中
11	第十六届中国国际花卉园艺展览会	04.23-04.26	北京	华北
12	2014青岛世界园艺博览会	04.25-10.25	山东	华东
13	第二十届月季花展	04.26-05.10	河南	华中
14	2014虹越春季花展	04.29-05.04	浙江	华东
15	2014第六届广州国际绿化苗木展	05.12-05.14	广东	华南
16	第六届中国月季花展暨第二十四届莱州月季花节	05.25-05.27	山东	华东
17	第二十八届全国荷花展	07.08-08.28	江苏	华东
18	成都市第三十届市花展	09.26-10.26	四川	西南
19	第14届中国（青州）花卉博览交易会暨第8届山东省花卉交易会	09.28-10.07	山东	华东

（续）

序号	名称	时间	省份	地区
20	首届中国杯盆景大赛	10.25-11.02	江苏	华东
21	2014上海国际多肉植物展	10.31-11.03	上海	华东
22	第十六届海峡两岸花卉博览会	11.18-11.23	福建	华东
23	2014广州（国际）盆栽植物及花园花店用品展览会	11.27-11.29	广东	华南

一、2014年主要花卉展览介绍

1. 2014青岛世界园艺博览会

2014青岛世界园艺博览会（A2+B1类，以下简称“青岛世园会”）是经国际园艺生产者协会（AIPH）批准，国务院同意，由国家林业局、中国国际贸易促进委员会、中国花卉协会、山东省人民政府联合主办，青岛市人民政府承办。2014青岛世园会于2014年4月25日至10月25日在青岛市李沧区百果山森林公园成功举办。在主承办单位的共同努力下，国内外各有关方面的积极参与下，2014青岛世园会按照“让生活走进自然”的主题和“安全、有序、欢乐、祥和”的目标，秉承“文化创意、科技创新、自然创造”理念，坚持“惠民利民、节俭办会”的原则，精益求精地做好展览展示、国际竞赛、运营管理、服务保障、活动组织、礼宾接待、安全安保等各项工作。园区总面积241公顷，来自世界37个国家和国际组织，国内各省（区、市）以及香港、澳门、台湾地区共100多个室外展园参展。为期184天的运营期，累积接待入园参观者466万人次，其中接待贵宾团组3678批次4.4万余人，获得了国内、外宾客的广泛赞誉和好评。

2014青岛世园会的成功举办，是贯彻落实中共十八大和十八届三中全会精神，充分体现努力建设美丽中国的战略思想，集中展示我国生态文明建设成果的重要举措，是建设美丽中国、实现中华民族伟大复兴的现实体现。

2. 第十六届中国国际花卉园艺展览会

第十六届中国国际花卉园艺展览会由中国花卉协会主办，长城国际展览有限责任公司和上海国际展览中心有限公司承办，德国埃森展览有限公司（Messe Essen GmbH）作为合作伙伴，每年4月在上海和北京轮流举办，已成功举办16届，成为中国花卉、园林、园艺业内知名度最高、参展规模最大的花卉园艺贸易性展览会。2014年的国际花展于4月23～26日在北京展览馆举办。

本届展会阵容强大、商家云集，来自中国、荷兰、德国等26个国家和地区近400家展商、100多个知名品牌参展，展示内容涉及花卉、园艺资材、园林机械、园林绿化和园艺设施等的新品种、新理念，展会总面积达23000平方米，创历届之最。

本届展览期间还成功举办了“中荷园艺发展研讨会”、“京津冀立体绿化治理雾霾论坛”“生态文明与美丽中国论坛”、“温室设施与创新技术论坛”、“中国园艺企业发展交流会”、企业技术交流会等。展会期间还邀请了来自中国、德国、韩国、日本的知名花艺师现场表演。展会同期活动的举办，深化了人们对花卉园艺行业进展的认识，对国际花艺流行趋势有了更深的把握。

在参展商中，境外展商133家占全部参展企业的30.5%。本届展览4天共接待观众18576人次，有来自49个国家和地区651位海外观众观看了展会。中国国际花卉园艺展，加强了国内外交流，增进了贸易合作，促进了产业持续健康发展，为花卉园艺行业内外广泛交流合作提供了重要平台。

3. 2014广州国际盆栽植物及花园花店用品展览会

2014广州国际盆栽植物及花园花店用品展览会由中国花卉协会主办并得到广州市人民政府的支持，由广州农业局、花都区人民政府、上海国际展览中心有限公司、广州花卉之都农业有限公司和长城国际展览有限公司联合举办。

该展览会立足华南，面向国内外，专注于盆栽植物、花园设施、休闲用品及花店用品的展览展示，为来自中国、日本、荷兰等14个国家和地区的150多家企业提供一个良好的交流学习、贸易洽谈的平台。展会面积达10000平方米，展会期间还举办立体绿化论坛、家庭园艺专题论坛、花艺表演和组合盆栽表演以及技术研讨会等。

该届展会的举办，对展示当前盆栽植物和花园花店用品的最新发展趋势，普及花艺知识，引导花卉消费特别是挖掘家庭和个人消费潜力，促进国内外花卉业的交流与合作，推动我国花卉产业发展，起到了积极作用。

4. 第八届中国（三亚）国际热带兰花博览会

以“兰舞天涯，掬香三亚”为主题的第八届中国（三亚）国际热带兰花博览会于2014年1月8日在三亚兰花世界文化旅游区开幕，共吸引了来自法国、韩国、德国等20个国家和地区120多个客商参加，展出兰花精品和兰艺作品4万多株（枝）。

5. 2014亚洲杯插花花艺大赛

经国家林业局批准，在协会领导高度重视下，中国花卉协会统一组团参加了2014年7月19～29日在日本静冈县沼津市举办的2014亚洲杯插花花艺大赛（以下简称“2014亚洲杯”），并顺利完成了任务。

2014亚洲杯由亚洲花店业协会（英文简称“AFA”）主办，日本静冈县、沼津市政府作支持单位，日本花店业协会（英文简称“JFTD”）承办，是亚洲水平最高、影响最广和最具权威性的花艺盛会。从1995年开始，亚洲杯先后在中国台北、日本札幌、韩国首尔、中国广州举办过5届（其中中国台北举办2届），本次大赛有来自中国、日本、韩国等9个国家和地区的16名选手参赛。

中国花卉协会选派了在第三届中国杯插花花艺大赛中获得冠、亚、季军的王志东、卿少波、袁乃夫参加此次大赛，并按照亚洲花店业协会通知要求，选派了国内知名花艺专家担任2014亚洲杯评审委员、监督委员和竞技委员。

2014亚洲杯，共进行5个项目的比赛，非公开比赛是选手自选和餐桌花艺，公开比赛是神秘箱手绑花束、神秘箱现场公布和人体花艺。经过紧张的角逐与竞技，16名参赛选手充分展示了各自的艺术才华和精湛技艺，给观众带来一场花艺的视觉盛宴，赢得了评委和公众的赞誉。我国选手袁乃夫和卿少波顺利完成比赛任务，分别获得了第七名和第十二名的成绩，比以往有了明显进步。

6. 第32届德国埃森国际植物展（The 32st IPM ESSEN）

德国埃森国际植物展是全球规模最大、水平最高、最具影响力的国际植物专业展览会，涉及植物整个价值链的专业贸易展，包括植物栽培、技术装备、花艺、园艺资材以及客户销售，在国际植物园艺界占有举足轻重的地位。

2014年第32届埃森国际植物展展会面积超过15万平方米，吸引来自45个国家1554家参展商参展，以及世界各地的观众近60000人，其中75%为专业观众。

二、主要特点

中国的花卉展览在多年实践中不断创新发展，2014年是表现最为突出的一年。展览期间，组织者开展了参观、考察、交流、比赛、评审、培训等活动，展示了近年来国内外花卉经济、文化、科技、贸易等方面取得的巨大成就。展览的范围更广泛，形式更多样，内涵更丰富。

在确定花展主题的过程中，充分体现了举办地的地域特色和活动的深刻内涵。如唐山举办2016唐山世界园艺博览会时正值唐山大地震40周年纪念，而展园地址南湖原是采煤沉降、地震塌陷区，积满垃圾与污水，因此将此次展览的主题确定为“都市与自然·凤凰涅槃”。

在2014年青岛世园会的闭幕式上，中国花卉协会会长江泽慧获得了AIPH主席维克·克朗亲自授予的象征着国际园艺生产者协会最高荣誉的“金玫瑰奖章”，这是唯一颁发给AIPH组织以外人士的“金玫瑰奖章”。正如江泽慧会长所指出的：“这是对中国花卉协会工作和中国花卉园艺事业的充分肯定，也是对中国成功举办并参展各类世界园艺博览会的肯定。”

三、主要问题及对策

20世纪80年代以来，伴随着改革开放的步伐，我国花卉业从无到有，从小到大，不断发展。进入21世纪后花卉业发展更加迅猛，花卉展览更加活跃，但花卉展览仍然存在一些问题。

1. 展会地域发展不均衡

中国作为世界最大的花卉生产基地、重要的花卉消费国和花卉进出口贸易国，花卉展览展会迅速发展。尤其环渤海、长三角、珠三角经济带都是我国花卉展览活跃的地方，它们因此积累了丰富的办会经验并形成了独特的办展优势。但我国中西部地区花卉展览发展还很缓慢，大型花卉展览较少。自然条件较差、经济发展水平较低、花卉消费理念相对落后等是中西部花卉展览的制约因素，也是我国花卉展览地域失衡的主要原因。

2. 展会影响力还有待提高

北京、上海、广州作为我国一级会展中心城市，经常举办国际性花卉展览展会，展会规模持续扩大，参展商、专业观众数量逐年上升，但与国际知名花展差距明显，主要表现在参展国家和参展商数量、专业观众人数及交易额等方面。

为此，提出以下对策及建议：

一是加强对我国花卉展览后发地区的展会支持力度。在保持东南沿海地区花卉展览优势的同时，也应积极支持我国花卉后发地区的展览活动。后发地区在学习优势地区办会经验的同时，应突出自身地域特色，积极举办全国性甚至国际性的花卉园艺展览展会。如陕西举办2011西安世园会，促进了西安及周边地区花卉业的发展及与全国各地的交流合作，带动了西安旅游、会展及创意产业的发展。今后，希望能有更多的花卉展览落户西部地区。

二是进一步提升我国花卉展览的质量与影响力。在保持自身特色的同时，积极学习国际先进花卉展览的经验并开展专业交流，不断提高办展质量和影响力。

执笔：王幼飞、史红（中国花卉协会）

第5章 科技教育

2014年，我国花卉科技工作有序开展，在品种创新、技术研发、平台建设等方面均取得了一系列新成果。花卉教育事业蓬勃发展，人才培养与技术培训质量不断提升，从业人员的专业技能不断提高，有效地支撑了花卉产业的持续健康发展。

一、品种创新

花卉品种创新一直是花卉研究和产业发展的主题，新品种研发数量和质量已成为衡量花卉产业成熟程度的关键指标之一。2014年，我国花卉新品种研发工作已全面展开，并摸索出了一些可行的推广模式。我国具有自主知识产权的花卉新品种总数呈井喷式上升。

2014年，农业部授权花卉新品种134个（表5-1），其中国外公司申请授权的品种达到54个，占40.30%，与2013年度持平。这一方面反映出我国对新品种的保护力度和成效取得了长足的进步，国外公司更是看中我国花卉市场的巨大消费潜力，优良品种开始向中国市场投放，另一方面也反映出我国花卉产业对品种的更新需求及自育品种对国外公司产生了一定的压力，这是我国花卉产业取得的可喜可贺的进步。但在盆栽花卉新品种授权中，国外花卉公司仍占据较高比例，如安祖花属（15/24，62.5%）、石竹属(3/3，100%)、秋海棠属（4/4，100%）、果子蔓属(9/17，52.94%)、百合属（8/13，61.54%）等。

2014年，国家林业局授权169个新品种，其中观赏植物120个，涉及蔷薇属、山茶属、柽柳属、卫矛属、槭属、木兰属、含笑属、紫荆属等重要观赏树种（表5-2）。

表5-1　2014年农业部授权的花卉新品种

植物种类	品种名称	公告类型	品种权人	品种权号
菊属 *Chrysanthemum* L.	欧宝粉	授权公告	荷兰德克育种公司	CNA20050882.2
	德克粉	授权公告	荷兰德克育种公司	CNA20050883.0
	绿安娜	授权公告	荷兰德丽菊花育种公司	CNA20080439.1
	双粉匙	授权公告	沈阳农业大学	CNA20080514.2
	金殿堂	授权公告	沈阳农业大学	CNA20080515.0
	南农月桂	授权公告	南京农业大学	CNA20090039.2

（续）

植物种类	品种名称	公告类型	品种权人	品种权号
菊属 *Chrysanthemum* L.	南农墨桂	授权公告	南京农业大学	CNA20090040.9
	南农红雀	授权公告	南京农业大学	CNA20090041.8
	南农红星	授权公告	南京农业大学	CNA20100152.0
	南农皇冠	授权公告	南京农业大学	CNA20100153.9
	BR 00401	授权公告	德国布兰德坎普股份有限公司	CNA20070639.X
	B011771	授权公告	德国布兰德坎普股份有限公司	CNA20070641.1
	洒金秋	授权公告	北京林业大学	CNA20080529.0
	绿蕊白	授权公告	北京林业大学	CNA20080530.4
	秋校方	授权公告	北京林业大学	CNA20080533.9
	方黄	授权公告	北京林业大学	CNA20080534.7
	铺地淡粉	授权公告	北京林业大学	CNA20090870.4
	繁花似锦	授权公告	北京林业大学	CNA20090874.0
	旗袍	授权公告	北京林业大学	CNA20090876.8
	金珠	授权公告	北京林业大学	CNA20090878.6
	巴卡迪	授权公告	荷兰菲德斯有限责任公司	CNA20050366.9
	粉磐石	授权公告	沈阳农业大学	CNA20080513.4
	金陵阳光	授权公告	南京农业大学	CNA20090042.7
	金陵娇黄	授权公告	南京农业大学	CNA20090043.6
	绿宝石	授权公告	荷兰德丽品种权公司	CNA20090081.9
	绿波	授权公告	荷兰德丽菊花育种公司	CNA20090082.8
	滇之霜	授权公告	昆明虹之华园艺有限公司	CNA20090243.4
	滇之如	授权公告	昆明虹之华园艺有限公司	CNA20090244.3
	滇之华	授权公告	昆明虹之华园艺有限公司	CNA20090245.2
	滇之光	授权公告	昆明虹之华园艺有限公司	CNA20090246.1
	滇之冰	授权公告	昆明虹之华园艺有限公司	CNA20090247.0
	滇之寒	授权公告	昆明虹之华园艺有限公司	CNA20090248.9
	滇之独	授权公告	昆明虹之华园艺有限公司	CNA20090249.8
	滇之芒	授权公告	昆明虹之华园艺有限公司	CNA20090250.4
	滇之立	授权公告	昆明虹之华园艺有限公司	CNA20090251.3
	滇之聚	授权公告	昆明虹之华园艺有限公司	CNA20090252.2
	滇之妃	授权公告	昆明虹之华园艺有限公司	CNA20090253.1
	雪神	授权公告	北京林业大学	CNA20090417.4
	粉贵人	授权公告	北京林业大学	CNA20090418.3

（续）

植物种类	品种名称	公告类型	品种权人	品种权号
菊属 *Chrysanthemum* L.	雪山	授权公告	北京林业大学	CNA20090419.2
	雪凯撒	授权公告	荷兰弗莱雷育种公司	CNA20090716.2
	小凯撒	授权公告	荷兰弗莱雷育种公司	CNA20090717.1
	绿天赞	授权公告	荷兰德丽品种权公司	CNA20090718.0
	粉沙姆	授权公告	荷兰德丽品种权公司	CNA20090719.9
	黄沙姆	授权公告	荷兰德丽品种权公司	CNA20090720.6
	微香粉团	授权公告	北京林业大学	CNA20090869.7
	旌旗	授权公告	北京林业大学	CNA20090879.5
	恋宇	授权公告	北京林业大学	CNA20090880.2
	朝阳红	授权公告	北京林业大学	CNA20090881.1
	骄阳红	授权公告	北京林业大学	CNA20090882.0
	黄金甲	授权公告	北京林业大学	CNA20090883.9
	景天红	授权公告	北京林业大学	CNA20090884.8
	红贵	授权公告	北京林业大学	CNA20090885.7
百合属 *Lilium* L.	小白鸽	授权公告	永康市江南百合育种有限公司	CNA20050601.3
	白雪公主	授权公告	云南省农业科学院	CNA20080672.6
	小白鹭	授权公告	永康市江南百合育种有限公司	CNA20060547.X
	云霞	授权公告	云南省农业科学院	CNA20070500.8
	暮色	授权公告	云南省农业科学院	CNA20090482.4
	地平线	授权公告	荷兰马克赞德公司	CNA20090548.6
	小蜜蜂	授权公告	荷兰马克赞德公司	CNA20090550.1
	小迪诺	授权公告	荷兰马克赞德公司	CNA20090551.0
	红精灵	授权公告	荷兰马克赞德公司	CNA20090552.9
	小心愿	授权公告	荷兰马克赞德公司	CNA20090553.8
	快乐岛	授权公告	荷兰马克育种权利公司	CNA20090555.6
	星际	授权公告	荷兰马克育种权利公司	CNA20090556.5
	塔兰歌	授权公告	荷兰伏莱特与敦汉比海尔公司	CNA20100452.7
蝴蝶兰属 *Phalaenopsis* Bl.	粉宝石	授权公告	浙江森禾种业股份有限公司	CNA20100776.6
	红蜻蜓	授权公告	浙江森禾种业股份有限公司	CNA20100777.5
	花仙子	授权公告	浙江森禾种业股份有限公司	CNA20100778.4
兰属 *Cymbidium* Sw.	红酒之恋	授权公告	无锡向山兰园科技有限公司	CNA20070381.1
	夜想曲	授权公告	无锡向山兰园科技有限公司	CNA20080066.3

（续）

植物种类	品种名称	公告类型	品种权人	品种权号
秋海棠属 *Begonia* L.	丽蓓卡	授权公告	荷兰科比品种权公司	CNA20100476.9
	瑞娜	授权公告	荷兰科比品种权公司	CNA20100477.8
	贝拉粉紫	授权公告	荷兰科比品种权公司	CNA20100478.7
	柏利斯红白	授权公告	荷兰科比品种权公司	CNA20100479.6
石竹属 *Dianthus* L.	希斯拉姆	授权公告	意大利希布瑞达花卉育种公司	CNA20070633.0
	维森	授权公告	意大利维莱塔花卉育种公司	CNA20070632.2
	奥吉尔夫人	授权公告	西班牙巴巴拉布兰克公司	CNA20090018.7
花烛属 *Anthurium* Schott.	安祖阿萨克	授权公告	荷兰安祖公司	CNA20080314.X
	安祖斯姆维	授权公告	荷兰安祖公司	CNA20080321.2
	红国王	授权公告	荷兰瑞恩育种公司	CNA20080323.9
	真爱	授权公告	荷兰瑞恩育种公司	CNA20080375.1
	雪玉	授权公告	中国热带农业科学院热带作物品种资源研究所	CNA20090270.0
	安祖莫斯娇	授权公告	荷兰安祖公司	CNA20080305.0
	安祖奥巴	授权公告	荷兰安祖公司	CNA20080306.9
	安祖阿布亚姆	授权公告	荷兰安祖公司	CNA20080307.7
	安祖易派迪	授权公告	荷兰安祖公司	CNA20080309.3
	安祖阿萨姆	授权公告	荷兰安祖公司	CNA20080310.7
	安祖奥利尔	授权公告	荷兰安祖公司	CNA20080311.5
	安祖贝斯卡	授权公告	荷兰安祖公司	CNA20080312.3
	安祖巴萨瓦	授权公告	荷兰安祖公司	CNA20080313.1
	安祖塞吉斯	授权公告	荷兰安祖公司	CNA20080316.6
	安祖本来姿	授权公告	荷兰安祖公司	CNA20080317.4
	安祖尤瓦普	授权公告	荷兰安祖公司	CNA20080320.4
	春晓	授权公告	云南省热带作物科学研究所	CNA20090201.4
	水晶之恋	授权公告	云南省热带作物科学研究所	CNA20090202.3
	燃雪	授权公告	云南省热带作物科学研究所	CNA20090678.8
	冬雪	授权公告	云南省热带作物科学研究所	CNA20090679.7
	水韵	授权公告	云南省热带作物科学研究所	CNA20090680.4
	蝶恋	授权公告	云南省热带作物科学研究所	CNA20090681.3
	夏恋	授权公告	云南省热带作物科学研究所	CNA20090682.2
	彩云红	授权公告	云南省热带作物科学研究所	CNA20090683.1

（续）

植物种类	品种名称	公告类型	品种权人	品种权号
果子蔓属 *Guzmania* Ruiz. & Pav.	泰加	授权公告	（比利时）卢克·皮特尔斯	CNA20080665.3
	希望之星	授权公告	上海鲜花港德鲁仕植物有限公司	CNA20090259.5
	詹尼弗	授权公告	上海鲜花港德鲁仕植物有限公司	CNA20090260.2
	蔓珍娜	授权公告	上海鲜花港德鲁仕植物有限公司	CNA20090261.1
	红运来	授权公告	上海鲜花港德鲁仕植物有限公司	CNA20090264.8
	洛伊斯	授权公告	上海鲜花港德鲁仕植物有限公司	CNA20090265.7
	马赛纳	授权公告	上海鲜花港德鲁仕植物有限公司	CNA20100507.2
	卡利普索	授权公告	（比利时）卢克·皮特尔斯	CNA20080275.5
	瑞特莫	授权公告	荷兰科贝克公司	CNA20080483.9
	挺拓	授权公告	荷兰科贝克公司	CNA20080485.5
	客乃思	授权公告	上海鲜花港德鲁仕植物有限公司	CNA20080645.9
	迪亚	授权公告	（比利时）卢克·皮特尔斯	CNA20080646.7
	红月亮	授权公告	（比利时）卢克·皮特尔斯	CNA20080663.7
	海王星	授权公告	（比利时）卢克·皮特尔斯	CNA20080664.5
	择仙花	授权公告	上海鲜花港德鲁仕植物有限公司	CNA20090262.0
	泰克诺	授权公告	荷兰科贝克公司	CNA20090659.1
	弗莱娅	授权公告	荷兰科贝克公司	CNA20090660.8
非洲菊 *Gerbera jamesonii* Bolus	申黄	授权公告	上海市林业总站	CNA20050119.4
	勃朗峰	授权公告	荷兰夸克尔福劳瑞斯特公司	CNA20070242.4
	世纪黄	授权公告	荷兰夸克尔福劳瑞斯特公司	CNA20070243.2
	月亮女神	授权公告	昆明煜辉花卉园艺有限公司	CNA20080518.5
	青春偶像	授权公告	昆明煜辉花卉园艺有限公司	CNA20080519.3
	金屋藏娇	授权公告	昆明煜辉花卉园艺有限公司	CNA20080520.7
	爱恋	授权公告	昆明煜辉花卉园艺有限公司	CNA20080521.5
	红运	授权公告	昆明煜辉花卉园艺有限公司	CNA20100498.3
	织女	授权公告	昆明煜辉花卉园艺有限公司	CNA20100786.4
	元春	授权公告	昆明煜辉花卉园艺有限公司	CNA20100787.3
	缇萦	授权公告	昆明煜辉花卉园艺有限公司	CNA20100788.2
	黄鹂	授权公告	昆明煜辉花卉园艺有限公司	CNA20100789.1
	皇后	授权公告	昆明煜辉花卉园艺有限公司	CNA20100790.8
	桔橘色情怀	授权公告	昆明煜辉花卉园艺有限公司	CNA20100791.7
	金韵	授权公告	上海市林业总站	CNA20080096.5

表5-2　2014年国家林业局新品种办公室授权的观赏植物新品种

植物种类	品种名称	公告类型	品种权人	品种权号
蔷薇属	红五月	授权公告	北京市园林科学研究所	201400001
	小鱼鳞云	授权公告	昆明杨月季园艺有限责任公司	20140002
	乡恋	授权公告	昆明锦苑花卉产业股份有限公司	20140003
	勒斯布鲁斯	授权公告	荷兰莱克斯月季公司	20140004
	奥斯芭热 (Ausbrother)	授权公告	英国大卫奥斯汀月季公司	20140006
	奥斯伦巴(ausrumba)	授权公告	英国大卫奥斯汀月季公司	20140007
	奥斯迪考茹(Ausdecorum)	授权公告	英国大卫奥斯汀月季公司	2014008
	奥斯伯纳德 (Ausbernard)	授权公告	英国大卫奥斯汀月季公司	20140009
	奥斯波芮兹 (Ausbreeze)	授权公告	英国大卫奥斯汀月季公司	20140010
	奥斯莫曲特 (Ausmerchant)	授权公告	英国大卫奥斯汀月季公司	20140011
	奥斯微微德 (Ausvivid)	授权公告	英国大卫奥斯汀月季公司	20140012
	粉嘟嘟	授权公告	云南云科花卉有限公司，云南省农业研究院花卉研究所	20140013
	胭脂扣	授权公告	云南省农业研究院花卉研究所	20140014
	红莲舞	授权公告	北京林业大学，国家花卉工程技术研究中心	20140015
	天山霞光	授权公告	伊犁师范学院奎屯校区，北京市辐射中心，困屯鸿森农林科技有限责任公司	20140016
	奥斯瑞米妮 (Ausrimini)	授权公告	英国大卫奥斯汀月季公司	20140017
	奥斯薇布兰 (Ausvibrant)	授权公告	英国大卫奥斯汀月季公司	20140018
	火烧云	授权公告	昆明杨月季园艺有限公司	20140152
	天权星	授权公告	昆明杨月季园艺有限公司	20140153
	星星之火	授权公告	江苏省林业科学研究院	20140154
	奥斯伯蕊尔 (Ausprior)	授权公告	英国大卫奥斯汀月季公司	20140155
	奥斯瑞蕾 (Ausrelate)	授权公告	英国大卫奥斯汀月季公司	20140156
	奥斯沃幽 (Ausvolume)	授权公告	英国大卫奥斯汀月季公司	20140157
	红盖头	授权公告	云南云科花卉有限公司，云南省农业科学院哈辉研究所	20140158
	斯科丽 (Scholie)	授权公告	荷兰彼得西吕厄斯控股公司	20140159
	瑞格011	授权公告	迪瑞特知识产权公司	20140160
	西吕40919 (Sch40919)	授权公告	荷兰彼得西吕厄斯控股公司	20140161
	锦云	授权公告	云南锦苑花卉产业股份有限公司	20140162
	都市丽人	授权公告	云南尚美嘉花卉有限公司，云南省农业科学院花卉研究所	20140163
	奥斯罗芙 (Ausrover)	授权公告	英国大卫奥斯汀月季公司	20140164
	尼尔普米 (Nirpmist)	授权公告	意大利里维埃拉克斯公司	20140165
	白云石	授权公告	昆明杨月季以有限责任公司	20140166
	秦淮仙女	授权公告	江苏省农业科学院	20140167
	奥斯洛夫缇 (Auslofty)	授权公告	英国大卫奥斯汀月季公司	20140168
	蝴蝶泉	授权公告	中国农业大学	20140169

（续）

植物种类	品种名称	公告类型	品种权人	品种权号
大戟属	闪亮一品红	授权公告	东莞市农业种子研究所	20140005
女贞属	花冠贞	授权公告	潘常智	20140020
	金冠贞	授权公告	潘常智	20140021
槭属	东岳红霞	授权公告	山东泰安林业科学研究院，泰安时代园林科技开发有限公司	20140022
	东岳紫霞	授权公告	山东泰安林业科学研究院，泰安时代园林科技开发有限公司	20140023
	东岳彩霞	授权公告	山东泰安林业科学研究院，泰安时代园林科技开发有限公司	20140024
	金陵红	授权公告	江苏省农业科学院	20140036
	东岳佳人	授权公告	山东泰安林业科学研究院，泰安时代园林科技开发有限公司	20140111
	钟山红	授权公告	江苏省农业科学院	20140142
卫矛属	中峰密枝	授权公告	杜林峰	20140025
	中峰美姿	授权公告	杜林峰	20140026
	中峰长绿	授权公告	杜林峰	20140027
	中峰银速	授权公告	许昌县中峰园林有限公司	20140126
柽柳属	鲁柽1号	授权公告	山东省业科学研究院，东营林丰生物科技有限公司，山东霖昌园林绿化工程有限公司	20140028
	鲁柽3号	授权公告	山东省业科学研究院，东营林丰生物科技有限公司，山东霖昌园林绿化工程有限公司	20140029
	盐松1号	授权公告	山东三益园林绿化有限公司	20140030
	盐松2号	授权公告	山东三益园林绿化有限公司	20140031
	滨海翠	授权公告	河北科技师范学院	20140135
石楠属	冬北红	授权公告	泰安市泰山林业科学研究院	20140037
山茶属	奋勇	授权公告	云南远益园林工程有限公司	20140038
	粉溢	授权公告	云南远益园林工程有限公司，云南省特色木本花卉工程技术研究中心	20140039
	紫玉祥云	授权公告	云南远益园林工程有限公司，云南省特色木本花卉工程技术研究中心	20140040
	紫玉云霞	授权公告	云南远益园林工程有限公司，云南省特色木本花卉工程技术研究中心	20140041
	墨红刘海	授权公告	上海植物园	20140051
	墨玉鳞	授权公告	上海植物园	20140052
	瑞雪1号	授权公告	宁波黄金韵茶业科技有限公司，浙江大学	20140084
	醉金红	授权公告	宁波黄金韵茶业科技有限公司，浙江大学	20140085
	黄金甲	授权公告	宁波黄金韵茶业科技有限公司，浙江大学	20140086
	夏日热浪	授权公告	棕榈园林股份有限公司	20140147
	夏日红绒	授权公告	棕榈园林股份有限公司	20140148
	夏梦小旋	授权公告	棕榈园林股份有限公司	20140149
	夏梦金陵	授权公告	棕榈园林股份有限公司	20140150
	夏梦玉兰	授权公告	棕榈园林股份有限公司	20140151

（续）

植物种类	品种名称	公告类型	品种权人	品种权号
木兰属	娇菊	授权公告	北京林业大学，三峡大学，五峰博翎红花玉兰科技有限发展公司	20140042
	娇姿	授权公告	北京林业大学，三峡大学，五峰博翎红花玉兰科技有限发展公司	20140043
	娇艳	授权公告	北京林业大学，三峡大学，五峰博翎红花玉兰科技有限发展公司	20140044
	娇红2号	授权公告	北京林业大学，三峡大学，五峰博翎红花玉兰科技有限发展公司	20140050
含笑属	花好月圆	授权公告	中国林业科学研究院亚热带林业研究所	20140045
	玉壶含笑	授权公告	中国科学院华南植物园	20140046
	甜甜	授权公告	棕榈园林股份有限公司，深圳市仙湖植物园管理处	20140047
	转转	授权公告	棕榈园林股份有限公司，深圳市仙湖植物园管理处	20140048
	梦缘	授权公告	中国林业科学研究院亚热带林业研究所	20140055
	梦星	授权公告	中国林业科学研究院亚热带林业研究所	20140056
	梦紫	授权公告	中国林业科学研究院亚热带林业研究所	20140057
紫荆属	四季春1号	授权公告	河南四季春园林艺术工程有限公司	20140049
	重阳紫荆	授权公告	遂平名品花木园林有限公司	20140128
枫香属	金钰	授权公告	宁波市林业局林特种苗繁育中心	20140053
樟属	御黄	授权公告	宁波市林业局林特种苗繁育中心	20140054
拟单性木兰属	森禾红丽	授权公告	浙江森禾股股份有限公司	20140058
芍药属	京华旭日	授权公告	北京林业大学	20140060
	京俊美	授权公告	北京林业大学	20140061
	京华朝霞	授权公告	北京林业大学	20140062
	京桂美	授权公告	北京林业大学	20140063
	京蕊黄	授权公告	北京林业大学	20140064
	京华墨冠	授权公告	北京国色牡丹科技有限公司，北京林业大学	20140065
	京华晴雪	授权公告	北京林业大学，北京国色牡丹科技有限公司	20140066
	京龙望月	授权公告	北京林业大学，北京国色牡丹科技有限公司	20140067
	京墨洒金	授权公告	北京林业大学，北京国色牡丹科技有限公司	20140068
	京雪飞虹	授权公告	北京林业大学，北京国色牡丹科技有限公司	20140069
	京玉美	授权公告	北京林业大学，北京国色牡丹科技有限公司	20140070
	京玉天成	授权公告	北京林业大学，北京国色牡丹科技有限公司	20140071
	京云冠	授权公告	北京林业大学，北京国色牡丹科技有限公司	20140072
	京云香	授权公告	北京林业大学，北京国色牡丹科技有限公司	20140073
	京韵玫	授权公告	北京林业大学，北京国色牡丹科技有限公司	20140074
	京紫知心	授权公告	北京林业大学，北京国色牡丹科技有限公司	20140075
	京醉美	授权公告	北京林业大学，北京国色牡丹科技有限公司	20140076
	小香妃	授权公告	北京林业大学，北京东方园林股份有限公司	20140077
	蕉香	授权公告	北京东方园林股份有限公司，北京林业大学	20140078
	山川飘香	授权公告	北京东方园林股份有限公司，北京林业大学	20140079
	大彩蝶	授权公告	北京东方园林股份有限公司，北京林业大学	20140080
	金衣满舞	授权公告	北京东方园林股份有限公司，北京林业大学	20140081

（续）

植物种类	品种名称	公告类型	品种权人	品种权号
枫香属	福禄紫枫	授权公告	德兴市荣兴苗木有限责任公司	20140091
圆柏属	修机柏	授权公告	周修机	20140092
桂花	金玉桂花	授权公告	李长攸	20140095
楝属	锦业楝	授权公告	范军科	20140096
野牡丹属	心愿	授权公告	广州市园林科学研究所	20140097
	天骄	授权公告	广州市园林科学研究所	20140102
合欢属	朱羽合欢	授权公告	遂平名品花木园林有限公司	20140100
大青属	玉蝶常山	授权公告	遂平名品花木园林有限公司	20140101
	红星	授权公告	山东农业大学，山东万路达园林科技有限公司	20140113
	绢绒	授权公告	山东农业大学，山东万路达园林科技有限公司	20140114
紫薇属	金幌	授权公告	江苏省中国科学院植物研究所	20140105
	御汤香妃	授权公告	北京林业大学	2014109
栾树属	凤羽栾	授权公告	浙江滕头园林股份有限公司，中国林业科学研究院亚热带林业研究所	20140127
槐属	抱头槐	授权公告	山东万路达园林科技有限公司	20140144
木樨属	盘垂桂	授权公告	冯常柳、冯潇潇、冯岚	20140146

二、科技储备

我国花卉产业科技储备项目主要依托国家自然科学基金、“863”计划、“948”项目、国家科技支撑计划课题、林业公益性行业专项、农业科技成果转化资金项目以及各地方项目。

2014年主要国家级花卉研究项目10项（表5-3），均为国家林业局“948”项目。国家林业行业标准化项目立项31项（表5-4），较2013年增加10项；涉及观赏植物的国家自然科学基金项目86项（表5-5），较2013年增加19项。研究内容主要涉及花期调控与高抗性转基因育种、远缘杂交及高效繁育技术、商品花卉设施生产关键技术优化升级，以及具有中国特色的花卉种业关键技术等。花卉种类主要涉及重要的中国传统名花（如梅花、牡丹、菊花等）、世界著名花卉（如百合、月季、香石竹等）和野生花卉（如报春花、地涌金莲等）。

2014年，一些花卉科研项目获得了高校科学研究优秀成果奖、自然科学奖、国家科技进步奖等各类奖项和国家发明专利、实用新型专利、植物新品种权（品种专利）、欧盟植物品种专利、国际品种登录等。

表5-3 2014年主要国家级花卉科研项目

序号	项目名称	项目类别	承担单位
1	台湾优良樱花品种及配套栽培技术引进	“948”项目	福建省林业科学研究院
2	广玉兰种质资源及繁殖技术引进	“948”项目	河南省林业科学研究院
3	紫薇优良亲本种质及育种技术引进	“948”项目	湖北省林业科学研究院
4	金花茶新品种及培育技术引进	“948”项目	广西壮族自治区林业科学研究院
5	卡特兰重要亲本及唇瓣定向育种技术引进	“948”项目	中国林科院林业研究所
6	红掌优良新品种及定向选育技术引进	“948”项目	福建省林业科技试验中心
7	茶梅遗传资源及株形控制技术引进	“948”项目	中国林科院亚热带林业研究所
8	美国流苏优良种质及繁育技术引进	“948”项目	南京林业大学
9	荷兰重瓣百合品种资源及栽培技术引进	“948”项目	西南林业大学
10	攀援月季优良品种与繁育技术引进	“948”项目	西南林业大学

表5-4 2014年国家林业行业标准化项目汇总

序号	标准名称	项目编号
1	牡丹杂交育种技术规程	2014-LY-185
2	园林机械 以汽油机为动力的手持式吹吸机第1部分：单筒双腔式	2014-LY-115
3	园林机械 以汽油机为动力的手持式绿篱修剪机 安全要求和试验	2014-LY-114
4	园林机械 以汽油机为动力的随进式松土机	2014-LY-113
5	园林机械 手持式电动草坪修边机	2014-LY-112
6	园林机械 草坪通风机	2014-LY-111
7	植物新品种特异性、一致性和稳定性测试指南 女贞	2014-LY-028
8	植物新品种特异性、一致性和稳定性测试指南 樟属	2014-LY-027
9	植物新品种特异性、一致性和稳定性测试指南 爬山虎属	2014-LY-025
10	植物新品种特异性、一致性和稳定性测试指南 拟单性木兰属	2014-LY-024
11	植物新品种特异性、一致性和稳定性测试指南 罗汉松属	2014-LY-023
12	植物新品种特异性、一致性和稳定性测试指南 竹属	2014-LY-022
13	植物新品种特异性、一致性和稳定性测试指南 红豆杉属	2014-LY-021
14	植物新品种特异性、一致性和稳定性测试指南 白蜡树属	2014-LY-019
15	盆栽菊花栽培技术规程	2014-LY-175
16	海州常山扦插繁殖技术规程	2014-LY-211
17	东京野茉莉播种育苗技术规程	2014-LY-210
18	芍药无土栽培生产技术规程	2014-LY-198
19	七叶树培育技术规程	2014-LY-173
20	树状月季栽培技术规程	2014-LY-170

（续）

序号	标准名称	项目编号
21	平枝栒子育苗技术规程	2014-LY-162
22	栀子种植技术规程	2014-LY-157
23	欧洲花楸人工栽培技术规程	2014-LY-151
24	东北杜鹃播种繁殖技术规程	2014-LY-150
25	山茶扦插苗生产技术规程	2014-LY-138
26	绿地月季养护技术规程	2014-LY-137
27	金莲花生产技术规程	2014-LY-135
28	阔叶箬竹无性繁殖生产技术规程	2014-LY-128
29	灰木莲育苗技术规程	2014-LY-095
30	山茶花嫁接技术规程	2014-LY-089
31	花木栽培基质	2014-LY-197

表5-5　2014年国家自然科学基金项目花卉部分汇总

项目类型	项目名称	依托单位
专项基金项目（1项）	观赏园艺学	南京农业大学
面上项目（33项）	梅花花香相关BAHD家族基因挖掘及功能分析	北京林业大学
	菊花舌状花形态变异的遗传调控机制	北京林业大学
	牡丹花型等重要性状的QTLs定位研究	北京林业大学
	光周期和糖信号诱导新铁炮百合成花的调控机理研究	北京林业大学
	矮牵牛花发育C类基因在单重瓣性状形成中的功能解析	华中农业大学
	基于dTph1转座子插入的矮牵牛花发育突变体分子遗传机理解析	华中农业大学
	百合热激转录因子LlHSFA1调控百合耐热性的机理解析	中国农业大学
	月季HD-Zip Ⅰ和Ⅱ转录因子整合激素信号调节花瓣扩展与衰老的机制解析	中国农业大学
	菊花CmWRKYs响应黑斑病链格孢菌侵染的分子机制	南京农业大学
	切花小菊花粉败育的细胞与分子机理研究	南京农业大学
	利用连锁作图和关联分析解析菊花抗蚜性的遗传机制	南京农业大学
	牡丹斑色形成的分子机理	中国科学院植物研究所
	睡莲类黄酮糖基转移酶基因克隆及功能验证	中国科学院植物研究所
	广义马铃苣苔属（苦苣苔科）的分类学研究，兼谈花色分化的意义	中国科学院昆明植物研究所
	基于混合线性模型山茶花种质资源核心库构建	中国林业科学研究院亚热带林业研究所

（续）

项目类型	项目名称	依托单位
面上项目（33项）	矮牵牛ODO1和EOBII基因启动子互作的ERFs在花香合成调节中的作用研究	华南农业大学
	SMT1负调控狗牙根抗旱性的分子机制	华南农业大学
	红掌细菌性疫病抗性遗传分析、连锁图谱构建及QTLs定位	中国热带农业科学院
	高羊茅耐热相关miRNA及靶基因的发掘与功能解析	中国科学院武汉植物园
	结合连锁分析和关联分析定位莲花期和地下茎QTL及候选基因鉴定	中国科学院武汉植物园
	竹枝石斛干热季和雨季两次开花的生态适应性研究	中国科学院西双版纳热带植物园
	森林片段化对附生兰科植物花粉散布与空间遗传结构的影响：以传粉系统特化的禾叶贝母兰为例	中国科学院西双版纳热带植物园
	牡丹miR172d和PsAP2调控花芽内休眠过程的分子机制	青岛农业大学
	解析桂花释放挥发物与其促进人体健康的生理生化机制	浙江农林大学
	基于RNA-seq方法研究驯化牡丹适应性进化的分子机制	上海辰山植物园
	菊属植物分子系统学与菊花品种分子进化的研究	东北大学
	蓝光与UV-B复合协同效应诱导花青素合成的光信号传导	东北林业大学
	百合体细胞胚发生过程中关键miRNA与靶基因的网络调控研究	沈阳农业大学
	芍药种子下胚轴休眠与萌发相关调控基因的克隆及功能分析	沈阳农业大学
	单子叶植物葡萄风信子蓝色花形成分子机理研究	西北农林科技大学
	恶性入侵植物紫茎泽兰种群遗传特性与入侵机制研究	西北农林科技大学
	多花水仙花香相关基因的发掘与功能鉴定	福建农林大学
	决定墨兰叶艺（叶色变异）性状的分子调控机制研究	广东省农业科学院环境园艺研究所
	梅花绿萼性状的遗传分析与分子标记定位	北京林业大学
青年基金项目（44项）	不同染色体倍性观赏芍药的遗传差异及亲缘关系研究	北京林业大学
	木质素代谢参与外来入侵植物加拿大一枝黄花生态适应机制的研究	南京农业大学
	乙烯与NO互作调控荷花耐镉性的机制研究	南京农业大学
	乙烯和活性氧协同调控月季花朵衰老的分子机理解析	华中农业大学
	夏蜡梅的花部性状与其传粉者的互作及其生物学效应	浙江农林大学
	基于基因组重复系列的FISH技术绘制菊属重要野生种的精准核型	中国农业科学院蔬菜花卉研究所
	表观遗传修饰参与UV-A特异诱导芜菁花青素合成机制研究	东北林业大学
	神农香菊DiaMYB1s基因对萜类芳香物质合成调控机制解析	东北林业大学
	长春花生物碱生物合成受钾元素调控的代谢和分子基础	东北林业大学
	浙江省景宁木兰极小种群繁育系统研究	浙江农林大学
	热胁迫下miR172对大岩桐花发育调控机理的研究	浙江农林大学
	RhMYB1通过与质膜型水通道蛋白互作参与调节月季花瓣扩展的机制研究	浙江农林大学

（续）

项目类型	项目名称	依托单位
青年基金项目（44项）	雄全异株植物桂花不同性别的雄性适应度及其遗传选后果	浙江农林大学
	中国-喜马拉雅地区高倍性（2n=24x）大花醉鱼草的传粉生态学研究	中国科学院昆明植物研究所
	兜兰属植物对零上低温胁迫响应的生理机制	中国科学院昆明植物研究所
	基于叶绿体和线粒体全基因组测序的山茶属系统发育研究	中国科学院昆明植物研究所
	百合属的花进化和传粉生态学	中国科学院昆明植物研究所
	不同生境条件下齿瓣石斛不同生长时期菌根真菌多样性研究	中国科学院西双版纳热带植物园
	不同花型姐妹种雪地报春和突厥报春繁育系统的演化研究	中国科学院西双版纳热带植物园
	低温响应转录因子CdCAMTA1在野生狗牙根抗寒中的功能及其抗寒分子机理研究	中国科学院武汉植物园
	南岭山区野生凤仙花种植资源观赏性状的综合评价及其遗传多样性研究	湖南师范大学
	中国古老月季花香性状分析及其遗传规律研究	北京市辐射中心
	利用转录组测序技术研究离子束诱导天竺葵花色突变的相关机理	中国科学院近代物理研究所
	彩叶植物叶片花色素苷代谢与臭氧敏感性的相关性及其调控机理	东北农业大学
	月季高密度遗传图谱构建及重要性状QTL定位	东北农业大学
	白三叶SSR分子图谱构建及三个观赏性状基因连锁	湖北省农业科学院
	石蒜属植物生物碱对花色苷呈色影响机制的研究	江苏省中国科学院植物研究所
	大岩桐叶序调控相关基因的克隆及功能分析	西北农林科技大学
	miRNA介导芍药花瓣黄色性状形成的转录后调控机制研究	扬州大学
	兰花远缘杂交后代高频发生2n雄配子的分子机理	华南农业大学
	iTRAQ技术分析钝叶草抗旱性的分子机制	华南农业大学
	不同色系菊花花青苷差异积累的MBW转录复合体调控机制	浙江大学
	AG基因调控春兰重瓣奇花形成的分子机理	浙江省农业科学院
	调控桂花CCD4基因裂解类胡萝卜素产生β-紫罗兰酮的WRKY转录因子的克隆和功能分析	河南大学
	羽衣甘蓝红色心叶基因Re的克隆	齐齐哈尔大学
	香石竹切花茎末端细菌生物被膜的形成及其调控机制研究	仲恺农业工程学院
	乙烯响应转录因子CmRAR2-12提高菊花水淹胁迫低氧耐受性的调控机理解析	农业部规划设计研究院
	中国莲花器官发育基因MADS-box的鉴定与功能研究	武汉市蔬菜科学研究所
	牡丹PsSERK基因在体胚发生过程中的功能解析	河南农业大学
	虾脊兰属及其近缘类群（兰科）的系统分类学研究	福建农林大学
	基于转录组测序筛选二乔牡丹复色花形成的关键基因	洛阳师范学院
	温度升高对濒危植物夏蜡梅共生AMF菌落组成及两者共生关系的影响	台州学院
	基于SLAF-seq技术的石斛高密度遗传图谱构建及生物碱含量QTL定位	广东省农业科学院环境园艺研究所

（续）

项目类型	项目名称	依托单位
地区科学基金项目(6项)	香石竹OSD1-like基因在减数分裂中的功能研究	云南省农业科学院
	干旱胁迫下马缨杜鹃的生理生态响应及其表达谱分析	云南省农业科学院
	灰霉病菌侵染后百合小分子RNA的识别及抗病分子机制的研究	云南农业大学
	云南墨兰多舌奇花MADS-box基因的功能和进化研究	云南农业大学
	奇-异源四倍体百合的形成途径及其种质渗入功能研究	江西农业大学
	中国贵州野生杜鹃群落天然更新障碍机理研究	贵州师范大学
联合基金项目(2项)	兰科同属物种的生殖隔离与共存机制的研究	华中师范大学
	泡桐属（广义玄参科）及其近缘类群的系统学研究	河南农业大学

2014年，国家继续加强科学研究投入，鼓励花卉自主研发，集中开展对花卉业关键、薄弱环节的技术攻关。通过整合全国各类科技资源，构建技术创新联盟，建立产、学、研一体化的科技研发体系，研发了一批具有自主知识产权的品种和技术，使我国丰富的花卉种质资源优势转变为产业优势和竞争优势。

三、标准建设

要建立现代花卉产业体系，花卉标准是基础和关键，是实现我国现代花卉产业发展的重要技术支撑。因此，全国花卉标准化技术委员会积极组织申报花卉标准项目，不断健全花卉标准体系建设，逐步形成科学合理、层次分明、重点突出、能够满足我国花卉业发展需要的标准体系。

现行的花卉产品质量标准化体系包括行政管理体系、标准体系、检测体系、推广与服务体系、监督执行体系。标准与检测体系是完善我国花卉标准化管理体系的基础。现阶段我国已经制定和颁布的花卉质量标准与检测标准有花卉基础标准、生产技术标准、产品质量标准、检测方法标准，目前仍然在不断完善中。

2014年，新发布林业行业标准28项（表5-6），是2013年的2.8倍，说明我国花卉标准化进程正在加快，标准化生产已经成为花卉产业发展的共识。

另外，为规范花卉行业管理，结合花卉产业发展实际，全国各地纷纷加快地方标准的制定和实施（表5-7）。

表5-6 2014年度颁布实施的标准

序号	标准号	标准名称
1	LY/T 2316—2014	绿化植物废弃物处置和应用技术规范
2	LY/T 2336—2014	天竺桂造林技术规程
3	LY/T 2311—2014	青钱柳播种育苗技术规程
4	LY/T 2304—2014	灯台树播种育苗技术规程
5	LY/T 2297—2014	铅笔柏播种育苗技术规程
6	LY/T 2404—2014	园林机械　手推滚刀式草坪割草机
7	LY/T 2403—2014	园林机械　手持式电动绿篱修剪机
8	LY/T 2402—2014	园林机械　悬挂式草坪松土平整机
9	LY/T 2401—2014	园林机械　以汽油机为动力的手推式草坪修边机
10	LY/T 2288—2014	植物新品种特异性、一致性、稳定性测试指南　卫矛属
11	LY/T 2286—2014	植物新品种特异性、一致性、稳定性测试指南　梓树属
12	LY/T 2285—2014	植物新品种特异性、一致性和稳定性测试指南　槐属
13	LY/T 2284—2014	植物新品种特异性、一致性、稳定性测试指南　桦木属
14	LY/T 2283—2014	植物新品种特异性、一致性、稳定性测试指南　栾树属
15	LY/T 2345—2014	城市主要绿化竹种苗木等级
16	LY/T 2320—2014	四季秋海棠无土栽培技术规程
17	LY/T 2319—2014	竹芋盆栽生产技术规程
18	LY/T 2325—201	4芍药切花露地生产技术规程
19	LY/T 2324—2014	梅花切花设施生产技术规程
20	LY/T 2322—2014	八仙花切花生产技术规程
21	LY/T 2321—2014	蜡梅切花生产技术规程
22	LY/T 2303—2014	桂花苗木质量分级
23	LY/T 2335—2014	鹅掌楸栽培技术规程
24	LY/T 2330—2014	紫丁香繁殖与栽培技术规程
25	LY/T 2323—2014	花果兼用梅栽培技术规程
26	LY/T 2318—2014	蜡梅栽培技术规程
27	LY/T 2312—2014	天竺桂育苗技术规程
28	LY/T 2294—2014	红叶石楠扦插繁殖技术规程

表5-7　2014年我国部分省（区、市）颁布的地方标准

省（区、市）	地方标准编号	地方标准名称
北京市	DB11/T 1092—2014	紫薇繁殖与栽培养护技术规程
	DB11/T 1090—2014	观赏灌木修剪规范
	DB11/T 1097—2014	矮丛苔草栽培技术规程
	DB11/T 1113—2014	古树名木健康快速诊断技术规程
	DB11/T 1146—2014	花卉产品等级　盆栽菊花
	DB11/T 1145—2014	花卉产品等级　红掌
	DB11/T 1144—2014	盆栽石斛兰栽培技术规程
	DB11/T 1127—2014	万寿菊生产技术规程
浙江省	DB33/T 919—2014	光皮桦栽培技术规程
	DB 33/T 931—2014	玉兰苗木培育技术规程
	DB33/T 554—2014	山茶花栽培技术规程
	DB33/T 305—2014	金华佛手栽培技术规程
	DB33/T 930—2014	蟹爪兰盆花生产技术规程
	DB33/T 338—2014	银杏绿化苗木培育技术规范
	DB33/T 950—2014	浙麦冬生产技术规程
江苏省	DB32/T 2712—2014	北美栎树播种育苗技术规程
上海市	DB31/T 867—2014	崇明水仙生产技术规程
	DB31/T 816—2014	主要观赏灌木容器苗质量分级
江西省	DB36/T 779—2014	毛红椿播种育苗技术规程
	DB36/T 778—2014	东京野茉莉播种育苗技术规程
	DB36/T 777—2014	光皮树容器育苗技术规程
	DB36/T 776—2014	光皮树栽培技术规程
河南省	DB41/T 1003—2014	红叶樱花育苗技术规程
	DB41/T 1002—2014	金叶复叶槭育苗技术规程
	DB41/T 967—2014	领春木育苗与栽培技术规程
	DB41/T 953—2014	中豫青竹复叶槭培育技术规程
	DB41/T 919—2014	楸树埋根育苗技术规程
	DB41/T 921—2014	立体绿化技术规程
	DB41/T 920—2014	红豆杉育苗技术规范
广东省	DB44/T 1322—2014	果子蔓属观赏凤梨盆花生产技术规程
	DB44/T 1409—2014	盆栽马拉巴栗生产技术规程
	DB44/T 1404—2014	杂交兰盆花生产技术规程
	DB44/T 1403—2014	龙船花属植物栽培技术规程
	DB44/T 1402—2014	台湾桤木栽培技术规程

（续）

省（区、市）	地方标准编号	地方标准名称
云南省	DB53/T 603—2014	绿化苗木　清香木播种苗培育技术规程
	DB53/T 647—2014	绿化苗木　马缨花杜鹃漂浮育苗技术规程
安徽省	DB34/T 2085—2014	紫菀栽培技术规程
	DB34/T 2093—2014	蝴蝶兰组培苗快繁技术规程
	DB34/T 2094—2014	盆栽菊花生产技术规程
	DB34/T 2095—2014	一串红盆花生产技术规程
	DB34/T 2096—2014	盆栽万寿菊生产技术规程
	DB34/T 2097—2014	报春花工厂化种苗生产技术规程
	DB34/T 2098—2014	一串红工厂化种苗生产技术规程
	DB34/T 2100—2014	蝴蝶兰盆花产品等级标准

四、人才培养和技术培训

1. 人才培养

随着我国花卉产业的不断发展壮大，花卉相关专业人才培养继续得到加强。充分利用高等院校、大专院校、职业专科院校和科研院所的教育资源，培养不同层次的花卉人才；加强了对花卉高端人才的引进和培养，以及国际花卉人才的交流合作，不断壮大花卉人才队伍，加强花卉产业发展的人才支撑。2014年花卉行业从业人员为525.51万人，其中专业技术人员为28.03万人。

2014年3月8日，“2013中国花木产业年度人物”颁奖仪式在浙江萧山花木城隆重举行。由中国花卉协会、中国绿色时报社共同主办的“2013中国花木产业年度人物”评选活动，得到了各省（区、市）花卉协会的积极响应与大力支持。经过严格评选，天津滨海国际花卉科技园区股份有限公司董事长杨铁顺，安徽恩龙园林股份有限公司董事长李谢恩，云南昆明国际花卉拍卖交易中心有限公司总经理张力，江苏三维园艺有限公司董事长胡艺春，青海绿海生态林建设苗木有限公司董事长蒋全，北京纳波湾园艺有限公司董事长王波，上海和丰中林林业股份有限公司董事长苏涌，浙江杭州赛石园林集团、浙江花市投资管理集团董事长郭柏峰，山东青州亚泰农业科技有限公司董事长董春燕，河南遂平名品花木园林有限公司总经理王华明等10人当选“2013中国花木产业年度人物”。

2. 技术培训

2014年7月3～4日，中国花卉协会在山东青州首次举办了全国花卉行业信息化管理高级培训班，来自中国花卉协会、中国花卉协会各分支机构、各省级花卉协会、花卉重点产区、龙头企业等100余人参加了此次培训班，对中国花卉事业的发展有着重要的意义。

2014年4月23～26日，第十六届中国国际花卉园艺展览会同期举办了内容丰富的专题论坛和技术交流会，有温室设施、灌溉施肥等技术论坛，还有京津冀立体绿化治理雾霾论坛、中荷花卉园艺研讨会、中国园艺企业发展交流会、大型插花表演等。其中，大型插花表演邀请来自德国、韩国、中国内地和台湾地区的花艺师分别为观众表演德国流行花束花艺、文心兰插花花艺、韩式架构花艺作品设计、中国传统插花、池坊花道等。

2014年3月7～9日，2014中国花木节暨第九届中国园林绿化产业交易会在浙江杭州萧山浙江花木城举办，6万多人次参观者中专业观众超过90%，期间还举办了中国园林绿化设计高峰论坛、中国园林绿化企业家峰会、中国园林花木经纪财富论坛、全国花木主产区产业发展联席会议和外商企业对接交流会等一系列高水平的专业活动。

由昆明国际花卉拍卖交易中心推出的花卉在线交易系统——“花拍在线”于2014年10月20日开放注册，10月24日正式试运行。“花拍在线”是针对终端花卉销售商建立的一个新的花卉交易平台，目的是增加产品交易信息透明度，加强产销两端沟通。“花拍在线”陆续推出100多个品种，每个品种都有最小定购量限制。每周一、二、三交易，主要利用航空运输。

3. 学术活动

2014年，我国花卉学术活动异常活跃，一些高校与国外机构开展了花卉短期合作研究，一些中国花卉专家出国访问、讲学或参加国际学术会议等。在“走出去”的同时，相关单位还“请进来”——邀请国外知名专家来高校、科研机构讲学和交流，这对我国花卉技术和教育水平提升具有重要意义。

据不完全统计，全国现有省级以上花卉科研机构100多个，设置观赏园艺和园林专业的高等院校100多所，本科生和研究生的招生数量和质量不断提升，花卉专业技术人员达到16万人。

2014年3月23日，国家主席习近平和夫人彭丽媛在荷兰国王威廉·亚历山大和王后马克西玛陪同下，参观中荷农业合作和荷兰郁金香花展。彭丽媛应邀将新培育的珍贵郁金香品种中文名命名为‘国泰’(Cathay)，并按当地传统浇上香槟。马克西玛王后将‘国泰’赠予中国。花卉成为2014年中国外交十大新闻事件之一的重要见证。

2014年2月，北京植物园被国际园艺学会命名与栽培品种登录委员会任命为观赏海棠的国际栽培品种登录权威，北京植物园教授级高工郭翎博士为观赏海棠栽培品种的登录专家。在此之前，中国花卉协会梅花蜡梅分会于1998年成为梅花的国际栽培品种登录权威，著名园林大师陈俊愉院士成为梅花栽培品种的国际登录专家；2004年，中国南京林业大学向其柏教授及其团队成为木犀属的国际栽培品种登录专家和登录权威；2013年7月，中国林业科学研究院国际竹类栽培品种登录中心史军义研究员、华中农业大学园艺林学学院陈龙清教授和华南植物园夏念和研究员分别成为竹类、蜡梅属和姜花属的国际栽培品种登录权威，中国花卉协会梅花蜡梅分会张启翔教授和包满珠教授继任梅属国际栽培品种登录权威的登录专家，上海辰山植物园田代科继任莲属国际栽培品种登录权威的登录专家。

2014年3月31日，第三届国际百合属研讨会暨项目技术对接会、水仙花专题研讨会在“中国水仙花之乡”福建漳州举行，当日，国际园艺科学学会、英国皇家园艺学会分别在漳州设立国际园艺科学学会水仙花论坛秘书处和国际水仙花新品种登记注册中心，并举行揭牌仪式。

2014年7月17日，中国园艺学会观赏园艺专业委员会2014年学术年会在青岛农业大学举行，来自全国150多所高校、科研院所和企业的600多名代表相聚一堂，围绕“观赏园艺创新与生态文明建设”这一主题，就花卉种质资源评价与利用、新品种选育、新花卉开发、产业化生产和花卉应用等展开深入研讨和广泛交流。

2014年11月7～8日，第九届中国花卉产业论坛在江苏常州西太湖畔召开，主题是“让花卉走进千家万户”。有关专家学者和业界知名人士分别做了“国内外花卉种质资源、新品种培育最新进展及未来趋势展望”等主题报告，相关企业负责人与业界人士还就“花卉商业模式与大众消费”、“花卉品种创新与大众消费”、“资本进入与产业发展”等专题进行了热烈研讨。

执笔：王雁（中国林业科学研究院）
图表：王雁、周琳、郭文英（中国林业科学研究院），
程堂仁、王佳（国家花卉工程技术研究中心）

第6章 社会化服务

2014年以来，我国花卉产业社会化服务机构规模不断扩大，功能日趋完善，服务内容更广，尤其是在信息、营销、创新和金融服务方面呈现良好态势，有效促进了我国花卉产业持续健康和稳定发展。

一、公共信息服务

花卉信息服务主要是指为行业提供决策所需有效数据的一系列行为，公共信息服务是信息服务的核心组成，主要包括由管理部门、社会组织等提供花卉统计、大数据。

1. 花卉统计

为保证全国花卉统计工作的顺利开展，农业部每年组织召开全国花卉统计工作会议，总结花卉统计工作经验，安排布置花卉统计数据的搜集、汇总和整理工作并及时上报。农业部对各地上报数据系统整理后上报国家统计局，并定期通过媒体给予公布报道，为各地主管部门和生产者进行决策和计划提供重要依据。

为及时、准确掌握产业发展情况，提高产业服务水平和服务精准度，各省（区、市）积极创造条件，逐步改进和完善本地区花卉统计制度，努力争取相关部门支持，把统计工作纳入政府工作议事日程。云南省自2004年把花卉统计纳入国民经济统计范畴，花卉主管部门和省农业厅共同牵头，按照现代花卉的统计要求，在统计部门的指导下，建立了一套完整的统计体系，统计制度和统计工作逐年修改完善。除政策保障外，云南每年固定给予资金支持，为开展统计创造良好的工作环境。2014年以前，每年召开1次全省花卉统计工作会议和2次统计培训，会议由全省16州（市）主管部门领导和统计人员参加，期间还组织重点企业参与，统一部署花卉统计工作任务，共同分析当年产业形势和未来发展趋势，提出完善花卉统计的建议和措施，加强统计调研，逐渐丰富统计指标，以准确、全面反映花卉产业发展现状和发展趋势，为产业发展提供科学依据。

中国花卉协会及其各分支机构和行业组织也积极发挥优势，以单个品种或薄弱领域为切入点，开展重点调查统计，为国家花卉统计和各地花卉统计工作提供参考数据，同时在指导花卉生产和销售方面发挥了较好作用。如盆栽分会每年都定期开展大花蕙兰产销调查，其中对大花蕙兰每年上市数量及其今后预计产量，甚至主要企业成品上市量和种苗储备量都进行了详细统计，并借大花蕙兰订货会暨全国盆花产业发展交流会等会议与业界分享，截至2014年这一工作已持续9年。

2. 大数据服务

未来我国花卉产业在参与世界花卉竞争的过程中，大数据服务将起着重要的作用。要发挥大数据在促进产业发展中的作用，首先要有大数据载体以及大数据“加工车间”，然后建立起大数据成品转换应用机制和平台。在国家林业局、农业部等各部委及中国花卉协会的指导下，我国花卉产业大数据产业雏形初显，平台载体建设日益完善，数据加工应用逐步起步，手机APP家庭盆花养护信息管理系统、智能化温室信息集成等基于大数据应用的技术，已在部分地区的花卉生产实践中开始使用。

畅通的信息传播渠道，方便、快捷、及时和准确的信息发布，吸引更多的人群关注、关心花卉产业，花卉信息传递效率明显提高，受众面迅速扩大，新的花卉消费群体逐渐增多，有效促进了花卉产品消费。

二、社会组织

社会服务组织主要包括公益性服务组织及各类经营性服务组织，各省（区、市）花卉协会充分发挥在产业中的桥梁纽带作用，产业服务水平进一步提高；由龙头企业、公司集团牵头，在产业链各环节和分领域内的服务型社会组织也迅猛发展。

1. 行业组织

截至2014年底，全国除西藏外，各省(区、市)均成立了花卉协会，部分地（州、市）也相继成立花卉协会或单一品种行业协会，如兰花协会、茶会协会、君子兰协会，等等；花卉主产区县（市、区）甚至乡镇也都有花卉行业组织，他们在各自区域为花卉从业者持续不断提供服务，搭建起了沟通产销、政企等不同部门之间的桥梁，服务内容涉及技术指导、专业培训、标准制定、市场营销、产业宣传等方面。

为顺应花卉产业分工日益细化、产业链条不断增长的发展趋势，中国花卉协会先后成立了15个分支机构，各分支机构下细分出众多专业小组，如盆栽植物分会的大花蕙兰产业小组、小盆栽产业小组、红掌产业小组，等等。

2. 产业联盟

花卉产业联盟是企业间自发自愿组织的正式或非正式服务性组织，主体是企业，同时也吸纳其他社会组织参与，组织形式较为松散。2014年以来，各类产业联盟迅猛发展，全国相继成立了10余个产业联盟组织。其中针对鲜切花新品种推广难、进度慢、参与度低的实际，由昆明国际花卉拍卖交易中心牵头组建一个由育种商、种苗生产企业、种植企业、交易市场以及全国花卉经销商、零售商共同参与的中国花卉新品种推广联盟，致力于建立一个与国际接轨的、与市场紧密相连的，集品种研发、引进、种苗生产、鲜花种植、市场交易和经销商、零售商为一体的品种推广体系。同年，非洲菊种苗、牡丹、食用玫瑰等领域，也在筹备联盟组织，共同应对国际市场竞争。

3. 花农合作组织

以花农为主体、种植分散是我国花卉生产最突出的特点，这与国际、国内大市场对单一产品稳定批量采购形成了尖锐矛盾。为此，花农经济合作组织这一新型花农组织在鲜切花主产地云南应运而生，之后逐渐推广到其他省（区、市）。截至2014年底，云南的花农经济合作组织已近600家，生产涉及鲜切花、山茶花、食用玫瑰等。其中，鲜切花类合作组织占全省花农合作组织总量的70%以上，他们依托昆明国际花卉拍卖交易中心“公开、透明和公正”的现代鲜切花交易机制，得到了很好的发展，已成为该拍卖市场的供货商主力军，涌现出了一大批国内知名品牌。合作组织财务管理、价格、产量等信息公开透明，服务到位，培训有道，花农凝聚力和组织化程度较高。

三、综合性营销服务

1. 市场衍生服务

2014年全国花卉市场3286个，市场总体数量较往年减少，但市场交易集中度更高，社会化分工更细，物流等配套设施更全，市场功能更大，在传统市场交易服务功能的基础上，很多市场衍生出了其他服务。除了完善物流、进出口检疫等配套服务外，花卉文化传播、专业包装、农资供应、花卉游学、花卉旅游等细分市场的社会化服务日渐凸显。

广州岭南鲜花批发市场、昆明斗南花卉市场等国内几大传统花卉市场，除了具备交易、展销、物流等基本功能外，新增众多服务项目和服务性衍生产品。有些花市还发展成为旅游景点，经营者集聚度高，人气旺，市民参与度大大提高，有效地提升了大众对花卉的消费欲和需求量。2014年斗南花卉市场迎接游客10余万人次，逛花卉市场、体验花卉软装等花文化之美，成为众多游客外出旅游的重要内容之一。据统计，斗南花卉市场每年花卉综合产值高达140亿元，其中文化旅游、花艺培训、花卉分级包装、场地出租等二、三产业产值贡献率约60%。

2. 电商外延服务

借着电商快速兴起的东风，以电商、微商为主的新型交易模式迅速蔓延至花卉领域，各类型、规模不等的花卉电商在全国各地如雨后春笋般成长起来。截至2014年，年销售额超过5000万元的电商5家左右，上1000万元的10多家，100万元及以上的不计其数，通过淘宝、天猫等电商平台从事花卉销售的个体经营者多达3万余户。此外，自有独立电商平台的建设和发展也开始兴起。据阿里研究院统计，阿里平台上经营农产品的商户数量超过90万个，2015年阿里零售平台鲜花绿植销售增长87%，增幅在农产品中的排名已连续3年蝉联第一。

依托互联网发展起来的网店及依托移动互联网兴起的微店，其背后是成千上万的从业者队伍作为支撑。在庞大的电商运营群体中，店主们每天要花大量精力去维护店铺，以保持店铺的活跃度，以免被消费者忽略，或面临被成千上万新店铺和产品"淹没"的境地。烦琐的店铺维护困扰着店主，为更好地为消费者挑选产品和提供售后服务，出现了一批特殊的电商服务队伍，店铺维护工作被一些专业人士取代，产品拍摄、店铺装修、店铺营销、刷单升级等细分行业兴起，金融机构也针对电商推出了相应的金融衍生产品和服务。

3. 技能培训

随着家庭和个人消费上升，从大中城市到乡镇，花店规模不断增加，从业队伍不断扩大。初步统计，全国已有40多万家花店，其中不乏一些特色鲜明、知名度极高的品牌花店和网络花店。花店在开拓花卉蓝海市场、培育新的消费群体、引导消费者走绿色消费之路中起到了重要作用，但从业者缺乏花店经营管理、花卉管护、货源信息等知识，插花花艺、花艺工程设计与施工技能也亟需提升。

花店从业者是花卉文化传播者、花卉文化产品（花艺作品）生产者，同时还是生产与消费的黏合剂，在产业发展中扮演着重要角色。花店的繁荣为众多创业者，尤其是年轻人提供了创业空间，为社会提供了就业机会。但花店的发展离不开花艺师，促进了众多花艺培训机构迅速发展。2014年以来，在以上海为中心的华东地区，以北京为中心的华北地区，以广州为中心的华南地区，以及鲜切花生产大省云南，涌现出了一大批花卉培训机构。在鲜切花交易集散地昆明斗南，就有20多家花卉培训机构，每月有来自全国乃至国外的近300人前往学习。

花艺培训的兴起还拉动了保鲜花、叶脉花及相关花卉产品为主材的花艺软装行业发展。在一些高端酒店、咖啡厅等场所，经营者为节省投入成本，又不失高雅格调，通过花卉软装的应用提高消费者黏性，催生了花卉软装设计、制作、培训的发展。

4. 经纪人队伍

花卉经纪人指从事花卉产品收购、储运等中介活动而获取佣金或利润的经纪组织和个人。花卉经纪人作为连接生产和市场，以及供需双方之间的"沟通媒介"，可有效、快速实现花卉产品走向市场，提高花卉产品成交率。

这些年来，由于我国花卉生产技术水平的大幅度提高，花卉品种更新换代频率加快，国内经纪人队伍不断壮大，其数量超过10万人，尤其是在浙江萧山、江苏如皋、浙江金华等苗木先发地区，每个地区都活跃着上万名经纪人，鲜切花产地云南的鲜切花经纪人超过2000人。在云南、广州、北京、上海等地的花卉市场，还出现了一些实力雄厚的专业经纪公司，游走于生产基地，与广大种植户建立利益共同体，实现产销“一站式”对接，产品从基地通过经纪人包装后直接进入终端市场，有力促进市场的开拓，大大提高了种植户的生产积极性。

四、创新服务体系

1. 技术输出服务

我国花卉种植面积世界最大，发展速度快，生产范围广，但技术含量低，相关服务落后，这为技术输出服务创造了空间。近年来，云南、广东出现了一些为其他地区提供花卉技术服务的专业机构，即由科研机构、事业单位和企业组成的“智囊团”，通过对技术和管理经验的集成，帮助其他地区实现产业升级发展。同时，国内一些科研部门开展乡土专家行动计划、科技大篷车下乡等活动，促进了花卉新技术、新产品的垂直或横向流动。一些院校也开展了相应的课题研究，如2014年以来，在国家相关部门的支持下，云南财经大学完成“知识型服务机构影响花卉产业集群升级的作用机理及嵌入机制研究”，为探索技术服务型产业的发展进行了有益尝试。

2. 科技创新

花卉科技创新是企业发展的核心竞争力，也是花卉行业得以持续健康发展的驱动力。近年来，以科研单位、企业为主，个人参与、多方联动的科技服务创新体系基本形成，知识型服务机构（KIBS）在产业中的作用越来越明显。

此外，在市场驱动下，花卉生产组织模式悄然发生变化，创新性的管理模式不断涌现，如“企业+农户+基地”规模化生产、花农经济合作组织、全产业链股份制公司，等等。

五、金融保险服务

1. 投融资

从政策性资金看，全国大部分省（区、市）把花卉列为当地新兴产业，给予政策性资金扶持。贵州省六盘水市把花卉纳入当地重点产业给予资金、政策等方面的倾斜；宁夏回族自治区银川市对规模以上花卉的种植基地，每亩*给予近7000元的补助，每年还安排300万元的产业基金扶持花卉发展。在银行贷款服务方面，民生银行、中信银行等密切关注花卉产业发展，在当地政府的参与下，千方百计为企业贷款创造条件。2014年云南率先出台《云南省观赏苗木抵押登记管理办法（试行）》，推进观赏苗木抵押贷款业务的实现，同年云南省林业厅与中信银行昆明分行签订战略合作协议，为符合条件的花木企业提供贷

* 1亩≈667平方米，余同。

款，云南远益园林工程有限公司等企业用高山杜鹃、山茶花等特色花卉作为抵押，从银行获得了发展资金。从资本市场融资看，我国花卉企业逐渐发展壮大，现代化管理理念被更多的花卉企业采用，用资本市场的要求谋进步，吸纳风投和合作伙伴，从资本市场融入发展资金的企业明显增多。2014年春舞枝集团、欧勃亚园艺实业股份有限公司成功在德国和瑞典上市，刷新我国花卉企业在海外资本市场处于空白的历史。此外，还有一大批花卉企业正在加快进入资本市场的步伐，今后必将有一大批花卉企业在主板、新三板或国外资本市场亮相。

针对花卉行业中缺乏资产抵押、从业人员以花农为主、大部分花卉企业还属于小微企业的实际，社区银行、花卉商会等个性化的新型金融服务机构如雨后春笋般成长，缓解了长期以来花卉行业发展资金欠缺、融资手段落后、融资平台狭窄等金融服务的问题。近年来，在当地有关部门的支持下，依托某一家或多家商业银行，由当地龙头企业牵头或参与运营管理的花卉商会也应运而生，商业银行开始尝试开办金融合作社。2014年7月2日，中国民生银行昆明民生街支行斗南社区城市商业合作社（以下简称合作社）成立，凡属在当地租地或到周边地区种花的昆明农民，凭借土地租赁合同、身份证（结婚证）、户口本复印件、房产证明材料（房产证复印件或村委会出具的房产证明），经合作社工作人员现场评估后可在7个工作日内放款，合作社信用贷款手续简化，借贷灵活，在1～2年的贷款期限内，借款人可随时提前归还贷款，下次需要资金时，只需签字就可续贷，不需要重新审核办理。这相比银行和投融资担保公司的贷款服务而言，贷款手续简便、门槛低、放款快，还有互助合作基金、还贷周转基金、政府支持平台、集团团购平台、交易撮合平台、信息共享平台六大功能，其中，小微企业的互助基金组织为会员提供短期、临时的资金支持等相关服务，帮助会员寻找上下游生意机会，提供全面的综合服务，做到金融服务和产业资本无缝对接，甚至帮助农民个体企业开设分店、分厂，提供法律顾问、财富大课堂投资理财咨询等服务。

2. 花卉保险

近年来，我国花卉生产发展迅速，全国发展起了无数个单一品种或以某类产品为主的专业县或专业乡镇，发展起了在全国乃至全球有影响力和市场占有率的品牌产品，如临沂海棠、菏泽牡丹、长春君子兰、漳州水仙等。但是，同属于农业领域的花卉产业，自然气候条件是花卉生产的最大影响因子，局部地区突发冰雹、干旱、洪涝等自然灾害始终是花卉生产者的一块心病，影响着花卉生产的持续健康发展和花卉生产者生活水平的提高。为此，一些地区的保险公司尝试推出针对花卉行业的个性化保险业务。福建省和中国人寿财险公司联合开展调研，准备推出包括花卉温室及棚内花卉的设施花卉保险业务。

随着花卉产业在全国各地的发展，商业性、政策性的花卉保险也随之起步完善，花卉保险服务项目、服务领域和服务团队逐渐壮大，针对花卉行业的保险业务逐渐在上海、北京、福建、浙江等地推行，并得到当地政府和相关部门的支持。2014年3月，福建省漳州市华安县出台《华安县加强推进“三农”综合保险实施方案》，把推进“三农”综合保险工作作为新农村建设的一项重要内容，列为新农村建设责任目标考核内容。为实现全县“三农”综合保险全覆盖，华安县采取“总体规划、制定方案、试点示范、分步实施、全面铺开、整体推进”的办法，在全县建立5个“三农”综合保险示范乡镇，在涉农保险项目中，选择了小额农村家庭财产保险、花卉种植险等险种进行推广。

执笔：陆继亮（云南省花卉产业联合会）

第7章 国际交流与合作

2014年，全球切花和盆栽植物种植面积基本保持不变，产值略有下降，苗木种植面积和产值呈增长趋势。我国花卉国际贸易稳步发展。据海关总署统计，2014年花卉出口总额比2013年增长3.9%，进口总额比2013年增长4.8%。中国花卉行业各领域积极参加国际组织活动，国际交流合作继续加强。

一、全球花卉贸易总体情况

根据国际园艺生产者协会（AIPH）发布的统计年鉴，2014年，包括意大利、法国、西班牙、荷兰、德国、南非、英国、土耳其、澳大利亚、中国、印度、日本、韩国、泰国、美国、巴西、哥伦比亚、厄瓜多尔、墨西哥等花卉主要生产国家在内的45个国家和地区切花和盆栽植物种植总面积约为62万公顷，产值约为300亿欧元，种植面积与2013年相比基本保持不变，产值降低了6.25%。2014年，包括比利时、法国、德国、意大利、荷兰、波兰、西班牙、中国、日本、澳大利亚、加拿大、美国等主要生产国家和地区的苗木种植总面积约为106.9万公顷，产值约为230亿欧元，分别比2013年增长了2.79%和9.52%。

1. 花卉出口

（1）主要出口产品。我国主要出口花卉产品可分为鲜切花、鲜切枝（叶）、盆栽植物、种子、种球、种苗、干切花、干切枝（叶）、观赏苗木九大类别。据海关统计，2014年花卉出口总额为18543.06万美元，比2013年增加3.9%。

2014年统计数据显示，在出口产品中，鲜切花占主导地位，其中鲜切花出口额占花卉总出口额的45.0%，种苗、鲜切枝（叶）和盆栽植物所占比例分别为19.1%、17.2%和7.5%，干切枝（叶）、干切花和种球产品出口额所占比例依次为7.7%、2.3%和1.2%。

鲜切花出口到27个国家和地区，出口额约为8337.58万美元，同比增长11.63%，主销市场是日本、韩国、越南、泰国、缅甸和新加坡等亚洲国家和地区。产品以月季、康乃馨、兰花、菊花、百合为主。

鲜切枝（叶）出口市场减少到16个国家和地区，出口额约3183.21万美元，同比上升1.30%。其中，对日本出口额占该类花卉产品总出口额的98.84%，其次是我国澳门地区和新加坡。

种苗出口市场增加到63个国家和地区，出口额约3544.11万美元，同比下降6.46%，主要出口国为荷兰、日本和美国，对荷兰、美国出口额分别增长6.99%

和0.56%，对日本出口额同比下降1.90%。种球出口到13个国家和地区，出口额约216.85万美元，同比下降17.73%。

盆栽植物出口到28个国家和地区，出口额约1392.6万美元，同比增长15.0%。德国、日本、荷兰是主销市场，其中对德国出口额同比增长27.8%，对日本和荷兰出口额同比分别下降4.7%和21.2%。

干切花出口市场为39个国家和地区，出口额同比减少13.51%。日本、美国、加拿大、英国等国家为主要出口市场。其中对美国、加拿大出口下降明显。

与2013年同期相比，干切枝（叶）类产品出口略有下降，出口额约1433.09万美元，比2013年减少2.09%，出口市场达到57个国家和地区。美国、日本、德国是主要市场。

（2）主要出口市场。2014年我国花卉出口市场达到90个国家和地区。其中亚洲地区以日本、韩国、越南、泰国、缅甸、新加坡为主；欧洲以荷兰、德国、意大利、俄罗斯等为主；美洲主要是美国和加拿大。另外，也有少部分南美及非洲国家开始进口我国花卉产品。最新统计数据显示，2014年，我国花卉出口前5位市场分别是日本、韩国、美国、荷兰和越南（表7-1）。

日本是我国花卉出口的重要市场，通常占到出口总额的30%～40%。2014年，我国花卉对日本出口额约7812.25万美元，占出口总额的42.13%。产品以鲜切花、鲜切枝（叶）类为主，其中鲜切花出口额约3031.87万美元，占鲜切花出口总额的36.36%；鲜切枝（叶）出口额为3146.26万美元，占鲜切枝（叶）出口总额的98.84%。

表7-1　2013—2014年我国花卉出口市场同比（前10位）

序号	国别	出口额（美元）		
		2013年	2014年	增长率（%）
1	日本	83682426	78122463	−6.64
2	韩国	11892645	19938108	67.65
3	美国	14494628	13112443	−9.54
4	荷兰	12878528	12755403	−0.96
5	越南	5113604	11951110	133.71
6	德国	8458978	9301081	9.96
7	泰国	11209901	7947487	−29.1
8	缅甸	2087918	5235381	150.75
9	新加坡	4654874	5192849	11.56
10	澳大利亚	2868073	3733367	30.17
…	…	…	…	…
105	总计	178414691	185430647	3.93

注：与2013年、2014年的中国花卉产业发展报告的数据相比，本报告中的统计数据不包含海关提供的未列名活植物（代码06029099）的数据。

最近几年，我国对荷兰的花卉出口仍在持续增加，通常占出口总额的10%～20%；出口产品以种苗、种球和盆栽植物为主。2014年我国对荷兰总出口额约1275.54万美元，占出口总额的6.90%，其中种球和种苗出口额均居首位，盆栽植物出口额118.8万美元，占对荷兰出口总额的9.3%。鲜切花、鲜切枝（叶）类和干切花、干切枝（叶）类出口较少。

2014年我国对韩国花卉出口额约1993.81万美元，同比增加67.7%。出口产品以鲜切花为主，出口额为1524.08万美元，占对韩国出口总额的76.4%。从近几年的出口统计看，我国对韩国出口各类花卉保持稳定增长。

2014年我国对美国花卉出口额约1311.24万美元，同比减少9.5%。美国是我国干切花和干切枝（叶）的主要市场，种球、种苗进口量可达到500万～600万美元，美国进口我国鲜切枝（叶）较少，鲜切花几乎不从我国进口，主要是因为南美的鲜切花基本可以满足美国需求。

（3）主要出口产区。花卉出口位列前5位的省份为云南、浙江、广东、福建和上海，分别占出口总额的31.53%、25.19%、9.96%、9.64%和7.35%，共计83.67%。其中云南省鲜切花出口约4422.73万美元，占全国鲜切花出口额的53.05%，占云南省花卉出口额的75.65%。浙江省出口仍然以鲜切枝(叶)类产品为主，约3080.20万美元，占全国鲜切枝（叶）出口额的96.76%，占该省花卉出口额的65.9%。福建省鲜切花出口增长明显，出口额1482.9万美元，同比增长131%。广东省种苗出口额居全国首位，为1093.98万美元。

总体上看，2014年我国花卉出口继续稳步增长，各类产品都有不错表现（表7-2）。

表7-2　2013—2014年我国花卉出口地区同比（前10位）

序号	省（区、市）	出口额（美元）		
		2013年	2014年	增长率（%）
1	云南	48758016	58463672	19.91
2	浙江	51009249	46709401	−8.43
3	广东	19723891	18464242	−6.39
4	福建	9543339	17875628	87.31
5	上海	14728657	13628600	−7.47
6	山东	9323139	7192671	−22.85
7	河北	3801033	4754161	25.08
8	辽宁	3175382	3336694	5.08
9	江苏	3056730	2732329	−10.61
10	北京	3659498	2503306	−31.59
…	…	…	…	…
29	总计	178414691	185430647	3.93

（4）我国花卉出口发展趋势。近几年海关统计数据显示，我国花卉出口总体保持平稳增长，各大类别花卉出口时增时减。

①产品方面。新品种和新产品的开发与推广仍是花卉出口行业关注与竞争的热点，新颖、优质的花卉产品是带动花卉出口的原动力。

鲜切花出口恢复增长，盆栽植物呈两位数增长，种苗、鲜切枝（叶）、干切枝（叶）、干切花和种球增减幅度都不大。由此可见，我国花卉出口产品基本稳定。

②出口市场。传统市场仍是重点。主要是亚洲的日本、韩国及东南亚地区，欧洲的荷兰、德国和北美的美国。对亚洲出口的主要种类是鲜切花、鲜切枝（叶）和盆栽植物，对欧美出口的主要种类是盆栽植物、种苗、种球、干切花和干切枝（叶）。日本、荷兰、美国分别作为亚洲、欧洲和美洲花卉生产和消费的中心，对于花卉产品的需求十分稳定，是我国重要的花卉贸易伙伴。

③贸易形式。最近几年，网上交易、拍卖、鲜花速递等现代化的花卉交易方式，在花卉流通领域发挥越来越重要的作用。

2. 花卉进口

(1) 主要进口产品、进口国家和地区。据海关统计，2014年我国花卉进口总额为1.42亿美元，比2013年增加4.83%（表7-3）。在进口的产品种类中，种球占主导地位，占花卉进口总额的58.4%，其次是种苗和鲜切花，占28.78%。其余类别产品进口量很少。2014年，种球进口额比2013年增长2.70%，种苗进口额同比减少14.26%，鲜切花和鲜切枝（叶）进口额同比分别增加51.71%和148.96%。

表7-3　2013—2014年我国花卉进口市场同比（前10位）

序号	国别	进口额（美元）		
		2013年	2014年	增长率（%）
1	荷兰	81248595	89602558	10.28
2	泰国	12100500	12547992	3.70
3	智利	8633838	8156757	−5.53
4	美国	3868222	5088364	31.54
5	新西兰	4022152	4727820	17.54
6	日本	12404440	4446794	−64.15
7	厄瓜多尔	934296	3777930	304.36
8	哥斯达黎加	1950876	2144640	9.93
9	韩国	1857301	1846136	−0.60
10	越南	947770	1590666	67.83
…	…	…	…	…
60	总计	135370176	141913236	4.83

注：与2013年、2014的中国花卉产业发展报告的数据相比，本报告中的统计数据不包含海关提供的未列名活植物（代码06029099）的数据。

种球从荷兰、智利、新西兰等9个国家和地区进口，进口额约为8281.06万美元，同比增长2.70%。其中从荷兰引进种球占84.76%。

种苗从荷兰、美国、日本等28个国家和地区进口，进口额约为2966.18万美元，同比下降14.26%。其中从荷兰进口种苗1414.05万美元，同比增长20.32%，占种苗进口总额的47.67%。美国、日本和哥斯达黎加分别占15.48%、12.73%和7.23%。

鲜切花从泰国、荷兰、厄瓜多尔等46个国家和地区进口，进口额约为2369.48万美元，同比增加51.71%。我国鲜切花最大的进口国是泰国，占52.15%，其次是荷兰和厄瓜多尔，分别占19.84%和12.35%。近年来我国花卉消费水平不断提高，对优质高档鲜切花的需求逐渐增多，来自荷兰、厄瓜多尔、肯尼亚的鲜切花越来越受到消费者青睐。

韩国和我国台湾地区是盆栽植物进口的主要市场，2014年盆栽植物进口额148.5万美元，同比下降40%。

（2）主要的进口地区。云南、上海、北京、广东和浙江的花卉进口居全国前5位，占进口总额的84.41%（表7-4）。其中云南省的种球进口额为4578.52万美元，占全国种球进口总额的55.29%，占云南省花卉进口总额的83.63%。广东和山东进口盆栽植物较多，两省盆栽植物进口额占全国的97.5%。云南、北京、广东和浙江为种苗进口主要地区，4省（市）进口额占全国的90.48%。鲜切花进口主要集中在贵州、上海、广东和北京，其中贵州进口额陡增，跃居首位，4省（市）进口额占全国进口额的98.81%（表7-4）。

表7-4 2013—2014年我国花卉进口地区同比（前10位）

序号	省（区、市）	进口额（美元）		
		2013年	2014年	增长率（%）
1	云南	65966067	54748474	−17.01
2	上海	15981187	24413988	52.77
3	北京	12918841	17941239	38.88
4	广东	14870664	13004020	−12.55
5	浙江	16883625	9678593	−42.67
6	贵州	606684	7939528	1208.68
7	江苏	1248582	5798211	364.38
8	辽宁	1899813	5784929	204.50
9	山东	3518137	1202180	−65.83
10	宁夏		739487	—
…	…	…	…	…
22	总计	135370176	141913236	4.83

注：与2013年、2014的中国花卉产业发展报告的数据相比，本报告中的统计数据不包含海关提供的未列名活植物(代码06029099)的数据。

二、国际交流与合作

1. 与国际园艺生产者协会（AIPH）的交流与合作

2014年9月16～19日，第66届AIPH年会在中国青岛举行。此次年会由AIPH主办，中国花卉协会和2014青岛世园会执委会承办。来自中国、澳大利亚、加拿大等13个国家的100多位AIPH成员组织代表、国际种植者候选企业代表和国际展览局特别代表参加了本届年会。年会开幕式上，AIPH主席维克·克朗向江泽慧会长颁发了国际园艺生产者协会“金玫瑰奖章”。这是世界花卉园艺界最高荣誉，江泽慧会长是我国第一位该项荣誉的获得者。北京林业大学副校长、中国花卉协会梅花蜡梅分会会长张启翔教授被中国花卉协会推荐为AIPH副主席候选人并在年会上进行自我介绍。年会期间还举办了2014年度国际种植者颁奖典礼，福建连城兰花有限公司荣获2014年度国际种植者银玫瑰奖。

2. 与亚洲花店业协会（AFA）的交流与合作

作为AFA的会员，中国花卉协会选派王志东、袁乃夫和卿少波3名选手参加了2014年7月19～29日在日本静冈县沼津市举办的第六届亚洲杯插花花艺大赛，并按AFA要求推荐了我国知名花艺专家担任评委、监委和竞技委，最终袁乃夫和卿少波分别获得第七名和第十二名（大赛详情参见第4章花卉展览部分）。

AFA副理事长、中国花卉协会秘书长刘红等中国花卉协会代表还参加了大赛期间召开的AFA理事会议。

三、国际活动与专业考察

2014年3月，中国花卉协会茶花分会代表参加了在西班牙召开的国际茶花大会和国际茶花协会理事会，分会副秘书长王仲朗作为大会主席之一，主持了国际茶花大会的交流环节，李纪元副会长代表茶花分会作学术报告，展示了我国在山茶花功能基因研究方面的最新进展和古山茶花树保护工作成就，受到与会代表的高度评价。会前，分会代表还赴葡萄牙考察了当地茶花种植企业。

中国花卉协会月季分会分别于5月和11月派代表参加了在西班牙和印度召开的2014年世界月季联合会区域大会。6月，中国花卉协会月季分会张佐双会长一行参加了在美国纽约植物园举行的第9届世界伟大月季家2014年度世界月季名园堂颁奖仪式，并代表入选2014年度世界月季名园堂的江苏省苏州市太仓市恩钿月季园接受颁奖。

中国花卉协会蕨类植物分会8月派代表参加了在印度尼西亚召开的第六届亚洲蕨类植物研讨会。

中国花卉协会观赏苗木分会2014年共接待来自美国、英国、新西兰、澳大利亚等6个国家22人次来访和国际植物繁育协会（IPPS)考察，并组织出访欧洲、美国、日本共3次，共计30余人参与。

执笔：孔海燕、邓茜玫（中国花卉协会），徐彤（中国食品土畜进出口商会花卉进出口分会）

第8章 政策与法规

2014年，我国花卉政策制定和实施工作稳步推进。在政策方面，中国花卉协会多举措贯彻实施《全国花卉产业发展规划（2011—2020）》，国家在农村土地、物流通关、金融保险等方面出台扶持政策。在法制方面，国务院对取消和下放的行政审批项目涉及的行政法规进行了清理，修订了《中华人民共和国植物新品种保护条例》。

一、花卉政策

1.《全国花卉产业发展规划（2011—2020）》贯彻情况

2014年，中国花卉协会认真贯彻落实《全国花卉产业发展规划（2011—2020年）》（以下简称《规划》），围绕《规划》6大体系和7个建设重点，推动开展国家花卉种质资源库、国家重点花文化示范基地、国家花卉信息平台、花卉标准体系、花卉新品种的建设和研发，积极推进我国现代花卉产业发展。

（1）推动实施国家花卉种质资源库建设项目。花卉种质资源是花卉产业最基本的生产资料，是促进花卉产业发展的原动力。根据《规划》，把国家花卉种质资源库建设列为7个重点建设工程之一。要求在全面调查的基础上，对我国特有花卉种质资源进行保护，依托现有花卉种苗基地和科研单位，建设国家花卉种质资源库90个，其中2015年前建立40个，2016—2020年建立50个。

制定花卉种质资源库建设标准，是建立花卉种质资源库的技术依据，是提高花卉种质资源库现代化水平的重要技术支撑。加快制定花卉种质资源库建设标准，是贯彻落实《规划》，加快国家花卉种质资源库建设步伐的重要举措。

2014年，中国花卉协会启动实施《花卉种质资源库建设》系列标准项目。该系列标准以我国传统名花为重点，兼顾国外特色花卉品种，努力建立我国花卉种质资源库建设的技术规范，包括种质资源库布局、选址条件、收集保存对象和方法、资源库设计原则和技术指标、无性系和品种库营建、种源和家系库营建、种质库基础设施建设、种质库管理、档案管理等内容，具体由《花卉种质资源库建设 导则》、《花卉种质资源库 原地保存库建设技术规程》、《花卉种质资源库 异地保存库建设技术规程》和《花卉种质资源库 设施保存库建设技术规程》4部分构成。

2014年12月，经专家反复研究修改，形成《花卉种质资源库建设 导则》（征求意见稿）（以下简称《导则》）。《导则》规定了花卉种质资源库建设的术语和定义、保存对象、原则和单元、原地保存库建设、异地保存库建设和设施保存库建设的原则与方法等内容。

（2）启动国家重点花文化示范基地申报。为引领、辐射和规范花文化市场，促进我国花文化事业和花文化产业持续健康发展，中国花卉协会决定开展国家重点花文化示范基地申报工作。2014年1月5日，中国花卉协会组织召开了《国家重点花文化示范基地认定管理办法》论证会，根据论证会专家意见修改形成《国家重点花文化示范基地认定管理办法（暂行）》（征求意见稿）；7月14日，中国花卉协会下发《关于〈国家重点花文化示范基地认定管理办法（暂行）〉（征求意见稿）征求意见的通知》（中花秘字〔2014〕6号），向各省（区、市）花卉协会征求意见，在充分征求意见的基础上，修改完善，形成了《国家重点花文化示范基地认定管理办法（暂行）》。12月26日，中国花卉协会正式下发《关于开展“国家重点花文化示范基地”认定工作的通知》（中花协字〔2014〕25号），启动国家重点花文化示范基地申报工作。

（3）推进国家花卉信息平台建设。为探索建立全国花卉数据采集、分析、发布、统计管理平台，中国花卉协会积极筹划在花卉信息平台建设突出的重点花卉产区建立“全国花卉信息平台建设示范区”，利用示范区在花卉信息平台建设等方面的成功经验，辐射带动区域乃至全国花卉产业发展。

通过重点花卉产区花卉信息平台建设示范工作，探索建立一套高效、准确的区域花卉数据采集、分析、发布、统计体系和花卉行业线上线下交易规则；构建花卉生产、销售、售后电子服务平台，开展花卉产品市场监测与预警管理体系；构建花卉产业信息咨询服务平台，建立网络智库，为加快现代花卉产业建设步伐，推动地方经济社会繁荣，建设美丽中国做出新的更大的贡献。

2. 农村土地政策

2014年1月，中共中央、国务院印发了《关于全面深化农村改革加快推进农业现代化的若干意见》（以下简称《意见》），《意见》明确：稳定农村土地承包关系并保持长久不变，在坚持和完善最严格的耕地保护制度前提下，赋予农民对承包地占有、使用、收益、流转及承包经营权抵押、担保权能。在落实农村土地集体所有权的基础上，稳定农户承包权、放活土地经营权，允许承包土地的经营权向金融机构抵押融资。在符合规划和用途管制的前提下，允许农村集体经营性建设用地出让、租赁、入股，实行与国有土地同等入市、同权同价，加快建立农村集体经营性建设用地产权流转和增值收益分配制度。

2014年2月，国务院办公厅印发了《关于落实〈中共中央 国务院关于全面深化农村改革加快推进农业现代化若干意见〉有关政策措施分工的通知》，针对重点问题，督促相关部门研究提出落实意见。

2014年7月，中国银行业监督管理委员会、农业部联合发文，发布《关于金融支持农业规模化生产和集约化经营的指导意见》，落实文件（国办函〔2014〕31号）精神。要求发挥各类农村金融机构的支持合力，加大对农业规模化生产和集约化经营的信贷投入，强化对农业规模化生产和集约化经营重点领域的支持。在涉农租赁、信贷、保险、融资担保方面予以明确规定，着力提高对大型农业产业化龙头企业的金融服务能力。

2014年12月，国务院办公厅发布《关于引导农村产权流转交易市场健康发展的意见》，明确规定：凡是法律、法规和政策没有限制的法人和自然人均可以进入市场参与流转交易，具体准入条件按照相关法律、法规和政策执行。现阶段市场流转交易主体主要有农户、农民合作社、农村集体经济组织、涉农企业和其他投资者。农户拥有的产权是否入市流转交易由农户自主决定。除农户宅基地使用权、农民住房财产权、农户持有的集体资产股权之外，流转交易的受让方原则上没有资格限制（外资企业和境外投资者按照有关法律、法规执行）。对工商企业进入市场流转交易，要依据相关法律、法规和政策，加强准入监管和风险防范。

3. 其他支持政策

（1）大力发展现代物流产业。2014年12月26日，国务院印发关于《落实“三互”推进大通关建设改革方案的通知》（国发〔2014〕68号）。提出要畅通国际物流大通道，助推“一带一路”等建设。建立与“一带一路”和长江经济带发展战略相适应的通关管理机制。在水运、空运、铁路、公路等交通枢纽建设多式联运物流监管中心，通过多方联网获取多式联运物流全程信息，除需在口岸实施检疫和检验的商品、运输工具、包装容器外，实现多式联运一次申报、指运地（出境地）一次查验，对换装地不改变施封状态的予以直接放行。完善电子口岸平台功能，健全信息交换和共享共用机制。在沿海各口岸建成“单一窗口”。在全面实施关检合作“三个一”（一次申报、一次查验、一次放行）的基础上，加快推进京津冀、长江经济带、广东地区等经济联系密切区域通关一体化改革和检验检疫一体化改革，2015年覆盖到全国。在珠海开展口岸查验机制创新试点。

（2）财政金融政策。2014年4月，国务院办公厅印发了《关于金融服务“三农”发展的若干意见》，明确要求加大对重点领域的金融支持，支持农业经营方式创新，在部分地区开展金融支持农业规模化生产和集约化经营试点。重点支持农业科技进步、现代种业、农机装备制造、设施农业、农产品精深加工等现代农业项目和高科技农业项目。支持农业社会化服务产业发展。支持农产品产地批发市场、零售市场、仓储物流设施、连锁零售等服务设施建设。支持农业发展方式转变。大力发展绿色金融，促进节水农业、循环农业和生态友好型农业发展。

（3）木本油料产业发展支持政策。2014年12月，国务院办公厅印发了《关于加快木本油料产业发展的意见》，明确了加快发展木本粮油产业的总体要求、主要任务和保障措施。总体目标明确要求力争到2020年，建成800个油茶、核桃、油用牡丹等木本油料重点县，建立一批标准化、集约化、规模化、产业化示范基地，木本油料种植面积从现有的1.2亿亩发展到2亿亩，年产木本食用油150万吨左右。要求各级林业部门组织开展核桃、油用牡丹、长柄扁桃、油橄榄、光皮棶木、元宝枫、翅果油树、杜仲、盐肤木、文冠果等木本油料树种资源普查工作，查清树种分布情况和适生区域，分树种制定产业发展规划。

二、花卉法律法规

2014年，为了依法推进行政审批制度改革和政府职能转变，国务院对取消和下放的行政审批项目涉及的行政法规进行了清理，修订了《中华人民共和国植物新品种保护条例》。

1.《中华人民共和国植物新品种保护条例》修订

2014年，国务院依照法定程序提请全国人民代表大会常务委员会修订了《中华人民共和国植物新品种保护条例》及实施细则，将《中华人民共和国植物新品种保护条例》第二十六条中的“向审批机关登记”修改为“按照职责分工向省级人民政府农业、林业行政部门登记”。将《中华人民共和国植物新品

表8-1　农业植物新品种保护名录（花卉部分）

批次	花卉属种	发布日期
第一批	春兰*Cymbidium goeringii* Rchb.f、菊属*Chrysanthemum* L.、石竹属*Dianthus* L.、唐菖蒲属*Gladiolus* L.、草地早熟禾*Poa pratensis* L.	1999/6/16
第三批	兰属*Cymbidium* Sw.、百合属*Lilium* L.、鹤望兰属*Strelitzia* Ait.、补血草属*Limonium* Mill.	2001/2/26
第五批	非洲菊*Gerbera jamesoii* Bolus	2003/8/5
第六批	花毛茛*Ranunculus asiaticus* L.、华北八宝*Hylotelephium tatarinowii* (Maxim.) H. Ohba、雁来红*Amaranthus tricolor* L.	2005/5/20
第七批	花烛属*Anthurium* Schott.、果子蔓属*Guzmania* Ruiz. & Pav.	2008/4/21
第八批	莲*Nelumbo nucifera* Gaertn.、蝴蝶兰属*Phalaenopsis* Bl.、秋海棠属*Begonia* L.、凤仙花*Impatiens balsamina* L.、非洲凤仙花*Impatiens wallerana* Hook. f.、新几内亚凤仙花*Impatiens hawkeri* Bull.	2010/1/18
第九批	万寿菊属*Tagetes* L.、郁金香属*Tulipa* L.	2013/4/11

种保护条例实施细则》（农业部分）第二十四条中的“向国外申请品种权的，应当向农业部申请登记”修改为“向国外申请品种权的，应当向所在地省级人民政府农业行政主管部门申请登记。

截至2014年，农业部共发布九批农业植物新品种保护名录，涉及93个属种，其中花卉属种23个（表8-1）。

截至2014年，农业部发布规章和规范性文件共344项，其中与花卉产业相关的规章16项，规范性文件14项（表8-2、表8-3）；国家林业局发布规章和规范性文件共284项，其中与花卉产业相关的规章9项，规范性文件27项（表8-4）。

表8-2 农业部规章目录（与花卉产业相关部分）

名称	发布日期	修订日期及文号
农业野生植物保护办法	2002/9/6	2013年12月31日，农业部令2013年第5号
国外引种检疫审批管理办法	1993/11/10	1999年6月3日，农农发〔1999〕7号
植物检疫条例实施细则（农业部分）	1995/2/25	2007年11月8日，农业部令2007年第6号
中华人民共和国农业植物新品种保护名录（第一批）	1999/6/16	农业部令1999年第14号
中华人民共和国农业植物新品种保护名录（第二批）	2000/3/7	农业部令2000年第27号
农业部植物新品种复审委员会审理规定（公布）	2001/2/26	农业部令2001年第45号
中华人民共和国农业植物新品种保护名录（第三批）	2001/2/26	农业部令2001年第46号
中华人民共和国农业植物新品种保护名录（第四批）	2002/1/4	农业部令2002年第3号
农业植物新品种权侵权案件处理规定	2002/12/30	农业部令2002年第24号
中华人民共和国农业植物品种保护名录（第五批）	2003/8/5	农业部令2003年第32号
中华人民共和国农业植物品种保护名录（第六批）	2005/5 /20	农业部令2005年第51号
中华人民共和国植物新品种保护条例实施细则（农业部分）	2007/9/19	2014年4月25日，农业部令2014年第3号
中华人民共和国农业植物品种保护名录（第七批）	2008/4/21	农业部令2008年第14号
中华人民共和国农业植物品种保护名录（第八批）	2010/1/18	农业部令2010年第8号
农业植物品种命名规定	2012/3/14	农业部令2012年第2号
中华人民共和国农业植物品种保护名录（第九批）	2013/4/11	农业部令2013年第1号

表8-3　农业部现行有效的规范性文件目录（与花卉产业相关部分）

名称	发布日期	文号
农业部办公厅关于种子经营有关问题的函	2009/2/4	农办政函〔2009〕6号
中华人民共和国进境植物检疫禁止进境物名录	1997/7/29	农业部公告1997年第72号
农业部、国家出入境检验检疫局关于进一步加强国外引种检疫审批管理工作的通知	1999/6/3	农农发〔1999〕7号
暂停从椰心叶甲发生国家及地区引进棕榈科植物种苗	2001/3/26	农业部、林业局、国家出入境检验检疫局公告2001年第154号
农业部、铁道部、交通部、邮政局、民航总局关于加强农业植物及植物产品运输检疫工作的通知	2001/7/19	农农发〔2001〕6号
将刺桐姬小蜂确定为中华人民共和国进境植物检疫性有害生物和全国林业检疫性有害生物以及暂停从疫区国家和地区引进刺桐属植物	2005/8/29	农业部、林业局、质检总局公告第538号
中华人民共和国进境植物检疫性有害生物名录	2007/5/28	农业部公告第862号
将扶桑绵粉蚧列入《中华人民共和国进境植物检疫性有害生物名录》	2009/2/3	农业部、质检总局公告第1147号
全国农业植物检疫性有害生物名单、应施检疫的植物及植物产品名单	2009/6/4	农业部公告第1216号
将扶桑绵粉蚧列为全国农业、林业检疫性有害生物	2010/5/5	农业部、林业局公告第1380号
将向日葵黑茎病列入《中华人民共和国进境植物检疫性有害生物名录》，出口国官方植物检疫机构出具输华向日葵种子产地没有向日葵黑茎病及其他检疫性有害生物发生的证明	2010/10/20	农业部、质检总局公告第1472号
中华人民共和国禁止携带、邮寄进境的动植物及其产品名录	2012/1/13	农业部、质检总局公告第1712号
将白蜡鞘孢菌列入《中华人民共和国进境植物检疫性有害生物名录》，暂停从白蜡鞘孢菌疫情发生国家和地区引进白蜡属植物种子、苗木等繁殖材料	2013/3/6	农业部、质检总局、林业局公告第1902号
台湾地区申请人在大陆申请植物新品种权的暂行规定	2010/11/22	农业部、林业局公告第1487号

表8-4　国家林业局现行规章及有效的规范性文件（与花卉相关部分）

	名称	发布日期	文号
规章	植物检疫条例实施细则（林业部分）	1994/7/26	林业部令第4号
	主要林木品种审定办法	2003/7/14	国家林业局令第8号公布
	普及型国外引种试种苗圃资格认定管理办法	2005/9/12	国家林业局令第17号公布
	林业标准化管理办法	2003/7/21	国家林业局令第9号
	林木种子质量管理办法	2006/11/13	国家林业局令第21号
	林木种质资源管理办法	2007/9/8	国家林业局令第22号
	开展林木转基因工程活动审批管理办法	2006/5/11	国家林业局令第20号
	中华人民共和国植物新品种保护条例实施细则（林业部分）	1999/8/10	国家林业局令第3号
	林业植物新品种保护行政执法办法	2014/8/1	林技发〔2014〕114号
	国家林业局关于印发《林业植物新品种保护行政执法办法》的通知	2014/8/1	林技发〔2014〕114号

（续）

	名称	发布日期	文号
规范性文件	国家林业局关于印发《林业公益性行业科研专项管理实施细则（试行）》的通知	2014/3/5	林科发〔2014〕28号
	国家林业局关于印发《国家林业长期科研试验示范基地管理办法（试行）》的通知	2014/2/20	林科发〔2014〕18号
	国家林业局关于采集管理国家重点保护野生植物有关问题的通知	2013/12/27	林护发〔2013〕224号
	国家林业局关于印发《引进林木种子、苗木检疫审批与监管规定》的通知	2013/12/24	林造发〔2013〕218号
	国家林业局关于切实加强和严格规范树木采挖移植管理的通知	2013/11/15	林资发〔2013〕186号
	国家濒管办关于以参展为目的进口及再出口濒危野生植物的管理规定	2013/11/1	濒管办〔2013〕4号
	中华人民共和国濒危物种进出口管理办公室中华人民共和国海关总署公告（个人携带少量指定兰花品种的人工培植活体标本从广东省境内口岸直接赴香港和澳门特别行政区实行标签管理）	2008/7/7	濒管办公告2008年第2号
	中华人民共和国濒危物种进出口管理办公室公告（中华人民共和国濒危物种进出口管理办公室行政许可事项公示内容）	2004/12/20	濒管办公告2004年第2号
	国家濒管办关于印发《野生动植物进出口单位备案登记和表现评估管理办法》（试行）的通知	2004/8/20	濒办字〔2004〕71号
	关于国内托运、邮寄森林植物及其产品实施检疫的联合通知	2001/11/27	林造发〔2001〕523号

2. 开展打击侵犯植物新品种权专项行动

2014年6月，为贯彻落实国务院关于打击侵犯知识产权和制售假冒伪劣商品的部署，有效保护植物新品种权人的合法权益，国家林业局印发了《2014年国家林业局打击侵犯植物新品种权专项行动方案》（以下简称《方案》），在全国开展打击侵犯林业植物新品种权专项行动。《方案》目标任务为：在全国范围开展打击侵犯、假冒林业植物新品种权违法行为专项行动，有效遏制侵权、假冒植物新品种违法行为，规范植物新品种交易市场，保护品种权人合法权益，激励创新，促进植物新品种培育，推动植物新品种保护事业健康发展。重点打击侵犯、假冒观赏植物和经济林植物新品种权的违法行为。

3.《林业植物新品种保护行政执法办法》

2014年8月，国家林业局印发了《林业植物新品种保护行政执法办法》（以下简称《办法》）。《办法》明确定义三种侵权行为，分别是：未经品种权人许可，以商业目的生产或者销售授权品种的繁殖材料的；假冒授权品种的；销售授权品种未使用其注册登记的名称的。其中，假冒授权品种主要指：使用伪造的品种权证书、品种权号；使用已经被终止或者被宣告无效品种权的品种权证书、品种权号；以非授权品种冒充授权品种；以此种授权品种冒充他种授权品种；其他足以使他人将非授权品种误认为授权品种。《办法》同时对三种林业植物新品种权侵权行为的处罚进行了具体规定。

4. 林业公益性行业科研专项

公益性行业科研专项是财政部2007年设立的中央财政专项，国家林业局是试点部门之一，专项重点围绕林业科技的重点领域和优先主题，组织开展应急性、培育性、基础性科研工作。主要支持林业行业应用基础研究，林业行业重大公益性技术前期预研，林业行业实用技术研究开发，国家标准和林业行业重要技术标准研究，林业行业计量、检验检测技术研究和林业行业应急技术研究6个方面。

2014年5月15日，国家林业局科技司印发《关于申报林业公益性行业科研专项2015年度项目建议的通知》（科计字〔2014〕18号）（以下简称《通知》），《通知》明确“花卉与景观植物培育技术（MC03）”作为面上项目之一予以重点支持。重点支持：耐寒、耐旱、节水、抗病虫花卉与景观植物，以及耐盐碱、抗污染植物新品种选育和规模化繁殖与标准化生产等技术研发；林木（含竹藤花卉）种苗繁育、植物新品种测试等方面标准和质量安全高效精准检测等技术研发。青年专项，重点支持促进林地增效、林农增收的林木（含竹藤花卉）种苗扩繁、高效培育、抚育经营、特色资源加工利用等实用技术研发。

执笔：谭真真（中国花卉协会）

第二篇 专题篇

第9章 杜鹃花产业发展报告

中国是杜鹃花资源原产地，也是世界杜鹃花资源分布中心。目前全世界有1100多种杜鹃花资源，中国有571种，其中有409种为我国特有种，但据2004年出版的《中国物种红色名录（第1卷）》数据显示，中国的物种濒危情况远比过去估计的严峻，其中杜鹃花科（Ericaceae）受威胁的比例为55.44%。2008年7月29～31日，在新加坡召开的世界杜鹃花红色名录和保护计划会议上，就从全球角度对全世界野生杜鹃花受威胁现状进行评估。评估结果触目惊心：世界上唯一一种野外灭绝的杜鹃来自中国；36种极度濒危的杜鹃中我国占9种；39种濒危杜鹃中我国占13种；241种易危杜鹃中我国占181种；66种近危杜鹃中我国占50种。加强我国杜鹃花等植物资源调查、保护和利用已刻不容缓。

近些年，我国杜鹃花产业虽然在资源收集保存、新品种选育和产业化、开发应用上取得一定成果，但还远落后于欧美国家，杜鹃产业发展任重道远。

一、品种创新和研发

截至2014年底，国家林业局植物新品种保护办公室（以下简称新品办）共授权50个杜鹃属新品种，品种权人主要由金华市永根杜鹃花培育有限公司、浙江森禾种业股份有限公司、中国科学院昆明植物研究所、沃绵康、比利时园艺育种有限公司5个单位构成。其中，有30个杜鹃花新品种的品种权人为金华市永根杜鹃花培育有限公司和方永根，占所有授权品种的60%，6个品种由比利时园艺育种有限公司培育，占授权品种总数的12%（表9-1）。

表9-1 2003—2014年国家林业局新品办授权的杜鹃属新品种名单

序号	品种名称	品种权人	培育人	品种权号	授权日
1	卧龙1号	金华市永根杜鹃花培育有限公司	方永根	20130022	2013年6月28日
2	盛春6号	金华市永根杜鹃花培育有限公司	方永根	20130026	2013年6月28日
3	盛春5号	金华市永根杜鹃花培育有限公司	方永根	20130025	2013年6月28日
4	如意	金华市永根杜鹃花培育有限公司	方永根、陈念舟	20130041	2013年6月28日
5	锦华1号	金华市永根杜鹃花培育有限公司	方永根	20130021	2013年6月28日
6	丰丽2号	金华市永根杜鹃花培育有限公司	方永根	20130020	2013年6月28日
7	丰丽1号	金华市永根杜鹃花培育有限公司	方永根	20130019	2013年6月28日

（续）

序号	品种名称	品种权人	培育人	品种权号	授权日
8	大吉祥	金华市永根杜鹃花培育有限公司	方永根、陈念舟	20130023	2013年6月28日
9	朝阳5号	金华市永根杜鹃花培育有限公司	方永根	20130031	2013年6月28日
10	朝阳4号	金华市永根杜鹃花培育有限公司	方永根	20130030	2013年6月28日
11	朝阳3号	金华市永根杜鹃花培育有限公司	方永根	20130029	2013年6月28日
12	朝阳2号	金华市永根杜鹃花培育有限公司	方永根	20130028	2013年6月28日
13	朝阳1号	金华市永根杜鹃花培育有限公司	方永根	20130027	2013年6月28日
14	常春4号	金华市永根杜鹃花培育有限公司	方永根	20130034	2013年6月28日
15	常春3号	金华市永根杜鹃花培育有限公司	方永根	20130024	2013年6月28日
16	盛春4号	方永根	方永根	20120083	2012年7月31日
17	盛春3号	方永根	方永根	20120082	2012年7月31日
18	盛春2号	方永根	方永根	20120081	2012年7月31日
19	盛春1号	方永根	方永根	20120080	2012年7月31日
20	红运来	方永根	方永根	20120015	2012年4月11日
21	常春2号	方永根	方永根	20120079	2012年7月31日
22	常春1号	方永根	方永根	20120078	2012年7月31日
23	紫秀	方永根	方永根	20120017	2012年4月11日
24	紫金山	方永根	方永根	20120019	2012年4月11日
25	瑞雪	方永根	方永根	20120018	2012年4月11日
26	红缨	方永根	方永根	20120016	2012年4月11日
27	红阳	方永根	方永根	20120014	2012年4月11日
28	春诗	方永根	方永根	20120021	2012年4月11日
29	春潮	方永根	方永根	20120020	2012年4月11日
30	宝玉	方永根	方永根	20120022	2012年4月11日
31	森禾美人鹃	浙江森禾种业股份有限公司	方永根	20130011	2013年6月28日
32	森禾锦满枝	浙江森禾种业股份有限公司	方永根	20130012	2013年6月28日
33	亮叶橘红	沃科军	方永根	20130044	2013年6月28日
34	紫艳	中国科学院昆明植物研究所	张长芹、黄媛、高连明	20070027	2007年9月7日
35	雪美人	中国科学院昆明植物研究所	张长芹、吴之坤、张敬丽、孙宝玲、田伟 、乔琴	20070024	2007年9月7日
36	金踯躅	中国科学院昆明植物研究所	张长芹、黄媛、高连明	20070026	2007年9月7日
37	红晕	中国科学院昆明植物研究所	张长芹、冯宝钧、高连明	20070025	2007年9月7日

（续）

序号	品种名称	品种权人	培育人	品种权号	授权日
38	喜临门	云南绿大地生物科技股份有限公司	张长芹、黄媛、张敬丽、田伟	20070023	2007年9月7日
39	娇艳	云南绿大地生物科技股份有限公司	张长芹、黄媛、高连明	20070028	2007年9月7日
40	双蝶舞	大理苍山植物园生物科技有限公司、云南特色木本花卉工程技术研究中心	李奋勇、张长芹、刘国强、钱晓江、张馨	20130037	2013年6月28日
41	紫云	沃绵康	沃绵康	20120069	2012年7月31日
42	怡百合	沃绵康	沃绵康	20120070	2012年7月31日
43	火凤	沃绵康	沃绵康	20120071	2012年7月31日
44	丹粉	沃绵康	沃绵康	20120072	2012年7月31日
45	克莱斯克露琪(Classic Rouge)	比利时园艺育种有限公司(HORTIBREED N.V.)	约翰·范得海根 (Johan Vanderhaegen)	20070062	2007年12月13日
46	可丽斯汀美其客(Christine Magic)	比利时园艺育种有限公司(HORTIBREED N.V.)	约翰·范得海根 (Johan Vanderhaegen)	20070063	2007年12月13日
47	可丽斯汀·马顿	比利时园艺育种有限公司(HORTIBREED N.V.)	约翰·范得海根	20050001	2005年5月16日
48	可丽斯汀·西埃那(CHRISTINE SIENA)	比利时园艺育种有限公司(HORTIBREED N.V.)	约翰·范得海根(Johan Vanderhaegen)	20130069	2013年6月28日
49	可丽斯汀·倍丽(CHRISTINE BELLI)	比利时园艺育种有限公司(HORTIBREED N.V.)	约翰·范得海根 (Johan Vanderhaegen)	20130068	2013年6月28日
50	霍特02(HORT02)	比利时园艺育种有限公司(HORTIBREED N.V.)	约翰·范得海根 (Johan Vanderhaegen)	20130070	2013年6月28日

数据来源：国家林业局新品办。

二、标准建设

截至2014年底，共发布与杜鹃花相关标准19项（表9-2）。其中，国家标准1项，林业标准3项，商检行业标准1项，地方标准13项。13项地方标准中，有7项为江苏省地方标准。

表9-2　与杜鹃花相关标准

序号	标准号	标准名称	发布时间	实施时间
1	GB/T 28682—2012	杜鹃盆花产品质量等级	2012/9/3	2012/11/1
2	LY/T 1966—2011	杜鹃盆花生产技术规程	2011/6/10	2011/7/1
3	LY/T 1852—2009	植物新品种特异性、一致性、稳定性测试指南　杜鹃花属映山红亚属和羊踯躅亚属	2009/6/18	2009/10/1

（续）

序号	标准号	标准名称	发布时间	实施时间
4	LY/T 1853—2009	植物新品种特异性、一致性、稳定性测试指南　杜鹃花属常绿杜鹃亚属和杜鹃花亚属	2009/6/18	2009/10/1
5	SN/T 3747—2013	杜鹃花枯萎病菌检疫鉴定方法	2013/11/6	2014/6/1
6	DB13/T 1399—2011	高山杜鹃生产技术规程	2011/5/10	2011/5/20
7	DB23/T 1572—2014	兴安杜鹃、迎红杜鹃、照白杜鹃种子繁育技术规程	2014/5/3	2014/6/3
8	DB32/T 2576—2013	绿化用杜鹃栽培技术规程	2013/12/20	2014/1/20
9	DB32/T 2560—2013	杜鹃嫁接技术规程	2013/12/20	2014/1/20
10	DB32/T 2241—2012	绿化用杜鹃苗木质量分级	2012/12/28	2013/2/28
11	DB32/T 2240—2012	高山杜鹃‘富丽金陵’	2012/12/28	2013/2/28
12	DB32/T 1854—2011	高山杜鹃盆花生产技术规程	2011/8/15	2011/10/15
13	DB32/T 1295—2008	高山杜鹃组织培养技术规程	2008/12/18	2009/2/18
14	DB32/T 1294—2008	杜鹃花生产技术规程	2008/12/18	2009/2/18
15	DB33/T 821.9—2011(2014)	花灌木育苗技术规程　第9部分:杜鹃	2011/1/18	2011/2/18
16	DB43/T 348—2007	地栽杜鹃花苗木培育技术规程各质量分级		2007/9/15
17	DB51/T 1607—2013	杜鹃观赏苗木培育技术规程及质量分级	2013/11/12	2013/12/1
18	DB53/T 647—2014	绿化苗木　马缨花杜鹃漂浮育苗技术规程	2014/11/14	2014/11/14
19	DB53/T 505—2013	高山杜鹃盆花生产技术规程	2013/8/1	2013/10/1

数据来源：标准信息平台（http://www.zjsis.cn/）。

三、特点和亮点

1. 资源保护和科技创新取得新成果

2014年，中国科学院庐山植物园在杜鹃属植物种质资源圃建设与异地保育技术研究方面取得重大突破。先后从国内外收集杜鹃属植物原种328种、品种153个，建设杜鹃专类园区4个，成为国内保存杜鹃种类最多的种质资源圃和异地保育中心，极大地丰富了我国杜鹃资源的贮备。同时，立足于资源保护与利用，对447种（含品种）杜鹃进行了栽培技术研究和生态适应性分析，形成了杜鹃属植物引种栽培技术体系，筛选出一批适合推广栽培的杜鹃种类。研发了大叶常绿类杜鹃扦插繁殖技术，其中百合花杜鹃生根率达96.7%；研发了播种育苗技术，培育苗木100余万株，为我国杜鹃花产业化发展提供了技术支撑。另外，还率先开展了杜鹃属植物高温胁迫生理、DNA条形码技术和杂交育种研究，为杜鹃种质资源的创新提供了科学依据。

2. 杜鹃资源保护与产业发展得到重视

2014年5月14～30日，首届中国杜鹃花资源与产业发展国际系列论坛分别在重庆市南川区、贵州省毕节市、云南省大理召开，论坛以“论资源、谈保护、兴产业、促发展”为主题，来自英国爱丁堡皇家植物园、中国科学院昆明植物所、中国科学院庐山植物园、石家庄农业科学院花卉研究所的杜鹃花专家参加论坛及杜鹃花考察活动，就杜鹃资源保护、合理开发利用以及最新科研成果进行交流。部分专家认为，对原生地杜鹃花资源的保护，政府除了要制定科学的保护措施、加强对当地百姓培训宣传引导外，还要加大资源的扩繁、栽培和应用，处理好杜鹃花资源保护与开发利用的关系。

3. 杜鹃花展形式多样，精彩纷呈

2014年，全国各地举办了大量的杜鹃花展和花会活动，极大地推动了杜鹃花产业发展（表9-3）。特别是野生杜鹃集中分布区，如湖北麻城、湖北神农架、江西井冈山、广西猫儿山、重庆金佛山、四川峨眉山、四川黄龙、贵州毕节、贵州梵净山、云南大理苍山、陕西牛背梁等地以杜鹃花海景观为名片，通过举办各类杜鹃花节吸引游客，发展第三产业。杜鹃花事活动日益繁荣，促进了杜鹃花文化传播，推动了杜鹃花产业与旅游业深度融合，对于推动杜鹃花卉产业发展意义重大。

以2014年4月10～28日在湖北麻城市举行的第十二届中国杜鹃花展览会为

表9-3　2014年部分省（区、市）杜鹃花展

序号	展会名称	举办时间	举办地点
1	第十二届中国杜鹃花展览	4月10～28日	湖北麻城市龟峰山风景区
2	第九届上海杜鹃花展	3月21日至5月10日	上海市滨江森林公园
3	2014中国无锡杜鹃花展	4月3日	江苏无锡锡惠景区
4	2014嘉善杜鹃花展	4月19日至5月6日	浙江省嘉善县碧云花园
5	2014年杭州植物园杜鹃花展	4月9日至5月18日	浙江省杭州市杭州植物园
6	2014第五届中国·井冈山国际杜鹃花节	4月12日至5月4日	江西省井冈山茨坪
7	第四届中国·麻城杜鹃文化旅游节	4月10～28日	湖北麻城市龟峰山风景区
8	2014年首届武汉东湖杜鹃花展	4月10日至5月4日	湖北武汉市磨山景区
9	中国神农架第四届高山杜鹃花节	5月9日至6月9日	湖北神农架神农顶景区
10	长沙市大围山第六届杜鹃花节	4月25日至5月20日	湖南省长沙市大围山森林公园
11	2014年桂林猫儿山杜鹃花节	4月20日至6月30日	广西桂林市猫儿山国家级自然保护区
12	2014金佛山杜鹃花会	4月至5月	重庆市南川区金佛山杜鹃花会
13	2014中国·贵州百里杜鹃国际杜鹃花节	3月16日至5月30日	贵州省毕节市贵州百里杜鹃风景名胜区
14	2014’梵净山杜鹃花节	4月12日至5月底	贵州省铜仁市印江自治县杜鹃花海景区
15	第四届牛背梁高山杜鹃花节	5月5～25日	陕西省柞水县牛背梁森林公园

例。此次展会以“绿色大别山，最美红杜鹃”为主题，共吸引来自韩国、越南以及国内16个省（区、市）的28个单位参展，共有室内展厅36个，室外景点8个，杜鹃花盆栽1000余株，品种100余种。参展参观人数同比增加了20%。本次展会“以花为媒、以展会友”，宣传麻城、推介杜鹃花，对促进麻城花卉产业乃至经济社会发展具有重要意义。

四、主要问题及建议

1. 主要问题

当前杜鹃花产业面临的问题，也是整个花卉产业的共性问题。一是杜鹃花资源流失严重，我国还缺乏专门的组织机构对杜鹃属种质资源进行系统梳理、整理；二是杜鹃品种更新缓慢，10年期间，我国培育具有自主知识产权的杜鹃花品种仅44个，每年平均不到5个；三是政府、科研单位、企业、社会团体缺乏沟通交流，各自为政，信息闭塞脱节，极大影响产业发展；四是缺乏杜鹃花开发应用宣传，群众对杜鹃花的消费习惯尚未养成。

2. 对策建议

杜鹃花产业壮大需要政府、科研单位、社会团体、企业、民众等共同参与协作。

（1）政府需要加大野生植物保护宣传教育工作，加大对野生植物滥砍滥挖的监督、惩治力度，科学规划，加大投入，建立不同层次的杜鹃花种质资源库，全面收集保存种质资源。

（2）科研单位要摸清杜鹃花资源“家底”，积极开展引种驯化和新品种选育工作，加强杜鹃花基础理论和应用技术重大问题研究，为杜鹃花产业化提供强有力的技术支持。同时，加强与企业合作，提高科研成果转化率。

（3）企业要明确定位，细化分工。杜鹃育种公司专注于育种，种苗公司专注于育苗扩繁，销售公司专注于市场开发和推广，通过产业链分工、差异化经营，实现合作共赢。

执笔：谭真真（中国花卉协会），贾伟（中国花卉协会杜鹃花分会）

第10章 月季产业发展报告

一、综述

月季原产中国，是我国传统名花，也是北京、天津、沈阳等70多个城市的市花。月季产业在中国的发展潜力巨大，一朵小小的月季花，可以延伸出长长的产业链条，不仅可以创造生态效益、经济效益，还可以创造广泛的社会效益。

现阶段，中国月季产业发展已经形成了“三产融合，科技支撑”的产业格局。一产种植，以月季苗木和切花生产和销售为主；二产加工，以月季衍生产品的加工为主；三产旅游，将月季种植和加工与改善人居环境结合，发展特色旅游业，打造特色月季小镇。同时，以现代科技为支撑，将月季产业做大、做精、做强。

二、产业现状

1. 月季切花

月季是世界三大切花花卉之一，也是中国最重要的商品切花。我国切花月季生产起步较晚，20世纪50年代在上海曾有小规模种植。改革开放后，北京、上海、广州等地开始出现了温室切花月季生产。经过30多年的发展壮大，中国已成为世界上切花月季栽培面积和产量最大的国家之一。

21世纪以来，我国切花月季种植与销售基本保持了逐年增长的趋势。2000—2014年这15年的时间里，中国切花月季种植面积从2450.78公顷增加到14348.17公顷，扩大了4.85倍。销售量从94865.32万枝增加到564268.83万枝，扩大了4.95倍；销售额从50423.20万元增加到302588.01万元，扩大了5倍。2014年，中国切花月季种植面积仅次于印度，居世界第二位。虽然切花月季的种植面积、销售量和销售额在逐年大幅增长，但是单位面积销售量、单位面积销售额和单价变化不大，单位面积销售量为25.03万～46.22万枝/公顷（25.03～46.22枝/平方米），单位面积销售额为12.70万～28.99万元/公顷（8466.67～19326.67元/亩），单价为0.36～0.77元/枝，均与国际水平相差很大（图10-1至图10-4）。单位面积销售量、单位面积销售额和单价等数据是切花月季生产技术的一个重要体现，可见，中国切花月季生产技术的发展跟不上种植面积的增长速度。切花月季生产技术的改进已成为中国月季切花产业发展过程中必须解决的问题。

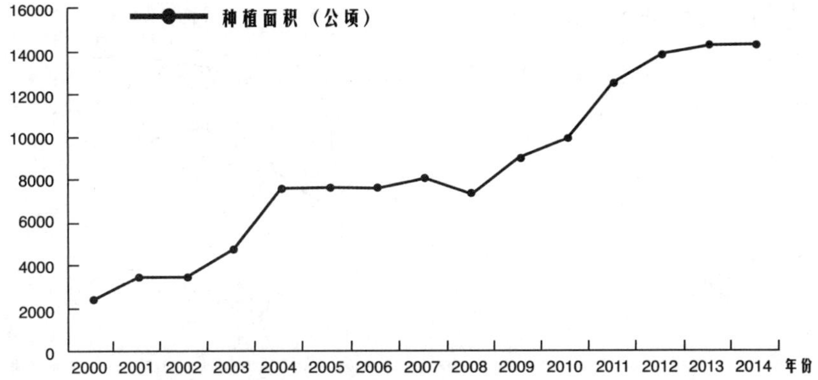

图10-1 2000—2014年中国切花月季种植面积变化曲线

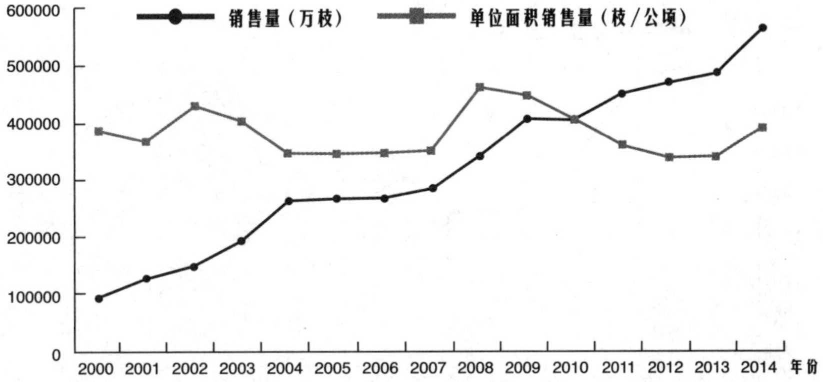

图10-2 2000—2014年中国切花月季销售量、单位面积销售量变化曲线

在中国，月季切花位于四大鲜切花之首，种植面积和销售量稳居第一位，销售额仅次于百合。2014年，月季切花种植面积达到14348.17公顷，占鲜切花种植总面积（51868.0公顷）的27.66%；月季切花销售量达到564268.83万枝，占鲜切花销售总量（1789902.2万枝）的31.53%；月季切花销售额达到302588.01万元，占鲜切花销售总额（1237063.1万元）的24.46%。总体来讲，中国月季切花

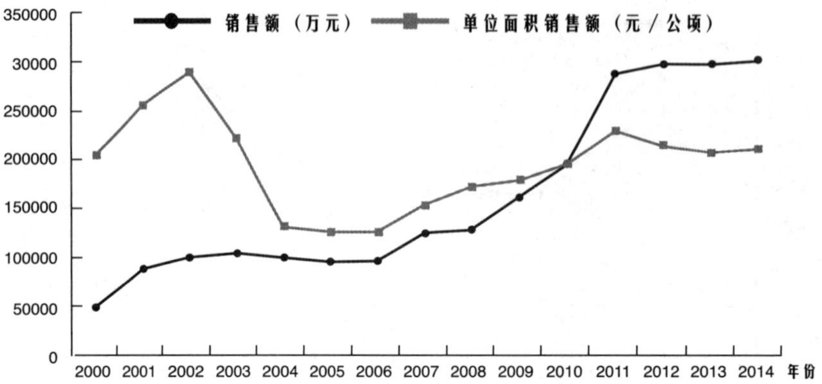

图10-3　2000—2014年中国月季切花销售额、单位面积销售额变化曲线

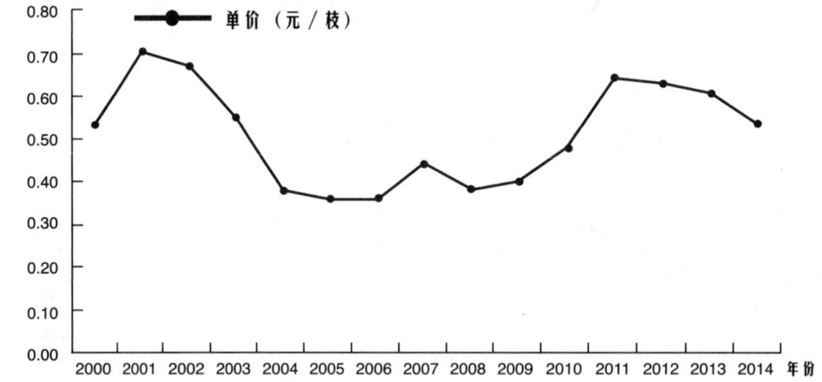

图10-4　2000—2014年中国月季切花单价变化曲线

在数量上有很大飞跃，但单位面积销售量和切花质量仍需大力提升。

2014年全国花卉统计数据显示，云南、湖北、广东、辽宁是中国月季切花的主要省份，种植面积、销售量和销售额占到全国的65%以上（表10-1）。其中，云南省种植面积居全国首位，占全国1/3，月季切花销售量占全国50%以上。

云南昆明因其独特的地理和运输优势，月季切花产业发展迅速，是中国最

表10-1 2014年中国切花月季主产省

省份	种植面积（公顷）	百分比（%）	销售量（万枝）	百分比（%）	销售额（万元）	百分比（%）
云南省	4866.00	33.91	305951.00	54.22	90658.00	29.96
湖北省	1975.00	13.76	2486.00	0.44	3685.00	1.22
广东省	1461.20	10.18	40796.50	7.23	23389.90	7.73
辽宁省	1054.20	7.35	61160.80	10.84	37308.10	12.33

大的切花生产基地。位于宜良的方德波尔格月季切花公司是昆明最大的月季切花生产基地之一，采用荷兰最先进的切花生产技术和设备，以‘雪山’系列为主要产品，依托云南农业科学院花卉研究所的指导，建设具有云南特色的适宜于宜良乃至整个昆明地区的月季高效环保生产示范园区。

2. 月季苗木与盆花

苗木生产是月季产业发展的重中之重。月季株型多样，有大花月季、树状月季、丰花月季、藤本月季、地被月季和微型月季等不同的类型，不同类型的月季苗木园林应用形式也不同，随着中国城镇化发展、生态建设推进，月季苗木需求量正在逐年增大。

在长期的实践中，中国月季苗木产业布局逐步形成。中国月季苗木主要集中在云南昆明、海南三亚、江苏常熟和沭阳、山东青州和莱州、北京、河南南阳等地，每个地区的优势和特色不同，云南昆明、海南三亚以切花生产和切花月季新品种研发为主，河南南阳以月季盆苗以及树状月季生产为特色，江苏常熟月季以品种多、容器化育苗为特色，北京的月季基地多是从南阳采购1年生小苗，精心养护成2～3年生钵苗或者精品盆苗出售。

常州、南阳、北京、沈阳、深圳并列为我国五大月季中心，也是我国月季苗木的主要生产中心和出口中心。1990年和2000年，山东莱州和河南南阳分别被中国花卉协会月季分会命名为“中国月季之都”和“中国月季之乡”。

河南南阳市是中国最大的月季苗木繁育基地。据不完全统计，到2014年底，南阳市月季企业达到80家，种植面积超过50000亩，年出圃苗木3.6亿株，年产值8亿元。南阳月季苗木供应量占国内市场的80%，月季苗木出口量占全国总量的60%以上，主要销往荷兰、巴西、日本等国。

月季是北京的市花，在北京的自然花期是5月中下旬到11月，夏秋季节，北京各大公园、街头绿地、住宅小区，到处都是月季靓丽的身影。潜力巨大的消费市场引导月季苗木产业的快速发展。据不完全统计，到2014年底，北京市月季企业达到20家，多分布在大兴区、通州区、顺义区等地，种植面积超过3000亩。

江苏沭阳是全国百强县，当地的特色产业是花木业，2002年成功举办了首届中国·沭阳花木节，至2014年已举办过3届，通过花木节与花木产业论坛这一载体，以花为媒、以花兴业、以花富民，打造出沭阳的花木品牌。其中月季以规模大、品种优秀著称。沭阳月季以盆栽观赏型为主，年产观赏盆栽月季2000万盆。

为了提高月季生产质量，各地陆续制定了月季苗木分级标准和生产规范，如《树状月季生产操作规范》、《月季种苗生产技术规程》、《月季种苗标准化体系》、《月季苗木分级标准》等，随着这些标准的推广实施，月季苗木生产更加规范，分级标准更加明确，育苗技术不断提高，产量逐年增加。

随着月季产业的发展，月季交流活动也蓬勃开展起来。中国花卉协会月季分会每两年举办一次中国月季展，截至2014年6月，已举办过6届，举办地分别是郑州、沈阳、北京、常州、三亚、莱州，2015年将在河南南阳举办2015中国（南阳）月季展，2016年将在北京大兴举办第7届中国月季展。这些展览极大地促进了举办地月季文化的传播、月季产业的发展，对当地农业产业结构调整、百姓增收致富、精神文明建设起到积极作用。

3. 玫瑰

《本草正文》中道："玫瑰花，清而不浊，和而不猛，柔肝醒胃，疏气活血，宣通窒滞而绝无辛温刚燥之弊。"玫瑰食用和药用价值高，玫瑰初开的花朵可入药，有理气、活血、收敛等作用。玫瑰果实含有丰富的维生素C及维生素P，可预防急性及慢性传染病、冠心病、肝病和阻止产生致癌物质等。用玫瑰花瓣提炼而得的玫瑰精油可以改善皮肤质地，促进血液循环及新陈代谢。

我国玫瑰花的栽培有2000多年历史，从20世纪60年代大规模开始种植玫瑰，80年代左右达到了一个高峰。但由于我国玫瑰油行业生产规模小、成本高、加工方法工艺落后，产品质量不稳定，没有形成品牌效应，综合利用程度差，玫瑰产业并未发展起来。随着人们生活水平的提高，深加工产品如玫瑰精油等在国内外市场持续供不应求，直到近些年，国内多个地区开始规模化种植香料玫瑰。

我国玫瑰种植主要集中在山东平阴、山东菏泽、甘肃苦水、陕西渭南、江苏铜山、云南大理、北京妙峰山等地。据不完全统计，到2014年底，我国的香料玫瑰种植面积达到76000亩，生产规模还在逐步扩大。

山东平阴栽培玫瑰有2000多年的历史，现有栽培面积3万亩。平阴玫瑰以花大色艳、香气浓郁、出油率高、品质优良而被誉为"世界玫瑰之花魁"，平阴县玫瑰镇1996年被林业部命名为"中国玫瑰之乡"。

盛产于甘肃兰州市永登县苦水镇的玫瑰，历经200多年的栽培，形成了闻名遐迩的"苦水玫瑰"品牌，其特点是花繁汁多、清香纯正，苦水镇也因此享有"中国玫瑰第一乡"的美誉，栽培面积2.6万亩。

因土壤、气候等条件适宜，云南省的香料玫瑰产业发展迅速。以发展高原特色花卉产业为契机，云南种植加工型玫瑰10000亩，研发特色玫瑰产品。

陕西渭南是国内大马士革玫瑰精油发源地。玫瑰种植面积5000亩，生产的“渭玫1号”大马士革玫瑰精油热销北京、上海、广州等地，还出口美国、英国、法国、荷兰等地。

三、特点和亮点

2014年，月季分会致力于中国月季文化的弘扬、栽培技术的推广、园林应用以及品种的引进和培育，举办多种形式月季花事活动、积极筹办2016世界月季洲际大会以及编辑出版《中国月季》会刊，引导月季产业健康发展。

1. 举办多种形式月季花事活动

2014年4月29日至5月1日，2014年南阳月季花展暨南阳月季博览园开园仪式在南阳月季基地举行，展出1200多个品种、数万株月季，并邀请月季大师讲解月季栽培、养护和鉴赏知识，通过图片、文字等形式，展示由世界月季联合会评选命名的世界优秀月季园，弘扬月季文化的丰富内涵。

2014年5月25日，以“中国月季，美丽莱州”为主题的第六届中国月季花展暨第二十四届莱州市月季花节在莱州举办。本次花展分为含苞待放、绽放迎客、华夏丽影、墨彩芬芳、创新探索、握手留香六大篇章，主题活动包括室外月季景点展、月季精品展、月季书画展、月季摄影展、月季文化节科普教育等内容。此外，还有50多家单位参加插花展、盆栽展和新品种展，并召开月季产业发展研讨会、月季分会理事会。

2014年5月15日至6月15日，第六届北京月季文化节举办。文化节期间，开辟主分会场7个，以“赏美丽月季、享幸福人生”为主题，组织50余项主题活动。展出月季2500余个品种、272万株，展出面积462万平方米。

2014年7月21～30日，以“浪漫家居”为主题的月季竞赛在青岛世园会时尚花艺馆开展。此次竞赛分为插花花艺竞赛、盆景艺术竞赛、盆栽月季竞赛、月季新品种竞赛四大类，共有115件作品参赛。

2. 积极筹办2016世界月季洲际大会

2016世界月季洲际大会将在北京市大兴区魏善庄镇举办，筹备工作正在有序推进，已完成了大会总体方案、核心区概念性规划、月季产业行动计划、企业园区设计方案、场馆设计方案、招商招展方案、博物馆展陈和运营方案等各项方案的编制工作。

按照“四园、一馆、一中心、一基地”的总体布局，当地发展5000亩月季产业基地，建设4个不同主题的月季园区，以及世界首座以月季为主题的博物馆和会议会展中心，将大会举办地打造成月季小镇。

3. 编辑出版《中国月季》会刊

编辑出版了《中国月季》会刊，主要介绍中国及世界月季的发展动态，以及月季文化、栽培、育种、应用取得的成绩和进展。

四、主要问题

1. 产业化程度不高

月季产业长期处于自然发展状态，生产经营规模小、投入少、管理粗、效益低，生产方式落后，专业化、标准化程度低，造成了资源配置和利用的简单重复，农户之间的无序竞争。

2. 产业结构不完善

首先，政府缺乏宏观引导，产业缺乏整体发展规划；其次市场发育程度低，销售网络不健全，缺少统一的销售服务协调管理渠道；最后大多数企业只能跟风发展，生产跟不上市场的步伐。产品层次低，同质化严重。

3. 育种工作落后

中国市场上流通的大多数月季品种均为国外培育引进的，缺乏自主研发的新品种。各大高校和科研院所研发的新品种，更多的是做科研成果，并没有转化成生产力，造成了科研成果的极大浪费。

执笔：连丽娟（北京市大兴区魏善庄镇人民政府），
刘青林（中国农业大学），赵世伟（北京植物园）

第11章 兰花产业发展报告

一、综述

2014年，国兰产业迎来了久违的复苏。高端兰花市场开始走出低谷，有些品种的价格甚至翻了好几倍。大众兰花市场也出现量价齐升的喜人局面，实现了“变中求胜”：一是改变了生产方式。建兰通过花期调控，从传统的季节性开花上市，转变到周年开花上市，延长了交易时间，扩大了销售量。二是改变了销售方式，拓宽网络销售渠道。不少国兰企业和兰友试水网络销售获得成功。三是加强了品种创新。蕙兰、春剑等线艺新品种的涌现并走强，是2014年高端品种兰花市场的一大亮点。

热带兰花产业在2014年继续进行品种结构调整。蝴蝶兰从大型化转向小型化，销量较2013年有所增长。大株型的大花蕙兰市场持续低迷，而小型化的杂交兰在广东、福建、云南等地发展异常迅速，产品供不应求。切花秋石斛和文心兰持续稳定发展，兜兰在广东、贵州、广西仍只有小规模种植，产量略有增长。

二、特点和亮点

1. 以大型展会促产业发展

2014年，主办了3次全国性会展及论坛，包括1次全国性的兰花博览会、1次海峡两岸国兰精品展、1次全国性兰花产业论坛，协办了2次青岛世界园艺博览会兰花专题展等重要活动。

（1）第二十四届中国（郑州）兰花博览会。2014年4月1～3日，在郑州·中国绿博园举办了“陈砦花卉杯”第二十四届中国（郑州）兰花博览会（以下简称兰博会）。本届兰博会由中国花卉协会兰花分会等单位主办，郑州市花卉苗木协会等单位承办，主题是“兰香绿城、美丽郑州”，来自25个省（区、市）和香港、澳门、台湾地区及韩国、日本的3000名代表参会，展出各类兰花5000余盆，展馆面积达15000平方米。这是中国兰花博览会第一次在中原城市举办，共评出各类奖项261个，在推动中原及北方兰花产业发展、活跃兰花经济等方面做出了新的贡献，并凸显出一些新亮点：一是实现国兰、洋兰同台竞技，两大主题兰花同时展示。洋兰展期一个多月，至5月3日闭幕，为历届兰博会展期最长的一次，累计参观人数达15万人次。二是兰博会吉祥物“中中”的设计体现了本届兰博会及郑州市的特色，为兰博会品牌的传播增添了新的亮点和活力元素。

（2）第五届中国兰花产业化论坛。2014年4月1日，在郑州市天鹅城国际饭店举办了第五届中国兰花产业化发展论坛。论坛以“兰与生活”为主题，收到来自广东、广西、云南等多地兰花学者及专家的论文10余篇，从兰花与生活角度探讨中国兰花产业化发展之路，对弘扬兰花文化、促进兰花产业发展及兰花走入千家万户产生了积极推动作用。

（3）第四届海峡两岸国兰精品展。2014年8月25～30日，由中国花卉协会兰花分会等单位主办，澄海区人民政府等单位承办的第四届海峡两岸国兰精品展在汕头市远东国兰有限公司举办。韩国兰花文化交流协会会长柳重光、日本兰花协会会长住田武夫等出席了开幕式。本次展会共展出400盆兰花精品，经由评委组认真评选，共评出7个奖项93个获奖铭品。兰展期间还举办了海峡两岸国兰产业合作交流研讨会、广东兰花产业技术创新联盟工作会议，以及国际兰花精品拍卖等活动。

（4）2014青岛世园会洋兰国际竞赛。2014年5月6～15日，2014 青岛世界园艺博览会洋兰国际竞赛在青岛世园会主题馆内精彩举办。本届洋兰国际竞赛由青岛世园（集团）有限公司与中国花卉协会兰花分会联合主办，邀请来自台湾省及新加坡、朝鲜的各大花卉企业参展。竞赛分为大型景观布置、小型景观布置、花艺设计竞赛以及单株竞赛四大类别，其中景观布置、花艺设计竞赛以表达“母爱”为竞赛设计理念，通过不同的洋兰景观特色表现不同地域对于母爱的理解，而单株竞赛则是以品种的新、奇、特为主要竞赛标准。本届洋兰国际竞赛共组织了数百种洋兰品种参展，既有日常生活中常见的蝴蝶兰、卡特兰、万代兰等，也有人们难得一见的洋兰品种，如花瓣为肉质的单性兰花（花分雌雄）蝙蝠侠瓢唇兰，状如游蛇的小响尾蛇石豆兰，具微香、花色如香蕉的香蕉兰，分别来自于中南半岛、印度尼西亚、美洲、巴布亚新几内亚等国家或地区。本次竞赛评出大型景观金奖、银奖、铜奖各1名；小型景观金奖、银奖、铜奖各1名，优秀奖3名；花艺竞赛金奖1名、银奖2名、铜奖3名、优秀奖4名；单株竞赛金奖10名、银奖20 名、铜奖30名、优秀奖53名。

（5）2014青岛世园会中国兰竞赛。9月16～20日，2014年青岛世界园艺博览会中国兰竞赛在青岛世园会花艺竞赛馆举行。本次竞赛由青岛世园会花艺竞赛组委会和中国花卉协会兰花分会联合主办。中国花卉协会兰花分会负责本次竞赛的邀展、评审、现场协调等工作，这是继5月洋兰国际竞赛之后的又一次精彩的兰花盛会。来自广东、福建、四川、湖南、安徽、浙江、湖北、山东及青岛等23家兰花协会、兰花学会、科研单位以及兰花企业参展，共有333盆兰花精品汇聚花艺馆，共谱“兰香秋韵”的花艺华章。经过评审，共评出金奖20个、银奖40个、铜奖60个、优秀奖90个。

2. 规范兰花品种登记注册，促进国兰品种保育

自20世纪90年代初开展中国兰花品种登记注册工作以来，做好兰花品种登记注册，是中国花卉协会兰花分会一贯坚持的一项重要工作，是建立兰花品种档案、规范产业发展秩序、推动兰界公平公开的重要举措，对推动我国兰花产业的发展起到了重要作用。2014年，审定注册了莲瓣兰‘回峰荷’，蕙兰‘紫气东来’、‘中华红素’、‘云门素’、‘黄龙云海’、‘祥荷’，墨兰‘红太阳’、‘胭脂红’，建兰‘边城贡素’、‘雪峰素’，春兰‘平安梅、‘神龙宝鼎’、‘辉煌’等24个品种。

3. 办好《中国兰花》，积极做好兰花文化普及工作

顺利完成了2014年度《中国兰花》的编辑出版工作，设置了产业论坛、兰域要闻、品种鉴赏、栽培技艺、猗兰文化等多个贴近兰友需求的栏目，在第一时间把收集到的国内外重要行业信息刊登出来，给广大的兰友提供参考。兰花分会以《中国兰花》为平台，积极服务行业发展。《中国兰花》杂志经历2012年的全面改版，目前已经渐渐走向正轨，订户不断增加，反响良好，并向全国农业类高校图书馆及全国花卉产业知名专家赠阅，宣传中国兰花产业，扩大产业的影响力。

4. 帮助制定产业标准，推动国兰产业化

帮助地方政府和龙头企业制定产业标准，为繁荣兰花产业、活跃地域兰花经济、推动国兰产业化起到了科学的引导作用。中国花卉协会兰花分会秘书处协助广州市番禺区沙湾镇政府研究制定了《主要商品建兰质量等级》和《商品建兰生产技术规程》两项地方标准，副会长兼秘书长朱根发指导广东远东国兰有限公司培育出4个国兰新品种，并通过广东省农作物品种审定。

三、典型企业

2014年9月17日，福建连城兰花股份有限公司（以下简称连城兰花）喜获“2014年度国际种植者”银玫瑰奖。“年度国际种植者”评选活动由国际园艺生产者协会（International Association of Horticultural Produces, AIPH）和国际花卉栽培杂志（FCI）于2009年发起，主要考察企业在经济效益、产品技术创新性、专业化、市场化程度、环境标准、员工福利政策等各方面取得的成绩，旨在通过评选活动提高花卉园艺业的社会影响力和优秀花卉企业的知名度，推动世界花卉园艺更好发展。本次活动评选金玫瑰奖、银玫瑰奖、铜玫瑰奖、优秀奖各1名，奖项荣誉极其珍贵。

作为中国花卉行业领军企业，连城兰花已获得国内外众多从业者的认可。2014年6月，连城兰花被国家林业局、中国花卉协会评定为“全国十佳花木种植企业”，位列第一名，并被推荐作为中国唯一代表参加2014年度“国际种植者”的评选。最终与来自英国、荷兰、丹麦等国家和地区的企业参加评选，其中4家企业胜出并角逐“国际种植者”各奖项。连城兰花被国际园艺生产者协会评定为“2014 年度国际种植者”，荣获“银玫瑰”奖，成为世界花卉园艺企业第二名。

评委会对连城兰花给出的获奖评语内容大致是：连城兰花是一家大规模的花卉生产、研发和推广企业，是中国最优秀的花木种植企业之一。公司自成立以来，始终坚持产业化、规模化、品牌化、标准化发展，致力于向世界传播国香神韵，让国兰走进千家万户，在产品开发、推广方面做了大量工作，并积极与国内外同行分享、交流发展成果与经验。公司拥有自己的研发中心、冷藏中心、配送中心和电子商务中心。公司采取O2O的营销战略，以先进的专利包装、丰富的促销手段、完备的售后服务，打造高效优质的客户体验，在国内市场占据领先地位，并不断开拓国际市场。公司注重环保，通过ISO 9001:2000质量管理体系认证。公司贯彻“以人为本”的理念，注重人才培养，热心公益事业。“银玫瑰”奖的获得，表明连城兰花获得了国际社会的充分认可，发展水平居世界领先地位；同时也有利于进一步推动及提升中国花卉产业的现代化水平，促进中国与国际的花卉产业开展交流与合作。

四、主要问题

（1）市场深度调整对热带兰花产业影响较大，特别是大花蕙兰、蝴蝶兰价格大幅下降，企业生产的积极性受到较大影响。由于种植周期较长，产量和品种结构调整还没有到位。

（2）兰花产业的整体创新能力不强，品种对外依存度仍然较高。

执笔：朱根发（中国花卉协会兰花分会）

第12章 茶花产业发展报告

一、综述

2014年，我国茶花产业以楚雄国际茶花大会、中国茶花博览会、大理国际兰花茶花博览会和金华茶花节等活动的举办为动力，以第九届中国茶花博览会、2016大理国际茶花大会暨第十届中国茶花博览会等活动的筹办为契机，创新茶花科技、弘扬茶花文化、增进国际交流、扩大茶花消费、实施兴花富民，各方面取得了新成效。据统计，截至2014年底，全国茶花种植面积27.49万亩，从业人员达13.73万人，产值32.94亿元，企业单位2785家，专业市场145个，大型企业4家。

二、特点和亮点

1. 茶花分会第五届理事会换届

通过前期筹备，中国花卉协会茶花分会第五届理事会于2014年10月15日在金华召开了换届工作筹备会。在筹备会基础上，2014年12月22～24日，中国花卉协会茶花分会第五届理事会在金华市文化中心召开了代表大会，通过了第五届理事会财务报告、《工作条例》、《会费收缴标准及管理办法》和《理事会选举办法》，表彰了18个先进单位、32名先进工作者，选举产生了中国花卉协会茶花分会第六届理事会。新成立的第六届理事会有理事152名、常务理事79名，聘请名誉会长5名、顾问9名，设副会长15名、副秘书长15名，金华市副市长张伟亚当选为会长，金华市林业局局长朱飞当选为副会长兼秘书长。理事会成员比第五届总人数增加了66名，机关部门、科研院校、企业单位人员分别增加了39%、4%、3%，地域分布从9个省（区、市）扩大到16个省（区、市），新增北京、上海、福建、河南、四川、山东和湖北7省（市）。茶花分会会员数达472名。

2. 获得了国际茶花大会举办权

在葡萄牙、西班牙国际茶花大会上，云南省大理白族自治州政府负责人从国际茶花学会主席肖特夫人手中接过国际茶花大会会旗，取得了2016年大理国际茶花大会举办权。

3. 茶花科技与文化事业取得新成果

茶花品种登录命名委员会完成了23个茶花新品种命名登录工作。浙江省金华市政府对中国茶花博物馆进行立项，以建设部门为主，茶花分会配合，统一设计和招标，各项建设高标准有效实施，馆址选定在中国茶花文化园内。金华国际山茶物种园改造提升项目由金华市林业局组织方案编制和建设实施工作。通过新建玻璃温房、连栋大棚改造、管理房、工具房、景观设施维修和物种、品种收集等项目改造提升工程，全面提升物种园的茶花科技示范、产业带动和文化效应。在葡萄牙、西班牙国际茶花大会和理事会上，中国南宁金花茶公园、佛山海景森林公园获得“国际杰出茶花公园”称号。中国代表所作《山茶重瓣性的分子特性及基因调控机制》、《成功抢救温州大罗山一株病残古茶花》两个报告，展示了我国茶花功能基因研究和古山茶花树保护最新成就。编印《中国茶花》杂志和国际山茶协会中国区域通讯，支持维护国家林业局名花网站群，建设中国茶花网和QQ群。2014年6月，管开云等主编的《中国茶花图鉴》由浙江科技出版社出版。2014年12月，茶花分会印发游慕贤主笔的《茶花分会第四、五届理事会九年回眸（2005.10—2014.12）》作为茶花代表大会献礼。

4. 国内外茶花花事活动频繁

如期举办一年一度的金华茶花节会展和2014中国大理第七届国际兰花茶花博览会，中国代表组团参加葡萄牙、西班牙国际茶花大会和理事会，通过茶花新品种、新技术展示展销及茶花文化交流活动，弘扬了茶花文化，促进了茶花产业和农村经济的发展。2014年4月30日，中国花卉协会同意第九届中国茶花博览会在云南省昆明市金殿名胜区举办，主办单位为中国花卉协会茶花分会、昆明市人民政府，承办单位为昆明市园林绿化局。

5. 组织国内外联络交流活动

茶花分会及所属会员单位接待了来自美国、澳大利亚、新西兰等国外茶花专家，增进了国内外交流合作。组织会员参加金华茶花节、2014中国大理第七届兰花茶花博览会、中国苗木交易会等多个会展活动。中国林业科学院亚热带林业研究所在温州、金华举办“茶花栽培与扩繁技术”培训班，培训茶花种植大户、林业技术人员160余名。

三、代表性山茶专类园

1. 金华国际山茶物种园

位于浙江金华市婺城区竹马乡下张家村，占地面积10公顷，是世界上山茶物种最多的山茶专类园。为迎接2003年国际茶花会议在浙江省金华市召开，由国际茶花协会主席麦克唐纳女士为物种园奠基。园内共收集山茶原种204个，涉及山茶属的4个亚属和17个组别，约占张宏达教授分类总数的80%，园中还种植500多个观赏品种。园内所有山茶都登录在案。2005年，物种园出版了以园中原种为基础的《山茶主要原种彩色图集》，是一本活的山茶属植物分类教科书，为山茶研究者和种植者提供了参考便利。2006年成功申报了浙江省首批观光园，2009年被国家林业局命名为“国家山茶花种质资源库”，2012年被国际茶花协会命名为“世界杰出茶花公园”。

2. 中国茶花文化园

位于浙江金华市区西南部大黄山，紧邻金华职业技术学院。园区总面积620亩，为典型的江南低丘缓坡地，园内有成片的松林、杉林、毛竹林、杂木林、草坪及占总面积1/3的水塘。属茶花文化专类园，园内题字、诗词、楹联、碑刻特别丰富，集科普性、文化性和休憩性于一体。公园大门边紫岩上刻有沈鹏先生所题“中国茶花文化园”。大门正对面汉白玉石碑上刻有全国人大原副委员长、中国花卉协会名誉会长陈慕华所题的“神州茶花数金华”。园内数十处有李渔、李白、释贯休、苏东坡、李清照、郭沫若等名人茶花诗词石刻。广场正对面“嘉会堂”，由浙江省书法家协会主席朱关田所题。

3. 南宁市金花茶公园

世界上第一座以栽培研究国家珍稀濒危保护植物“金花茶”为主，致力于收集、保存、栽培、育种和利用的山茶属植物公园。2014年获得“国际杰出茶花园”称号，是广西唯一获此殊荣的单位。

4. 佛山市海景森林公园

致力于山茶物种的收集、保存、栽培、育种、研究与推广应用的公园。占地32公顷，收集山茶栽培品种和物种1525种，是国内山茶品种最多的山茶专类园。2014年获得“国际杰出茶花园”称号。

四、代表性山茶产区

1. 云南茶花

云南栽培山茶花的历史悠久，素有“云南山茶甲天下”的美誉。云南山茶花为中国特有种，其中观赏用重瓣类型仅分布云南。因树姿优美、花朵大、花色艳丽，且花期刚好在春节期间盛花，富含文化底蕴而备受广大群众喜爱，栽培区域有昆明（栽培中心）、安宁、宜良、通海、晋宁、楚雄、大理、丽江等。据初步调查，云南人工栽培的山茶古树尚保存260余株，最有名的如丽江玉峰寺的‘万朵山茶’、晋宁盘龙寺的‘松子鳞’、凤庆石洞寺的‘宝珠茶’、昆明金殿的‘狮子头’、黑龙潭的‘早桃红’等。近年来，云南山茶产业化加快，涌现了楚雄滇洱古道茶花园艺有限公司、昆明丰泽园茶花有限公司、宜良双禄茶花生产基地、大理绿野花卉科技有限公司、冠宇花卉发展有限公司、远益园林工程公司等一批茶花生产企业和种植专业户，茶花生产已基本形成广大农户分散种植经营与龙头企业规模化种植和集中销售相结合的格局。

2. 四川茶花

对我国茶花业影响较深、雄蕊和雌蕊退化的花瓣繁多的著名四川茶花极富欣赏价值。双层形状和颜色多样几乎成了山茶花的评判标准。成都小九寨景区是“山茶花赏花走廊”，秀水三韵景区是高山茶花观赏目的地。什邡市山茶花品种有100多种，花期为每年1～4月。红白镇分布有茶花野生（原生）种和茶花砧木树种达100余种。乐山市城区、五通桥区、金粟镇、苏稽镇4个点有茶花分布，五通桥区至今有以茶花命名的街道“茶花大道”。宜宾市茶花产业相对发达，品种多、规格齐、储量大。重点产区县，珙县以“龙茶花海”万亩茶花海为代表，高县以林湖万亩茶花基地为代表。前国际茶花协会主席戴维斯先生感言：“我可以毫不犹豫地说，这是中国最大的茶花基地，也是全世界最大的茶花基地。”

3. 福建茶花

福建是全国最大的品种茶花实生苗产销基地之一。现存有华东山茶品种200多个，从欧洲、日本、台湾、浙江和云南实地引进国内外名优品种1000多个，自我培养和选育‘五色赤丹’、‘复色双喜’、‘彩叶斑紫砂’等新优茶花品种。茶花网售呈增长态势，销售产品为“贝拉”和“金花茶”品种系列小规格盆栽。

4. 湖北茶花

武汉植物园、武汉市林业果树科学研究所、湖北五脑山国家森林公园、京山茶花源风景区等单位均开展了茶花资源收集、保存、观赏为主要目的科研工作。武汉植物园引种栽培山茶属物种及品种近400个，冬茶梅群和普通茶梅群为主的茶梅品种56个，众多山茶品种花期能从1月持续开到5月。武汉市林业果树科学研究所收集山茶属原种及品种资源500余份，五脑山国家森林公园收集560余份，京山茶花源风景区收集有300余份，虎爪山国家森林公园收集210余份。丰富的品种为湖北省开展茶花科研工作和发展茶花产业提供了资源基础。武汉市林业果树科学研究所还从当地野生川鄂连蕊茶资源中筛选出2个丰花香花型茶花新品种‘天山雪’和‘天山粉’，并获得湖北省林木良种审定证书。

5. 重庆茶花

重庆市主要山茶花保育基地有2个，分别是：重庆南山植物园，面积约200亩；万州西山公园，约105亩。两个基地保存的山茶花品种807个，植株约7万株（包括扦插苗）。主要山茶花生产基地分布在南岸区、巴南区、北碚区、江津区、万州区，面积规模约5300亩，山茶花数量约25万株，从业人员约1900人，从事山茶花生产的企业9家。

五、存在的问题

1. 产业化水平参差不齐

茶花生产方式以一家一户家庭作坊式生产经营为主，规模化、标准化、产业化程度较低，科技创新能力薄弱，市场开发能力不强。许多地方茶花产业虽然形成一定规模，但大多处于自发状态，在农业结构调整中的地位不高，得不到地方政府部门应有的重视，缺乏科学规划和政策扶持。发展无序竞争、品种人为炒作问题时有发生。必须加强行业宣传与协调管理。

2. 资源保护利用有待加强

作为山茶花的原产地，我国现存野生资源非常丰富，但缺乏有组织的调查和利用、保护，山茶花野生种类和数量“家底”至今还未完全摸清，有的资源甚至已遭过度开发和流失，具有自主知识产权的新品种几乎是空白。由于大量依靠进口，国内许多传统优良品种出现濒危甚至灭绝的局面。必须重视种质资源保护利用工作。

3. 产业化水平亟待提升

由于规模化程度低、生产设施和繁育技术普遍落后，标准化、现代化的茶花生产基地不多，没有统一的生产技术标准，导致产品难以满足大宗订单和多样化的消费需求，必须加快产业化进程。

执笔：陈迁进（中国花卉协会茶花分会）

第13章 蕨类植物产业发展报告

一、综述

蕨类植物在花卉产业中主要作为观叶与地被植物，主要用于切叶、观叶盆花和林下地被植物。作为切叶主要有肾蕨、卤蕨和复叶耳蕨等，作为观叶盆花主要有巢蕨、铁线蕨、凤尾蕨等，作为地被植物主要有肾蕨、鳞毛蕨、荚果蕨等。蕨类植物也是鲜美的食用植物和不可替代的药用植物，食用的如蕨、荚果蕨、紫萁、乌毛蕨、菜蕨、巢蕨等，药用的如金毛狗、槲蕨、蛇足石杉、海金沙等。

近年来，蕨类植物在花卉中所占比例有着逐年递增的趋势，蕨类植物作为观叶盆花的销量平稳增长，主栽品种巢蕨、铁线蕨、凤尾蕨等已经进入了平常百姓家。随着国家生态环境的建设，对林下地被蕨类品种的需求旺盛，干花和绿墙等新应用形式的发展，为蕨类植物的开发和利用提供了巨大的发展空间，特别是绿墙的新栽培方式，使耐阴性强的蕨类植物发挥出了巨大的潜能。

另一方面，随着蕨类研究进一步深入，一些蕨类植物的特殊用途被发现，对野生植物资源的保护提出挑战。如发现蛇足石杉含有石杉碱甲，石杉碱甲对治疗老年痴呆具有良好的作用，石杉类植物因此受到毁灭性采挖，迫切需要进行保护，并开展基础生物学研究，以进一步合理开发利用野生植物资源。

二、特点和亮点

目前，国内已经形成了一支优秀的蕨类植物学研究队伍，在植物分类与进化、保育与驯化、资源可持续利用等领域取得了一系列重要成果。

1. 召开2014年中国蕨类植物学术研讨会

由中国花卉协会蕨类植物分会和中国野生植物保护协会蕨类植物保育委员会主办，广西药用植物园承办的2014年中国蕨类植物研讨会于2014年11月19～21日在广西壮族自治区南宁市广西药用植物园召开，来自国内36个单位82位代表参加了此次会议。会议组织了4个大会报告和25个专题报告，内容涉及蕨类植物系统学研究、蕨类植物生理与分子生物学、蕨类植物多样性与迁地保育以及蕨类植物开发利用等领域，展示了我国蕨类植物学研究在各个领域的成果和进展。

2. 参加第六届亚洲蕨类植物学术研讨会

第六届亚洲蕨类植物学术研讨会于2014年8月26～29日在印度尼西亚的巴厘岛植物园举行，由印尼科学研究院（LIPI）和印尼植物分类协会（PTTI）联合举办，本次会议的目的是建立与国际科学家的互动，有利于青年研究人员展示他们的蕨类植物研究成果，促进跨国界合作交流领域，并推进印度尼西亚在生物多样性和文化方面的国际交流。我国有来自上海、广州、云南、深圳、南京、台湾、浙江等地的蕨类研究者与研究生参加本次会议。本届蕨类植物研讨会充分展示了亚洲蕨类植物在科研、教学、物种保育和资源开发利用等领域所取得的丰硕成果，为各国学者进行学术合作交流创造了有利条件。

3. 建立中国野生蕨类植物资源迁地保育的体系

全国主要的植物园都开展了野生蕨类植物资源迁地保育的工作，如中国科学院北京植物园、深圳仙湖植物园、上海辰山植物园、西双版纳热带植物园、华南植物园、庐山植物园、昆明植物园、广西药用植物园、南京中山植物园、台湾屏东辜严倬云植物保护中心等（表13-1）。中国野生植物保护协会蕨类植物保育委员会的成立为保育工作提供了保障。上海辰山植物园的科考人员在福

表13-1　全国各主要植物园迁地保护蕨类植物数量统计

植物园名称	引种蕨类植物物种数量（含种下单位）	资料来源
台湾屏东辜严倬云植物保种中心	1603	www.kbcc.org.tw
深圳市中国科学院仙湖植物园	750	通讯资料
中国科学院华南植物园	540/269	通讯资料/中国科学院华南植物园，2005
上海辰山植物园	约450	上海辰山植物园迁地保护蕨类植物简介
中国科学院植物研究所北京植物园	约400	通讯资料
中国科学院西双版纳热带植物园	约400	通讯资料
中国科学院昆明植物所昆明植物园	332	中国科学院昆明植物所昆明植物园，2006
重庆市南山植物园	264	重庆市南山植物园，2012
上海植物园	约250	通讯资料
台北植物园	约200	严岳鸿考察估计
香港嘉道理农场暨植物园	约200	严岳鸿考察估计
厦门园林植物园	138	厦门园林植物园，2010
广西壮族自治区中国科学院桂林植物园	约100	通讯资料
杭州植物园	88	胡绍庆，2003
南京中山植物园	约80	通讯资料
北京植物园	51	北京植物园，2006
西安植物园	33	李思峰，董长根，2007

注：引自《蕨类植物迁地保护的方法与实践》。

建沿海岛屿考察时，在闽江口琅岐岛发现了原产台湾的珍稀蕨类植物克氏鳞盖蕨（*Microlepia krameri*）；深圳仙湖植物园收集蕨类植物活体750余种，保存的珍稀濒危蕨类植物包括天星蕨、粤紫萁、荷叶铁线蕨、扇蕨、带状瓶尔小草、苏铁蕨和水蕨等30余种；中国科学院植物研究所在濒危蕨类植物超低温保存技术研究方面取得进展，并建立了国内第一个蕨类植物孢子库，保存蕨类植物孢子578种，为珍稀濒危蕨类植物的保护建立了新途径。

4.《泛喜马拉雅植物志》项目有序推进

2014年5月5日，“泛喜马拉雅地区植物综合考察与植物志编研”专家组会议在北京召开。科技部基础研究司、中国科学院前沿科学与教育局有关负责同志及项目专家组成员出席会议。该项目由中国科学院植物研究所洪德元院士主持。会上，洪德元院士作了项目总体进展汇报，介绍了项目的背景、意义、进展、国际影响及存在的问题，项目各骨干人员分别作了泛喜马拉雅地区植物综合考察、植物志编研及所承担类群研究的进展报告。

《泛喜马拉雅植物志》是继《中国植物志》后又一个经典植物学大项目，是我国经典植物学上的第一个原创性国际项目，中国将联合英国、印度、尼泊尔、日本、美国的植物学家，首次对泛喜马拉雅地区的植物种类进行全面、系统、科学的考察与记录。《泛喜马拉雅植物志》以英文记录泛喜马拉雅地区所有野生的和已归化的维管束植物，本植物志分50卷、80册出版，计划2020年完成。系统排列体现目前最新的植物系统学研究成果，其中被子植物采用APCⅢ系统，蕨类和裸子植物也采用最新的分类系统，是世界上最大、最有特色的自然地理区的植物志，对于这一特殊地区环境和生物多样性的保护和持续利用有着不可估量的价值。

5. 积极推动蕨类植物文化与科学普及宣传

《中国蕨Sinopteris》由中国花卉协会蕨类植物分会和中国野生植物保护协会蕨类植物保育委员会共同主办，内容包括协会信息、研究动态、国际交流、新书介绍、专家园地、文献目录等栏目。《中国蕨Sinopteris》已经成为国内蕨类植物同行交流的最重要渠道，在国际交流中发挥重要作用。2014年完成了第19期《中国蕨Sinopteris》印刷与发放。

上海辰山植物园与中国科学院植物研究所合作编著的《蕨类植物迁地保护的方法与实践》一书正式出版，对中国主要植物园和迁地保护机构中蕨类植物迁地保护概况、蕨类植物孢子繁殖的方法、蕨类植物无性繁殖技术等进行了详细的阐述和系统的总结。

中国科学院华南植物园举办的暑期生态科普系列活动——走进“蕨类王国”于2014年7月21日在华南植物园蕨类与阴生园精彩启动。科普指导员为大家分别介绍了蕨类植物的特征、分布，蕨类植物的多样性以及蕨类植物的应用等内容。华南植物园集科学研究、植物保育、科学传播和植物资源利用于一体，保存活植物13600多种，是各高校开展生物学实习的最佳场所，同时是31所高校的教学实习基地，其一流的植物资源及成熟的科普教育条件广受好评。

6. 应用基础与技术研究进一步加强

中国科学院昆明植物研究所在石松类与蕨类植物化学成分研究取得进展。完成了11种西南地区的石松类植物的生物碱成分研究，构建了超过200个石松生物碱的化合物库；发现了新型抗艾滋病毒、抗流感病毒和抗乙酰胆碱酯酶化合物及抗糖尿病活性成分，若干活性成分正在进行全合成、结构修饰及成药性研究。

中国科学院植物研究所以植物园和中国科学院野生生物资源库植物离体库为依托，与天津滨海国际花卉科技园区股份有限公司合作承担了国家科技支撑计划项目专题“重要珍稀植物资源的可持续利用技术体系应用与示范”和天津市种业科技重大专项“观赏蕨类新品种选育及产业化关键技术研究与开发”。

北京吉鼎立达科贸有限公司以蕨类植物盆花为主打产品，先后完成了“蕨类植物品种引进繁殖技术试验示范”、“观赏蕨类种苗国产化研究”等项目，完成了《盆栽观赏蕨生产技术规程》，这是国内第一个蕨类植物标准。

三、主要问题

（1）基础研究硕果累累，但应用基础研究和应用技术研究的队伍和成果偏弱。

（2）野生植物资源保育形势严峻，濒危物种和重要经济物种需要加强保护力度。

（3）观赏蕨类植物产业前景好，但新品种育种和技术推广工作薄弱。

四、2015年发展思路与重点

2015年将继续举办中国蕨类植物学术研讨会，以出版物、发表文章等多种方式普及植物学知识，做好科普宣传工作，继续提高专业年刊《中国蕨Sinopteris》的质量。加强中国野生蕨类植物的保育，积极争取将蕨类植物列入国家野生植物保护项目。继续协助国家野生植物资源主管部门开展珍稀濒危和重要经济蕨类植物的资源调查、收集、保存及驯化研究，推动蕨类植物资源的可持续利用。

执笔：石雷、刘保东、张宪春（中国花卉协会蕨类植物分会）

第14章 梅花蜡梅产业发展报告

一．梅花蜡梅产业发展成果

1. 梅花蜡梅旅游经济效益显著

建立梅园、开展梅花旅游是梅花产业发展的重要方向。如南京梅花山梅园总面积1533亩，园内地栽梅花35000余株，盆栽梅花6000余株，与昆山淀山湖梅园、无锡梅园和武汉东湖梅园并称中国四大梅园，居四大梅园之首。此外，昆明黑龙潭公园梅园、上海世纪公园梅园、上海海湾森林公园梅园、上海莘庄公园梅园，杭州植物园灵峰探梅景区、浙江余杭、贵州荔波等地的梅花节，以梅花为旅游主体，年旅游综合收入达35亿元，再加上以梅花节为载体的招商引资和商贸洽谈合同，年经济效益超过120亿元。

2. 梅花蜡梅苗木规模增长迅速

梅花蜡梅苗木规模发展迅猛。以四川为例，梅花蜡梅总生产面积达4万余亩，产值3亿元，平均亩产值7000～8000元。其中梅花生产面积2万亩，90%以上用于园林绿化，5%左右用于盆景或盆栽，少量用作切花。蜡梅栽培面积2万余亩，其中切花面积近1万亩，苗木栽培面积1万余亩。此外，四川达州市优质蜡梅培育供应产业园、市花观赏产业园、成都幸福梅林达州优质蜡梅培育基地在宣汉县马渡乡开工建设，其核心区1000亩，带动群众栽植“四边梅”1万亩，以此加快该县庆云、马渡、隘口3个集中连片贫困山区发展。

浙江长兴露地栽培各规格梅花蜡梅苗木2万余亩，其中红梅1.5万亩，青梅5000余亩，蜡梅80余亩，年产值1.2亿元。

重庆梅花蜡梅种植面积11万亩，数量超过2000万株，产值达6000万元。

青岛梅园占地面积9900亩，其中李沧区十梅庵900亩、黄岛区杨家崮8700亩、苗圃300亩。栽植大规格梅花5万余株、梅花小苗60万余株。栽植蜡梅230株，繁育蜡梅小苗12000株。

江西全南县古韵梅园占地面积3000余亩，对已过盛果期的大规格果梅老树进行嫁接改良，已完成3万株大规格果梅老树的移栽改良。

2014年以来，各地梅园建设方兴未艾。其中，河南龙都上梅苑梅园2500亩（梅花观光苗圃型），江苏盐城大丰梅园2000亩（精品梅花园200亩），深圳福田梅园建成长5000米、数量2500株的梅花大道，河南淮阳主题森林公园梅园230亩，周口市萌生梅园100亩，河南南阳东方梅园梅花苗木200亩，南阳谢庄梅园梅花苗木200亩，河南卢氏豫西梅花研究所梅花苗木300余亩。武汉东湖磨山梅园占地800亩，种植梅花25000余株。吉林公主岭梅园种植规模150亩，年产值100万～150万元，还在临江市、长白山旅游风景区及沈阳明清册别墅区分别建设了梅园。

3. 梅花盆景数量增长缓慢

浙江长兴年产盆栽红梅8万盆。其中东方梅园产量达5万余盆，包括盆栽红梅和容器小盆景，年产值为3000万元。武汉东湖磨山梅园梅花盆景1万余盆（缸）。四川梅花盆景面积1000亩，蜡梅盆景盆栽面积约500亩。青岛梅园盆景梅3万余盆。河南龙都上梅苑梅园盆梅1万余盆。安徽歙县年产梅花盆景1万余盆。

4. 梅花蜡梅切花稳步发展

重庆、四川成都、上海外港是梅花蜡梅切花的主产区。仅重庆静观镇蜡梅种植专业合作社年产鲜切花100万束，产销形势平稳，市场需求旺盛。

5. 梅花蜡梅深加工发展迅速

重庆静观镇花木种植面积达11万亩，从业人员达5.8万余人，年产优质蜡梅茶20吨，制作盆景15万盆。同时，蜡梅花茶、蜡梅花酒、蜡梅面等加工产品得以开发并畅销国内外，年产值超5亿元。浙江长兴东方梅园提炼的梅花香精——“中国香”年销售额达1000万元。

二．建议

1. 防止梅花苗木种植一哄而上

当前梅园建设发展迅猛，苗木需求旺盛，尤其是大规格梅花蜡梅苗木价格居高不下，各地花农应避免一哄而上、跟风种植。

2. 北方梅园建设要注意品种选择

随着北京林业大学南梅北移课题组对抗寒梅花引种和区域试验的成功，北京鹫峰国家森林公园梅园梅花迎春绽放，激发了北方地区梅园建设的热情。北方梅园建设速度加快，抗寒梅花品种需求大增。苗木生产者应注意品种的选择，梅园建设者应重视梅园选址、植物配置和施工养护管理等工作。

执笔：李庆卫（中国花卉协会梅花蜡梅分会），
张启翔（北京林业大学园林学院）

第15章 牡丹芍药产业发展报告

一、综述

2014年，牡丹、芍药产业备受重视，特别是油用牡丹产业发展势头强劲。截至2014年底，我国牡丹、芍药栽培总面积已达到约6.7万公顷，品种总数稳定在1800个左右。其中牡丹品种总数约1500个，占世界牡丹品种总量的3/4以上；芍药品种总数约300个，占世界芍药品种总量的1/2左右。其中，1.3万公顷的观赏牡丹，主要集中在河南洛阳、山东菏泽、重庆垫江、甘肃兰州等地；5万公顷的油用、药用牡丹，主要集中在安徽亳州及铜陵、重庆垫江、湖南邵阳、山东菏泽、河南洛阳等地；0.3万公顷的观赏和药用芍药，主要集中在安徽亳州、山东菏泽等地。我国牡丹、芍药栽培正趋专业化、规范化方向发展。

2014年，在牡丹花事方面，国内牡丹花事活动持续火爆，开花季节吸引了近1000万名游客前来赏花，带动了地方第三产业的发展；牡丹的药用保健品方面，丹皮用量仍稳定在10000吨左右，丹皮及其中成药等衍生品的消费在100亿元以上，牡丹茶、牡丹油等保健产品不断推向市场；牡丹、芍药种苗方面，观赏牡丹、芍药种苗在国际市场上的销量相对稳定，油用牡丹种苗则随着油用牡丹产业的发展而火爆。2014年牡丹、芍药苗木销售总量约10亿株，销售额超过1亿元。随着经济发展，牡丹的根、叶、种子等的有效成分更加明晰，牡丹的油用产业、药用产业、保健品产业正在迅速崛起，象征吉祥、富贵的牡丹产业及牡丹文化产业一定会在和谐社会、人类健康、带领脱贫致富、新农村建设、粮油安全等方面发挥更加巨大的作用。

二、科研进展

1. 牡丹细胞学及分子生物学研究

近几年，科研人员从生态环境、形态与遗传多样性、种群结构与分布格局以及繁殖生物学特性等方面入手，通过细胞遗传学和分子生物学手段，对牡丹组内各种的分类地位、种间亲缘关系和遗传多样性等问题进行了合理的澄清和科学解释。目前，采用分子标记的方法，对牡丹种和栽培品种群的遗传多样性进行研究的报道最多，成果涉及紫斑牡丹、延安牡丹、杨山牡丹、滇牡丹、大花黄牡丹等种，以及中原牡丹品种群、紫斑牡丹品种群、西南牡丹品种群和江南牡丹品种群等，为进一步研究栽培牡丹的起源及进化关系奠定了良好基础。

同时，围绕优异种质资源的花色、花型、花期等优良观赏性状，利用基因克隆、高通量测序等分子生物学手段，已获得了一大批与牡丹花发育、花色、休眠、切花衰老、药用成分及油用成分等重要生理过程相关的基因，并通过其基因表达规律与功能研究，深入了解牡丹重要生理过程的分子调控机理。

2. 新品种培育

近年来，我国牡丹育种取得了突飞猛进的成果。2014年，经国家林业局植物新品种保护办公室审查、国家林业局批准，新增‘小香妃’、‘京华旭日’等21个牡丹远缘杂交新品种，不仅填补了我国现有品种缺乏纯黄色、橘黄色、橘红色以及香槟色等花色的空白，而且有些还具有明显的杂种优势。

同时，在获得花色、花型、花期等重要观赏性状相关调控基因的基础上，牡丹转基因育种的相关研究也在加快推进。目前，牡丹组培快繁技术已取得突破性进展，高效遗传转化技术体系也正在建立，相信不久的将来牡丹转基因新品种将问世。

3. 芍药基础研究

与牡丹相比，尽管芍药的种质资源细胞学和分子生物学方面的研究起步较晚，但近几年其亲缘关系与遗传多样性分析，以及花色、花朵衰老相关基因的克隆等方面的报道逐渐增多。同时，为了提升我国芍药产业化水平和自主创新能力，我国科研人员针对其产业化生产关键技术难题，在挖掘、保存优异种质资源，筛选及培育优质品种，构建配套种苗、切花、盆花、工程苗标准化生产技术体系等方面取得重要突破。目前，通过优化杂交幼胚拯救技术及种子破眠技术，已成功建立芍药远缘杂交育种技术体系；配套筛选品种的无土栽培技术体系、花期调控、营养诊断、病害防治、设施环境控制、采收技术等多项芍药产业化生产关键技术不断完善；相关露地切花、盆花、设施生产技术规程，设施无土生产技术规程等也已相继建立；芍药离体快速繁殖技术不断优化。这些都为创新我国芍药产业化生产模式、提高观赏芍药的商业价值和产品品质，进而促进芍药现代产业化发展奠定了良好基础。

三、特点和亮点

2014年，油用牡丹产业仍是突飞猛进，促使了牡丹、芍药产业结构发生了根本转变。牡丹的油用产业占据了牡丹产业的绝对优势，油用、观赏、药用的综合产业模式进一步得到巩固。其标志性的事件有：2013年11月习近平视察菏泽尧舜牡丹集团后，油用牡丹产业继续发酵，油用牡丹发展面积在2013年的基础上又翻了一番，达到了5万公顷。围绕牡丹产业的发展，相关机构开展了卓有成效的工作。

1. 牡丹产业扶持政策不断出台

2014年12月，国务院办公厅发布了《关于加快木本油料发展意见》（国办发〔2014〕68号）文件，明确提出到2020年建成800个油茶、核桃、油用牡丹等木本油料重点县，建立一批标准化、集约化、规模化、产业化示范基地，牡丹等木本油料树种种植面积从现在的1.2亿亩发展到2亿亩，产出木本食用油150万吨。国家经济林示范项目继续执行，财政部国家农业林业综合项目中，油用牡丹位列其中，扶持资金超过5000万元，重点支持企业、合作社从事油用牡丹生产；山东省、河南省、陕西省继续承担全国油用牡丹产业发展试点区任务。山东省菏泽市、河南省洛阳市、安徽省铜陵市不断出台油用牡丹产业发展补贴政策；国家林业局投资1000多万元，依托西北农林科技大学和东北林业大学联合建立的油用牡丹工程技术研究中心，致力于油用牡丹产业发展战略、资源利用、品种选育、标准化栽培、产品加工和科技推广等研发工作。在基础科研方面，国家自然科学基金委员会批准了5个项目，支持了北京林业大学、河南科技大学、洛阳师范学院、青岛农业大学、沈阳农业大学从事牡丹花型、花色基因等方面的基础研究。

2. 牡丹、芍药在青岛世界园艺博览会大放异彩

中国牡丹、芍药在2014青岛世界园艺博览会上大放异彩。在国际性园艺盛会上，牡丹、芍药在特展区首档（开幕时段）展出，"洛阳牡丹"、"菏泽牡丹"、"临夏牡丹"、"扬州芍药"等齐聚青岛，以园林小品、盆栽名品、新品种、切花插花的形式迎接来自世界各地的观众，2000多株牡丹、芍药特展普遍受到好评。中国的牡丹、芍药为2014青岛国际园艺博览会增光添彩。

3. 油用牡丹机构涌现

随着国家、地方政府扶持政策的落地，油用牡丹产业的种植积极性不断高涨。据不完全统计，2014年全国400余家油用牡丹相关企业、种植合作社、协会、中心等相继注册成立，成为牡丹产业的新生力量。

2014年，仅国家林业局原副局长、国家油用牡丹专业委员会主任李育材举办牡丹专题报告会就多达30余场，宣传了油用牡丹产业，促进了一些省份、一些企业对油用牡丹产业的深入了解，加快了油用牡丹产业的落地。

4. 牡丹文化产品推陈出新

2014年，中央电视台9频道，拍摄了《牡丹》四集专题纪录片，宣传牡丹文化及牡丹产业。牡丹芍药分会的王莲英、李嘉珏、刘政安、袁涛等专家为专题纪录片的剧本、拍摄提供了大量的素材。

牡丹芍药分会积极探索牡丹插花专题展览模式，创新牡丹产区的观赏形式，2014年4～5月牡丹花季，在河南洛阳和山东菏泽分别举办了第六届洛阳王城之春牡丹插花展、第十一届中国牡丹插花艺术展。两地的专题插花展览共接待游客近100万人，拓宽了牡丹、芍药的应用范围，满足了游客对多元文化形式的消费需求，推动了我国牡丹、芍药切花产业的发展。

四、牡丹重点产区

1. 山东菏泽

山东菏泽古称曹州，曹州牡丹种植可追溯至隋唐时期。唐开元年间，牡丹盛于长安；宋代，洛阳、四川天彭牡丹兴盛；明代，牡丹栽培中心又转移到山东曹州、安徽亳州，当时曹州已成为全国牡丹栽培中心，享有“曹州牡丹甲于海内”的美誉。清朝后期，曹州牡丹的栽培面积已达500多亩，牡丹园10多处，年输出10余万株。 清末民初，曹州牡丹盛极一时，但随着国家内忧外患，曹州牡丹的栽培和发展受到重大影响。到1948年，牡丹栽培面积不过100亩，花色品种也只剩下120多个。新中国成立后至“文化大革命”结束前，牡丹种植发展曲折，十一届三中全会以后，菏泽市借改革开放的春风，凭牡丹之优势，加大了对牡丹的生产投入，扩大了栽培面积，增加了花色品种，并连续举办了13届国际牡丹花会，使菏泽牡丹风靡全国乃至世界，“曹州牡丹甲天下”的美誉进一步发扬光大。

2014年，菏泽市牡丹种植面积达到46万亩，有九大色系、十大花型、1237个品种。菏泽市政府出台了《菏泽市扶持牡丹产业发展实施办法》、《关于大力实施“十百千万工程”加快推动牡丹产业化发展的意见》等一系列政策支持牡丹产业发展，从牡丹种植、生产、加工、科研、市场开发等方面全方位扶持，市级财政拿出4000万元牡丹产业化专项补贴资金，以后两年每年各增加1000万元。确立了到2016年，扶持壮大10家龙头企业，发展100万亩种植基地，培育打造千亿级牡丹产业，扶持和带动上万户贫困家庭脱贫致富的发展目标。目前，菏泽市有菏泽尧舜牡丹生物科技有限公司、山东盛华农业发展有限公司、菏泽瑞璞牡丹产业科技发展有限公司等一大批龙头企业，开发出牡丹籽油、牡丹茶、牡丹不凋花、牡丹化妆品、牡丹保健品、牡丹食品等系列产品。菏泽牡丹深加工将进一步延伸到医药化工、日用化工、食品加工、营养保健、工艺美术、畜牧养殖、食用菌种植、旅游观光、生态保护九大领域。到2020年，将把菏泽建设成为国家级牡丹生产、科研、观赏核心区，特色经济发展示范区和国际上最大的牡丹产业化生产基地。

2. 河南洛阳

洛阳牡丹栽培始于隋代，是中国历史上最早的牡丹栽培中心。隋亡后，唐定都长安，长安牡丹逐渐兴盛起来。自武周以后，洛阳牡丹又开始盛行，并遍及民间，花色、品种增多。安史之乱后，洛阳宫殿园林多遭破坏，直到五代，后唐庄宗、明宗年间才有所恢复。到北宋，中国牡丹栽培中心再一次转移到洛阳。宋代，洛阳牡丹栽培普遍，技艺提高，新品迭出，当时就有200余个品种，并留下诸多牡丹著作。后经元朝近百年历史低潮，到明清虽品种增多，但清末到民国时期，内忧外患，战乱不断，牡丹栽培受到严重摧残。

改革开放后，洛阳牡丹生产经历了20世纪80年代起步，90年代发展和21世纪以来加速三个阶段。以牡丹为主的花卉苗木业被确定为洛阳市农业六大支柱产业之一，洛阳牡丹产业发展方兴未艾。据统计，2008年底，洛阳市牡丹种植面积达到2万亩，是1998年的10倍，比2001年增长1.5倍。同时，牡丹品种数量迅速扩大，驯化栽培大花黄牡丹、紫牡丹、矮牡丹、杨山牡丹和紫斑牡丹等野生种质资源，拥有中原、西北、江南、西南四大品种群，以及欧洲牡丹品种群、日本牡丹品种群和美国牡丹品种群。1983年，洛阳举办首届牡丹花会，各地观花者达250万人次。2014年，河南洛阳牡丹种植面积达15万亩，其中油用牡丹面积13万亩左右；每年可生产牡丹鲜切花100余万枝、盆花50万盆，牡丹品种1300余种，牡丹产业总产值达13亿元。同时，洛阳市不断扩大牡丹产业链条，积极拓展国内外市场，先后在上海、广州、拉萨等城市和荷兰、法国、美国、日本、澳大利亚等国家以合作建园、组织花展、支援建设等形式，进行牡丹种苗种植、盆花和深加工产品展销。目前，洛阳市已开发出牡丹饮品、化妆品、精油、食用油、食品、保健品六大类200余种产品，提高牡丹附加值。

3. 安徽铜陵

铜陵是我国药用牡丹主产区。铜陵最早引进牡丹作为观赏栽培始于北宋，专作药用栽培约在明代永乐年间。药用牡丹品种引入铜陵凤凰山以后，由于当地水土及气候适宜牡丹生长，所产的牡丹皮具有肉厚、粉足、木心细、亮星多以及久贮不变色、久煎不发烂等特点，被人称为‘凤丹’。

至明末崇祯年间，凤凰山的丹皮生产发展到相当的规模；至清代，铜陵的凤凰山、三条冲和南陵县已发展成为全国著名的丹皮生产区。清末至民国初年，是铜陵历史上丹皮生产的鼎盛时期，丹皮畅销海内外。及至1927年以后，由于时局动荡，丹皮运销困难，干货积压。新中国成立以后，人民政府十分重视中药材生产，从1953年起，丹皮被列为国家统一购销物资，并确定由当地的土杂公司和医药公司负责收购和经销。从此，由于丹皮价格稳定，药农收入有保障，国内外需求量又大，铜陵丹皮呈恢复性发展。30多年来，丹皮生产历经起伏，但总的趋势是向前发展的。据统计，铜陵县丹皮种植面积由1949年的104亩发展到1958年460亩，1970年迅猛发展到6390亩，1977年又发展到9049亩。在销售方面，“文化大革命”前，出口量为2000担，“文化大革命”期间，由于全国新区猛增，调出量减少，造成积压。中共十一届三中全会以后，经过调整恢复，丹皮产销渐趋平衡，国际市场需求量愈来愈大。

2014年，铜陵牡丹种植面积达3万亩，铜陵市作为油用牡丹品种之一的凤丹牡丹的原产地和中国南方牡丹的传统产区，具有得天独厚的产业发展优势。2013年，全国种植油用牡丹大约100万亩，铜陵新增油用牡丹种植面积8000多亩，油用牡丹大发展为铜陵牡丹打开新的局面。同时，铜陵作为我国传统优质丹皮主产区，在同质化油用牡丹生产与传统优势丹皮种植之间，必须结合实际情况，因地制宜，做出牡丹产业发展合理的判断。

五、主要问题

（1）牡丹、芍药产业发展仍不均衡，普遍存在重牡丹轻芍药现象，牡丹、芍药产业虽然多个领域处于国际领先水平，但在远缘杂交育种、组培快繁，鲜切花生产应用等方面亟需加强研发力度，追赶国际先进水平，同时应加大芍药文化宣传，提高人们对芍药历史文化的认识，促进牡丹、芍药产业共同发展。

（2）我国牡丹、芍药商业生产品种匮乏、产业化生产技术体系缺失、产品单一、资源利用率低等问题仍比较突出。

（3）油用牡丹目前主要栽培的是‘凤丹’和‘紫斑’两个主要类型，这些牡丹存在一定的适应性、品种整齐度、产量不稳定等问题。因此，建议结合油用牡丹的生物学特性，做好全国油用牡丹种植区划，做好品种选育工作。

（4）油用牡丹产业发展势头过猛，许多花农、企业存在一定的盲目性。实际上，油用牡丹产业涉及科技研发、农林栽培、粮油安全、生态环保、精准扶贫、新农村建设、人类健康等诸多领域，急需大视野科学审视和规划国家油用牡丹产业发展。

六、对策和建议

牡丹是我国特有植物，牡丹花文化底蕴深厚，牡丹产业是我国特色农林项目、粮油安全项目、文化生态旅游项目；随着中华民族的伟大复兴，经济腾飞，牡丹文化作为中华民族传统文化的重要元素必将在多种领域得到广泛应用。

面向未来，必须清醒地认识到：油用牡丹产业涉及科研、种植、加工、销售等诸多环节，产业链长、受众面广，应该以大产业的视角、系统工程、民族特色产业对待，更应以国家粮油安全战略产业对待；应制定一系列的规划、标准、政策，引导油用牡丹产业健康发展。

针对当前油用牡丹品种类型少、品种混乱等诸多问题，建议国家加大科研投入力度，进一步挖掘优异野生种质资源的育种价值，优化野化育种、转基因育种及后代早期鉴定等现代育种技术体系，加快创制优质、高产、高效新品种，筛选适用于露地和设施盆花、切花、油用、工程苗产业化生产的品种，并开发配套的栽培繁育技术体系，推广标准化生产，进一步研发和创新牡丹、芍药深加工与综合利用的方法和技术，不断提高产品质量。

执笔：王雁、周琳（中国林业科学院），刘政安（中国科学院植物研究所），
谭真真（中国花卉协会）

第16章 荷花产业发展报告

一、综述

2014年荷花产业呈现持续向好、亮点纷呈、活力迸发、态势喜人的大好局面。8万余公顷子莲在湖北、江西、湖南、福建、浙江等地走上了基地规模化、生产标准化、产品品牌化的特色农业发展之路，荷花及水生苗木企业继续保持向上的势头。以公园经济为主导型的荷花景观及旅游产业欣欣向荣，近30个省（区、市）160多地举办了荷花展览，充分发挥了荷花的美丽经济效应。荷花产业已经从单一的种植业，向饮料、食品、旅游、文化艺术等领域延伸发展。

二、特点

荷花产业遍布全国各地，但其产业特点可以用两两对应的10个关键词予以解读。

1. 经典与现代

荷花与人类的关系源远流长，《诗经》中曾经写道："山有扶苏，隰有荷华"，"彼泽之陂，有蒲与荷"。封建社会时代，'三寸莲'、'西门莲'、'白花莲'、'白叶莲'、'宣平莲' 又被视为"莲中珍品"上贡朝廷。改革开放后，经过30多年的经济增长，子莲（含藕莲）有了一定的产业基础，并形成了区域特色。江西广昌是著名的"中国白莲之乡"，进入21世纪以来，产业逐步规模化，流通出现大整合，产品走向品牌化，白莲种植面积稳定在8.50万亩左右，产值约4亿元。经过加工流通，实现增值1亿元，成为当地的支柱产业。福建建宁抓住"建莲"打造福建农民创业示范基地，从'西门莲'到'建选17号'再到'建选35号'，2014年已推广到4万～5万亩，获得农业部颁发的"全国优质名优特农产品"称号，并被列入"省级农民创业示范基地项目建设"，实现产值6亿多元。江西省莲花县2014年荷花种植面积达到3万亩左右，政府拨款210万元在10个乡镇、240个村开展荷花产业扶贫开发，在县城城郊连片种植5000亩"荷海"，成为当地最佳赏莲景区。其中心景点就是拥有366个荷花品种的池塘。现在莲花县的子莲价格每千克在60～80元，每亩产值高达4800元，莲农的生产积极性很高。

2. 湿地与农业

荷花因水而生，因湿而盛，是湿地中最具地域意义、物种意义、生态意义的特种农产品资源。越是人为干扰少，荷莲物种多样性越高。

江苏宝应县在江苏扬州的北大门，水面滩地面积73万亩，河湖密布，以荷、藕为主的次生蔬菜产业常年稳定在20万亩左右，总产量达30多万吨。宝应县通过摸索和总结经验，形成了一套独具特色的种养结合高效利用模式。如荷藕、慈姑复种，荷藕、鱼（蟹）结合，荷藕（芡实）、鱼轮套，鱼（蟹）结合，菱鱼结合等。宝应县常年推广鱼、菜共生性湿地农业5万亩，平均每亩纯收入2600～3200元。宝应县的藕制品在日本市场占70%份额，产品出口创汇4500万美元，是典型的产品型湿地农业。同一类型的还有湖北蔡甸的莲藕产业、四川宜宾永兴镇藕海产业、江苏金湖万亩荷花荡的荷鱼水生产品基地等。

西南的重庆雅美佳水生花卉有限公司（以下简称雅美佳），在荷花种质资源培育、观赏型湿地农业等方面进行了大量探索，形成了系列荷花湿地农业技术体系。雅美佳采取太空育种培育的荷花新品种，不仅具有抗逆性强、品种性状优良、花色艳丽、花期长的优点，还有极高的观赏价值和经济价值，同时具有湿地物种研究的重要价值。

另外，铁岭国家级莲花湖湿地、湖北仙桃沙湖湿地公园、山东济宁大北湖湿地、微山湖湿地、黑龙江大庆西海湿地，都是湿地与观光旅游相结合的观赏型湿地农业。

3. 企业与市场

2014年是荷花企业主动适应新常态、抢抓机遇、创新发展的关键年。南京艺莲苑花卉有限公司（以下简称艺莲苑）走的是产、学、研一体化之路，荷花生产、种质资源保存在业界一直居于领先地位。

2014年艺莲苑与南京农业大学园艺学院、南京中山植物园合作选育了金黄色的荷花新品种，与云南大理学院、新加坡水环境处理学会、华中师范大学合作选育了‘南绍佛光’荷花新品种。积极开展国际绿色环保农业主题交流活动，2014年3月28日接待了来自104个国家参加第二届奥林匹克青年运动会（以下简称青奥会）的运动员代表及国际奥委会官员，并指导他们亲手种植荷花400余盆。2014年8月16～28日接待了吴敏霞等青年大使和体育明星及214个国家和地区的运动员。通过花期调控将艺莲苑的荷花控制到盛花期，并盆栽1000盆，供青奥会开幕使用。全年销售荷花、睡莲4000余盆，出售种苗、种茎10万枝。

宁波莲苑生态有限公司坚持差异化经营战略，以品取胜、以优占市、以稀为贵。400多个优质荷花品种、100多个湿地木槿、常绿路易斯水生鸢尾、花叶鸢尾、大花萱草、日本大花菖蒲等成为湿地专类园求购的高档花木。该公司在做传统优质产品的同时，将市场紧俏的睡莲、王莲的需求整合起来。搜集100多个耐寒睡莲优良品种和40多个优质热带睡莲品种，经过驯化、扩繁，逐步推向市场，成为荷花高端市场的新宠。

4. 整合与开发

安徽蚌埠韵莲蔡良运抓住荷花水生植物造景和净化水质的独特优势，主动融入巢湖治污工程，带动周边200多户农民致富，成了当地小有名气的荷花龙头企业。泓萤水生花卉生态养殖场在500亩基地上，成功培育了具有耐寒、耐盐碱的荷花、睡莲及水生花卉，可一次性承接湿地公园、河道生态修复工程2000万平方米。青岛亚沙水生植物园128.50公顷范围内既有海、河、湖、塘四水缠绵的水域风情，又有滩、岛、园、场四陆结合的地域风貌，植有700多种荷花、100多种睡莲及其他水生花卉上千种，交织成“娇莲入画、柔荷似海”的美景，成为了江北最大的美丽的耐盐碱水生植物观光旅游园境。

5. 科技与文化

湖北仙桃沙湖镇东接长江，西连汉水，南依洪湖，北靠东荆河，圈住了云梦大泽的12万亩湿地、河滩，盛产子莲。利用区位和资源优势，结合科研院所的科技人才资源优势，转化各项科研成果和技术专利50余项，以湖北莲藕工程技术研究中心为依托，以湖北万荷堂莲业发展有限公司为龙头，建成3.5万亩子莲和5万亩莲鱼共生基地，同时构建了完整的保鲜与加工技术体系，三产融合发展，辐射带动周边及外省发展荷花150万亩。2013年又借“仙桃沙湖国家湿地公园”获批的契机，与湖北省电影协会合作建立了省内首座影视创作拍摄基地，建成了以“莲花景观”及鱼、莲、蚕“湿地农业”为一体的生态休闲观光旅游示范基地。沙湖镇借力科技和文化，打造荷花产业，取得了显著成效。

三、产业转型升级

在经济新常态下，荷花产业应主动转型升级，建立优势，赢得未来。

1. 新常态要有新思维

在新常态面前，最大的风险是因循守旧。所以，要积极主动，开拓创新。要有一个与众不同的想法，要能预测未来市场需求，并开发新产品，满足新需求。

2. 不断创造新优势

一个优秀企业的典型特征，就是一方面要把过去的优势发挥出来，另一方面要适时培育新的优势，综合形成一个适应新常态的核心优势。新一轮竞争，比的就是核心优势，一个自己有、别人没有的核心优势。

3. 利用后发优势

后发优势包括资本、人力、技术、制度和结构五种类型的优势。在转型升级中，产业应更多地从要素效率提升中获取发展动力。

4. 认清发展机遇

当前荷花产业面临良好的发展机遇。一是新一代信息技术带来的技术革新机遇。二是混合所有制改革带来的机遇。三是新型城镇化带来的机遇，等等。只要善抓机遇，顺势而为，就能找到新的发展契机。

执笔：黄念曾（中国花卉协会荷花分会）

第17章 桂花产业发展报告

桂花是我国传统十大名花之一，集绿化、美化和香化于一身，是一种观赏和实用兼备的优质树种。在我国有2500多年的栽培历史，早在西汉时期就已经被用于绿化观赏，至明清时期，桂花成为私家园林造景的主要材料，到现代，桂花在园林中的应用更加广泛，应用的形式和手法也更加多样。桂花自古至今被我国劳动人民所利用，如制茶、食品、香料、入药等。目前，桂花分为四个品种群，分别是四季桂、银桂、金桂和丹桂品种群。

一、产业现状

2014年，桂花产业发展迅速，桂花苗木的生产趋于规模化、产业化，生产基地建设较快。我国历史上形成了五大桂花产区：江苏吴县、浙江杭州、湖北咸宁、四川成都和广西桂林，目前它们依然是桂花种质资源分布和种植比较集中的地方。

咸宁、成都和杭州等地都有较大规模的桂花苗木生产基地或企业，尤其是咸宁和成都，苗木生产与加工、服务相结合，发展桂花深加工，生产桂花酒、桂花糕、桂花茶和桂花精油等产品。四川日香桂农业科技开发有限公司在四川、上海、广东等地建设一批桂花香疗园，并研发了桂花精油面膜，现已批量上市。

浙江新昌、奉化、绍兴鲁镇等地种植了大面积的桂花林。在余杭经山镇，杭州市绿化园林公司建有1000亩桂花种植资源圃，收集桂花品种300余种，有大量的桂花扦插育苗及容器育苗，并有20余个桂花新品种获得木犀属新品种国际登录权。

二、典型产区

1. 湖北咸宁市

多年来，湖北省咸宁市立足桂花资源优势，坚持保护与发展并举，做大、做强、做优桂花文章，推进桂花产业发展。2000年咸宁被国家林业局和中国花卉协会评为“中国桂花之乡”，咸宁市桂花品种数量、古树数量、基地面积、鲜桂花产量、桂花品质5个主要指标位居全国第一。目前，咸宁市年产鲜桂花80多万千克，出圃苗木2亿余株，实现综合产值3.5亿元。

（1）严格保护桂花资源。1999年咸宁市政府出台了《关于保护和发展桂花资源的通知》，对采挖、运输地径8厘米以上的大桂花树予以严格审批，严厉打击私自采挖贩卖大桂花树行为。2011年咸宁市政府出台了《咸宁市古树名木保护管理办法》，对百年以上的古桂花树及桂花群予以挂牌保护，明确管护单位和责任人。通过政府保护，咸宁市百年以上古桂花树存量达到2000余株，占全国古桂花树的90%以上，另有树龄50年以上的桂花树1万多株。生长在咸安区桂花镇的一株古金桂，树龄约有620年，树高9米，最大分枝直径49厘米，被誉为"桂花王"。

（2）大力开展科研推广。自20世纪70年代开始对桂花适生环境和繁育技术进行研究。通过多年探索，咸宁桂花密封扦插技术逐步成熟，先后获得市级科技进步三等奖、第五届中国花卉博览会铜奖。该技术繁殖系数大、出圃时间短、开花时间早、成活率高、成本较低，深受林农欢迎。在本土42个桂花品种的基础上，从全国各地引进大量桂花优良品种并加以推广，目前桂花品种增加到88个。

（3）鼓励建设片林基地。根据造林地条件和造林作业设计，分别将桂花新造林纳入退耕还林、长江防护林、造林补贴、低产林改造等项目予以补贴，激发广大林农造林的积极性。同时，引导林农将桂花片林基地与桂花大苗基地建设相结合，通过合理密植、精心培育，逐年间苗销售，既提高了土地利用率，又增加了林农收入。全市6个县（市、区）45个乡镇均有栽植桂花，桂花面积发展到9.7万亩，其中桂花基地7.6万亩、桂花苗圃2.1万亩，年产桂花苗2.5亿株，销售收入2亿余元。

（4）大力开展加工利用。引进武汉神农天香生物科技有限公司、武汉黄鹤楼香精香料公司、咸宁市天源生物科技有限责任公司等一批高科技企业从事桂花加工生产。武汉黄鹤楼香精香料公司在嘉鱼建立黄鹤楼科技园香料研发基地，成为咸宁市特色香料产业基地。咸宁市天源生物科技有限责任公司、咸宁八月花食品有限公司、清香食品厂生产桂花饮料、食品，大大提高了桂花产品附加值，提升了食品工业水平。咸宁市桂源红酒业有限公司研发桂花酒类系列产品，填补咸宁市高档芳香酒类生产空白，为咸宁市酒业和桂花产业发展注入活力。2014年咸宁市桂花加工企业实现产值1亿余元。

（5）积极打造桂花品牌。充分挖掘桂花文化，重点打造桂花品牌，桂花成为咸宁文化之魂。2012年咸宁市人大常委会正式命名桂花树和桂花为咸宁市树、市花。2013年咸宁桂花成功注册"中国地理标志"。结合桂花特色打造中国香城，聘请专业机构编制了《中国香城建设规划》，以桂花为主体，打造"天天有香、月月流香、四季飘香、满城溢香"的中国香城。

近3年，咸宁市中心城区绿化投入近10亿元，在城区主次干道、城郊及公路两侧广泛栽植桂花大苗，建成桂乡大道、咸宁大道、银桂路、金桂路、银泉大道等多条桂花绿带。高规格建设潜山桂花园，投资1000余万元建设全国首家桂花博览馆。编排了《梦寻咸宁》、《千桥流水桂花香》、《江南桂花香》等一批大型歌舞剧，出版了《咸宁桂花》、《中国香城》等桂花系列书籍和宣传画册，集中展示中国桂花文化。开展桂花认养活动，123家市直机关事业单位、39家企业和59名市民与桂花源景区签订认养协议，园内221棵桂树“名花有主”。2014年咸宁市桂花景区接待中外游客近百万人次，实现旅游收入4000余万元。

2. 湖南株洲

中国桂花之乡湖南株洲，大大小小的桂花苗圃非常多，其中以绿盛桂花苗基地（以下简称绿盛）最大，是这里第一个形成规模化的桂花苗基地，经过10多年发展，成为全国最大的桂花小苗培育基地。绿盛成立之初还是一个小型的桂花苗圃，主要培育各种桂花树。经过10多年的发展，绿盛自主拥有的桂花苗木种植面积达3000多亩，与其他单位合作经营的种植面积有上万亩。绿盛在十几年的发展中，改变经营方向，早在前几年就开始以桂花小苗的培育为主，培育的主要品种为金桂，其次是丹桂。通过网络销售和现场销售结合，绿盛每年的桂花小苗销量都很可观。桂花品种在各大产区之间形成了分工生产、互补流通，城市开发建设也是促进桂花苗木产业发展的重要原因。桂花苗木市场需求增大，促进了桂花苗木产业的发展，产业内部细分市场又进一步使得一批经济实力强大的现代化桂花种植企业产生。这也是绿盛桂花苗基地能发展成为国内最大的桂花小苗培育基地的原因。

三、特点和亮点

1. 举办花节促发展

2014年10月，中国花卉协会桂花分会在浙江金华举办第五届中国仙源湖桂花节，本届桂花节的主题是“绿色、让生活更精彩，桂花、为城市添活力”。在为期10天的桂花节期间，桂花景点、桂花小姐、桂花美食等多项节庆活动轮番亮相，各地游客和金华市市民一起亲身感受了“走进欢乐与美好”的主题。桂花节的举办充分展示了金华市的城市风貌、城市建设和城市精神。

2. 木犀属（桂花）登录成果显著

2004年12月，南京林业大学向其柏教授被国际园艺学会授予“桂花品种国际登录权威”。经国家林业局批准，木犀属植物品种国际登录中心于2005年底在南京林业大学成立，正式开始承担世界各地木犀属植物品种的登录工作。据悉，这是继梅花品种国际登录中心以后在我国成立的第二家植物品种国际登录中心，由南京林业大学向其柏教授担任主任。

木犀属登录中心积极做好对外服务工作，为浙江金华、江苏溧阳、江西赣州等地从事桂花生产的企业、农户提供桂花新品种培育、鉴定等相关技术支持。目前已有记录品种160多个，多数品种已获得了木犀属新品种国际登录权，对桂花品种的发展和知识产权的保护具有重要的意义，也为我国桂花产业的快速发展及进入国际市场奠定了基础。

四、主要问题

（1）技术力量较薄弱，从事桂花产业的专业技术人员较少，桂花苗木的质量不高。桂花的深加工方面人才缺乏，影响了桂花的产业化。

（2）桂花是木本植物，生长周期较长，苗木价格偏高。桂花对生长环境也有一定的要求，移栽至不适宜的环境不容易成活，从而影响了桂花的种植、生产和销售。

（3）各地区还没有把桂花生产纳入正规的统计管理，对桂花的种植、生产和销售情况没有准确把握，也不能对桂花的生产进行宏观的指导。

执笔：韩远记（河南大学），尚富德（中国花卉协会桂花分会）

第18章 花文化产业发展报告

花文化产业包括与花卉相关的生产、旅游、审美、节庆礼仪、美食美容、保健与医疗、装饰等产业，并且形成花卉文学、花卉绘画、插花艺术、花卉工艺品、花卉食品、香花疗法等一系列相对独立的文化产业领域，其发展空间极为广阔。花文化产业的诞生和发展，一方面能够发挥花卉在除生产之外更多领域的经济作用，另一方面为消费者提供与花卉相关的多形式产品和服务，这对于花卉价值的继承与再利用有极大的意义。2014年，花文化的推广与传承不断推进，日趋繁荣，所取得的成就主要体现在四个方面，即花文化示范基地、花茶产业、花卉旅游、花卉会展节庆。

一、国家重点花文化示范基地

2013年2月，国家林业局正式印发了由中国花卉协会编制的《全国花卉产业发展规划（2011—2020年）》（以下简称《规划》）。《规划》明确了花文化产业三大发展方向和任务，即加强花文化艺术研究、建设花文化示范基地、举办花卉会展节庆等。其中，主要以建设国家重点花文化示范基地为抓手。根据《规划》文件精神和中国花卉协会的要求，到2020年在全国建设100个国家重点花文化示范基地。

为此，在中国花卉协会的部署下，中国花卉协会花文化专业委员会成立了以周武忠教授为组长的“国家重点花文化示范基地认定管理办法课题组”具体负责《国家重点花文化示范基地认定管理办法》的编制工作。课题组全面分析了《全国花卉产业发展规划（2011—2020年）》关于构建花文化体系的花文化产业发展战略和国家重点花文化示范基地建设任务的总体要求，编制了《国家重点花文化示范基地认定管理办法（暂行）》，对国家重点花文化示范基地认定工作的范围、条件和程序进行了规定，明确了花文化产业示范性、可持续发展、建设与运营管理和综合效益等评价指标。

2014年1月5日，中国花卉协会组织召开了《国家重点花文化示范基地认定管理办法》论证会，根据论证会专家意见和中国花卉协会《关于〈国家重点花文化示范基地认定管理办法（暂行）〉（征求意见稿）征求意见的通知》（中花秘字〔2014〕6号）文件精神，在充分征求意见的基础上，课题组对《办法》及附件中的评分细则进行了全面修改，形成定稿。2014年12月26日，由中国花卉协会正式下文，《关于开展“国家重点花文化示范基地”认定工作的通知》（中花协字〔2014〕25号）发布实施。这标志着国家重点花文化示范基地申报认定工作进入实际操作阶段。

国家重点花文化示范基地的认定工作将对传承和弘扬中国花文化，促进传统花卉产业转型升级，推动中国花文化事业持续健康发展，起到积极作用。

二、花茶产业

花茶种类根据香花名称命名，如茉莉花茶、玫瑰花茶、珠兰花茶、桂花茶、金银花茶等。在花茶中，茉莉花茶是市场销量最大的种类，占花茶总量的90%以上。由于茉莉花茶在中国花茶销量中占极高比重，以下将重点针对茉莉花茶产业现状进行概述。

在产量方面，根据中国茶叶流通协会统计：2010—2014年，中国花茶年产量稳定在11万～12万吨，其中，茉莉花茶加工总量持续稳定在8.2万～9.2万吨。茉莉花茶总产量占中国茶叶总产量的5.1%，较前几年有所下降。

在产值方面，茉莉花茶农业产值从2010年的11亿元增长至2014年的16亿元，增幅达45%；而中国茶叶农业总值则从2010年的620.4亿元增长至2014年的1349亿元，增幅高达117%。茉莉花茶在全茶类中的产值占比从1.8%逐步回调至1.1%。

广西横县、四川犍为、福建福州、云南沅江是目前中国茉莉花茶的主要加工地。其中，横县是国内目前最大的茉莉花生产基地，全县种花面积近5年保持在10万亩左右；犍为作为四川茉莉花的主产地，全县种花面积在2014年达到5.6万亩，比2009年增长15%；福州是中国茉莉花茶的发源地，也是最早的茉莉花茶生产集散地，2015年初已恢复建成茉莉花基地1.9万亩；云南沅江自1998年开始从横县大面积引种茉莉花，目前面积基本稳定在0.78万亩左右（图18-1）。

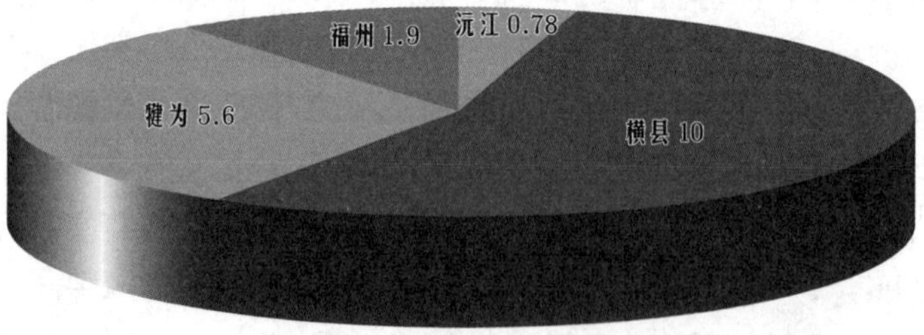

图18-1　全国主要茉莉花生产基地种植面积（万亩）

2014年，横县共有花茶加工企业150家，全年加工花茶6.3万吨，产值30亿元，茉莉花及花茶产量占全国总量的75%，占世界总量的60%，茉莉花产业全年总产值达38亿多元，同比增长15%。近5年间，四川犍为的茉莉花茶产量一直呈稳中有增的趋势，产量保持在0.55万吨左右，产值不断提高，达6.7亿元。同期，福建福州也加速茉莉花茶生产恢复计划，产量由2010年的0.9万吨上升到1.2万吨，产值随之上升到15亿元。云南沅江县自1998年从横县引进品种后，开始大面积种植茉莉花，目前该县茉莉花茶产量保持在9000吨左右（图18-2）。

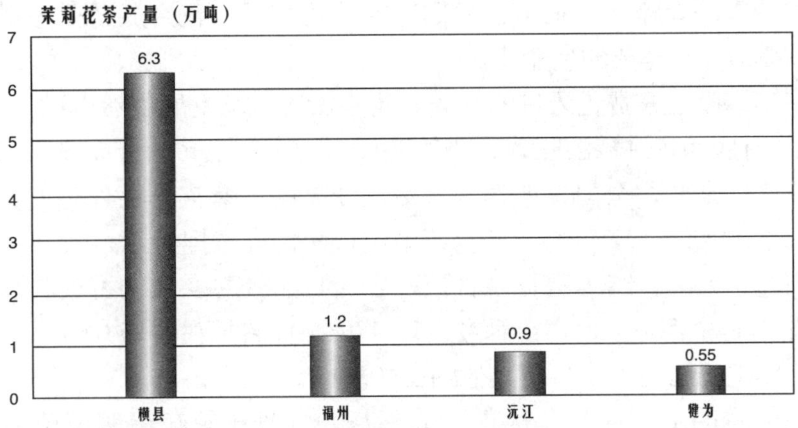

图18-2　2014年中国茉莉花茶主产区产量

从价格上来看，随着全社会消费能力的提升，茉莉花茶价格也在逐渐上升。仅2014年，中国茉莉花茶的产地成本均价就达到了70元/千克，较2013年的62元/千克上涨12.9%，直接带动了终端销售市场的价格提升。以济南茶叶市场为例，2009年大众消费级茉莉花茶价格在25元/千克左右，至2013年已涨到50元/千克左右；而到2014年，50元/千克以上的品牌茉莉花茶成为市场的主销品种。在北京，一些老字号企业的畅销茉莉花茶散茶的均价也在不断提升，由最开始25元/千克的产品变为现在100元/千克的产品，中档茉莉花茶价格在50～150元/千克，部分高端茶价格在250～1000元/千克之间。

近5年间，中国各茉莉花茶主产区的产业发展均得到了政府部门的大力支持与帮助。其中，横县围绕“建设享誉世界的茉莉花产品加工基地，确保茉莉花产业全国第一”的目标，大力支持茉莉花种植，在稳定茉莉花种植面积10万亩基础上，引导花农新种茉莉花。同时，主导制定地方标准，有效规范横县茉莉花茶加工生产。2014年，犍为县提出了茉莉花茶产业未来发展的目标和措施，加大企业扶持力度，鼓励企业以市场为基础、以资金为纽带，实行“强强联合，强弱联合”。福州市大力扶持茉莉花园、茶叶园基地的扩张和建设。同时，《福州市茉莉花茶保护规定》于2014年8月1日开始实施，保证了高品质茉莉花的种植面积，对茉莉花茶加工制作、标准工艺、品牌推广发挥了促进作用。

未来，随着“互联网+”战略的带动，新工艺、新技术、新产品将成为引领茉莉花茶产业发展的新方向，并吸引消费者的关注。

三、花卉旅游

在旅游业日趋发达的今天，花卉以其形、色、相俱佳的特点，自然灵动之美，以及深厚的文化底蕴，成为一种重要的、天生极具吸引力的旅游资源，越来越受到游人的青睐。正是由于中国花文化的带动，花卉旅游业才得以迅速发展，充满活力具有持久的生命力。

2014年，以踏青赏花为目的的春季花卉旅游市场发展依然迅猛。每年从3月初开始至5月底为花卉旅游旺季，一般3月下旬至4月上旬为最高峰，清明节小长假达到峰值。期间，全国各地春意盎然，油菜花、樱花、牡丹花等竞相绽放，吸引人们走出家门尽享春光。据青芒果旅行网调查数据显示，2014年清明旅游的热门主题主要为：踏青赏花、古镇水乡、自然景观、人文古迹、登山望远。其中踏青赏花占35.31%，古镇水乡占16.47%，自然景观占15.67%，人文古迹占11.39%，登山望远占10.87%，其他则占10.29%。

在热门目的地，樱花、桃花、油菜花、牡丹花等在清明节前后迎来绽放期，大部分南方城市已进入赏花踏青的旅游季节。据青芒果旅行网运营中心数据统计，厦门、杭州、苏州、黄山、青岛、西安、桂林、南京、平遥、乌镇、西塘、婺源、武汉、绍兴、洛阳成为最受欢迎的春季花卉旅游目的地。

值得注意的是，随着社会经济的发展和人们收入水平的提高，休闲观光和旅游经济高速发展，作为农业项目之一的“花卉田园”以其直接、强烈的花卉美感给人以极大的视觉冲击，吸引大量城市游客。这种以花卉为主题的休闲农业与乡村旅游复合模式，得到了政府部门、投资者的广泛青睐，在全国各地如雨后春笋般迅速发展起来。以四川省为例，仅2014年，该省休闲农业与乡村旅游经营单位发展到3万家，接待游客3亿人次，综合经营性收入750亿元。

在美丽乡村建设背景下，全国各地纷纷推动休闲农业与花卉旅游融合发展，将旅游元素、花文化元素充分融入到产业基地，培育了一批产业特色明显、文化内涵丰富的花卉主题休闲农业景区。2014年，农业部公布《中国最美休闲乡村和中国美丽田园推介名单》，包括油菜花、桃花、梨花、荷花等在内的140项农事景观被认定为2014年中国美丽田园（表18-1）。一系列的政策措施的出台，促进了休闲农业与花卉旅游的融合发展，推动了传统花卉产业和农业的转型升级，实现了经济效益、社会效益和生态效益的完美融合，使花卉主题的休闲农业与乡村旅游成为新的发展亮点。

表18-1　2014年中国美丽田园名单（部分）

类型	中国美丽田园名单
油菜花景观	上海市奉贤区庄行油菜花景观、江苏省南京市高淳区慢城油菜花景观、安徽省望江县沿江油菜花景观、重庆市巫山县万亩油菜花景观、四川省泸州市江阳区油菜花景观、云南省腾冲县万亩油菜花景观、陕西省南郑县油菜花景观、甘肃省永昌县油菜花景观、青海省祁连县卓尔山油菜花景观、新疆生产建设兵团第四师76团油菜花景观
稻田景观	北京市海淀区稻香小镇稻田、吉林省和龙市平岗绿洲稻田、黑龙江省五常市金福稻田、江苏省常熟市支塘镇蒋巷村稻田、浙江省泰顺县稻田、安徽省潜山县官庄稻田、福建省德化县上涌稻田、江西省资溪县稻田、湖北省大悟县稻田、广东省罗定市苹塘镇稻田、广西壮族自治区隆安县布泉河稻田、海南省琼海市龙寿洋稻田、贵州省惠水县稻田、云南省云龙县检槽稻田、陕西省岚皋县稻田、新疆生产建设兵团第四师68团稻田
桃花景观	北京市平谷区桃花景观、河北省顺平县桃花景观、山西省夏县兴南桃花景观、江苏省徐州市贾汪区桃花景观、浙江省嘉兴市南湖区凤桥桃花景观、山东省乳山市石佛山桃花景观、河南省西华县万亩桃花景观、湖北省孝感市孝南区万亩桃花景观、重庆市沙坪坝区虎峰山桃花景观、贵州省瓮安县桃花景观
梨花景观	河北省赵县梨花景观、山西省平遥县梨花景观、江苏省苏州市高新区树山梨花景观、安徽省寿县八公山梨花景观、福建省德化县辉阳梨花景观、广西壮族自治区灌阳县大仁村梨花景观、四川省金川县雪梨花景观、甘肃省景泰县条山农庄梨花景观、青岛市黄岛区梨花景观、宁波市余姚市朗霞梨花景观
荷花景观	天津市宝坻区休闲观光园荷花景观、山西省左权县荷花景观、上海市松江区南杨村荷花景观、江苏省丰县大沙河镇荷花景观、浙江省建德市荷花景观、福建省漳平市拱桥镇荷花景观、江西省广昌县荷花景观、山东省济宁市微山岛湿地荷花景观、湖北省钟祥市石牌镇荷花景观、广西壮族自治区柳江县荷花景观
向日葵景观	北京市房山区天开花海葵花景观、内蒙古自治区杭锦后旗葵花景观、黑龙江省九三农场管理局荣军农场葵花景观、浙江省仙居县下各镇葵花景观、河南省遂平县四季花卉葵花景观、广西壮族自治区武宣县葵花景观、四川省古蔺县梦里苗乡葵花景观、新疆维吾尔自治区阿勒泰市塘巴湖葵花景观
花卉景观	北京市密云县蔡家洼玫瑰花景观、河北省易县牡丹花景观、辽宁省沈阳市沈北新区紫烟薰衣草景观、吉林省和龙市金达莱花景观、江苏省南京市江宁区大塘金村薰衣草景观、浙江省遂昌县高坪杜鹃花景观、浙江省义乌市龙溪香谷薰衣草景观、安徽省亳州市谯城区芍药花景观、江西省南昌县凤凰沟樱花景观、山东省博兴县黄河打渔张风景区薰衣草景观、河南省巩义市薰衣草景观、湖南省浏阳市大围山花卉景观、重庆市秀山县金银花景观、贵州省兴义市杜鹃花景观、贵州省盘县哒啦仙谷薰衣草景观、陕西省榆林市榆阳区杏花景观、宁夏回族自治区中卫市沙坡头区薰衣草景观、新疆生产建设兵团第四师70团薰衣草景观
其他类景观	天津市蓟县白庄子湿地景观、河北省围场县马铃薯花景观、江苏省邳州市港上银杏景观、安徽省滁州市南谯区滁菊花景观、湖北省安陆市万亩银杏景观、广西壮族自治区灵川县银杏景观、重庆市渝北区古路镇草坪红枫景观、四川省金川县红叶景观、宁夏回族自治区隆德县麦田景观、宁波市余姚市四明山红枫景观

四、花卉会展节庆

近年来，各级花卉协会和地方政府积极配合，举办了形式多样、内容丰富的花卉主题活动和展览展示活动（表18-2）。以举办大型花事活动为载体，不断挖掘花文化内涵，将花卉主题展览展示与花卉产业园区建设、休闲观光旅游相结合，使花卉旅游市场逐年扩大，大众消费日益繁荣，极大地促进了花文化产业的发展。

表18-2　2014年花卉节庆活动一览表(部分)

区域	部分节庆活动名称
全国	2014青岛世界园艺博览会 第十六届中国国际花卉园艺展览会 首届中国杯盆景大赛
北京	2014北京月季文化节 2014年北京香山红叶文化节
吉林	2014中国·吉林龙湾野生杜鹃花卉旅游节
天津	第六届中国天津曹庄花卉生态旅游节
上海	2014上海（国际）花展
江苏	2014年中国南京国际梅花节 2014中国（夏溪）花木节
青海	2014青海郁金香节
四川	2014四川花卉（果类）生态旅游节 第28届中国·成都国际桃花节
云南	第十四届中国梅花腊梅展览会 2014中国大理第七届国际兰花茶花博览会 第十六届中国云南罗平国际油菜花文化旅游节
贵州	2014中国·贵州百里杜鹃国际杜鹃花节
福建	第十六届海峡两岸花卉博览会
河南	第32届中国洛阳牡丹文化节 第十五届中国·中原花木交易博览会 第二十四届中国兰花博览会 2014南阳月季文化节
山东	第六届中国月季展 第14届中国（青州）花卉博览交易会暨第8届山东省花卉交易会
宁夏	第十届宁夏六盘山山花旅游节
新疆	第三届新疆（昌吉）菊花节
西藏	2014西藏林芝第十二届桃花文化旅游节
陕西	2014年中国最美油菜花海汉中旅游文化节
湖北	第十二届中国杜鹃花展览会 2014中国武汉东湖梅花节
广西	2014中国（横县）茉莉花文化节

（续）

区域	部分节庆活动名称
湖南	第四届中国·常德桃花源旅游节
浙江	2014中国（萧山）花木节 2014杭州西湖桂花节 第五届中国仙源湖桂花节
广东	2014广州（国际）盆栽植物及花园花店用品展览会 深圳市第二十五届荷花节
海南	第八届中国（三亚）热带兰花博览会
辽宁	第二十八届全国荷花展览会

2014年，仅由中国花卉协会组织开展的全国性大型花事活动，就有2014青岛世界园艺博览会、第十六届中国国际花卉园艺展览会、首届中国杯盆景大赛等。与此同时，中国花卉协会还支持举办了2014中国（萧山）花木节、2014中国（夏溪）花木节、2014广州国际盆栽植物及花园花店用品展览会、第八届中国（三亚）热带兰花博览会、2014中国（横县）茉莉花文化节等。此外，各级地方政府还与中国花卉协会各分支机构、地方花卉协会举办了一系列的活动，如云南昆明第十四届中国梅花腊梅展览会、湖北麻城第十二届中国杜鹃花展览会、河南郑州第二十四届中国兰花博览会、山东莱州第六届中国月季展、2014北京月季文化节、河南2014南阳月季文化节、第二十八届全国荷花展览会、浙江金华第五届中国仙源湖桂花节等。这些花卉会展、节庆活动的开展对普及花卉知识，加强花卉界交流，打造地方名片，弘扬中国花文化，促进花文化产业持续健康发展，起到了积极的推动作用。

在举办花卉会展中，一些特色活动的设置，不仅丰富了会展节庆的内容，还为地方产业发展提供了新的思路。如在2014中国（横县）茉莉花文化节期间，中国花卉协会花文化专业委员会与广西横县人民政府共同主办了“首届全国花卉旅游商品创意设计大赛”(图18-3)，通过在全国范围内征集以中国传统名花为主题的旅游商品创意设计，将花卉文化产业与旅游商品业、文化创意产业进行有机结合，并通过大赛，设计、制作一批有关花卉特别是茉莉花的旅游商品，为横县发展茉莉花产业带来新的思路，整合横县花卉和旅游资源，推动相关产业转型升级，促进横县经济发展。

五、问题与趋势

花文化产业虽然近年来取得了快速的成长，但也存在一些不足，这些不足限制和阻碍了产业的良性发展，是发展花文化产业需要考虑和解决的首要问题。一是本土花文化内涵挖掘较少，受西方影响大。中国花文化有着悠久的历史，但是真正利用花文化来做文章的个人或机构却少之又少。相比之下，现有

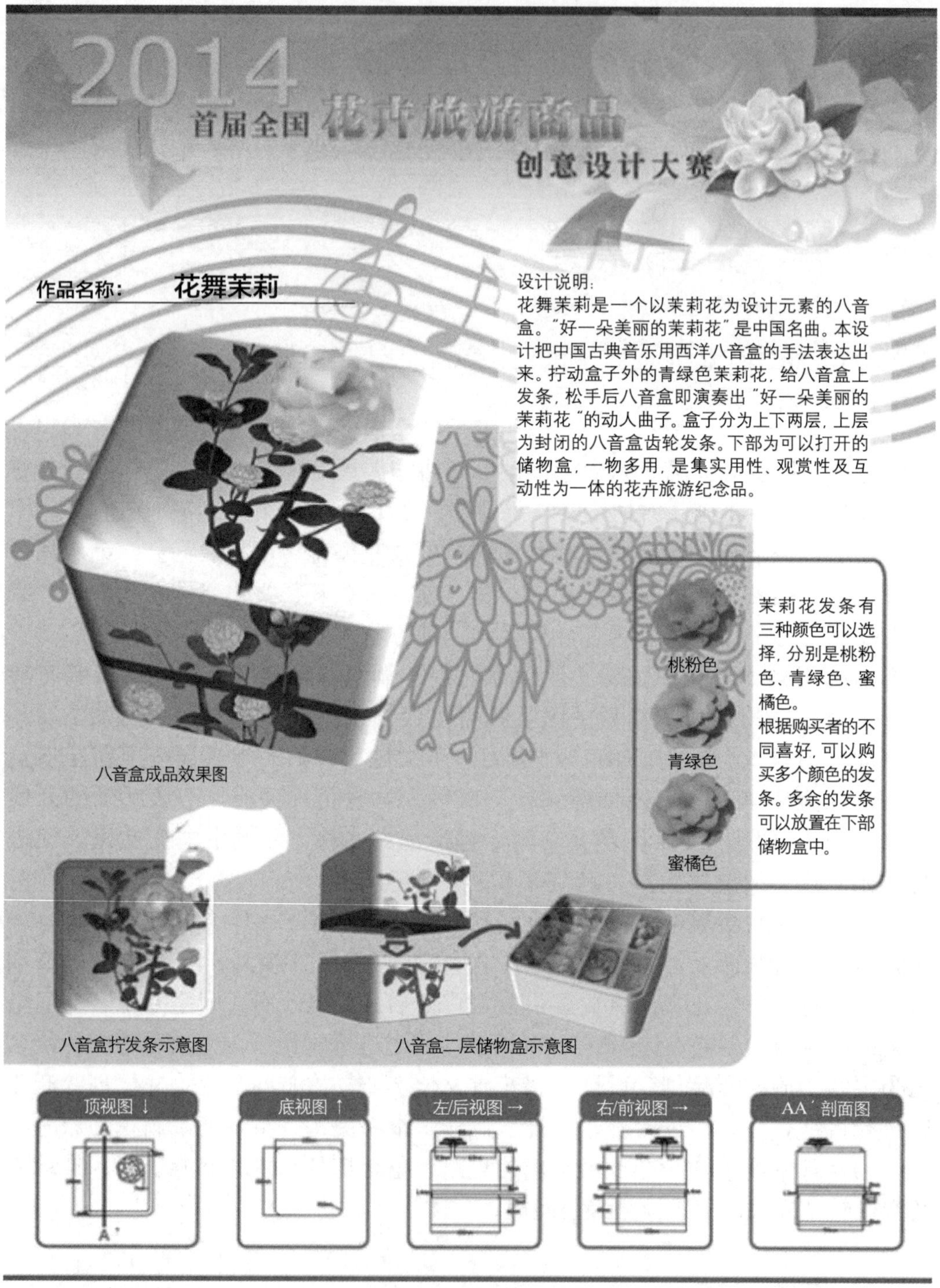

图18-3　2014年举办的首届全国花卉旅游商品创意设计大赛获奖作品：花舞茉莉

的很多花文化产品属于舶来文化的范畴，中国的花文化产业受到西方花卉文化宣传的影响，如花卉语言、花卉节日等。二是生活方式改变和花卉产业的蓬勃发展给花文化的发展带来了巨大压力。花文化研究和关注的滞后，无疑跟不上生活方式的改变以及传统花卉产业的发展速度，使中国花文化产业停留在以栽培为主的实物层面，缺少花文化内涵的价值层面，缺少生命力。

今后发展花文化产业应注重传播花文化知识，进一步挖掘花文化所涵盖的实物、景观、价值、观念等方面的内涵，并应用到花卉产业发展中，以美食、旅游、景观、会展节庆等多样化的方式呈现。同时，将花文化与传统花卉产业相融合，发挥多产业融合的多赢效果。打造具有中国特色的花文化产业体系，将是今后花文化产业发展的必然趋势。

执笔：吴昊（中国花卉协会花文化专业委员会）

第19章 花卉零售业发展报告

随着人们生活水平的提高，精神文化需求也不断地提高。鲜花，在愉悦人的精神生活的同时还提升了使用者自身的文化品位，已渐渐成为受追捧的消费对象。花卉业更是被誉为“21世纪的朝阳产业”。花卉零售是花卉产品流通的最后环节，也是最重要环节之一。

一、综述

目前，我国花卉零售的形式逐渐增多，除专业花店外，各大超市也开始增设花卉销售区，以超市品牌带动花卉销售。除此之外，园艺中心、花卉电子商务也逐渐在花卉零售业占有一席之地。

我国花卉零售产品主要有切花和盆花两大类别，而观赏苗木所占比例较低。根据农业部全国花卉行业统计数据，从2007—2014年期间国内切花和盆花的销售量和销售金额以及花卉市场数量（表19-1）可以看出：2014年鲜切花销售量比2007年增加了近1倍，但与2013年相比有所下降。这是自2007年以来首次出现下降趋势，但销售额基本维持不变，说明大众消费水平在提高。2014年花卉市场数量较2013年减少近300个，表明花卉产业业态仍处于调整期，转型态势明显。

从图19-1中可以看出，2007—2014年，鲜切花与盆栽植物的销售量均呈现出上升的趋势，2012年之后销量涨势趋于平缓，盆栽植物的市场份额明显高于鲜切花。

表19-1 2007—2014年国内鲜切花、盆栽植物的销量与销售金额及花卉市场数量

年份	鲜切花		盆栽植物		花卉市场（个）
	销售量（万枝）	销售金额（万元）	销售量（万盆）	销售金额（万元）	
2007	1290818.70	697806.40	403331.50	1796996.90	2485
2008	1304452.00	781106.80	451353.60	1951043.60	2928
2009	1834897.00	876976.60	548131.10	1808213.00	3005
2010	1901721.87	1058801.25	435702.25	1996910.78	2865
2011	1873753.80	1273575.70	496022.40	2410849.40	3178
2012	2129795.48	1354098.42	612715.97	2677168.64	3276
2013	2564754.10	1345058.01	555501.77	2815012.78	3533
2014	2045830.22	1353349.79	538572.40	2796668.54	3286

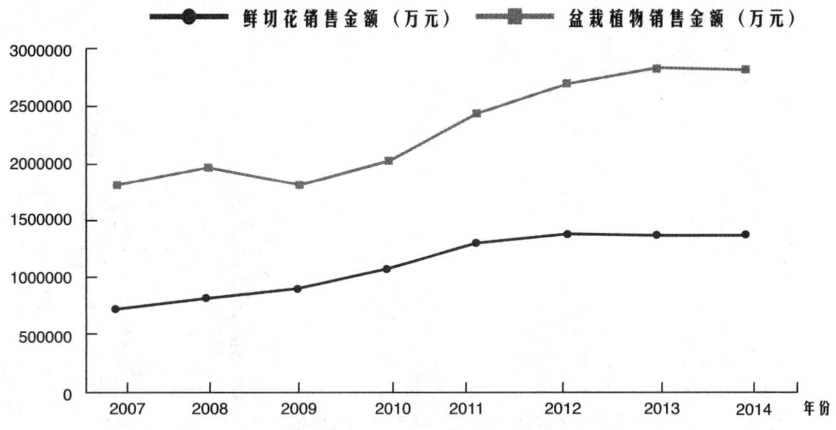

图19-1　2007—2014年鲜切花销量与盆栽植物销售金额

相较于近年来传统花卉零售业平稳的发展趋势，互联网营销迅速崛起，并呈现快速上升趋势。互联网营销基于社交媒体如微信、QQ空间、微博等的社会化营销模式。其低成本快速影响消费者。花卉零售业者与天猫、京东等电商合作，定期做预售或秒杀抢购的活动，尤其是在每年的各个节庆。互联网营销作为花卉零售业的重要组成部分已不容忽视。图19-2为2010—2014年间的网络花卉交易额，从图中可以看出，2010—2014年网络花卉交易额从12.43亿元上升到102.36亿元，平均年增长率达到164%。2014年增长率近200%，充分说明了网络销售的巨大潜力。爱尚鲜花、ROSE ONLY、野兽派等鲜花电商已日趋成熟。以中国花卉协会零售业分会会员单位爱尚鲜花为例，其以网上鲜花销售为驱动力，以线下花店为锚点，既为花店提供O2O订单，又为花店提供一站式花材采购服务，由此构成花卉生态链。爱尚鲜花目前推出了“众花”APP和微信商城平台，上游对接国内外数千家大型种植基地，下游对接全国20万家实体花店。2014年，鲜花销售订单超过100万单，并全部通过线下上万家加盟店及合作店完成配送，最快可以3小时内送达，成为了互联网在花卉行业运用的成功案例。

近年来，在花卉零售终端，花卉相关服务也得到发展，主要表现在服务内容不断丰富，提供的商品从单一的切花到花卉相关的花盆、花肥、材料等无所不有；花卉服务的形式也由单一的销售到送货上门、代客养植、花卉租赁等，同时网络服务手段也走进千家万户，消费者通过移动互联网等便可以便捷地享受到各式的花卉服务。

纵观花卉零售业发展，可以总结出以下特点：

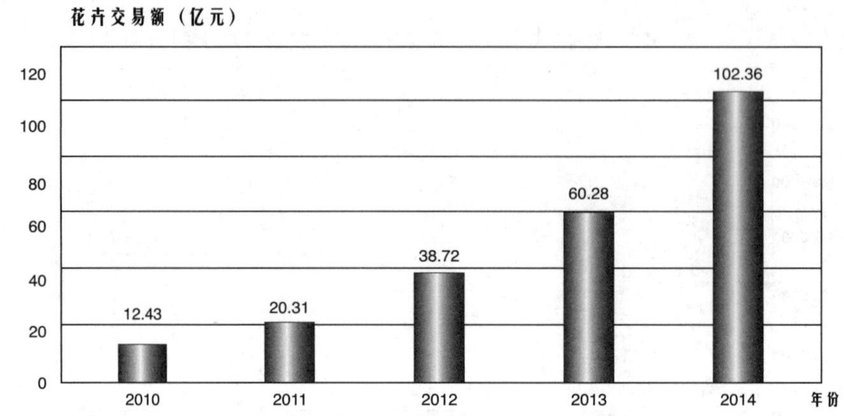

图19-2 2010—2014年网络花卉交易额

（1）经营规模。相比花卉零售业发展初期，现在的花店不仅品种丰富，而且店内装修精致，花卉布局合理，员工素质有所提高，分工明确。但相对于西方成熟的花卉零售业，我国大部分花店的经营规模仍处于初级市场阶段。

（2）经营方式。花卉零售业的经营方式还是以实体花店经营为主，虽然近几年电商对花店的冲击较大，但还是没有打破花店在花卉零售业中的主体地位。但是，随着网络销售的不断发展，花卉零售业必将经历一个电商与实体花店长期竞争共存的时代。与此同时，花卉服务在花卉零售业中的作用也不容忽视。

（3）经营理念。随着花卉零售业的发展，部分经营理念先进的花店，能够借助网络平台推广花卉营销，学习花艺知识，打造自身花卉品牌，但还有一大部分花店缺乏营销和品牌意识，仍处于原始资本积累阶段。

（4）经营收入。目前我国花店数量越来越多，加之电商对实体店的冲击，使得花卉零售业进入了微利时代。另外，零售业的营业收入还具有不稳定性，受节日、地域影响较大。

（5）人才培养。目前，部分农林高校开设有花卉学、插花艺术等课程。高校毕业生进入花卉行业，在一定程度上提高了花卉行业人才素质。同时花店经营者也引入竞争机制，为员工提供晋升机会，不定期地组织花艺培训，提高从业人员业务水平。

（6）地域性。花卉的零售在现阶段仍旧表现出一定的地域性，北方地区花卉销售的主体为盆栽植物，而在南方，切花是花卉零售的重要构成部分。

（7）交流活动。花艺交流活动是花艺师们相互学习的重要途径，有利于各花店之间的合作及提高花艺水平，尤其是在中国花卉协会零售业分会成立以后，我国的花艺交流活动不断丰富，中国杯插花花艺大赛更是将国内花艺交流活动推向巅峰，受到许多花店、花艺师的欢迎。与此同时，国际花艺交流活动也进入了行业常态。

（8）行业管理。中国花卉协会零售业分会成立之后，对花卉零售业的引导及服务日益完善。但是，目前分会的服务管理能力还需要进一步提升。

二、2014年花卉零售业销售服务情况

花卉零售和花卉服务是花卉零售业的重要组成部分。2014年全国花卉零售维持平稳，销售渠道丰富，互联网思维的营销模式突出，服务内容和服务形式越来越多样和人性化。花卉零售业的发展得到更多关注。

1. 2014年花卉零售情况

我国花卉零售渠道根据花卉的品种不同而异，其中鲜切花主要是通过花店、超市、园艺中心、农贸市场、街头贩卖等进行零售。盆栽花卉主要通过花卉市场、部分花店进行销售，观赏苗木则很少有零售。除了传统的零售业方式外，花卉的网店销售发展速度越来越快，并在花卉零售中占据一定地位。

根据农业部2014年全国花卉统计数据（表19-2），2014年我国鲜切花销售总量为2045830.22万枝，较2013年的2564754.1万枝下跌20.23%；2014年鲜切花销售额（1353349.79万元）高于2013年鲜切花销售额（1345058.01万元）；2014年鲜切花销售平均单价为0.66元/枝，高于2013年的0.52元/枝。不难看出，鲜切花销售的竞争越来越激烈，鲜切花在花卉销售中占主导地位，2014年销售金额占总金额的87%（图19-3）。鲜切花中主要品种有现代月季（玫瑰）、康乃馨、百合等，其中现代月季（玫瑰）以564268.83万枝的销售量遥遥领先（表19-3）。

图19-3　2014年全国鲜切花、鲜切叶、鲜切枝的销售占比情况

表19-2 2014年全国鲜切花销售情况

类型	销售量（万枝）	销售金额（万元）	销售单价（元/枝）
鲜切花类	2045830.22	1353349.79	0.66
其中：鲜切花	1789902.19	1237063.10	0.69
鲜切叶	134497.21	65304.33	0.49
鲜切枝	121430.82	50982.36	0.42

表19-3 2014年全国主要鲜切花销售情况

品种	销售量（万枝）	销售金额（万元）	销售单价（元/枝）
现代月季（玫瑰）	564268.83	302588.01	0.54
康乃馨	266481.63	100213.15	0.38
百　合	156559.05	394236.44	2.52
唐菖蒲	36893.93	22861.75	0.62
菊　花	252411.68	122056.25	0.48
非洲菊	321328.74	132435.53	0.41

2014年我国盆栽植物销售量为538572.4万盆，较2013年盆栽植物销售286086.16万盆上涨88.26%，反映出我国盆栽产业基本完成调整，呈现出快速增长趋势。凤梨类、花烛属类、观叶芋类依然是盆栽植物中主要的销售类别，2014年凤梨类销售量达到19464.53万盆，销售金额150728.23万元（表19-4），略高于其他盆栽类植物。

表19-4 2014年主要盆栽植物销售情况

主要盆栽植物	销售量（万盆）	销售金额（万元）	销售单价(元/盆)
凤梨类	19464.53	150728.23	7.74
花烛属类	9841.75	91489.72	9.30
观叶芋类	12479.95	145175.20	11.63
杜鹃花类	2807.37	24215.26	8.63
中国兰花	11143.23	119674.90	10.74
蝴蝶兰类	1790.28	23138.64	12.92

2. 花卉零售业的服务情况

伴随着花卉零售业的发展，中国花卉协会零售业分会所承担的服务内容也不断丰富，服务形式也越来越多样化。2014年中国花卉协会零售业分会新增会员单位40家，集中在北京、浙江、福建等地。

（1）2014年中国花卉协会零售业分会建立了微信公众号、微博等网络平台，优化了中国花卉协会零售业分会网站主页页面，方便会员及从业者浏览最新花卉零售业动态。

（2）2014年，中国花卉协会零售业分会参与组织了各种花艺活动以及花艺大赛，在拉动花卉终端消费等方面进行各种尝试。2014年5月10日，母亲节来临之际，由搜狐焦点携手中国铁建北京山语城与中国花卉协会零售业分会联合举办了“感恩母亲节——园艺插花讲座”。分会会员单位心梦德林国际花卉文化有限公司花艺师与50组家庭亲密互动，现场制作“母爱永恒”主题花艺作品并讲解家庭花艺设计及花卉养护。2014年5月24日，分会在北京鸿坤·林语墅举办了“小手牵大手创意亲子花艺私享会”。2014年5月27～30日，分会主办的2014第三届荷兰百合日在福建省南平市延平区举办。2014年11月27～29日，分会组织的广州国际盆栽植物及花园花店用品展花艺表演在广州举行。

（3）促进国际交流与合作，开展了花艺师培训及商务考察等。2014年3月底，分会首次赴美商务团开启，不仅安排有全美著名的“活动创意工厂”展览全程参观，还观摩了美国公共场所的花艺布置，并为国内花艺师和花艺爱好者提供与美国花艺大师面对面交流的机会；2014年4月24日，分会邀请德国花艺师协会（FDF）首席花艺大师史蒂芬·平茨在第十六届中国国际花卉园艺展览会现场发布2014德国花艺潮流趋势。发布会以“春”、“夏”、“秋”、“冬”、“母亲节”和“圣诞节”为主题，赢得了专业人士、时尚媒体和消费者的凝神欣赏；2014年6月10～11日，分会受哥伦比亚驻华使馆委托，邀请中国花卉进口商参加哥伦比亚、墨西哥、智利和秘鲁贸易促进会在墨西哥联合举办的撮合论坛，并提供经费支持和行程安排协助；2014年8月23日，中国花卉协会零售业分会（CFR）与德国花艺师协会（FDF）在柏林成功签约，FDF花艺培训师将分别在中国和德国亲自授课培训中国花艺师，所有CFR会员都有资格申请到德国花艺师之家进行培训。

三、花卉零售业面临的问题

1. 实体花店花卉零售面临的问题

实体花店仍然是目前花卉零售业的主导力量，影响力较大，经营规范的花店大多分布在北京、上海、广州、深圳等发达城市，但仍旧有许多花店停留在“夫妻店”、“小作坊”等形式，经营不规范现象很普遍，各省（区、市）的花店发展不平衡。2014年对中国花卉协会零售业分会的会员统计结果显示，有近60%的会员单位来自于东部沿海地区和一线城市（图19-4）。

2. 网络花店花卉零售面临的问题

网络花店快速发展的同时，经营弊端也显露出来。由于花卉产品大多是鲜活产品，区域性、季节性特征明显，对物流要求比其他类型产品更加严格，而我国冷链物流体系还不完善，现在的物流过程难以保证花卉商品的质量，再加上网络产品大多缺少统一产品标准，影响消费者的购物体验。再者，目前电子商务人才较少，尤其是与花卉相关的电子商务人才更少。

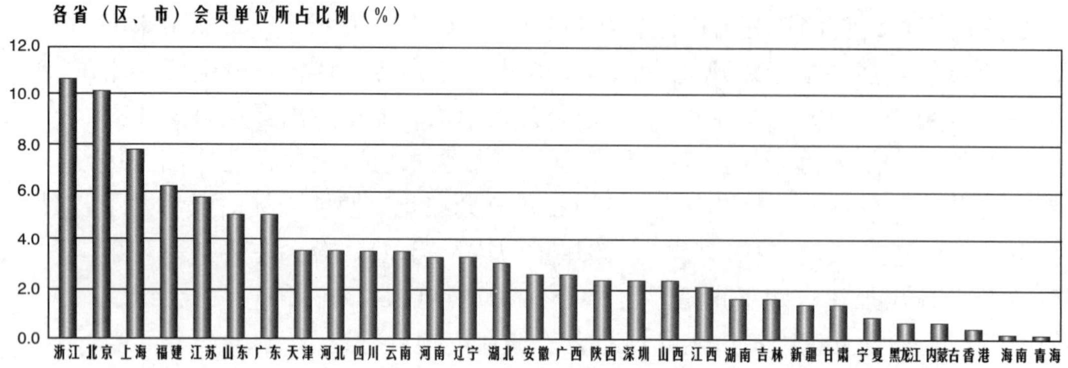

图19-4　中国花卉协会零售业分会会员单位分布

3. 花店服务意识不到位

花卉零售业缺乏行业标准，门槛低，组织松散，就业人员素质参差不齐，经营与服务不规范，花卉知识普及不到位。大众消费者对花卉信息不了解，花卉价格不够透明。

4. 行业协会约束力较弱，影响力有待提高

相对于我国庞大的花卉零售业来讲，中国花卉协会零售业分会的影响力还需要进一步提升，部分地区花卉零售业仍处于“单打独斗”的状态，对行业协会存在的重要性认知度不够。

5. 互联网服务体系不健全

随着互联网营销在花卉产业中的迅速崛起，互联网在花卉服务中给消费者带来方便快捷的同时，仍然存在消费者对互联网服务的不信任问题，服务的安全性也成为消费者关注的问题。

四、花卉零售业发展趋势及发展策略

1. 花卉零售业发展趋势

近两三年来，全国各地持续多年的花卉市场建设热度开始降温，电子商务迅速成为新热点。网络平台成为花卉产品流通的重要渠道之一。京东、天猫等都已有花卉零售业务，还有一些专业花卉销售网站，如由深圳市百易信息技术有限公司于2005年创办的中国鲜花礼品网等。

随着智能手机的性能增强以及4G网络的普及，移动互联网将成为零售行业关注的焦点，花卉行业也是如此。随着人们生活品质的提升，对于花卉的需求也将不断增强，通过手机将花卉商品信息全方位地展现给消费者，刺激消费者购买的欲望，将是提升产品销售量不可忽视的手段。移动互联网可以将花卉市场从城市扩展到乡村。只要有手机，只要能上网，就能看到产品。由此可见，手机移动端的花卉交易必将成为以后花卉零售业发展的重要趋势。

网络手段还可以为花卉零售业提供更广泛、更有效的交流平台，通过这个平台为花店业主提供培训、资讯、运营、交流等多方位服务，为花卉零售业的发展服务。

2. 花卉零售业发展策略

（1）规范花卉零售业市场。中国花卉零售业的经营业态多，经营规模小，缺乏相互之间的交流、合作与支持，另外，经营人员的业务素质和道德水准差异悬殊，影响零售业的整体形象与经营效益。花店应该通过管理创新、制度创新、服务创新、花艺创新等不断提升内在形象和影响力。网络花店作为花卉零售业的重要力量，更应该约束自身行为，避免恶意竞争，维护花卉市场健康有序发展。

（2）健全花卉营销网络。以大型城市和城市群为中心，建立多种形式的零售经营服务网点和网络销售，满足广大群众不同层次的花卉消费需求，引导和鼓励大型超市、酒店、社区、医院、学校等区域发展花卉零售店，在城乡结合区域和绿色隔离区域发展品牌园艺中心，促进我国花卉零售业态多样化发展。鼓励各种花卉零售经营业态创新，包括花卉专卖店、品牌连锁店、花卉租摆服务站、园艺超市、园艺产品展销中心、花卉工艺坊等，优化网络销售平台，发展电商、微商等电子商务销售渠道，促进网店与实体店融合互补，建立健全具有中国特色的花卉营销服务体系。在无线宽带网络和智能移动终端应用下，逐步解决网络支付、安全认证、线下配送等问题。

（3）加强国际交流合作。在花卉零售业相对发达的欧美，早已成立了各类花卉服务组织，他们制定了行业标准，设置准入制度，并开展各种花卉艺术交流活动。我国花卉零售业起步较晚，各类花卉零售组织多数处于摸索阶段，尚未得到国际社会的普遍认可。今后要尽快发展壮大队伍，扩大影响，积极参与国际交流，及早加入国际组织，以便于直接汲取国外花卉零售业的先进经验，发挥我国花卉零售的后发优势，并且要通过合作办学、人员交流、参加比赛等形式，开展广泛的国际合作，提高我国花卉零售业水平。

（4）加强培养复合型人才。面对花卉行业普遍存在的从业人员素质参差不齐等问题，应引导花店定期组织员工培训，在传统花卉从业人员中普及电子商务知识。除此以外，还要从人才的教育和输送渠道入手，大力发展职业教育，培养出同时具备花卉专业技术和电子商务经营知识的复合型人才。

经过30多年的努力，我国花卉零售业从业者积累了宝贵的经验，在市场竞争的浪潮中成长出一大批特别能“战斗”的队伍，这批队伍是我国花卉零售业真正的创造者，是中国花卉产业的巨大财富，也是我国花卉零售业持续发展并走向世界的希望。中国花卉协会零售业分会将承担起服务行业的重任，为我国花卉零售业早日实现与国际接轨、昂首阔步走向世界而努力。

执笔：吴朝清（中国花卉协会零售业分会）

第20章 盆栽植物产业发展报告

2014年，我国花卉种植面积、销售额、出口额和单位面积销售额持续增长，盆栽植物类（含盆栽植物、盆景、花坛植物，以下同）种植规模继续扩大，消费快速向二、三线城市转移，呈现出积极的发展趋势。盆栽植物产业的发展正逐步进入优化、调整、创新的新常态。

一、概况

2014年，盆栽植物类种植面积略有增加，销售总量和销售总额有所下降，出口额增加幅度较明显。2014年，盆栽植物类种植面积10.66万公顷，比2013年的10.40万公顷小幅增加2.56%，在全国花卉总种植面积中仍占9.04%。其中，盆栽植物种植面积6.20万公顷，比2013年的6.10万公顷略有增加；盆景种植面积1.98万公顷，比2013年的1.88万公顷增加5.32%；花坛植物种植面积2.48万公顷，比2013年的2.41万公顷略有增加。盆栽植物、盆景和花坛植物的种植面积分别占盆栽类植物种植面积的58.16%、18.57%和23.26%。盆栽植物类销售总量为53.86亿盆，比2013年的55.55亿盆下降3.05%；销售总额为279.67亿元，比2013年的281.50亿元略有下降；出口总额为1.33亿美元，比2013年的1.13亿美元大幅增加17.82%（表20-1）。

表20-1　2010—2014年我国盆栽植物产品产销情况

类别	年份	种植面积（公顷）	销售总量（万盆）	销售总额（万元）	出口总额（万美元）
盆栽植物类	2010	82908.90	435702.25	1996910.78	11152.60
	2011	90740.80	496022.40	2410849.40	10360.10
	2012	99775.11	612715.97	2677168.64	10526.20
	2013	103952.63	555501.77	2815012.78	11320.10
	2014	106615.24	538572.40	2796668.54	13337.70
盆栽植物	2010	49225.41	194066.76	1301551.96	7507.60
	2011	54119.30	209798.30	1626537.60	6104.70
	2012	57053.46	239097.90	1733769.15	7216.30
	2013	61035.51	286086.16	1870392.34	7122.14
	2014	62019.78	219009.64	1851637.37	9071.20

（续）

类别	年份	种植面积（公顷）	销售总量（万盆）	销售总额（万元）	出口总额（万美元）
盆景	2010	14007.68	31374.40	360444.60	1985.70
	2011	14529.30	34908.00	406295.30	3988.40
	2012	16285.85	57595.22	500952.61	3287.80
	2013	18804.92	38096.32	541535.37	4156.96
	2014	19788.36	26718.85	525021.93	4151.50
花坛植物	2010	19195.09	210046.30	332316.80	1476.60
	2011	22092.20	251316.10	378016.50	267.00
	2012	26426.87	315946.79	441694.36	22.10
	2013	24112.20	231319.29	403085.07	41.00
	2014	24807.10	292843.91	420009.24	115.00

1. 广东省盆栽植物类种植面积独占鳌头

2014年，全国盆栽植物类种植面积达10.66万公顷，比2013年度增长2.56%。广东省盆栽植物类种植面积仍位居全国第一，高达1.93万公顷，占全国盆栽植物类总种植面积的18.11%；四川省的种植面积位居全国第二，达1.24万公顷。种植面积超过4000公顷的还有陕西、福建、江苏、湖南、河南、云南、湖北和江西8个省份。盆栽植物类种植面积位居前10位的省份合计面积8.08万公顷，占全国盆栽植物类种植总面积的75.80%。

2. 盆栽植物、盆景、花坛植物生产情况

广东省是全国主要的盆花和绿植产区，2014年盆栽植物种植面积达到1.36万公顷。全国种植面积在3000公顷以上的盆栽植物种植大省有：广东、四川、江苏、福建、云南和陕西。广东、四川、江苏、福建和云南5个省的盆栽植物种植面积达到3.71万公顷，约占全国盆栽植物种植面积的60%。全国共有8个省份盆景种植面积超过1000公顷，分别是：四川、广东、福建、浙江、湖南、陕西、湖北和江西。这8个省份的盆景种植面积达到1.60万公顷，占全国盆景种植总面积的80.97%。在花坛植物种植中，种植面积超过1000公顷的省（区、市）有陕西、四川、广东、山东、河南、湖南、内蒙古和福建等，种植面积总和为1.74万公顷，占全国花坛植物种植总面积的69.97%。

3. 盆栽植物、盆景、花坛植物销售情况

2014年，全国盆栽植物类销售总额为279.67亿元，比2013年的281.50亿元减少0.65%。其中：盆栽植物销售总额185.16亿元，比2013年减少1.00%；盆景销售总额52.50亿元，比2013年的54.15亿元减少3.05%；花坛植物销售总量由2013年的23.13亿盆增加到29.28亿盆，增幅高达26.60%。2014年盆栽植物和盆景的销售总量、销售总额都有不同程度的下降，花坛植物的销售总量和销售总额逆势上升，都有较大幅度的增加，主要原因是花坛植物价格亲民和家庭花卉消费需求有所提升。

4. 盆栽植物、盆景、花坛植物出口情况

2014年盆栽植物类出口总额达1.33亿美元，比2013年的1.13亿美元增长17.82%，占全国花卉总出口额的21.45%。其中：盆栽植物出口额9071.20万美元，比2013年的7122.14万美元增长27.37%，占整个盆栽植物类出口额的68.01%；盆景出口额4151.50万美元，基本与2013年持平；花坛植物出口额115.00万美元，比2013年的41.00万美元大幅增长180.49%。

5. 继福建和广东后，江苏和云南也成为盆栽植物类的出口大省

2014年，福建的盆栽植物类出口额仍然独占鳌头，高达6923.00万美元，上涨2.43%，占全国盆栽植物类出口总额的51.91%。

江苏省、广东省、云南省盆栽植物类出口总额分别为2540.00万美元、1918.30万美元和1790.40万美元，分别比2013年增长379.25%、下降34.88%和增长105.94%。福建、江苏、广东、云南4省盆栽植物类出口总额达到1.32亿美元，占整个盆栽植物类出口总额的99.25%。

在盆栽植物出口类别上，福建省出口的全部由盆栽植物和盆景组成，其中盆栽植物出口额为4092.00万美元，比2013年增长34.75%；盆景出口额为2831.00万美元，比2013年减少23.94%。

江苏省出口的盆栽植物类全部是盆栽植物。

广东省盆栽植物类出口额中，盆栽植物占83.50%，出口额为1601.80万美元，比2013年下降36.11%；盆景出口额为298.50万美元，比2013年下降25.00%；花坛植物出口额为18.00万美元，比2013年下降56.10%。

云南省盆栽植物类出口总额达1790.40万美元，其中盆栽植物出口额687.40万美元，盆景出口额1006.00万美元，花坛植物出口额97.00万美元。其中，盆景出口额由2013年的21.00万美元增加到1006.00万美元，增幅达到46.9倍。此外，江西、浙江、海南、广西和上海也有少量盆栽花卉出口。

二、主要盆栽植物产销情况

1. 主要盆栽植物产销量下降，销售价格上涨

2014年我国主要盆栽植物产销量基本持平，总产量有所下降，产品质量普遍提升，市场供应充足，需求增加，产品销售均价同比有较大幅度提高。2014年，除观叶芋和杜鹃外，凤梨、红掌、国兰和蝴蝶兰等盆花的种植面积均大幅降低，观叶芋和杜鹃种植面积分别比2013年增长17.15%和11.65%，凤梨种植面积同比减少23.13%，红掌种植面积同比减少28.55%，国兰种植面积同比减少41.82%，蝴蝶兰种植面积同比减少24.65%。凤梨种苗市场回暖，优质产品供不应求，行情走高。大规格红掌产量下降，小规格红掌及新优品种红掌产量增加，价格回暖。杜鹃进入家庭量增加，引进品种、催花品种、造型盆花受追捧，高山杜鹃发展亮眼，成为市场新宠。

国兰产业化发展进程加快，单一品种开始规模化生产，实现了批量上市；精品、名品国兰逐步走出高价圈子，价格降至合理水平，开始进入大众消费视野。蝴蝶兰种苗产量大幅减少，杂色花、迷你蝴蝶兰受到追捧，产品形态向小型化方向发展。从统计数据看，2013年，凤梨、红掌、观叶芋、杜鹃、国兰、蝴蝶兰等盆花单价分别为2.92元/盆、1.93元/盆、0.90元/盆、12.88元/盆、5.42元/盆和6.07元/盆，2014年为7.74元/盆、9.30元/盆、11.63元/盆、8.63元/盆、10.74元/盆和12.92元/盆，除杜鹃外其他盆花单价均大幅上涨（表20-2）。

表20-2　2013—2014年我国主要盆栽植物产销情况

类别	年份	种植面积（公顷）	销售量（万盆）	销售额（万元）	均价（元/盆）
凤梨类	2013	7033.42	75077.35	218990.72	2.92
	2014	5406.61	19464.53	150728.23	7.74
红掌	2013	3849.72	44220.40	85261.30	1.93
	2014	2750.62	9841.72	91489.72	9.30
观叶芋	2013	5698.90	98540.58	88635.70	0.90
	2014	6676.20	12479.95	145175.20	11.63
杜鹃	2013	1111.28	2691.14	34665.26	12.88
	2014	1240.71	2807.37	24215.26	8.63
国兰	2013	1294.26	18154.73	98464.38	5.42
	2014	753.04	11143.23	119674.90	10.74
蝴蝶兰	2013	672.04	6150.76	373211.12	6.07
	2014	506.38	1790.28	23138.64	12.92

2. 其他主要盆花和传统名花发展平稳，量减价升

2014年国内大花蕙兰产销特点是数量大、品质好、价格低，总产量400多万盆，其中90%以上产自云南及其周边地区。整体低迷的成品行情，让大花蕙兰投资者放慢脚步，种苗生产商压力增大，企业需要整合优化资源携手发展。全国水仙产销平稳，主产区销售量同比大幅增加，售价同比上涨，雕刻类、租摆、组盆类需求量增加，市场前景看好，发展态势乐观。君子兰产量与2013年基本持平，销售价格微涨，主产区吉林和辽宁市场覆盖面较小，集中在北方地区，南方诸多城市消费市场亟待打开。仙客来量价平稳，生产商采取分散上市、优化品种结构、改善盆型和加强服务等措施，2014年行情走低的局面将得到好转。盆栽月季销地范围广，市场需求旺，发展前景好，行情走势乐观。盆栽牡丹总产量较2013年减少，但售价平稳。

3. 小盆栽产销两旺，前景可观

小盆栽植物生产周期较短，品种丰富，销售价格亲民，深受市场青睐，可推动企业短期内实现产品结构优化调整。小盆栽的种类主要有：球根类、多肉类、观叶类和其他小盆栽。2014年我国球根类小盆栽产量稳中略减，新品类产品需求旺盛，销售价格同比上涨，其中彩色马蹄莲供不应求，百合盆栽产销变化不大，大丽花、大花球根秋海棠、朱顶红等品种供货量少，市场前景广阔。多肉类小盆栽发展迅猛，产品储备量较大，目前市场流行的多肉类盆栽多为景天科，有‘石莲花’、‘吉娃娃’、‘静夜’、‘大和锦’、‘寿’、‘万象’等上百个品种，但品种结构和产品质量还需进一步优化，生产存在盲目跟风现象，需要行业规划指导，规避风险。观叶类小盆栽产销平稳，竹芋、绿萝等观叶类植物销量有所上升，价格有升有降，高品质新产品仍受追捧，金黄色、花叶类绿萝新品种逐渐批量入市。其他小盆栽中，米尔特兰、兜兰等日渐流行，给需求多样化的市场增添了消费兴奋点，但产量有限，存在巨大的市场和发展空间。

三、问题、趋势及对策

1. 主要问题

随着国内经济增长速度的减缓，盆栽植物产业发展重要战略机遇期的内涵和条件、产业发展方式和结构已经发生了改变，但花卉产业发展仍处于重要的战略机遇期。只有努力提高盆栽植物生产能力，优化盆栽植物产业结构，在转变盆栽植物发展方式上寻求新突破，才能在改革创新中推进产业发展。盆栽植物产业发展的问题主要有：

一是盆栽植物产业及产品结构亟待优化。表现在：种植业发达，加工和服务业落后；盆栽植物传统产品出现结构性过剩，产品结构亟须调整；新优产品供给不足，不能满足人们日益增长的多样化、个性化需求。

二是“小、乱、散、粗”生产模式亟待改善。目前盆栽植物产业正处于由传统向现代的过渡期，标准化、规模化、专业化生产不多，规模小、品种乱、种植散、管理粗的传统生产占比大，市场竞争乏力。

三是产销信息不对称。缺乏统一的信息流通平台和有效的产业统计手段，产销信息不对称，“买难”和“卖难”并存，各区域、各领域中的信息交流不充分，行业内部合作亟待加强。

四是缺乏科技创新力。核心产品和技术一直是制约我国盆栽植物产业发展的主要瓶颈，当务之急是建立有特色的花卉品种创新体系和技术研发体系。

五是企业生产成本快速增加。由于劳动力成本、土地租金及资材价格持续上涨，企业利润收窄，竞争力削弱，持续发展能力受阻。

2. 发展趋势

新形势下盆栽植物产业在消费、投资、国际贸易、生产力、生产要素和市场竞争特点等方面都出现了新趋势。

一是消费模式的转变。由集团消费、节庆消费向大众消费、日常消费转变，个性化、多样化消费渐成主流，消费范围由一线城市向二、三线城市以及发达地区乡镇扩展，消费群体向乡镇高收入阶层延伸。

二是投资方向的改变。投资方向开始向盆栽植物全产业链延伸，产业前端的花卉品种技术研发、产业后端的加工和服务业，以及花卉配套产业投入正在逐步加强。

三是盆栽植物出口成为拉动产业快速发展的重要因素。全球花卉需求不振，我国花卉正在失去低成本的优势，但出口竞争优势仍在，高水平引进与规模化走出正同步发生。

四是盆栽植物产业向规模化、标准化、专业化和智能化迈进，产业结构开始优化升级，花卉新兴产业、服务业作用更加凸显。

五是生产正由劳动、土地密集型向资本、技术密集型转变，经济增长将更多依靠人力资本质量、品种创新和技术进步。

六是市场竞争由数量扩张和价格竞争向质量型、差异化竞争转变，大市场、大流通及统一透明、有序规范的市场环境成为产业新趋势。

3. 发展对策

一是加强宏观引导。发挥行业协会“组织、协调、引导、服务”的作用，实现行业健康平稳发展，努力保证花卉产业稳定增长，积极培育花卉产业新增长点，加快转变花卉产业发展方式，优化花卉产业发展空间格局，促进各地区协调发展、协同发展，积极引导消费，开拓消费市场，挖掘居民消费潜力。

二是加大改革力度。简政放权，减少审批环节和程序，减少税负、行政干预、行政收费，使企业由靠政府关系转向靠市场竞争谋发展。

三是积极引导投资。鼓励和注重花卉基础设施互联互通的投资，创新投融资方式，加强政府专项资金扶持力度，鼓励大众创业、万众创新。

四是完善进出口政策。改善投资环境，努力提高对外投资效率和质量，推动优势产业走出去，开展先进技术合作。

五是加快企业转型升级。实现企业生产标准化、专业化、规模化和智能化，实行质量型、差异化竞争，重视品种、技术的全面创新，生产由劳动力、土地密集型向资本、技术密集型转变。

六是加大结构调整力度。积极调整品种结构，实现产品个性化、多样化、精品化，引导发展花卉精深加工业、花卉休闲旅游业、花卉电子商务、花园中心等新兴花卉产业。

七是加强企业经营管理。加强企业内部成本控制，防范企业投资经营风险，加强企业间合作，促进信息流通和优势互补，加强宣传推介，创新营销模式，重视品牌营销。

八是加强品种和技术创新。大力开发新产品、新技术、新服务、新模式，要加快投资金、投技术、投人才，加强研发和成果转化率，由单靠力气挣小钱转向依靠科技挣大钱，积极引导大众创业、万众创新，通过创新创造更多、更好的花卉新优产品。

九是重视互联网应用。进驻电子商务平台，拓宽花卉产品销售渠道，通过互联网进一步让生产商、消费商和流通商紧密结合，提高企业整体竞争能力。

执笔：李同杰（中国花卉协会盆栽植物分会）

第21章 绿化观赏苗木产业发展报告

一、综述

2014年，受全球经济下行和国内经济转型的双重影响，我国GDP增速下滑至7.4%，创下1990年以来的新低。在中国经济“三期叠加”的深度调整中，基础建设投资趋缓、房地产低迷不振，加之地方政府债务困扰等因素影响，全国园林施工量锐减、工程回款困难，苗木产业陷入了严重的困境——市场需求急速下降、行情回落、存圃积压膨胀，产销形势十分严峻。据农业部数据，2014年，全国花卉种植面积127.02万公顷，其中观赏苗木种植面积74.10万公顷，占总面积的58.33%，同比增长3.76%；花卉销售总额1276.47万元，其中观赏苗木销售659.07亿元，同比增长1.03%（表21-1）。观赏苗木年销售超过100亿元的有浙江（133.84亿元）和江苏（115.89亿元）两省。

表21-1　2014年观赏苗木产销情况

年份	种植面积（万公顷）	种植面积增长率(%)	销售量（亿株）	销售量增长率(%)	销售额（亿元）	销售额增长率(%)	出口额（百万美元）	出口额增长率(%)
2014	74.10	0.038	133.32	0.02	659.07	0.01	31.90	−0.16

按省（区、市）细分，观赏苗木种植面积上1万公顷的有18个：华东6个（浙江、江苏、山东、江西、安徽、福建）；华南2个（广东、广西）；华中3个（湖南、湖北、河南）；西南3个（四川、重庆、云南）；华北1个（河北）；西北1个（陕西）；东北2个（辽宁，吉林）。18省（区、市）种植面积为70.67万公顷，占全国观赏苗木总种植面积的95.37%。总体而言，2014年观赏苗木生产增速放缓，行业深度调整和转型的特征已经显现。

二、苗木产销与经营特点

2014年，宏观经济下行反映到苗木产业，突出表现为产能过剩和销售下降。尤其是存量大的品种和速生树种销售严重下滑和滞销，苗圃里的野生大树更是少有人问津。大规模苗圃扩张基本停止，一年来各地没有出现大量兴建万亩规模苗圃的情况。一些大企业苗圃建设有增有减，总体平衡。如东方园林在山东、湖北扩建了万亩苗圃；棕榈园林和铁汉生态却走轻资产经营路线，缩减了广东湛江、河源和海南等地的苗圃规模。

苗木销售市场情况，得益于京津冀协同发展投资建设和北京风沙源治理工程，贵州的西南生态建设，武汉城市圈和郑州中原城市群建设，福建厦门海西经济区建设，浙江的“四边三化”和“五水共治”专项行动，以及“一带一路”沿线的新疆、内蒙古、甘肃、陕西等西部地区基础建设等，使得这些地区成为苗木销售的热点地区，带动了河北、天津、山东、河南、山西、陕西、浙江、江苏、安徽、江西、湖南、湖北等产区的苗木销售。从苗木主产区传递的信息和调研情况看，2014年全国苗木产销经营情况总体表现为：市场需求萎缩，销售总量下降，行情冷热不均，发展极不平衡。苗木产业出现了“三增三减”的现象，即：种植面积增加，苗木销量减少；苗圃生产成本增加，苗木经营效益减少；苗木展会和广告增加，苗木成交量减少。具体表现为：

1. 市场需求萎缩，苗木销售剧降

从全国的情况看，几大苗木主产区浙江、江苏、山东、河南、河北、陕西、成都、湖南、安徽、广东、福建等地均出现了苗木量价齐跌的状况，以往畅销的桂花、香樟、榉树、无患子、黄山栾、红枫、樱花、紫薇、白蜡、国槐、法桐、银杏、白皮松、北美海棠、金叶榆、海枣、木棉等销量下降，价格也是一路下跌，大多价格减半，甚至跌破成本价。桂花主产区金华和桂林种植面积分别达到10万多亩，存量超1亿株，远超需求与销售能力，降价也消化困难；湖南浏阳、成都温江、安徽、江西、湖北的桂花销售情况也差不多，出现严重滞销。北方的圆蜡二号、速生法桐、北美海棠、银杏、速生樱花和速生国槐，南方的棕榈科品种及木棉、蓝花楹等苗木都出现了产能过剩和价格大跌的状况。

2. 行情冷热不均，产销极不平衡

（1）中大规格高品质苗木交易活跃。如蒙古栎、白桦、暴马丁香、圆冠榆、三角枫、五角枫、鸡爪槭、黄连木、七叶树、乌桕、丝棉木、栾树、中山杉、榉树、朴树、榔榆、红果冬青、玉兰、香泡等中大规格优质彩叶、观花、观果苗木市场需求不减。江苏靖江的中山杉、北京鸿美苗圃的元宝枫、广西北海的罗汉松、漳州房淑霞苗圃的加拿利海枣因其大规格、高品质及良好的售后服务，销量行情都不错。

（2）行道树工程适用苗销售正常。树形和分枝点达到行道树标准，胸径12～20厘米规格段的国槐、绒毛白蜡、栾树、无患子、黄山栾、重阳木、榉树、朴树、乌桕、枫香、杂交马褂木、广玉兰、香樟等苗木销售情况都比较正常，但分枝点低于行道树要求的苗木销售不畅。

（3）特色花灌木风头不减。具有特色的八棱海棠、染井吉野早樱、福建山樱花、台湾山樱花、云南冬樱花、葡萄红高茶梅、美人茶等花灌木风头不减，宜宾的高干茶花和高干桂花、威海奥孚苗圃和青岛信诺苗圃的高干樱花等销售行情也很好。许昌华根生态苗圃北美海棠中的彩叶品种‘红宝石’，因目标定位内蒙古和新疆市场，销售一直通畅，虽近期价格略有下降，但利润依然可观。特色苗木像丛生紫薇、丛生香樟、丛生朴树、丛生大叶女贞、丛生白桦，垂枝樱、垂枝榆、龙柳等丛生垂枝苗木以及造型苗木因其特色和高品质，受到市场和用户的青睐。这些产品受市场冲击较小，有的还逆市上扬，量价齐升，甚至出现供不应求的情况。

（4）小苗销售有升有降，冷热不均。浙江萧山、宁波北仑的色块小苗和球类苗木销售有增有减，总体与2013年基本持平，部分新优品种和球类产品价格上扬。嵊州大苗销售不畅，但一年生樱花、海棠、碧桃、红叶李等小苗销量却是2013年的两倍，山东等北方产区的速生白蜡和北美海棠小苗存圃量达十几亿株，销售困难，量价齐跌，亩产收益从高峰期的六七万元猛跌到几千元。

（5）野生大树市场萎缩，产品严重滞销。受市政建设减少特别是房地产下滑、地方政府缺钱的影响及中央反奢靡之风的作用，大树市场急剧萎缩，交易近乎冰点。以前非常红火的传统大树集散地和交易市场浙江金华，湖南浏阳、益阳，江苏夏溪、如皋、句容，安徽芜湖，湖北江夏，山东泰安、郯城，广东顺德等，大树销售几乎停滞。全国大树存圃数量巨大，如何去库存，是个大问题！

（6）新品种市场前景看好。一些企业和科研单位合作，研发培育苗木新优品种并进行知识产权保护，产品迅速推向市场。江西的‘紫叶枫香’和‘紫花含笑’，广东的‘杜鹃红山茶’，广西北海的‘雀舌’、‘珍珠’罗汉松，江苏南京的‘黄金枫’和靖江的‘中山杉’，江苏和浙江的‘金叶水杉’，宁波的‘红叶紫薇’和‘金澄丹桂’，重庆的‘彩桂’，山东的‘金叶白蜡’，河南的‘巨紫荆’等新优品种，市场反映良好，产销顺畅，行情上升。在新品种营销方面，常州市沃野园林绿化有限公司按照现代营销理念对美国‘三红紫薇’进行了商业化推广，除频繁在全国苗木展会和相关论坛推介外，对产品的卖点精心策划包装，请业内专家到苗圃考察论证，引用美国的权威数据做产品优势说明，以及花几十万元、上百万元大手笔投入广告，在行业主流媒体进行广告宣传，终获成功，年销售过1000万株。这也成为苗木产业营销和新品种推广的一个成功案例。

3. 国外苗木登陆，新型苗木营销方式兴起

（1）国外苗木产品和苗木企业登陆中国。中国园林市场需求变化和品质提升，促使发达国家的高端精品苗木涌入中国。一是日本的造型树罗汉松、大阪松、黑松、五针松、茶花、茶梅，以及红枫、羽毛枫等大批进入中国市场，其产品大多为高端精品造型苗，价格从几万元一株到几百万元一株不等。这些苗木一部分进入高端地产、私家庭院别墅，另一部分成为收藏品种在苗圃，销量并不太大。二是意大利窄冠阔叶和针叶乔木进入中国，主要用于房地产项目。三是北美的槭树科乔木和花灌木，大量出现在山东、辽宁等北方苗圃及各地的景观工程。

2014年，美国苗木生产商在浙江海宁注册了美国独资苗木企业——海宁俄乐岗苗木繁育技术有限公司（HONT），并兴建了360亩苗圃，一期种植的50多万株苗木全部来自美国苗木主产区俄勒冈州，品种主要有槭树、榉树、桦树、栎树、椴树、花楸、豆梨、海棠等130多个树种，实行容器育苗和标准化种植，总经理及苗圃主要管理技术人员均为美国人。海宁俄乐岗苗圃是在中国建成、完全由美国人投资和经营管理的现代园林苗圃，开创了外资在中国自主生产和经营观赏苗圃的先河。

外资苗圃“登陆”，对我国苗木产业将产生一定的影响和冲击，但其苗木企业较强的品种研发和推广能力，专业与严谨的苗圃生产管理理念，必将使国内苗木生产经营者受益匪浅。

（2）电商、微信等营销方式兴起。2014年，苗木电商蹒跚起步。苗联网、苗易网、成都花木交易所等苗木电商平先后上线，试水苗木电商。苗联网采用O2O模式完成的第一单价值20万元的银杏采购交易，苗易网的线上线下撮合交易，成都花木交易所的“电子交易+现代物流+供应链融资”的运营模式，给业界以耳目一新之感。

传统的苗木行业掀起了一股电商热，2014年也因此被业界人士称作“苗木电商元年”。由于苗木电商刚刚起步，苗木生产经营的观念有待更新，再加上苗木产品的特殊性和操作上的难度，苗木电商的实际交易量很小，与工业和快消品电商的交易规模无法类比。

在苗木电商热的同时，手机APP、条形码、二维码苗木树牌等互联网产品也应用到苗木采购和苗圃生产领域。此外，以微信为平台的苗木自媒体和社群跃然兴起，一些以年轻人为主的中小苗圃经营者和苗木经纪人纷纷建立微信群和各种社群组织，相互抱团取暖，通过社群圈层交流苗木产业信息和进行促销活动，对整合产业资源、实现信息共享、探索新的苗木销售模式发挥了有益的作用。

（3）苗木展会论坛扎堆，实际效果欠佳。2014年，苗木展会论坛遍布全国各地且频度极高，如浙江萧山、金华、长兴，江苏夏溪、沭阳，安徽肥西，山东昌邑、滨州、泰安，河南鄢陵，宁夏银川，新疆呼图壁，成都温江，云南宜良，福建漳州、厦门以及湖北、广东、北京、上海等地，展会论坛此起彼伏，有时一个月有十几个，令人应接不暇，连欧美和日韩等国外业界人士也纷纷前来捧场，显然他们也想在中国园林苗木市场有所作为。全年展会、论坛举办了这么多，媒体和行业组织起了推波助澜的作用。但此类活动频率太高且大都雷同和流于形式，对苗木促销的效果并不理想。

三、主要问题

1. 苗木存圃量只增不减，去库存任务十分艰巨

据国家林业部门信息，全国年存苗量约为600亿株，但年使用量只有

250亿～300亿株，产能严重过剩。

2. 苗木名称混乱，没有规范统一的商品名

尤其是国外进口品种，如美国红枫，‘自由人槭’、‘十月光辉’、‘红点’、‘秋火焰’等各地称谓不同。北美海棠有100多个品种，同一产品各地叫法不一，如红叶的北美海棠，有的叫‘王族’，有的叫‘红宝石’。现实中，‘紫叶李’有叫‘红叶李’的，元宝枫与五角枫经常混称，这种“兄弟不分”、张冠李戴的状况，造成苗木采购和使用的极大混乱和不便。

3. 专业管理技术人员严重缺乏

苗木企业合格的苗圃经理、专业技术人才严重缺乏。要招一个合格的苗圃经理或技术负责人非常困难，通常是老板放心的外行人员管理几千亩至上万亩苗圃，没有植物学专业基础和经营管理能力，生产管理粗放，资源浪费很大、苗木产销率低、效率效益大打折扣，并且潜藏着极大的经营风险。

4. 生产成本高，苗圃经营艰难

苗木产业土地成本、人工成本、物料成本、机械与物流成本不断攀升，苗木价格下跌，销量减少，有的苗圃销售不足以支撑运营开支，维持苗圃再生产非常困难。

5. 种子、种苗市场混杂，育苗品质差

苗木种子大多来源不清，育出的苗子没有“籍贯姓氏”，不知其“父母”是谁。育苗数量面积大，但苗木良种少、品质差，出苗合格率低，直接影响苗木的标准化生产和成品苗的商品率，规模化苗圃建设也很难成批量采购到优质健壮的种苗。

四、苗木产业新常态与新变化

1. 苗木产业的新常态

（1）与国家经济结构调整转型相适应，公共建设与市政景观工程将以PPP模式和系统解决方案提供商的承接方式出现，以前承接工程项目凭资质打天下或以最低价中标的时代已成过去。在PPP项目模式下的苗木销售不再是单纯的买卖关系，而是要与工程项目实施相匹配，成为工程项目整体解决方案的有机部分，提供种植方案，甚至外包种植、养护以及技术服务。由于PPP项目大多属于城市基础设施建设和社会公共服务产品，项目遵循的原则是“盈利不暴利”，加上有民间资本参与严控成本，因此苗木销售利润只能建立在合理区间。

（2）苗圃规模大、有苗就任性的时代一去不复返了，不是什么苗都能种，种什么都能卖掉，卖什么苗都能挣钱，而是要根据市场变化，客户的多样性、个性化和功能化需求提供或定制生产。因此，苗木经营者必须准确定位目标市场与客户群，产品对路比精品重要，品牌价值比血拼价格重要，技术与服务比销售重要，转型与创新对生存发展至关重要。

（3）苗木产业告别轻松赚钱的“黄金时代”，高价与暴利不复存在。苗木产品从短缺时代进入到过剩时代，价格回归常态，利润回归理性。苗木经营者只有选择有需求空间的品种，将产品和服务做到极致，解决用户痛点，为用户创造价值，才能获得产品增值和溢价。

（4）野生大树将淡出园林苗木市场。在全国绿化委员会、国家林业局发布的《关于进一步规范树木移植管理的通知》全绿字〔2014〕2号，明文规定：“杜绝大树古树违法采挖、运输和经营行为，坚决遏制大树古树移植之风。除农村居民房前屋后个人所有且不属于古树名木的以外，凡采挖胸径5厘米以上的树木，都要由树木所有权人或单位提出申请，按规定审批后方可实施。”现除部分房产和私家庭院别墅还有少量高价大树应用外，市政公共景观项目对动辄几万元、十几万元，甚至上百万元的野生大树的使用基本终结，取而代之的是苗圃培育的大规格苗。

（5）苗木行业细分市场的时代已经到来，苗木产业格局将重构，品种多样性、功能化势在必行，全国一窝蜂追逐几个畅销品种的状况将不复存在，苗圃大而全、小而全将让位于大而精、小而专，苗木经营未来的机会是在小众市场里做专一产品。

2. 苗木产业的新变化

（1）园林苗木产业没有进入国家主导产业和支柱产业序列，也非完全独立的产业，而是依附于市政建设、房地产开发、生态修复等相关产业。园林苗木企业和经营者作为生产经营主体是独立的，但产业性质和市场地位是非独立的。由于绿化观赏苗木销售的主要市场是市政和房地产景观项目，没有政府和房地产开发商等（上游产业与需求方）对市政和地产项目投资建设，园林工程公司和苗木生产者（下游产业与供给方）就没活干，产销经营就大受影响。一方面是经济新常态下工程项目减少，市场萎缩，另一方面是在园林市场高峰期形成的过剩的企业施工能力和苗木超高存量，是当前园林苗木产业出现的新形势、新变化。

（2）园林苗木产业已从短缺经济时代进入到过剩经济时代，苗木产品由稀缺变成过剩，前几年的非理性扩张及同质化经营，造成了一些产区的部分品种存圃量达到超高饱和度，去库存非常困难。从全行业现状看，甲级风景园林设计企业和一级资质园林工程公司从十几家发展到几百家、上千家；苗圃从单体几亩发展到动辄几千亩、上万亩，全国种植面积由十几万亩发展到2000多万亩；苗木从不论大小优劣不愁卖，进入到竞争白热化的“卖难”状态。苗木产能的过剩，既有规模扩张与同质化的因素，又有产品结构性过剩的特点，反映在市场供求上就是“卖难、买难”，这既是影响产业发展的难点，也是苗木生产经营者的痛点。

从苗木产业新常态与新变化中得出的基本判断是：行业亟须进行结构调整和转型升级，苗木产业重新洗牌不可避免。

3. 苗圃生产的主要形态

园林苗木产业通过30多年发展整合，产区遍布全国，面积已达2000多万亩，大体形成了6种苗圃形态或产销模式（图21-1）：

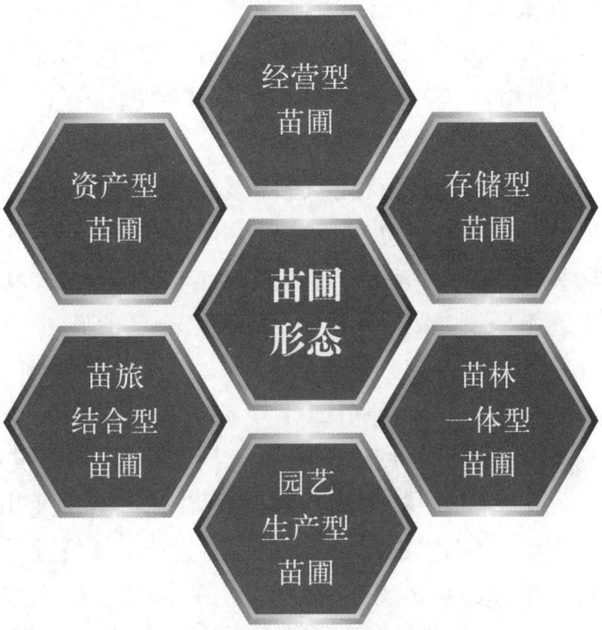

图21-1　6种苗圃形态

（1）经营型苗圃。通过苗木产销经营获取营业收入和利润。苗木主要为常规品种，用量大，畅销的乔木、亚乔木、花灌木、色块小灌木、观赏竹、地被植物、水生植物、各类造型苗以及种苗等。这类苗圃占比为绝大多数，包括百万苗农与个体中小苗圃，一些以苗圃经营作为主营业务的中大型企业也属此类型。

（2）资产型苗圃。苗圃种植不以传统生产销售获利为主，而是着眼于市值管理，谋求公司估值最大化。如一些有资本运作、重组并购计划的企业，其苗木品种规格的定位、种植设计及其产品价值与普通苗圃迥异。一般为珍稀、特型、大规格、高价值、市场存量较少的品种和规格。

（3）存储型苗圃。以企业工程自用苗为主，对工程用量大、使用频率高、采购不易或价格波动大的苗木进行存储性种植或假植，对工程退苗入圃复壮备用。这类苗圃在有园林施工资质的企业比较普遍。其中分为两种情形：一是自用苗存储苗圃，二是收藏性质的存储苗圃。

（4）苗旅结合型苗圃。以苗圃为平台，结合苗圃建设和旅游观光项目，实现苗木产销经营和观光收入相结合的运营模式。此类苗圃处于景区或自然条件较好的地理位置，选择观花、观果、赏叶、闻香等乔灌木、地被观赏草、观赏竹、水生植物和造型植物的组合，利用苗圃的花卉苗木资源和自然条件，营造一个良好生态环境，同时在苗圃设置部分休闲业态和体验功能吸引游客，在获得苗木销售收入的同时，获取旅游收益，二者相得益彰。

从国家大力发展乡村旅游产业的政策导向和国人高涨的旅游体验热情看，苗旅结合的苗圃经营模式今后将会成为一种新的业态和亮点。在苗木销售不景气的情况下，苗旅结合可以盘活经营，明显提升抗风险的能力。四川、浙江、江西、湖北、安徽等地的一些中小苗圃都在苗圃增加了餐饮、垂钓、采摘、花海、民宿、园艺疗法等观光体验功能吸引游客。已打造成为4A级景区的江西金桥园林苗圃，重庆五洲园林的五洲红枫园，大连盛世绿源公司美国红枫苗木基地等，每到春花秋叶观赏期都是游人如织，不仅获得了苗木和旅游综合收入，通过观光还能带动和促进苗木销售，这些均为苗旅结合的成功案例。在苗木产能过剩，整体需求逐渐下降的大环境下，苗旅结合等拓展“第二市场”的苗圃经营方式，已成为苗木经营者的必然选择。

（5）苗林一体型苗圃。苗圃种植绿化观赏苗木的同时，生产一部分造林苗和经济类种苗，包括功能性苗木和珍稀乡土树（如油茶、文冠果、薄壳山核桃、辣木、檀香、黄花梨等），最佳的是经济林与观赏苗木通用的品种，突破绿化苗木单一市场的束缚，拓宽市场空间。有的地区政策鼓励做林地和绿带性质的苗圃，在林地和绿带建设中，政府给予一定的补贴，生产经营者可按一定的比例从中销售部分苗木，从而产生收益。我国人均森林覆盖率仅为21.63%，与发达国家动辄70%、80%相比相差甚远，就是按31%的世界人均森林覆盖率也有很大的差距。森林城市建设和荒山平原彩化，使得园林绿化与林业造林在用苗品种上已产生交集，因此林苗一体型苗圃不啻为一个观赏苗木与造林苗生产相结合的良好模式。

（6）园艺生产型苗圃。产品以供应庭院别墅、立体绿化、家庭园艺、“四台”（阳台、露台、窗台、书台）和室内绿植为主。随着人们生活方式、消费观念的变化，收入水平和审美情趣的提升以及对植物美的追求，近几年观赏苗木进入个人消费市场的趋势已经凸显，未来个人消费占苗木总消费量的比例将越来越大，这方面浙江虹越花卉股份有限公司、浙江森禾种业股份有限公司及广东、上海的一些园艺生产经营企业已提前布局，走在前面。

从苗木产业发展和市场前景看，前3种苗圃形态在经营中受国家宏观经济与上游产业的影响比较大，近几年园林苗木市场的变化已做了充分印证，并且在城市大规模公共绿化基本完成后，此类苗圃将如同欧美、日本等发达国家的苗圃一样逐渐萎缩；后3种苗圃形态不仅受上游产业影响较小，并且随着生态观光、休闲体验及个人消费习惯的形成，将会有更大的市场潜力和发展空间，并成为产业转型升级的“风口”。

4. 苗木生产的几个观点

（1）苗木新品种概念。园林应用的新品种不应仅是新发现、新培育的品种和国外引进的品种，还应包括从乡土树种里开发出来的在园林工程中尚未应用的品种，或现有品种改变其形状和使用功能（如乔灌木的造型、拉片、丛生、窄冠、矮化）的苗木品种，这也是通过技术与创新拉长产品线和实现对传统产品的提质优化。

（2）苗木最适销规格段。乔木、花灌木、色块苗、球类苗等分别在园林绿化工程上应用最广泛、数量最多、频率最高的苗木规格，即为“最适销规格段”。苗木生产不是规格越大越好，而是要根据市场应用中用量最大、频度最高的规格段而定，规模化苗圃经营更是如此。

（3）苗圃生产的新概念。①“乔木也要炼苗”（大水大肥催长的苗木质化程度低，成活率低，应在出圃前1～2年让其自然生长，增强其抗性，从而提高苗木成活率）；②苗圃苗木“没有修剪整形就是苗圃里的野生苗”（通过修剪整形促进苗木健康生长，符合树形要求和提高苗木的“颜值”，并且便于装卸运输）；③苗圃生产的苗木应是“工程适用苗”，即符合植物造景及工程规范应用的苗木，如行道树的干形通直和分枝高度、风景树的冠型与色彩、造型树的树体特征与形态标准等。

五、苗木产业亟须创新与突破

1. 苗木产业格局重构

改变产业形态和市场格局，以全新的经营理念、优质的产品和良好的服务，着力构建苗木产业商业生态系统，形成“高端有市场、中端有支持、低端有保障”的产业格局。政府有关部门、苗木行业组织、苗木龙头企业以及农林科研院校要通力合作，共同参与苗木产业发展的“顶层设计”，探讨和制定具有可操作性的苗木产业转型升级指导意见和路线图，同时形成苗木生产者与设计师和甲方（政府建设和园林部门、房地产开发商等）垂直对接的机制，打造全新的产业格局与价值链，形成新的可持续发展动力。

2. 苗木产业转型与创新

苗木产业和苗圃建设要跟上时代的发展和要求，按照现代商业苗圃的经营理念，以市场导向和用户为中心，实行“三个转变”：从资源依赖型向创新驱动型转变，从规模数量型向质量效益型转变，从传统生产方式向现代产业方式转变。变粗放经营管理为集约化、精细化经营管理，从而促进苗木产业良性发展和提升。苗木产业创新升级，要在产品和产业结构、经营方式和模式创新的基础上，重点解决生产和销售问题：种什么、怎么种是基础；卖给谁、怎么卖是根本，是种的归宿。只有解决了生产和销售问题，才能给投资者、经营者带来良好的回报和收益。

3. **苗木产业转型的逻辑**

产业转型应从原来的单一苗圃生产扩张向综合经营开发转变（如苗旅结合、苗林一体等），同时要遵循苗圃建设与资本运营、互联网对接、品牌创建、服务升级并重的发展模式，形成独特的商业价值和竞争优势。如果苗木行业还是固守从传统的种子、小苗开始，种大一棵卖一棵以及跟风炒作的小农经济模式，不能形成与获得产品品牌价值，综合经营增值，研发新优品种和领先技术，利用电子商务成本优势以及通过资本运作带来溢价，那么这个产业是没有前途的。苗木产业转型升级的逻辑是：淘汰落后产能，全面提质增效，从低端跨进中高端。

4. **苗木产业数据化势在必行**

苗木产业要适应云计算、大数据的时代潮流，通过数据挖掘和分析，把大量的数据变成信息，通过信息和数据分析做出正确的决策。要打破苗木产业传统经营的“天花板”，开启苗木产业的2.0时代。

苗木产业必须抛弃“盲目生产，只管耕耘，不问收获”的习惯，依靠云服务和大数据应用来安排生产经营。苗圃建设投资和决策需经过调研分析，要有数据支撑。通过分析，把数据变成信息，把信息变成资源，把资源变成资产（数据→信息→资源→资产），充分利用互联网和大数据，进行产品定位和品牌创建，实现产、销、供、需“无缝对接”，从而实现苗圃经营的商业价值和经济效益。

苗木生产经营的数据至少应该包括：

（1）苗木生产与存圃数据（品种、数量、规格、树形、质量、区域）。

（2）苗木需求与市场容量数据（年度需求、未来需求、区域需求、增减幅度）。

（3）苗木销售与交易数据（品种、规格、数量、价格、交易额、区域，转圃、终端，历史数据、现实数据、未来预测数据）。

（4）苗木工程使用数据（项目类别、功能类别、区域市场类别）。

（5）苗木用户数据（市政类、地产类、生态修复类、其他类）。

（6）苗木从业人员数据（生产、科技研发、营销、管理、服务等）。

（7）苗木经营周期和经营效益的数据等。

（8）苗木进出口数据（种类、品种、规格、数量、价格、产区、市场、交易额）。

5. **苗木产业要与互联网对接**

目前我国花木网站较大的有200多个，但大都是信息交流平台而非苗木交易平台。2014年，随着苗联网、苗易网、成都花木交易所3家平台的上线，苗木电商以前所未有的姿态在业界亮相，尽管与其他行业相比苗木电商姗姗来迟，但仍让人感受到“苗木电商元年”的“气场”的力度。由于苗木产业和苗木产品的特殊性，苗木电商也存在一些“瓶颈”：产品标准缺失、包装粗糙（容器苗除外）、物流单一、无第三方支付，现金和无发票的交易现象普遍存在，苗木供求信息与报价混乱、可信度低，可操作的产品数据库尚未建立等。苗木互联网与电商需制定规则、建立标准，维护诚信，以完善的苗木电子商务规则体系和交易系统，处理好信息流、物流和资金流中的各个环节，助推苗木电商的健康发展。

6. 苗木产业要借力资本市场做大、做强

苗木经营要借力资本市场，实现苗木产业转型升级。从目前园林市场来看，上市公司与非上市公司相比，具有更多渠道、更多资金，有将未来预期提前变现的渠道以及制度化的管理体系。苗木产业转型发展需与资本对接，要“站在产业的角度看资本，站在资本的角度看产业，实现产业与资本双重溢价”，通过与资本结合促进苗木产业发展提升。中共十八届三中全会《中共中央关于全面深化改革若干重大问题的决定》提出要健全多层次资本市场体系，IPO将由审核制向注册制过渡，还有中小企业股份转让系统（新三板）服务扩展至全国，这将为苗木企业对接资本市场进行直接融资提供政策支持。苗木企业要借助IPO、新三板、重组并购等多层次资本市场运作，突破“融资难、融资贵”的“瓶颈”，通过直接融资和资产证券化，盘活存量资产、提升经营效益，加速企业成长，促进产业和企业发展提升。目前国内几家园林苗木企业通过上市和重组并购等多种方式与资本对接，实现了华丽转身，不仅成功转型，经营业务也得到长足发展，与上市（重组并购）前不可同日而语。

六、发展趋势

1. 品种化与科技化

苗木产业发展提升要依靠新品种、新技术和新的种植模式，实现苗木产品从树种向品种再到良种的转化。从某种意义上说，没有品种化和良种化，就没有中国苗木产业的现代化。要进行新优品种研发、选育、引种与扩繁推广，注重苗木新品种培育和苗圃生产新技术应用的有机结合。苗木生产经营要通过研发和创新，从乡土树种中不断选育和推出属于中国原创的园艺品种和“原创产品”——自主品牌、专利产品、新品种命名权等，千亿级苗木品种应该来自乡土树种。

2. 彩果化与香化

我国园林绿化从增绿绿化开始，到彩化美化、营造植物群落和自然生态效应不断演进。中共十八大后，“美丽中国”建设对苗木产品的要求也不断提升，开发观叶、观枝、观花、观果、闻香、能招蜂引蝶等丰富景观色彩，美化社会生活环境的苗木成为必然趋势。

3. **功能化**

随着国家生态建设和环境治理的推进，抗逆性强、能抗风沙、耐贫瘠干旱、耐盐碱、耐水湿、节水易养护，尤其是抗污染、吸粉尘废气、降噪声等具有净化空气、水质和土壤修复功能的功能性苗木产品，适宜屋顶立体绿化的苗木产品和花境植物（包括木本和草本），将成为市场的新宠；那些寓意花木文化内涵和植物风水的吉祥植物，能有效改善生活居住环境的生态保健树种，也是苗圃生产重点培育的方向。

4. **标准化与差异化**

苗木标准缺失始终是制约产业发展的一个痛点，解决苗木标准化问题，要从种子选育和种苗培育开始，从源头上建立可控制、可操作的生产技术标准、商品标准和验收标准，解决苗木生产、交易和工程使用中的品质把握和验收评判难题。

苗圃经营要调整结构，跳出跟风的陷阱。打造不同种植区域、不同苗木企业、不同规模、不同品种规格的苗圃错位经营的产业格局，在产品差异化和优化上聚焦，将产品单点做到极致，形成不同经营主体的互补和各自的竞争优势，变乙方为甲方，获取产品定价权和用户选择权。

建立丰富、多层次的苗木产品系列，根据不同目标市场和客户群的需求定位，苗圃生产实行速生、中生、慢生树种搭配，按综合、专类、造型、特殊用途等分类种植，在多品种、多规格、多树形、多功能和产品升级上下功夫，即使同一树种也应培育不同的规格段和不同树形风格，体现产品规格的全面性和多样性，以拓宽市场空间和销售渠道，满足不同类型景观工程及用户多样性与个性化需求。

5. **设施化与机械化**

缓解苗圃生产劳动力资源紧缺与成本增加的矛盾，提高生产效率的有效途径在于设施化与机械化，规模化苗圃经营更是如此。据国家统计局公布，2012—2014年，我国劳动年龄人口连续3年减少了近1000万人。同时有2.74亿农民工在城镇务工，以致苗圃用工基本上是五六十岁的老人和妇女，劳动力非常紧缺，人工成本也不断攀升，苗木生产要确保可持续以及提高生产效率，设施化与机械化乃势在必行。

6. **容器化**

苗木容器化生产，便于进行现代化管理，实行标准化生产。容器苗可以全天候销售，无缓苗期，不仅有反季节施工和景观恢复的优势，还可利用荒滩、丘陵、盐碱地做苗圃，节约宝贵的耕地资源，对苗木电商操作也更便利。

7. **产业分工与专业化**

产业分工与专业化，是现代产业发展的基本特征和要求。苗木产业要改变苗农、个体小苗圃和大型苗木企业在产业链的同一端重复生产、同质竞争的状况，实行产销分离，产业分工合作与优势互补，如苗农或小的苗木生产者负责小苗到中规格苗木的前期培育，再把这些苗木提供给规模较大的生产企业培育成大苗；大的苗木龙头企业要起引领作用，苗圃由专业技术人员进行专业化管理，按计划和订单进行生产，由专业团队销售。形成品种研发、种苗培育、成品生产、苗木营销、起挖操作、物流配送及售后服务等产业链分工明晰的产业格局。更高的境界是做“微笑曲线”，品牌企业做价值链的两头——研发和销售，种植生产外包给中小生产者和苗农。

8. 电子化与网络化

互联网时代，传统产业与互联网融合是不以人的意志为转移的趋势，苗木产业要跟上时代发展和新技术革命的步伐，产销经营与互联网、物联网有效融合，实现苗木培育工厂化，苗圃管理电子化，苗木销售电商化。

9. 资本化与资产证券化

苗木产业要与资本对接，一方面通过直接融资，解决“融资难，融资贵”的问题，另一方面将缺乏流动性但具有可预期收入的资产，通过在资本市场上发行证券债权或通过重组并购等方式，实现资产证券化，促进苗木产业和企业的快速成长和效益提升。

10. 平台化与商业化

整合产业内外各种资源，建立苗木科技研发、产销经营、技术与服务平台；突破传统的小农经济生产方式，创新现代企业的商业运营模式和商业生态系统，促进苗木产业健康发展与提升。

执笔：吴世光（中国花卉协会绿化观赏苗木分会、杭州园畅商务咨询有限公司），
朱学军（中国花卉协会绿化观赏苗木分会）

第22章 盆景产业发展报告

一、综述

盆景产业是集经济、社会、生态效益于一体的新兴绿色产业。2014年，随着我国生态文明建设的不断加快，盆景产业也有了长足发展。

2014年全国盆景种植面积达19788.36公顷，盆景销售量达26718.85万盆，销售额达 525021.93万元，出口额达4151.50万美元。与2013年相比，盆景种植面积增加983.44公顷，增幅达5.23%。销售量减少11377.47万盆，减幅达29.87%。销售额减少16513.44万元，减幅达3.05%。出口额减少5.46万美元，减幅达0.13%（图22-1）。

2014年全国盆景种植面积较2013年有所增加，销售量比2013年有所减少，反映了各地更加注重盆景生产种植，加强产业基础建设，同时也说明盆景的市场占有率不高，盆景商品化程度有待提升。从销售总量看，广东、四川、福建3省的盆景销售额分别为111678.20万元、97831.60万元、50937.00万元，占全国盆景销售总额的49.60%。销售额增长最快的是江苏、北京、海南3省，较2013年分别增长了169.57%、64.76%、58.06%。2014年，广东、福建仍为我国盆景出口大省，出口额占全国盆景出口额的60%以上。

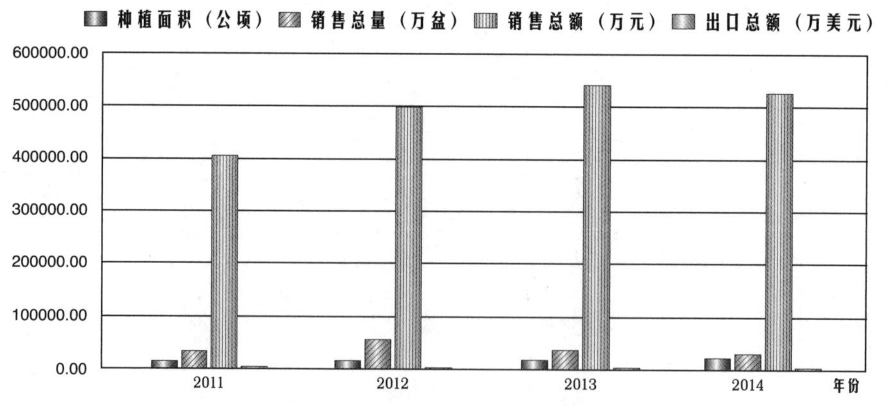

图22-1　2011—2014年全国盆景产销情况

二、特点和亮点

1. 成立中国花卉协会盆景分会

为顺应我国经济社会发展新形势，满足我国花卉产业发展新要求，促进我国盆景产业持续健康发展，中国花卉协会将组建盆景分会摆上议事日程，中国花卉协会会长江泽慧也多次就组建盆景分会的事宜作出重要指示。2013年，中国花卉协会着手开展筹建盆景分会的可行性调研，先后到江苏扬州、如皋等盆景主产区进行调研考察。2013年10月29日，江泽慧会长、刘红秘书长一行专程到江苏如皋考察当地盆景产业发展情况和成立盆景分会的相关条件，初步意向将盆景分会秘书处设在江苏如皋。接着，通过召开理事会议，广泛征求意见，获得一致同意。2013年底，中国花卉协会盆景分会筹备工作正式启动。

2014年11月5日，中国花卉协会盆景分会成立大会在北京召开，至此，中国花卉协会盆景分会正式成立。

2. 江苏如皋举办首届“中国杯”盆景大赛

为了展示中国盆景发展新水平、新成果，弘扬中国盆景艺术，加强全国各地盆景艺术交流，促进中国盆景产业发展，中国花卉协会决定于2014年10月25日至11月2日在江苏省如皋市体育会展中心举办首届中国杯盆景大赛，由盆景分会筹委会具体承办。

本次大赛得到了全国各省级花卉协会、相关分支机构的大力支持和积极配合，共有16个省（区、市）的331件盆景参赛，评出了总冠军奖1个、金奖13个、银奖28个、铜奖50个、传统奖3个、最具产业化潜力奖1个、最具产业化生产潜力树种1个、新锐奖5个、最受观众喜爱奖3个。评出组织奖一等奖1名、二等奖2名、三等奖3名、优秀奖11名。大赛期间，组委会还邀请了两位全国著名盆景大师进行盆景创作技艺现场表演。在比赛和展示场馆外设置了盆景展销区，共有来自江苏、安徽、上海、湖北、云南等8个省（市）的盆景企业参加展销。

3.“中国尊”2014中国盆景展在浙江余姚召开

随着盆景产业的不断发展，盆景行业交流愈发频繁，越来越受到各级政府和行业组织的重视。

2014年10月30日，由中国盆景艺术家协会、浙江省余姚市人民政府主办的“中国尊”2014中国盆景收藏家藏品国家大展在浙江省余姚市开展，共展出盆景120盆，观赏石精品120方，书画作品50幅。展览期间还举办了盆景发展国际论坛，来自美国、日本、韩国、意大利和中国台湾等国家和地区的10余名盆景界知名人士就盆景的发展进行了探讨。

此次大展，对宣传中国盆景艺术，促进中国盆景走向世界、进入国际市场产生了积极的影响。

4. 2014中国（开封）盆景邀请展

2014中国（开封）盆景邀请展于9月19日在开封市龙亭公园大殿院盛大举行，来自全国各省（区、市）的近400盆花卉盆景精彩亮相。

本次盆景邀请展共展出来自8个省（区、市）五大流派千姿百态、风韵各异的花卉盆景代表作品。期间，还邀请了相关领导和著名大师级专家现场讲解、演示盆景制作，并对参展作品进行评比颁奖。本次展览以“圆宋文化之梦，相约古城开封”为主题，旨在传承和弘扬我国盆景艺术的优秀文化和精湛的培植技艺，加强区域交流。

5. 岭南盆景名家精品展在北海公园开展

由中国园林学会花卉盆景赏石分会、世界盆景协会（BCI）中国地区委员会、世界盆景友好联盟中国地区委员会主办，北京市北海公园、北京盆景协会、广州盆景协会承办的为期10天的岭南盆景名家精品展在北京北海公园展出。此次展览向来自全国各地和海外友人展示了由名家们创作的200盆岭南盆景精品。

6. 2014青岛世界园艺博览会国际盆景赛

2014青岛世界园艺博览会期间举办了为期10天的国际盆景竞赛。本次国际竞赛设中大型盆景竞赛、微型组合/小型盆景竞赛以及壁挂盆景竞赛3个类别。参赛单位来自全国各地，共有41家，作品来自浙江、贵州、河北、江苏、青岛等多个省份和地区，分如派、苏派、扬派、浙派、海派6个流派。经过专家组评审、监事组认定，共评出77个奖项，包括金奖3名、银奖5名、铜奖7名以及优秀奖62名。

三、代表性产区和企业

在我国，广东、福建、江苏、浙江、安徽、四川、河南、湖南等省份仍然是盆景生区大省。

广东代表性产区有佛山市、江门市、顺德市、中山市、东莞市，代表性企业有：广东佛山市顺德区陈村花木批发场、广东中山伟光园艺公司、广州国萃花卉生态有限公司、广州汉华园林绿化公司、广州陈村花卉世界盆景大观园、广州南海平洲花木市场、广州花卉博览园。

福建代表性产区有泉州市、漳州市，代表性企业有：福建泉州市清源盆景俱乐部、福建晋江市聚贤园园艺工程有限公司、福建泉州市安风盆景艺术园、福建日照盆景园、福建晋江鸿顿盆景园。

江苏代表性产区有苏州、扬州、南通、常州、宿迁，代表性企业有：江苏墩尚镇花卉盆景园、江苏如皋绿园、江苏扬州市雅典娜园艺科技开发有限公司、江苏常州博缘景观园林、江苏无锡冯氏梅花盆景园、江苏宜兴市华盛杜鹃花实验场、江苏扬州山水园景观工程有限公司。

四、主要问题

1. 生产规模较小，销售总量偏少

盆景产业作为花卉产业的重要组成部分，目前产业化发展水平相对较低，潜力巨大。究其原因，一是宏观上缺乏统一布局，行业管理薄弱，很难形成规模化集约生产，使得盆景产业在花卉产业结构中的比重偏低，整体效益不明显。二是销售模式单一，不少省份盆景产业的重要市场主体还是盆景园，自产自销，部分还停留于以园主个人收藏、制作为主，商品交易量不大，对周边地区的辐射影响不大，盆景线上交易也相对较少。

2. 专业化程度低，缺乏科技支撑

不少省份拥有独特的地理优势，但特色和优势产品不明显，从业人员素质普遍不高，盆景制作仍停留在师徒技艺传承层面，经专业培训、科班出身的很少。据了解，山东省从事盆景生产的现有专业技术人员仅占盆景从业人员的3.5%，科研、培训经费较为缺乏，产业科研转化率较低，新品种、新技术、新产品、新成果较少。

3. 消费渠道偏窄，营销观念需改变

目前，我国盆景消费水平相对较低，而且普遍以中低档产品为主，精品盆景大都经大师多年精心培植，被一些盆景园或老板收藏，市场出售的一般品质不高，艺术性不强。盆景消费大多数仍属节假日消费和团体消费，新常态下的日常消费和个人消费习惯尚未形成。历史上，盆景都是文人墨客的赏玩之物，而寻常百姓很少赏玩。改革开放以来，随着人们文化修养和物质生活水平的不断提升，盆景愈发受到人们喜爱，但由于养护需要一定的技术要求，且盆景价格偏高，相对于一般花草和普通盆栽植物而言，盆景的市场受众仍然相对较小，盆景产品的市场定位仍然相对过窄，“高大上”的市场定位与大众消费需求之间产生错位，缺乏契合大众消费水平的盆景产品。

4. 出口份额不大，外向接轨艰难

中国盆景在国际市场上份额较小，销售价格也十分低廉，远远低于日本、加拿大等国。我国盆景出口除了东西方文化的差别带来的制约因素，还有些技术难题不易解决。在欧美等地，进口盆景检疫极为严格，严禁盆景植物带土入境，以防止病虫害入境传播。而各种树桩盆景如果离开土壤远距离运输很难成活，许多大中型盆景难以出口。现在能出口的多数是不带土的小型树桩，一经发现病虫害还会遭遇退货或就地销毁，造成不小的经济损失。

盆景外观及包装粗糙也是影响国外商家进口我国盆景的因素之一。有些盆景造型单调，千篇一律，消费者购买兴趣不大。我国原有的外贸企业做盆景出口的本来就不多，而今国企改制，专业出口企业就更少，其他性质的出口企业尚未成长起来。原来少数出口盆景的省份虽每年也在做，但由于手续烦琐，做起来很艰辛，导致出口盆景的总量无法扩大。

五、对策和建议

1. 加强规划指导，健全产业体系

盆景具有独特的历史文化背景，要健全和完善盆景产业体系，必须加强规划指导。当下，无论是盆景主产区还是非主产区，推动盆景产业的发展主要靠市场引导，缺少科学合理的产业规划。中国花卉协会盆景分会正在广泛调查研究，通过摸清各地盆景产业的“家底”，制订宏观发展战略。各地要因地制宜，认真研究符合本地实际的盆景产业指导意见，构建生产、加工、销售相配套的产业体系，从而推动盆景产业健康有序发展。

2. 立足消费群体，打开市场通道

一要根据各层级消费群体的实际需求，丰富盆景品系。进入市场的盆景要以中小型为主，大型为辅。中小型盆景价格偏低，便于运输，管护容易，适应单元居室的条件要求，为绝大部分消费者所接受。二要加快商品盆景生产技术创新，建立盆景素材生产基地。运用组培、播种、扦插、嫁接、压条等实用技术，在盆景规模化、标准化、速成化上求突破。三要加快盆景专业市场和经纪人队伍的建设，打造电子商务等信息化服务平台，大力发展“互联网+盆景”模式，扩大盆景销售渠道。完善盆景售后服务体系，为消费者提供技术支持。

3. 加强培训教育，提高从业者水平

一是加强对盆景从业队伍的改造和提升，充分利用本地高校和科研单位进行相关盆景专业研究和人才的培养，建立较高层次平台，培养一批能适应当今市场经济发展的新型复合型人才。二是引导有实力的盆景生产企业进行相关盆景技艺的应用型研究，从生产中发现问题、处理问题，提高科技成果的转化率。三是要鼓励各级盆景行业组织发挥自身作用，组织相关从业人员进行科研、生产技艺、作品的交流与互相学习，建立起行业内外的沟通桥梁，提高从业者专业技术水平。

4. 破解出口难题，挤占国际市场

中国盆景走出国门，关键要研究和突破贸易壁垒，开展盆景无土栽培、病虫害防治、消毒灭源等攻关，积极创造出口条件。应加强对外交流与合作，积极参与国际性的行业活动，组织中青年盆景专家出国考察、讲学、表演以及举办展览，既可扩大中国盆景的影响，也可吸收各国盆景创作的经验，了解国际盆景市场规则，这样才能在国际市场上掌握主动权。

执笔：郝继锋（中国花卉协会盆景分会）

第三篇 地方篇

第23章 北京市花卉产业发展报告

一、花卉产业发展概况

2014年北京市花卉产业工作坚持以推动科学发展为主题，以调结构转方式为主线，按照3个园林行动计划的总体要求，以落实《市政府关于促进本市花卉产业发展的意见》和《花卉产业“十二五”发展规划》为重点，全力推进花卉产业各项工作再上新台阶。全市花卉生产面积稳定在8万亩，产值突破14亿元，大中型花卉交易市场40个，花卉零售店1500个，花卉生产企业250家。

二、特点和亮点

1. 2019北京世界园艺博览会（以下简称2019北京世园会）

（1）圆满完成国际展览局认可程序。2012年9月29日，经国际园艺生产者协会批准，北京成功获得了2019年世园会的举办权。筹办工作随即转入向国际展览局申请认可阶段。经过各部门团结协作，顺利完成发表认可声明、递交《申请认可官方信函》、迎接国际展览局官方考察、编制认可文件等系列工作。

2014年4月24日，国际展览局2014年春季执委会审议通过了2019北京世园会《一般规章》和《参展合同（范本）》两份国际认可文件，决定将其提交国际展览局155次大会予以批准。

2014年6月11日，国际展览局第155次全体大会一致表决认可2019北京世园会，并授予中国代表团国际展览局局旗，这标志着北京世园会全面完成国际认可程序，正式纳入认可类世博会范畴，上升为国家行为。

（2）扎实推进组织机构方案编制和组建工作。2013年8月24日，国务院办公厅印发了《关于成立2019年中国北京世界园艺博览会组织委员会和执行委员会的通知》，明确了机构主要职责和组成人员。北京市相关部门会同中国花卉协会、中国国际贸易促进委员会研究提出了执委会细化方案，并获得北京市政府批准。

北京世界园艺博览会事务协调局（以下简称世园局）方案经北京市编委会审定后报中央机构编制委员会办公室。2014年1月5日，中央编办正式批复北京市编委会《关于设立北京世界园艺博览会事务协调局有关问题的请示》（中央编办复字〔2014〕2号），同意设立北京世界园艺博览会事务协调局，作为2019

北京世园会执行委员会的办事机构。2014年3月12日，北京市政府办公厅印发了《关于设立北京世界园艺博览会事务协调局的通知》。目前，世园局已完成组建并挂牌成立，办公地址位于北京奥运大厦。

（3）加快推动世园会园区规划工作。2014年园区规划的主要工作是组织《2019年中国北京世界园艺博览会园区概念性规划设计方案》征集。北京市筹备办与有关单位积极配合，完成《世园会园区概念性规划方案征集文件》编制，并确定10个应征人。2014年8月29日，应征人已经提交应征文件。世园局正组织有关专家和部门，对应征人递交的文件进行评审，从10个方案中评出3个优胜方案，并开展园区方案公众展示工作；选取1～2个应征人配合北京市城市规划设计研究院对3个优胜方案进行综合、完善，并充分征求中国贸促会、中国花卉协会及北京市有关部门和领导的意见后，年底前形成世园会园区概念性规划综合方案，提请执委会审定。

（4）加快推动世园会相关重大基础设施建设和项目梳理。北京市交通委员会牵头，扎实推进世园会对外交通基础设施建设。其中，京张高铁已完成公司注册和项目初审，近期启动项目环评；国道110二期已完成施工总承包与监理招标，施工单位正在做进场准备；兴延路规划方案已获北京市规划和国土资源管理委员会批复，待北京市水务局等部门回复意见后报北京市政府审批，力争年底实质性开工。

北京市发展和改革委员会、财政局、筹备办、延庆县等单位，进一步就世园会建设需求、投融资机制和相关项目进行了研究，形成了初步的投融资工作思路，待世园会规划方案确定后，将进一步细化完善，形成投融资工作方案。

结合2019北京世园会对区域功能调整和城市发展的新需求，延庆县从优化新城功能定位、完善功能布局等方面，对延庆县域进行整体研究和新城城市设计工作。

（5）深化研究，启动世园会重大项目研究和方案编制工作。围绕“绿色生活、美丽家园”的办会主题和“让园艺融入自然、让自然感动心灵”的办会理念，组织相关部门和专家团队，从世园会主题、副主题体系，规划导则、宣传推介、招商招展、园区后续利用等方面开展了深入研究。在课题研究基础上，扎实推进2019北京世园会总体策划方案编制，完善行动纲要。

（6）深入推动世园会主题演绎。主题是世园会的灵魂，主题演绎是办会工作的重要内容，也是参展者需要围绕的核心和参照的依据。2019北京世园会的主题是“绿色生活、美丽家园”。洛塞泰斯秘书长对世园会主题非常关心，并提出宝贵意见和建议。北京市组织专家团队围绕办会目标、核心理念，对主题、副主题进行了深化演绎，初步确定了“食物·给养绿色生活”、“人居·营造宜居空间”、“经济·引领绿色发展”、“科技·创意绿色生活”、

“文化·回归自然价值”、“合作·共建梦想家园”6个副主题，并广泛征求了国内有关部门和专家意见。

（7）积极推动世园会宣传推介、招商招展相关工作。充分借鉴上海世博会、安塔利亚世园会及相关办会国家、地区的先进经验，对办会过程中的若干重大问题进行了前期研究，组织编制了《2019北京世园会国际招展和宣传推介工作方案》，提出了2019北京世园会标志、吉祥物和会歌征集，官方网站建设，文化衍生品开发等初步方案，为全面启动国际招展和宣传推介工作奠定了坚实的基础。

（8）精心筹划组织了世园会组委会第一次会议。为加快推进2019北京世园会筹办工作，经国务院办公厅同意，由中国贸促会牵头负责组委会第一次会议准备工作。夏占义副主任专门听取了工作汇报，并提出明确要求；赵根武副秘书长先后两次召开筹备工作协调会，与中国贸促会、中国花卉协会及北京市有关部门共同研究汇报内容，明确任务分工，推进会议筹备工作。

按照分工，北京市园林绿化局与北京市委研究室、北京市政府研究室、延庆县等单位共同研究，按期完成筹备工作情况汇报等稿件起草工作。同时，完成了提交组委会审议的2019北京世园会《一般规章》、《参展合同范本》两份国际认可文件的编制和修改完善工作；配合中国贸促会，完成《组委会、执委会工作制度》起草工作。

2014年2月11日，汪洋副总理主持召开组委会第一次会议，中国贸促会万季飞会长汇报了世园会背景、组委会工作进展情况；王安顺市长汇报了2019北京世园会筹备情况；国家林业局赵树丛局长、中国花卉协会江泽慧会长就世园会背景及花卉产业发展情况进行了汇报；会议审议通过了《一般规章》、《参展合同范本》及《2019北京世园会组委会和执委会工作制度》；各位委员对筹备工作提出宝贵意见和建议。汪洋副总理和郭金龙书记做了重要讲话，对下一步筹办工作做出重要指示和安排部署。

2. 2016年世界月季洲际大会

2014年是世界月季洲际大会筹备的建设年、关键年。一年来，筹备工作有序推进。

（1）加强统筹协调，有力推动筹备工作。2016年世界月季洲际大会工作涉及面广，任务重且时间紧，为确保各项任务按时完成，北京市领导多次召开专题会议研究解决相关问题。2014年1月7日和4月14日，林克庆副市长和王安顺市长分别主持召开专题会，听取大会筹备情况汇报。北京市领导对大会的办会思路给予了充分的肯定，并要求市级各单位大力支持本次大会，以办会为契机，提升北京和新区对外形象，推动区域基础设施建设，提升产业改造升级，推动新型城镇化建设。另外，大兴区、北京市园林绿化局、北京市公园管理中心、中国花卉协会月季分会密切配合，通过“联席会议制度”，研究工作思路，解决具体问题，形成了规范有序、运转有效的工作格局。

（2）成员单位联动配合，工作成效显著。组委会、执委会各成员单位根据职责分工，主动开展工作，上下联动，密切配合，各项任务基本按既定目标顺利完成。一是方案编制。完成了大会总体方案、核心区概念性规划、产业行动计划、企业园区设计方案、场馆设计方案、招商招展方案、博物馆展陈运营方案、环境整治方案等各项方案的编制工作。二是场馆建设。会议会展中心主体建设已取得建筑工程规划许可证、《环境影响评价审查意见书》，完成人防工程施工备案等前期手续，目前正在进行主体结构地下部分施工；月季主题酒店地下二层基础工程已完成，正在进行地上部分结构施工；月季博物馆地下及地上一层完工，正在进行地上二层施工；文化交流中心地上和地下主体结构基本完工，正在进行封顶。三是道路建设。大会主会场周边6条道路取得北京市发展和改革委员会的立项批复；吴青路、庞魏路取得北京市规划和国土资源管理委员会的设计批复；新媒体产业基地二、三、四期土地一级开发专项申请取得北京市政府的批复，规划实施方案取得大兴区政府批复；魏永路魏善庄段的道路建设工程正在施工中，其中城市段完成建设2.6千米，公路段完成6.5千米的路基施工和4.5千米的道路面层铺设。四是景观提升工程。核心区5条重点道路景观提升工程取得大兴区发展和改革委员会的立项支持；拓展区6条道路的景观提升设计方案已完成；黄村及周边辖区内6座公园（康庄公园、地铁公园、街心公园、兴旺公园、团河公园、儿童乐园）及15条街道的景观已取得相关手续，并开始施工。五是重点园区建设。月季主题园正在大兴区发展和改革委员会办理立项相关手续；月季品种园完成园区主体建设；月季文化园园区绿化、景观工程基本完成，正在进行配套设施建设。六是形象设计。确定了大会主题、口号、LOGO、吉祥物，并开通了大会网站。七是博物馆展品收集。已向世界月季联合会、各成员国及国内相关城市、企业、业内人士开展展品收集工作。八是招商招展。已完成招展手册设计及印制，并向全国81个城市发送162封招展材料，目前已确定参展城市4个（商丘、南阳、唐山、沈阳）。

（3）大力发展市花经济，产业基地形成规模。本次大会的办会目标之一就是要通过举办大会，建成以月季产业为引领，集花卉观赏、花卉养生、科普教育、生态涵养、休闲娱乐、节水集约利用、产品销售、特色休憩等多种功能为一体的世界级的月季科研中心和产业基地，带动二、三产业融合发展，提升农业产业层次，促进农民增收致富，推动农业产业结构调整。大力发展市花经济。主要方式是通过政府引导，调动社会团体、企业、农民合作组织的积极性，形成社会广泛参与，促进一、二、三产业融合发展。目前《大兴区推进月季产业发展行动计划2014—2016》初稿编制完成，并已征求相关单位意见，正在进行修改完善。

核心区5000亩的产业基地已形成规模，共有11家企业入驻基地，各企业园区的规划基本完成，基地内种植月季713万株；在品种引进方面，广泛联系国内外相关城市、企业，寻找品种资源，目前已完成引种1500个。

（4）多种渠道广泛宣传，“市花进我家”全面开花。为营造大会氛围，采取多渠道多方式广泛开展各类宣传活动。全面启动“市花进我家”主题实践活动。

3. 第四届中国兰花大会

第四届中国兰花大会将于2015年4月底在北京市房山区举办，大会宣传工作、运营工作等相关工作正在紧锣密鼓地进行当中，为大会如期举办奠定了坚实的基础。

（1）大会运行平稳有序。一是及时启动宣传工作。《房山报》刊登兰花知识30余版；大会宣传片已结束拍摄，进入后期剪辑阶段；推出的“指尖上的长阳”项目，极力推行手机APP、个人服务终端等具有前瞻服务理念的技术手段，助推兰花大会宣传、招商、招展等工作跨越式前进；新闻发布会方案已经完成，择机发布；开幕式方案已经完成。二是积极争取多方资源。灵活的商业合作模式大幅提高大会筹备工作质量，有效降低房山区政府的大会运营成本。

（2）大会招展方案制定完成。

（3）兰花文化休闲公园建设有序进行。兰花文化休闲公园占地21.4公顷，分为五个功能区：文化娱乐区、公共活动区、观赏游览区、养生休闲区、入口区。公园内主要建筑包括兰花大会主展馆、室外动力中心、公园管理处等，总占地面积12630平方米，总建筑面积19880平方米。其中主展馆位于文化娱乐区，地上2层，高19.15米，建筑面积17450平方米。室外动力中心建筑面积1800平方米，其他公园配套设施建筑面积630平方米。目前各项工程建设有序进行。

4. 研究起草《2014—2019花卉产业行动计划》及年宵花市场调研

在生态文明建设、全球花卉生产转移以及筹办2019北京世园会的新机遇下，为实现首都花卉产业转型升级，2014年初组织起草了《2014—2019花卉产业行动计划》，先后组织有关部门、专家、花卉重点企业与市场负责人进行座谈，在充分吸收各方面意见的基础上，对《2014—2019花卉产业行动计划》进行了修改和完善。下一步将征求有关部门意见，经进一步修改和完善后，另行报批。

在年宵花卉市场低迷的新形势下，北京市园林绿化局花卉产业处与北京市花卉协会于2013年12月至2014年2月对北京年宵花卉的主要生产企业和花卉市场进行了调研。了解到北京市花卉产业链已经呈现由消费终端倒逼销售、流通、生产、种苗等环节的状态，引导花卉生产、流通等领域进行全方位调整。

5. 组织完成2015年米兰世博会中国馆划拨绿地和园林景观建设施工及养护方案制定工作

按照《北京市贸促会关于印发北京市参与2015年意大利米兰世博会工作方案的通知》（京贸促发〔2014〕1号），北京市园林绿化局作为协调小组成员单位，具体负责中国馆划拨的绿地和园林景观承建及养护工作，并配合做好2019北京世园会招商招展工作。中国馆划拨绿地及园林景观占地面积1200平方米，其中景观绿化面积700平方米，道路铺装面积500平方米。目前已委托北京市花木公司具体负责该区域的植物配置、施工组织实施和展期养护。经北京市花木公司与设计团队多次沟通，按照总体设计要求，对绿化方案进行了深化，推荐了使用的花卉和其他植物种类，研究了施工工艺、施工组织及展期养护方案。近期，施工方已赴意大利现场勘察了世博会中国馆景观建设现场，考察了当地花卉、苗圃及建材市场，并与中国贸促会等单位进行了有效沟通。下阶段将进一步完善工期计划，进行材料及人员筹备，并着手办理相应手续。

6. 组织开展多项花卉文化宣传活动

迎春年宵花展、月季文化节、菊花文化节等花事系列活动顺利完成。一是迎春年宵花展活动。2014年1月21日至2月14日，举办了以“鲜花扮靓美好生活”为主题的2014迎春年宵花展。通过组合盆栽大赛、“幸福京蝶飞入百姓家”蝴蝶兰展卖以及蝴蝶兰、梅花、水仙花卉专项展览等系列活动的举办，弘扬花卉文化，丰富市民节日活动，促进花卉消费，满足人们精神文化需求，推动花卉产业发展。经统计，2014年新春北京市重点花卉企业生产年宵花卉238万盆，其中主要年宵花卉品种为蝴蝶兰、红掌、竹芋、凤梨和长寿花。二是第六届北京月季文化节。于2014年5月15日至6月15日在北京植物园、天坛公园、陶然亭公园、纳波湾园艺、繁华世金玫瑰谷、蔡家洼玫瑰情园和妙峰山森林公园七大会场同期举行，为期32天。本届文化节共组织主题活动50余项，包括月季主题展览、万盆月季进社区、玫瑰采摘等；展出月季2500余个品种、272万株，展出面积462万平方米；接待游客164万人次，收入380万元。三是第六届北京菊花文化节。于2014年9月26日至11月16日在北京国际鲜花港、北海公园、北京植物园、世界花卉大观园、天坛公园和五棵松园艺体验中心六大会场举办。组织了10余项菊花专业评比以及菊花擂台赛、全国菊艺大师作品展等主题活动。

另外，还组织参加了第六届中国月季花展、2014年香港花卉展、澳门回归十五周年中国传统插花展等各类花卉展览活动。一是第六届中国月季花展。按照北京市领导指示，北京市园林绿化局代表北京市参加于2014年5月25～26日在莱州举办的第六届中国月季花展，宣传北京月季产业成果和2016世界月季洲际大会。北京市以“舞动北京”为主题的月季造景展区荣获展会特别金奖。同时，闭幕式上，大兴区代表第七届中国月季花展承办单位接受中国月季花展会旗。二是2014年香港花卉展。北京市参展作品以“积善人家”为主题，以中国传统插花形式，呈现北京花满园、乐满园的意境。荣获最具特色金奖。三是澳门回归十五周年中国传统插花展。北京花卉协会应澳门花艺师设计学会邀请，支持并配合完成了在澳门举办的中国传统插花大型系列展演活动并获得圆满成功。本次活动以吟诵、歌咏、舞蹈等综合舞台艺术表现形式，生动形象地再现中国传统插花的文脉流传，旨在向澳门市民宣传中国花卉文化。

7. 积极推进花卉生产优势品种的育种研发和新品种、新技术的引进示范推广

对2006年以来北京市园林绿化局开展的花卉育种研发工作进行了细致梳理和计划：一是研发团队人员和队伍不断壮大，从2010年成立之初的14支扩到当前的20支。2014年5月8日北京市园林绿化局专门召开“北京市花卉新优品种展示专家座谈会”，研讨花卉育种新成果在2019北京世园会上的推介方案。同时对拟定展示、具有自主知识产权的新品种进行了初步筛选，并确定2015年新品种扩繁、中试计划。二是研发成果丰硕。2006—2014年间，研发团队共培育出120多个具有自主知识产权的花卉新品种。其中，获得国家新品种授权证书40个，通过初审或DUS测试待授权36个，北京市良种审定50个，2014年培育花卉新品种26个。三是加大推广力度。2014年全市共引进200多个优良品种，重点实施8个月季新品种繁育以及日光温室切花红掌生产技术等推广示范。

8. 推进花卉生产示范基地建设

2014年，北京市利用国家农业综合开发资金，重点新建延庆县切花红掌、顺义区切花郁金香、海淀区新优观赏植物3个名优花卉生产示范基地。项目实施后，延庆切花红掌年产可达到60万枝。顺义切花郁金香年产鲜切花300万枝，年均交易收入1200万元，直接带动周边农民就业增收8000元/年。海淀区新优观赏植物引进项目实施后可年产牡丹、梅花130万株苗木，将极大丰富北京地区城市园林绿化的应用种类。3个示范基地生产设施设备、道路等设施建设任务已全部按期完成。

9. 做好花卉地方标准制定与推广

为了进一步规范花卉行业管理，结合当前全市花卉产业发展的实际，组织编写制定了万寿菊、盆栽石斛兰生产技术规程等4项地方标准。目前4项标准已经过专家组多次论证，并修改完善，待北京市质量监督局颁布。

10. 加强全市花卉高层次技术人员培训，提高从业水平

2014年，在实施花卉乡土专家行动计划基础上，重点加强花卉高层次技术人员的培训。主要组织花坛花卉生产养护技术高级研修班，培训具有高级职称的学员50人。本次培训主要针对北京地区城镇绿化中草花广泛应用现状，提高全市重点草花生产企业、公园、绿化队技术骨干专业技术水平。高级研修班三个阶段的理论、实操以及实地考察与交流任务已于9月底全部完成，多数学员还结合自身工作撰写科技论文，分享交流生产经验。

11. 重点落实各项局办重点决策、改革与绩效督查事项

按照北京市政府工作部署和其他相关要求，2014年度北京市园林绿化局花卉产业处承担花卉产业相关重点工作，深化改革、年度绩效整改与绩效督查任务6项，涉及3方面工作内容。主要包括编制《2014—2019北京花卉产业行动计划》、2019北京世园会和2016世界月季洲际大会各项筹备等工作。根据《督查事项台账》要求，明确每个季度的工作任务目标，重点督查进展情况。到目前为止，各项绩效督查工作均已按时、保质、保量完成。

执笔：付丽（北京市园林绿化局），冀耀君（北京市花卉协会）

第24章 天津市花卉产业发展报告

一、综述

2014年，天津市花卉产业取得长足发展，花卉产业进一步向规模化、设施化、产业化和现代化方向发展。截至2014年，天津市花卉生产面积2173.3公顷，比2013年下降7.6%，销售额8.34亿元，同比增长20.70%。花卉生产从数量扩张逐渐向质量效益型转变，基本形成了盆花、草花、宿根球根花卉、观叶盆栽等多类型多品种的花卉种植结构。

天津市现有花卉市场12个，企业99家，其中大中型企业23家，花农4317户，从业人员12477人，其中专业技术人员1266人（表24-1），花农和花卉从业人员规模进一步扩大。

表24-1 2014年天津市花卉产业基本情况

年份	生产面积（公顷）	销售额（亿元）	从业人员（人）	其中：专业人员（人）	企业（家）	其中：大中型企业（家）	市场（个）
2013	2352.00	6.91	12188	1246	66	25	9
2014	2173.3	8.34	12477	1266	99	23	12

注：大中型企业指种植面积3公顷以上或年营业额500万元以上的企业。

二、特点和亮点

天津市花卉产销特点明显，主要体现在：一是逐步成为南花北调的集散地、中转站与试验场所；二是以集散和消费为主，但花卉种植面积逐年增加，种植规模进一步扩大；三是花卉新技术、新品种与应用技术的研究发展迅速。

1. 区域优势明显

京津冀协同发展为天津花卉产业发展提供了重要机遇，天津市以本地特色优势花卉和优质高档花卉生产为主，利用先进的设施条件与地热资源，形成花卉专业化、规模化、科学化生产。利用区位优势发展南北交流，形成北方重要的花卉集散地；重点建设“三点一线”的花卉市场，为天津市区、滨海新区、北京市三大花卉消费中心及京、津、塘高速公路经济带的市场服务；加快专业化、规模化、标准化的花卉基地建设；培植龙头企业，辐射全市花卉产业的发展。利用开发区和航海、航空港口的物流优势，积极开拓花卉的国际市场，形成我国重要的花卉出口基地，使花卉产业逐步成为天津新的经济增长点。

2. 花卉产业格局初步形成

2014年，天津市郊、县农村花卉生产异军突起，初步形成以城市周边地区结合观光农业发展花卉生产，近郊及滨海三区以生产盆花和鲜切花，远郊县以生产仿真花、干花，蓟县半山区以生产观赏苗木为主的花卉发展布局。

2014年，依托京津风沙源治理工程等国家和市级重点造林绿化工程，天津市蓟县苗木花卉产业得到快速发展。目前，蓟县现有苗木花卉种植面积0.3万公顷，育苗总量约3.2亿株，年可出圃不同规格苗木花卉2.3亿株，苗木花卉远销山西、河北、陕西、辽宁等地，年交易额达6亿元。蓟县已成为京津地区最大的苗木花卉集散地。位于天津蓟县邦均镇的天津中园四季苗木市场异常火爆，平均每天吸引来自全国各地的经销商2万多户，3000多个经营户每日交易额超过1000万元。在县域内的邦均镇、东二营镇等7个镇110个村，38500多户农民从事这项绿色致富产业，总面积达到4万亩。苗木花卉基地的种植品种从初期30多个发展到现在的350多个，年出圃苗木花卉3500万株，拉动农民年人均增收8500元。蓟县苗木花卉产业不仅带动了一大批苗木经营者，还促进了苗木运输、养护、销售、农资供应、绿化工程建设等一批相关行业的快速发展。据统计，仅运输移苗就可为当地农民每年带来1000多万元的收入。

天津市静海区良王庄乡因地制宜实施“一减三增”，发展特色花卉种植。以天津市红霞苗木种植专业合作社为例，其生产引种的菊花，年产量达300万枝，实现内销的同时，还出口到韩国，实现了农业增效、农民增收。

3. 花卉展会活动不断

2014年2月，中国花卉协会在天津市组织召开2014全国花卉产销形势分析会，会议以“促进转型　引领发展”为主题，交流2013年全国花卉产销情况，分析2014年全国花卉产销形势，使大家认清了形势，并提出对策，对今后花卉产业的发展起到了积极的促进作用。天津花卉产业协会积极筹备2015年在天津举办的第三届绿化博览会，组织相关单位参与第九届中国花卉博览会的申报，积极协助相关花卉企业申报科技项目；鼓励企业参加花卉高峰论坛，探讨花卉发展方向；引导零售花店走进社区、走进企业，宣传插花花艺，开展培训。开展设施农业发展调研，积极参与对花卉生产村的帮扶工作，协助做好花卉生产技术方案的编写工作。

三、主要问题

（1）缺乏科学规划，存在低水平的盲目性发展；花卉管理部门混乱无序，扶持政策无法落实。

（2）花卉生产设备和生产技术落后，生产水平和产品质量普遍不高，花卉企业处于发展的初级阶段，管理粗放，营销水平落后，信息化程度低。

（3）存在规模化生产与小农生产的矛盾。

（4）管理体制不完善，面对市场竞争缺乏有力的调控手段。

（5）产业化、规模化程度低，龙头企业带动能力差，服务水平不高。

四、对策和建议

（1）合理布局，加大规模化、专业化基地建设。以结构调整为主线，搞好区域布局。整合技术与资源，以市场为导向，充分发挥区域、资源、技术等优势，突出特色，打出品牌，建立规模化、专业化基地，带动产业的发展。

（2）调整结构，提高技术水平。发展高科技密集型花卉企业，淘汰低水平重复建设苗圃，扩大盆花和观赏植物高、中档品种与特色品种的种植规模；抓好优良品种的引进、繁育、推广，走“技术、信息指导—农户种植—企业加工—销售贸易”的良性产业链和循环链之路，实现利益共享。

（3）加强信息化建设，规范产业。建立花卉生产决策系统、专家系统，将计算机网络管理应用于花卉生产实践。使广大农户、生产企业与销售单位及时掌握技术、环境、市场资讯，提高经济效益，降低生产风险。规范花卉生产与经营，制定相应技术标准、质量标准、技术规程，引导、带动花卉产业向专业化、规范化、标准化方向发展。

执笔：谭真真（中国花卉协会），天津市花卉产业协会

第25章 河北省花卉产业发展报告

一、综述

据统计，截至2014年末，河北省花卉种植面积已达到44582公顷（66.87万亩）；花卉销售额达37.81亿元；从业人员12.01万人，其中专业人员10503人；观赏苗木年产量达13059.30万株，盆栽植物产量达9554.40万盆，年产切花切叶17035.20万枝（表25-1）。

表25-1 2013—2014年河北省花卉产业基本情况

年份	生产面积（公顷）	销售额（亿元）	从业人员（人）	其中：专业人员（人）	企业（家）	其中：大中型企业（家）	市场（个）
2013	43442	34.63	120877	9465	807	86	276
2014	44582	37.81	120143	10503	1003	63	273

注：大中型企业指种植面积3公顷以上或年营业额500万元以上的企业。

二、特点和亮点

1. 明确责任目标

结合市场需求，确定以中低档特色盆花、彩叶观赏苗木和多用途花卉为发展重点，合理制定任务，层层分解，采取半年督导、年终考核的办法督促落实，全年新增花卉种植面积5.60万亩，总面积达62.10万亩，产值50.65亿元。

2. 培育龙头企业

开展了全省花卉企业摸底调查，筛选出48家大中型企业，利用国家农业开发项目和河北省财政资金对其中的10家给予扶持，培育壮大龙头企业，带动全省花卉产业生产规模不断扩大。

3. 推广标准化模式

为了加强花卉标准化，增强花卉企业的技术水平，对河北省制定的花卉地方标准进行了梳理，将生产急需的71项技术标准编印成册，分发到各地和重点企业指导生产。

4. 培育特色产品

组织河北省林业科学研究院和多家企业启动《油用牡丹良种引进及丰产关键栽培技术研究》项目，开展油用牡丹产业技术研究，在邢台柏乡、沧州河间、保定雄县等地进行油用牡丹的引种、育苗和种植示范，培育新的增长点。

三、主要成绩和经验

1. 精心组织，2014青岛世界园艺博会参展工作获新佳绩

河北省荣获2014青岛世界园艺博览会室外展园竞赛特等奖。这是河北省参加世园会以来的又一好成绩，得到河北省林业厅的肯定。一是及时成立了组织机构，落实了参展经费，细化工作安排，量化工作目标，扎扎实实地做好各项工作，为成功参展奠定了良好基础。二是全面统筹协调，打造精品展园。选定由北京景观园林设计有限公司设计的“林合园”作为河北园设计方案，公开招标，派人全程现场监督施工，河北省第一个进场施工，提前一个月高标准完成施工任务并顺利通过验收，得到了组委会的高度赞扬。三是开展“河北活动周”和“唐山主题日”活动，宣传河北生态建设和园林、花卉成就，扩大河北园影响力，并有效地宣传和推介2016唐山世界园艺博览会。

2. 积极谋划，重点产区及基地建设再上新台阶

为推进河北省花卉产业标准化进程，提高产品质量，增强市场竞争力，开展了花卉重点产区、示范基地认定和管理工作。一是研究并制定了《河北省花卉重点产区、示范基地认定管理办法》，为高标准、规范化地抓好重点产区及基地建设提供了依据。二是组织开展了花卉重点产区和示范基地认定工作。经过企业申请，地方审核、推荐，河北省林业厅组织评审，认定了6个“河北省花卉重点产区”和43家“河北省花卉示范基地”。三是在广泛调研和积极对接的基础上，进一步扩大重点产区（核心产区）建设范围，新增巨鹿药用花卉和香河观赏荷花两个重点产区（核心产区）。

3. 注重实效，产业服务水平实现新突破

河北将搞好产业服务作为拉动生产、促进消费、增加收入的有效手段，抓紧抓好。一是技术服务。在狠抓业务素质、全面提高处理各类问题能力的同时，坚持做好花卉市场行情分析和反馈两项工作，耐心接听群众来电咨询，全年共收集、整理各类问题300余条，电话咨询500余次。二是网络服务。依托河北林业网、河北花卉协会网，通过设立信息员、建设交流群等方式多渠道搜集和发布信息，发布各类花卉信息160余条。三是宣传服务。通过《中国花卉园艺》、《中国花卉报》、《河北日报》等新闻媒体广泛宣传，发表文章92篇，组织有较大影响的电视采访和报道2次，营造了良好的宣传氛围，提供了良好的舆论环境。四是文化服务。开展河北省迎春花卉联展、第三届中国汉牡丹文化节、插花花艺大赛等形式多样的花事活动宣传花卉促进销售。

四、主要问题

河北省花卉产业总量小，难以形成规模效益和品牌效益，龙头企业带动能力弱，标准化程度不高，产业集中度不够，整体竞争力不强。

五、2015年发展思路与重点

1. 发展思路

2015年，河北省将紧紧围绕“增林扩绿、林果并重、改善生态环境、推动经济发展”的总体思路，以“扩大生产规模、提高经济总量、提升行业影响力”为核心，以“推动重点产区、示范基地建设，完善市场流通体系，广泛开展花卉文化宣传”为重要抓手，通过示范引导、典型带动，促进河北省花卉产业又好又快发展。

2015年的发展目标是：新增花卉种植面积3万亩，总面积达到64.50万亩，生产总值突破55亿元。

2. 工作重点

（1）抓好重点产区和示范基地建设。依据《河北省花卉重点产区、示范基地认定管理办法》，继续对全省符合条件的花卉产区及基地开展认定管理工作，加大政策、资金、技术等方面的扶持力度，使其成为当地乃至全省花卉产业的亮点，以此带动花卉产业建设水平整体提升。

（2）抓好花卉生产管理工作。一是搞好花卉区域布局。按照市场规律，遵循适地适花原则，引导花卉种植向区域化发展。唐山、廊坊等市环绕京津，经济发达，消费能力强，将重点向高档盆花生产集聚；定州市花卉苗木种植历史长，文化底蕴深厚，将重点向观赏绿化苗木集聚。二是抓好花卉生产任务落实。依据2015年生产任务目标，精心部署，抓紧抓好相关工作的措施落实。三是大力发展食用、药用、观光等多用途花卉，引导企业适度规模种植，并进行深加工，在提高产品附加值的同时，满足人们休闲观光的需求。

（3）搞好花卉产业服务。一是搞好宣传促消费。利用举办“迎春花展”、“花卉摄影大赛”、中国“汉牡丹文化节”等花事活动的契机，广泛开展花卉文化宣传活动，促进花卉消费。二是开展技术服务。开通技术服务热线，为广大群众提供花卉种植技术咨询；进行送技术下乡活动，组织专家深入到田间地头进行现场指导，帮助企业和农户解决技术难题。三是提供网络营销平台。开设网络营销QQ群、微信公众号，及时更新河北林业网花卉价格信息，实现信息共享，为广大群众提供营销平台。

（4）推进花卉产业园区建设。为加快河北省花卉产业发展，促进花卉产业向精细化管理、规模化经营、标准化生产方向发展，河北省将积极与花卉重点产区政府、有关林业部门沟通协调，推进花卉产业园区建设。通过改善当地投融资环境、出台扶持花卉产业发展的优惠政策、提供土地流转等措施，整合当地花卉企业，吸引外地花卉企业入驻，建设标准化、集约化的花卉产业示范性园区，以园区建设带动花卉产业的跨越式发展。

（5）完善市场流通体系。在现有“十佳花卉市场”基础上，引导花卉交易市场进行升级改造，大力发展直接为用户服务的配送、更换、租赁、养护等服务网络建设，向功能齐全、服务配套的现代花卉分销及转运方式转变；引导商户利用成熟的花集网等网站进行网络营销，以提高销售额。

（6）做好2016年唐山世界园艺博览会筹备工作。2016年唐山世界园艺博览会筹备工作已进入倒计时阶段，河北省将全力配合唐山市做好招展、协调等工作，并以此为突破口，扩大国际、国内的交流与合作，促进河北省花卉产业再上新水平。

执笔：路森（河北省花卉管理中心）

第26章 山西省花卉产业发展报告

一、综述

1. 花卉产业发展概况

2014年，山西花卉产业处于重要的转型跨越期，发展方式和结构上都有所转变，各项指标增减情况较明显。2014年，山西省花卉种植面积3750.00公顷，较2013年减少10%；花卉销售额5.24亿元，与2013年相比下降15%。

截至2014年底，山西省共有花卉生产经营企业247家，其中种植面积在3公顷以上或年营业额在500万元以上的大中型企业16家；从业人员1.12万人，其中，专业技术人员0.18万人；花卉市场175个（表26-1）。

表26-1　2013—2014年山西省花卉产业基本情况

年份	生产面积（公顷）	销售额（亿元）	从业人员（万人）	其中：专业人员（万人）	企业（家）	其中：大中型企业（家）	市场（个）
2013	4170.55	6.17	1.10	0.18	247	16	166
2014	3750.00	5.24	1.12	0.18	247	16	175

注：大中型企业指种植面积3公顷以上或年营业额500万元以上的企业。

同时，一部分花卉企业摆脱了单独种植模式，逐步将花卉生产同观赏及休闲旅游相结合，保持了产业发展的活力。

2. 花卉产业发展优势

（1）花卉规划与发展方向。在国家林业局和中国花卉协会制定的《全国花卉发展规划（2010—2020年）》（以下简称《规划》）中，山西省作为国家重点花卉良种繁育生产基地，建设任务繁重。根据《规划》，山西省花卉协会从花卉品种、生产技术、流通服务、花卉文化等方面，向省内相关部门分别提出了具有山西特色的花卉扶持政策、资金支持、人才培养培训等建议和意见，受到有关单位的重视和关注。《山西省人民政府关于进一步推进全省林业生态建设提质增效上了个台阶的意见》中明确提出“建立林木种苗花卉交易市场形成我省种苗花卉品牌体系”，为山西省花卉产业发展指明了方向。加快花卉品牌创立，融入现代流通市场是山西省花卉产业工作重点。

（2）花卉市场与大众需求。从2013年起，山西花卉市场消费呈现出稳中略增的趋势，主要体现在日常花束、观叶植物、小型盆栽花卉购买力明显增加，花卉售卖方式多样化，超市、商场、住宅小区、园林公园均有销售摊位，为花卉走进千家万户提供了条件。

由于山西省特殊的地理位置，生产的花卉具有色泽鲜艳、花朵硕大、货架期长、根系粗、抗寒保水等特点，受到全国各地市场的欢迎。现山西省的花卉除本省消费外，主要满足北京、天津、郑州、西安、银川等地的市场需要。

（3）花卉旅游与产业发展。“徜徉在花的海洋，倾听着花的诉说，陶醉于花的芬芳”是现代人们生活的一种方式。适应山西省经济社会发展的需求，开展花卉旅游，促进花卉产业转型发展，由下而上达成了共识，许多有识之士捕捉到了花卉旅游这种时机，很多企业购建土地种花种草，搭建花卉旅游大舞台，在不同季节、不同地域，推出不同的花卉欣赏内容，大力宣传花卉文化，提升了花卉产业的社会效益和经济效益。开展强强联合，开发山西省花卉之旅，努力营造“放眼表里山河，悠然畅游花海”的山西花卉产业发展大格局。

二、特点和亮点

1. 转型发展初见成效

山西花卉产业在投资、生产、经营、市场竞争等方面都具有很鲜明的特征。从花卉投资看，已经从传统花卉种植业向花卉全产业链延伸，对产业前端的花卉品种技术研发、产业后端的花卉加工和服务业，以及花卉配套产业的投入正在逐步增加。从花卉生产技术看，通过新品种选育引进符合本土条件的高品质花卉，引进先进的培养管理技术，在专业技术人才培养等方面加大力度，促使具有本土特色的高品质花卉规模化批量生产，在全国花卉交易市场占有一定份额。从花卉生产能力和产业组织方式看，花卉“大路货”供给能力超出需求，产业结构必须优化升级，产业呈现规模化、标准化、专业化和智能化的新特征。从花卉生产要素相对优势看，花卉生产正由劳动、土地密集型向资本、技术密集型转变。从花卉市场竞争特点看，过去主要是数量扩张和价格竞争，现在正逐步转向质量型、差异化为主的竞争。山西省花卉产业正在向形态更高级、社会化分工更细、结构更合理的阶段演化。

2. 花卉旅游稳步发展

山西省南北狭长且境内山峦起伏，沟壑纵横，形成了很多气候条件相对独立的小区域，当地政府及企业抓住这一机遇，通过对区域内花卉资源的利用及整合，形成相对集中、连片的景观，打造出各类花卉主题观光园区。太原樱花谷、阳泉桃林沟、代县杏花坡、祁县梨花节、安泽黄花节、古县牡丹园等主题花卉园每年都吸引着大批游客，在赏花的同时，带动了当地的旅游经济，初步形成了主题花园与观光游览相结合的新模式。

3. 世园博览山西添彩

2014青岛世界园艺博览会于2014年4～10月在青岛百果山森林公园举行。山西展园以具有浓郁地方特色的晋商文化“平遥古城墙和日晟昌票号”为主体建筑，结合独具匠心的花带，为广大游客及业内人士展示山西悠久历史文化及蜿蜒多姿的山西风采，使游客在欣赏美景的同时，进一步加深对山西的了解。山西展园在众多展园中脱颖而出，获得了2014青岛世界园艺博览会室外展园竞赛特等奖。

4. 晋式盆景完美起步

盆景作为花卉产业中的一个重要组成部分，其地位越来越为业内人士所重视。而山西盆景却始终处于既无“流派”也无“特色”的境地。近几年山西省根据山西得天独厚的地理条件和种源优势，对观果类盆景进行探索，部分果树盆景已规模化生产。一盆盆预示着“平平安安”的苹果盆景、象征着“红红火火”的山楂盆景、代表着“事事如意”的柿树盆景，已走入市场，走出山西。

2014年10月25日至11月2日，由中国花卉协会主办的首届“中国杯”盆景大赛在江苏省如皋市召开。全国共有17个省（区、市）参赛，参赛作品331盆。本次大赛中山西省选送的苹果盆景“满堂红”获得铜奖。山西省是首次参加此类专业性盆景大赛，并且也是首次获得此项奖项，对山西盆景事业的发展起到积极的促进作用。

三、存在的主要问题

山西省花卉产业发展正处于转型发展期，面临很多困难和挑战。花卉产销压力较大，缺乏新产品、新技术和人才，企业也面临运营资金短缺的困境。

花卉产业仍处于传统向现代过渡期间，虽然部分企业已经实现了标准化、规模化、专业化生产，但还有相当多的企业依然停留在规模小、品种乱、种植分散、管理粗放的传统花卉业阶段，企业缺乏市场竞争力。

由于缺乏信息流通平台和有效的统计手段，花卉产销信息不平衡，出现“买难”和“卖难”并存的局面。组织化程度不够高，花卉信息交流不畅，导致行业内部纵向和横向合作不够充分，致使资源重复浪费。

山西省花卉产业一直缺乏核心产品和技术，今后也将是制约花卉产业发展的主要瓶颈。加大品种创新，加大技术研发，加快构建具有山西特色的花卉品种创新体系和技术研发体系是当务之急。

花卉种植企业投资大，银行融资难度高，融资贵，这些因素在一定程度上都制约着企业的发展，影响企业竞争力。

四、2015年发展思路与重点

1. 发展思路

山西相关部门将加强行业宏观引导，发展花卉休闲观光产业，注重花卉产业在食品、药品、保健、日化等方面的发展，利用互联网，打造电子商务平台，加快传统花卉业改造。完善花卉产业政策，强化金融服务。完善花卉职业培训政策，提高培训质量，优化花卉生产、销售市场布局，找准花卉产业发展定位和自身优势，积极引导家庭花卉消费，普及种花、养花知识。

加强社会团体组织的力量，在政策上向政府提出优化意见，增加政府购买服务力度，在融资渠道上对花卉企业进行倾斜，在资本市场等领域改革，减少税务负担。注重花卉新技术、新产品、新业态、新商业模式总结推广，创新投融资方式，加强政府专项资金扶持力度。

对于企业来说，在组织方式上要优化升级，实现标准化、规模化和专业化生产，改变竞争策略，重视技术、品种选育等方面的工作，加强企业之间的横向合作，加强宣传力度，要充分利用电子商务平台，拓宽销售渠道。

2. 工作重点

（1）注重组织引领，加强政策扶持力度。为了积极发挥社团组织作用，提高全民对花卉的认识及花卉从业人员对花卉事业的热情，激发各行各业积极投身花卉事业，将对山西省花卉协会成员进行调整，选举产生新一届协会领导班子，大量吸收近年来山西花卉生产企业、电商、花卉从业者进入协会。加强行业内部及各行业间的联系，合作开展各种形式的会展活动，为花企、花农创造各种新机遇。

（2）根据消费需求，进行结构调整。对山西省的花卉企业进行全面的摸底调查，对调查出的花卉种植面积、品种数量、产量、年销售额、从业人员等基本情况进行研究和分析，提出符合山西省省情的行业建议。根据调查结果，协助企业根据自身条件及消费群体的消费习惯、消费特征，综合制定出发展方向，转变生产、经营模式，不断更新品种，让品种与市场衔接起来，从而增加经营收入，提升市场的抗风险能力。

（3）形成特色花卉旅游经济带，推动市域经济发展。利用各市、区域不同的地理环境与自然条件，对各类具有代表性及地域特色的花卉进行综合治理，引进或改良具有食品、药品、保健、日化价值的花卉品种，进行连片种植，打造出具有观赏价值、使用价值的花卉示范景点、生产园区，从而带动周边农户参与，增加其经济收入，使花卉事业更贴近民心。

（4）利用各种渠道，打响山西花卉品牌。充分利用报刊、网络等传媒工具，搭建平台，加强纵、横向之间的联系与沟通，将符合山西省情的花卉优良品种引进来，把山西省各类具有地域特色的花卉及大型花事活动、大中型花卉企业推荐出去；协助电商走“实体店交易，网络支付”的销售新道路，促进电商增产增收，扩大山西在全国花卉界的影响。

执笔：白志玲（山西省花业管理站、山西省花卉协会）

第27章 内蒙古自治区花卉产业发展报告

一、综述

内蒙古自治区地处我国北方高寒地区，辖区辽阔，横跨东北、华北、西北地区，总面积118.3万平方千米。由于地域与气候的局限性，花卉在内蒙古自治区没有形成较大的规模。近十几年来，随着我国设施农业科技的进步和保护地的不断扩大，使得打破农作物地域与气候的局限性成为可能，内蒙古自治区各地智能温室、日光温室、大棚等保护地设施面积逐年增加，2014年设施面积已经达133万亩，其中部分设施进行花卉新品种、特色品种养护和种植，面积、产量和销售额不断增加，市场前景广阔。同时，花卉产销信息、流通服务体系的建立和不断完善，有力地促进了内蒙古自治区花卉产业的发展。

2014年内蒙古自治区花卉种植面积为7104公顷，销售额为3.55亿元左右，从业人员3.24万人，其中专业技术人员0.076万人，有花卉、园林、苗木企业319个，其中种植面积在3公顷以上或营业额在500万元以上的大中型花卉生产企业15家，花卉市场49个（表27-1）。

表27-1　2013—2014年内蒙古自治区花卉产业基本情况

年份	生产面积（公顷）	销售额（亿元）	从业人员（万人）	其中：专业人员（万人）	企业（家）	其中：大中型企业（家）	市场（个）
2013	6815.70	3.63	3.42	0.074	321	15	53
2014	7104	3.55	3.24	0.076	319	15	49

注：大中型企业指种植面积3公顷以上或年营业额500万元以上的企业。

2014年内蒙古自治区设施花卉栽培面积133公顷，其中温室99公顷，大中小棚26.50公顷，遮阴棚7.50公顷，生产的种类主要是草本花卉、绿化苗木、花灌木等（表27-2）。

表27-2　2013—2014年内蒙古自治区花卉设施栽培情况　　单位：公顷

年份	总面积	1. 温室	其中：节能日光温室	2. 大（中、小）棚	3. 遮阴棚
2013	132.90	96.00	60.90	28.30	8.60
2014	133.00	99.00	72.30	26.50	7.50

2014年内蒙古自治区鲜切花类种植面积为119.20公顷，销量1392.10万枝，主要品种为香石竹、百合、菊花、月季、唐菖蒲、玫瑰、金萱草、康乃馨、非洲菊等；盆栽植物类种植面积为1403.40公顷，销量15333.30万盆，主要有蝴蝶兰、仙客来、菊花、盆栽月季、红掌、一品红、郁金香、马蹄莲等20多个品种；观赏苗木872.30公顷，销量6328.30万株；工业及其他用途花卉2646.20公顷，销量约5.62万吨；草坪812.20万平方米，销量214.60万平方米；种子用花卉906.30公顷，销量2613.20千克；种苗用花卉305.90公顷，销量3882.40万株；种球用花卉38.90公顷，销售量30.10万粒（表27-3）。

表27-3　2014年内蒙古自治区主要花卉产销情况

类　型	种植面积（公顷）	销售量	销售量（单位）	销售额（万元）
合　计	**7104.40**	—	—	**35450.50**
一、鲜切花类	119.20	1392.10	万枝	1573.10
其中：鲜切花	119.20	1392.10	万枝	1573.10
鲜切叶			万枝	
鲜切枝			万枝	
二、盆栽植物类	1403.40	15333.30	万盆	14345.30
其中：盆栽植物	261.20	1731	万盆	4231.20
盆景	40.10	60.10	万盆	1902.50
花坛植物	1102.10	13542.20	万盆	8211.60
三、观赏苗木	872.30	6328.30	万株	6289.10
四、食用与药用花卉			千克	
五、工业及其他用途	2646.20	56249.20	吨	5723.50
六、草坪	812.20	214.60	万平方米	3629.10
七、种子用花卉	906.30	2613.20	千克	3213.90
八、种苗用花卉	305.90	3882.40	万株	642.30
九、种球用花卉	38.90	30.10	万粒	34.20
十、干燥花		—	—	

2014年与2013年的数据相比，内蒙古自治区花卉生产面积增加了288.30公顷，增加幅度约为0.04%，销售额下降了0.08亿元，下降幅度约为0.02%。生产面积增加而销售额下降的主要原因是部分草花集中上市，销售价格前期走低，次要原因是部分花卉品种的价格低于2013年同期水平；花卉产业从业人员、专业技术人员、企业生存发展状况情况变化不大，基本保持了2013年的水平；花卉市场数量稍减的主要原因是个别城市进行市场拆迁改造。

从总体情况分析，内蒙古自治区2014年绿化苗木总量有余，大规格苗木较好销售，中高档花灌木品种比较畅销，尤其是耐寒彩色树种比较受欢迎，大中城市利用容器苗进行绿化美化比较流行，乡土植物的绿化利用率在逐步走高；城市居民青睐多肉植物及组合盆景，对草本盆花的购买量也比往年有较大的增加。

二、特点和亮点

1. 编写《2014内蒙古自治区花卉产业发展报告》

在充分调查了解自治区花卉产业情况的基础上，内蒙古自治区花卉协会组织编写了《2014内蒙古自治区花卉产业发展报告》，为中国花卉协会汇总各省（区、市）花卉产业有关情况，指导产业发展，提供了依据。

2. 制定《内蒙古自治区花卉产业自律公约》

为了规范会员单位的生产经营活动，预防行业内不正当竞争行为，引导和促进自治区花卉产业健康有序地发展，内蒙古自治区花卉协会在充分征求会员单位意见的基础上，制定了《内蒙古自治区花卉产业自律公约》(以下简称《自律公约》)，并用行业协会通知的形式下发到各会员单位，要求会员单位严格执行国家有关的法律、法规，遵守《自律公约》的各项原则，为自治区花卉产业廉政建设、规范经营、有序发展和平等竞争做出贡献。

3. 编写《内蒙古花卉协会大事记》

内蒙古自治区科学技术协会为了总结第六次代表大会以来的工作成绩，要求花卉协会编写《内蒙古花卉协会大事记》。内蒙古自治区花卉协会认真回顾了这一时期的工作情况，撰写了7000字左右的主要事记材料，并报送自治区科学技术协会。事记材料实事求是地反映了自治区花卉协会在中国花卉协会和有关部门的支持下，在组织花展、公益活动、学术交流、服务会员、市场信息共享等方面的业绩，受到有关部门的肯定和表彰。

4. 组织观摩考察2014青岛世界园艺博览会

为了学习国际、国内园林科技先进成果，进一步提高技术人员对国内外园林科技成果的应用，应中国花卉协会的要求，内蒙古自治区花卉协会组织18名业务技术骨干赴山东学习、观摩2014青岛世界园艺博览会。自治区学习考察团参观了各国园艺技术展示馆以及各省（区、市）的园林展园，考察了园林植物新品种、新技术栽培和应用，观看了视听资料介绍的各类花卉植物的性状和特点，带回了大量的技术资料和部分品种资源。

5. 积极参加全国职业技能大赛活动

全国职业技能大赛是2014年人力资源和社会保障部在全国范围内举行的一次重要活动，旨在加强社会各类职业技能人才的选拔和培养，插花花艺是职业技能大赛中的组成部分。为了配合这项工作，内蒙古自治区花卉协会下发了《关于积极参加内蒙古职业技能插花花艺竞赛活动的通知》，要求会员单位积极支持和参与这一活动。为了更好地组织竞赛活动，应组织单位的要求，花卉协会委派专业技术人员在呼和浩特和包头市积极参与插花花艺竞赛理论试题、比赛细则的编写工作，参与比赛中的裁判评分工作，并将选手参赛花艺作品在比赛场地进行了展示，这些举措受到了大赛组织部门的高度赞誉。

6. 参加2014青岛世园会国际花艺竞赛活动

为了学习国外、国内插花花艺，提高自治区的插花花艺水平，在中国花卉协会的组织下，内蒙古自治区花卉协会选派6名插花技师，代表自治区花艺界参加了2014青岛世园会国际花艺竞赛。在国内外高手如林的竞赛中，内蒙古选手主题为“南海拾贝”的花艺作品突出主题、造型新颖、用材环保，和整个赛区中的作品相比毫不逊色。这次竞赛活动既学习了新的花艺技术，也锻炼和提高了选手，为自治区花艺界赢得了荣誉。2014青岛世园会国际花艺竞赛大会组委会给内蒙古自治区花卉协会颁发了参赛证书，予以鼓励。

7. 产业信息传播

内蒙古自治区花卉协会本着为会员搞好服务的思路，在2014年积极搜集市场行情、产业新闻、优良品种等信息，通过利用互联网、电话、短信、微信等媒介，积极在会员圈内进行传播，全年传播信息量达260条之多，同时还为自治区内外的一些园林企业经营活动进行牵线搭桥，这些举措受到会员们的普遍欢迎。

三、主要问题

内蒙古自治区花卉产业在种植、科研、保护地栽培等方面有了较大的进步，但也存在不少问题，影响到产业的快速发展，主要表现在以下几个方面。

1. 政策扶持力度不够

除借助设施农业有关政策对花卉基础设施的扶持外，自治区、盟市、旗县对花卉产业的品牌建设、流通体制建设、新品种开发、花文化宣传等方面缺少专门的政策性扶持，对花卉技术支持项目立项较少。

2. 生产技术服务手段滞后

自治区种植业没有建立花卉生产技术标准，相应的技术服务手段也比较薄弱，造成先进的生产技术和优良品种难以推广。没有形成教学、科研、生产、流通的产业化合力机制，生产中的技术难题难以迅速解决。

3. 缺乏市场竞争力

自治区花卉产业规模较小，专业化程度较低，各地都缺乏花卉新品种、新技术、新材料技术示范区，缺乏集中连片的专业化生产园区，产品缺乏市场竞争力。

四、2015年发展思路与重点

1. 发展思路

以习近平总书记提出的“建设美丽中国”为指导思想，把“建设我国北方重要绿色生态安全屏障”为总任务，充分发挥内蒙古自治区花卉协会“组织、协调、引导和服务”的作用，为内蒙古自治区生态建设、环境保护、城市美化做出贡献，在2015年努力工作，保障自治区花卉行业有一个明显的进步。

2. 重点工作

（1）加强优良品种的规模化种植。在自治区花卉主要生产区，积极引进、推广一批适销对路的优良花卉新品种，以好的经济效益引导花农进行规模化种植，培育和发展区域市场。加强自治区大中城市盆花、鲜切花的市场自供能力，逐步扩大地产优质花卉的市场占有率。

（2）开发利用乡土植物资源。继续搞好与园林科研部门、园林绿化企业的技术合作项目，加强对北方抗旱节水、适应性强的野生草种和花卉资源的驯化栽培研究，使更多的优良品种成为草原生态建设、城市景观绿化的品种资源，促进内蒙古自治区生态环境的改善。

（3）创立自治区花卉品牌。采取农林技术、科研、教学、园林企业联合攻关的方式，培育具有地域特色的花卉植物，争取在下一届花卉博览会拿出具有内蒙古地域特色的花卉产品，解决自治区花卉品牌缺乏的问题。

（4）加强花卉流通和信息服务。充分发挥协会联系渠道广、与业内技术交流频繁的优势，积极主动了解国内外相关的市场情况，为自治区花卉产业提供有价值的市场信息，指导自治区花卉产业健康有序地发展。

执笔：刘二宝、吕艳霞（内蒙古自治区花卉协会）

第28章 辽宁省花卉产业发展报告

一、综述

1. 花卉产业发展概况

2014年，辽宁省花卉种植面积28023.1公顷，鲜切花销售量18.1亿枝，种球产量3.9亿粒，销售额51.2亿元（表28-1）。花卉产品主要以球根花卉种球、鲜切花、盆花和观赏苗木为主，主要销往东北3省及北京、上海、广东、福建、江苏、安徽、浙江等20多个省（区、市）。花卉出口以百合、玫瑰、菊花等鲜切花以及君子兰盆花为主，主要出口日本、韩国、俄罗斯、中国香港等国家和地区。2014年花卉设施栽培面积11万亩，约占总种植面积的26.2%，其中温室面积7.2万亩，其他为大（中、小）棚及遮阴棚。

表28-1　2013—2014年辽宁省花卉产业基本情况

年份	生产面积（公顷）	销售额（亿元）	从业人员（人）	其中：专业人员（人）	企业（家）	其中：大中型企业（家）	市场（个）
2013	34000	64.6	125428	5423	806	411	60
2014	28023.1	51.2	78555	3289	697	402	65

注：大中型企业指种植面积3公顷以上或年营业额500万元以上的企业。

2. 花卉产业在辽宁省的地位与占比情况

花卉产业是辽宁省农业特色产业之一，在农业增效、农民增收中具有重要作用。2014年花卉总产值占全省种植业总产值的5.5%。

二、特点和亮点

1. 完成农业综合开发重点科技推广项目

结合农业部和辽宁省财政厅农业项目扶持政策，通过调研辽宁省花卉产业发展情况，完成农业综合开发省级重点科技推广项目全部工作。“出口切花菊新品种及配套栽培技术示范推广”项目已顺利通过了相关部门组织的答辩，辽宁省财政下拨项目资金25万元。该项目在辽宁范围内选择沈阳沈北新区、灯塔县、清源县、盘山县4个项目区，计划推广优良切花菊新品种9个，合计推广面积750亩。项目预计年产出口切花菊1500万枝，实际年产出口切花菊2000万枝，出口额4000万元，主要出口日本和韩国。项目培训各类技术人员和农民1000人次，带动切花菊农户2200户，分别在盘锦、清原、灯塔举办出口切花菊新品种培训班5次，组织专家到项目区进行现场咨询3次。

2. 开展百合种球生产调研，推进花卉生产标准化建设

结合辽宁省农村经济委员会下达的农业地方标准《百合种球繁育技术规程》项目任务书，根据辽宁花卉发展实际，组织相关人员赴沈阳、凌源、清原等地进行了百合种球生产的调研，深入了解目前百合种球新品种引进、标准化生产、基地建设、种球国产化等方面及花卉生产中存在的突出问题，并提出了有针对性的对策。2014年6～9月已完成材料收集、查询工作，10～11月完成标准的起草及征求意见稿，12月将按有关部门的要求进行专家审定。标准实施后，可使辽宁百合种球繁育生产实现标准化、规范化，提高辽宁百合种球品质，提高百合切花生产质量，增加农民收入，对促进辽宁百合产业的发展具有重要意义。

3. 加强技术推广，提高花卉产业科技含量

2014年在总结几年来新品种、新技术推广的基础上，和辽宁省农业科学院花卉所联合申报了“百合菊花新品种选育及生产技术集成研究与推广”项目，获辽宁省科技进步二等奖。该项目几年来分别在朝阳、沈阳新区、辽阳、清原等花卉重点县（区）组织实施，共推广百合新品种4个，菊花新品种6个，累计推广面积达45万亩，新增效益38亿元。项目中配套技术在花卉重点产区推广率达到90%以上。

4. 继续开展花卉标准园创建活动，促进特色产业“一县一业”发展

一是根据辽宁省《花卉标准果园创建活动工作方案》要求和花卉产业发展实际，继续推进花卉标准园的建设，创建花卉标准园10个。二是按照辽宁省政府提出的“一县一业”有关要求，重点扶持凌源花卉产业发展，提高特色产业知名度和拉动作用，促进特色产业“一县一业”发展。

5. 发挥协会作用，为花农搞好服务

充分发挥花卉协会的组织协调作用，为花农做好产前、产中和产后服务，组织各市花卉主管部门就各市花卉协会组织机构进行花卉组织机构调查，摸清了辽宁省各级花卉协会组织的情况，并将调查结果上报辽宁省科学技术协会。充分发挥花卉协会组织在科技信息、培训、组织协调工作中的作用，在2014年4月举办的首届辽宁省君子兰展销会上共300多家企业参展，社会效益显著。

三、主要问题

1. 基础设施薄弱，综合生产能力差

近年来，辽宁省借助设施农业有关政策促进了花卉产业的发展，但是在基础设施建设、新品种引进开发、新技术推广等方面存在不足，导致生产设施薄弱，生产手段落后，使辽宁花卉综合生产能力不强。

2. 花卉标准化、规范化程度差，产品市场竞争力低

辽宁省花卉生产技术和经营管理相对落后，一家一户的生产模式导致专业化、标准化、规模化程度低，花卉产品质量难以保证，影响了辽宁省花卉产品的市场竞争力。标准化生产质量技术规范、质量检测标准等体系尚不完善，产品出口量较小，国际市场竞争力较弱。

3. 种球国产化程度低

目前我国大面积百合切花生产用种球主要从荷兰、日本等国进口。辽宁省作为全国最大的百合种球繁育基地之一，以东方百合为例，每年需要进口种球5000多万粒，占全国东方百合进口量的1/4，国产化每年解决约3000万粒，但仍有部分需要依赖进口。随着百合产业的发展，进口种球价格的居高不下、脱毒不完全、供种球时间集中等问题已成为制约辽宁省百合产业发展的关键问题。

4. 龙头企业和市场规模小，带动能力差

辽宁省的花卉企业697家，其中大中型企业400多家，出口企业仅有20多家，占企业总数的7.1%，而且出口品种单一，仅限于鲜切花和盆花；没有产业链上专业分工，企业无法形成自己的特色和品牌产品；大中型花卉市场管理、服务不规范，物流水平落后，信息化程度低，限制了辽宁开拓国内外市场的步伐。

执笔：贾慧群、宋国柱（辽宁省果蚕管理总站）

第29章 吉林省花卉产业发展报告

一、综述

2014年，吉林省花卉生产面积1.73万公顷，与2013年度基本持平。其中鲜切花类生产面积343.70公顷，观赏苗木生产面积1.43万公顷，盆栽植物类生产面积467.10公顷。总销售额7.60亿元，比2013年增加4.10%。据统计，全省花卉市场44个，花卉企业810家（其中面积在3公顷或营业额在500万元以上的大中型企业40家），从业者8.03万人，其中专业技术人员3825人（表29-1）。

表29-1 2013—2014年吉林省花卉产业基本情况

年份	生产面积（万公顷）	销售额（亿元）	从业人员（万人）	其中：专业人员（人）	企业（家）	其中：大中型企业（家）	市场（个）
2013	1.73	7.32	8.03	3822	810	40	44
2014	1.73	7.60	8.03	3825	810	40	44

注：大中型企业是指种植面积3公顷以上或营业额500万元以上的企业。

二、特点和亮点

1. 区域性布局明显

吉林省东高西低，目前花卉生产已经形成以区域为特色的产业发展布局。

东部山区以长白山野生花卉驯化和其他用途花卉生产为主。通化市特产研究所、北方特产研究所、吉林省长白山科学研究院和延边大学等科研院所，多年来致力于长白山野生资源研究，现已成功驯化长白山野生观赏植物40余种。通化县种子用花卉1000多亩，主要出口韩国。

中部地区以鲜切花、盆花和观赏苗木生产为主。截至2014年，长春市绿化苗木生产面积4300公顷，约占全省的30%；长春市鲜切花生产面积约85公顷，占全省的28.50%；长春市、四平市君子兰种植面积达135公顷，占全省君子兰总种植面积的87.10%，其中温室550栋，大棚216栋，3年以上的成龄株1.20亿株左右，从业人员5万多人，规模较大的君子兰生产基地15个。

西部地区花卉生产品种较多，除工业用花卉万寿菊外，其他花卉生产面积都较少。2014年，白城市工业用花卉万寿菊生产面积约50公顷，约占全省工业用花卉生产面积的4.81%。

2. 种质资源优质显著

（1）长白山野生花卉。长白山是野生生物资源宝库，据不完全统计，长白山野生植物约3.90万种，其中具有观赏价值的花卉有124科405属804种。吉林省目前已成功引种、驯化栽培的长白山野生观赏植物有五味子、山葡萄、地锦、鸢尾、冰凌花、南蛇藤、乌头、白头翁、百合等40余种。北方特产研究所在通化县建立长白山野生大花杓兰繁育基地，现有仿野生栽培杓兰5亩。吉林省长白山科学研究院建立了红景天培育基地。这些基地的建立对长白山野生花卉研究、驯化工作奠定了基础。

（2）长春君子兰。长春市君子兰在我国精品数量第一、产品质量第一、保留品种第一、从业人员第一，已是中国乃至世界种兰繁育基地、商品兰生产基地。目前，长春市宽城区君子兰公园、长春市兰家、雁鸣湖和一汽等君子兰生产基地一直保留有君子兰原始品种，如'大胜利'、'和尚'、'染厂'、'油匠'、'黄技师'、'大桥一号'等，为君子兰新品种培育提供了优良的基因。

3. 科技成果丰富

吉林省花卉生产一直坚持走科技兴花之路，并取得了一定的成果。吉林省蔬菜花卉科学技术研究院利用脱毒技术进行百合种球繁育，处理后的种球抗毒性强，能连续栽植数年不染毒。长春市牡丹园自1998年起，先后引进紫斑牡丹153个品种，中原牡丹30多个品种，通过十几年的努力，现已有100个品种栽培成功。四平地区自2001年不断从外省引进梅花，经十几年的引种驯化，筛选出5个露地安全越冬的梅花品种，长势优良，得到了北京林业大学园林学院的认可。长春市各大君子兰企业和君子兰生产基地积极培育白花系君子兰、黄花系君子兰、袖珍盆栽君子兰和矮化垂笑君子兰等新品种，为君子兰产业发展提供了良好种源。吉林省春莲集团有限公司利用促成和抑制栽培技术，已培育出20多个反季节名贵花卉品种。先进科学技术的应用，丰富了吉林省花卉种类，提高了花卉品质，更增强了杏林省花卉商品的市场竞争力。

4. 生产基地较多

（1）君子兰基地。截至2014年，长春市已建成规模较大的君子兰生产基地15个。打造了占地面积15万平方米的长春市泓鑫君子兰基地，围绕"旅游观光，修心养老，种植销售，展示展览"，着力打造中国君子兰集群式种植、规模化发展、集产销于一体、展示与观光相兼的君子兰聚集地。

（2）宿根花卉基地。为满足市场需求，吉林省已先后建立了多处宿根花卉生产基地。白山市宿根花卉苗木基地以种植和经营各类耐寒宿根地被花卉和绿化苗木为主，特色品种是耐寒月季、净清香草、垂吊天竺葵等"功能花卉"。长春市朝阳区永春宿根花卉研究园已引进驯化耐寒、耐旱、耐瘠薄、花大、花艳、花香、花期长的宿根花卉和地被植物近60个品种。吉林省蛟河市进收抗寒花卉苗木专业合作社基地专业生产、销售各类木本及草本耐寒宿根花卉和各种果树苗木，宿根花卉更是独树一帜。长春市朝阳区大地宿根花卉基地占地面积13公顷，拥有适合于东北地区生长的抗寒月季、香石竹、各类萱草等一系列宿根花卉，共计60个品种。

（3）鲜切花基地。吉林省九台市卡伦镇鲜花的生产规模较大，镇郊村一社和六社有95%的村民种花，年户均收入在几万元到几十万元。其中一家养花大户，仅菊花一项每年的经济效益就达10多万元。吉林市小白山乡鲜切花种植10余年，年生产鲜切花4～5茬，年产量1080万枝，农民纯收入可达400万元以上。

（4）绿化苗木基地。靖宇县境内的景山苗圃占地42.59公顷，年产成苗1200万株，是吉林省重点产苗基地。该苗圃率先使用了国家推广的优良品种，种苗质量均达到国家标准，成为免检对象。集安经济开发区红豆杉繁育基地专业从事东北红豆杉苗木繁育和种植，种植面积50多公顷，主要培育东北红豆杉种苗、东北红豆杉绿化苗、东北红豆杉盆景，是吉林省东北红豆杉苗木专业培植基地。

（5）配套服务基地。吉林省东丰草炭土生产基地，主要销售草炭土、松针、珍珠岩。草炭年产量90万吨，产品远销北京、湖南、广东、天津、江苏、山东、浙江和南京等地。吉林省敦化市吉祥泥炭开发有限公司，成立于1998年，近年来开发研制了用于花卉蔬菜育苗的营养基、泥炭育苗营养块、花卉培养基质、土壤改良剂等产品，远销国内外。延边绿缘园艺材料有限公司，是一家外资企业，成立于1998年，公司主要生产和经营腐叶土、浮石、压缩树叶、植草草帘等园艺资材。

5. 流通体系较完善

吉林省十分重视花卉产品流通体系和信息交易平台建设。截至2014年底，吉林省已拥有大型花卉批发市场44家，有效地拉动了产品的销售，促进了产业升级。

长春市君子兰花卉交易中心是长春市150个重点建设项目之一，是以君子兰为主体的东北最大的花卉交易市场和集散中心。项目总投资2.40亿元，占地5万平方米，一期建筑面积3.60万平方米。长春市青怡坊花鸟鱼交易中心始建于2000年，经营面积2.60万平方米，主要经营花卉与观赏鱼，是目前东北3省最大的花鸟鱼专业市场。长春市宏伟花卉交易市场经过几年的发展，已成为吉林省花卉批发中心。拥有标准温室近100栋，80%业主从事南花北销业务，每年从广东、福建、浙江、山东、河北等地运进花卉4000万～5000万盆，主要销往内蒙古、黑龙江及吉林省内各大花卉交易市场、零售花店和写字楼，每年销售额达20亿元，已形成了外接生产基地、内连广大消费者的销售链条，使吉林省花卉市场流通体系健全合理。吉林省九台市波泥河镇花卉苗木批发市场主要经营常绿树木类、造型类、砧木类、果树类、木本花卉类、草本花卉类、野生树种类及草坪类共173个品种，产品外销黑龙江、辽宁、内蒙古、河北、山东等省（区、市）。

三、主要问题

近几年，吉林省花卉产业虽然发展较快，但受地域、经营理念等因素制约，产业整体素质还不高，仍然存在阻碍产业发展的问题，主要表现在：

1. 优势资源和产品开发工作滞后

吉林省野生花卉资源和园林植物资源极为丰富，开发潜力大，利用价值高。东部长白山区生态环境保存相对完好，很多珍贵品种值得开发，如牛皮杜鹃、兴安杜鹃、萱草、杓兰、卷丹百合等。由于对野生花卉资源的开发利用方面的投入较少，致使很多珍贵品种开发缓慢，其应用价值得不到很好的发挥。吉林省君子兰、种球等优势花卉产业，目前仅处在起步阶段，亟待开发。

2. 生产模式落后，整体实力弱

吉林省花卉产业起源于一家一户生产，缺乏统一的规划，具体表现为生产规模较小、生产水平低、经营理念落后，致使产业整体实力弱，缺乏专业化的销售龙头公司和中介服务机构，无法与市场形成有效链接，抵御市场风险能力较低，生产模式亟待整合。

3. 科学技术转化慢，生产成本高

目前吉林省花卉产业的生产一直沿用传统方法、技术和经验，产、学、研互相脱节，科技研发、培训、推广体系尚未形成，可降低成本的无土栽培、病虫害防治等技术还没有很好地得到研究、推广和应用。尤其是市场上部分外进花卉品种的销售价格低于在吉林省内的生产成本，这严重阻碍了吉林省花卉生产企业及花农的积极性。

4. 消费市场过分依赖外省

吉林省的鲜切花80%以上从外省引进，本地产鲜切花上市集中，旺季过剩，淡季不足，市场供给不稳定，不能实现周年供应。

四、2015年发展思路和重点

吉林省花卉产业正在从单一品种向多元化方向发展。2015年，吉林省将从有效保护和充分开发利用优势资源出发，以长春市和吉林市为中心，坚持“突出特色，优化产业”思路，实现全省花卉产业共同发展的目标。

1. 抓技术推广，提高产品质量

通过建立种源基地和标准化生产示范基地，推广普及花卉新技术，提高花卉产品的整体科技含量，增加花卉产品产量和质量。

2. 抓龙头企业建设，提高产品转化能力

重点打造一批有规模、实力强、科技含量高的龙头企业，增加产品种类和产出量，增加产品附加值。积极扶持一批有发展潜力的中小企业，发挥其辐射带动作用，促进产业快速发展。

3. 抓基础研究，提高产品研发能力

调动科研、教学单位科技力量，从培育花卉新品种入手，为产品深度开发和丰富花卉品种提供理论依据和技术保障。

4. 抓市场开发，提高市场占有率

抓宣传，保质量，树名牌，建高素质销售队伍，提高产品知名度和市场占有率。

执笔：马家艳（吉林省园艺特产管理站）

第30章 黑龙江省花卉产业发展报告

一、综述

1. 花卉产业发展概况

2014年黑龙江省的花卉总种植面积是1.57万公顷，花卉总销售额5.42亿元，与2013年相比分别下降4%、增加0.10%（表30-1）。2014年黑龙江省花卉产业总体面积呈平稳略降趋势，但是个别种类升降比较明显。其中盆栽植物33.41公顷，比2013年增加23%；花坛植物164.86公顷，比2013年降低16%。

表30-1　2013—2014年黑龙江省花卉产业基本情况

年份	生产面积（万公顷）	销售额（亿元）	从业人员（万人）	其中：专业人员（万人）	企业（家）	其中：大中型企业（家）	市场（个）
2013	1.64	5.41	13.81	0.17	67	27	11
2014	1.57	5.42	13.84	0.18	68	28	12

注：大中型企业是指种植面积3公顷以上或年营业额500万元以上的企业。

（1）加工花卉面积稳中略降。2013年加工用万寿菊受国际市场影响出现下滑，种植面积14527.50公顷，销售量382654.35吨，销售额48645.80万元，同比分别减少21.30%、19.50%、14.30%，2014年面积稳中略降，种植面积13870.99公顷，销售量363281.23吨，销售额49042.97万元，同比分别减少4.50%、5%、0.80%。黑龙江立达尔生物工程有限公司等一批加工企业开始深加工生产干粉，既提高了产品附加值又能直接面对客户，减少中间环节，降低市场风险，并且通过寻求上市等方式来融资，做大做强。这些都对黑龙江的万寿菊生产面积稳定起到了很好的作用。

（2）盆栽植物面积大幅增加。2014年盆栽植物面积33.41公顷，比2013年增加了23%。盆花生产技术经过多年的研究已经日渐成熟，各企业、花农已经找准自己的产品定位，一品红、仙客来、吊兰、常春藤、绿萝、肾蕨、铁线蕨等可以达到常年供应；蝴蝶兰、菊花、海棠类、八仙花、灯笼花、大岩桐、水仙、风信子、郁金香、'青苹果'竹芋、朱顶红、花毛茛等应季花卉可以季节性满足本地市场。中档盆花是市场最畅销品种，地产中档盆花已经占全省市场销量的1/3以上。在集团消费减少的情况下，盆花增长势头仍然如此强劲，出乎市场预期。

（3）鲜切花、观赏苗木、草坪等保持平稳。鲜切花继2013年以19%的强势增长之后，2014年面积稳定为13.80公顷，比2013年减少5.50%。肇源县和平乡玫瑰种植园、哈尔滨市呼兰区徐堡花卉种植基地种植面积稳定，种植技术趋向成熟。其中肇源县和平乡玫瑰种植园以种植切花玫瑰为主，呼兰区徐堡花卉种植基地种植玫瑰、菊花、康乃馨、非洲菊、百合、郁金香等温室花卉102万株。同时，哈尔滨市郊农民以黑龙江省农业科学院园艺分院、哈尔滨市农业科学院、东北林业大学、东北农业大学为技术依托，在哈尔滨周边种植了各类鲜切花。

城市建设以及公园、公共绿地、风景区等建设都保证了观赏苗木、草坪等的生产，2014年观赏苗木、草坪等面积保持平稳。除了呼兰朱家等成型的大型苗木生产区以外，松花江沿岸的延寿、依兰、方正等传统种粮区也开始尝试种植观赏苗木。全省观赏苗木种植508.47万株，草坪面积12.33万平方米，分别比2013年减少了0.60%、增加了10%。由于消费市场日益成熟，加上花农生产技术的不断提高，使观赏苗木、草坪等质量显著提高。

2. 花卉产业在黑龙江省的地位与占比情况

2014年全省农作物播种面积1400万余公顷，其中经济作物种植面积73.20万公顷；花卉总种植面积是1.57万公顷，占经济作物面积的2.10%，比2013年增加了0.30%。黑龙江省是农业大省，在种植业中花卉所占份额较小，但是占比增长势头有所提高。

二、特点和亮点

1. 万寿菊面积下降势头得到遏制

万寿菊生产面积经过近几年的下降，到2014年基本得到遏制，总体仍然是黑龙江省的主要花卉品种。几年来万寿菊加工企业一直在寻找出路，从最初生产颗粒柏到生产万寿菊色素油，到前几年的色素膏，最后到2014年开始生产色素粉，既提高了产品附加值又能直接面对客户，减少中间环节，降低市场风险。这使万寿菊生产的订单稳定，保证了花农的生产积极性。农业生产技术人员和花农通过多年技术改造积累，2014年万寿菊的单产已经稳定在1550千克左右，同比增加13.80%。高产地块达到2550千克，效益显著提高。深加工带动了下游产业，形成生产、加工、销售一条龙的产业化项目。2014年加工用万寿菊总产值49042.97万元，占全省花卉总产值的90.50%，是黑龙江省花卉种植中面积最大的产业，种植面积稳居全国前列，成为黑龙江省农村经济中一个最具活力的朝阳产业。

2. 市场交易火爆

花卉交易市场日趋专业、规范，大型的花卉专业市场、高档花店数量不断增加，花卉超市和网络花店成为服务大众的重要方式。哈尔滨花卉大市场、哈尔滨河沟街鲜切花批发集散地、大庆市红岗区北极花谷花卉交易中心等已经成为全省具有代表性的专业花卉市场和花木集散中心。注重培育营销大户、花农专业协会等新型经营组织，引导他们以多种形式参与产品流通。目前，全省各类花卉中介组织机构达30余家，常年活跃于整个花卉产业链，开展资金、技术、信息、销售等多方面的服务。在黑龙江农业信息网上开辟了黑龙江花卉专栏，在线解答技术难题，为花农提供市场信息。信息的共享使草本绿化花卉销售率由原来的90%提升到97%以上。这些都使得大环境不景气的前提下，花卉产业成为一枝独秀的产业。

3. 产业布局不断优化

发展适度规模经营，花卉生产逐步向优势区域集聚。形成了以大中型加工企业为依托的万寿菊产区，以交通运输便利的大中城市为主的鲜切花产区，以哈尔滨、大庆等百万人口大城市为主的中档盆花产区，以松花江沿岸的呼兰、依兰、方正为主的观赏苗木种植区。近两年，涌现出肇源县和平乡玫瑰种植园、呼兰区徐堡花卉种植基地等50万株规模花卉基地5个，呼兰区双利苗木专业合作社等200亩以上苗木基地18个。受比较效益拉动，品种间结构不断调整、优化。棚室鲜切花和中档盆花稳步发展。一品红、仙客来、蝴蝶兰等地产中档盆花已能够满足全省1/3市场需求。

4. 科技创新得到加强

黑龙江省花卉产业已初步构建起集“产、学、研”为一体的花卉标准研制、推广队伍，形成“以标准兴产业、用标准促发展”的可持续发展机制。全省主推的棚室鲜切花反季栽培技术共筛选优良品种20多个，推广优质化配套技术模式7项，实现产值0.90亿元。五色草栽植技术经过多年摸索创新，在绑扎、土质、育苗、灌溉、冬季喷色与其他草本花卉混搭等方面取得突破，形成了一整套有别于其他地区的独特施工技术。目前，五色草花坛在黑龙江省园林绿化应用中独占鳌头，在各级国际大赛和国内展览上，作品屡获殊荣，享誉国内外，已经成为黑龙江省花卉业的名牌产品。

三、主要成绩和经验

1. 进一步完善了黑龙江省花卉产业发展规划

在已有规划基础上，进一步加强优化生产布局，建立规模化、区域化、特色化的优质花卉生产，提升产品竞争力，实现由数量增长型向质量提高型转变，由粗放经营向集约经营转变，推进黑龙江省花卉业发展；继续组织黑龙江省的有关单位和知名专家对全省的花卉产业进行论证和补充，完善花卉产业发展规划；形成以绥化、牡丹江、鸡西、大庆等地区为主的加工花卉种植基地，以哈尔滨、齐齐哈尔等大城市郊区为主的盆花及绿化花卉种植基地，以牡丹江、黑河等为出口外向型花卉种植基地。

2. 做好技术培训、科技信息交流

开展技术培训和优良新品种应用推广，推动了黑龙江省的花卉产业提质增效。利用互联网、各媒体信息平台和阳光培训工程、农闲办班、广播讲座、科技下乡、出版图解等多种形式进行技术培训，全年培训花农总人数达5.30万人次。推广棚室鲜切花反季栽培技术等技术，利用农技推广体系的网络信息平台、电话咨询服务等多种形式对从事花卉生产、经营的从业者进行栽培技术的宣传和培训，提高培训到位率。还联合黑龙江农业大学和黑龙江林业大学举办了三期插花花艺技术培训班。在组织技术培训的同时还积极培育中介组织、营销大户、花农专业协会、股份制联合体等，以多种形式参与产品流通，同时在花卉产销信息的交流上扩大宣传力度。利用黑龙江农业信息网进行花卉专家在线解答花农在生产中发现的问题，及时解决花卉生产中的技术难题，并为花农提供有价值的市场信息。积极协助花卉企业处理贸易纠纷。

3. 完成2014青岛世界园艺博览会的参展工作

参加了2014青岛世界园艺博览会的筹备和展览工作。黑龙江省展园的主题为“北国风光·美在黑龙江”。黑龙江省四季分明，景色独特。大森林、大冰雪、大界江、大湖泊、大湿地、大平原、大火山、大矿藏等资源不仅丰富而且已成为黑龙江省对外宣传的旅游形象。黑龙江省展园位于中华园内的西北端，总占地面积1642.43平方米。在2013年前期的设计和土建施工的基础上，2014年主要完成了绿化树木和花卉的种植工作。春节刚过，黑龙江省的施工人员就开赴青岛世博园开始紧张的绿化、彩化工作。时间紧、任务重，全体施工人员和工作人员吃住在第一线，顺利完成了展园的建设工作。黑龙江省所有参展单位精诚合作，努力工作，凭着认真、细致、刻苦、精心的突出工作业绩获得组委会颁发的室外展园竞赛金奖。

四、主要问题

近年来，黑龙江省花卉业发展迅速，但缺乏政府的资金、政策等方面的扶持。各级领导、专家、学者、协会等个人和组织应呼吁政府出台花卉产业扶持政策，加大资金投入，加大科研支撑力度，积极开展信息交流活动，为黑龙江省花卉业的持续健康发展提供良好的条件。

执笔：李文生（黑龙江省花卉协会）

第31章 上海市花卉产业发展报告

一、综述

2014年上海花卉产业发展与2013年相比较，主要表现在花卉种植面积减少，经济效益下滑，花卉种植品种结构发生了较大变化，但种苗生产优势继续保持领先，花卉出口行情形势喜人，花卉与旅游业相结合，促进花卉产业升级。

1. 种植面积减少

据统计，2014年上海花卉种植面积为2548.3公顷，比2013年减少198.2公顷（表31-1）。除草坪面积略有增长外，盆栽植物、种苗和种球生产面积减幅较大，分别减少17%、48%和69%。

2. 经济效益下滑

2014年上海花卉销售总额7.86亿元，比2013年花卉销售总额（8.41亿元）减少0.55亿元，减幅6%；出口总额为2568.8万美元，比2013年减少26%。据统计，2014年上海花卉国内销售类别中，观赏苗木的销售额比2013年有大幅度的增长，增92%，其余均减少，盆栽植物减少12%，种苗减少60%。出口类别中，鲜切花类出口额减少145%，种苗出口额减少21%。

表31-1 2013—2014年上海市花卉产业基本情况

年份	生产面积（公顷）	销售额（亿元）	从业人员（人）	其中：专业人员（人）	企业（家）	其中：大中型企业（家）	市场（个）
2013	2746.5	8.41	6197	988	217	59	17
2014	2548.3	7.86	5594	858	183	45	17

注：大中型企业是指种植面积3公顷以上或年营业额500万元以上的企业。

3. 种苗生产优势继续保持领先

种苗生产一直是上海花卉产业的重要组成部分。2014年上海市种苗生产和销售受大环境影响相对减少，但种苗以菊花、一二年生草花、非洲菊、康乃馨、蝴蝶兰、红掌、竹芋等为主品种，2014年出口总额为2499.8万美元，占本市花卉出口额的97%。

4. 品种结构发生变化

上海近年花卉种植品种结构发生了较大变化。一是早期种植的本地传统花卉品种，有十几个，如蜡梅、桃花、梅花、桂花、石榴、蔷薇、玫瑰、菊花、牡丹、银柳、水仙花等。二是国外引进的品种，有以下几类：一年生花卉，如康乃馨、三色堇、一串红、波斯菊等草花类品种；球根类品种如百合、朱顶红、帝王花、郁金香、唐菖蒲、大丽花、马蹄莲、洋月季、小苍兰、风信子和扶郎花等，尤其是多肉类花卉品种增长最快。到目前为止，无论是上海地产花卉品种，还是国外引进的花卉品种，估计已达上万个品种。

上海传统的花卉品种种植面积在逐渐缩减，菊花、玫瑰、月季以及球根类花卉已基本由国外品种替代。大量价值较高的中高档花卉品种和一二年生草本花卉，都是从荷兰、日本、英国、波兰、比利时、美国、瑞士、柬埔寨、意大利、阿联酋、阿根廷、马来西亚、德国和中国台湾引入栽培。

二、特点和亮点

1. 科研不断进步，现代设施逐步发展

近年来，上海在花卉科研、科技成果方面表现突出。据统计，2008—2014年，通过认定的自主选育的草坪和花卉品种(含品系)共计64个，主要有草本类、球根类、宿根类、多年生禾本科植物、多年生观赏草及木本类等。花卉类项目60余个，主要有攻关类项目，如技术类、信息追溯系统、种质创新类、生产栽培技术研究等；产业化类项目，如盆栽安祖花产业化生产、花卉产地检疫与引进品种的隔离检疫；推广项目，如生产技术、新品种栽培技术、花卉繁育与种质示范及花卉标准化技术等，另外还有花卉引进和产业化开发的项目。

上海自20世纪80年代中后期从以色列、荷兰等国引进温室设备技术，开始了反季节生产以后，现代化生产设施不断发展。但受大环境影响，保护地栽培出现结构性减少。据上海2014年的资料统计，设施栽培面积645.61万平方米，占花卉栽培总面积25.3%，比2013年减少13.9%。据调查，2014年的设施栽培生产花卉效益最高的当数种苗，其占地面积少，产值高，如种苗年亩产值可达10万元左右，菊花（切花）亩产值约6万元，其他比较高档的切花亩产也均在4万左右。简易大棚大宗产品如玫瑰、唐菖蒲、扶郎花、天堂鸟等平均亩产2500～6000元。尤其值得一提的是，多肉类植物种植占地少，且设施栽培后产生的经济效益尤为可观，亩产值最高可达300万元左右，这是市场的导向所至。

2. 规模化生产失衡，区域化特色显现

2014年的统计资料表明，上海市共有花卉生产企业近200家。由于城市化进程的不断推进，上海花卉生产企业50%以上的花卉种植面积在100亩以下，真正连片成规模在200亩左右的生产企业仅有上海鲜花港、上海种业（集团）有限公司、上海松江农业投资有限公司、上海上房园艺有限公司、上海精文绿化艺术发展有限公司及上海锦彩园艺有限公司等。一些花卉生产企业由于市场消费格局的改变，已经转产、转移或关闭。

已经建成的上海鲜花港，拥有36公顷现代化玻璃温室群，40公顷的花卉新品展示园以及国际一流的科技研发中心，每年4月的郁金香展为企业带来了数千万元的收益，为市民创造了与自然和谐相处的休闲、观光、旅游的好去处。上海种业（集团）有限公司在上海市内外分别建有生产基地面积2500亩，其中，拥有连栋大棚面积1274亩、智能化温室面积103亩、组织培养室面积1200平方米，并配置播种、消毒、催芽、喷淋、光照、冷藏、嫁接等较先进设备，年生产各类花卉种苗能力2亿株以上，生产各类鲜切花（盆花）1100万枝（盆）。上海虹华园艺有限公司自1991年成立至今，一直专注于菊花种苗领域，该公司与日本花商合作，生产的菊花种苗全部供应日本市场。2013年出口日本的菊花种苗突破1亿株，菊花切花2000万株，成为日本从中国进口菊花种苗的第一大客户。上海冈峰蜡梅种植合作社有限公司是以种植蜡梅为主的公司，该公司以“合作社+农户”的经营模式带动和推广农户种植。目前种植面积1600余亩，合作社已形成以蜡梅切枝为主，盆景和园林苗木为辅的产业模式，作为圣诞节和春节期间的年宵花卉主推产品。

值得一提的是，上海锦彩园艺有限公司作为一家纯民营企业，从2001年最初的3个生产苗圃，发展到目前拥有300多亩的以草花、垂吊类花卉为主，继而进入家庭园艺的成长性企业。该公司非常注重产品和业务的创新，公司是国内最早专业生产垂吊类花卉的企业，早在10年前，该公司在国内首创垂吊类花卉的吊袋产品，并在2010年上海世博会上大批量应用。

3. 花卉与旅游业相结合，促进花卉产业升级

当前，伴随绿色生态旅游热潮，花卉作为独特的旅游资源，已呈现良好的开发前景。近年来，上海各花卉生产企业以各自不同的特色和优势，在不同的场所展示花文化的内涵，并以此带来了不同程度的经济收益。如上海鲜花港从2003年起就已将花卉产业的“触角”延伸到旅游领域，以花卉新品种展示为契机，在每年春秋两季分别进行露天鲜花和种苗品种展示；上海虹华园艺有限公司种植菊花已有20多年的时间，该公司积极开展菊花新品种培育，收集国内外菊花品种2000多种，拥有自主知识产权的菊花品种100多个，公司以生产菊花鲜切花出口海外市场为主，2014年在上海成功地举办首次菊花展，获得业内和市民的好评。上海市花卉协会仙人掌多肉植物专业委员会2013年末举办了为期3天的多肉类植物新品种展，参观人数达3万余人次。上海各类花展吸引了数万名市民和花农前来观光、旅游、购买花卉新品，把花卉与旅游休闲相互渗透融合，丰富花卉产品的文化内涵，提升产品的内在价值，以消费拉动花卉产业发展。

与此同时，城市公园花展也搞得热火朝天，如上海樱花节展、梅花展、荷花展、水生植物展、杜鹃花展和向日葵展等周年在各大公园轮展。

4. 花卉市场消费特点

（1）大花品种人气低迷，新品种颇受青睐。2014年上海年宵花市场上，大宗产品红掌、凤梨、蝴蝶兰、大花蕙兰仍占主导，除价格因素外，红掌销量相比略旺，其他老品种以及花色偏淡的品种出现滞销。凤梨老品种‘丹尼斯’、‘红星’等基本退出市场。小盆栽马蹄莲、高山杜鹃、兜兰以及多肉类等特色新产品市场销售良好。

（2）团购消费明显下降。2014年以来，花卉市场最大特点是团购消费显著下降。由于单位购买大幅减少，高档盆花纷纷降价销售。以几个法定节假日为例，往年节假日团购花卉占全销售额的70%～80%，由于团购的大幅减少，2014年花卉销售额至少减少30%左右，其中高档盆花受影响尤为严重。

（3）家庭、个人消费崛起。与团购消费大幅下降相反，家庭消费正在崛起，市民成购花的主力。据上海几家花卉交易市场反馈情况，2014年的几个节假日，市民前来购买鲜花的销售额比往年增加10%以上。

三、主要问题

1. 生产领域

（1）花卉生产不够均衡，生产技术水平有限。2014年上海花卉保护地栽培面积占总种植面积的25.3%，其中温室和节能设施仅占8.4%。除了大型企业具有先进的设施和栽培技术外，大多数花卉生产企业主要依靠简易大棚和露天栽培。由于花卉栽培方式落后，淡季很难生产出高品质的花卉。此外，上海在贯彻执行花卉标准化生产方面的工作还较欠缺，中小企业及花农生产栽培管理水平较低，造成花卉产品不稳定，花卉质量得不到保证。

（2）新品种开发不够，保护力度不强。目前，上海花卉的科研力量分散，研究资金和研究人员均偏少。上海高等院校和科研院校大多以研究为主，与实际生产应用还有一定距离；同行单位之间缺乏交流与合作，小而全，缺少专业化的系统研究。科研成果转化率低，速度慢，对花卉品种资源系统研究不够。

（3）产品结构不合理。目前，上海花卉生产还是以红掌、凤梨、蝴蝶兰等大宗产品为主，生产周期较长，品种单一，结构不尽合理。由于红掌、凤梨、蝴蝶兰从小苗到上市需要2～3年甚至更长时间，应对市场变化能力较差。

（4）外部环境压力大，生产面积难以稳定。近年来，上海花卉生产面对压力较大。受花卉消费的大环境影响，有的企业关闭、转产、搞多元化生产、压缩生产面积保留品种等待“回暖”。在花卉出口方面的难度也在逐年增加，其原因一是国外植物检疫要求提高，通关难度加大；二是花卉生产管理不够规范，缺乏专利品牌；三是花卉储运中缺乏冷链设施，影响花卉质量。

上海花卉生产合作社和花卉种植户的生产面积在减少，农民没积极性，其原因一是土地逐年减少，城市开发占用花农耕地；二是从事花卉生产的劳动力年老体弱，已经不适应种花了；三是农民工难找；四是难以抵御自然灾害，花农不能享受粮农和菜农同等的保险补贴待遇；五是花卉生产的组织化水平还比较低，小生产和大市场的矛盾突出，难以建立稳定的花卉产销体系。

另外，由于上海对环境治理的要求愈来愈高，一些花卉生产企业设施栽培的降温和加热面临由燃煤改成燃天然气，加温成本翻了一倍，致使企业负担过重，如浦东新区已经率先实行这一改革方案。

2. 流通领域

（1）流通体系不健全，花卉价格混乱。目前，上海现有的花卉交易市场由于功能雷同的初级交易市场居多，缺乏市场专业管理人才，没有完备的信息保障系统。另外，上海的花卉交易市场大多采取的还是物业管理模式，不能实现有效的商品调剂功能和信息服务功能，市场之间的花卉价格不能保持一致，花卉价格如同农产品的价格，大大挫伤了花农和花卉生产企业的积极性，并限制了花卉消费市场的发展。

（2）消费结构扭曲。2013年以前的花卉消费结构中，团体消费比重较大，大型租摆、集团购买是花卉市场尤其是年宵花市场的主力军，虽然花卉需求旺盛，市场交易活跃，但表面繁荣下面却隐藏着畸形的经营消费模式。

（3）经营水平亟待提高。经营手段停留在原始产品直销、简单组合销售上，没有将花卉的高档组合、盆器配套、花卉文化融入到其中，更谈不上满足消费者特色化、个性化消费需求。

（4）“卖难”和“买难”并存。这在绿化观赏苗木方面表现尤为突出。一方面是品种、质量不对路的苗木大量囤积，形成卖难局面；另一方面是重点园林工程等项目找不到品种优、质量高、数量大的合格产品，形成“买难”情形。

执笔：钱宇、华炳均、池坚（上海市花卉协会）

第32章 江苏省花卉产业发展报告

一、综述

1. 花卉产业发展概况

（1）产业结构持续调整。2014年江苏省花卉产业规模持续稳步增长，种植面积达14.66万公顷，产值达167.05亿元，同比分别增长3.50%和1.06%。其中，观赏苗木种植面积12.08万公顷，同比增长3.30%，占全省花卉总面积的82.42%，与2013年基本持平；鲜切花生产面积4104.3公顷，增长幅度达32.03%；盆栽花卉生产面积6946.9公顷，同比缩减11.02%。鲜切花主产种类是百合、菊花、非洲菊、月季，约占94.60%，盆栽花卉主产种类是凤梨类、兰花类和杜鹃类，约占91.25%。设施花卉面积1.98万公顷，同比增长4.09%，占全省花卉总面积的13.50%（表32-1）。

表32-1 2013—2014年江苏省花卉产业基本情况

年份	生产面积（公顷）	销售额（亿元）	从业人员（人）	其中：专业人员（人）	企业（家）	其中：大中型企业（家）	市场（个）
2013	141632.4	165.30	723673	35788	5644	1998	279
2014	146589.2	167.05	695706	38155	6589	1402	233

注：大中型企业是指种植面积3公顷以上或年营业额500万元以上的企业。

（2）优势产区特征明显。江苏花卉发展坚持立足资源禀赋，优化区域布局，着力形成地方特色，优势产区地位更加巩固。环太湖、滆湖、宁镇、沿江、淮北和苏北沿海六大花卉产区持续保持优势地位，花卉生产面积约占全省花卉总面积的80%。各花卉主产区产业特征鲜明，形成以苏州、无锡、常州为主的苏南盆栽花卉优势板块，以常州、南通、扬州为主的沿江和以新沂、沭阳为主的淮北观赏苗木优势板块，以江都、如皋为主的盆景优势板块，东海县已发展成为华东地区重要的鲜切花生产基地。全省花卉产业集聚优势凸显。

（3）主体调整，队伍优化。2014年江苏省有6589家花卉生产和经营企业，其中大中型企业1402家。全省建立各类花卉专业交易市场233个，其中武进夏溪花木市场、扬州阿波罗花木批发市场、如皋花木大世界、沭阳花木大世界等规模较大，辐射较远。全省从业人员达69.57万人，其中专业技术人员约3.82万人，占比增加；从业队伍素质提升，结构优化。

2. 花卉产业在本省的地位和占比情况

2014年全省花卉种植面积达14.66万公顷，销售产值167.05亿元。全省花卉生产面积占农作物播种面积不足2%，占园艺类作物播种面积不足9%，产值占农业总产值的5%以上，占园艺业总产值的10%以上。花卉出口额0.58亿美元，占农产品总出口额的1.90%，占园艺产品总出口额的5.4%。

3. 花卉政策

花卉产业作为江苏省重点扶持的16个农村经济主导产业之一，省级财政每年安排6亿元专项资金扶持花卉苗木等高效园艺产业。各优势产区也针对设施花卉、规模经营、种苗创新、集约经营等出台了相关政策。

（1）优先发展设施花卉。常州市将花卉产业列入高效设施农业发展扶持项目，对新建（含扩建）的重点高效设施农业园区予以扶持，新建5000平方米以上、投资在200万元以上的智能温室（温控、水控、肥控），给予总投资20%的资金补贴；对新建连片100亩以上的钢架大棚（含连栋式），每亩补助1500元。

（2）重点扶持种苗创新。扬州市出台优惠政策扶持花卉林木种苗发展。一是资金支持，以项目形式扶持培育“育繁推”一体化种苗企业科技创新，加大对良种基地、保障性苗圃、种质资源库、种子贮备库等基本建设投入。二是政策支持，对符合条件的花卉林木种苗企业，免征企业所得税。三是信贷支持，农业发展银行等金融机构加大对种苗业发展的政策性金融信贷，降低信贷准入门槛，增加贷款投放。

（3）着力推进规模经营。连云港市各地出台系列优惠政策，引导花卉产业规模经营。东海县将鲜切花基地建设列为申报省级财政支农资金打包项目，在农业项目申报时给予重点倾斜和扶持；灌南县对建设温室大棚进行规模性花卉生产的农户，从基础设施建设、流转土地租金等环节给予资金补贴，对返乡农民工承包棚室发展花卉生产给予更多优惠；灌云县、赣榆县采取以奖代补的办法，补贴重点花卉基地和农户，其中赣榆县对种植面积达1000亩的乡镇一次性奖励200万元。

（4）引导产业集中集约。沭阳县先后成立了花卉苗木综合开发示范区管理委员会和花木研究中心，科学规划全县花卉产业发展，积极引导产业集约集中经营。如皋市先后出台了多个优惠政策，包括减免税收、以奖代补、引种补贴、花卉品牌注册奖励、优先贷款等在内的13项扶持政策。对在政府花卉发展规划区内投资花卉生产的主体给予额外补助，每年每亩补助200～400元，连续补助5年，引导花卉产业向园区集聚。

二、特点和亮点

1. 优势板块特征明显

经过不断调整发展，形成了环太湖、滆湖、宁镇、沿江、淮北和苏北沿海六大花木产业板块，建设了一批产业特点鲜明、科技含量较高、经济效益较好、辐射带动能力较强的现代花卉产业园区，促进了产业发展向园区集聚。常州市武进区的江南花都产业园，总规划面积3000亩，建有22万平方米智能温室，主要开展盆栽花卉种苗与成品花生产。扬州市仙女镇现代花木产业园和丁伙现代花木产业园等园区聚集了30多个专业园、主题园，包括朴园、彩色树种园、竹园、海棠园、芍药园、君子兰园、盆景园等。沭阳现代农业产业园是省级农业产业园区，面积达7.2万亩，入驻企业、专业合作组织40多家，以生产加工干花制品为特色，干花制品有160多个品种。省级农业产业园区东海县双店鲜切花产业园，以生产种植鲜切花为主，种植规模达2万亩，入驻农户860户、专业合作社5家，是江苏省规模最集中的鲜切花生产园区。

2. 品牌内涵日益丰富

经过多年的奋斗与发展，江苏花卉产业已培育和壮大了一批优秀的知名度较高的花卉生产企业，着力打造了一批各具特色的江苏名优产品品牌，如苏州盈年农业发展有限公司红掌、连云港振兴花卉有限公司蝴蝶兰种苗、幸福兰(江苏)现代园艺科技发展有限公司迷你蝴蝶兰、常州家绿林果园艺有限公司凤梨、连云港西诺花卉种业有限公司球根花卉种球等。近年来，各地还结合地方特色，深入挖掘产业文化，打造花文化产业品牌，一批具有江苏地方特色的花卉产品成功通过国家工商行政管理总局“中国农产品地理标志”认证，如东海双店百合、如皋盆景和江都丁伙苗木（丁伙龙柏、丁伙蜀桧、丁伙朴树）等，品牌内涵愈发丰富。另外，继2007年中国花卉协会杜鹃花分会落户江苏无锡后，2014年中国花卉协会盆景分会也选择扎根江苏如皋，江苏花卉产业发展再添新名片，进一步提升了江苏花卉产业影响力。

3. 信息服务逐步完善

目前，江苏省农业信息化服务覆盖率已超过85%。花卉产业紧跟信息化建设步伐，积极探索信息化平台建设，努力完善信息服务、营销推介、网络培训、产业预警等功能，加快产业信息化升级进程。在信息服务方面，充分利用江苏为农服务网、《农家致富》手机报、农业电视点播系统和“走进新农村”电视栏目等重要平台，扩大信息服务覆盖面，提高服务效能；在营销推介方面，借力江苏省农业信息服务全覆盖工程建设项目，鼓励和支持市场主体，发展花卉产品线上营销，相继建成江苏优质农产品营销网、夏溪花木网、如皋花木网、沭阳花木网、江都花木网等；在网络培训方面，依托江苏农民培训网、江苏为农服务网等，积极发展短信、微信、微博、QQ群、网络视频点播等互动服务方式，完善网络课堂建设和功能运转；在产业预警方面，夏溪花木指数开始发布试运行，指数建立在对市场数据分析的基础上，反映花卉产业市场变动情况，以期打造成花卉产业市场变动的风向标，成为花卉生产经营者布局市场的重要参考。

4. 农旅结合功能延展

随着生态文明建设的持续推进，花卉生态观光休闲热不断升温，花事节庆活动深入发掘和创新，促进了花卉产业与生态建设、文化体验、休闲农业、观光旅游的融合，花卉产业功能进一步延伸拓展。一是以各级政府为主导打造各类花事活动，如南京国际梅花节、苏州太湖梅花节、常熟尚湖牡丹节、连云港玉兰花会、无锡阳山（国际）桃花节、无锡樱花之旅、苏州虎丘花会、树山梨花会和扬州琼花艺术节等。二是以公司生产基地为基础开发农旅结合项目，如沭阳县充分发挥本地区花卉产业特色，将优秀花卉企业、精品园区、特色基地串联成线，统一规划成生态旅游示范区，精心打造“花乡一日游”旅游项目。还有以沭阳苏北花卉有限公司、南京华之彩园艺有限公司、江苏三维园艺有限公司和南京艺莲苑有限公司等为代表的“生产+研发+观光”型花卉企业，其中沭阳苏北花卉有限公司是全国农业旅游示范点、江苏省首批农业观光园、AAA旅游景点。

三、主要经验做法

1. 以项目推进为抓手，提升产业科技创新力

江苏省以高效设施农业项目为导向，以项目协作为抓手，采用“首席专家+创新团队+协作单位”的推广模式，组织省内30多家协作单位实施花卉重大技术推广，重点开展设施花卉抗逆促控栽培、观赏苗木全程容器育苗等研发集成，推广先进的设施栽培技术，推进全省花卉向集约、高效型现代生产方式转型；依托全省强农富民、农业科技入户、丘陵山区农业开发等科技服务平台，加强花卉科技指导；编印技术挂图，制作教学光盘，编写培训教材，组织开展技术培训，加快花卉产业新品种、新技术、新模式的宣传推广，推动产业科技水平持续提升。

2. 以品牌打造为重心，提升苏花品牌影响力

近年来，江苏省大力推进花卉标准化生产，制定、宣贯、推广花卉产品质量标准与生产技术规程，努力提升花卉产品质量，着力打造了苏州盈年农业发展有限公司红掌、幸福兰（江苏）现代园艺科技发展有限公司蝴蝶兰、常州家绿林果园艺有限公司凤梨等江苏名优产品品牌。各地注重丰富产业内涵，以东海双店百合、如皋盆景和江都丁伙苗木（丁伙龙柏、丁伙蜀桧、丁伙朴树）等为代表的一批具有地方特色的花卉产品，已成功通过国家工商行政管理总局的“中国农产品地理标志”认证。

3. 以花事活动为平台，提升大众消费原动力

2014年，江苏省花木协会以“让花卉进入千家万户”为主题，在全省启动“花卉进家庭”花卉产品促销与技术推广系列活动，通过家庭花艺展示、种养知识培训和信息发布等多种形式，推介花卉新优产品，推广花卉栽培技术，宣

传花卉品牌和文化，提升消费者对家庭花卉花艺的认知、认可度，加快家庭花艺制作的普及推广，引导大众花卉消费，提升大众消费原动力，促进花卉产品进入家庭。全省各地还组织和承办了多种形式的花事活动，如首届“中国”杯盆景大赛、第九届中国花卉产业论坛、江苏省园艺博览会、江都花木节、夏溪花木节、沭阳花木节、如皋花木盆景节等专题活动，提升花卉产品大众认可度和社会影响力。

四、主要问题

从总体上看，当前江苏省花卉产业存在的主要问题有：一是花卉内需动力不足。花卉产品消费还未成为人们的普遍行为，还受限于收入水平、文化层次、区域发展等因素，表现为南热北冷、城多郊少。二是技术支撑和创新能力待提高。产业科技支撑不足，自主知识产权的花卉品种研发滞缓，种苗繁育体系薄弱，很多花卉种子、种球依赖进口。三是市场引导和预警机制待健全。缺乏有效的市场引导和预警机制，相关信息平台的建设还处于摸索阶段，信息规范性和时效性差，产业风险预报预警能力弱。四是服务体系和服务方法待完善。基层市（县）的花卉技术服务部门和人员配备不足，往往是身兼多职，专业素质不高，技术推广和指导的有效方法和途径不多，技术服务的“最后一公里”得不到有效保障。

五、2015年发展思路与重点

发展思路：通过持续推进花事宣传，深入产销调研，推动项目实施和成果转化，加快平台建设，进一步提升品牌效应，扩大产业影响，夯实科技支撑，完善服务体系，引导产业转型升级。

1. 进一步加强花卉产业宣传

为顺应当前花卉产业发展形势需求，扩大花卉产业影响力，充分激活产业发展活力，提升产业地位，各地将积极探索和创新花事推介活动，丰富活动内容，挖掘文化内涵，延展产业功能。2015年，江苏省花木协会将继续围绕“让花卉进入千家万户”主题，在全省开展“花卉进家庭”花卉产品促销与技术推广系列活动，加快家庭花艺制作的普及推广，引导大众花卉消费，促进花卉产品走进千家万户，培育壮大花卉消费市场。

2. 进一步加强花卉产销调研

当前，花卉产业正面临向大众化、多样化转型的重要时期，为切实把握全省花卉产业发展现状，积极引导花卉产业平稳转型升级，契合产业发展新常态，2015年江苏省将进一步加强花卉产销调研，分别从政策、生产、消费等环节入手，深入调研花卉产业生产规模、生产方式、生产效益、品种技术、政策及消费群体变化等，切实掌握花卉新品种、新技术、新模式等生产推广转化情况，把握花卉产品市场价格和供求关系变化趋势，有效引导产业转方向、调结构。

3. 进一步夯实产业科技支撑

继续充分发挥高效农业和三新协作等项目的引导作用，加快项目成果整合和推广，加快花卉产业从业人员队伍培养，加快培育拥有自主知识产权、市场竞争力强的新品种，建设一批花木良种繁育与工厂化育苗基地，打造一批“育繁推”一体化的种子、种苗企业，打响一批花卉产业龙头品牌，加快新品种、新技术研发和推广，夯实产业科技支撑，做强产业核心竞争力，改变优质品种靠进口、先进技术难转化的产业发展问题。

4. 进一步探索信息平台建设

当前江苏省花卉产业信息化建设还处于起步和摸索阶段，要进一步创新和挖掘各类信息平台功能，如电子商务和产业预警等，提高信息规范性和时效性，加强信息分析和整合，提升风险预警能力，进一步创新线上营销模式，积极发展各类电商平台，构建网络实体、线上线下、同城异地的立体化营销网络。根据产业发展和平台建设的实际需求，还要加强人才队伍建设，确保专业技术人员配置，提高从业人员素质，进一步完善和充实花卉产业生产、销售、服务体系。

执笔：马金骏、瞿辉（江苏省花木协会）

第33章 浙江省花卉产业发展报告

一、综述

2014年浙江省花卉苗木产业稳中略降，总产值为510.8亿元，比2013年下降3.98%；生产面积15.58万公顷，比2013年增长4.94%。花卉苗木产业发展总体呈现如下特点：一是花卉苗木生产面积仍持续扩大，盲目扩张导致圃地存量增加，结构性矛盾更加突出。二是花卉苗木一、二、三产有涨有跌，一产产值192.53亿元，比2013年增长1.72%，同期花卉苗木销售收入为166.15亿元，比2013年下降5.34%；二产产值292.42亿元，比2013年下降6.40%；批零贸易等三产产值25.89亿元，比2013年下降14.55%。三是花卉主产区总产值出现不同程度的下降，其中杭州、台州、绍兴3个市比2013年分别下降15.21%、13.80%、6.04%。

二、特点和亮点

虽然受房地产低迷、市政工程建设萎缩等因素影响，近年来花卉产业增速放缓，但在浙江省委、省政府的高度重视下，2013年以来浙江省林业部门深入开展“走百个市场、进千家花企、访万户苗农”集中服务活动，全面落实“助花企增效、促苗农增收、推产业增长”各项举措，加快产业产品结构调整，加强新增长点的培育，促进产业融合发展，产业转型升级也取得阶段性成效，花卉苗木产业出现了新业态、新亮点。

(1)“两美”浙江建设促进了珍贵树种和彩色树种苗木销量大增、价格上涨。生态效果好、景观表现佳的乌桕、檫树、枫香、木荷、黄檀等生态苗木供不应求，彩化、美化树种价格上扬。如地径8厘米的红白玉兰售价约380元/株，同比上涨36%；地径10厘米的黄山栾树售价约450元/株，同比上涨7%。

(2) 生态修复与环境治理催生新的市场热点。浙江省强力推进“五水共治”，加强河流湖泊的环境治理，有效拉动了水杉、水松、荷花等水湿生植物的销售。据浙江省花卉协会荷花水湿生植物分会统计，2014年水湿生植物销量和价格分别同比增长30%、25%。

(3) 以保健类为主的食药用花卉一枝独秀，同比增幅达16.76%。乐清市有铁皮石斛种植基地192个，年生产能力1000万株以上的组培室33个，生产面积达到7000多亩，铁皮枫斗加工量占全国总量的80%，相关产业链产值达15亿元。

（4）花卉产业一、二、三产融合发展取得新突破。金华市的浙江锦林佛手有限公司投入2000多万元，建立锦林佛手观光园，将花卉培育与花卉文化建设、花卉观光旅游相结合，并着手开发佛手的食用、药用价值，打造蜂蜜佛手茶、佛手嫩芽茶、佛手花、佛手果脯、佛手精油等新产品，有效延长了花卉产业链，增加了花卉产业效益。

三、发展思路

随着当前经济发展进入新常态以及房地产的持续低迷，预计2015年浙江省花木产业仍将面临较大的压力。但在看到生产成本快速攀升、本地园林绿化工程减少、外省低质低价产品冲击等压力的同时，也要看到加快产品结构调整，加速产业融合、产业链延伸的巨大潜力和机遇。

（1）立足调整期实际，树立合理的增长预期。花卉产业进入新常态，花木业必将回归正常水平。全行业要树立正确的经营理念，引导花卉企业和花农、苗农从数量扩张型向质量效益型转变，加快产业的转型升级。

（2）主动调整种植结构，适应需求市场变动。花卉苗木产品的消费及应用市场正在发生革命性变化，花卉苗木产品要适应市场变化，以市场为导向，加强珍贵彩色树种、水湿生植物、家庭园艺产品、食药用花卉的生产。

（3）探索建立新的商业模式，促进一、二、三产业融合发展。要加快开发玫瑰香精提炼、铁皮石斛精深加工、桂花香精提炼、食用桂花加工等技术，建设以花卉为主题的观光园、植物园、生态园、科普基地，开展花卉旅游观光、休闲养生活动，把养花、观花和精深加工结合起来，进一步延长产业链、增加附加值。

（4）完善花卉产业政策，强化政府服务。加大花卉知识产权保护力度，加快新品种、新技术的自主创新。探索建立苗木抵押贷款制度和政策性保险，加强银行、保险公司与花卉企业的合作，加大对产业的金融支持。加强产销信息平台建设、职业技术培训等服务，加快推进花卉苗木产业的电子商务进程。

执笔：孔伟丽（浙江省林木种苗管理总站）

第34章 安徽省花卉产业发展报告

安徽省委、省政府高度重视花卉产业发展，把苗木花卉列为“生态产业、绿色富民”的重要内容之一。“十二五”期间，全省苗木花卉产业发展紧紧围绕全面建设小康社会这个中心，以提高苗木花卉业的经济和社会效益为目标，按照“稳步、调整、提高、增效”的原则，坚持以市场为导向，发挥区位优势，突出地方特色，优化布局，进一步调整产业与产品结构，提高产品科技含量，提升产品竞争力，搞活市场流通，实现苗木花卉产业由数量增长向质量提高并举转变、由粗放经营向集约经营转变，推进安徽苗木花卉业快速发展，为建设生态强省和美好安徽做出了重要贡献。

一、概况

截至2014年底，全省花卉种植面积34557公顷，花卉产值66.47亿元，较2013年分别增长20.13%和19.14%。年产各类观赏盆栽植物5702万盆，比2013年增长11.42%；观赏苗木22425万株，比2013年增长12.44%；切花、切叶5702万枝，比2013年增加8.84%；生产草坪2467万平方米，比2013年减少31.56%；花木企业2017家，比2013年增加32.78%，其中大中型企业242家，比2013年增加26家。全省共有花农5.32万户，花卉行业从业人员16.06万人，其中专业技术人员1.46万人。全省有花卉专业市场380个（表34-1）。

表34-1　2013—2014年安徽省花卉产业基本情况

年份	生产面积（公顷）	产值（亿元）	从业人员（万人）	其中：专业人员（万人）	企业（家）	其中：大型企业（家）	市场（个）
2013	28766	55.79	15.39	1.48	1519	216	298
2014	34557	66.47	16.06	1.46	2017	242	380

注：大中型企业是指种植面积3公顷以上或年营业额500万元以上的企业。

二、主要特点和亮点

1. 区域化生产形成规模

安徽省苗木花卉产业飞跃发展，初步形成了以省会合肥为中心的皖中、皖南、皖东、皖西、皖北五大绿化苗木产区和沿江平原绿化苗木产业带“五区一带”苗木生产格局，产业化、市场化、集约化程度不断提高，产业规模持续壮大。其中，合肥市苗木花卉市场已成为中部地区最大的苗木花卉生产基地和交易集散中心。同时，各地注意挖掘传统花卉名优特产品优势，如黄山市的徽派盆景、皖东草坪、皖西球根花卉、铜陵南方牡丹、亳州芍药、临泉荷花、歙县贡菊等，进行产业规模化、产品系列化的深度开发，形成了具有一定规模的生产基地。全省培育了一大批花卉苗木专业村、镇，其中，歙县卖花渔村是著名的徽派盆景发源地，成为皖南远近闻名的富裕村。

2. 科技含量不断提高

先后组织实施了“霍山石斛繁育技术”、“黄山杜鹃驯化培育技术”、“寒菊快繁育苗”、“彩叶地被植物辐射诱变”、“切花月季育种”、“红叶酢浆草快速繁育”等花卉课题研究项目。合肥神韵兰花研究所收集安徽野生兰花品种和福建、广东等地的野生建兰、寒兰，目前部分品种已开发出年宵花，实现了规模化批量生产，丰富了当地的年宵花市场。为提高花卉科技含量，各花卉生产企业十分注重品种的收集和引进，如临泉荷花、铜陵牡丹、太和菊花、滁州彩色地被植物、合肥兰花等，既有很高的观赏价值，也为下一步花卉品种开发打下了良好的基础。

3. 特色产品精彩纷呈

安徽省地跨江淮两大平原，拥有皖南、皖西两大山区和广袤的江淮丘陵，自然条件得天独厚，花卉资源极为丰富，有着良好的产业基础。安徽省徽派盆景有着悠久的生产历史，过去主要是依靠采挖野生植物资源，现在已转入苗木培育为主，生产能力极大提升。利用皖南和皖西的夏季凉爽气候条件，进行球根花卉的复壮培育，如唐菖蒲、郁金香、风信子、百合等都已形成了规模化生产。亳芍、凤丹、霍山石斛等加工生产得到快速发展，药用、花用两相宜，取得了良好的经济效益。在引进台湾和国外年宵花生产技术的同时，安徽省也注意挖掘省内的野生花卉资源，开发新的年宵花产品，其中杜鹃、国兰、牡丹、蜡梅等已成功进入年宵花市场。

4. 产业体系不断完善

目前，安徽具有一定生产规模的花卉企业总数达到2017家，其中大中型花卉企业242家；从业人员16.06万人，其中专业技术人员1.46万人；花农5.30万户。种苗花卉已成为安徽农村经济中的支柱产业，在促进农村经济结构调整和农民致富中发挥着十分重要的作用。随着生活水平不断提高，花卉市场规模不断扩大。目前，安徽省有花卉市场298个，花卉交易市场基础设施、功能日渐齐全，花卉市场供应更加丰富，消费者选择余地越来越大，花卉内需量迅速增加。

5. 大投入促进大发展

安徽省政府确定每年安排5.00亿元财政资金作为造林补助。对成片造林，按省级以上资金每亩不低于300.00元予以补助，其中石质山地按每亩不低于500.00元予以补助。整合省级涉林专项资金，对新建森林长廊、实现创建国家级及省级森林城市目标的市（县）给予奖补。这给安徽省花卉种苗产业发展带来大好机遇，为花卉企业发展提供了强劲动力。浙江、江苏和上海等地的园林花卉企业纷纷进入安徽投资发展。

三、主要问题

一是"户自为战"。规模小、分散经营，使得花卉产业的发展带有一定的盲目性。特别是近年来盲目扩大种植面积，不注重优化品种结构和优质苗木的培育，导致产品雷同，供过于求，价格持续走低。

二是产业化程度不高。经营管理比较粗放，缺少特色品种，专业化程度低，规模化生产、经营手段落后。

三是花卉生产科技含量比较低。主要表现在花木新品种开发的力度不大，花木产品仍以初级产品和半成品生产为主，花卉标准化体系建设尚处于起步阶段，从业人员业务素质不高。

四是林业部门和花协组织的生产技术和市场信息服务不到位，对制约花卉产业发展的突出问题缺乏深入的研究等。

四、对策及建议

1. 发掘安徽特色花卉

应充分发掘利用安徽的一些特色花卉苗木品种，如徽梅、徽山茶、徽州墨兰、徽州栀子、歙县薰茶三花（白兰、珠兰、茉莉）、黄山杜鹃、皖南富贵子、宁国南极牡丹、宣木瓜、亳芍、临泉盆荷、肥西蜡梅和桂花（10多个品种）、来安花红、怀远石榴、亳菊、滁菊、徽菊、天柱山珍珠黄杨、珍稀兰花（如'熊猫蕊蝶'、'大龙胭脂'、'天柱梅'、'黄山梅'、'晶亮天堂'、'向天歌'、'江南春'、'杜字'、'玉蜂巧'、'皖鼎'、'安丰梅'等品种）、霍山石斛、安徽石蒜、大别山枸骨、鹞落坪胡颓子等，依托本省农林科研院所、院校的整体实力，运用现代科技手段进行扩繁、培育，形成规模化生产，打造具有安徽特色的品牌。

2. 注重特色木本花卉的开发

应重视木本花卉的生产，特别是特色木本花卉的发掘和产品开发。如徽梅、徽山茶系列，宁国牡丹系列，肥西蜡梅、桂花系列，宣州花木瓜系列，大别山野生杜鹃（黄山杜鹃、多枝杜鹃、天目杜鹃、映山红、满山红、马银花）系列，等等。分别培育可供地栽、盆栽、无土栽培的产品，以满足绿化种植、公共场所陈列、家庭阳台摆放、室内插花等不同的需求，并形成与产品销售配套的售后服务措施，从而延伸木本花卉的产业链。

3. 引进、培育、扩繁、研究相结合，储备新品种

应坚持引进、培育、扩繁、研究相结合，重视培育具有独立知识产权的

新品种，积极储备具有市场前景的新品种，从而为抢占未来的花卉苗木市场制高点做准备。一是要在做好市场调查的基础上，加快引进国内外的花卉苗木新品种的步伐，利用组培快繁等手段，迅速形成规模化生产，扩大安徽花卉苗木产品在省内外的市场份额，以期取得较好的经济效益。二是要联合有关科研院所、院校的科技力量，加大在花卉苗木科研方面的经费投入，抓紧对诸如徽梅、珍稀兰花、南极牡丹、肥西蜡梅等特色品系的科研攻关，注重培育具有独立知识产权的新品种，以抢占未来省内外的花卉苗木市场。三是要加大对尚未引起人们重视的野生花卉苗木品种的研究开发，如大别山枸骨冬青、蜡瓣花、金缕梅、银缕梅、朱砂根、常春油麻藤等，以期形成新的拳头产品，扩大市场份额。

4. 强化政府服务功能

强化政府的服务功能，一是在安徽苗木花卉产业起步阶段，应提供相应的优惠政策，如对民营花卉企业的扶持贷款、减免税收等。二是做好科技服务工作，特别是要重视新技术的推广、普及与应用。三是政府要加大投资基础设施建设的力度，如水电供应设施、交通设施、销售市场、网络建设等。四是要积极引导，对有一定基础的企业、协会，要定期组织对国内外的市场需求进行考察、调研，以确定产品生产的方向。五是要做好本地区花卉苗木品牌的宣传推介，通过扶持举办对接会、产品交易会等形式，为花卉苗木产品搭建一个对外宣传、展示、推销的平台。

5. 重视花卉苗木市场培育

打造具有安徽特色的花卉苗木产业，必须从扩大需求入手，重视花卉苗木市场的培育。比如，提升全省高速公路两侧的绿化质量，扩大城乡公共绿地的规模，社会主义新农村建设要把环境绿化美化作为重要内容，这些举措都必将扩大对绿化苗木的需求。为城镇居民提供一个环境优美、格调清新、绿量充足、花色丰富的工作、学习、生活环境，也将大幅度提升对苗木花卉产品的需求，形成一个庞大的内需市场。鼓励城镇居民每家在阳台上养数盆花卉、盆景，在居家内陈列一些观赏盆花，培养市民的喜花爱绿情操，都将拉动对花卉产品的需求。积极对外宣传安徽花卉苗木产品，提升安徽产花卉苗木产品的知名度，特别是让东南亚国家对安徽花卉苗木产品有更多的了解和接触，将进一步开拓在国外的销售市场，如芜湖市的欧标园就把中国的一些特色苗木如珙桐、玉兰类苗木推销到欧洲市场，取得了不错的业绩。

执笔：许召胜（安徽省花卉协会）

第35章 福建省花卉产业发展报告

一、综述

随着我国经济发展进入新常态，2014年福建省花卉产业也面临较大的下行压力。为认真贯彻中央关于“稳增长、促改革、调结构、惠民生”的决策部署，福建省出台了一系列扶持措施，确保了花卉苗木产业的较快发展。2014年福建花卉种植面积位居全国第八位，销售额位居全国第四位，出口额位居全国第三位，综合实力继续保持全国前列。

1. 花卉产业发展概况

2014年，福建省花卉生产面积达69768.1公顷，其中鲜切花类1885.63公顷、盆栽植物8374.17公顷、观赏苗木52003.1公顷、食用药用花卉5955.1公顷、工业及其他花卉941公顷、种用花卉175.82公顷。花卉种植业产值292.66亿元，比2013年增长了32.15%；实现销售额116.37亿元，比2013年增长了2.07%；出口额10093.4万美元，比2013年增长了12.07%，其中盆栽花卉出口额达6923.0万美元，连续5年保持全国第一。2014年，福建省有花卉市场50个，花卉企业4725家，其中大中型企业1081家，花卉从业人员超过26万人，其中专业技术人员14550人（表35-1）。

表35-1　2013—2014年福建省花卉产业基本情况

年份	生产面积（公顷）	销售额（万元）	从业人员（人）	其中：专业人员（人）	企业（家）	其中：大中型企业（家）	市场（个）
2013	60973.2	1143082.4	247837	13760	4664	713	36
2014	69768.1	1163740.2	261395	14550	4725	1081	50

注：大中型企业是指种植面积3公顷以上或年营业额500万元以上的企业。

2. 花卉产业在福建省的地位与占比情况

2014年福建省农作物种植面积为233.548万公顷，产值达1529.571亿元，其中花卉种植面积为69768.1公顷，占农作物种植面积的2.99%；花卉销售额116.37亿元，占农作物销售总额的7.6%。可见，花卉产业无论是种植面积还是产值，在福建省农业生产中所占比例都比较小。

3. 花卉政策

（1）推进花卉生产设施建设。进一步落实《福建省人民政府关于扶持花卉苗木产业发展的意见》（闽政〔2012〕37号）和《福建省委、福建省人民政府关于加快推进现代农业发展的若干意见》（闽委发〔2013〕9号）提出的“2013—2015年福建省级财政每年安排1000万元，用于扶持花卉智能温室建设；继续实施福建省级现代农业(花卉)生产发展资金项目县建设（建设内容主要是花卉栽培设施及苗木示范基地设施），每年净增5个项目县以上，2015年达到30个项目县”。

（2）设立专项发展资金。福建省财政安排1000万元花卉苗木品种引进与研发创新专项扶持资金，用于优势特色花卉苗木品种引进、研发和推广。

（3）地方出台配套政策。漳州市政府印发了《关于保护和扶持水仙花产业发展的若干意见》，从规划建设水仙花原产地保护区、加强行业管理、税收扶持、财政扶持、金融扶持等9个方面提出水仙花产业保护和扶持措施。福州市政府出台了《关于扶持花卉苗木产业发展的意见》，力争用3～5年，将福州打造成我国东南沿海重要的花卉苗木交易集散地、对台对外花卉交流合作重要平台和花卉文化创意展示重要窗口。泉州市洛江区出台了《关于加快推进现代农业发展实施意见》，明确地提出了扶持花卉苗木产业的具体措施。

二、特点和亮点

1. 花卉品牌建设成效显著

福建省选送福建连城股份有限公司参加2014年度国际种植者评选，获银玫瑰奖，这是我国第二家荣获国际种植者银玫瑰奖的花卉企业。连城县申报“连城兰花”中国驰名商标，并获得批准。延平、清流、连城、永春等特色花卉产区申报中国花木之乡，其中延平区获得中国林业产业联合会授予的“中国百合之乡”称号。春舞枝集团在德国证券交易所成功上市，成为福建首家上市花卉企业，也是全国首家以鲜切花生产经营为主业的上市公司。

2. 花卉设施栽培持续扩大

2014年，福建省花卉设施栽培面积达6957.5公顷，比2013年增加4.93%，其中智能温室面积达511.7公顷，比2013年增加98.02%，增幅近一倍；钢架塑料大棚4859.7公顷，比2013年增加18.83%。智能温室和钢架塑料大棚主要用于生产盆栽花卉和鲜切花。盆栽花卉主要以蝴蝶兰、国兰、红掌、杜鹃、人参榕、仙人球及多浆植物等为主，鲜切花类主要以百合、玫瑰、菊花、非洲菊为主。2014年福建省盆栽花卉出口额达6923万美元，比2013年增长2.43%，出口额占全国盆栽花卉出口额的51.91%，继续位居全国第一。

3. 花卉产业资本市场取得突破

自2012年初以来，社会资本流入花卉行业明显增加，使花卉业长期依赖自身积累滚动发展的模式发生了根本性的变化，至2014年第三季度达到高潮。8月初，福建宏盛园艺股份有限公司在海峡股权交易中心挂牌；8月下旬，春舞枝集团在德国证券交易所上市，成为中国首家以鲜切花生产经营为主业的上市公司；9月，福建金森股份有限公司收购福建连城兰花股份有限公司80%的股权，使花卉企业通过市场融资做大做强步入了快车道。

4. 花卉出口继续保持较快增长

2014年福建花卉出口额达10093.4万美元，首次突破1亿美元，同比增长12.07%，增幅较大，主要得益于出口花卉品种和出口国家的进一步多样化。出口花卉品种已不再局限于人参榕、虎尾兰、国兰、菊花（切花）、蝴蝶兰（种苗）等少数几个品种，出口国家也从过去的40多个国家扩大到50多个国家。此外，除漳州市、厦门市两地花卉继续扩大出口外，三明市、龙岩市的花卉出口也有了较大的突破。

三、2014年主要成绩与发展经验

1. 开展调查研究，为领导决策提供依据

近年来，随着花卉消费环境发生深刻变化，由团体消费、节庆消费向大众消费、日常消费转变，花卉产销也步入调整经营重心、培育大众市场的新常态。针对春节前福建省不少企业反映年宵花滞销较严重的情况，福建省林业厅组织漳州、福州、龙岩、厦门等花卉管理部门开展年宵花产销情况调研，组织人员到漳州市进行实地调研，了解蝴蝶兰、国兰、富贵籽等福建主要年宵花卉销售情况，引导花卉企业从种植品种、生产方式、管理模式、营销理念等方面进行调整，探讨转型期福建花卉业发展思路，为领导决策提供参考。

2. 加大资金投入，进一步发展现代花卉产业

为贯彻落实《福建省人民政府关于扶持花卉苗木产业发展的意见》，2014年福建省财政安排花卉产业发展项目专项资金6200多万元，其中用于建设花卉苗木生产设施的补助资金5200万元，用于扶持花卉苗木品种引进与研发创新的补助资金1000万元，用于花卉苗木种植设施设备贷款的贴息资金80多万元。这些项目的实施带动了地方整合支农资金8600多万元投入现代花卉产业，也带动了社会资本参与发展花卉产业，不仅改善了项目实施单位的花卉生产设施条件，迅速壮大现代花卉产业发展规模，取得了显著的经济、社会效益，而且带动了当地花卉产业发展，促进了农业种植结构调整、农村经济发展和农民增收。

3. 强化科技支撑，着力提高花卉科技含量

2014年，福建省在花卉苗木品种引进与研发创新方面成绩显著。全省共引进红掌、红玉珠、文心兰、兜兰、蝴蝶兰等24类花卉苗木新品种594个，收集、保存了蝴蝶兰、文心兰、水仙、富贵籽、虎舌红等花卉种质资源；新建种质资源圃96.8亩，初步筛选出适合福建省推广种植的优良品种、无性系及优良个体182个，其中，美国紫薇‘红叶’、北美冬青‘Osterwijk’、文心兰‘红樱桃’等优良品种（系）可直接进入商业生产。含笑品种1个，白鹤芋无性系3个、花烛属杂交种无性系1个、兰属杂交种无性系3个、墨兰无性系1个通过了审定。

4. 加大培训教育，提高从业人员管理水平

2014年福建各地多次举办了百合、红掌、兰花等栽培技术培训。培训班学员包括市（县）主管部门花卉管理人员、花卉企业主和花农代表等，受训人数达300多人次。培训内容包括当前我国花卉行业的热点难点问题、成因和应对策略，园林植物定向栽培、修剪造型、园林应用中需要注意的问题等，通过培训，提高了花卉从业人员的生产管理水平。

5. 开展交流活动，增加福建花卉影响力

福建省成功举办了第三届国际百合属研讨会暨项目技术对接会，推进了水仙花的对外合作交流。国际园艺科学学会水仙花论坛秘书处、国际水仙新品种注册登记中心正式揭牌落户漳州。举办第九届中国花之盟花店交流会，来自31个省（区、市）以及台湾地区的花店从业者近300人参加。在第十六届海峡两岸花卉博览会期间，举办2014中国（福建）花木行业发展论坛暨中国风景园林学会优秀园林工程奖颁奖盛典，全国花木行业和风景园林工程的专家、学者、企业家等600多名代表出席大会。通过开展交流活动，提升福建花卉影响力。

四、主要问题

一是部分从业人员对现阶段花卉产业发展缺乏信心。表现为：花卉生产企业在产业结构调整中存在观望现象，担心供过于求；花卉经营企业对今后市场走势信心不足，不敢订货、进货；出口企业不敢承接长期订单，担心汇率大幅波动等。

二是规模化生产水平还比较低。花卉苗木生产经营规模小而分散，专业化、标准化、规模化水平与现代花卉业的发展要求还有较大差距。

三是科技创新相对滞后。花卉苗木科研队伍比较薄弱，企业科技创新投入较少，缺乏拥有自主知识产权的花卉品种。

四是花卉苗木流通体系不够完善。现有的花卉苗木市场布局不够合理，缺少规范化的交易市场和高效的流通体系。

五、2015年发展思路与重点

1. 发展思路

2015年，福建省将围绕生态文明先行示范区建设目标，继续贯彻实施《福建省花卉产业发展规划（2011—2020年）》、《福建省人民政府关于扶持花卉苗木产业发展的意见》，加快花卉苗木产业转型升级，推动花卉苗木产业发展，进一步做大做强福建省花卉产业，努力为建设生态文明先行示范区和“机制活、产业优、百姓富、生态美”的新福建做出新贡献。

2. **工作重点**

一是提升花卉苗木生产经营体系。继续抓好省级现代农业（花卉）生产发展项目和省级设施农业（花卉）项目实施，加快种植结构调整，积极发展优势特色花卉和绿化苗木生产，做大做强各类高端精品花卉苗木。坚持外向型高端发展，建设标准化的花卉苗木产品出口基地，完善花卉苗木产品出口服务，实现花卉苗木生产提质增效。

二是构建花卉苗木研发创新体系。强化优势栽培品种自主研发创新，完善以企业为主体、市场为导向、产学研相结合的技术创新体系，积极开展名特优新品种引进消化与吸收再创新，逐步建立具有自主知识产权的花卉品种。

三是完善花卉苗木市场流通体系。加快花卉苗木交易市场建设，统筹整合福建省现有花卉苗木市场资源，规范发展产地批发市场、区域集散市场和城乡消费市场，重点支持集批发和零售于一体的花卉苗木综合交易市场建设。完善花卉苗木专业物流服务，支持花卉苗木交易市场建设专业化冷链运输体系、包装与储运信息系统等物流服务体系，规范售后服务、物流配送等管理，不断提升经营管理水平。

四是优化花卉苗木消费环境体系。支持传统消费升级发展，促进消费个性化、时尚化、多样化，推进食用、药用花卉的应用开发与服务，培育发展特色消费市场，全面满足各类消费者的需求。鼓励花卉苗木文化创意服务，开发花卉苗木文化创意产品，引导花卉苗木消费。推广花卉苗木旅游体验消费，推动花卉苗木产业与休闲旅游、观光产业等融合发展。

执笔：赖文胜（福建省林业厅种苗站）

第36章 江西省花卉产业发展报告

一、综述

1. 花卉产业发展概况

近年来，江西省各地政府把发展苗木花卉产业作为生态建设的主体产业、现代林业的支撑产业、惠及农民的富民产业来抓，取得了显著成效。江西花卉产业呈现出种植规模不断扩大、生产结构明显优化、科技水平大幅提高、花农收入不断增加、生产模式逐渐转变的旺盛发展势头。

据江西省花卉协会行业调查统计，2014年江西省花卉种植面积达到38794公顷，比2013增加10%，销售额约28.56亿元，比2013增长0.62%，销售额增长幅度远低于种植面积增幅，说明江西省目前花卉产业增长方式还处于主要依靠投入、铺新摊子和追求数量的粗放型经营阶段，花卉单位面积销售额只有7.36万元/公顷，比18年前荷兰花卉单位面积产值（356万元/公顷）低了48倍多（表36-1）。现有各类花卉市场61个，花卉企业1006家，从业人员15.27万人。其中，大中型企业253家，占江西省花卉企业总数的25.15%，专业技术人员2272人，占从业人员总数的1.49%，说明江西省花卉从业人员构成以花农为主，花卉专业技术人员偏少（表36-2）。

2014年，江西省花卉保护地栽培面积3161.24公顷，占江西省花卉总面积的8.15%，保护地栽培面积较2013年增长10%，其中温室50.73公顷，大（中、小）棚847.68公顷，遮阴棚2262.83公顷，均比2013年增长10%（表36-3）。

表36-1 2013—2014年江西省花卉产销情况比较

年份	种植面积（公顷）	销售额（万元）	出口额（万美元）	单位面积产值（万元/公顷）
2013	35267	283810	100.05	8.05
2014	38794	285562	101.05	7.36

表36-2 2013—2014年江西省花卉经营实体和从业人员比较

年份	花卉市场数（个）	花卉企业数		花农（户）	从业人员数	
		企业总数（家）	其中：大中型企业数（家）		从业人员总数（人）	其中：专业技术人员数（人）
2013	59	961	248	57068	135099	2256
2014	61	1006	253	64487	152662	2272

注：大中型企业是指种植面积3公顷以上或年营业额500万元以上的企业。

表36-3 2013—2014年江西省花卉保护地栽培面积比较

年份	总面积（公顷）	保护地栽培面积（公顷）	其中		
			温室（公顷）	大（中、小）棚（公顷）	遮阴棚（公顷）
2013	35267	2873.85	46.12	770.62	2057.12
2014	38794	3161.24	50.73	847.68	2262.83

2. 花卉产业在江西省的地位与比重情况

花卉产业在江西省农作物中所占面积约1.5%，在园艺作物中位列蔬菜、果树、棉花、茶叶之后，排名第五。

3. 花卉政策

2012年7月，江西省出台了《江西省苗木花卉产业发展规划（2011—2020）》（以下简称《规划》），对江西省花卉苗木产业发展进行了总体规划和布局。

《规划》根据苗木花卉产业现有基础和特色优势，将全省苗木花卉产业划分为“一圈、两带、多点”格局进行发展。“一圈”即为：以省会南昌为起点，沿320国道从新建到高安、上高、宜春、萍乡，再沿沪昆高速从萍乡、宜春、新余、樟树、丰城到南昌为一圈，全程约1000千米，故称“赣西千里苗木花卉产业走廊”，将南昌及周边地区建成全省苗木花卉技术研发和市场交易中心以及景观苗木花卉生产示范区，辐射带动九江、抚州市，其中重点建设南昌“江南苗木大世界”，将其打造成全省的交易中心乃至我国南方地区苗木花卉交易的“航母”。“两带”即为：以320国道沿线区域为东西带，以105国道沿线区域为南北带，建设规模化、标准化、品牌化苗木花卉生产基地，重点扶持苗木花卉龙头企业发展，建设赣南、赣西、赣东等地区域性苗木花卉交易中心，建立健全信息、物流区域性服务体系。将赣州建成全省优质乡土树种、林木种质资源繁育生产区，辐射带动吉安市。将上饶建成全省特色苗木花卉生产区，辐射带动景德镇和鹰潭等市。“多点”即为：以“一圈、两带”以外的苗木花卉重点县、重点乡镇、特色基地、企业和种植大户为点，重点建设苗木花卉生产基地，为全省苗木花卉产业规模化、集群化发展奠定坚实基础。

为配合规划实施，江西省各级政府纷纷出台了相应扶持政策。如省财政对新增苗木花卉面积按每亩300元的标准给予资金补助。南昌市政府也对新办的面积在300亩以上的花卉苗木基地一次性奖补每亩500元。新余市人民政府对经认定为新建集中连片苗木花卉基地且达到50亩以上的，除享受国家和省里有关扶持政策外，实行市、县（区）连补三年的政策，第一、第二年每亩每年补助200元，第三年每亩补助100元，新建永久性温室大棚按照每平方米50元的标准给予一次性补助。新批准的以苗木花卉生产为主的省、市林业龙头企业，分别一次性给予5万元、1万元奖励等。

二、产业现状

1. 产业特点

2014年，江西省花卉产业格局基本形成，并逐渐呈现一些新的发展特点：

（1）苗木发展开始涌现新生力量。苗木基地已经传入第二代，众多大型花木基地由父辈开始传给子辈，如江西远泉实业集团有限公司、江西金乔园林股份有限公司、江西卓茵园林景观工程有限公司等。

（2）苗木企业触网，花卉行业出现返乡创业。大型花木企业开始触网，与国内代表性行业电商网站（移动电商）等合作，网上开设销售渠道，如远泉实业、金乔园林和卓茵园林等。外地返乡重新创业开始出现，之前在江苏、浙江、广东等地创业或打工的行业从业者，在赚到创业资金和积累创业经验后，受到回乡创业优惠政策的鼓励，开始回乡创业，如贵溪园道景观、抚州田园生态农业、宜春治家森活等。

（3）江西成投资转型热点，江浙、福建、广东、台湾等省的实力花木企业转向江西投资，充分利用江西的土地和人力成本优势，带动企业发展，如浙江森禾、江苏阳光、新塔园艺等。

（4）鲜花店由只卖鲜切花，逐渐发展成鲜切花和小盆栽等室内装饰植物一起销售。插花分会成立后，通过举办各种插花培训和沙龙，引导花卉消费。小盆栽、多肉等观赏性强、好养的花卉产品，开始大量出现在一些批发市场、花店和精品装饰店里；江西苗木经纪人群体逐渐壮大成熟；各地市、县开始举办以花为主题的花事活动，加强花卉宣传力度。

2. 2013—2014年江西省花卉产销情况

2013—2014年江西省花卉产销情况详见表36-4至表36-10。

表36-4　2013—2014年江西省鲜切花类产品产销情况比较

年份	鲜切花类			其中：鲜切花			其中：鲜切叶			其中：鲜切枝		
	种植面积（公顷）	销售量（万枝）	销售额（万元）	种植面积（公顷）	销售量（万枝）	销售额（万元）	种植面积（公顷）	销售量（万枝）	销售额（万元）	种植面积（公顷）	销售量（万枝）	销售额（万元）
2013	302.84	12522.66	4051.05	215.83	9551.89	2838.56	59.89	2559.45	692.69	27.12	411.32	519.80
2014	311.93	12898.34	4172.58	222.30	9838.45	2923.72	61.69	2636.23	713.47	27.93	423.66	535.39

表36-5　2013—2014年江西省盆栽植物类产品产销情况比较

年份	盆栽植物类				其中：盆栽植物类				其中：盆景			其中：花坛植物		
	种植面积（公顷）	销售量（万枝）	销售额（万元）	出口额（万美元）	种植面积（公顷）	销售量（万枝）	销售额（万元）	出口额（万美元）	种植面积（公顷）	销售量（万枝）	销售额（万元）	种植面积（公顷）	销售量（万枝）	销售额（万元）
2013	2554.15	15788.35	91230.65	100.05	1891.75	12357.90	75891.95	100.05	159.85	784.30	7378.40	502.55	2646.15	7960.30
2014	2579.69	15946.23	92142.96	101.05	1910.67	12481.48	76650.87	101.05	161.45	792.14	7452.18	507.58	2672.61	8039.90

表36-6　2013—2014年江西省种用花卉类产品产销情况比较

年份	种用花卉类		其中：种子用花卉			其中：种苗用花卉			其中：种球用花卉		
	种植面积（公顷）	销售额（万元）	种植面积（公顷）	销售量（千克）	销售额（万元）	种植面积（公顷）	销售量（万株）	销售额（万元）	种植面积（公顷）	销售量（万粒）	销售额（万元）
2013	602.16	5661.76	140.40	287275.04	1232.40	406.64	4139.20	4247.36	55.12	615.68	182.00
2014	614.20	5775.00	143.21	293020.54	1257.05	414.77	4221.98	4332.31	56.22	627.99	185.64

表36-7　2013—2014年江西省观赏苗木产销情况比较

年份	种植面积（公顷）	销售量（万株）	销售额（万元）
2013	28201.86	40800.24	147164.50
2014	31662.98	45696.27	147856.09

表36-8　2013—2014年江西省食用与药用花卉产销情况比较

年份	种植面积（公顷）	销售量（千克）	销售额（万元）
2013	585.00	3172169.52	1705.86
2014	625.95	3394221.39	1825.27

表36-9　2013—2014年江西省工业及其他用途花卉产销情况比较

年份	种植面积（公顷）	销售量（吨）	销售额（万元）
2013	255.44	1383.29	2235.10
2014	260.55	1410.96	2279.80

表36-10　2013—2014年江西省草坪产销情况比较

年份	种植面积（公顷）	销售量（万平方米）	销售额（万元）
2013	2765.55	10930.36	31761.08
2014	2738.70	10824.24	31452.72

三、主要问题

（1）花卉营销理念落后守旧，观念不够创新超前，跟在江苏、浙江、广东企业后面走。

（2）花卉品牌太少，除了江西金乔园林股份有限公司在全国有一定影响外，其他企业无论是在产品标准化、企业规模、企业管理和经营理念上都具有很大差距，还需要大力追赶。

（3）行业人才缺乏，企业管理人才、互联网和企划运营人才严重欠缺。企业发展“青黄不接”，老一辈以政府工程为经营手段的时代一去不复返，新一代对于新常态、新环境还未适应，管理理念和经验还处于成长阶段。

执笔：姚技（江西省花卉协会）

第37章 山东省花卉产业发展报告

一、综述

1. 花卉产业发展概况

2014年，山东省花卉产业已进入换档升级的重要发展时期，呈现出良好的发展态势和广阔的市场前景，为促进山东农业产业结构调整、拓宽农民就业增收渠道发挥了重要作用。

（1）产业规模。截至2014年底，山东省花卉种植面积达15.97万公顷，年产值283亿元（表37-1）。盆花、鲜切花、草花、观赏苗木是山东省主要花卉产品，济南市、潍坊市、菏泽市、临沂市、泰安市、东营市已经成为全国比较知名的花卉产区。花卉产业已成为全省林业中最为活跃的产业之一，为全省农业增效、从业农民增收做出了重要贡献。

（2）产品结构。山东省花卉种类主要有5种，即盆栽植物类、鲜切花类、观赏苗木、食用及药用花卉和工业及其他用途花卉。其中盆栽植物、观赏苗木和食用及药用花卉是山东省花卉产业的主力产品，在潍坊青州市、济南市、东营市已经成为区域特色产品。截至2014年底，山东省盆栽植物培育11.50亿盆，切花类产品产量15.20亿枝，观赏苗木种植14.80亿株，食用及药用花卉面积72568公顷，产量13万吨，工业及其他用途花卉面积19.60公顷，产量54吨。

（3）生产设施。截至2014年底，花卉设施栽培面积10130万平方米，占全省花卉种植面积的6.34%。其中现代化温室面积3956万平方米，占花卉设施栽培面积的39.05%；其中控温温室2792万平方米，日光温室1165万平方米，大（中、小）棚4412万平方米，遮阴棚1761万平方米。

（4）经营实体。山东省的花卉产业经营实体以花农和花卉企业为主体。2014年，山东省从事花卉生产的花农有12.57万户，花卉企业3571家，以民营企业为主，其中面积3公顷以上或年营业额500万元以上的大中型花卉企业654家。全省花卉从业人员48.22万人，花卉市场430个。涌现了一大批设施先进、专业化程度高、科技创新能力强、市场占有率高、带动辐射面广的花卉龙头企业，如济南花木联合公司、山东东方花卉有限责任公司、青州亚泰农业科技有限公司、寿光红梅园艺科技有限公司等。

（5）产业集群。近几年，经过各级政府的大力扶持，山东省已形成一批特色鲜明、优势突出、具有一定规模的花卉产业集群，如青州盆花、菏泽牡丹、莱州月季、峄城石榴、平邑金银花、平阴玫瑰、临沂海棠等具有地方特色的花卉产业集群快速发展，成为山东省地方经济增长的新亮点。

表37-1 2013—2014年山东省花卉产业基本情况

年份	生产面积（公顷）	销售额（亿元）	从业人员（万人）	其中：专业人员（万人）	企业（家）	其中：大中型企业（家）	市场（个）
2013	171274	285	43.63	4.44	2653	672	402
2014	159718	283	48.22	2.90	3571	654	430

注：大中型企业指种植面积3公顷以上或年营业额500万元以上的企业。

2. 花卉产业在山东省的地位与占比情况

2014年，山东省花卉年产值283亿元，占全省林业总产值的4.71%，占全省农业总产值的5.94%，占全省生产总值的0.48%。

3. 花卉产业政策扶持情况

近年来，山东省委、省政府颁布了《加强生态文明乡村建设的意见》和《关于建设生态山东的决定》等文件，将生态文明建设作为山东省城乡建设的目标、任务和途径，为花卉产业提供了广阔的市场前景。为加快振兴花卉产业，培育新的消费热点和经济增长点，山东省政府出台了《关于实施蔬菜等五大产业振兴规划的指导意见》（鲁政发〔2010〕81号），其中《山东省苗木花卉产业振兴规划（2011—2015年）》(以下简称《规划》）进一步明确了花卉业在山东省经济社会发展中的重要地位。以《规划》为指导，山东省花卉产业调整优化种植结构，创新提升栽培技术，巩固拓展销售市场，在产业规模、区域布局、科技创新、市场拓展、品牌建设、项目带动、花文化发展等方面取得了新的成绩，综合实力继续保持全国前列。

二、特点和亮点

1. 资源丰富多样

山东花卉种质资源丰富，栽培观赏花卉有538种，隶属109科；野生花卉有472种，隶属104科，可分为观花、观果、观叶、水生、垂直绿化、地被花卉和草坪植物等。优势花卉有牡丹、芍药、玫瑰、月季、金银花、仙客来、沂州海棠、非洲菊切花、蝴蝶兰、凤梨、大花蕙兰、竹芋类、红掌等，为山东省花卉产业大发展奠定了良好的资源基础。同时，山东省又是农业大省、人口大省，现代农业发展较快，与相邻的发达省份比较，山东省具有相对丰富的劳动力资源和从业人员技术优势，对发展劳动密集型的花卉产业有明显的优势。

2. 区位优势明显

山东省地形多样，土壤类型丰富，土质优良，适宜多种花卉的生长。气候属暖温带季风气候类型，降水集中，雨热同季，光照资源充足，可满足多种花卉生长的需要。国内外多数名优花木适宜在山东生长。另外，山东地处中国大陆东部的南北交通要道，京沪铁路、京九铁路纵贯南北，穿越境域西部，沟通了其与沿海和内陆诸省的联系；胶济铁路横贯东西，蓝烟铁路穿行于半岛中部，加之遍布全省的公路网络，构成了境内四通八达的便利交通。因此，从山东进口花卉分销全国，优势更加显著。

3. 产业初具规模

近年来，山东省紧紧围绕黄河三角洲高效生态经济区和山东半岛蓝色经济区建设，以各类花事活动为平台，大力培植现代花卉企业，已形成了包括研发、生产、销售及流通等涵盖产前、产中、产后诸多环节的较为完整的产业链条，并不断延伸，极大提高了全省花卉产业发展水平。已建成了一批初具规模并有一定影响的花卉生产基地，如菏泽牡丹（芍药）生产基地、青州仙客来生产基地、莱州月季生产基地、平邑金银花生产基地、平阴玫瑰生产基地等。潍坊、枣庄、青岛、济南等地已相继建立了专门的花卉市场。经花卉生产、经营和科技人员多年的努力，山东省在花卉品种的收集与培育、栽培与繁殖、生产与经营等方面积累了一定经验，建立“起研、产、供、销”一体化的网络体系，为加快花卉产业的发展打下了良好基础。

4. 花文化持续发展

近年来，山东省围绕花卉产业的生产、生活、生态等多种功能，积极推进产业融合，以花为媒，宣传花卉产业、弘扬花卉文化、引导花卉消费，推动产业发展。2014年4月25日至10月19日，由国家林业局、中国国际贸易促进委员会、中国花卉协会和山东省人民政府共同主办的2014青岛世园会隆重举行。山东省组织参加了在江苏常州举办的第八届中国花卉博览会，其中室外展园“齐鲁园”和室内展厅均荣获设计布置奖特等奖，同时获得组织奖特等奖及团体奖铜奖，谱写了山东在全国花卉盛会上的又一次辉煌；协助2014青岛世界园艺博览会执委会开展筹备工作，确保展园建设工作顺利推进；成功举办了中国（青州）花卉博览交易会、中国泰山苗木花卉交易会、迎春年宵花展等精彩纷呈的花事活动，极大地丰富了人民群众的精神文化生活。

三、主要问题

1. 产业结构不够优化

山东省花卉种植业较为发达，但深加工、市场流通、配套资材发展相对滞后，特别是缺乏与产业发展相适应的市场交易与高效物流体系，花卉交易较落后，观赏苗木和盆栽花卉多，鲜切花产品少，深加工产品更少，同质化产品多，特色产品少。

2. 产品质量和产业效益不高

花卉生产技术和经营管理相对落后，专业化、标准化、规模化、机械化、设施化程度较低；花卉产品质量不高，单位面积产值较低，产品出口量较小，国际市场竞争力较弱。

3. 品牌创新和技术研发能力不强

目前，山东省花卉生产的关键技术和花卉新品种主要靠引进，种苗、种球大部分也靠进口，多数企业技术开发能力和创新能力相对薄弱，缺乏技术创新的资金和优秀人才，科技转化率较低，具有自主知识产权的花卉新品种和新技术较少。

4. 居民花卉消费水平偏低

随着社会的进步，人民生活水平的提高，花卉已成为社会交往、礼仪庆典及日常生活中不可缺少的消费品，市场潜力不断扩大。目前山东省花卉消费水平相对较低，而且普遍以中低档产品为主，花卉消费绝大多数是节假日消费、团体消费，日常消费、个人消费尚未成为常态。

四、发展思路与重点

2015年，山东省将以《全国花卉产业发展规划（2011—2020年）》为指导，继续贯彻落实《山东省苗木花卉产业振兴规划》，以发展优质高效花卉产业、促进农民持续增收为目标，以市场为导向，以特色生产基地建设、设施栽培、花卉深加工、市场建设和社会化服务为重点，对山东省花卉业统一规划，整合资源、集中投入、整体高端推进、分步实施，改善生产条件，转变生产模式，推进标准化、规模化、专业化生产，促进全省花卉业的综合生产能力、可持续发展能力和市场竞争力不断提升，再创花卉业发展新优势。

1. 建设特色生产基地

继续实施山东省现代农业产业发展资金花卉项目，打造4个产业主导性突出、带动能力强、经济效益好的花卉强县，继续在资金、技术、税收等方面对重点县进行扶持，并对其进行目标跟踪和动态管理。在重点花卉产区开展基础设施建设及乡土树种培育基地、生态苗木储备基地、水生植物繁育基地建设，加大科技创新、技术推广、成果转化、品种引进与选育，实现示范推广专业化、生产标准化，全面提高苗木花卉质量。鼓励建设高标准的花卉生产设施，配备和引进先进的生产设备、设施栽培技术，提高花卉产品质量和周年供应能力，提高苗木花卉生产水平。

2. 加快种植结构调整，构建生产加工体系

积极发展牡丹、芍药、玫瑰、月季、仙客来等传统特色花卉，大力推进切花芍药、非洲菊、切花月季等主产鲜切花标准化生产，优化发展特色盆栽花卉、盆景、草本花卉、观赏苗木标准化生产，大力扶持设施花卉发展，积极利用机械化生产，提高花卉生产水平。

3. 建设市场和品牌

完善市场基础设施建设及市场信息平台建设，积极拓宽国际、国内的销售市场，提升山东省苗木花卉的市场占有率。国内市场重点瞄准华北地区进行市场开发，其次向华东市场扩展；国际市场要以亚太新兴市场和欧美发达地区为重点，以盆花、鲜切花为主导创汇产品。

依托地方发展特色，积极实施品牌战略，创建优质产品品牌，通过品牌产品的系列开发，优化提升产品结构和质量，实现产品品牌与企业品牌的互动，增强消费者对产品的认知，提升品牌的综合价值。

4. 优化花卉消费环境

支持传统消费升级发展，加强国内外交流，促进消费个性化、时尚化、多样化，推进食用、药用、工业用、功能性花卉的应用与服务，培育发展特色消费市场，全面满足各类消费者的需求。引导花卉旅游体验消费，推动花卉产业与休闲旅游、观光农业等一起发展，推广花卉观赏、花卉采摘等特色旅游。

5. 开展花事活动

积极参与中国花卉协会组织的各项花事活动；认真举办好中国（青州）花卉博览交易会、中国泰山苗木花卉交易会、中国（济南）花卉园艺博览会、迎春年宵花卉展等花事活动，重点做好第六届山东省花卉博览会筹备工作；鼓励花卉主产区开展各类专业花卉展览会，积极参加各种国内外大型花卉展会。

执笔：姜岳忠、陈俊强、杲承荣、卢洁、窦霄（山东省林木种苗和花卉站）

第38章 河南省花卉产业发展报告

一、综述

近年来，河南省花卉产业在生产、物流、市场流通、科研创新等各方面取得了显著成绩，各地花事活动丰富多彩，群众在花卉消费层次和消费理念上不断提升。2014年，河南省花卉产业以抓改革、调结构、促转型、控风险、增效益为重点，不断在规模化发展、标准化生产、新品种培育、新技术应用上求突破。花卉产业的发展，不仅推动文化事业日益活跃，而且在促进农业产业结构调整、改善人居环境、推动绿色增长等方面发挥了重要作用。

1. 花卉产业发展概况

2014年，河南省新发展花卉约1500.8公顷，其中：观赏苗木8886.67公顷，占新发展面积的78.41%；食用与药用花卉1013.33公顷，占新发展面积的8.94%；鲜切花520.00公顷，占新发展面积的4.58%；盆花、草坪及其他种用花卉913.33公顷，占新发展面积的8.07%。观赏苗木与鲜切花所占比重上升。截至2014年底，河南省花卉种植总面积118773.33公顷，其中露地种植116706.67公顷，设施种植1313.33公顷，生产辅助用地753.33公顷，分别占花卉种植总面积的98.26%、1.11%、0.63%。经营实体33007个，其中大中型企业6745家，从业人员达38.19万人，总产值410.70亿元，销售额129亿元（表38-1）。第一产业产值366.23亿元；第二产业产值7.58亿元；第三产业物流园区、交易市场、花店、花卉旅游业实现交易额和销售额收入36.89亿元，分别占花卉产业总产值的89.17%、1.85%、8.98%。

表38-1 2013—2014年河南省花卉产业基本情况

年份	生产面积（公顷）	销售额（亿元）	从业人员（万人）	其中：专业人员（万人）	企业（家）	其中：大中型企业（家）	市场（个）
2013	117272.53	125	37.08	2.53	32046	6549	128
2014	118773.33	129	38.19	2.61	33007	6745	132

注：大中型企业是指种植面积3公顷以上或年营业额500万元以上的企业。

2. 花卉产业在河南省的地位与占比情况

2014年，河南省生产总值达34939.38亿元，花卉总产值占河南省生产总值的1.18%。

3. **扶持政策**

（1）流转土地。安阳市滨河生态农庄有限公司园区流转土地8000亩，预计总投资3亿元。从2011年春季开始到2020年建设分为三期完成，截至2014年底已投资1.4亿元，现已注册“金滨河”商标，主要种植法桐、白蜡、国槐等速生苗木及一些名贵树种。

河南汤阴锦香花都有限公司现流转土地1895亩，公司苗木从许昌鄢陵和山东惠民县引进，公司有花卉、苗圃、果树种植、销售等广泛的经营范围，现有樱花、紫薇、红叶石楠、国槐、白蜡、红叶李、红叶碧桃、栾树、黄杨、葱莲、麦冬11个品种，是豫北地区最大的苗圃基地之一，在安阳市场地区占有率30%。

（2）加大资金投入。巩义市逐步建立起多元化经济林建设投入机制，市财政局将花卉苗木建设经费纳入市财政预算。市政府出台发展花卉苗木的优惠政策，市财政拿出专项资金每亩奖补500元，连补3年；对新建或扩建100亩以上集中连片的花卉苗木生产基地，市财政每亩补700元。同时，对花卉苗木大户予以技术帮助和资金扶持，对河洛镇英峪村的430亩海棠新品种示范园奖补10万元，对河洛镇寺湾村的500亩花卉苗木示范园奖补10万元。

安阳市内黄县政府对花卉苗木产业发展实行奖励、扶持政策，凡集中连片新发展100亩以上的，经验收合格每亩奖补300元。

（3）招商引资。安阳市内黄县对引进一家投资额度1000万元以上的花卉绿化苗木企业，实行一事一议，给予奖补。内黄县金融部门加大对花卉苗木基地建设、企业发展的支持力度，简化贷款手续，提高办事效率，执行优惠利率。各乡（镇）、街道办事处设法筹措资金，加大对花卉绿化苗木产业的扶持力度。安阳市龙安区对村两委完成土地流转工作，并招商建成花木示范园，奖励支部书记、村委会主任各5000元。

（4）信贷支持。南阳市南召县通过大力推进土地流转，组织开展林权抵押贷款、林农小额信用贷款和林农联保贷款等业务，不断扩大玉兰苗木种植，形成了30个品种12万亩的玉兰苗木生产基地。全县苗木销往20个省（区、市），形成国内品种最全、种植面积最大、市场占有率最高的南召玉兰苗木繁育基地，“南召玉兰”已成为国内知名特色品牌。

安阳市龙安区招聘企业或公司完成100亩以上花卉苗木示范园建设，每亩每年奖补500元，享受连补3年，同时享受政府贴息贷款优惠政策。对于贷款在30万元以下的区政府给予3年贴息，对于贷款在30万～50万元的区政府给予2年贴息，对于贷款在50万元以上100万元以下的区政府给予1年贴息。安阳市龙安区注重引进战略合作者，发挥品牌优势，培育龙头企业，对在规划园内主要道路两侧新发展花木面积在100亩以上的个人和团体，在建设期间遇到资金困难时，政府协助、帮助解决信贷资金。

二、特点和亮点

1. 科技创新促进花卉产业转型升级

河南省鄢陵县作为花木大县，把科技作为推动花木产业发展转型的第一动力，与多家高校和科研机构合作，先后承担2个国家“863”计划项目和10多个省、市级科技攻关项目，完成了40多个树种（品种）的组培技术研究和组培苗的工厂化生产。其中，蜡梅组培快繁技术属国内首创，樱花快繁及脱毒技术已达国内同行业先进水平。2014年，由鄢陵5家大型园林绿化企业主持完成的“红叶石楠扦插快繁技术及在园林工程中应用研究”、“连香树种苗繁育技术研究与应用”、“金叶复叶槭快繁技术研究”、“对节白蜡整形栽培技术研究”和“重瓣樱花扦插育苗技术研究与推广”5项科研成果通过省级鉴定。各项科技成果以现代名优花木科技园区项目为载体，推动了全县花木产业由传统经营模式向标准化、规模化、现代化经营模式发展，全面提升了花木产业的发展水平。

2. 牡丹产业国际交流有新进展

2014年，洛阳牡丹亮相亚太经济组织北京会议，这是继北京奥运会、上海世界博览会后，再次绽放在国际盛会上。洛阳神州牡丹园在台湾杉林溪和美国西雅图举办了洛阳牡丹文化节，在台湾已种植46个品种九大色系8000株洛阳牡丹。启动了西雅图牡丹观赏园、牡丹与芍药鲜切花生产基地以及牡丹文化产业展示中心等项目，神州牡丹园的750株牡丹、芍药种苗落户西雅图。在西雅图牡丹文化节期间，洛阳与巴西就双方在巴西合作建设300亩牡丹生产基地达成合作意向。融入陶瓷、绘画、书法和篆刻等多种中国传统文化元素的牡丹瓷成为习近平主席夫人彭丽媛陪同出访韩国时，向韩方赠送的国礼。牡丹寓意美好，并以其精湛的科技和工艺成为国际交流、交往的花卉名片。

3. 牡丹等特色花卉育种实现新突破

洛阳国家牡丹园培育出14个具有知识产权的优良牡丹新品种，其中2个为油用品种，12个为观赏品种。另外，洛阳国家牡丹园攻克了秋赏牡丹品种培育技术，并进行了规模扩繁。目前，园区已经形成了3亩1300株的秋赏牡丹种植规模。另外，开封选育出2个菊花新品种，遂平名品花木园林有限公司选育出4个彩叶树种新品种等。

4. 花卉旅游成为发展新亮点

郑州、洛阳、驻马店、安阳等县（区）建设的以薰衣草、郁金香、玫瑰等花卉为主题的庄园景观，通过四季花海、爱情文化主线景点，形成集欢乐游戏、趣味体验、旅游观光、特色农业、度假养生、科普教育、农情体验、星级酒店等功能于一体的大型创意观光园。河南省以花卉为主题的休闲旅游接待游客1200万人次，实现综合收入23.8亿元。

5. 花事活动成效明显

（1）第十四届中国·中原花木交易博览会（以下简称花博会）成功举办。第十四届中国·中原花木交易博览会在河南省鄢陵县举办。花博会更加注重突出服务花农及花木企业，举办了首届鄢陵知名园林花木企业业绩展、秋季苗木交易会、中州盆景大赛等14项活动，展会期间共签约项目47个，总投资253.9亿元。

（2）第三届“中原杯”插花花艺大赛顺利举行。以“花卉扮靓生活”为主题的第三届“中原杯”插花花艺大赛由河南省38名选手参赛。大赛还邀请王莲英、王路昌等插花花艺大师为参赛作品讲评，并进行了艺术讲座及花艺表演。本届大赛共展示插花作品180多件，特邀大师作品12件，特邀名店、名家大型作品20件。花艺大赛对提高河南省插花花艺水平起到了积极的推动作用。

（3）第二十四届中国（郑州）兰花博览会成功举办。冠名“陈砦花卉杯”第二十四届中国（郑州）兰花博览会（以下简称兰博会）以“兰香绿城美丽郑州”为主题，来自北京、湖北、山东等省（区、市）以及德国、韩国等国家的3000个参展商共展出各类兰花5000余盆。展会设国兰文化馆、国兰精品馆、洋兰景观馆、兰文化馆和兰花交易区、兰与翡翠展示区等，总展示面积1.5万平方米，为历届兰博会中展出规模最大、品种最丰富的一届。本届兰花展促进了我国南北区域兰花交流与合作，对提升河南省兰花产业发展、挖掘和传承中原兰文化起到了重要的推动作用。

（4）第32届中国洛阳牡丹文化节成功举办。洛阳牡丹文化节已经成为洛阳发展经济的平台和展示城市形象的窗口、洛阳走向世界的桥梁和世界了解洛阳的名片。洛阳市牡丹种植面积达12万余亩，有九大色系、10种花型、1200多个品种，已成为全国性的牡丹观赏胜地和世界牡丹栽培中心之一。以牡丹为主题的书画、雕刻、刺绣、剪纸、牡丹瓷、牡丹茶、牡丹食品等各类艺术品、深加工产品畅销海内外，形成了完整的牡丹产业链。另外，牡丹发展领域已有新的拓宽，油用牡丹的栽培加工逐步兴起。

（5）中国开封第32届菊花文化节盛大开幕。本届菊花文化节举办了菊花文化周、《天下菊花》邮票发行、中华菊王争霸赛等以“菊”为主题的13项活动。全市展菊达300万盆、品种1300个，形成了“满城尽菊黄”的壮观景象。菊花文化节还展示了获得2014青岛世界园艺博览会菊花国际竞赛唯一特等奖的菊花版《清明上河图》。菊花版《清明上河图》长24米、宽2.4米，依照《清明上河图》放大制作。20余组宋代建筑模型、近800个人物、数十艘漕运船只、近百匹牲畜，用上千株菊花、数万枚盛开的花朵进行了全新的诠释。原画中的树木和植物全部用盆景菊、悬崖菊、国庆菊等展现。菊花版《清明上河图》将历史搬进现实，将文化注入展会，将盆景、雕塑、建筑、园林等多种艺术门类与宋文化完美融合，为游客提供了一道菊文化和科技展示的视觉盛宴，再现了北宋东京的繁华。

（6）2014南阳月季花展成功举办。南阳借助月季花展的举办，充分利用独特的生态优势，把南阳月季产业做大做强。目前，南阳月季已发展到5万亩，形成了20多千米的月季苗木产业带。全市月季从业人员达11万人，年产值近10亿元，月季的出口量、供应量居全国之首，南阳已成为我国最大的月季种苗基地。

（7）花卉交易市场建设向高端迈进。随着城市生活质量的提高和郑州城区的扩大，陈砦花卉服务有限公司在郑汴路商业圈建成了5.5万平方米集购物、观赏、体验、休闲、娱乐于一体的综合式花卉商场——陈砦花卉郑汴路店。花店成为集鲜花、盆花、园林、工艺品、观赏鱼、宠物、软装、餐饮等多种业态，电梯、灯光、换气、空调等硬件设施配套齐全的一个大型商业综合体。花店让原本带有乡土气息的花卉市场充满现代感，满足人们购花、休闲需求。

（8）河南省花卉协会绿化观赏苗木分会成立。河南省花卉协会绿化观赏苗木分会是河南省花卉协会为满足行业发展需要，依据产业经营领域划分而设立的专业从事绿化观赏苗木相关业务的分支机构，由观赏苗木及相关行业的企事业单位和个人自愿组成。分会将依照《章程》积极开展工作，促进河南省观赏苗木行业持续、健康发展。

（9）河南省鲜切花盆花交流培训班成功举办。河南省花卉协会组织重点花卉企业负责人、花卉销售企业代表及河南省花卉协会分支机构相关人员80余人参加河南省鲜切花盆花产业发展培训班。培训班主要对全国花卉产销形势、花卉行业电商机遇、新形势下花卉企业应如何打破发展瓶颈、小型盆栽花卉的发展及营销等进行研讨交流。

三、主要问题

河南省花卉产业在保持健康稳定发展的同时，也面临新的挑战和不容忽视的问题。在经济放缓、经济下行压力加大以及消费需求相对减弱的大形势下，花卉产业效益空间受到进一步压缩；产业结构不合理，观赏苗木占绝对优势地位，鲜切花、盆花，种子、种苗、种球及药用、食用、工业用花卉生产占比重较低，花卉生产设施化、专业化、规模化、集约化程度不高，面临着生产结构和产业结构双重调整。另外，还存在有实力、知名度高的花卉龙头企业不多，花卉品种创新能力不强等问题。

执笔：卫发兴、宋言生（河南省花卉协会）

第39章　湖北省花卉产业发展报告

2013年9月，湖北省委、省政府将生态文明建设作为文明湖北十大行动之一，印发了《关于实施绿满荆楚行动的意见》。在省委、省政府的高度重视下，2014年湖北省花卉产业保持了较强劲的发展势头。

一、花卉产业发展概况

截至2014年底，湖北省花卉种植面积达4.80万公顷。其中，鲜切花种植面积0.12万公顷，约占全省花卉种植面积的2.50%，比2013年度略有增加；盆栽植物种植面积0.30万公顷，约占全省花卉种植面积的6.24%；草坪及地被植物种植面积0.08万公顷，约占全省花卉种植面积的1.66%，与2013年度基本持平；观赏绿化苗木4.31万公顷，约占全省花卉种植面积的89.60%，比2013年增加0.27万公顷。年产切花、切叶9886万枝，盆栽植物12441万盆，基本与2013年持平。

湖北的绿化观赏苗木为湖北花卉种植的主要类型。鲜切花主要品种为菊花、薰衣草、郁金香、月季、百合等；草坪主要品种为马尼拉、天堂绒、麦冬等；设施栽培的盆花为凤梨、蝴蝶兰、红掌、仙客来、大花蕙兰等。湖北市场销售的鲜切花大多从云南空运，盆花多从广东等地进货。

2014年，湖北省花卉销售额68.58亿元。其中，鲜切花销售0.71亿枝，销售金额1.04亿元；盆栽植物销售0.22亿盆（亿株），销售金额9.53亿元；绿化观赏苗木销售2.89亿株，销售金额57.62亿元；草坪销售489万平方米，销售金额0.39亿元。2014年的花卉销售量和销售价格均比2013年下降。

湖北现有花卉市场265个，花卉种植企业4208家，其中规模经营实体416个；花农40194户，从业人员18.60万人，其中专业技术人员1.40万人（表39-1）；花卉保护地栽培125.07万平方米，其中控温温棚29.59万平方米。

表39-1　2013—2014年湖北省花卉产业基本情况

年份	生产面积（万公顷）	销售额（亿元）	从业人员（万人）	其中:专业人员（万人）	企业（家）	其中:大中型企业（家）	市场（个）
2013	4.52	77.32	18.32	1.20	4002	372	265
2014	4.80	68.58	18.60	1.40	4208	416	265

注：大中型企业是指种植面积3公顷以上或年营业额500万元以上的企业。

2. 花卉产业在湖北省的地位和占比情况

2014年，随着“绿满荆楚行动”的开展，花卉苗木业的发展仍然保持着强劲的发展势头，花卉苗木产业在湖北省经济中所占比重也在不断提高。据湖北省统计局统计，2014年湖北省农林牧渔业生产总值5452.84亿元，花卉产值104.20亿元，占全省农林牧渔业生产总值的1.91%。

二、特点和亮点

2014年湖北花卉产业发展的主要特点表现在花卉苗木生产正逐步呈现出5个转变：

一是由传统的观赏绿化苗木向多功能园林产品转变。传统的观赏绿化苗木生产规模持续扩大，鲜花、盆景、彩叶灌木等新兴园林产品种植面积也在不断扩大。开始注重以满足社会需求为目标，对品种结构进行调整，既生产高档花满足小众消费需求，也生产中低端花卉满足大众消费需求。让花卉“走进寻常百姓家”已成为花卉种植者的新思维。

二是由花卉苗木种植向生态休闲旅游延伸。湖北省各主要花卉苗木产区正在转变经营模式，各地依托花卉苗木、借势山水资源举办农家乐，开展假日休闲旅游等活动。武汉市江夏区开辟赏花带，每年都吸引大量游客观光，年接待游客达几十万人次。

三是由传统的“关系”销售方式向新型的网络销售方式转变。尤其是电商的发展，更是异军突起。多数花卉苗木企业都建有自己的网站和销售平台。

四是由集团消费向大众消费转变，针对家庭的消费市场正在兴起。中央八项规定出台后，盆花的消费市场发生了比较大的变化。一是集团消费明显下降，二是大众消费快速增长。小盆栽逐渐成为市场的“宠儿”。一些高端盆栽花卉尤其在春节期间曾出现滞销。武汉钟爱鲜花，通过电子网络向客户配送鲜切花，年销售额达近亿元。

五是由粗放的乡土树种采挖移栽向依靠科技进步引种培育转变。湖北京穗农林科技发展有限公司积极与清华大学、日本、欧洲多国联合，引进智力和新兴品种，建立了约4000亩的试验基地，力争建成比较先进的品种示范园区，以应对市场需求。

三、主要成绩、经验

1. 政策支持

湖北省委、省政府为促进花卉产业的发展专门印发文件，明确在政策、资金、科技等方面给予支持。地方政府根据本地的实际情况也相应地给予了诸多优惠政策。如孝感市孝昌县对连片开发100亩以上的企业每亩奖励200元，连片开发500亩以上的企业每亩奖励300元。整合农业综合开发、土地整理、扶贫开发、“一事一议”、水利建设等各类涉农资金投向苗木花卉产业基地建设，定期组织召开“银—企—户”对接协调会。金融机构已向苗木花卉生产大户和业主提供信用贷款1000多万元，有效解决了发展苗木花卉产业的资金“瓶颈”问题。

2. 因地制宜

湖北因地处华中，气候适宜，交通便利，植物种类繁多，城市发展较快。省内外许多花卉苗木种植企业和民间资本纷纷在湖北建立基地，开展花卉苗木生产。近年来，一些企业围绕湖北省中心城市和副中心城市的发展，开展花卉苗木种植。除武汉江夏、鄂中荆门等花卉苗木的老产区外，鄂西北的襄阳市、十堰市，鄂北的孝感市、鄂东的黄冈市等地花卉苗木种植面积也在不断扩大，且培育的品种也为本地特有的树种或花卉。孝感市孝昌县利用邻近武汉、交通便利、丘陵山地较多的便利条件，将花卉苗木产业的发展作为孝昌县重点发展的支柱产业之一，其花卉苗木种植面积已达13万余亩，已成为湖北省花卉苗木种植的后起之秀。

3. 项目支持

湖北的花卉产业发展是伴随着“灭荒”、“绿色通道”、“美丽湖北”等大的国土绿化活动逐步发展起来的。一些地方充分发挥当地的资源优势和本地的特点、要求，制定相应的政策，确定一定的项目来引导产业的发展。如十堰市开展“一县一品”、荆门市开展“一村一品”活动，都有效地促进了花卉产业的发展。

4. 龙头企业带动

龙头企业在规模、技术、资源、品种、市场、设备等方面都有很大的优势。龙头企业的发展壮大，能够促进花卉苗木产业的发展，推动产业结构优化。因此，湖北各地十分重视龙头企业的培育和支持。据统计，截至2014年底，湖北省省级林业龙头企业达到270家，其中，花卉苗木龙头企业83家，占龙头企业的30.74%。这些龙头企业对湖北花卉苗木产业的发展起到了良好的带动作用。

四、存在的问题

1. 价格的剧烈变动对花卉产业的发展产生了较大影响

2012年下半年起，各种会议和庆典的大型用花减少和集团消费锐减，对花卉苗木的产业发展产生了巨大的影响。武汉市场上鲜花业务量普遍下降了30%左右。盆栽植物的生产和销量也都有不同程度下降。绿化与观赏苗木因市政、房地产业的萎缩，其销售量和销售价格都有大幅度的下降。

2. 花卉的品种和质量科技含量偏低

表现为一般的品种多，高档品种少。只注重花卉种植面积的扩张，却忽略了质量的提升和品种的更新，忽略了基础设施建设和科技的应用推广，忽略了产业链条的延长和拉伸，忽略了花卉文化的普及推广。育种能力不强，导致新优品种严重缺乏，管理水平不高，技术含量低。

五、发展思路和重点

（1）认真落实湖北花卉产业发展规划，不断优化产业结构，不断提升湖北的花卉产品质量。

（2）科学引导，调整结构，适应新常态，做好苗木产业的转型升级。引导企业发挥自身特点，培养品牌意识，选好当家品种，增加科技投入，开发艺术繁衍品，提高创新能力和核心竞争力，使企业更好地引领新常态。

（3）发挥花卉协会连接企业、经营户与政府之间的桥梁和纽带作用，完善协会的自我管理、自我协调的功能，做大做强湖北花卉产业。

执笔：左雄中、罗代萍、纪忠雄、张志敏（湖北省花木盆景协会）

第40章 湖南省花卉产业发展报告

一、综述

2014年，湖南省花卉种植面积为76687.00公顷，较2013年增加2518.85公顷，增幅为3.40%；年销售额497786万元，较2013年增加286万元，增幅为0.06%，基本持平。

2014年，湖南省有花农117086户，花卉从业专业人员6671人，花卉市场271个，比2013年分别增长8.79%、2.99%、9.27%。花卉企业1704家，其中大型企业266家，分别增长21.54%和26.07%（表40-1）。

表40-1 2013—2014年湖南省花卉产业基本情况

年份	生产面积（公顷）	销售额（亿元）	花农（户）	花卉从业专业人员（人）	企业（家）	其中：大型企业（家）	市场（个）
2013	74168.15	49.75	107622	5722	1402	211	248
2014	76687.00	49.78	117086	6671	1704	266	271

注：大中型企业是指种植面积3公顷以上或年营业额500万元以上的企业。

2014年，湖南省花卉保护地设施栽培面积2207.66万平方米，其中温室115.56万平方米、大（中、小）棚657.37万平方米、遮阴棚1434.73万平方米，分别比2013年增加24.70%、34.84%、75.16%和9.57%（表40-2）。

表40-2 2013—2014年湖南省花卉保护地栽培面积 单位：万平方米

年份	合计	温室	其中：节能日光温室	大（中、小）棚	遮阴棚
2013	1770.38	85.70	42.50	375.30	1309.40
2014	2207.66	115.56	43.08	657.37	1434.73
增幅（%）	24.70	34.84	1.36	75.16	9.57

观赏苗木、食用与药用花卉、盆栽植物和草坪占据湖南省花卉产业的主体位置，4类种植面积和年销售额占湖南省总量的95.83%和93.37%。其中，观赏苗木种植面积达到31753.70公顷，销售额148961.24万元。食用与药用花卉种植面积34557.00公顷，销售额234492.89万元。盆栽植物种植面积5024.90公顷，销售额68588.99万元。草坪种植面积2152.70公顷，销售额12758.27万元（表40-3）。

表40-3 2013—2014年湖南省花卉产销情况

项目	种植面积（公顷）			销售量				销售额(万元)		
年份	2013年	2014年	增幅(%)	单位	2013年	2014年	增幅(%)	2013年	2014年	增幅(%)
合 计	**74168.15**	**76686.89**	**3.40**	–				**497472.15**	**497785.82**	**0.06**
一、鲜切花	1270.24	1230.14	−3.16	万枝	21042.48	20894.98	−0.70	19375.75	18265.30	−5.73
二、盆栽植物类	4904.10	5024.90	2.46	万盆	4892.20	4955.99	1.30	76783.50	68588.99	−10.67
三、观赏苗木	31647.56	31753.70	0.34	万株	52090.70	48792.24	−6.33	155439.60	148961.24	−4.17
四、食用与药用花卉	32323.40	34557.00	6.91	千克	43189553.70	45444495.00	5.22	216418.80	234492.89	8.35
五、工业及其他用途	270.00	291.50	7.96	吨	8522.90	8547.90	0.29	573.00	642.00	12.04
六、草坪	2221.00	2152.70	−3.08	万平方米	6782.20	5854.80	−13.67	11748.20	12758.27	8.60
七、种子用花卉	465.20	474.20	1.93	千克	190237.50	155773.00	−18.12	8462.50	6477.00	−23.46
八、种苗用花卉	941.05	1047.15	11.27	万株	17410.20	15668.00	−10.01	7625.80	6503.77	−14.71
九、种球用花卉	125.60	155.60	23.89	万粒	701.00	782.66	11.65	1045.00	1096.36	4.91
十、干燥花	–	0		–	–	–		–	0	

二、花卉产业情况

1. 花卉产业布局及特点

湖南花卉在产业分布格局上初步形成了长沙县—浏阳市花木走廊产业聚集地、邵阳药用花卉产业带、株洲和湘潭等中心城市的城郊花卉带。浏阳河花木产业带是中南地区观赏苗木的最大集散中心之一，长沙县被中国花卉协会列为全国花卉重点产区，浏阳市、长沙县跳马乡、株洲市石峰区云田乡是第一批“中国花木之乡”，浏阳的红檵木、邵阳的紫薇、株洲的云田彩桂、隆回的金银花、桂东的红叶石楠和红豆杉、湘西自治州的金弹子盆景及香樟等享誉全国。湖南省花卉苗木面积3万亩以上的县26个，2000亩以上的规模乡镇264个，500亩以上的规模企业461家。湖南花卉产业已经拥有了一定的基础。

2. 花卉产销情况

2014年，湖南花卉产业有升有降，但总体稳中有升。种苗、种球类的种植面积增加较多，分别是11.27%和23.89%。食用与药用、工业用花卉次之，种植面积分别增加6.91%和7.96%。说明湖南花卉逐步向食用与药用、工业用等多方向发展，潜力大且发展快。草坪和鲜切花种植面积有小幅减少，降幅均为3%左右。说明湖南生产鲜切花在栽培技术、品种选择、质量标准、市场需求等方面有许多问题尤其是气候影响因素等需要加以研究解决。草坪在城市绿化等应用中将有部分被其他养护成本低、生态效益更好的地被植物所替代。

在销售量方面，2014年较2013年总体有所减少，特别是种子、种苗、草皮、观赏苗木等减少幅度大，这与全国行情相似。但种球用花卉增加较多，特别是郁金香用量增加11.5%，这与湖南省正在发展的花园、花海有关，这对开发湖南乡土球根类花卉带来机遇。食用与药用花卉增加达5%以上。

从销售额分析，虽然总量上有微量增加，但湖南主要的观赏苗木销售额却减少了4.17%，盆栽植物与鲜切花分别减少了10.67%和5.73%，这与国内经济下行及控制公务消费有一定的相关性。

湖南花卉销售以省内为主，高档花卉仍靠输入，在对外销售尤其是出口方面湖南仍处于较低水平。

近几年湖南花卉设施建设投入较大，温室面积增加34.84%，能自主规模生产红掌、蝴蝶兰等盆花，花卉培育技术正在向设施化、标准化转变，在优良乡土花卉开发方面也取得了较大的进步。目前，湖南花卉种植面积仍在扩大，产品同质明显，库存较多，亟须优化、调整、转型、升级。

三、特点和亮点

1. 积极争取政府支持，推动花卉产业健康发展

湖南已将花卉产业发展纳入《湖南林业十三五发展规划》。设立了花卉专项扶持资金，已支持花卉产业项目近百个，重点扶持花卉新品种培育推广、花卉栽培技术研发、花卉标准制定、花卉宣传和花事活动等领域。生态家园示范村、秀美村庄建设项目重点扶持了一批具备花卉产业基础的村庄。

2. 明确湖南花卉发展重点

湖南将重点发展观赏苗木和食用、药用花卉，包括红掌、杜鹃花等盆花与观叶植物，香樟、含笑属、桂花、紫薇、红花檵木、杜鹃花等绿化苗木，红花檵木、罗汉松和铺地柏等盆景，金银花、铁皮石斛等食用、药用花卉，研发多年生野生花卉资源。

3. 通过举办和参与各类花事活动，扩大湖南花卉的影响力

2014年组织参加了由国家林业局、中国国际贸易促进委员会、中国花卉协会和山东省人民政府共同举办，青岛市人民政府承办的2014青岛世界园艺博览会。湖南园位于中华园中心位置，由湖南紫薇投资集团有限公司代表湖南参展建造。主体由紫薇活体编扎构成，门廊、游亭、围墙、牌坊、拱廊等均由活体紫薇塑造，是全国唯一的“纯绿色、会呼吸”的省级展园。荣获室外展园特等奖，日均接待游客上万人，建园理念得到中央电视台、《中国绿色时报》、凤凰卫视等主流媒体追捧。

4. 搞好行业服务，壮大花卉行业实力

一是开展花卉“双十佳”评选活动。为培育市场主体，宣传花卉产业，2014年湖南省花卉协会与红网合作开展了湖南花卉产业“十佳企业”、“十佳人物”评选活动。各地踊跃参与，近百家企业和个人参加评选。经过各地逐级推荐或自荐、组委会办公室初审、群众投票、专家考察评分和公示，评选出湖南

花卉产业“十佳企业”、“十佳人物”。湖南省西施园林科技有限公司、湖南云田园林市政建设集团有限公司、湖南天泉科技开发有限公司、邵东县古奇洞玫瑰开发有限公司、湖南月意生态工程有限公司、湖南龙石山铁皮石斛基地有限公司、长沙市都市花乡花卉有限公司、长沙天艺园林实业有限公司、益阳市华林实业发展有限公司、株洲市茶陵县二铺苗圃荣获“湖南花卉产业十佳企业”。王晓明、易剑雄、陈汝柏、张卫、龚建平、胡良煌、夏白华、张然、吴其祥、晏兵飞为“湖南花卉产业十佳人物”。湖南紫薇投资集团有限公司和董事长黄建民分获花卉企业和个人特别奖。

二是组织申报省级林业特色产业园。根据《湖南省人民政府关于实施两个“百千万”工程，加快现代农业建设的意见》要求，湖南省林业厅协同省农业厅、财政厅组织评选了湖南省培育扶持的1000个现代农业产业园，包括现代农业综合产业园100个、现代农业特色产业园900个。对纳入支持范围的现代农业综合产业园，从2014年起3年每个园共支持1000万元，现代农业特色产业园每个园支持100万元。邵阳、郴州、益阳、长沙4个地区的花卉产业园申报成功。

三是通过湖南广播电视台经视频道《经视观察》对湖南省花卉产业发展进行专题研究报道，确定“有特色、有品质、有规模、有市场、有效益”作为湖南省花卉产业的发展目标，就如何加速发展进行部署。

四是参加了第九届中国花卉产业论坛，与产业同行沟通交流。

5. 花卉协会服务加强

一是服务产业。配合湖南省林业厅做好花卉产业项目安排和验收工作，开展湖南省花卉苗木合作社调研工作，获取湖南省花卉产业发展第一手资料。

二是服务企业。根据中国花卉协会要求，湖南省花卉协会向中国花卉协会盆景分会推荐了2名常务理事、4名理事，开展了2014中国花木产业年度人物评选活动湖南省遴选工作，指导湖南紫薇投资集团有限公司进行2014青岛世界园艺博览会筹展和宣介活动，指导湖南云田花木公司盆栽标准化经营和湖南龙石山铁皮石斛基地有限公司基地建设。

三是服务会员。湖南省花卉协会运营的湖南花卉网，免费为会员登录企业信息，为湖南省花卉产业提供信息服务。

四、主要问题

（1）科研开发和新品种培育滞后，生产水平有待提高。湖南缺乏有特色和市场竞争力的花卉拳头产品。主要原因：一是对湖南省特色种质资源挖掘利用不够，没有发挥基因资源优势；二是新品种培育缺乏原始积累，知识产权保护意识淡薄；三是缺乏“良种”的认定和准入，难以形成有竞争力和特色的品牌，再加上认识上和园林应用上存在误区，自主品牌难以持续发展；四是花卉产品科技含量较低；五是科技支撑体系有待完善。

（2）政府引导和支持有待加强。政府应加强宏观指导和引导，帮助解决花卉产业中存在的如融资难等现实问题。

（3）产业化、规模化、标准化水平需要提高。湖南花卉产业的生产在物质费用方面的投入比例较低，规模大的品牌花卉企业少。

（4）花卉流通体系和营销网络渠道不健全。目前缺乏中心市场，存在中间流通环节较多、运输能力低、运输成本高、配套服务不健全等问题，导致流通效率较低。对花卉产品营销网络体系的建设引导不够，花卉产品种植缺乏对市场的科学预测，产品结构较为单一，出现产能过剩现象。

执笔：黄程前（湖南省花卉协会、湖南省森林植物园），
陈永安、刘玮（湖南省花卉协会）

第41章 广东省花卉产业发展报告

一、综述

1. 花卉产业发展概况

2014年广东省花卉总种植面积7.54万公顷，总销售额128.77亿元，总出口额1.11亿美元；花卉保护地栽培1.85亿平方米；全省花卉企业12500多家，其中大中型企业2100多家；花卉从业人员近24万人；花卉市场314个。与2013年相比，总种植面积有所增加，增幅为2.31%；销售额增加6.09亿元，增幅为4.96%；总出口额再次超过1亿元，但较2013年减少1700多万美元，减少幅度为13.44%；花卉企业数有所增加，增幅为1.38%，但大中型企业数减少幅度较大，减幅达28.09%；花卉从业人员增加35.63%；花卉市场个数减少44.03%（表41-1）。

表41-1 2013—2014年广东省花卉产业基本情况

年份	生产面积（万公顷）	销售额（亿元）	从业人员（万人）	其中：专业人员（万人）	企业（家）	其中：大中型企业（家）	市场（个）
2013	7.37	122.68	17.40	5.91	12354	2930	561
2014	7.54	128.77	23.60	5.90	12524	2107	314

注：大中型企业是指种植面积3公顷以上或年营业额500万元以上的企业。

与2013年相比，2014年广东省种植面积增加的花卉类型主要为观赏苗木，种植面积为42806.70公顷，比2013年增加3854.00公顷，增幅为9.89%，是大部分花卉种植面积减少而总种植面积反而增加的主要原因。此外，种植面积增加的花卉类型还有草坪和种球用花卉，种植面积分别为3342.6和413公顷，比2013分别增加12.34%和332.91%。鲜切花类、盆栽植物类、食用与药用花卉、工业及其他用途花卉、种子用花卉、种苗用花卉的种植面积分别为7692.50公顷、19310.90公顷、487.90公顷、510.10公顷、143.00公顷和723.00公顷，与2013年相比均有不同程度减少，减少幅度分别为1.70%、0.30%、36.79%、64.63%、37.69%和30.39%。

除鲜切花类2014年种植面积与2013年相比减少，而销售额反而增加外，其他类型花卉销售额的增减趋势与其种植面积基本一致。鲜切花类、观赏苗木、草坪和种球用花卉2014年销售额分别为181954.00万元、467481.50万元、20587.80万元和4203.80万元，比2013年分别增长6.56%、23.91%、7.94%和

363.18%。其中，观赏苗木销售额增加值为90204.60万元，是总销售增加值60924.00万元的1.48倍，鲜切花类销售额增加值是总销售增加值18.39%，而草坪和种球用花卉的销售额增加值分别是总销售增加值的2.49%和5.41%，可以看出，总销售额增加值主要由观赏苗木贡献。盆栽植物类、食用与药用花卉、工业及其他用途花卉、种子用花卉和种苗用花卉2014年销售额分别为571454.90万元、8974.20万元、11305.60万元、950.60万元和20775.10万元，比2013年分别减少4.33%、5.48%、12.74%、67.54%和8.73%。其中，盆栽植物类销售额减少25885.3万元，是总销售额变化值（增加值）的42.49%，而食用与药用花卉、工业及其他用途花卉、种子用花卉和种苗用花卉销售额减少值分别是总销售额变化值的0.85%、2.71%、3.25%、3.26%。由以上分析可知，广东省花卉销售额的最大影响因子是观赏苗木，其次是盆栽植物类，第三是鲜切花类。

2014年广东省花卉出口额比2013年有所减少，主要是由于盆栽植物出口额大幅减少造成的。2014年盆栽植物出口额为1601.80万美元，比2013年减少905.2万美元，占总出口额减少值的52.61%。2014年出口额最大的依然是鲜切花类，为6319.70万美元，占全省花卉总出口额的57.04%。观赏苗木的出口额为2241.40万美元，比2013年减少605.6万美元，占总出口额减少值的35.20%，但其出口额反超盆栽植物类323.10万美元。2014年种苗用花卉出口额反而比2013年大幅增加，达到596.00万美元，是2013年218.00万美元的2.73倍。

2014年广东省花卉保护地栽培面积18249.88万平方米，比2013年的17824.29万平方米增加2.39%。其中温室7319.90万平方米，大（中、小）棚3642.26万平方米，遮阴棚7287.72万平方米。

2. 花卉产业在广东省的地位与占比情况

据《2014年广东国民经济和社会发展统计公报》数据，2014年广东省全年粮食作物播种面积250.70万公顷，糖蔗种植面积14.84万公顷，油料种植面积36.68万公顷，蔬菜种植面积134.89万公顷，广东省花卉种植面积分别是粮食作物、糖蔗、油料和蔬菜的3.01%、50.81%、20.56%和5.59%。与2013年相比，2014年广东省花卉种植面积除与糖蔗的比例提高了2.61%外，与其他作物的比例变化极小。

二、特点和亮点

2014年，广东花卉产业在行业面临较大挑战的情况下，种植面积和销售额不但没有下降，反而有所增加，再次取得骄人成绩，主要是因为在各级政府的重视和大力支持、各级行业组织和广大从业者的努力下，坚持以市场为导向，以科技创新为动力，充分发挥地理、气候、园区集群、科技创新以及市场流通等多方面优势，推动广东花卉产业向前发展。

1. 观赏苗木产销双增

2013年，广东省观赏苗木种植面积和销售额分别为38952.70公顷和377276.90万元，与2012年相比分别减少4.92%和24.60%，产销双降。但是2014年出现好转，种植面积和销售额分别比2013年增加9.89%和23.91%；种植面积甚至比2012年也有所增加，增幅为4.49%。此外，观赏苗木依然是广东省种植面积最大的花卉类型，占全省花卉总种植面积的56.75%，是排第二位的盆栽植物类的2.22倍。

2. 新品种选育成果突出

广东省有关花卉的专业研究机构和大企业自主研究机构2014年选育花卉新品种24个，全部通过广东省农作物品种审定，比2013年增加11个，增幅高达84.62%。其中，兰花新品种最多，有18个，分别为蝴蝶兰6个、兰属杂交兰5个、兰属墨兰2个、兜兰3个、石斛兰2个。此外，菊花新品种有2个，非洲菊、姜荷花、鸡冠花和天南星科蔓绿绒新品种各有1个。选育新品种数量最多的单位为广东省农业科学院环境园艺研究所，自主选育7个，与其他单位合作选育2个。此外，华南农业大学、广州花卉研究中心、仲恺农业工程学院以及中国科学院华南植物园等高校和科研机构也是广东省花卉品种创新的重要单位。

3. 小盆栽植物异军突起

小盆栽植物异军突起，成为广东盆栽植物生产中的大亮点。广东省的盆栽植物类（包括盆栽植物、盆景和花坛植物）的种植面积一直稳居全国第一。其中，盆栽植物是广东最有特色和影响力的花卉产品，2014年种植面积继续增加，高达13610.20公顷，比2013年增加4.66%，占盆栽植物类的比例也继续增加，达到70.48%。2014年广东盆栽植物销售额有所下滑，为438360.90万元，比2013年减少7.20%，但依然在全省花卉销售中占比较大，占盆栽植物类销售额的76.71%，占全省花卉销售额的34.04%，其中小盆栽植物发展迅猛，成为广东盆栽植物生产中的新增长点，花盆直径9～12厘米规格的产品销量最大。

4. 鲜切花、盆栽植物和观赏苗木均衡发展

广东省的鲜切花类、盆栽植物类和观赏苗木三大类花卉继续保持均衡发展，2014年销售额分别占全省花卉总销售额的14.13%、44.38%和36.30%，2013年的这个比例分别为13.92%、48.69%和30.75%。

5. 保持稳定出口

2014年广东省花卉出口额再超1亿美元，鲜切花依然是出口大户，占全省花卉总出口额的50%以上。

三、主要问题

虽然广东省花卉育种近年来取得长足进步，但是大多数花卉品种仍然依靠引进，自主研发的依然占少数。如月季、百合、菊花、非洲菊等鲜切花，蝴蝶

兰、红掌、观赏凤梨、一品红和大部分观叶植物品种等盆栽花卉，三色堇、石竹、凤仙花、雏菊、一串红、万寿菊、羽衣甘蓝等花坛植物，主要还是靠购买国外种子或引进品种用于生产；棕榈植物的不少品种也源于引进。某些花卉的生产水平有待提高，花卉产品标准化栽培、保鲜包装技术、运输等方面与国际标准还有较大差距。一些地方花卉生产技术有待提高，专业化、规模化、标准化、信息化程度需进一步提高。

广东花卉行业大中型花卉企业占比不高，从业人员整体素质依然有待进一步提高。与2013年相比，2014年广东省的花卉企业总数变化不大，但大中型企业减少幅度较大，大中型企业占所有花卉企业的比例也下降明显。仍有相当一部分企业还是停留在多种经营水平，专业化程度有待进一步提高。花卉从业人员大幅增加，但是专业技术人员略有减少，专业技术人员占从业人员的比例大幅减少。

2014年广东省花卉企业和种植户能主动跟随市场行情变化调整花卉品种结构，但是由于社会化服务体系不健全，宏观指导不够广泛，不少生产者对市场需求了解不充分，信息通道不够通畅，造成部分地区部分花卉品种供给过剩。

四、2015年发展思路与重点

紧跟行业发展趋势，充分发挥广东省现有的产业优势，坚持以市场为导向、以科技创新为动力，进一步促进广东花卉产业做大做强。重点是要提高专业化、规模化、规范化、信息化水平，加快研发具有广东特色的盆栽植物，热带、亚热带观赏苗木，以及冬、春季鲜切花新品种及配套栽培管理技术，加强新品种、新技术的推广力度；通过优化产业和品种结构提高经济效益；重视本土植物资源开发利用；各地企业要依靠当地政策促进花卉产业转型升级和自身发展。提高产业集约化程度，扶持一批龙头企业做大做强，同时加强花卉产业信息化建设；进一步完善和提高广东花卉产业的营商环境，吸引更多国内外花卉企业到广东投资发展。

执笔：吕复兵、张远能（广东省花卉协会）

第42章 广西壮族自治区花卉产业发展报告

一、综述

1. 花卉产业发展概况

2014年广西积极转变发展方式，着力抓好重点花卉示范基地建设，积极鼓励和引导各地因地制宜发展花卉产业，全区花卉产业呈现平稳增长势头。截至2014年底，花卉产业总产值107亿元，同比增长16.3%。花卉种植面积4.33万公顷，同比增长8.25%。广西花卉生产企业2000多家，花卉市场122个，花卉从业人员52万人，花农20万多户（表42-1）。

表42-1 2013—2014年广西壮族自治区花卉产业基本情况

年份	生产面积（万公顷）	销售额（亿元）	从业人员（万人）	其中:专业人员（万人）	企业（家）	其中:大中型企业（家）	市场（个）
2013	4.00	60	52	4.0	1690	511	95
2014	4.33	60	52	4.5	2000	520	122

注：大中型企业是指种植面积3公顷以上或年营业额500万元以上的企业。

2. 花卉产业在广西壮族自治区的地位与占比情况

2014年广西林业总产值为3850亿元，花卉产业占林业产业总产值的2.7%。受经济不景气等大环境影响，花卉产业占广西林业产业的比重略有下降，但广西花卉产业却呈现由数量扩张型向质量效益型转变的可喜变化。

二、特点和亮点

1. 花卉产业成为百亿元产业

花卉产业快速发展，2014年花卉总产值首次突破百亿元大关，已经成为广西农业新的增长点和兴林富民的重要途径，大部分花卉产业项目通过农村土地流转和合作的形式开发建设，不仅绿化美化乡村环境，还有效促进项目所在地的农民增收，缓解城乡富余劳动力就业压力。

2. 花卉示范基地示范效应凸显

截至2014年，广西累计安排重点花卉示范基地建设项目51个。支持建设了以广西台湾花卉产业园、南宁十里花卉长廊、柳州青茅花卉基地、横县茉莉花产业园、北海罗汉松种植示范基地、梧州山茶花种质资源库等示范基地为核心的一批花卉产业园。大部分花卉产业示范补助项目建设顺利，花卉生产经营初步实现规模化、标准化，逐步形成科学合理的苗木繁育管理体系，苗木长势喜人。尤其是桂台合作的花卉项目和部分建设周期短的花卉项目，在苗木生产培育技术、管理经营理念、产业发展模式、招商引资等方面起到了良好的示范作用。

3. 区直国有林场花卉苗木产业快速发展

随着广西壮族自治区“绿满八桂”造林绿化工程、“生态乡村”村屯绿化的快速推进，全区对花卉绿化苗木的需求也日益旺盛。各区直国有林场都已启动花卉苗木基地建设，通过发展花卉产业，充分发挥各林场的优势，进一步提高林场林地产出率，加快转变林场发展方式，调整优化林场产业结构，促进自治区直属国有林场经济再上新台阶。目前，七坡林场、高峰林场、雅长林场、钦廉林场、维都林场、六万林场等区直国有林场都在大力开展花卉苗木生产基地建设，逐渐成为广西发展花卉产业新的主力军。雅长林场的兰花种植项目、黄冕林场的铁皮石斛产业项目、维都林场的万亩绿化苗木种植项目取了一定成效。

4. 产业结构进一步优化

花卉产业结构得到优化，逐步向第二产业、第三产业延伸。园林绿化苗木作为广西第一大花卉种类的地位进一步巩固，面积和产值持续翻番。工业用花卉份额进一步加大，其中横县茉莉花经过多年的发展，种植面积已经超过10万亩，产值达8.3亿元；防城港金花茶种植面积达5万亩，产品销售额10亿元。花卉精深加工产业逐渐多元化，出现了以茉莉花、金花茶、铁皮石斛为主的特色精深加工产业。花卉交易市场数量倍增，由2010年的13个增加到2014年的100多个，市场体系建设进一步完善。

5. 销售渠道多样化趋势逐渐明显

广西花卉产业借助物联网、电子商务平台等信息技术，通过信息化平台初步实现了花卉产业链管理的起步发展，花卉销售形式也由过去的家庭百货或花店等方面的销售，逐步向提供高技术含量服务、超市销售与服务、网络销售等渠道转变。另外，广西花卉销售业也开始与文化旅游相结合，着力将文化元素融入花市销售，通过花市带动旅游，通过旅游促进花卉销售。打造集花卉生产交易、旅游观光、休闲娱乐为一体的花卉旅游观光线路。如台湾花卉产业园举办的“第一届幸福花海活动”成功接待自治区内外游客22.8万人次，旅游总收入150万元，带动相关产业经济收入50万元。

三、2014年主要成绩与经验

1. 扶持培育花卉产业拳头品牌，抓好花卉示范基地建设

重点扶持、整合和塑造南宁茉莉花、桂林桂花、北海罗汉松、防城港金花茶等具有广西地域特色、全国知名的特色花卉品牌，以及花化、彩化、美化效果突出的景观绿化苗木。有力推动了广西特色花卉产业发展。2014年，自治区安排专项资金1100万元，重点支持13个花卉示范基地建设推动区直林场利用基础资源优势发展建设花卉基地。支持维都林场、六万林场、钦廉林场、高峰林场、雅长林场、派阳山林场等区直国有林场利用林场资源优势，建立花卉种苗基地，优化了林场林业产业结构，推动了花卉产业发展。

2. 开展花卉产业调研，多途径推动花卉产业发展

组织开展了全区花卉林业产业发展调研工作，了解全区花卉产业和特色产业发展状况及存在的问题，为加强花卉行业发展指导、出台花卉产业发展相关政策提供理论依据。完成了林业产业信息网站花卉板块的数据模块建设，做好花卉信息的统计填报工作。举办桂南片区、桂北片区等花卉苗木技术示范推广培训班、工作经验交流会等活动，加快培养复合型人才。

3. 加强桂台花卉产业合作交流，增进优势互补

借助桂台经贸合作的推进，不断加强和深化与台湾花卉产业的合作交流，实施花卉产业发展的优势互补战略。2014年组织林业分团赴台湾参加桂台经贸文化合作论坛系列活动，期间桂台相关企业和协会签订合作意向书5项、合作备忘录1项，活动取得了预期的效果。继续加大扶持桂台花卉示范基地建设，积极推进花卉招商引资，引进台湾等地区的花卉合作项目和龙头企业。2010—2014年，自治区厅本级连续扶持桂台花卉基地建设经费共计2460万元。其中，2014年花卉专项资金支持300万元，用于台湾花卉产业园和柳州青茅花卉基地建设。目前，台湾花卉产业园已签约客商43家（其中台商24家）入园进行生产建设，柳州青茅花卉基地现有24家（其中台商2家）专业花卉生产企业、商家进驻。

四、主要问题

1. 产业政策扶持不够，资金投入不足

广西壮族自治区还未出台关于花卉产业发展的具体扶持政策，仅有个别基层政府出台了发展花卉产业的短期扶持政策，花卉企业在税收、出口退税、贷款贴息等方面缺少优惠扶持政策，一些手续办理和审批程序过于繁杂。花卉产业方面信贷服务明显滞后，花卉企业遇到花卉苗木资产评估及担保难问题，贷款较困难，龙头大户资金不足、农民启动资金困难等问题较为突出，对企业的做大做强形成融资“瓶颈”制约。

2. 产业规模化、标准化、组织化程度低，科技支撑能力不足

大部分花卉企业经营规模小而分散，生产和经营管理粗放，产业规模化、标准化、组织化程度低，缺乏专业化分工，产业链条不能有机衔接、协调一致的问题仍然突出。花卉科研比较落后，育种能力不强，具有自主知识产权的花卉品种和研发推广技术相对匮乏，品种及生产关键技术区外依赖程度高；野生花卉资源的保护和可持续开发利用不够；产品精深加工技术落后。

3. 产业结构仍需优化，集聚效应不明显

附加值较低的绿化苗木种植面积比例偏高，难以形成规模效益；季节性、结构性过剩和短缺并存；花卉精深加工业比较薄弱，生产的产品普遍附加值低；园艺博览、旅游休闲等尚处于萌芽状态；缺乏花卉一级批发市场和配送体系；零售终端缺乏文化创意，无法满足高端消费群体和居民的个性化需求。

五、2015年发展思路与重点

1. 引导花卉企业多渠道筹措资金

花卉产业发展主要依靠社会力量，实施市场化经营。鼓励引导花卉企业多渠道筹措资金，积极争取项目建设支持。加强与各级政府部门的沟通协调，多方向争取优惠政策及专项资金支持。

2. 引导花卉产业升级发展

鼓励和支持个体花农成立多种形式的经营联合体，加强培育和扶持龙头企业，走经营组织化、装备设施化、生产标准化、要素集成化的特色产业化发展之路。依托科技型的花卉龙头企业进行生产技术推广及品种的优选。继续强化与台湾花卉产业的合作，实施优势互补战略。

3. 加快花卉产业流通体系建设

以市场为导向，以行业协会为纽带，整合行业协会资源，推动各种花卉合作组织加强专业化服务合作，充分发挥其信息交流、业务培训、咨询服务、对外合作等作用，加快信息公共服务平台建设。按照“梯度分布、内联外引”的思路，逐步建设完善覆盖全区和连接国内外市场的花卉流通体系，扶持抓好中国—东盟国际花卉贸易集散中心及中国—东盟（南宁）花卉物流中心建设。

4. 进一步拓展花卉市场

根据市场需求调整花卉产业结构和产品结构，引导花卉市场从传统性消费向综合消费发展，整体提升花卉产业发展的市场化程度和抗风险能力。鼓励花卉基地依托广西旅游线路布局，大力发展休闲观光型花卉产业，借助基地优势开发体验式花卉产品。

执笔：李凯（广西壮族自治区花卉协会）

第43章 海南省花卉产业发展报告

近年来，海南省委、省政府十分重视花卉产业的发展，把花卉产业作为调整农林业产业结构，促进林业增效、农民增收和建设“美丽海南”的一项特色产业来抓。2014年，海南省花卉生产规模不断扩大，龙头企业迅速崛起，拳头产品初露端倪，基地栽培设施得到改善，花卉流通发展迅速，花农致富典型不断涌现，已成为全国热带花卉的主产区，在调整和优化农林业产业结构、增加农民收入等方面发挥了不可替代的作用。

一、花卉产业发展概况

1. 生产面积不断扩大，销售额持续增长

海南省的花卉产业蓬勃发展，生产规模不断扩大。截至2014年底，海南省花卉种植面积已达8110.2公顷，销售额16.5亿元（表43-1），出口创汇370万美元。

表43-1　2013—2014年海南省花卉产业基本情况

年份	生产面积（公顷）	销售额（亿元）	从业人员（人）	其中专业人员（人）	企业（家）	其中：大中型企业（家）	市场（个）
2013	7789.5	16.3	34585	909	595	80	34
2014	8110.2	16.5	46506	824	640	143	35

注：大中型企业是指种植面积3公顷以上或年营业额500万元以上的企业。

2. 企业规模化、专业化发展，从业人员日益增多

截至2014年底，海南省已有花卉企业640家，花农9510户，从业人员达4.65万人。海南省已形成了国有企业、民营企业、个体、外资参与花卉生产经营的良好格局，企业实力和规模不断壮大，专业化水平也逐步提高。

3. 市场营销网络初步构建

海南花卉主要销往广州、上海、北京、成都、深圳等城市。部分较大的花卉企业通过不同的方式建立了自己的销售网络。如海南农垦花卉有限公司在广州岭南花卉市场、昆明市斗南花卉市场等设立了花卉连锁店；海南荣丰花卉有限公司在上海建立了销售点；三亚柏盈热带兰花产业有限公司、海南大信园林有限公司、三亚新大生物科技有限公司、中国热带农业科学院热带作物品种资源研究所等均在广州设立了销售点或代售点；三亚柏盈热带兰花产业有限公司、海南农垦花卉有限公司、海南博大兰花科技有限公司、海南大信园林有限公司等都注册建立了自己的门户网站，进一步扩大了销售渠道。

4. 科研与新品种开发取得新突破

以中国热带农业科学院热带作物品种资源研究所、海南省林业科学研究所、海南博大兰花科技有限公司等单位为代表的科研机构和相关龙头企业已从国内外收集、保存热带花卉种质资源4000多份，建成20000多平方米的热带花卉种质资源圃，共保存活体资源1万多份，离体保存2000多份。筛选出优良种质材料和育种材料50份，适合海南栽培的红掌品种3个。培育出新品种20个，其中已通过英国皇家园艺学会国际兰花新品种登录的石斛兰新品种8个，获得国家新品种保护的红掌新品种8个，待审定蝴蝶兰新品种3个；获得专利4项，申请专利5项。

5. 花卉产品日趋成熟

海南花卉旅游产品深加工业已起步，所研发的花卉旅游加工产品独具特色。兰花龙头企业三亚柏盈热带兰花产业有限公司联合科研机构，研究开发花卉旅游系列产品，如兰花工艺产品、兰花茶、兰花香水、兰花美容及保健产品等；三亚圣兰德花卉文化产业有限公司已开发玫瑰花茶、玫瑰服饰、玫瑰饰品、玫瑰食品等。

6. 花卉产业发展优势明显

一是气候优势。国际花卉园艺界开发的热带花卉品种均适宜在海南种植，而且在同样的生产条件下，海南生产的产品质量更优、生产成本更加低廉。

二是区位优势。海南有便捷的海上交通条件，从事花卉国内、国际贸易条件优越，文心兰和石斛兰鲜切花、巴西铁叶、鸟巢蕨、苏铁叶、富贵竹行销全国，热带兰盆花、鹤蕉等已进入全国各大花市，反季节菊花、发财树和部分兰花产品等还出口日本、韩国和新加坡等国家。

三是规模经营优势。海南有丰富的珍稀野生花卉种质资源，是“全国花卉鲜切叶生产示范基地”、“全国热带兰花生产示范基地”，海南成为了全国散尾葵、鱼尾葵等鲜切叶的主产地。

二、主要经验和措施

1. 编制发展规划，指导产业健康有序发展

通过加快编制海南省以及市、县区域的花卉产业发展规划，制定产业布局、建设重点、政策措施和技术标准，指导花卉科研、生产、销售和市场体系建设，逐步组织和引导花卉企业、花农调整结构，促使花卉产业向高品位、高质量、多规格、多品种的方向发展，实现观赏苗木、切花切叶、盆花、盆景等产品系列开发、协调发展，避免低水平重复建设、盲目从众和资源浪费。

2. 培育龙头企业，带动广大农民参与花卉生产

通过提供信息、技术、新品种引进、产品销售等方面的服务，促进企业健康发展。在资金和政策上加大对龙头企业的扶持，鼓励、引导多种所有制经济，特别是民间资本投资建设花卉产业。建立龙头企业与农户的利益联结机制，引导农户以资金、土地、劳力、技术等生产要素入股龙头企业，使花卉龙头企业与农户建立起紧密的利益联结关系，增强共同抵御市场风险的能力，促进龙头企业与农户双赢。

3. 创新发展模式，推动新型花卉农场建设

通过“政府搭台、企业运作、社会参与、农民受益”的运作方式，采取“龙头企业＋合作社＋农户＋标准化”的发展模式，按照规模化、专业化、特色化、产业化的发展思路，由政府主导，企业通过自筹和招商引资，让社会参与，实行企业管理和市场运作，带动农民以土地入股参与建设新型花卉农场，增加农民就业，实现花农增产、增收，同时利用花卉资源带动农家乐发展，实现二次增收。

4. 发展花卉旅游，推进花卉经济向纵深发展

将各种观赏性强的花卉旅游生产基地项目纳入主要旅游线路。利用各类花卉节、花卉会展活动等载体，开展花卉会展旅游。充分挖掘热带花卉功能，开发花卉旅游产品，为国际旅游岛建设增辉添彩。

5. 强化科技支撑，不断提高种植水平和产品科技含量

充分利用高等院校、科研院所和大型花卉企业的科技和人才优势，发挥林业系统科技队伍和“科技110”站点作用，为花卉产业发展提供产业咨询、科技支撑服务。鼓励各类企业开展新品种研发、种子种苗繁育和病虫害防控技术研究，引导和推动企业成为花卉产业技术创新主体，推进育、繁、供一体化经营。研究、制定和实施产品生产技术规程，加大对从业人员的技术培训力度，提高花农花卉生产能力。

6. 培育市场主体，逐步拉长产业链条和增强发展后劲

各花卉产业区不断加大扶持力度，有计划地在花卉重点产区和消费集中区建立专业批发市场和综合交易市场，带动热带花卉产业快速发展；充分利用电子商务平台，扩大花卉产品的网上宣传和网上交易；积极引入国内外花卉进出口商，组织省内企业组建出口联合体，扩大海南省花卉销路。

三、发展思路与工作重点

1. 发展思路

海南省花卉种植基地面积达到13万亩，实现花卉产业年总产值18亿元；从业人员达到5万人，年培训企业技术骨干、管理人员和花农3000人以上；完善包括花卉研究、技术推广和培训在内的科技支撑服务体系，选育出一批具有自主知识产权的热带花卉品种，创产地品牌；建成热带花卉产业信息网络和物流网络系统；完成4个花卉产业带和10个花卉示范基地规划和建设方案；逐步建立健全标准化管理、企业化经营、社会化服务的综合生产体系。

2. **工作重点**

（1）完善产业布局。按照海南省各区域温度、湿度、日照的自然条件，合理布局、因地制宜，把海南省划分为琼北、琼南、琼中、琼西四大花卉产业发展区。琼北花卉产业区：以海口市为中心，包括文昌、琼海、定安、澄迈、临高等市（县），重点发展鲜切花（叶、枝）、盆栽观叶植物和观赏苗木。琼南花卉产业区：以三亚市为中心，包括万宁、陵水、乐东等市（县），重点发展热带兰花、金钱树等切花、盆栽植物。琼中花卉产业区：以五指山市为中心，包括琼中、保亭、屯昌等市（县），重点发展阴生观叶植物（鲜切叶及盆栽）、高档盆花和以乡土树种为主的观赏苗木。琼西花卉产业区：以儋州市为中心，包括白沙、昌江、东方等市（县），重点发展耐旱观赏植物和菊花等鲜切花和盆景。

（2）加强花卉产业园区建设。规划建设面积为1万亩的两个产业园区，即琼北花卉产业园区和琼南花卉产业园区。琼北花卉产业园区规划地点位于海口市境内，该区环境条件好，交通便利；琼南花卉产业园区规划地点位于三亚市境内，该区产业基础好，交通便利。每个产业园区内均设管理中心、花卉生产示范基地、种苗繁育中心、冷库、物流中心、品牌企业区、个人创业区等功能区。

（3）推进热带花卉交易市场建设。建立海口、三亚、文昌3个集交易、展示、鉴赏、旅游及招商为一体的现代花卉交易市场，建成热带花卉交易中心、信息交流中心和电子交易平台。

（4）规划创建特色花卉示范基地。在海南省范围内规划新建10个特色花卉示范基地，分布在琼北、琼南、琼中、琼西4个花卉产业区，其中琼北4个、琼南1个、琼中2个、琼西3个。

（5）培育龙头企业。培育龙头企业，带动广大农民参与花卉生产。琼北产业区扶持海南博大兰花科技有限公司、海南大信园林有限公司等花卉龙头企业，发展鲜切花、鲜切叶和盆栽为主的特色花卉示范基地；琼南产业区扶持三亚柏盈热带兰花产业有限公司、三亚新大生物科技有限公司等企业，发展热带兰花基地；琼中产业区扶持具有科研潜力和科技含量的企业为龙头，重点发展热带珍贵花卉新品种和品牌产品培育基地。

（6）整合资源产业链。发展花卉旅游，推进花卉经济向纵深发展。将各种观赏性强的花卉旅游生产基地项目纳入主要旅游线路。利用各类花卉节、花卉会展活动等载体，开展花卉会展旅游。利用花卉的各种保健功能，建立花卉疗养场所。各休闲旅游度假区可设花卉休闲疗养区和芳香馆，增加旅游景点特色。

执笔：吴师强（海南省花卉协会），王雪（海南省林业厅）

第44章 重庆市花卉产业发展报告

一、综述

据统计，截至2014年底重庆市各类花卉种植面积已达3万公顷，从业人员26万人，专业人员8万人（表44-1）。其中1个市（省）级花卉苗木示范基地，15个中心苗圃，7个现代化苗圃，种植大户1520户，营业额500万元以上花卉市场50个，花卉企业600家，花卉生产温室大棚面积达40万平方米，全年销售各种盆花1700万盆，鲜切花3000万枝，年产苗木花卉20亿株，年销售额达21亿元。

重庆市花卉种植结构变化不大，规模和总体效益稳步上升。保护地栽培面积持续增加。花卉企业增加，花农减少，专业技术人员增加。重庆市现有花卉市场55个，花卉企业600家，其中大中型企业200家；2014年全市花农26万人，从事花卉生产的专业技术人员增加了3.0万人。

表44-1 2013—2014年重庆市花卉产业基本情况

年份	生产面积（公顷）	销售额（亿元）	从业人员（万人）	其中：专业人员（万人）	企业（家）	其中：大中型企业（家）	市场（个）
2013	30000	20	25	5.0	550	150	52
2014	30000	21	26	8.0	600	200	55

注：大中型企业是指种植面积3公顷以上或年营业额500万元以上的企业。

二、特点和亮点

重庆市环境适宜，资源丰富，是花卉生产的适宜区，同时结合重庆特色花卉生产情况举办节会，促进休闲观光，使花卉产业走上了快速发展的路子。打造了沙坪坝曾家农业园区、凤凰花卉产业园、巴南花木世界、涪陵大木花谷、巫溪红池坝、铜梁七彩乐园等一批现代农业园区及休闲观光园。

三、2014年主要成绩及经验

1. 开展协会清理摸底工作

根据《市委办公厅市政府办公厅关于印发〈重庆市全面清理规范行业协会工作方案〉的通知》（渝委办〔2014〕36号）精神，重庆市花卉协会认真开展了清理工作，对分支机构情况、借（租）用资产情况、党政机关、国有企事业单位工作人员在行业协会兼职等情况进行了认真摸底，并向重庆市民政局和重庆市林业局上报了协会清理摸底情况。

2. 开展“中国花木之乡”认定工作

根据中国花卉协会《关于开展“中国花木之乡”认定工作的通知》(中花协字〔2014〕16号)文件精神，重庆市大足区和垫江县分别对荷花和牡丹开展认定工作。

3. 积极组织参加各种展会

组织参加2014青岛世界园艺博览会、首届“中国杯”盆景大赛、第24届中国(郑州)兰花博览会、中华花艺2014“半岛留香”插花艺术展、重庆年宵花民俗文化旅游节和北碚区盆景艺术协会成立大会。

4. 积极组织考察学习

2014年6月，重庆市花卉协会组织人员考察了2014青岛世园会及重庆园建设情况；组织参加了7月3～4日在山东省青州市举办的全国花卉行业信息化管理高级培训班；考察了河南省郑州市陈砦花卉市场和山东省青州市花卉市场。

5. 开展行业培训

开展插花员劳动技能培训、高级花卉园艺师（一级花卉工）技能培训及鉴定工作。

四、存在的主要问题

重庆市花卉生产组织化、专业化程度不高，规范化、标准化生产未得到广泛推广，花卉栽培水平不高，花卉产品结构不合理，蜡梅、杜鹃、荷花、牡丹等优势特色花卉未得到科学合理发展。缺乏大型花卉交易市场，花卉企业规模不大，政府对花卉的重视和投入不够。

五、2015年发展思路与重点

(1) 推进花卉生产标准化建设。健全花卉标准体系，积极采用国际标准和国家、行业标准，制定适合重庆市花卉产业的地方标准。

(2) 推广花卉生产实用技术。通过引进花卉新品种、推广新技术，提高花卉产品质量，降低生产成本。

(3) 制定优惠政策，鼓励花卉投资。在土地使用、贷款、税收、生产设备引进等方面出台具体的优惠政策，鼓励各行业特别是有实力的企业对花卉产业进行投资，政府关心、引导、支持，做好服务工作。

(4) 加强社会化服务体系建设，培育花卉市场。充分发挥重庆市各级花卉协会的作用，广泛开展政策研究、技术指导、信息交流和科技推广服务工作，建立集科普宣传、产品展示及商品交易于一体的综合花卉市场，促进重庆市花卉产业持续健康发展。

执笔：王桂珍（重庆市花卉协会）

第45章 四川省花卉产业发展报告

一、综述

2014年，四川省花卉种植产业保持平稳，面积略有增加，销售额持续增长，品种结构发生明显变化，市场竞争力明显提高，进一步成为助农增收的朝阳产业。

1. 花卉产业发展概况

2014年四川省花卉生产面积8.48万公顷，花卉销售额70.51亿元，比2013年的70.09亿元增加了0.60%（表45-1）。花卉从业人员257194人，直接从事鲜花生产的花农50万人以上，花卉企业1625家，比2013年增加了9.35%。

表45-1 2013—2014年四川省花卉产业基本情况

年份	生产面积（万公顷）	销售额（亿元）	从业人员（人）	其中：专业人员（万人）	企业（家）	其中：大中型企业（家）	市场（个）
2013	8.18	70.09	272043	8804	1486	241	247
2014	8.48	70.51	257194	10563	1625	256	265

注：大中型企业是指种植面积3公顷以上或年营业额500万元以上的企业。

2. 花卉产业地位和占比情况

花卉产业已成为四川省调整和优化农业结构、增加农民收入的重要产业。产值总量和销售收入在四川省种植业中仅次于粮食、油料、蔬菜、水果居第五位。目前，四川省花卉产业已成为乡村旅游和新农村建设的支柱产业，亩产值远远高于其他种植业，是种植业中亩产值最高的产业。四川省花卉种植面积9万公顷，其中露地种植8万公顷（鲜切花2万公顷、盆花1万公顷、绿化苗木4.5万公顷、其他观赏苗木0.5万公顷），设施种植0.7万公顷，生产辅助用地0.3万公顷。

二、特点和亮点

1. 四川花卉品种丰富

在花卉生产布局上，四川省坚持因地制宜，根据不同区域进行花卉生产。目前，形成了川西以生产绿化（行道）苗木、川派盆景和盆花为主，安宁河流域以生产鲜切花、种球为主，川南地区为茶花、盆花、绿化苗木生产区，川北地区以梅花（蜡梅）等较耐寒花卉为主。4个区域花卉面积、销售额占全省的

90%以上。达州、巴中地区侧重于黄花、金银花等食用、药用花的发展，乐山眉山地区侧重于茉莉花发展。目前，四川已成为绿化苗木、观赏树木的供应基地和切花、盆景、高档盆花等的主要生产区，一些具有四川特色的苗木逐步销往西部、东部和中部地区，一些高品质的鲜切花、盆花畅销国内市场，川派盆景面对大众，正在进入消费者家庭。

2. 布局不断优化

成都周边的花农（企）和西昌地区一大批企业带动了不少农民致富，花卉产业在助农增收方面发挥了积极作用，在专业化生产、市场开拓、品牌打造、科技研发等方面的特点和优势逐步显现，产业集聚效应明显增强，产业效益显著提升。温江红花紫薇专业合作社在苗木处于低迷时期，2013年销售额达到3000多万元。四川省花卉资源丰富，具有的特色花卉品种有牡丹、梅花、蜡梅、桂花、金银花、茶花、野生百合花、玫瑰等。尤其是野生百合花，数量和品质享有盛誉；川南茶花品质优良，畅销国内市场；乐山眉山的茉莉花供不应求；西昌的一品红、大花蕙兰、凤梨、红掌更是抢手货；温江、郫县的观赏苗木、绿化苗木，西昌地区的鲜切花等高品质花木得到进一步提升。花卉产业的健康发展不但美化了环境，还带动了乡村旅游。

3. 苗木生产标准化正在形成

四川省花卉协会组织完成了《加拿利海枣培育技术规程》等标准化生产规程，一些市（州）完成了杜鹃、蜡梅等省级标准编制工作。初步形成以协会、企业带动，花农参与的标准生产推广格局，花卉标准化生产逐步建立和推广。

4. 花卉朝阳产业日趋显现

随着花卉规模化生产，社会分工越来越明确，一些与花卉产业相关的园林机械、花卉温室、花卉薄膜以及花肥、花药、花器、基质和花材等生产企业，对于提高设施生产水平和产品质量发挥了重要作用。银谷玫瑰科技有限公司在绵竹开发出玫瑰精油及玫瑰食品等深加工产品，涉及休闲旅游、日用化妆品等众多领域，带动农民致富。四川省花木流通形成了龙头企业、合作社带动，花木经纪人、现代物流等多型并进格局。电子营销额近6亿元，成都三圣乡花木市场、万福花卉市场销售额达到5亿元。郫县大容金林湾花木市场采取多种营销手段，提高市场知名度，已成为四川省花卉批发量最大的花木市场，经营品种众多，是成都市民赏花、购花的主要市场，年销售额达到了7亿元。成都市郫县正在筹建的春天花乐园花卉市场，建成后将具有现代经营理水平和现代经营手段，将是西南地区一流的新型花木交易场所。

5. 花文化宣传力度加大

《天府花卉园艺》内容涵盖业内行业资讯、政策措施、培育技术、企业宣传、新品种介绍等多个栏目，已成为了政府、协会、企业、花农之间的纽带。花卉协会网站点击率也不断攀升。一些媒体对四川省花木产业标准化、信息化、农民增收、转变经济增长方式进行了深度报道。这些多渠道、多角度的宣传，提升了四川花卉品牌效应。针对雾霾天气，邀请专家、学者就如何应对雾霾，协同《四川日报》撰文引导市民正确选择抗霾植物，提高空气质量，优化环境。

三、主要问题

1. 花卉交易和物流渠道不畅

四川省花卉市场建成早，功能不齐全，与昆明斗南花卉市场、广州岭南花卉市场相比仍存在很大差距，已不能适应市场交易需要，亟待提高经营水平。四川省缺乏拥有自主知识产权的花卉品种和全国性的知名品牌；花卉核心竞争力和后续竞争力弱；产业链层级低，产品及服务附加值低；出售原始产品及低端服务，经济效益差。

2. 发展资金不足

四川省花卉龙头企业在带动产业发展、助农增收上效果是很明显的，政府对龙头企业出台了优惠政策，但在执行过程中，收取担保费用高，办理过程长，手续过多、过繁，惠农政策不能落实兑现，仍然存在花农贷款难、不敢贷的局面。

3. 花卉市场建设没有纳入市政建设总体规划

成都市作为四川省花木销售的中心区，缺乏统一的花卉市场布局规划，花卉市场的建立随意性大，往往刚刚形成，又与政府规划冲突，被责令搬迁，多年来未形成知名度高的销售市场，导致生产与销售缺乏共有平台，严重抑制了花卉产业发展。

4. 花卉产业自主创新能力差，缺乏核心竞争力

新品种、新技术研发滞后，运用不广泛。缺乏拥有自主知识产权的花卉品种，大面积生产用种全部来自荷兰、日本等国的花卉种苗公司，核心品种和技术受外方控制，种苗价格非常高，占成品花价格的1/4～1/3。花卉企业和从业者只扮演了“花工”角色，高额利润被外国苗木公司拿走。

四、对策

1. 加大科技投入，着力解决资金不足

花卉产业作为调整农业结构，推动城乡一体化建设的新兴产业，政府应给予重点支持，扶持主产区的基础设施建设、专项科技项目、新产品研发、花农技术培训等。对带动面宽、带动力强、科技含量高、综合效益好的龙头企业，应实行适当资金补助、贷款优惠。信贷部门应为花农提供信誉贷款、花木抵押贷款、花农联保贷款等，解决花木企业贷款难的问题。

2. 加大拓展市场，着力解决花卉补贴

四川省已具有一定优势的兰草、名贵鲜切花及种子、川派桩头盆景、提取色素香料花卉、食用黄花和药用金银花等，可实行按企业当年新增出口额的5%

给予奖励；以出口花卉为主的农户或业主应当免交1～3年税费。在花卉出口量增大的前提下，应将花卉纳入绿色通道，航空、铁路等交通部门提供方便，特事特办，确保快捷、简便。制定、完善有关花木业的出口标准，实施花木出口包装的标准化。对出口花木应减少收费项目，降低收费标准。海关、植物检验检疫，外汇等部门对花卉出口应该快放关、快登记，提高花卉外销的运销能力。

3. 加大开发力度，着力做好资源保护

建立花卉种质资源库，防止四川省花卉资源流失。加强花卉的基础性研究，有关部门应组织专业人员调查、掌握四川省野生花卉资源和名优花卉品种，并根据市场需求，有序开发品种资源，培育名优品种。法制部门建立健全资源保护的政策法规，对野生花卉资源实行重点保护政策，杜绝野生资源的无序采伐。

4. 加大解决花卉运输困难问题

鲜切花、盆花是鲜活农产品，与其他农产品相比，更应享受绿色通道政策。对销售出省的鲜切花、盆花运输，应有相关部门协调简化手续、降低规费。四川省鲜切花运销可参照云南省政策，实行铁路和航空运费减半的办法，解决市场流通“瓶颈”，促进四川省优质鲜切花快速发展。

5. 建立完善的营销服务体系

完善的信息和流通体系是花卉产业发展的基础条件，布局合理的市场是花卉业流通的基础。各级政府应重视花卉市场建设，按城市发展规划，完善各级花卉市场，健全省级信息交流、交易网络，加强流通领域的管理和建设，强调诚信经营，逐步做到产销分离，各行其职。通过建立流畅的网络体系和电子交易体系，促进大型花卉生产企业和花卉市场电子联网，实现网上交易；在四川省内外完善流通队伍布点建设，提高花卉流通过程中的物流、资金流、信息流的速度。保证市场信息传递准确，使花农、花企能及时掌握市场动态，调整生产经营方向，调整品种结构，生产符合市场需求的畅销产品，增强自身的竞争实力。

6. 加大扶持力度做大做强花卉产业

以产品升级为重点，以企业为主体，着力创立品牌，增强市场竞争力。通过政策引导、项目带动，扶优、扶强一批具有花卉创新品牌潜力的企业，并加强企业间协作，创建龙头企业，以形成“拳头”优势，冲出省外，走出国门。加大科技投入，提高花卉产品的科技含量；同时注重成果转化，集合科研单位和企业的科技含量，加快资源和品种的研发步伐，逐步建立起“生产一代、设计一代、预研一代”的生产科研体系。抓住灾区重建和国家“扩内需、保增长、调结构、惠民生”的历史机遇，整合全省花卉优势，提高花卉产业的综合利用水平，实现产业水平和创新能力的跨越发展，达到生产标准化、流通现代化、市场规范化、监管法制化、信息普及化，促进花卉产业健康有序发展，更好地传播四川省悠久的花卉文化。

执笔：熊彩灵（四川省花卉协会）

第46章 贵州省花卉产业发展报告

一、综述

2014年，贵州省牢牢守住发展和生态两条底线，社会经济快速发展，花卉产业不断壮大。截至2014年底，贵州省花卉产业生产面积为2.21万公顷，比2013年增加0.53万公顷，增幅31.5%；销售额为22.50亿元，比2013年增加4.86亿元，增幅为27.6%（表46-1）。花卉产业发展一定程度上转移了农村劳动力，也为贵州省的旅游休闲、林旅一体化发展奠定了基础。

表46-1 2013—2014年贵州省花卉产业基本情况

年份	生产面积（万公顷）	销售额（亿元）	从业人员（万人）	其中：专业人员（万人）	企业（家）	其中：大中型企业（家）	市场（个）
2013	1.68	17.64	3.07	0.09	905	86	79
2014	2.21	22.50	3.10	0.10	950	96	82

注：大中型企业是指种植面积3公顷以上或年营业额500万元以上的企业。

二、特点和亮点

1. 现代产业示范园区建设助推花卉产业发展

各地继续实施“5个100工程”，促进了花卉产业的发展。特别是100个现代高效农业示范园区，多数发展了花卉产业，其产业特色鲜明、基础设施配套、生产要素集聚、科技含量较高、经营机制完善、产品商品率高、综合效益显著，涉及种苗、盆景、盆栽、鲜切花、观赏苗木等类别的生产。

花卉产业示范园的建成，对贵州现代花卉产业起到引领、示范、推动的极大作用，是做大产业规模、提升产业水平、促进农民增收、推动经济发展的“推进器”和“发动机”。尤其是贵州省林业厅牵头的乌当区花卉基地示范园区、遵义县乐山花卉苗木示范园区、百里杜鹃花卉产业示范园和黔西南州坡岗森林花卉苗木产业示范园区发展迅速。与此同时，一大批有规模、上档次的花卉企业落户示范园区。具有代表性的有贵阳禾美花卉公司、贵州省三阁园林绿化公司、黔西南绿缘动植物公司、贵州阳光公司、贵州苗夫都市园艺公司、贵州花世界园林园艺公司等。

2. 政府扶持力度和招商引资力度加大

一是围绕高速公路和通道绿化建设花卉产业示范点，利用优惠政策，采取先建后补、大户承包等方式引导农户发展花卉产业。二是通过政策扶持，与“美丽乡村、四在农家”建设相结合，建设“美丽乡村”的花卉苗木产业示范点。三是招商引资力度大。如遵义市引进贵州苗夫都市园艺有限公司等大型企业投资兴建农业观光园区，园区景观基地的示范效应如一剂“强心剂”，迅速带动花卉苗木产业由小规模、分散经营转向规模化、基地化、联营化发展，涌现出一批专业合作社和小型企业，实现绿化苗木及花卉生产专业化、集约化和产业化，使产业发展上规模，生产管理上水平，农民群众增收入。

3. 持续开展科研成果推广

贵州省林业厅、科技厅等部门继续加大花卉行业相关科学研究的投入，重点支持贵州珍稀特有观赏植物的引种栽培与示范，大力培育本地特色花卉产品。2014年主要资助虎舌红、纽子果、石山木莲等花卉苗木的培育与栽培示范。

贵州省林业科学研究院利用荣获贵州省科技进步三等奖的“贵州主要野生木本观赏植物资源研究”和“贵州主要野生草本观赏植物资源研究”，在遵义县、乌当区、惠水县和丹寨县等推广了虎舌红、野鸦椿、离蕊金花茶、四照花、仿栗、荔波唇柱苣苔等20余种珍稀特有花卉品种的繁育技术，举办了园林树木及培育技术、珍稀木本观赏植物无土栽培技术等技术培训。贵州植物园的“观赏月季品种优选及高效栽培技术研究与示范”获得了贵州省2014年科技进步奖并开始推广应用。

4. 加快引进推广花卉新品种

在积极开发利用乡土观赏植物资源的同时，贵州花卉行业不断大力引进各种花卉新品种。其中玫瑰引种一枝独秀，取得较好成效。贵州省玫瑰种植从不足1000亩发展到1万多亩，产品从单一的鲜切花扩展到食用玫瑰、工业用玫瑰、景观玫瑰和玫瑰种苗等。贵州友缘花卉有限公司现代优质月季、玫瑰种苗基地，黔南州平塘县思语花卉种植有限公司切花月季、精油用玫瑰及其精油产品，都匀市食用月季，遵义市的玫瑰花田，黔西南州的药用、食用玫瑰，都是其中的亮点。

5. 兰花产业健康发展

兰花深受贵州省广大群众喜爱，具有广泛的群众基础。黔西南绿缘动植物科技开发公司立足于贵州省特色珍稀兰花的保育与培育，培育出花卉品种300多个，其中兜兰属近60个种、石斛属13个种、国兰属33个种、洋兰属24个种、杂交兰属31个种、其他花卉132个种。已实现杏黄、硬叶、亨利等5个兜兰品种，春兰、春剑、墨兰等6个国兰品种，紫香兰、米尔特兰、惠星兰等5个洋兰品种和铁皮石斛、金线莲以及近10个观赏苗木种的产业化生产。贵州省林业科学研究院通过实施“贵州兜兰属植物资源调查及培育技术研究”项目，经过几年的反复试验，研制成功了两种兰花的组培快繁方法。

6. 花旅一体化方兴未艾

贵州省各地结合“四在农家　美丽乡村”建设，在村寨周边大规模种植薰衣草、万寿菊、孔雀草、鸢尾、波斯菊、大丽菊等草本花卉和紫薇、桂花、樱花、玉兰等木本花卉，形成乡村旅游新的亮点。结合“5个100工程”特别是结合现代高效农业示范园区建设，将花卉种植业、盆景打造与绿色生态旅游和农业观光旅游融合，取得明显成效。威宁县草海湖畔，5000亩万寿菊竞相开放，蔚为壮观，大大提升了威宁的旅游魅力，吸引了大量游客慕名纷至沓来。草海周边生产的1000余吨万寿菊花朵，不仅能提炼出叶黄膏，还能制成被称为“软黄金”的叶黄素。贵州金菊生态观光农业发展有限公司作为龙头企业，建立起以村委会和村民小组为纽带的新型农村农业专业化组织，走出了一条“公司＋基地＋农户”的产业化、规模化发展的路子，实现了“公司发展、合作社盈利、农户致富”的共赢目标。贵阳禾美花卉有限公司和怡景园林公司，在花卉生产与休闲旅游结合方面都做了很好的尝试，取得较好的经济效益。利用贵州省旅游发展大会召开的契机，由贵州科学院、贵州省林业厅主办的首届贵州盆景艺术博览会在贵阳隆重举办。博览会开展省内外优秀盆景作品展示、中国盆景艺术专业论坛、盆景艺术摄影创作、盆景义拍、现场交易等活动，为贵阳市的旅游增加了亮点，扩大了贵州盆景艺术作品在全国乃至世界的影响力和知名度。

7. 花卉产业在林下经济中作用更加突出

花卉产业作为林下经济的重要内容，获得很好的发展机遇。尤其是林下种植药用花卉、茶叶基地与观赏苗木套种发展迅速，成效明显。如安顺市西秀区钰霖种养殖农民专业合作在黄柏林下引进芍药、牡丹，安龙县西城秀树农林公司在天然林中种植铁皮石斛，凤冈县在20多万亩茶园中套种桂花，不仅解决了凤冈县发展花卉苗木产业的土地资源问题，还提高了茶叶产量和质量，而且提高了茶园景观价值，为开展茶园观光旅游创造了条件。

三、主要问题

2014年，贵州花卉苗木产业取得了较大成绩，为花卉行业的发展奠定了坚实的产业基础，但与花卉产业先进的其他省（区、市）还存在较大差距。

1. 技术水平不高

尽管贵州省花卉苗木发展有了一些技术基础，但还存在以下几方面不足：一是技术力量薄弱，从业人员中，专业技术人员少，且多数是学习林业及农业技术的，既缺乏研究人才尤其是学科带头人，又缺乏一大批推广人才，广大花农的科学种花水平普遍不高；二是目前全省鲜切花的主要栽培品种基本上是没有自主知识产权的传统品种，引种培育等基础性研究工作在人才、设备和资金上相对滞后；三是虽然贵州省有着得天独厚的自然气候优势，具有花卉种植的适宜条件，野生花卉资源丰富，但花卉产业中的自主创新及高新技术应用不足，导致自有知识产权少、新品种少、高品质花卉少。

2. 市场营销体系不完善

目前，贵州省的花卉还没有形成自己的销售体系。一是没有建立完善的批发市场，导致本地鲜切花价格受二手批发商的联手压制，使农户利益受损。二是缺乏先进、有效的花卉采后贮运、保鲜技术及花卉流通过程的质量监督，产品质量评估难，优质优价实现难，影响产业的发展壮大。三是很多鲜切花产品销售主要依赖省外公司和零星花商，既缺乏专门的销售人才队伍，更没有建立起自己的销售市场和销售渠道，在激烈的市场竞争中没有优势。

3. 行业协会不健全

花卉产业是一个跨行业、跨部门、需要各行业共同参与的综合性产业。行业协会在帮助花卉企业和农户开展组织协调、信息交流和技术服务等方面发挥着参谋、助手、桥梁和纽带作用。贵州省除省花木园艺协会外，只有个别地区和县级有行业协会。这给花卉行业的组织协调、信息交流和技术服务及市场指导工作带来一定难度。

4. 对外宣传不够

到目前为止，贵州还没举办过花卉博览会，贵阳也是全国没举办过省级花卉博览会的为数不多的几个省会城市之一，更谈不上举办全国乃至世界级的花卉园艺博览会。因此，造成贵州省花卉成果、新品种、新技术等展示宣传不够。

四、2015年发展思路与重点

1. 抢抓机遇，发展花卉行业

为加快推进贵州省生态文明先行示范区建设，切实守住发展和生态两条底线，促进经济社会与人口、资源、环境协调发展，贵州印发了《绿色贵州建设三年行动计划（2015—2017）》，将加快全省城乡绿化美化的步伐。与此同时，全省“5个100工程”建设继续快速推进，这给花卉苗木行业带来了扩展和提升的新机遇。

2. 抓好现代高效花卉示范园区建设

发展现代高效花卉示范园区是2015年的重要任务之一。政府和相关部门将继续提供优惠政策和资金支持，为经营者提供宽松的经营环境，同时引导具有代表性的大中型企业进驻花卉示范园区，作为重点培养对象培育，充分发挥龙头企业开拓市场能力强、信息灵敏以及在引进推广新品种、新技术方面的优势，产生带动效应，以“公司+基地”、“基地+农户”等生产组织方式，从而有效地带动周边农户致富增收。

3. 加大花卉产业科技支撑

加大花卉科研经费的投入，构建花卉品种创新体系、技术研发体系、技术服务体系的建立，鼓励高等院校、科研院所与花卉企业开展科技合作，联手开展一系列的科技攻关，大力推广各种实用技术和科技成果，提高自主创新能力。同时，多渠道、多形式地对花卉就业人员进行现代花卉技术培训，不断提高他们的综合素质。建立以企业为主体、产学研结合的技术创新体系，通过优势互补，促进成果转化和产业升级。

4. 强化花卉市场和花卉信息网络的建设

进一步强化花卉市场体系建设，推动建立花卉产品交易市场和营销网络，有计划地在花卉重点产区和集中消费区建立专业批发市场和综合交易市场。加强花卉信息网络建设，为企业和花农及时提供市场信息，搞好花卉产前、产中和产后服务，逐步建立花卉信息采集、传输、分析、预测、发布于一体的现代化花卉信息服务体系。

5. 加强宣传、交流活动

通过举办“省级花卉产业交流会”、“花文化产业研讨会”促进行业、政府、企业、科研教学单位之间，以及生产方、销售方、资材供应方的多层次交流与合作。通过举办“兰花节”、“杜鹃花节”、“韭菜花节”等特色花文化旅游节，宣传花卉文化，拓展花卉市场，更好地促进花卉产业发展。

执笔：李茂（贵州省林业科学研究院），江萍（贵州省林业厅）

第47章 云南省花卉产业发展报告

一、综述

经过近30年的发展，云南已成为世界重要的鲜切花、大花蕙兰、地方特色花卉等观赏花卉主产区，以及加工花卉（含药用、食用、工业用和保鲜花）、旅游花卉重点区域，并发展起了两种交易机制共存的花卉市场，花卉科技创新、物流运输、技术培训等配套服务齐全，特点鲜明，亮点凸显，全行业发展喜人，后势强劲。

据云南省花卉产业办公室最新统计，2014年云南省花卉种植面积7万公顷，总产值388.5亿元，出口总额2.5亿美元；花卉企业1770家，较2013年的1879家减少了5.8%。除花卉企业减少外，其他主要统计指标环比不同程度上涨，增幅在2.3%～14.1%之间，其中总产值增幅最大，花农收入增幅最小。至此，形成以鲜切花、种用花卉、地方特色花卉、绿化观赏苗木和加工用花卉为主的多元化花卉与旅游、养生、保健、加工等相关产业融合发展的强劲势头。

1. 鲜切花生产规模保持平稳

2014年云南省鲜切花种植面积和产量分别为1.17万公顷和83.7亿枝，连续21年保持全国第一。在主产区向传统产区转移延伸，新区品种结构调整过渡期，生产技术集成初步取得成功，花农生产调控能力增强，种植盲目性明显减少，云南省花卉产量、优质花比率逐渐提升，鲜切花产销两旺。

2. 地方特色花卉产业化初显

2014年云南地方特色花卉种植面积达0.24万公顷，总产量1.9亿株，总产值47.95亿元。以山茶花、高山杜鹃和国兰为代表的地方特色花卉重点分布在滇东北、滇西北、滇中地区，其中大理、保山的地方特色花卉商品化程度最高，形成了以昆明宜良和大理为主的交易集散地，这些区域的生产技术、产品形式（如盆花转造型盆花、盆景）进一步得到改进和提升，商品化程度越来越高，产业化生产初见成效。

3. 绿化观赏苗木步入“横盘”状态

经过前两年的快速发展期，2014年云南省绿化观赏苗木生产规模下降，总面积为18.1万亩，产量12.62亿株，较2013年分别下降8.6%和20.3%，产值96.3亿元，同比增长13.4%。云南樱花等种植规模大的品种以及中小苗木产品供大于求，价格走低，产业面临品种结构优化调整。

4. 种用花卉发展迈上新台阶

以鲜切花种苗、种球为主，盆花、加工用花卉和花卉种子为辅的种用花卉产业优势凸显，发展起了以玉溪、曲靖、昭通为主的种球生产区域和以昆明和玉溪为中心的全国重要鲜切花种苗和种子生产基地。据调查统计，目前云南省商品花卉品种总数1200余个（不含绿化观赏苗木类），云南省鲜切花种苗年产量近8亿株，其中非洲菊、月季、康乃馨等种苗占国内60%以上市场份额；以百合为主的种球年产量2亿余粒，百合种球国产化率达53%，年产量约3000万粒，玉溪明珠花卉股份有限公司所占份额超过70%。

5. 加工类花卉发展喜人

2014年食用、药用和工业用花卉种植面积近60万亩。其中，以食用玫瑰为主的食用花卉和以灯盏花、红花和铁皮石斛为主的药用花卉48.2万亩，环比增幅5.5%，产值67.8亿元，环比增幅16.1%；以万寿菊为主的工业用花卉10.7万亩，环比增幅9.2%，产值2.1亿元，环比下降27.9%。此外，保鲜花、干花等鲜切花精深加工蓬勃发展，涌现出了昆明郑继兰花卉有限公司、昆明祥郡花卉有限公司等观赏类深加工企业。初步估计，2014年云南省玫瑰保鲜花年产量逾1000万枝（朵）、绣球保鲜花产量1.5吨，总销售额1亿元以上，单支保鲜花平均售价在5～10元，每千克绣球保鲜花1500～2000元，是同数量鲜切花的10～16倍，鲜切花附加值提升了至少10倍。

6. 新优盆花发展后势强劲

2014年云南大花蕙兰生产规模依旧保持全国第一，成品花总产量 360万盆，较2013年增长25%，占全国该品种总产量的90%，生产队伍从企业为主体转向花农和企业共同发展的格局，以花农为主的小农场逐渐增多，并有发展成为大花蕙兰主力军的趋势。虽然年宵花主打产品大花蕙兰的产量和品质再创历史新高，但价格却依旧保持在底部运行，高价行情一去不返。在大花蕙兰团体性消费低迷的背景下，消费者对新、优、奇品种的需求猛增，市场日趋活跃，一些市场上少见、生产还未走向规模化的小型盆花新品种呈现出了巨大的市场潜力，产量猛增。以盆栽月季为例，2014年云南省盆栽月季总产量不到30万盆，到2015年这一数据可能扩大到200万～300万盆，品种多达100余个，而2013年还是市场空白的盆栽洋桔梗，2014年也开始小批量上市。未来2～3年，百合、非洲菊、铁线莲、金线莲、石斛（种类众多）等盆花产品将批量上市。

二、花卉行情

尽管受生产成本持续上涨、国际主要市场消费疲软、国内团体性消费下降等内外不利因素的影响，因大众消费市场的拓展、消费人群的扩大以及节日消费的拉动，2014年云南省花卉依旧保持稳中有升的喜人形势。

以鲜切花为例，2014年玫瑰、康乃馨、百合和非洲菊四大切花均价1.54元/枝，较2013年环比保持平稳，其中玫瑰和非洲菊分别上涨10%和18.21%，康乃馨和百合下降30.27%和7.15%。从单个品种分析，2014年云南省11个主要鲜切花品种均价涨多跌少，其中6个品种上涨。玫瑰均价0.87元/枝，环比涨10%。玫瑰一直是云南"拳头"切花品种，云南省种植面积近8万亩，年产40亿枝，品种多达100余个，其中不乏一些国际流行的新秀品种，如'冷美人'、'狂欢泡泡'、'蜜桃雪山'等引进品种以及'金辉'等自主研发新品种，这些品种最高达5～9元/枝。云南玫瑰已形成单一品种规模化、标准化的生产格局，销售、采收包装、物流运输、营销等环节运作成熟，社会化分工细致，市场竞争力高，因此2014年行情喜人。

非洲菊均价0.35元/枝，环比上涨18.21%；勿忘我均价12.39元/千克，环比上涨46%；情人草均价17.6元/千克，环比上涨3.46%；菊花均价1.14元/枝，环比上涨8.12%；洋桔梗均价2.3元/枝，环比上涨11.32%。均价下降的品种是康乃馨，2014年其均价为0.34元/枝，环比下降30.27%，这主要是因为云南省种植面积增加，且大部分基地还属于新区，其技术水平较低，优质花比例少。百合经过2年的调整，种植规模保持稳定的同时，产品质量提升，品种结构更趋于合理，2014年均价4.59元/枝，环比略降1.15%；满天星经过2011—2013年的高价后，回调至2014年的29.59元/千克，环比下降19.20%。

长期来看，云南鲜花行情近10年保持波动上涨走势，其中占鲜切花80%比重的四大鲜切花年均上涨14.94%。2012年是10年中均价最高的一年，这主要是受百合价格陡涨所致，刨除百合行情的影响，三大切花均价保持缓慢上涨行情。鲜切花价格上涨主要受2个因素的影响：一方面，种苗、地租、人工、资材等成本增加。另一方面，国内消费市场不断扩展，二、三线城市以及发达地区乡镇花店增多，尤其是"90后"年轻消费群体扩大，因此国内花卉消费量每年保持20%～30%的增长。因此可以推断，今后鲜切花行情走势依旧喜人。

从品类看，玫瑰、洋桔梗等优势切花产品行情稳定，优质花依旧保持高价姿态，而绣球、帝王花、蜂蜡花、嘉兰、荷花等特色切花供不应求，发展空间巨大。从时段看，年初和年尾以及母亲节、七夕节等重要销售时段，花卉价格依旧遵循高价行情的规律；销售淡季，即二季度和三季度的4～9月期间，鲜切花整体行情不温不火，其中非洲菊、百合等适应性广的大宗品种，因国内其他地区也开始小规模发展，行情呈稳中略走低态势。大花蕙兰因2012—2014年行情一路走低，投资者趋于谨慎，而贸易商则把渠道开拓纳入工作重心，2014年行情见底走稳，2015年底至2016年初，随着市场生产调整不断优化，国外和国内两个市场的不断扩展，大花蕙兰销量预增，行情有望明显回升。

此外，2014年食用玫瑰、药用石斛、保鲜花等精深加工花卉整体走好。2015年，因原料生产和销售存在诸多不确定性因素，投资风险加大，需要在加工技术、原料品质、设施设备改进、消费者培育等方面多下功夫，提高精深加工产能及其产品附加值，避免盲目生产带来的行情低迷现象再次发生。

三、特点和亮点

1. 生产区域布局合理，品种结构更为优化

凭借优越的自然气候条件，云南省形成了以昆明、玉溪、楚雄、曲靖为

主的滇中温带鲜切花片区，以西双版纳、思茅、红河为主的滇南热带花卉及配叶植物片区，以迪庆、昭通、丽江为主的滇西（东）北球根类种球繁育片区，以大理、保山为主的滇西特色花卉片区的合理发展局面，红河、楚雄等地区则逐渐成为鲜切花生产新区；形成了以康乃馨、玫瑰、百合等鲜切花为主，地方特色花卉、盆花、观叶植物、园林绿化植物、干花及种苗种球等共同发展的格局，其中单一品种生产更为科学合理，逐步形成了单一品种规模化生产，基本可以满足国际大市场对同品种、同规格产品批量、稳定供货的要求；在产业配套服务上，花卉市场交易体系、科技服务体系和物流运输体系等都已经初步建立并得到较快发展。尤其值得一提的是，食用玫瑰、三七花等加工用花卉品种种类不断增多，种植区域从滇中局部地区快速覆盖云南省各地。2014年油用牡丹在云南滇西、滇东北、滇南的普洱、滇中等地区发展势头强劲，初步统计，一年多时间里，生产从无到有，种植面积已达5000多亩，云南有望成为油用牡丹产业重点新区。

2. 科技实力不断加强，研发创新取得突破

云南省花卉科技创新实力进一步加强，科研单位、大专院校、花卉企业及国家级品种测试站互相协作共进的研发体系初步形成，品种研发创新与推广、技术研究与应用、运营管理模式创新成效显著。新品种选育方面，2014年云南省引进、驯化花卉新品种600余个，累计成功选育具有自主知识产权花卉新品种158个，其中4个新品种在国外获得授权，云南已成为全国最大的花卉新品种选育中心，云南省自主研发花卉新品种推广种植面积达4000亩，部分品种还实现了批量出口。生产技术研究方面，已制定各类国家、行业和地方标准60项，种苗快繁、病虫害防治、采后处理等关键环节的技术实力领先全国。在管理模式方面，借助拍卖市场和重点企业服务平台，云南省形成了不同形式的花农经济合作组织和“公司+基地+科研院校”或“公司+花农（花农经济合作组织）+市场”或“社会组织+示范基地+市场”等各类组合企业管理模式。

3. 产业链不断延长，相关行业令人瞩目

云南花卉产业涉及领域广，产品种类多样，花卉功能从观赏性延展至观光旅游、养生保健、日化食品等多个方面，花卉产业链由第一产业向第二、第三产业延伸，生产存量逐渐得到盘活，产销进入良性运行轨道，信息、营销和科技创新前沿领域及服务产业日益完善。花卉产业横向发展的同时，也纵向跨行业推进，与旅游、养生等非花卉产业叠加，共融发展。随着人们生活水平的提高，市民对花卉旅游、花卉文化产品、美容化妆品、养生保健品、鲜花类食品的需求欲望日益强烈，从而催生了花卉旅游业、花卉文化、花卉健康养生产业的发展，吸引众多社会资本关注。云南作为我国花卉大省，凭借丰富的花卉资源优势和良好的气候条件，花卉旅游发展方兴未艾，涌现出了丽江花色玫瑰庄园、大理张家花园、无量山樱花谷等众多以花卉为主题的旅游项目和景点（区），花开季节吸引众多省内外游客前往，争相体验别具一格的“一日花卉游”。

4. **产业服务日臻完善，花事活动频现云南**

云南花卉在国内外的影响力不断提高，成熟的产业基础和较高的产业集聚地吸引了国内外行业内人士关注和社会各界的关心，很多国内外重要的花卉相关活动都相继选择在云南举办。2014年8月云南大理州获得“中国茶花之乡”称号，并在大理成立中国野生植物保护协会茶花保育委员会；全国球根花卉研讨会及相关培训多次选择在云南举办。由中国花卉协会盆栽植物分会大花蕙兰产业小组和云南省花卉技术培训推广中心主办的“大花蕙兰订货会暨全国盆花产业发展交流会”连续4年在云南昆明举办，2014年的会议有包括4家上市公司在内的共计80余家国内外盆花产销企业及相关企业参会。

5. **交易模式多样，花卉电商发展欣欣向荣**

以鲜切花为代表的云南花卉，形成了批发与拍卖相配套，两种交易模式共存发展，互为补充的交易格局，带动上千家贸易企业发展壮大，培育了一大批业务精、分工细的专业队伍。随着电商行业突飞猛进发展，年轻人甚至中年白领的购物习惯悄然改变，云南作为全国花卉生产重点区域，花卉电商的发展也走在了全国前列，呈现出了欣欣向荣之势。初步统计，目前云南省已有几十家花卉电商企业，花卉淘宝店达上千家，电商销售总额从2011年的不到1亿元增至2014年的四五亿元，其中年销售额超过3000万元的企业有5家。

四、主要问题

1. **传统品种发展势头减弱**

近年来，凭借其资金、区位、科技实力、人才等优势，广东、江苏、四川、辽宁等多个省（区、市）花卉产业快速崛起，市场份额不断扩张。至今已有20多个省（区、市）将花卉产业作为重点产业或支柱产业加以培育和扶持。可以预见，“十三五”将是中国花卉产业迎来快速发展和全面发展的重要时期，也将是花卉产业竞争愈加激烈的时期。一是在全球经济危机影响持续，日元贬值、人民币升值等因素影响下，花卉出口放缓，出口贸易企业备受煎熬；二是生产成本上升，售价却未同步上涨，生产利润下降；三是因城市建设、湖泊治理等因素，生产基地搬迁至条件较差的地区，加之整体设施水平低，产品质量暂受影响。综合来看，传统花卉增长实际上放缓了。

2. **政策环境需进一步优化**

多年来，云南省委、省政府十分关心和支持花卉产业发展，除了给予政策上的大力支持外，每年都安排专项资金进行扶持，但省级专项资金偏少，未随着云南财政收入的增长而增加，多年来依旧处在一个低水平上，花卉专项资金还不到咖啡等其他高原特色农业产品的1/10。此外，部分州（市）政府对新兴富民花卉产业认识不到位，重视不够，支持乏力，地方财政对花卉产业上的支持也微乎其微，对有关花卉发展政策的贯彻落实还需进一步加强，亟待制定和实施支持花卉产业发展的具体措施。

3. 二、三产业科技支撑不足

目前，云南花卉科技创新主力集中在鲜切花领域，但在加工花卉、绿化观赏苗木等领域却明显不足，品种选育和研发工作滞后，生产中使用的品种大多是引进品种或接近于退化的老品种，科技前沿依赖性大。产品生产的关键环节，则缺乏加工生产技术的研究，种植技术大多处于探索阶段，加工技术五花八门，多处于小作坊式加工阶段，产品质量无法保障。此外，标准化厂房投入力度小，加工设施设备落后，生产能力弱；产品设计包装老旧，未与现代市场充分结合，满足不了消费者需求；电商、加工类特定产品物流运输沿用传统标准，技术缺乏创新，服务水平低。

4. 新产业规划管理需加强

近年来，食用玫瑰、药用花卉、花卉旅游、花卉养生等行业兴起，吸引社会各界资金进入，花卉食品、化妆品、花卉色素等产品层出不穷，具有较好的社会认知度，市场需求潜力巨大。但是，产业快速发展的同时，却缺乏整体规划管理，产业发展顶层设计和实施亟待加强。有些企业未做充分的市场调查研究，在营销策划、风险管理和团队力量还比较薄弱的阶段就贸然大量种植，结果往往因资金流等问题导致无法推进。

5. 花卉服务水平亟待提高

在与产业紧密联系的物流运输、市场营销、信息服务、技术培训、产品推广等方面，云南虽然取得了可喜成绩，但科研与生产、市场的结合仍然不够紧密，科技成果转化率偏低，与荷兰、日本等国家相比还存在较大差距。面对“云花”90%属于外销产品的实际，物流运输依旧是发展的“瓶颈”。一是国际航班运费偏高，高峰期花卉航空运力紧张，航空鲜切花冷链运输体系落后；二是省级、国际公路运输资源还未得到很好利用，物流运输信息不对称，返程无货的问题打击了承运人积极性，也难以最大程度降低运输成本；三是运输成本低、覆盖网络宽的铁路物流优势未充分利用起来，还有很大空间尚未开发。

6. 部门联动支持不够

30年来，云南鲜切花发展所取得的傲人成绩，除自然优势之外，还得益于各级部门的鼎力支持和相互协作。随着花卉产业结构的变化，花卉产业领域的拓展，花卉产品功能的多样化，产业链条的拉长，花卉所涉及的领域和部门越来越多，除主管部门外，与科技、财政、农业、林业、卫生、建设、生物、扶贫、信息、工业、质检、海关等领域都有关联，这就需要各级部门之间加强沟通协调，共同推动“云花”升级发展。

执笔：陆继亮（云南省花卉产业联合会）

第18章 西藏自治区花卉产业发展报告

一、综述

2014年是全面深化改革的开局之年，是完成西藏自治区“十二五”规划目标任务的攻坚之年。2014年，西藏花卉产业农牧民专业合作经济组织达117家，呈爆发性增长态势。2014年花卉生产面积319.6公顷（约占各类苗圃地的13.9%），是2013年的2.2倍；产值1.29亿元，分别占全区农作物种植总面积（25.09万公顷）和总产值（899.24亿元）的0.127%和0.134%；亩产值2.7万元，是2010年的1.6倍。花卉行业从业人员1.32万人，其中专业人员0.23万人，各类花卉行业注册企业56家，但依然以小微企业为主，主要集中在拉萨、日喀则、林芝、昌都、山南等中心城市及其周边。花卉产业仍以观赏苗木为主，主要服务于高原生态安全屏障建设和城镇生态环境条件改善。

二、特点和亮点

1. 药用花卉持续发展，态势良好

2014年西藏药用花卉生产规模正在逐步扩大，在原来油用牡丹、金银花、百叶玫瑰、铁皮石斛、薰衣草等药用花卉栽培基础上，玫瑰规模化生产得到了重视，并列入了特色扶贫项目，整个药用花卉栽培面积达到了85.7公顷，占西藏花卉生产面积的26.81%，栽培面积比2013年增加了31.71%，进一步助推了西藏花卉产业的规模化发展。

2014年，西藏药用花卉种植最大企业是拉萨市曲水县才纳乡有机作物示范基地，栽培面积30公顷。目前，示范基地主要栽培药用花卉牡丹、芍药、百叶玫瑰、薰衣草、二色金鸡菊、唐菖蒲等；成规模栽培的观赏花卉有郁金香、金盏菊、大波斯菊、翠菊、紫罗兰、羽衣甘蓝、一串红等一二年生草本花卉，主要满足拉萨市各大节日用花。此外，规模化从事药用花卉生产栽培的还有：西藏自治区农牧科学院达孜县金银花科研示范种植基地（21公顷）、拉萨市堆龙德庆县岗德林村有机藏红花繁育种植基地（3.5公顷）、拉萨市城关区蔡公堂乡净土健康产业铁皮石斛种植园（2.4公顷），形成了以拉萨市为核心的西藏药用花卉栽培中心。

2. 强农惠农富农政策进一步落实，花卉产业稳步推进

在2013年发展基础上，《西藏自治区农牧业特色产业扶持资金管理办法》、

《西藏自治区关于加快发展农牧民专业合作经济组织的意见》得到了进一步实施，西藏自治区各地市农牧民专业合作经济组织蓬勃发展，从事花卉生产的合作组织由2013年的12家飞跃性增加到了117家，主要集中于园林绿化种苗、节庆花卉、室内花卉的生产栽培，打破了原有的由各地市林业局苗圃、农牧局基地、各地市公园附属苗圃为主导的生产方式，呈现出百花齐放的态势。同时，随着西藏高原生态安全屏障保护与建设的发展，各地市花卉行业注册企业由2013年的42家增加到56家，其附属花卉生产基地也增加到了129.6公顷，是2014年西藏花卉种植面积增加的生力军。主要经营花卉种苗有：雪松、樱花、红叶李、女贞、月季、杜鹃花、红叶石楠、云杉、沙棘、红枫、大叶黄杨等。当年规模化引种栽培的园林花卉有美人榆、红叶杨、紫叶矮樱以及大量的热带、亚热带花卉，花卉市场进一步繁荣。

3. 花卉基础研究取得新突破

2014年，西藏花卉领域基础研究取得了阶段性成果突破。先后发表科研论文20余篇，主要涉及花卉栽培技术的本土化、花卉新品种引种以及野生花卉资源开发利用；出版专著3部，分别是《西藏园林植物生态环境效益定量研究》（西藏农牧学院，邢震著）、《中国重要观赏植物种质资源（西藏卷①）》（北京林业大学，张启翔主编）、《西藏野生牡丹研究》（西藏自治区农牧科学院，曾秀丽等著）。其中，《西藏园林植物生态环境效益定量研究》一书从西藏生态环境“高寒缺氧、长冬无夏、环境脆弱”等特点出发，在西藏园林植物资源、主要城镇绿地现状调查基础上，结合西藏园林植物生态效益定量研究成果和西藏城镇立地条件，建立了以固碳释氧、降温增湿效应、减尘滞尘效应、建成区绿地率4个重点指标为依据的西藏城镇绿地需求量估算方法（包括城镇绿地定额、理想定额），并在西藏各主要城镇的立地条件下，进行了绿地需求量估算，归纳总结了西藏生态园林城镇建设的途径与方法，为西藏生态园林建设提供了理论支持。《中国重要观赏植物种质资源（西藏卷①）》一书收录了具有观赏价值的野生维管束植物1640种（含亚种、变种、变型），并对452种重点野生观赏植物进行了详细描述，包括形态特征、分布及分布量、生态及适应性、观赏及应用价值等，是一部较为全面的保护和开发西藏野生花卉资源的重要基础技术资料。《西藏野生牡丹研究》则从西藏芍药属花卉开发需要出发，研究了大花黄牡丹的遗传多样性和种内差异，为大花黄牡丹品种选择乃至西藏野生花卉资源的规模化开发和生产提供了思路。

三、主要问题

1. 产业缺乏整体规划，处于自由发展阶段

2014年，西藏花卉基础研究和西藏花卉产业发展态势良好，尤其是从事花卉生产的农牧民专业合作经济组织数量增速喜人。但几乎所有的农牧民专业合作经济组织仅是开展常规花卉种苗的生产，对花卉新品种培育和区域特色的形成缺乏整体思考，尤其是药用花卉的衍生产品开发能力不足，致使花卉产品经济效益的发挥受到了影响。

2. 市场开拓不足，花卉销售渠道单一

目前，西藏农业已经开始从大宗农产品生产开始向高附加值的农产品生产转移，花卉种植业作为高附加值农产品之一，得到了广大农区群众的认可。但目前各生产单位均瞄准了生态安全屏障保护与城镇生态环境建设所需的种苗市场板块，对潜在的区内市场开拓能力不足，尤其是对全域旅游概念下的西藏各旅游区生态保护与恢复所需的种苗市场依然没有关注。因此，需要从政府层面着手，综合林业、园林、旅游、农牧、扶贫、城建、科技、高等院校、科研机构等部门，形成各景区的生态稳定度指标评测机制，保障各景区生态环境安全，拓展区内花卉产业发展空间，推动西藏野生花卉资源的保护与利用，这也是切实保障西藏旅游在整个西藏经济中的主导地位的需要。

3. 花卉产品特色不明显，缺乏市场竞争力

西藏主要花卉产品依然停留在国内外品种直接引种应用阶段，如月季、郁金香、大波斯菊、翠菊等。历经21年的发展，尽管在繁育技术研究方面，已经有10余种野生花卉具有成熟的技术，但由于缺乏对应的市场和政策支持，栽培面积只是局限于研究性需要，没有形成特色花卉产品。而且整个区内市场一直被国内常见大宗花卉占据，丧失了应有的特色。因此，无论在国内市场还是国际市场均没有竞争力。

四、2015年发展思路与重点

1. 规范花卉产业，推进特色基地建设

从2014年西藏花卉行业的发展态势来看，2015年西藏农林行业管理部门首要的任务是规范西藏花卉市场。一是建立区内花卉种苗政府指导价机制，规范区内种苗市场，一方面为农牧民专业合作经济组织、花卉企业的花卉产品进行引导，防止出现与其他农产品类似的产品积压现象，保障其经济效益；另一方面，也是切实预防恶意竞争，将国家用于西藏生态安全屏障保护与城镇生态环境建设中的财政资金用足、用好的需要。二是积极筹划，鼓励本土花卉企业或农牧民专业合作经济组织按照区划要求做大、做强、作精，形成本土龙头花卉企业，形成规模效益。三是健全各地市花卉协会组织，精确统计西藏花卉行业发展数据，为自治区精准扶贫提供基础支撑，也为各地市农牧民专业合作经济组织、花卉企业提供精准服务。

2. 加强部门协同，发展特色花卉

花卉产业本身是一个跨行业、跨部门，需要各行各业共同参与的综合性产业。西藏自治区需要发展自己的花卉产业，就要借助于旅游产业发展进行产品展示和生态安全建设。西藏是“世界旅游目的地”，当前，西藏旅游产业已经成为西藏第一大产业，花卉产品既可以作为旅游商品进行销售，也可以通过大面积栽培西藏野生花卉来展示西藏特色花卉资源，但目前，借助于旅游行业进行西藏花卉产品宣传和推广的案例极少。而要做到花卉产业和旅游产业的对接，就必须加强行业之间的综合管理，出台支持政策，鼓励花卉产品进入旅游商品市场；出台各景区的生态稳定度指标评测机制，鼓励或从生态恢复角度强制性要求旅游企业布展西藏野生花卉，这样才能从根本上保障旅游产业推进西藏花卉行业发展，为培育西藏特色的花卉行业贡献力量。

3. 加强科技支撑，实现产品多样化

西藏特色花卉中，既有生态效益极高的环境保护与美化材料，也有保健功能明显的药用植物资源，还有绿色生态的农药药源植物，其衍生价值不可低估。但要全方位开展西藏特色花卉的生态效益和经济效益研究，依然有很长的路要走。因此，建议以现有的15家从事花卉研发的事业单位为基础，鼓励相关人员精心、静心、安心地开展西藏特色花卉衍生价值研究，形成地方花卉多样化的产品和质量标准，推进有机、优质的特色花卉产品生产，才能让西藏特色花卉产品走向国内外市场。

执笔：邢震（西藏农牧学院）索朗旺堆，徐艺文（西藏自治区林业厅）

第49章 陕西省花卉产业发展报告

一、综述

1. 花卉产业发展概况

2014年陕西省花卉产业处在转型升级、创新发展的关键时期，增速放缓，消费方向转变，生产规模稳中略升，大众消费拓展加快。其中，盆栽和花坛植物产量增加，观赏苗木销售量略减，鲜切花价格持续低迷。

（1）花卉生产增速减缓，销售量下降。陕西省鲜切花、切叶、切枝类年复种面积1000公顷，年销售鲜切花、切叶、切枝类20720万枝，其中80%来自广东、云南、山东、四川等省，销售额3.11亿元；盆栽植物类年复种面积10600公顷，年销售5.1亿盆，销售额10.26亿元，观叶植物占80%。观赏绿化苗木种植面积13000公顷以上，销售1.56亿株，销售额13亿元；食用、药用、种苗、种子、种球、草坪等种植面积2305公顷，销售额2.64亿元。陕西省花卉（含绿化苗木）种植面积26905公顷，较2013年增加1579公顷；总销售额29.00亿元，较2013年减少2.17亿元（表49-1）。

（2）花卉市场稳定，电商崛起。陕西省成熟的花卉市场100多个，其中以西安、咸阳、宝鸡、汉中为主的中心城市周边拥有大中型花卉批发市场15个；花店2000多家，网络花商20家，开展电子商务的花卉企业迅速增加到140多家，开展花卉租赁的花卉企业120家。陕西省重点观赏苗木产地、集散地、消费地建设苗木专业市场10个，苗木物流中心5个，苗木经纪人组织机构36个，经纪人扩大到1500多人。

（3）花卉企业升级，人员不足。陕西省花卉企业有660家，其中年种植花卉面积在3公顷以上或年营业额在500万元以上的大中型花卉生产企业196家。从事花卉种植的农户3.65万户，花卉行业从业人员11.0万人，其中专业技术人员5000人。要支撑花卉大产业，从业人员和技术队伍明显偏少。

表49-1　2013—2014年陕西省花卉产业基本情况

年份	生产面积（公顷）	销售额（亿元）	从业人员（万人）	其中：专业人员（万人）	企业（家）	其中：大中型企业（家）	市场（个）
2013	25326	31.17	14.2	5500	660	196	115
2014	26905	29.00	11.0	5000	660	196	100

注：大中型企业是指种植面积3公顷以上或年营业额500万元以上的企业。

（4）花卉设施稳定，成本上升。陕西省现有花卉设施栽培面积3800万平方米，其中日光温室达1200万平方米，大（中、小）棚1500万平方米，遮阴棚1100万平方米。花卉种植和经营成本（因劳动力上涨）较2013年上涨10%以上，总体销售价格较2013年下降10%～20%。大众化、平民化的小型盆花成为新宠，实用性强、价格亲民的草花和绿化植物销量可观。

2. 花卉产业政策

2014年，花卉产业被纳入陕西省农业产业园区规划。西安木禾林农业生态园被陕西省农业厅列为省级花卉产业园区，陕西省财政厅扶持经费500万元，是首家省级花卉产业园。

2014年5月，陕西省林业厅、省财政厅、省发改委联合发布《陕西省油用牡丹产业发展规划（2014—2020年）》。总体布局为：陕北油用生态兼用发展区、关中油花一体化发展区和陕南油药一体化发展区；在陕西省77个县（市、区）建设油用牡丹资源培育、良种繁育、产品加工贸易、科技支撑四大体系。

二、特点和亮点

1. 本土花卉生产扩大，集约程度提高

陕西花卉产业经过淘汰积淀、优化发展，形成了一批集约程度高的本土花卉企业，增加了地产花卉比重，对外花卉依赖度减弱，特别是年宵花本土生产速度加快，生产量达到100万盆。目前，除国内大型花卉企业的基地外，陕西本土花卉企业形成了产业集群：西部兰花生态园、西安鲜花港、陕西绿城环保科技有限公司、陕西馨盛花卉苗木科技有限公司、西安木禾林农业生态园有限公司、西安户县裕兴农业科技发展有限公司、阎良蓝天花卉合作社等规模化设施花卉基地，花卉生产由个体生产逐渐向集约化经营方向发展。

2. 渭南市成为大马士革玫瑰主产地，带动作用增强

2014年渭南市玫瑰种植基地扩大到8000亩，亩产500千克，成为我国大马士革玫瑰主产地。1984年对外贸易经济委员会引进保加利亚玫瑰种苗在陕西省渭南市试种，表现良好，植株生长、生物特性、花期、花型、生长期和休眠期等都与保加利亚基本一致。1986年，渭南成立陕西恒芳玫瑰开发有限公司，从事保加利亚大马士革玫瑰的繁育、驯化、推广种植和精油提取工艺研究。1992年该公司在陕西渭南建成陕西第一家大马士革玫瑰精油专用提取加工厂，推动了玫瑰生产发展。目前该公司基地面积有2000多亩，带动周边乡村种植6000亩。

3. 商洛市油用牡丹发展势头良好，社会投资面广

2014年商洛市把油用牡丹产业发展与林业重点工程、扶贫开发、建设美丽乡村结合起来，编制《商洛市油用牡丹产业发展规划》，规划到2020年全市发展油用牡丹基地20万～30万亩，加工企业4家，示范园2万亩，观赏园8000亩，年实现产值20亿～30亿元。2014年商洛市林业局投入200万元，分别在商州区蟒龙峪建立200亩、大赵峪建立300亩油用牡丹高标准示范园；商南县建成油用牡丹基地7000多亩、育苗200亩，建立专业合作社3个；山阳县建成油用牡丹基地4000亩、育苗300亩。镇安县建成油用牡丹基地4000亩、育苗1500亩。截至2014年底，商洛市油用牡丹种植面积共计3.2万亩。

4. 西安市秦岭北麓集中连片花木生产基地规模不断扩大，集群效应显现

西安市打造秦岭北麓花卉苗木产业集群，在环山线集中培育100多家花卉种植和园林绿化企业。其中，长安区子午大道沿线集中建设了30多家以设施花卉为主的现代农业园区，年产花卉产品500万盆，并建成3个花卉市场和1个花卉园艺产品展示中心，成为陕西省最大的花卉产销基地。蓝田县依托秦岭北麓自然资源，重点生产发展白皮松，2014年白皮松苗木种植面积约5.17万亩，年销售6000万株，销售收入已超过6亿元；周至县在秦岭北麓发展观赏苗木12万亩，年销售额5亿元；西安曲江文化产业投资（集团）有限公司依托秦岭北麓旅游优势，打造1000亩熏衣草庄园和1000亩向日葵花海，为西安的“后花园”增添了美丽的色彩，成为西安市民节假日休闲的好去处。

5. 宝鸡市生态建设花谷成景，产业链条延伸

宝鸡市在花卉产业转型中将花卉旅游作为重要产业，把绿化美化作为生态保障。2014年3月宝鸡市政府启动渭河百里画廊建设工程，规划建成滨河景观园、渭河湿地公园和文化生态园，通过种植水生花卉、地被花卉和园林植物等方式，改善恢复生态环境，成功打造渭河沿线休闲旅游景观带。凤县让花卉在灵山秀水中焕发活力，政府引导性投入撬动社会资本，累计投入1.4亿元建造76千米的“秦岭花谷”，实现了特色景区、主题花卉和农业生态的有机结合，带动生态旅游和现代观光花卉业的发展。太白县与西安虹越公司合作，利用西安虹越公司的良种和技术，发挥太白县冷凉气候优势，种植1000亩格桑花，成为陕西境内长势最好、设计最美、花色最艳的格桑花花海。

三、2014年主要成绩和经验

1. 开展花卉产业调研，为政府建言献策

2014年，陕西省花卉协会牵头，组织有关人员深入西安、咸阳、杨凌、汉中、商洛等花卉主产区和花卉市场进行调研，撰写了《花卉产业是陕西现代农业的新兴优势产业》调研报告，分别呈送省政府主管领导和省农业厅等主管部门，同时向省政府报送了《关于请求将我省花卉产业列入省级农业财政预算进行扶持的报告》，为政府谋划花卉产业发展提供依据。

2. 建立花卉网站，打造陕西花卉宣传新平台

2014年7月，陕西省花卉协会网站建成上线运行，网站设置了“新闻动态”、“花木市场”、“花事动态”、“花艺文化”、“园艺赏析”等栏目。网站及时报道陕西花卉产业生产、销售及举办花事活动的消息，为花卉企业和花卉市场搭建信息桥梁；宣传花卉文化和养花知识，推动花卉走进千家万户。

3. 开展花卉专业培训，提高从业人员技术水平

2014年7月22～23日，陕西省花卉协会在咸阳举办了陕西省花卉产业专业培训会，聘请南京农业大学、四川省花卉协会、西安市园林研究所等单位的专家授课，分别讲授了花卉苗木产销形势、花卉育种、花卉栽培等实用知识，到会的花农和花卉企业人员都认为收获很大，开拓了花卉的产销思路，提高了理论和技术水平。2014年西安上林苑花艺培训学校、丽莎贝尔花艺培训学校培训超过800人次，提高了花店业营销水平。

4. 举办花事活动，引导大众消费，促进产业发展

（1）陕西省首届多肉植物展览会。2014年1月17日至2月17日，陕西省花卉协会和西安沣东现代都市农业示范园共同举办了陕西省首届多肉植物展览会。展会展出景天科、番杏科、仙人掌科等10个科、200多个品种的多肉植物，来自上海、济南、厦门及陕西本地的多肉植物专家参加了本次展会。

（2）第二届中国西部花店品牌高峰论坛。2014年4月11～12日，以“创新花店经营新理念、引领花艺设计新风格”为主题的第二届中国西部花店品牌高峰论坛在西安举行。来自北京、上海、安徽、甘肃、宁夏以及陕西等地的花艺大师分别从花店的风格、色调、空间分割、橱窗、经营、管理的维度和深度等方面进行了深入的探讨和交流，详尽剖析了花店的经营管理、店面陈列、花艺水平、售后服务等方面的把控和创新，并现场进行了精彩的花艺表演和美轮美奂的人体花艺秀。

（3）第二届一品长安花卉博览会。2014年4月26日至5月5日，西安举办了第二届一品长安花卉博览会。本次博览会由陕西省花卉协会、西安市花卉协会、长安区花卉协会主办，西安汇鑫集团·西安文华实业有限公司承办。展会共推出10万多盆庭院绿化观赏花卉、家庭绿植以及园艺资材等新优产品，吸引省内外200多家花卉企业、设计单位、花卉营销人员前来布展交流，游客达10多万人次。

（4）第四届中国金丝峡秦岭兰花节。2014年4月19日在商南县金丝峡景区秦岭蕙兰保护基地举办了第四届中国金丝峡秦岭兰花节。兰花节展出了来自全国各地的牡丹瓣、菊花瓣、梅瓣、荷瓣、树型花、蝶形、奇异类等10多种1000多盆珍贵名兰，吸引了四川、河南、湖北、广西、福建等地的商家和爱好者赏兰、鉴兰、购兰。

（5）汉中市首届郁金香节。2014年3月28日至5月1日在汉中市汉台区龙江镇虹越花卉基地举办主题为“花卉美化世界，园艺改变生活”的首届郁金香节。5000余株郁金香和200万株各色花卉同时绽放，吸引了大批游客前往观赏。

（6）首届中国新锐力量花艺设计大赛西北赛区选拔赛。2014年9月18～22日，在西安市儿童公园成功举办了首届中国新锐力量花艺设计大赛西北赛区（西安站）选拔赛，来自北京、上海、海南、郑州等地的300多人参赛。

四、主要问题

1. 行业管理缺位

陕西省至今没有一家能统一协调、宏观管理花卉产业的机构，农业、林业部门都有花卉业务管理职能，但都没有例行职能作用，有关花卉产业的规划、产业布局、用地与市场建设难以落实，各级花卉协会以微薄之力在推动行业发展中发挥着极小的作用。

2. 扶持政策缺乏

陕西省没有稳定的花卉苗木产业发展扶持项目，有关花卉产业的优惠政策、科研开发、技术培训等配套优惠政策机制尚是空白。即使有项目，也是临时性争取的政策。

3. 社会化服务体系不健全

陕西省花卉产品是自主开发产品，花卉产业自由发展，受市场的影响较大。花卉技术推广没有专业机构，花卉投资融资没有良好环境，花卉风险防控没有保险制度，花卉市场基地没有长远规划，花卉社会化服务体系不健全，难以应对复杂的市场变化。

五、2015年发展思路与重点

1. 发展思路

树立“强管理、提质量、增效益”的发展理念，以发展现代花卉业为主题，以加快转变花卉产业发展方式、提升花卉产业质量效益为主线，以实现兴花富民为目标，以市场需求为导向，加强政府宏观引导，坚持依靠科技进步，优化产业结构，做强花卉种植业，发展花卉加工业，培育花卉服务业，着力构建花卉产业体系，为建设美丽陕西做出新贡献。

2. 发展重点

一是贯彻落实《全国花卉产业发展规划（2011—2020年）》，构建花卉生产经营体系，健全社会化服务体系，重点抓好花卉新品种、新技术研究和推广，重点建设陕西省花卉信息平台和花文化示范基地，调整种植计划，使产业结构更趋合理。

二是科学制定《陕西省花卉产业“十三五”发展规划》。按照现代农业发展规划要求，从基地建设、生产模式、市场运营等方面研究规划方案，听取业界人士意见，集思广益，组织编辑和完善规划，为省政府将花卉产业列入规划提供依据，为业务主管部门决策花卉项目提出指导意见。

三是加快转变花卉产业发展方式。数量、质量、效益并重，注重技术创新，注重可持续集约发展，走资源节约、环境友好、产出高效的路子。争取花卉产业政策，创设花卉支持项目，强化金融服务。完善培训制度，建立花卉专家团队。

四是培育花卉产业新增长点。促进花旅产业深度融合，促进花卉产品深度加工，拓展花卉油用、食用和药用等消费增长点。改造传统花卉产业，推动互联网花卉业态。

五是推进各种花卉节庆活动，挖掘消费潜力，普及花卉知识，促进花卉消费，让花卉走进千家万户。

执笔：郭志诚、张建民、牛虹（陕西省花卉协会）

第50章 甘肃省花卉产业发展报告

一、综述

1. 基本情况

2014年，甘肃省花卉产业紧紧围绕“组织、协调、指导、服务”的工作方针，以市场需求为导向，以科技创新为动力，以提高质量为核心，以农民增收为目标，以培育龙头企业为突破，稳步发展。截至12月底，甘肃省花卉种植面积2.49万公顷，其中鲜切花1.8公顷，盆栽植物类5.91公顷，绿化类花卉苗木0.42万公顷，其他花卉1.40万公顷，花卉企业1400多家，各类专业花卉市场85个，从业人员达3.7万人（表50-1）。

表50-1　2013—2014年甘肃省花卉产业基本情况

年份	生产面积（万公顷）	销售额（亿元）	从业人员（万人）	其中：专业人员（人）	企业（家）	其中：大中型企业（家）	市场（个）
2013	2.09	9.50	2.7	1524	233	101	85
2014	2.49	10.50	3.7	1780	1400	150	85

注：大中型企业是指种植面积3公顷以上或年营业额500万元以上的企业。

2. 产业布局

根据甘肃气候、土壤条件、资源优势以及花卉产业现状，规划建设五大花卉生产核心区。分别是：以天水为中心的高档盆栽花卉、花坛花卉、种苗业生产基地，以陇南、天水为主的观赏苗木生产基地，以兰州、临夏、临洮为主的优质牡丹(芍药)、百合生产基地，以兰州、定西、陇南为主的优质鲜切花生产基地，以兰州、张掖、武威为主的球根花卉种球生产基地。

3. 产业政策

甘肃省制定花卉产业发展条例，依条例确立花卉产业在甘肃省农村经济发展中的地位，明确各级政府、各部门在花卉产业发展中的职能、作用和分工协作关系。明确发展规划制定、科研与开发、政策引导与扶持、新品种保护、花卉生产与质量管理等负责单位及工作要求，确保花卉产业协调、高效、健康发展。

制定花卉产业税收减免、土地利用、工商注册等组合优惠政策，引导社会资金投向，促进花卉产业良性发展。对花卉生产主体在土地利用、水电配套、资金等方面给予优惠。加快花卉质量标准的制定步伐，不断提高花卉产品质量。

二、特点和亮点

1. 花卉生产基地建设项目

（1）花卉种苗繁育基地建设。在兰州、张掖、定西、天水、庆阳等地建立仙客来、三色堇、菊花、牡丹、百合、玫瑰、啤酒花、月季、矮牵牛等种球、种苗及食用、药用花卉基地，重点建设组培室、自动化温室、冷藏库等。

（2）名优特色花卉生产基地建设。高标准建设和平牡丹、甘谷月季、临洮大丽花、李氏菊花、苦水牡丹等甘肃名优花卉生产基地，主要建设自动化温室、普通温室、灌溉管网等，使甘肃名优花卉生产商品化、产业化，树立品牌意识，创建甘肃“陇花”品牌。

2. 种质资源保护项目

（1）花卉种质资源库（圃）建设。在甘肃省原有种质资源库（圃）的基础上，新建和改造甘肃中川大丽花种质资源库、和平牡丹园（榆中县和平镇）、山丹县十里堡林场花卉种质资源库、卓尼县特色花卉种质资源圃、迭部珍贵花卉种质资源圃（迭部县河日滩）、舟曲县雅兰花卉种质资源圃，进行种质资源的收集、保存和引进，为品种繁育提供亲本、完善种质资源信息，对种质资源的观赏特性和经济性状进行研究等。

（2）野生花卉引种、驯化基地建设。在永登县中川镇、榆中县、天水小陇山、庆阳子午岭、临夏太子山、定西临洮县、景泰县、肃南县、甘南藏族自治州等市（县、州）改造和新建四川牡丹、杜鹃、赤芍、山梅花等野生花卉引种驯化基地，系统收集、整理野生花卉物种，并进行野生花卉驯化，有步骤地开展杂交选育和繁育，筛选和培育出适应市场的花卉品种。

三、主要成绩和经验

1. 政府重视

甘肃省坚持把花卉产业作为林业六大产业中重要的特色产业来抓，坚持抓基地、抓技术、抓市场、抓服务，使甘肃省花卉面积、产值稳步提高。甘肃省林业厅和甘肃省花卉协会高度重视花卉产业的健康发展，各花卉主产区也都结合当地实际，制定了适合本区域花卉发展的规划和措施。

2. 规范档案管理

根据甘肃省民政厅要求，甘肃省花卉协会参加了甘肃省省属社会组织评估，并获得了3A等级。甘肃省花卉协会进一步完善了协会规章制度，规范了档案管理等工作，为甘肃省花卉协会今后的发展及更好地开展服务打下了坚实基础。

3. 积极组织参加2014青岛世界园艺博览会

在2014青岛世界园艺博览会上，甘肃省室外展园“始祖园”以其独特的设计理念和深厚的文化内涵，受到了专家学者和广大游客的一致好评，被评为“2014青岛世园会室外展园竞赛金奖”。

4. **加大花卉从业人员技能培训力度**

针对花卉生产及销售中存在的问题，花卉主管部门邀请专家深入到临洮县美兰花卉公司、紫斑牡丹研究繁育中心等公司进行实地考察，就存在的问题进行现场解答。同时召开培训座谈会议14次，举办了3期花卉专题讲座，培训花卉种植技术人员、农校师生共232人。组织科技人员下乡举办花卉种植、病虫害防治、管理技术培训班共计15次，送科技下乡，培训人员850人次。通过各种试验研究和技术培训活动，促进了花卉产品质量的进一步提高，也使更多的人才投身到花卉产业发展中来。

四、主要问题

1. **科技支撑不足**

甘肃省花卉科技研发能力与生产大省地位不相匹配，主要表现为：育种能力不强，自有知识产权花卉品种相对匮乏，知识产权保护意识相对薄弱，难以参与高端产品市场竞争；野生花卉资源的保护和可持续开发利用不够，存在生态破坏和资源浪费现象；品种及生产关键技术省外依赖程度高，一些符合地方花卉品种发展需要的专有技术研发能力严重缺乏，如牡丹花期延长、鲜切花储运、催花牡丹小型化、基质轻型化等技术问题长期得不到解决，影响市场销售；专用肥药、机具、设施设备等相关产品的开发滞后，生产过程中遇到的实际问题难以得到快速和妥善处理，影响花卉质量。

2. **产业结构不合理**

近年来，甘肃花卉生产总体规模迅速扩大，但是生产水平低，产品结构不合理，季节性、结构性过剩和短缺并存，难以形成规模效益。其主要原因为：一是种植结构不尽合理，附加值较低的绿化苗木种植面积比例偏高，高附加值的鲜切花、盆花等栽培数量少，周年供应能力差。鲜切花是高投入、高产出的产品，据调查，温棚种植鲜切花的亩均收入是温棚种植蔬菜亩均纯收入的2倍，甘肃温棚建设成本高，冬季还要增温，致使亩均纯收入降低。二是低端产品多，如绿化苗木小苗多、积压严重，市场需求量大、附加值高的大规格苗木短缺；牡丹（芍药）、菊花等重在花艺，作为公园观赏的多，作为高档切花、盆花销售的少，规模优势、品牌优势没有转化为经济优势。

3. **宏观调控乏力**

目前，甘肃省花卉产业多渠道、多部门管理，条块分割，管理体制混乱，部门间协调不畅，严重制约了花卉产业的快速发展。大多数县没有专门的花卉管理和指导部门，造成管理职责不清晰、权限不明确、协调不得力，无法适应目前花卉产业发展的需要。此外，甘肃省内标准化生产质量技术规范尚未统一，质量检测标准尚未建立，一定程度上制约了花卉产业发展。

4. 生产组织化程度低

从总体看，一家一户的作坊式生产仍占绝对比重，经营品种“小而全”、“大而全”，单一品种规模化、专业化、标准化不够，难以对市场形成影响力和产品定价权；分散经营模式还造成资金密集型花卉产业投资能力不强，基础设施较差，生产手段落后，保护地栽培面积（设施园艺）偏少，花卉生产经营户生产的组织化程度较低，龙头企业带动能力有限，容易各自为政、压级压价，造成市场秩序混乱，一定程度上影响了行业良性发展。

5. 流通体系不健全

甘肃省内花卉市场布局不尽合理，且发展不均衡，某些地区花卉市场密度过大，导致有场无市、供大于求，甚至恶性竞争，而有些花卉主产区和重要集散地的市场密度小，且相对不足。现有的花卉市场发育尚不成熟，市场交易方式落后，交易规模小。绝大部分花卉市场仍徘徊在以零售、批发和摊位租赁为主要内容的初级市场阶段。花卉市场集散功能、市场信息功能以及管理调控和平抑价格功能得不到充分发挥，统一的市场交易规则也有待形成。花卉物流系统缺乏整体性的流程优化，中间环节较多，物流运作流程烦琐、位置分散、时间较长。花卉专业运输所需的冷链极不完善，影响了鲜切花上市的质量。

执笔：程立欣（甘肃省花卉协会）

第51章 青海省花卉产业发展报告

2014年，青海省在加速建设生态文明和创建生态文明先行区的背景下，全省花卉产业结构不断调整，花卉生产面积逐年加大，特别是龙头企业各具特色，专业化规模化经营水平、生产管理水平、科技含量也在不断提高。

一、综述

2014年，青海省花卉种植面积743公顷，较2013年增长48.30%，销售额3.00亿元；花卉企业70余家，其中国有14家、集体54家，其余为公司和个体经营（表51-1）。保护地栽植面积200万平方米，其中加温温室4.5万平方米，日光温室25.35万平方米，大棚15.65万平方米，遮阴棚150.4万平方米；从事花卉生产的花农1466户。花卉种植品种600多种，年产各类花卉4000余万株（枝、粒、盆），年销售额约3.00亿元。花卉种植业产值6160万元，其中，100亩以上种植场有22家。全省设有1个专业花卉市场，5处花卉营销点和集散地。拥有各类苗木花卉经营销售部门、服务公司250余个，西宁、海东地区花店195个。花卉销售以内销为主，年销售量约占销售总量的75%，外销主要是鲜切花，绿化苗木销售主要是立足本省，辐射周边省（区、市）。

表51-1 2013—2014年青海省花卉产业基本情况

年份	生产面积（公顷）	销售额（亿元）	从业人员（万人）	其中：专业人员（人）	企业（家）	其：中大中型企业（家）	市场（个）	花店（个）
2013	501	3.40	0.38	387	70	40	5	200
2014	743	3.00	0.50	400	70	40	6	250

注：大中型企业是指种植面积3公顷以上或年营业额500万元以上的企业。

二、主要特点

1. 积极开展花事活动，促进产业发展

自2002年以来，青海省连续举办了多届“中国·青海郁金香节”，吸引了大批国内外各界人士前来洽谈花卉营销等各种业务、投资经商办厂、观光旅游等。2014年，门源举办第十五届油菜花文化旅游节，61万亩油菜花竞相开放，此次油菜花节共吸引游客169.70万人次，比2013年增长27.4%，创旅游产值达3.00亿～4.00亿元。

2014年4月，在第八届青海·贵德黄河文化旅游节活动中，贵德县以梨花为媒，首次采用“文化搭台，企业来唱戏”的理念举办梨花节，采用政

府协调服务、企业举办的方式，让社会资源得到合理配置和整合。

此外，青海还积极参加全国各地举办的花事活动。青海省花卉协会组织多名选手参加了2014青岛世界园艺博览会国际竞赛（室内）插花花艺竞赛，获“优秀奖”。参加2014年10月25日至11月2日在江苏省如皋市举办的首届“中国杯”盆景大赛。

为加快花卉行业信息化建设步伐，适应青海省花卉行业信息发展和管理的需要，2014年7月参加了中国花卉协会在山东青州举办的全国花卉行业信息化管理高级培训班，以加强青海省花卉业信息化管理工作。积极参加中国花卉协会在常州市武进区举办的第九届中国花卉产业论坛。通过参加这些活动，开阔了眼界，交流了经验，拓宽了思路。

2. 加强科研力度，不断开发新产品

青海不断加强科技研发力度，开发新产品。青海大学万寿菊品种选育取得成果；民和县培育出了倒挂金钟新品种；化隆试种杭白菊300亩；进行互助草花制种、育种，如万寿菊的育种；开展高档菊花的加工工艺和病虫害防治技术研究；在互助县建立康乃馨种苗基地；进行适宜青海的球根花卉制种；在青海东部浅山地引进了湖南、湖北、江西、江苏的陇葛百合；在贵德县黄河少女庄园种植了600亩薰衣草。

西宁市积极开展“湿地观赏植物引种、开发及人工群落示范”及“水生植物在西宁地区的推广应用”等课题的研究工作，引进鸢尾、睡莲、荷花、再力花、梭鱼草、花叶芦竹、水葱、香蒲等水生植物15个品种15800株进行试验研究。

3. 适应市场，转变观念，不断开拓市场

随着形势发展，单位大订单减少，花卉销售企业开始探索市场转型，将主要服务对象定位为普通百姓，树立“市场第一、产品第二”的观念，主动转型。因此，在花卉消费低迷的情况下，价格较低的小盆栽、创意新颖的组合盆栽等逆势上扬，市民成为购花的主力，花卉消费从节庆消费转为日常消费，从团体消费向家庭消费转变，节俭办会的新风成为传统花卉转型的催化剂。未来家庭消费是花卉市场竞争的重点。特别是近年来青海越来越重视生态建设，绿化建设不断加大，人们审美需求不断提高，政府也加大投入，养花莳草成为人们的乐趣，买花、插花成为一种潮流，个人对花卉的需求量越来越大，盆景、观花、观叶、鲜切花等颇受青睐。为满足人们对美的需求，行业今后将回归服务大众的理性发展轨道。

对于花卉生产企业来说，一方面，随着人们生活水平的提高，消费市场需求日益增长；另一方面，因拆迁占地，生产企业被迫转产，花卉产量下滑。而在生态建设的理念下，住宅、小区、厂房等庭院美化和绿化的需求迅猛提升，花灌木、庭院花卉需求量大增，这为花卉企业转产提供了机遇。很多企业从依靠政府逐渐走向市场，形成了良性循环。

4. **加强信息发布和信息交流**

（1）积极开展对外交流，调整思路，从思想上摈弃安享等待思想。

（2）开通青海花木网，宣传和交流花卉业发展经验，发布供需信息，用电子商务平台为花卉企业服务。

（3）组织专家服务基层，解决基层存在的主要问题。

（4）召开座谈会，宣传介绍企业，交流经验，提出问题、解决问题，创新思路，从定位、管理、品质、合作下功夫。

（5）加强联合和合作，达成共识，共同应对市场。

三、主要问题

青海每年花卉的需求在不断增加，但市场上80%的鲜切花都来自昆明等外省（区、市）。估计青海年需要鲜切花近1亿枝，但本地生产的只有2000万枝，本地传统花卉如荷包牡丹、唐菖蒲、沙枣、芍药、牡丹、菊花等产量都不大，供需严重失衡。尤其青海生产的唐菖蒲品质好，2008年青海捐赠的唐菖蒲被用作奥运会用花，但缺乏规模，市场对接的能力也较弱。

土地资源不足也阻挠了花卉产业的发展。很多花卉生产基地和集散地因征地被迫搬迁，设施也不得不废弃，在土地规划中也没有其发展的土地。

四、几点体会

（1）通过信息平台发布，依靠电子平台发展电商，更快适应市场经济发展，是今后企业发展的方向。

（2）发展高原特色花卉，建立特色花卉基地。如培育唐菖蒲、倒挂金钟、郁金香等特色花卉，建立花卉科学研究中心，开发高原特色花卉。

（3）开展青海省野生植物资源和野生花卉种质资源的保护利用工作。据调查，青海省野生木本观赏植物有400多种。今后要充分利用野生花卉资源，进行引种、驯化研究，保护和开发利用高原珍稀野生花卉，建立高原特色的花卉种质资源库，这对青海花卉产业长足发展具有重要意义。

（4）大力发展青海高原特色的现代花卉业，要结合实际，围绕市场需求，发展产销对路的品种。青海省地处高原，独特的气候条件特别适宜发展冷凉条件下的球根花卉。今后要发挥冷凉气候和花卉生产反季节的优势，调整花卉产业结构，以发展球根花卉种球繁育和鲜切花为重点，加大青海特色花卉的培育力度，形成具有高原特色的花卉生产体系，增加农民收入。

（5）积极开展高原优势花卉生产方面的技术研究，扩大技术交流与合作，重点研究繁育栽培技术、贮运技术、脱毒技术等，提供具有适用性、操作性强的成果，提升花卉业的科技水平。

执笔：王谦、李文（青海省花卉协会）

第52章 宁夏回族自治区花卉产业发展报告

一、综述

截至2014年，宁夏花卉（含观赏苗木）种植面积达7500公顷，销售额约5.13亿元，主要布局在银川、石嘴山、吴忠、固原、中卫等城郊，其中银川市兴庆区与固原市隆德县分布比较集中，发展较快。2014年鲜切花、盆花和花坛花卉栽培面积初步统计达到384.2公顷，鲜切花产量近8899.02万枝，盆花1413.9万盆，年销售额8145.9万元，主要品种有香石竹、百合、菊花、红掌、玫瑰、蝴蝶兰、一品红、君子兰、凤梨、球根海棠、天竺葵，以及大花蕙兰、鸢尾、景天、矮牵牛等宿根花卉和草本花卉。观赏苗木向区域化、规模化和品种化发展。2014年宁夏花卉种植面积达7563.05公顷，年销售额超过5.1亿元。宁夏共有大中型花卉企业34家，花卉从业人员近6000人，其中专业人员95人（表52-1）。

表52-1　2013—2014年宁夏回族自治区花卉产业基本情况

年份	生产面积（公顷）	销售额（万元）	从业人员（人）	其中：专业人员（人）	企业（家）	其中：大中型企业（家）	市场（个）
2013	5500	29757.4	16796	228	128	44	9
2014	7563.05	51262.5	5988	95	118	34	5

注：大中型企业是指种植面积3公顷以上或年营业额500万元以上的企业。

二、特点和亮点

1. 加大资金投入力度，推进产业集聚升级

2014年，宁夏回族自治区政府集中财政、林业、农业综合开发和扶贫、科技资金对花卉苗木基地进行扶持补助，对新建温棚每栋补助1000元。兴庆区2014年坚持“园区带动”战略，结合设施农业发展计划，安排550万元专项资金用于当年设施花卉发展。此外，兴庆区“设施效益倍增计划”争取到自治区及银川市资金892.3万元用于设施花卉的发展；隆德县2014年投入150万元用于扶持本县花卉产业的发展并争取农业和科技项目资金275万元。

2. 发挥示范引领作用，强化龙头企业带动

隆德县全力打造花卉新品种、新技术的引进、试验与示范基地，将沙塘良种场现代农业示范园区打造为全县花卉标准化生产展示的“试验田”和“示范窗口”；重点对高山杜鹃产业园进行了全面设计建设和完善，3500平方米以

高山杜鹃为主题的“花卉园”基本建成。兴庆区高度重视龙头企业的示范带动作用，通过优惠政策和资金扶持，引进培育了一批设施花卉龙头企业入驻各园区，采取“公司+基地+农户”的经营模式，开展技术示范、花卉种苗供应和信息咨询，并与农户签订技术服务和花卉产品收购销售协议，带动设施花卉产业发展。

3. 加强技术服务，努力发挥花卉产业技术支撑体系作用

宁夏花卉产业专家服务团自成立以来，每年与相关科研单位及花卉企业联合协作，研究推广鲜切花品种引进、组织培养、规范化栽培、病虫害防治等方面的高新技术，制定相关鲜切花标准化栽培技术规程，为花卉科技示范基地做好技术指导与服务。隆德县与中国科学院寒区旱区环境与工程研究所和宁夏回族自治区农业综合开发办公室等单位联合组建的“西北百合产业发展联盟”，坚持对百合种球繁育和规范化栽培技术进行研究开发，中国科学院寒区旱区环境与工程研究所郭志鸿博士常年致力于隆德县百合脱毒种球生产的研究和指导。2014年隆德县邀请中国科学院及西北5省（区）科研院所、知名企业的20多位专家学者举办了百合产业发展专家研讨会，并召开西北百合产业发展联盟第二届理事会会议。兴庆区采取强化农业科技承包与创新的方式，构建以农技推广人员为主、社会力量共同参与的设施农业科技支撑体系。

4. 突出地域特色，促进鲜切花生产进一步规范

宁夏本地生产的康乃馨、百合和菊花以其干物质积累多、花头大、瓶插寿命长和反季节供应而受到市场的青睐，除满足本地市场供应外，还远销北京、内蒙古、新疆等地和日本、韩国等国外市场。为了充分利用好宁夏的这一资源优势，培育特色品牌，宁夏近年来加大对优势生产区的建设及主栽品种的研发。经过几年的试验研究，根据宁夏日照充足、昼夜温差大、夏季凉爽的气候特点，确定了以康乃馨、百合、菊花为主栽品种的生产经营方向，实施重点突破，2014年宁夏鲜切花生产达到近9000万枝。

三、主要问题

1. 产业结构不尽合理，尚未形成规模效益

一是在鲜切花和盆花生产中，由于受地理、气候和栽培技术的制约，在主打品种的选择上尚处于探索阶段，除康乃馨外，其他品种尚未形成有品牌、有规模、有竞争力的产品；二是生产成本高，比较效益下降，影响到花农的生产积极性和生产规模的扩大；三是在观赏苗木生产中，存在着小苗多、大苗少，裸根苗多、容器苗少，常规苗木多、新品种少的结构性问题。

2. 科技创新能力弱，持续发展后劲不足

一是尚未建立起花卉种苗（种球）生产体系，主要花卉品种的种苗还依赖从省外和国外调入。二是花卉技术推广体系不健全，专业技术人员缺乏，激励机制不活，在温室调控、无土栽培、平衡施肥、鲜花周年生产及病虫害防治等方面新技术推广力度不够，导致生产粗放，效益较低。

3. 营销体系不健全，市场发育滞后

由于缺少鲜切花批发交易市场，存在着市场调剂能力弱、销售价格不统一和无序竞争的问题。对销售龙头企业的培育和扶持力度不够，信息网络建设不完善，流通渠道不够畅通。

四、2015年花卉产业发展重点

1. 突出特色，优化布局

依托现有资源和传统产区优势，进一步突出特色，确定主栽品种，重点建设优势生产区。鲜切花生产以康乃馨、百合、菊花为主要品种，重点扶持发展兴庆区优质康乃馨生产基地、隆德县优质百合生产基地和陶乐生态移民区菊花生产基地。观赏苗木生产重点发展六盘山特色花灌木生产基地和银川市绿化苗木及花坛花卉生产基地。

2. 鼓励扶持科研院校与企业联合

在花卉种苗繁育、规范化种植等重点领域进行研发创新，力争在百合种球繁育、康乃馨组培苗快繁和轻基质容器苗研发生产等方面有突破。推广科技人员承包责任制，通过建设科技示范园区、科技示范户和加大培训力度，推动新品种、新技术的普及应用，提升花卉产业科技水平。

3. 强化流通体系建设

一是重点扶持发展2～3个花卉苗木流通领域龙头企业，引领花卉企业和农户开拓市场；二是在花卉主产市、县筹备新建1～2处花卉苗木交易市场，组织建设信息网络平台，畅通花木交易信息渠道；三是加快经纪人队伍建设，引导和培训市场意识强、经营管理水平高的农村能人参与流通；四是通过举办宁夏第六届园博会和组织参加全国性花事活动，加强对外交流，扩展市场空间。

执笔：丁婕（宁夏葡萄花卉产业发展局）

第53章　新疆维吾尔自治区花卉产业发展报告

一、综述

新疆花卉产业呈现鲜切花、盆栽植物、观赏苗木、草坪、食用、药用和工业用花卉等多品种共同发展态势。截至2014年底，全区花卉总面积约13333公顷，总产值约10亿元。花卉市场70个左右，花卉企业约1950家，从业人员约49000人，保护地（日光温室、大棚）栽培面积约220万平方米。

花卉生产分布主要有：以乌鲁木齐、昌吉、石河子、库尔勒、伊宁、喀什等大中城市为主的鲜切花类、盆栽植物类和观赏苗木等生产区域；以伊犁州直、塔城地区、克州、喀什地区、博州等延边地区为主的面向中亚、俄罗斯的出口花卉生产区域；以和田地区的玫瑰花、喀什地区的万寿菊、伊犁州直的薰衣草、塔城地区和博州的红花等为主的食用、药用和工业用花卉生产区域。这些生产区域的形成，为调整当地产业结构，带动当地农民增收致富，产生了积极促进作用。

二、主要成绩与经验

1. 顺利完成盆花脱土长途运输实验

为了推动我国花卉出口，实施花卉市场多元化战略，努力扩大新疆与中亚国家的花卉经贸合作，2014年联合新疆农业大学共同组织开展盆栽花卉脱土长途运输实验工作，目前实验各阶段工作已顺利完成。

2. 开展调研，指导花卉生产

油用牡丹是一种新兴的木本油料作物，它具备观赏和食用性，近年来在我国部分省份种植面积增长很快，经过调查了解，新疆许多地方是可以种植的，很多花卉生产企业及农民合作社也对此非常感兴趣，纷纷想投资种植。为做好油用牡丹的新品种引进工作，2014年组织了相关花卉企业赴甘肃省兰州市中川油用牡丹基地调研了油用牡丹的生产栽培情况。目前，新疆一些花卉企业已初步少量引进了个别品种的油用牡丹种苗，正在做适应性栽植。

调研昭苏县球根花卉的生产繁育情况，制定合理的发展规划，进一步提升昭苏县的球根花卉生产繁育水平。

三、主要问题

1. 缺乏长期发展规划

新疆花卉产业没有出台长期的发展规划，严重制约了新疆花卉产业的健康发展。

2. 产业化水平低

新疆花卉处于起步阶段，产业化水平较低，生产难以形成规模效应。花卉品种比较单一，花卉的生产面积和产值、花卉市场的数量和规模与内地发达省（区、市）相比还有很大差距。

3. 花卉科技水平低

科技人才、技术、资金投入不足，缺乏有力的科技支撑体系，缺乏具有自主知识产权和市场竞争力的花卉新品种及相应的配套技术，科技培训及推广体系尚未形成。

4. 市场营销体系不健全

市场发育不充分，花卉市场价格起落幅度大，淡季花卉滞销，旺季供不应求。缺乏品牌意识和创新意识，花卉经营者由于盲目跟风，没有自己独具特色的拳头产品和先进的经销模式，产品竞争能力差，加上交通运输条件的制约，要实现出口导向，走向世界，抢占国际市场，任重道远。

5. 花卉出口环节不完善

新疆地域辽阔，边境线长达5600余千米，是中国陆地边境线最长、毗邻国家最多、对外开放口岸最多的省（区、市），共有一类口岸17个，二类口岸12个，扩大花卉产品的出口是新疆今后发展花卉产业的一项重点。在花卉出口过程中，检验检疫、通关和快速集散等各项服务，以及包装、冷储、运输、配送等物流设施建设等环节都存在许多问题亟须解决，以实现花卉产品在尽可能短的时间内出口，确保鲜花产品的最佳品质。

四、发展思路与重点

1. 引种油用牡丹

为提升新疆油用牡丹的科研水平，推动油用牡丹在新疆的规模化种植，计划在2014年调研工作的基础上，2015年从甘肃、宁夏、陕西、河南等省（区、市）引进新品种油用牡丹110种，从中筛选出适合新疆生长的油用牡丹品种。

2. 引进花卉新品种、新技术

品种和质量是提高花卉业竞争力的关键。要做好花卉优良品种的选育和引进试验，通过合作、交流等方式，引进新品种、新技术，建立良种繁育基地，提高良种普及率。

3. 开展区内花卉产业调研

赴疆内各地州进行考察调研，考察了解各地州花卉的种植和加工生产情况，为新疆制定花卉产业政策提供依据。

4. 宣传花卉文化，引导花卉消费

积极通过报纸等大众宣传媒体宣传自治区花卉产业发展的新成绩、好做法，宣传花卉新技术、新品种、新知识。

执笔：马军、孙永民（新疆维吾尔自治区花卉协会）

第四篇 典型篇

第54章 福建省漳州市漳浦县花卉产业发展报告

一、综述

1. 花卉产销情况

截至2014年12月底，福建省漳浦县花卉种植面积7143公顷，种植面积在500公顷以上的乡镇5个，花卉品种2000多种，形成榕树盆景、观赏苗木、蝴蝶兰、仙人掌与多肉植物类、棕榈科植物、花坛地被植物、大树桩盆景七大类特色产品。人参榕、蝴蝶兰、多肉植物等100多个种类畅销韩国、荷兰、法国、美国及中东等20多个国家和地区。漳浦县花卉总产值约29亿元，年销售额7.9亿元，年出口创汇3400万美元，出口量连续多年位居福建省首位，是福建省及全国重要的花卉生产集散地。一年一届的海峡两岸花卉博览会、农博会，有力地促进了漳浦与国内外花卉业界的交流，提高了漳浦花卉产业的知名度，对漳浦花卉产业的发展起了积极的推动作用。

2. 花卉企业的发展情况

截至2014年底，漳浦县拥有正式工商注册的花卉企业523家，其中个体工商户222家，农民专业合作社110家，具有绿化资质的企业2家，省级龙头企业5家。漳浦县花卉企业集中分布在沿国道324线的“百里花卉走廊”，种植面积在100公顷以上的有4家，种植面积在10公顷以上的花卉大户100多户，年销售额100万元以上的300多家。漳浦县花卉企业在全国创办的花卉基地、销售网点、经营店、分公司有20多家，并形成一支1000多人的营销大军。福建海峡生物科技有限公司、福建扬基生物股份有限公司、漳州宏盛园艺股份有限公司、漳州钜宝生物科技有限公司、福建永耕农业开发有限公司等一批龙头企业发展迅速，在品种引进、科技推广、市场营销等方面为漳浦花卉产业的发展起到了带动示范作用。

3. 特色花卉产品及发展现状

（1）榕树盆景是漳浦县花卉产业发展的主力军，以“榕树盆景之乡”沙西镇为中心，近几年种植面积始终保持在1200公顷左右，年产值3.4亿元，年销售额达2.0亿元，出口额1600万美元。漳浦县的榕树产业先是以人参榕盆景为主，现在渐渐发展为人参榕、气根榕、树桩景观榕三种类型同时发展，造型、品种也较以前更多样化，从几十克重的小盆栽到几吨、几米高的景观榕也纷纷漂洋过海出口到世界各地。沙西已经成为福建省最大的榕树集散大市场，漳浦县其他乡镇、漳州龙文区、泉州南安等外地的榕树也不断涌入沙西。2014年榕树盆景价格相对比较稳定，销量略为上升，整体销售额稳中略升。

（2）景观绿化苗木快速发展，群众种植热情高涨。漳浦县现有苗木种植面积5200公顷，总产值近17亿元，年销售额2.2亿元。近几年来，漳浦县花卉面积扩展最快的就是景观绿化苗木，主要栽培品种有100多个，单个品种种植面积超过5000亩的有5个以上，形成了苗木产业种植面积大、苗木品质参差不齐、销售难度大、利润低、竞争能力差的局面。

（3）蝴蝶兰。漳浦县现有标准温室42万平方米，年产蝴蝶兰种苗3000万株，成品花60万株，产值超1.8亿元，年销售额达0.8亿元。自2012年以来兰花产业进入“严冬期”，国内成品花订单全线下滑，政府采购力削减，国外订单也相应减少，单价下降，竞争加剧，企业利润缩小。漳浦县企业应对的方法主要是生产转型。种苗生产方面加强新优品种的研发推广，成品花探索以不同花色系组合盆栽的方式进入市场。

（4）华棕、海枣等棕榈科植物受花农热捧。漳浦县棕榈科植物种植面积达450公顷，产值3亿元，年销售额0.6亿元以上。棕榈科植物的发展目前最大的困扰是病虫害防治，红棕象甲、椰心叶甲等蛀干类害虫是“不治之症”。根腐病、心腐病的传播性和蔓延性也很强。针对这些病虫害应以防治为主，但现在随着苗木价格下降，花农防治管护的积极性更低，造成病虫害加速传播蔓延，棕榈科植物产业前途暗淡。

（5）花坛地被植物成本低、收成周期短，是真正的“短平快”项目。漳浦县现有花坛地被植物种植面积450公顷，每年可以出售1～3季，亩产值平均在4万～5万元，总产值3.6亿元，年销售额1.3亿元。

（6）大树桩盆景一枝独秀，具有高投入、高产出、占地少的特点。漳浦县种植面积300公顷，产值6亿元，年销售额1亿元。

（7）仙人球与多肉植物类种植面积不断缩减。漳浦县现有种植面积10公顷，产值1500万元，销售额1000万元。

（8）药用花卉是漳浦县近两年的“新明星”，由福建扬基生物股份有限公司示范带动起来的铁皮石斛、金线莲、牛樟、金花茶等药用花卉，现有种植面积达到400公顷左右，产值3000万元，年销售额600万元。越来越多的企业陆续加入药用花卉的种植行列中，特别是“仿野生种植”的林下经济模式受到农户们的青睐。

二、工作措施及取得的成效

近几年，漳浦县花卉能够快速发展的关键在于：抢得先机，多管齐下；自查问题，不断完善；抓住机遇，创新优势。花卉企业和花农在市场经济条件下，坚持科学发展观，以市场为导向，以科技为动力，以质量为根本，充分利用现有条件，不断完善设施建设，努力开拓国内外花卉市场，走产业化发展的道路。总结起来主要有以下几点：

1. 创建漳浦出口榕树质量安全示范区

2013年，为进一步提升漳浦县出口农产品质量安全水平，促进农产品出口和花卉产业转型升级，漳浦县政府与漳州检验检疫局签订了合作备忘录，进一步推进出口榕树示范区建设。示范区在2013年8月通过省级评定验收，并推荐上报国家级。2014年，漳浦出口榕树质量安全示范区建设通过建立“政府主导、部门联动、企业主体、市场运作、各方参与、全民受益”的工作机制，树立品牌，实现产品质量提升和产业升级，示范区的建设成效已汇报至国家质量监督检验检疫总局，并于2015年9月底进行考核评定。

2. 项目带动

大力实施省级现代农业（花卉）生产发展资金项目和福建省农民创业园花卉苗木示范基地项目，创建漳浦农民花卉苗木创业园，着力提升花卉生产水平，做大做强漳浦花卉经济。2014年漳浦县新增花卉生产温室4万平方米、花卉生产大棚50公顷、花卉生产示范基地15公顷，漳浦县花卉生产面积突破7000公顷，成为全省花卉种植面积第一大县。

3. 龙头带动

依托漳龙集团，整合福建闽荷花卉合作（漳州）有限公司、福建大农景观建设有限公司、漳州新镇宇生物科技有限公司、海峡(福建)花卉进出口有限公司和海峡（福建漳州）花卉集散中心成立海峡生物科技发展有限公司，打造一个集花卉集散、生物组培、绿化工程、花卉进出口贸易、花卉保税仓储、检验检疫等综合性花卉集团，并以其为龙头，积极拓展国内外市场，促进漳浦县花卉产业可持续发展。

4. 加大科技对产业升级的支撑力度

漳浦县不断增强科技意识，加大科技投入力度，努力提高科技水平，提高产品科技含量和附加值，提高经济效益。福建扬基生物股份有限公司是福建省林业厅现代农业（花卉）示范基地、北京林业大学教学实践基地，引进培育了新兴的药用花卉植物——铁皮石斛、金线莲、牛樟、金花茶等，是漳浦县花卉企业寻求科技支持、转型提升的典型。扬基石斛园现已完成绥安查岭、大南坂农两个园区的仿野生栽培，龙眼树挂养面积25公顷，成为漳浦县林下经济和药用花卉栽培的典范。漳州钜宝生物科技有限公司和漳州森晖兰花有限公司在兰花新品种繁育方面也投入了很多的技术力量，科技推广项目建设获得上级科技部门的充分肯定。

5. 加大新品种研发推广力度

立足本县实际，发挥乡土花卉资源优势，积极与科研单位及高等院校合作，创建科研基地、示范基地，在台湾农民创业园建立博士后工作站，聚产、学、研于一体，走引进与开发并举的路子，不断更新品种，推广新技术、新经验，为花卉产业发展注入新的活力。至2014年，漳浦蝴蝶兰新品种审定已获授权2个，通过审核17个，正在审核当中的有11个。企业对新品种选育和品种权保护的意识有了进一步的提高。

6. 建立健全机制，规范行业管理

通过制定切实可行的措施，加强花卉市场管理。对花卉品种引进、产品销售、标准实施等方面都加强监督检查，预防灾害性疫情发生和珍贵品种流失等。同时，积极发挥现有各个花卉行业协会的桥梁、纽带作用，及时为花农提供花卉供求及市场价格波动信息，促进政府、企业、花农间的交流与协作，共同促进漳浦花卉业的快速、健康发展。

7. 加强花卉产业人才扶持力度

由漳浦县委组织部牵头，会同县农业局、林业局等相关单位创建的“漳浦县花卉产业人才工程”出台相关规定对企业引进的高新人才进行奖励支持，并于2014年9月表彰了一批在漳浦县花卉产业各个领域做出贡献的“花卉产业优秀人才”；漳浦县科学技术协会也积极联系邀请福建省院士工作站的领导和专家深入漳浦，和本地企业联合创办教研基地等。

三、存在的问题

1. 管理粗放，技术缺乏

大部分乡镇的花卉种植还停留在初级阶段，种植密度过大，盲目跟风，别人种什么就“一窝蜂”地跟着种什么，不懂得因地制宜、适地适树。

2. 生产方式比较落后，市场抗风险能力较差，品种结构不合理

由于品种结构不尽合理，在近几年的市场大调整中显现抵抗能力差的情况，花卉产业向规模化、标准化、专业化方向发展受到制约。行业资金投入不足，品种的种植盲目性较大，没有以市场为导向，造成苗木花卉市场结构性过剩，花农亏本。

3. 科研及人才培养滞后

科技投入和储备相对不足，科技力量薄弱，苗木花卉专业人才紧缺。现有产业发展规模、发展速度与现有的科技支撑体系不相称。

4. 缺乏具有独立知识产权的产品

相对其他产业和台湾等地区，对知识产权保护意识不强，研发基础落后，品种开发滞后。缺乏产品和科技创新原动力，技术和品种自主创新能力较弱。

四、对策和建议

1. 优化金融信贷和保险服务

金融服务机构应加大对花卉苗木产业信贷支持力度，适当放宽花卉苗木企业贷款期限，合理降低利率。将规模大、品质优的苗木种植基地纳入补助范围；政府预算专项资金补贴扶持花卉保险，加速推进花卉设施的保险服务工作。

2. 提高花卉从业人员的专业素质

通过培训，培养拥有专业技能的花卉生产、管理和营销人员，同时加强人才引进，为花卉产业的发展注入新鲜血液。

3. 建立完善的花卉流通体系

继续加快海峡花卉集散中心和兰花大世界的建设，设立花卉电子交易平台，拓展产业销售渠道。

执笔：胡益芬（福建省漳州市漳浦县林业局花卉办公室）

第55章 河南省许昌市鄢陵县花卉产业发展报告

一、综述

2014年，河南省鄢陵县花木产业按照“扩规模重集聚、调结构提档次、延产业促融合”的总体发展思路，充分发挥“全国花卉生产示范基地”、“全国重点花卉市场”、“中国花木之乡”、“中国蜡梅文化之乡”、“中国花木之都”、“中国长寿之乡”等品牌优势，克服中国经济下行压力，强化花木生产营销，加快科技创新步伐，推动花木产业科学转型升级，花木产业得到良性健康发展。

1. 生产面积保持稳定

2014年经过优化调整，鄢陵县花木面积仍然保持60万亩规模，形成了绿化苗木、盆景盆花、鲜花切花、草皮草毯四大系列2400多个品种，21万名从业人员，农民人均纯收入21670元，花木营销额57亿元，被誉为“中国花木第一县”,“鄢陵蜡梅”被国家质量监督检验检疫总局评定为国家地理标志保护产品。

2. 花木交易总体下滑，价格稳中有降

总观全年的销售情况，春季花木营销仍处于旺销状态，秋季销售疲软现象开始显现，造成总量和交易额双双下滑。大规格苗木价位高位走开，货源紧俏。大部分中等规格苗木价格趋于稳定，产销相对平衡。精品苗木受到关注，价格喜人。新优品种市场认可度增加，在绿化工程中逐渐应用推广。如复叶槭、金叶复叶槭品种，目前推广力度大，商品苗木的数量鄢陵排列前沿，巨紫荆、北美海棠、美国红枫、挪威槭国王枫、红叶稠李、金叶白蜡等新品种引起重视。部分传统树种行情始终稳定，如蜡梅、皂荚、五角枫、三角枫、老垂柳、千头椿等传统树种，除了一年苗的价格有所降低，直径3厘米以上苗木多年来产销基本保持稳定，8厘米以上价格持续上涨，并且货源缺乏。

3. 龙头带动能力不断增强

积极引导农户加大资金、技术等方面的投入，壮大花木企业实力，提高市场应变能力。同时，通过招商引资等方式，引进花木企业。新增一级园林绿化资质企业1家，使具有三级以上园林绿化资质的企业达到52家，新增省级农业产业化龙头企业2家，进一步壮大了企业实力，龙头带动作用进一步显现，带动了花木产业转型升级，促进了花木销售。

4. **会展交易常抓不懈**

成功举办了第十四届中国·中原花木交易博览会。展会内容不断丰富完善，包含了鄢陵花木交易市场承办的第二届河南·鄢陵秋季苗木交易会、第三届全国花木信息发布暨新产品新技术推介会、许昌鄢陵园林绿化工程企业业绩展、第三届河南省“中原杯”插花花艺大赛、第十二届中州盆景大赛，河南万绿集团承办的知名园林绿化企业专题研讨会，举办了第二届河南·鄢陵春季苗木交易会、第四届鄢陵蜡梅文化节，进一步加强了鄢陵与国内外的交流沟通，推动了鄢陵乃至全国花木产业发展。

二、特点和亮点

1. **强化动力支撑，加快科技转型**

实施校地合作，促进成果转化。进一步加强了与中国农业大学、西北农林科技大学、华中农业大学等高等院校的合作，承接科技优势，推进花卉生产创新发展。特别是利用了与北京林业大学建立全面合作关系的重要机遇，深入实施“11122”花卉产业战略转型工程，着力构建“政、产、学、研、用”创新体系，促进科研与生产相结合、与产业相结合，着力加速科研成果转化。“11122”具体内容包括：组建1个科研中心，即北京林业大学鄢陵科研中心，具体承担国家花卉工程技术研究中心和林木育种国家工程实验室的相关科研任务；组建1个教学科研基地，即将名优花木园区建成北京林业大学教学科研基地；组建1个继续教育学院，即北京林业大学继续教育鄢陵分院；扶持20家龙头企业，积极推广北京林业大学成熟的先进技术和林木花卉新品种；培训2万名专业技术人员，即依托北京林业大学继续教育鄢陵分院，加强花卉从业人员培训，计划培训2万名具备林学或林业工程学从业资格和资质证书的专业技术人员。

目前，与北京林业大学的合作正在稳步推进，北京林业大学继续教育鄢陵分院、教学科研基地、优质生源基地正式挂牌，企业总裁班和技术骨干培训班在北京林业大学顺利举办，北京林业大学鄢陵科研中心主体工程已建成，并成功引进洋白蜡、黑枸杞、栎树等名优树种。同时，通过2014年9月26日举办花木产业高层论坛、2014年12月19日举办油用牡丹专家报告会，油用牡丹产业归为“脱贫致富产业、新兴农林产业、健康营养产业、旅游观光产业、出口创汇产业、朝阳不衰产业、战略资源产业、国家安全产业、科技创新产业、文化艺术产业、生态文明产业、美丽中国产业”等12项产业，进一步拓宽了花木种植结构调整思路。

2. **构建标准体系，加快生产转型**

生产转型是产业转型的关键环节，加快生产转型需树立精准农业理念，着力实施花卉生产标准化。

（1）完善标准化体系。在《蜡梅产品标准》、《盆景产品标准》等12项花卉产品标准和《蜡梅生产技术规程》、《桧柏生产技术规程》等16项花卉生产技术规程的基础上，进一步完善其他产品的生产技术标准，增强可操作性，力争有更多的鄢陵标准成为行业标准、省级标准。重点发挥北京林业大学鄢陵科研中心作用，加强专业科研机构对企业的生产指导，对主要花卉品种，实施从育种、栽植、施肥、植保到采收、包装、贮藏、运输的全流程标准化操作、规范化管理。同时，建议国家林业局等行业主管部门完善苗木产品的质量标准，包括产品的规格、包装、运输、验货等一系列整套规范，并加强标准执行的监管，切实提高行业标准的执行效率。

（2）推广标准化技术。切实发挥河南省花卉协会观赏苗木分会和鄢陵县花卉协会作用，大力推行“上下结合”生产技术，利用3～5年的时间，完成花卉传统种植区的升级改造，着力提升现有花卉产品的标准化程度。其中“上”就是围绕市场需求，按照同一树种胸径统一、分枝点统一、冠形统一的要求，进行绑、扎、修、剪；“下”就是大力推广容器育苗，实现介质、肥料及水分的科学调控，逐步替代传统种植方式，不断提升土地利用率和花卉产品成品率。目前，鄢陵县已发展容器育苗6000亩，河南龙源风景园林建设有限公司、河南景缘园林绿化工程有限公司成为全国重要的容器栽培基地。

3. 拓展市场空间，加快销售转型

（1）加强信息平台建设。加强现有花卉产品种类统计和价格调查，积极建立花卉产品的库存数据库和价格数据库，在花木交易信息中心和农业信息中心的基础上，启动鄢陵县统一的花木信息二维码查询工程建设，实施主要花卉产品的基本特性、重点企业、指导价格等相关信息的便捷化一键查询，部分二维码现已投入使用。

（2）培育大型交易市场。积极整合现有的花卉苗木信息中心、交易市场、花工劳务市场等资源，建设大型花木交易中心，强化市场的导向和拉动作用。累计完成投资4.5亿元建设680亩的鄢陵花木交易市场，给广大花卉生产经营者提供了一个广阔的销售、交流平台，鄢陵花木交易市场被中国花卉协会评为“全国重点花卉市场”。鄢陵花木交易市场2014年实现营销额22亿元，较好地发挥了大型专业批发市场辐射带动作用。

（3）健全现代销售网络。积极依托郑州航空港经济综合实验区，发展花卉航空运输，保证鲜花切花能及时进入国际、国内市场。河南德锦花卉有限公司（以下简称德锦公司）已取得花卉产品进出口贸易权限。大力发展电子商务等信息化营销网络，充分发挥信息化的倍增效应和催化效应。鄢陵花木网建成并投入使用，年实现网上交易7.8亿元。大力扶持冷链物流业，发展花卉冷链配送物流，构建花卉连销配送体系。

4. 适应大众消费，加快应用转型

（1）突出文化引领。当前随着生态文明建设的深入推进，花卉消费模式正由以集团消费、节日消费为主，向以大众消费、家庭消费、日常消费和个性化消费为主加速转移，花卉消费与群众的精神文化需求日益密切。要坚持以文化引导消费，支持鼓励企业发展花卉休闲养生、花卉美食、花卉美容美体、花文化节庆等延伸产业。就全国而言，建议由中国花卉协会牵头，根据国情实际，制定和推广统一版本的生日花，推动文化消费与花卉消费融合。就鄢陵而言，重点利用好“中国蜡梅文化之乡”和“鄢陵蜡梅冠天下”的品牌优势，定期举办蜡梅盆景比赛、蜡梅书画摄影展览等专项活动，达到弘扬蜡梅文化、展示蜡梅品种、促进蜡梅营销的目的，促进花卉文化与花卉产业深度融合，积极创建“全国重点花文化示范基地”。

（2）调整产业结构。着力研究开发鲜花切花，切实提高鲜花切花在花卉产业中的比例。重点抓好鄢陵建业绿色基地、河南德锦花卉有限公司等鲜花切花项目，促进花卉产业转型升级。目前，建业绿色基地完成投资2.7亿元，6.5万平方米的智能温室投入使用，主要生产高档盆花红掌、盆花马蹄莲、蝴蝶兰等；德锦公司从荷兰引进了红伊人、皇冠、泰姬等玫瑰新品种，产品观赏性强，市场前景好，主要销往郑州、上海、北京等地，其中第一批产品已经少量进入郑州、上海等地，为公司产品起了较好的宣传作用，预计2015年5月产品出口销售到美国佛罗里达州；花艺公司盆花生产和种苗繁育实现批量销售，蜡梅资源圃科研中心基础设施顺利建成。

（3）培育特色品牌。着力开发传统特色花卉，开展蜡梅、圆柏优株选种和品种分类，建立品种基因库，做精做优传统优势花卉。以传统的古桩蜡梅盆景为主打，大力发展具有本地特色的精品盆景、特色盆花，打造鄢陵盆景、盆花品牌，满足群众日益旺盛的花卉消费需求。同时，着力培育紫薇、玉兰、樱花、川滇木莲等品种，打造现代品牌优势。

（4）完善营销渠道。大力发展花卉超市、花卉季节店，完善花卉营销网络，积极培育花卉大众消费市场。充分利用本地区位优势、资源优势和传统优势，积极开展与全国知名花卉连锁企业的沟通联络，力争知名花卉批零企业入驻，着力打造区域性花卉批零市场。

5. 坚持集群发展，加快思路转型

2012年初河南省提出要抓好“许昌鄢陵花木产业集群”建设，为鄢陵花卉产业转型提供了千载难逢的机遇，也启示我们，实现花卉产业转型必须树立产业融合理念，促进产业集群发展。

（1）延长产业链条。围绕科技研发、种苗繁育、人才培养、花卉生产、劳务市场、市场物流、后续服务，实施花卉产业全链条推进。注重引进和培育龙头企业，坚持靠重大项目支撑促进产业链条增粗扩长，力争每年都能引进一批高端强势企业，传播高端理念，建设高端设施，应用高端技术，生产高端产品，带动花卉产业跨越发展。

（2）大力发展二、三产业。注重发挥花卉产业所形成的生态优势，坚定不移地走"以花木改善生态、以生态承载旅游、以旅游激活三产"的发展路子。花都托斯卡纳温泉酒店、花溪温泉酒店建成并投入运营，接待服务设施继续改善，生态观光游、休闲度假游、温泉养生游、田园采摘游等系列旅游活动得到升华，鄢陵成为辐射全省的休闲消费重要目的地。发挥"中国长寿之乡"优势，坚持以中老年群体为对象，建设高档次、有品位的生活场所，提供居住、休闲、医疗、护理等养老服务，探索社会养老新模式，吸引省内外人员前来养老、养生。总投资9亿元的科学养老基地一期工程主体完工，总投资30亿元的花溪科学养老中心部分项目已投入运营，被中国城乡复转军人创业委员会确定为"中原养生旅游基地"。通过招商引资或鼓励骨干企业投资开发第二产业。目前，河南上林实业有限公司的玫瑰精油加工取得成功，其精油及其系列化妆品深受消费者青睐，产品供不应求；河南金雨玫瑰生物科技有限公司实现玫瑰精油批量生产，香草系列产品成功上市；河南花艺园林绿化工程有限公司投资建设的无纺布容器袋厂顺利投产运营，产品以设计精美、质量过硬、符合需求而得到大量销售；河南稼禾福肥业有限公司的花木专用肥得到有关部门批准投产运营，以其良好的质量为花木健康生长提供坚实保证。

三、主要问题

1. 产业内部结构不够合理，鲜切花生产比重仍然偏低

鄢陵尽管花木生产规模较大，但主要以观赏苗木、盆景盆花、草皮草毯为主，鲜花切花生产比重偏低，造成花木单位面积的平均效益比不上云南等鲜切花发达地区。

2. 产业融合发展力度有待加大，二产开发比重较低

花木产品的精深加工如蜡梅精油、玫瑰精油的研发仍处于开发阶段，产品销售市场仍有待进一步开拓。生产园林机械的大型企业处于空白。

3. 主打品牌偏少，企业自主知名商标较少

"鄢陵蜡梅甲天下"，鄢陵蜡梅已享誉海内外。但2400个花木品种当中，鄢陵1140多家花木企业中，国内外知名品牌和商标较少。

4. 大型龙头企业少，上市企业数量少

鄢陵众多花木园林企业中仅有5家省级农业产业化龙头企业，没有国家级龙头企业，仅有一家上市公司。

执笔：李新江、曹应伟、晁俊、郭阳（河南省许昌市鄢陵县林业局）

第56章　湖北省孝感市孝昌县花卉产业发展报告

湖北省孝感市孝昌县位于武汉市的北部，总面积1217平方千米，地貌以丘陵岗地为主，可供林业开发利用的岗地有45.6万亩。近年来，孝昌县利用近临武汉、交通便利的有利条件，大力发展花卉苗木产业，已发展成为鄂北重要的花卉苗木集散交易中心，成为当地农民增收致富的重要途径。

一、综述

1. 产业现状

截至2014年，孝昌县花卉苗木种植总面积达到13.8万亩，种植大户600多户，网络农户5000户，从业人员达1万多人，已发展农民专业合作组织和产业协会5个，培育专业经纪人300多人。年出圃苗木花卉3000万株，销售收入近2.82亿元，带动种植户年人均增收3760元。苗木花卉产业化发展已初具雏形，已形成种植、销售、工程施工、培育管理、苗木交易一条龙产业体系。

2. 主要品种及其分布

目前生产种植的苗木花卉品种200多个，主要集中在观赏苗木类。观赏苗木以桂花、樟树、红叶石楠、银杏、紫薇和木栾六大品种为主体，生产种植面积占到孝昌县苗木花卉总面积的64%，其他如红继木、杜鹃、樱花、广玉兰、国槐、虎骨、刺冬青等苗木花卉品种已经有了一定的种植量，但还未形成相应的规模。

3. 规模化生产

经过多年的发展，特别是2010年以来的高速增长，孝昌县花卉苗木产业初步呈现规模化和集中化趋势，种植面积趋于向大户集中。规模种植50亩以下的占苗木花卉总种植面积的17%，50～100亩的占14%，100～500亩的占47%，500亩以上的占22%。连片基地建设得到加强，目前孝昌县千亩以上苗木花卉基地有17个。另外，农民户均苗木花卉种植面积也有所增加，2010年，户均种植面积10亩，2013年户均种植面积达到18亩。产业规模化和集约化程度大幅提高。

4. 市场营销状况

孝昌县区位优势明显，在全国新型城镇化建设规划确立的32个城市群中，孝昌县辐射半径内有武汉城市群、长株潭城市群、江淮城市群、环鄱阳湖群、豫皖城市群、鄂豫城市群等8个大城市群，市场空间巨大。本县的苗木花卉销售渠道主要有4种类型：第一是经纪人促销，约占整个销售的65%；第二是田头销售，由一些园林绿化施工企业、苗木需求单位直接到基地或农户的田头采购，这类销售约占15%；第三是通过专业市场销售，这类销售约占15%；第四是网上销售，一些企业、专业合作社和产销大户都建立了自己的网站，通过网上交易，这种销售方式是近几年兴起的，销售量较小，约占5%。据不完全统计，孝昌县苗木花卉的年销售额在3亿元左右，产品运销全国各地，主要销售地区为武汉、河南、浙江、江苏、四川等地。

二、特点和亮点

1. 政府支持力度较大

孝昌县人民政府为促进花卉苗木产业的发展，积极引导和支持农民采取转包、出租、互换、转让、股份合作、拍卖等多种方式进行土地流转，促进了山场岗地资源向花卉苗木基地开发聚集。同时，每年拿出1000万元专项资金，用以支持花卉苗木产业的发展，其中300万元，用于花卉苗木基地开发；从退耕还林、生态公益林补助、“双低”改造等项目中筹措450万元，对发展苗木花卉产业实行“以奖代补”，对连片开发100亩以上每亩奖励200元，连片开发500亩以上每亩奖励300元；整合农业综合开发、土地整理、扶贫开发、“一事一议”、水利建设等各类涉农资金投向花卉苗木产业基地建设，定期组织召开“银—企—户”对接协调会，孝昌县金融机构共向花卉苗木大户和业主提供信用贷款1000多万元，有效解决了发展花卉苗木产业的资金“瓶颈”问题。

2. 招商引资提升花卉苗木产业发展水平

孝昌县注重通过招商引资提升花卉苗木产业发展的水平。孝昌县在实施回归创业工程，先后引进湖北京穗农林科技有限公司、湖北馥林农业科技开发股份有限公司、湖北忠良特产业发展有限公司、武汉江城泽源生态工程技术有限公司等一批“四有人士”创办的回归企业开发花卉苗木。其中湖北京穗农林科技有限公司又从国内外引进智力投资，兴建花卉苗木科技产业园，投资2亿元动工建设湖北京穗花卉苗木大市场，既提高了孝昌县花卉苗木的科技含量，也带动了花卉苗木产业的发展。

3. 发挥龙头企业的带动作用

通过龙头企业带动周边农户集约发展，加大市场开发力度，全面提升苗木生产的整体水平和档次，增强苗木产业的市场竞争能力，初步形成“政府扶龙头、龙头带基地、基地连农户”的生产格局。大力培植苗木花卉专业合作组织，提高苗农组织化程度，采取网上销售和经纪人销售相结合的办法，搭建起信息共享、技术培训、资源互补、各得其利的新型产业经营发展平台，苗农每亩平均收入比成立协会之前翻了两倍多，生产成本每亩节约1000多元，使花卉苗木产业发展成为真正的“朝阳产业”。

4. 着力打造本地花卉苗木品牌

孝昌县周巷镇29个村近2000个农户变家业为产业，将苗木花卉发展成为了乡镇的“名片”，使乡镇成为远近闻名的“苗木之乡”。其中，新龙村人口1050人，直接从事苗木生产销售的人员800人，全村苗木花卉产业年创产值1.2亿元，人均纯收入提升1万余元。

三、主要问题

1. 生产技术和经营管理落后

大多数种植户还停留在传统的种植模式上，主要靠经验生产和管理苗木，对新技术的学习、引进和使用不够。在经营上存在“小而全”的问题，重视眼前利益，追求的是“短平快”的出圃方式，生产经营的专业化、标准化、规模化程度较低，产品的科技含量低，附加值不高。

2. 产品质量和产业效益不高

苗木花卉生产技术的欠缺，造成苗木花卉产品质量不高，市场竞争力低下。而种植户经营理念的落后，使得他们单纯追求单位面积的苗木株数和短期利益，对过密的苗木不愿去除，因而小规格苗木生产过剩，市场上急需的大规格苗木却又很难找到，造成单位面积产值较低，产业整体效益不高。

3. 品种特色与品牌优势缺乏

目前，在孝昌县的苗木花卉生产上，不论是种植大户还是苗木花卉企业，基本上采用多元化经营的思路，品种多而杂，一个苗木花卉基地往往有几十个品种，生产规模小而全且质量不高，没有把有限的资源用在发展特色品种的专业化生产上，很难形成自己的品种特色和品牌优势。由于长期缺乏具有自主知识产权的花卉品种，专业化、规模化生产程度低，孝昌县至今尚未形成具有自身特色的苗木花卉品牌。

4. 市场流通体系不够健全

目前，孝昌县苗木花卉的营销模式主要还是依靠大户跑市场、找门路，以面对面的直销等传统方式为主，还没有形成完整的市场营销体系。苗木花卉信息服务网络体系缺乏，生产供应与市场需求信息不对称，市场信息不灵，市场风险加大。苗木花卉物流企业发展滞后，物流技术落后，标准化、信息化程度低，缺乏完备的苗木花卉物流配送体系。

5. 苗木花卉行业管理体制和机制不健全

资源的配置、使用，新技术、新品种的研发、引进和推广，社会化服务体系的构建等方面缺乏统一的组织和部署。行业投融资和保险体系缺失。农民专业合作组织发展滞后，规模偏小，内部管理不善，凝聚力与影响力不够。

四、2015年工作思路

1. 加快土地流转

一是鼓励乡（镇）做好土地流转工作。把土地流转工作列入各乡镇年度目标责任制考核并签订责任书，严格兑现奖惩。县财政按照每新增1000亩集中连片苗木花卉基地奖励乡镇一定的工作经费。二是积极引导农民流转土地。鼓励和支持农民以转包、出租、互换、转让、股份合作、联合经营等形式流转土地，集中土地资源，推进苗木花卉产业大规模、集中连片发展。三是优先保障土地供应。依托孝昌县交通、旅游优势，实施六线土地保障措施，即107国道、大安线、张白线、邹李线、肖丰线、王杨线两侧50～100米范围的土地规划为苗木花卉产业发展专项用地，确保土地有效使用。同时，加大土地整合力度，结合征占用林地清理整治活动，及时回收批而未用、租而不用的土地，全面整合采矿场、采石场、未用中小学校园、老宅基地等被破坏或废弃等土地，不断拓宽苗木花卉产业发展空间。

2. 加大扶持力度

一是加大资金奖补力度。设立苗木花卉产业发展专项资金，专项资金主要用于对新增连片面积500亩以上的进行补助，对新建培育苗木花卉的温室大棚给予补助，对在农田种植苗木花卉进行生态补偿。二是加大涉农资金整合力度。整合林业、农业产业化、农业综合开发、土地整理、扶贫、农民工培训等项目资金及县级财政安排的支农资金，采取项目打包、资金打捆的办法，发挥资金的聚集效应，集中力量发展苗木花卉产业。同时，鼓励企业开展机械化作业，将用于苗木花卉生产环节的机械设备纳入到农机补贴范围。三是加大金融支持力度。引导金融机构加大对苗木花卉产业的支持，对苗木花卉产业实行信贷政策倾斜，简化贷款手续，并在授信额度、利率等方面给予一定的优惠。同时，把苗木花卉纳入抵押贷款范围。

3. 培育龙头企业

大力培育资金雄厚、技术力量强、专业程度高、市场前景好、诚实守信的苗木花卉企业成为省、市龙头企业，在项目、用地、信贷、技术、人才等方面优先给予扶持。引导和支持苗木花卉企业申请取得园林设计、施工等相关资质，实现育苗、销售、园林施工、科技研发和观光旅游五位一体经营，促进苗木花卉产业规模化发展、专业化生产和市场化经营，提高企业核心竞争力。对苗木花卉种植面积1000亩以上的省、市龙头企业，优先扶持其苗木花卉种植区的水、路、电等基础建设。对新增苗木花卉基地500亩以上的企业，可申报纳入市级龙头企业管理，给予扶持。对新批准的以花卉苗木生产为主的省、市级龙头企业，给予奖励。

4. 强化技术支撑

与湖北省林业科学院、华中农业大学、湖北种苗管理站等科研机构开展科研攻关，着力提高孝昌县苗木花卉产业科技含量。林业部门充分利用国有陆山林场土地资源优势、技术人才优势、信息量优势和申报项目优势，申报国家中心苗圃。积极引进新技术、新品种，大力推广新型容器育苗、组培育苗、滴水灌溉和配方施肥，积极实施精品战略，实行工厂化育苗、科学化管理、精品化产出、品牌化经营，全面提升孝昌县苗木花卉产品的品质和档次。

5. 完善流通体系

加快市场体系建设，加速湖北京穗苗木花卉交易大市场的建设，打造1～3个区域性的苗木花卉交易中心，加快建立苗木花卉产业信息交流和电子交易平台，尽快形成布局合理、设施完备、批发与零售相配套的花卉苗木流通网络。坚持市场化经营为主导，大力推行“企业+基地+农户+市场”、“企业+合作社+农户+市场”、“协会（经纪人）+农户”等经营模式，把企业、合作社、协会、经纪人、农户、市场等有机联合，实现利益共享。依法加强市场监管，规范市场行为，打击各类假冒品牌和无证无签生产经营劣质种苗、乱引滥繁、虚假宣传等违法行为，坚决遏制和杜绝不合格苗木花卉的流通和使用，营造良好的市场环境。

执笔：陈学群、寇小培（湖北省孝感市孝昌县林业局）

第57章 云南省昆明市呈贡区花卉产业发展报告

一、综述

从20世纪80年代初开始，云南省昆明市呈贡花卉至今已有30余年的发展历史，是云南花卉产业发展的一个缩影。从农户自发种植到大规模种植并成为云南省生产大县，之后因城市扩张，种植基地外迁至周边县（区），呈贡花农也分散至全省各地，带领当地发展花卉产业。呈贡花卉生产面积下降的同时，市场、物流、科研、花卉旅游等二、三产业却迅猛发展，成为中国最大、亚洲最重要的产地型鲜切花批发市场和拍卖市场，不仅把“云花”分销至全国70多个大中城市和世界近50个国家和地区，而且还为省外、国外的花卉产品完成二次批发服务。目前，斗南花卉市场已成为全国花卉行情“晴雨表”，是全国花卉产品价格形成的指导窗口，在我国乃至亚洲花卉产业发展中具有举足轻重的地位。

二、主要市场

1. 昆明国际花卉拍卖交易中心

（1）基本情况。昆明国际花卉拍卖交易中心（KIFA）是从事鲜切花拍卖交易业务的大型专业花卉交易市场，2002年12月20日建成运营，投资1.2亿元，是目前国内最大的产地型花卉拍卖市场。交易量仅次于日本东京大田拍卖市场，位列亚洲第二，在全国花卉的主导地位、影响力日益凸显。

经过10多年的努力，拍卖交易中心克服了重重困难，建立起了完善的“云花”产品质量控制体系，制定了一系列规范化、标准化的市场交易规则，建立起了一条以花农经济合作组织为基本供货单元的产品供应链和品牌推广体系，初步构建起了一个面向全国的花卉价格形成中心、市场信息中心、物流集散中心和服务中心。截至目前，拍卖交易中心有种植商会员2.5万多户，有来自全国各地的购买商2100多户，日均成交量已超过200万枝，高峰期交易规模突破600万枝，形成了以玫瑰、非洲菊、满天星、康乃馨为主，其他100多个品类为辅的花卉交易产品群。

（2）品牌带动效应显著。严格的产品质量控制体系以及“公开、公平和公正”的交易机制不仅规范着市场的交易行为，更重要的是强化了种植者的品牌意识，培育了众多国内外知名的花卉品牌。截至2014年底，KIFA已汇集了2100

多个花卉品牌，塑造出了为全国所知的“姚联满天星”、“香韵花卉”、“昆阳紫秋”、“晓茹花卉”、“盛园花卉”、“尚美嘉”、“金凤玫瑰”、“玉溪梁六”等50多个知名花卉品牌。通过拍卖平台创立和发展的花卉品牌，其产品价值得到明显提升，为“云花”的可持续发展创造一个更为有利的市场环境，同时还带动更多的花农经济合作组织发展，有效地提高了花农组织化程度，越来越多的农户从分散走向联合，变弱势为强势。围绕花卉拍卖而发展起来的各类花农合作组织已有500多个，联合的农户数达10000多户，涉及生产面积有3万多亩，占云南省鲜切花总面积的16%，这对解决云南花卉“小生产与大市场”的诸多矛盾产生积极的作用。

（3）市场调节功能凸显。10多年来，随着拍卖市场底价制度和流拍产品销毁制度施行，市场调节功能开始发挥作用，进一步深入强化了生产者的市场风险意识，避免了生产的盲从和市场无序竞争，标志着云南花卉市场更加走向成熟。在市场信息服务方面，花卉拍卖交易中心2004年就建立起了交易行情发布平台，利用门户网站和手机短信等多种途径，每天及时将供购双方的交易信息和花卉市场的行情动态发布给8000多个用户。与此同时，拍卖交易中心强大的数据库还为政府制定产业政策、开拓市场提供依据，也为广大花农了解市场、指导生产提供最有力的帮助。

截至2014年底，占地170亩的KIFA，已拥有2.9万多平方米的交易场馆、9个拍卖交易大钟、900个交易席位。可满足每天800万～1000万枝的交易规模，让云南和其他花卉产区更多的花农和生产企业的产品进入拍卖，实现全国花卉的大流通。

2. 花花世界花卉市场

（1）基本情况。花花世界花卉市场（原斗南花卉市场搬迁项目）占地286亩，净用地250亩，总建筑面积20万平方米，地上16万平方米，地下4万平方米。包含对手交易及拍卖交易，市场连续20年交易量、交易额、现金流和人流量居全国第一。花花世界花卉市场是全国最大的以鲜切花为主的批发市场和集散地，云南省80%以上以及海南、四川、贵州等周边省份，甚至越南、泰国等国家的花卉都集中到此进行批发，再分销至省内外终端市场。借助“斗南花卉”这一中国驰名商标的品牌效应和市场优势地位，该市场已成为中国鲜切花市场的“风向标”和花卉价格“晴雨表”。

2014年底，斗南花卉市场的花卉交易量超过52.7亿枝，交易额45亿元，园区综合现金流达到100多亿。每天晚上8：30开始交易的斗南花花世界花卉市场，每天有2万～2.5万余人次进场交易，日均上市鲜切花数十个大类、几百个品种，日交易量2000万～3000万枝，形成了1个主交易大厅和康乃馨、绣球等专类品种交易区。

（2）“斗南亚洲花都”新兴起航。2013年1月，昆明斗南国际花卉产业园正式更名为“斗南·亚洲花都”，以花卉交易为主的一期工程主场馆已投入运营。该批发市场品种齐全，包括300多个大类、上万个品种，云南近70%的花卉产品在此交易，海南的叶材、泰国的洋兰、东南亚和南亚国家的进口花卉也在市场占据一方。市场周边已形成盆景一条街，交易各类大、中、小型观赏类盆景及大型景观树木等。围绕斗南花卉市场，云集了上千家花卉企业、6000多位花卉经纪人，从事花卉经营、资材、籽种、花艺、包装、餐饮、房屋租赁等行业。已经形成相对完善的产业配套和产业集群发展格局。

（3）启动拍卖业务。斗南花卉电子交易中心将引进先进的电脑拍卖系统，采用会员制组织和经营方式运作。供应商、购买商经申请认可后可成为交易中心会员，拍卖大厅设拍卖钟，上面显示种植者姓名、产品数量、产品品名。开始拍卖的同时，拍卖钟上的价格从高向低跳动，席位上的竞买者看到满意的价格时，按下席位上的拍卖钟按钮，拍卖钟显示竞买者号码，计算机输入交易者资料和数据，一笔交易即可达成。

三、服务产业

1. 物流运输服务功能齐全

发展至今，云南省专业从事花卉物流运输、冷藏等的企业共计近100家，主要集中在斗南花卉市场周边。飞机运输覆盖了国内所有城市，汽车运输主要有国内的广州、上海、长沙以及泰国曼谷、越南河内不到10个地方，铁路运输主要是郑州、贵阳和桂林。从涉及领域看，花卉物流运输还吸引了邮电、农产品贸易、旅游等领域的瞩目，2013年昆明邮电局利用其覆盖面广、庞大的邮递员队伍等优势，与一些花卉企业合作开展直接面向消费者的花卉快递业务，得到了众多消费者的认可。大理、丽江等地的旅行社，正积极探讨花卉进入旅游市场的可行性，很多花卉通过游客随身携带的方式流向了全国各地。

2. 社会化分工越来越细

斗南花卉产业从种植向市场转型的过程中，产业发展日趋成熟，产业链条不断从第一产业延展至第三产业，同时产业的社会化服务体系日益健全，社会分工越来越细，每个分支领域都有专业的服务队，如鲜切花包装队。每天在斗南花卉市场交易的上千万枝鲜切花，90%以上由农民生产，其中大部分是未经过分级包装的毛花，而到达批发商或消费者手中的鲜花必须是经过严格分级和包装过的产品。对于很多花农或批发商来说，他们没有足够的时间，也没有足够的场地或设施设备完成鲜切花包装业务，且包装成本高。为最大程度整合资源，节约成本，鲜切花包装业诞生。于是，在斗南花卉市场内，产生了一支分级包装技术娴熟、有较强专业知识的鲜花专业包装队伍，他们为众多花农、小批发商提供包装服务，同时也附带包装材料供给服务。与此同时，花卉文化创意、食用花卉等产品也开始向该市场聚集，花卉加工和文化产业发展势头强劲。

3. 花卉旅游日益兴旺

呈贡十分注重花卉旅游产业的打造和挖掘，注重将“斗南花卉”产业链条向花卉物流、花卉旅游、餐饮服务等第三产业延伸。如今昆明斗南花卉市场不仅仅是一个鲜切花交易市场，也是云南一张靓丽的旅游名片，每年吸引近20万名游客到这里休闲观花。

执笔：陆继亮（云南省花卉产业联合会）

第58章 青海省西宁市花卉产业发展报告

一、综述

青海省在加速建设生态文明和创建生态文明先行区的背景下，花卉产业结构不断调整，花卉生产面积逐年加大，特别是龙头企业各具特色，专业化规模化经营水平、生产管理水平、科技含量也在不断提高。

2014年，青海省花卉种植面积743公顷，销售额3.00亿元，面积较2013年增长48.30%；花卉企业70余家，其中国有14家、集体54家，其余为公司和个体经营。保护地栽植面积约200万平方米，其中加温温室4.5万平方米，日光温室25.35万平方米，大棚15.65万平方米，遮阴棚150.4万平方米；从事花卉产业的花农1466户。花卉种植品种600多种，年产各类花卉4000余万株（枝、粒、盆），年总产值约3亿元。花卉种植业产值6160万元，其中，100亩以上种植场有22家。全省有1家设专业花卉市场，5处花卉营销点和集散地。拥有各类苗木花卉经营销售部门、服务公司250余个，西宁、海东地区花店195多个。花卉销售以内销为主，年销售量约占销售总量的75%左右，外销主要是鲜切花，绿化苗木销售主要是立足本省，幅射周边省区。

表58-1　2013—2014年青海省花卉产业基本情况

年份	生产面积（公顷）	销售额（亿元）	从业人员（万人）	其中：专业人员（人）	企业（家）	其中：大中型企业（家）	市场（个）	花店（个）
2013	501	3.40	0.38	387	70	40	5	200
2014	743	3.00	0.50	400	70	40	6	250

注：大中型企业是指种植面积3公顷以上或年营业额500万元以上的企业。

二、特点和亮点

1. 编制规划，研究发展新思路

在西宁市苗木花卉产业发展现状调查的基础上，组织苗木花卉方面的专家认真研究和探讨，理清发展思路，编制了《青海省西宁市苗木花卉产业发展规划（2015—2024年）》，于2014年底通过评审执行。该规划对指导苗农及花农走规模化经营、标准化生产、市场化运作、品牌化发展道路起重要的作用。

2. 积极开展花事活动，促进产业发展

近年，由西宁市人民政府主办，西宁市林业局承办，组织开展了一系列形

式多样、内容丰富的花展，各类花展的举办不仅丰富了市民的精神文化生活，同时也提高了文化生活质量。

自2002年以来，青海省连续举办了多届“中国·青海郁金香”节，吸引了大批国内外各界人士前来洽谈花卉营销等各种业务、投资经商办厂、观光旅游等。2014年，门源举办第十五届油菜花文化旅游节，61万亩油菜花竞相开放，此次油菜花节共吸引游客169.70万人次，比2013年增长27.4%，创旅游产值达3.00亿～4.00亿元。

2014年4月，在第八届青海·贵德黄河文化旅游节活动中，贵德县以“梨花”为媒，首次采用“文化搭台，企业来唱戏”的理念举办梨花节，采用政府协调服务、企业举办的方式，通过这样的理念让社会资源得到合理配置和整合。

此外，青海还积极参加全国各地举办的花事活动。青海省花卉协会组织多名选手参加了2014青岛世界园艺博览会国际竞赛（室内）插花花艺竞赛，获“优秀奖”。参加2014年10月25日至11月2日在江苏省如皋市举办的首届“中国杯”盆景大赛。

3. 美化街头，提升城市绿化品位

为提高城市品位，美化市民生活环境，西宁市在全市城区主要街道、广场、街头绿地等地种植矮牵牛、三色堇、紫茉莉、郁金香、丁香等适生花卉，新增多处城市绿地景观，形成一道道亮丽的街头美景。

4. 出版图谱，填补植物分类空白

为充分挖掘和利用省内野生植物资源，不断丰富园林绿化植物种类，帮助植物爱好者对青海野生观赏植物有更多的了解，西宁市苗木花卉产业协会组织植物专家、学者对具有较高观赏价值、可开发利用的青海野生植物品种收集、整理，历经2年时间，于2014年3月正式编辑出版了《青藏高原野生观赏植物图谱》，该图谱的出版填补了青海植物分类方面的空白，并荣获省级科技成果（国内领先）。

5. 加强研究，引导推广特色花卉

一是完成“青海丁香种质资源引种繁育与示范造林技术推广”项目，建立丁香种质资源圃，收集、保存丁香种质资源23个。二是开展西宁地区名优月季引种栽培技术研究，引进大花月季、丰花月季、藤本月季等24个品种进行试验。三是为充分发挥高原特色花卉优势，倒挂金钟品种资源得到有效保护和利用，开展倒挂金钟的繁殖技术研究项目，通过在全省范围内对倒挂金钟品种的整理、鉴定研究，收集、购买‘满天星’、‘封面女郎’等12个花色品种42盆，选择8个不同花色品种进行扦插繁殖，成活率达86%，该繁殖技术对今后更好地繁育优良品种提供了保障。同时，加强对适生彩叶树种的推广力度，丰富全市园林景观色彩。

三、主要问题

一是花卉苗木行业缺乏自有品牌，市场竞争力不足；二是对青海野生观赏植物的引种、驯化研究不足，未能充分开发、利用；三是缺乏龙头企业带动，发展后劲不足；四是生产分散，规模小、品种单一，难于规范管理；五是缺少大规格园林绿化苗木产品，不能满足市场需求。

四、2015年发展思路与重点

一要制定西宁市特色苗木花卉品种的生产技术标准，提高全市苗木花卉产品质量和市场竞争力；二要大力培育苗木花卉龙头企业，建立苗木花卉电子商务信息，带动苗木花卉市场发展壮大；三要积极发展“公司+农户”的运作模式，提高育苗技术和经营能力，提升经济效益；四要积极开展苗木花卉生产技术培训，提高从业人员的技术水平；五要做好全市特色苗木花卉品种的宣传推介工作，提高知名度；六要引导苗木市场理性育苗、规范育苗，从而保证种苗质量，实现种苗良种化、科学化、容器化、标准化。

执笔：李彦、王谦（青海省花卉协会）

第59章 宁夏回族自治区银川市兴庆区花卉产业发展报告

一、综述

1. 花卉产业发展概况

宁夏回族自治区银川市兴庆区主要生产鲜切花、盆栽植物、观赏苗木三大类近60个品种的花卉产品。鲜切花类主要有康乃馨、百合、切花菊、玫瑰、绣球、非洲菊、马蹄莲7种；盆栽植物类以花坛植物及蝴蝶兰种植为主；观赏苗木类以水蜡、金叶女贞、红柳、紫叶矮樱、黄杨为主。花卉种植分布在大新镇、掌政镇、月牙湖乡3个乡（镇）。截至2014年底，花卉种植总面积7367.40亩，总产值1.47亿元，其中：鲜切花类3692.70亩，年产花量7828.52万枝，产值3522.83万元；盆栽植物类1265.70亩，产量1358.40万盆，产值3540万元；观赏苗木类2409亩，产量10838.39万株，产值7653.18万元。目前已建成花卉示范园区6个，花卉示范村8个，花卉苗木市场7个，成立花卉合作社、协会13个，有20家花卉企业和公司落户参与基地建设和花卉生产，带动农户2000多户。主打品种康乃馨种植面积达3000亩，占鲜切花生产面积的96%，鲜切花80%外销到北京、天津、石家庄、上海、新疆等地，还有一部分走出了国门，现在兴庆区已成为国内康乃馨主产区之一。

2. 花卉产业在兴庆区的占比情况

2014年兴庆区花卉种植面积7367.40亩，占区耕地面积20万亩的3.68%，花卉产值1.47亿元，占全区农业总产值（13.05亿元）的11.26%。

3. 花卉产业政策

自2007年以来，兴庆区区委、区政府将花卉产业作为增加农民收入的新经济增长点进行重点培育，使鲜切花产业规模迅速扩大，实时提出了“精菜、优粮、兴花”着力发展花卉产业的发展思路，加大了政策和资金扶持力度，采取了花卉产业发展“三步走”战略，即龙头企业做示范、花卉公司建基地、千家万户建园区。采取了主推康乃馨一个品种、打造“塞上花卉”一个品牌、大力建设花卉园区发展花卉生产，加强县、乡、村、园区4支科技队伍建设，培养菜农向花农转变，使花卉规模不断扩大，质量逐年提高，品牌影响力逐年提升。

兴庆区每年安排一定数量的专项资金，同时积极争取自治区、银川市花卉产业扶持资金捆绑用于设施花卉产业发展。一是对花卉温室建设材料如钢架、滴灌设备、遮阳网、热风炉、水帘风机、基质、水处理设备等方面给予一定的补贴；二是对鲜切花种苗、市场销售、技术培训给予一定的补贴和支持；三是对集中连片100亩以上的新建花卉园区的基础设施配套给予扶持；四是积极争取国家的农机补贴资金用于新建园区的机械卷帘、棉被的配套补贴；五是对花卉育苗中心在项目立项、建设用地、育苗床架、基质等方面给予支持。

2014年兴庆区区级财政支持花卉产业的资金为550万元，其中花卉标准化示范园区建设100万元，鲜切花推广种植350万元，科技支撑体系建设50万元，花卉销售品牌建设50万元。

二、特点和亮点

1. 采取“公司（合作社）+基地+农户”的经营模式

发挥龙头企业的示范带动作用，联合农户成立花卉种植销售合作社，采取“公司（合作社）+基地+农户”的经营模式，开展技术示范、种苗供应、销售和信息咨询，并与农户签订技术服务和产品收购销售协议，带动设施花卉产业发展。

2. 制定保护价收购政策

由各乡镇制定保护价收购政策，协调当地花卉企业与农户签订收购合同，按照花卉产品的等级收购。

3. 强化农业科技承包与创新

大力开展农业科技承包工作，通过树立科技示范户、集中培训和现场指导等措施，整体提高农民的生产技术水平。持续加大先进适用技术、成熟技术的引进推广力度，建立良种良法配套模式和提质增效技术体系，为产业健康发展奠定了坚实基础。

4. 加大了招商引资力度

引进了云南西月花卉公司落地兴庆区建设占地350亩的香水百合种植园区。

5. 积极举办各种类型的花事活动

大力宣传展示兴庆区花卉，促进花卉产业跨越式发展。2014年7月成功举办了第三届西北地区花卉产业交流暨学术研讨会。

三、主要问题

1. 鲜切花生产成本较高

一是鲜切花种苗都是从昆明、上海等地空运，成本较高。二是鲜切花基本都是在设施温室里生产，由于新建设施要用挖掘机取土打土墙，严重破坏了土壤耕作层，需要进行土壤改良。近年来所用的基质（草炭）一直是政府以部分补贴的方式供花农生产使用，为鲜切花的生产提供优良的栽培土壤，每亩（33间）温室的草炭投入成本为7150元。如果没有政府补贴，农户为了降低成本不用基质，将直接影响鲜切花的品质，从而降低生产效益。

2. 鲜切花销售环节较脆弱

目前鲜切花（康乃馨）80%依赖外地市场，对外依存度很高，而鲜切花销售主要依赖银川睿发农业开发有限公司、宁夏天地缘锦绣园林花卉有限公司、宁夏周景世荣进出口有限公司三家企业，销售力量薄弱制约了花卉产业的发展。

针对这些问题，兴庆区在种植环节上扶持花农，积极种植高质量、高品质的鲜切花；在销售环节扶持龙头企业，积极开拓国内和国际市场。积极扶持建设花卉育苗中心，解决种苗自给问题，推广康乃馨二茬花生产技术，节省种苗成本，鼓励秸秆还田和多施农家肥，从而改变土壤的理化性质，减少对草炭基质的依赖，达到节本增效的目的，使鲜切花效益最大化。

四、2015年发展思路与重点

1. 加大企业种植推广带动补贴力度，促进规模化和品种多样化

安排资金，鼓励企业、合作社、种植大户自己建立基地，辐射带动周边农户发展花卉生产，根据带动种植面积兑现资金补贴。

2. 加强流通体系建设

鼓励企业拓展国内外市场，在外地建立销售窗口，构建现代花卉物流配送网络。

3. 加强技术支撑体系建设

安排资金用于邀请国内外花卉专家来兴庆区进行花卉技术人员和企业负责人的培训、考察学习及聘用技术人员。要求企业年度自主培训农户最少达到6场次，人数达到600人次，培训资料、图片齐全。

4. 大力扶持花卉育苗中心建设

扶持建设兴庆区花卉种苗繁育中心，支持企业开展康乃馨种苗繁育的研究、示范、推广，年繁育优质康乃馨种苗1000万株，有效降低种苗成本，逐步实现康乃馨种苗供应本地化并部分外销。

5. 积极筹办花卉展览展示、花卉论坛

依托协会、花卉企业举办花卉展览会或花卉论坛，提高“塞上花卉”的知名度和品牌影响力。

6. 加大招商引资力度，鼓励外地企业来兴庆区投资

安排资金用于奖励外地企业投资兴庆区花卉产业。新落地企业享受兴庆区在招商引资、土地流转、花卉产业等方面的各项优惠政策。

执笔：杨平、靳春霞（银川市兴庆区林业局）

附录

附录一　1984—2014年中国花卉协会大事记

1984年

7月4日，农牧渔业部部长何康在《经济日报》上发表题为《发展花卉商品生产，积极扩大出口》的文章，分析了我国发展花卉产业的优势和有利条件，表示要加强同城建、外贸、旅游、交通等部门的协作，为振兴花卉事业作出努力。

7月17日，国务委员兼外经贸部部长陈慕华同《经济日报》记者谈话时指出，花卉生产是一个一本多利的产业，也是精神文明的一个重要方面。在发展花卉商品生产中，要努力从事综合性开发，真正把它当作一个事业办好。

7月19日，陈慕华同志在《经济日报》上发表题为《花卉商品生产是大有前途的事业》的文章。她表示，愿意协同有关部门，共同研究发展花卉商品生产和出口的有关事宜，一道把这件利国利民的事业办好。

9月28日，陈慕华同志召集国家计委、农牧渔业部、城乡建设部、外经贸部、民航总局、经济日报出版社和北京市有关部门的领导开会，研究发展花卉生产和出口问题。商定成立一个全国性横向的松散机构——全国花卉协会，其主要任务是研究花卉生产的方针、政策，统一规划全国花卉生产、销售、科研和出口，互通信息，交流技术。会后，国务院办公厅印发了《关于发展花卉生产和出口问题的会议纪要》。

11月1日，中国花卉协会（China Flower Association）在北京正式成立，陈慕华同志任名誉会长，何康同志任会长，国务院办公厅、农业部、林业部、水利部、建设部、经贸部、财政部、国家计划委员会、经济日报社和北京市各指定一位副部级领导兼副会长，刘近民同志任秘书长。陈慕华同志讲述组建协会的重要性和紧迫性。何康同志报告了成立协会的目的、宗旨、任务，并布置了当前工作。国务院所属12个部委局和北京市的有关同志出席成立大会。

1985年

1月28日，何康会长召开花协办公会议，确定协会挂靠农牧渔业部乡镇企业局，与中国乡镇企业总公司所属花木公司合署办公。农牧渔业部安排10万元事业费，作为协会办公室的工作经费。

2月14日，中国花卉协会邀请有关专家编制《花卉资源调查规划方案》。该方案论述了我国花卉的资源优势，并对调查花卉资源的内容、步骤等提出了明确要求。

4月5日，《中国花卉报》正式创刊。

6月27日，中国花卉协会在苏州召开有40多个科研单位、大专院校近60位专家参加的座谈会，讨论修改《花卉科研“七五”规划方案》。

9月22～24日，中国花卉协会在北京召开花卉科研协作组工作座谈会。座谈会由中国农业科学院蔬菜花卉研究所所长李树德和中国花卉协会副秘书长夏佩荣共同主持。何康会长到会并讲话。

10月17日，中国花卉协会常务理事会议在北京召开。何康会长报告了协会成立以来的主要工作情况，会议增补农牧渔业部副部长朱荣为常务副会长，水利电力部顾问李伯宁为副会长。会议通过了《花卉科研“七五”规划方案》和《花卉资源调查规划方案》。会议决定以协会名义参加1986年在意大利举办的国际花展。

11月17日，中国花卉协会在北京召开全国花卉科研协作经验交流会。19个课题协作组的18个牵头单位派代表出席会议。

12月26～28日，中国花卉协会全国理事会第一次全体会议在北京召开。会议通过了《中国花卉协会章程（草案）》修改意见，审议通过了《花卉科研“七五”规划方案》和《花卉资源调查规划方案》，明确今后一段时间内花卉协会的主要任务。

1986年

4月25日，委托中国花卉进出口公司参加在意大利热那亚举行的为期10天的第五届国际花卉博览会。

5月14日，农牧渔业部、林业部、水利电力部、城市建设环境保护部、外经贸部联合发出《关于转发〈花卉科研“七五”规划方案〉的通知》。

8月8日，经征求中国驻日使馆意见，吸收日籍华人（花道专家）于林书为协会名誉会员。这是中国花卉协会吸收的第一位外籍华人名誉会员。

9月22日，中国花卉协会在北京召开为期3天的《花卉科研“七五”规划方案》科研协作组座谈会。参加科研协作活动的科研和教学单位有200多个，400多人。

9月24日，中国花卉协会办公室发出《关于举办第一届中国花卉博览会的通知》，要求各地抓紧做好各项筹备工作。

1987年

1月20日，中国花卉协会邀请各省（区、市）花卉协会、林业花协、水电花协、中国铁路老战士协会、全国农业展览馆等单位的有关人员，在北京商议第一届中国花卉博览会筹备工作的有关事宜。

1月26日，中国花卉协会在北京召开常务理事会议。陈慕华、何康、朱荣、刘琨、李伯宁等常务理事26人以及在京的特邀理事4人出席会议。名誉会长陈慕华作重要讲话，何康会长在工作报告中回顾了1986年完成的主要任务，提出了

1987年的工作要点。

4月28日，中国花卉协会与北京花卉协会联合主办的第一届中国花卉博览会在北京全国农业展览馆开幕，会期10天。来自北京、天津、河北、辽宁、吉林、上海、江苏、浙江、福建、山东、河南、湖北、湖南、广东、广西、四川、贵州、云南、甘肃等19个省（区、市）的花协，以及城建、水电等部门花协组织的400多个单位参展。展览面积1.3万平方米，展品5万盆（株），参观人数20万人次，是中华人民共和国成立以来举办的第一次花卉盛会。展览期间，党和国家领导人以及部队首长万里、陈慕华、杨成武等先后参观了展览。陈慕华同志说，这次展览，对花卉进入千家万户，进入城乡绿化，进入国际市场，是一次有力推动。

8月26日，由中国花卉协会和中国农业工程研究设计院组成的联合调查组开始对引进温室的使用情况进行了调查研究。

1988年

2月2～9日，应荷兰农渔部邀请，中国花卉协会副秘书长夏佩荣率团参观荷兰花卉园艺展览会。代表团回国后提出在荷兰鹿特丹市的“海洋乐园”举办盆景展销会的建议。

2月4日，中国花卉协会秘书长刘近民任团长，组织北京、上海、江苏、山东、湖北5省（市）和长春、广州、深圳等市的14个单位32人的代表团赴香港参加花卉展览。这是中国花卉协会首次组织参加香港一年一度的花卉展览。

2月15日，中国花卉协会在国务院第四会议室召开常务理事会议。陈慕华、何康、朱荣、储传亨、李伯宁等常务理事28人以及在京的特邀理事4人出席会议。名誉会长陈慕华讲话，何康会长作工作报告。会议决定举办第二届中国花卉博览会、全国城市市花展以及召开第二次全国理事会，增补经济日报出版社总编辑范敬宜为中国花卉协会副会长。

4月6～9日，经中日友好协会与中国花卉协会商定，由北京林业大学园林系主任苏雪痕任团长，中国日本友好协会副秘书长陈永昌和中国盆景艺术家协会副会长赵庆泉等组成的代表团，赴日本琦玉县大宫市参加世界盆栽友好联盟成立大会，大会推举苏雪痕同志为该联盟的中国理事。

6月18日，由中国花卉协会、江苏省农林厅联合组织的中国盆景赴荷兰展览团一行5人，参加在荷兰鹿特丹市“海洋乐园”举办的盆景展销会。盆景展销会展期1个月。

8月19日，农业部农业局副局长、中国花卉协会副秘书长高麟溢率团赴捷克斯洛伐克，参加“大地——万物的赋予者”展览会，并与辛普拉公司签订了科技和经济合作协议书。

8月20日，农业部、林业部、水利部、建设部、外经贸部转发《关于第二届中国花卉博览会工作会议纪要》的通知，要求各地加强对花展筹备工作的指导和支持。

1989年

1月5日，为贯彻国务院关于严格控制召开全国性会议的通知精神，中国花卉协会第二次理事会采取通讯形式召开。何康会长在工作报告中总结了三年来的工作，提出了1989年工作任务。会议通过了协会章程修改草案。

1月31日，中国花卉协会在国务院第四会议室召开常务理事会议。出席会议的有陈慕华、何康、刘琨、李伯宁、范敬宜等常务理事和在京特邀理事共32人。会议审议通过了何康会长的工作报告及协会章程修改草案。名誉会长陈慕华作了重要讲话。

3月3～7日，中国花卉协会常务理事、《中国花卉报》总编辑杨德华率北京、辽宁、上海、江苏、浙江、福建、广东、四川、甘肃和武汉等地的代表赴香港参加花卉展览。

4月18日，第二届中国花卉博览会丰台、石景山两区分会场筹备工作会议在北京市石景山区召开。首都绿化委员会常务副主任单昭祥、中国花卉协会秘书长刘近民以及石景山区政府、北京花卉协会等有关单位的负责人参加会议。会议研究落实了两个分会场的展出方案、办展经费、展品来源、组织机构等问题。

5月19～23日，中国插花花艺协会在北京召开成立大会。来自全国21个省（区、市）的230名代表参加了会议。中国花卉协会副会长刘琨、北京市副市长何鲁丽、首都绿化委员会常务副主任单昭祥、中国花卉协会秘书长刘近民和副秘书长夏佩荣、北京林业大学校长沈国舫等出席会议。筹备领导小组组长王莲英致开幕辞。

9月26日，中国花卉协会与北京花卉协会联合主办的第二届中国花卉博览会在北京全国农业展览馆主会场和石景山区、丰台区两个分会场开幕。25个省（区、市）、2个计划单列市、2个经济特区、3个专业花协及中国台湾、香港有关方面参展。中国花卉协会名誉会长陈慕华在开幕式上剪彩，彭冲、何康、叶如棠等分别到会祝贺，并参观了展览。在为期8天的博览会中，参观人数近30万人次。北京花卉协会和江苏省农林厅双获名誉会长杯，辽宁省花卉协会获水利部长杯，山东省花卉协会获外经贸部长杯，上海市花卉协会获北京市长杯，湖北省花木盆景协会获林业部长杯，福建省花卉协会获建设部长杯，内蒙古自治区花卉协会获农业部长杯。

1990年

1月24日，中国花卉协会在国务院第四会议室召开常务理事会议。出席会议的有陈慕华、刘琨、储传亨、王品卿、李伯宁等常务理事及特邀理事共34人。何康会长因故未出席，会议由刘琨副会长主持，并宣读了何康会长的工作报告。

2月23日，中国花卉协会秘书长刘近民率北京、辽宁、河南、广东、广西、深圳等地花卉协会和江苏省农林厅、广州市农业局、深圳市园林总公司、深圳市农业科学研究所、中国花卉进出口公司、广东省顺德陈村花木公司等单位代表，参加香港花卉展览。广州市农业局获三等奖，江苏省农林厅获优秀奖。

7月3～7日，在中国花卉协会组织下，由世界盆栽友好联盟中国理事苏雪痕率团，赴美国夏威夷参加世界盆栽友好联盟第一届理事会第二次会议。中国代表团在会上提出了第二届国际盆栽大会在中国召开的提案。

1991年

1月6～7日，中国花卉协会在江苏植物研究所召开中国花卉品种命名和登记工作座谈会。会议由秘书长刘近民主持。出席会议的有副秘书长夏佩荣以及各专业分会的专家、学者共18人。会议讨论通过了《中国花卉品种命名和登记委员会章程（草案）》。

2月12日，中国花卉协会在国务院第三会议室召开常务理事会议。出席会议的有陈慕华、何康、储传亨、李伯宁、谷永江、单昭祥等常务理事和特邀理事共36人。名誉会长陈慕华讲话，何康会长作工作报告。会议审议通过了协会办公室起草的《全国花卉业“八五”计划》。

3月8日，由中国花卉协会副秘书长夏佩荣任团长，组织北京、吉林、上海、江苏、江西、山东、河南、湖南、广东、云南等省（区、市）和深圳市等地花卉协会及安徽省建设厅等12个单位，参加香港花卉展览。

3月30日，农业部、林业部、水利部、建设部、外经贸部5部委联合发出《关于转发〈全国花卉业“八五”计划〉的通知》，要求各地结合实际情况研究落实。

4月4日，根据《国务院办公厅转发民政部关于清理整顿社会团体的通知》精神，中国花卉协会向农业部人事劳动司提交了《关于协会清理整顿的自查报告》，并向民政部社团管理司提交了《复查登记申请书》。

8月1日，为加强花卉协会的工作，经有关领导研究，何康会长批准，中国花卉协会的领导班子进行了调整。增补农业部副部长陈耀邦为副会长，外经贸部副部长佟志广接替谷永江任副会长的职务，农业部农业司司长王甘杭兼任秘书长，原秘书长刘近民同志任顾问。协会办公室的业务指导工作由农业司承担。

8月29日，应荷兰中国盆景中心邀请，中国花卉协会委托江苏省农林厅携带富有地方特色的中国盆景，在荷兰斯希丹市“中国盆景中心”举办中国盆景展销会。

10月13～18日，应荷兰世界花卉园艺博览会（FLORIADE 92）基金会邀请，中国花卉协会秘书长王甘杭率6人先遣团赴荷兰洽谈中国参展事宜，与荷兰FLORIADE基金会秘书长斯纳德签订了参展协议。

10月22日，民政部向中国花卉协会颁发社会团体登记证，审定中国花卉协会符合民政部社会团体登记的有关规定，准予注册登记。

1992年

2月1日，中国花卉协会在国务院第四会议室召开常务理事会议。出席会议的有陈慕华、何康等常务理事和特邀理事共35人。会议由何康会长主持。名誉会长陈慕华在会上提出：种花占用耕地少，经济效益高，在农业结构调整中应把发展作为一个重要内容，这是农民致富的途径。她强调协会今后要重点抓好市场流通、基地建设、技术服务等工作。

3月6日，首都绿化委员会常务副主任、中国花卉协会副秘书长单昭祥任团长，组织北京、吉林、上海、安徽、福建、江西、山东、河南、广东、贵州、陕西等省（市）和深圳市等地花协和铁道、水利、林业花协等18个单位，参加香港花卉展览。中国花卉协会展区获得最佳贡献奖。

4月9日，应荷兰农渔部邀请，农业部委托中国花卉协会牵头组织中国园艺展览团赴荷兰参加世界园艺博览会。该团由中国花卉协会秘书长王甘杭、江苏省委副书记曹鸿鸣、首都绿化委员会常务副主任单昭祥为总团领导，9名厅局级干部任分团团长，北京、上海、江苏、浙江、福建、广东、四川7省（区、市）及深圳市共53人组成。

6月10日，名誉会长陈慕华在《人民日报》上发表题为《大力发展花卉事业》的文章。文章全面分析了我国花卉业的发展形势，呼吁有关部门关心、引导和扶持花卉业的健康发展。

7月，中国花卉协会在四川省成都市举办首届插花培训班。来自国内20个省（区、市）和部门的100多名学员参加培训，由香港插花教师授课。

9月25日，名誉会长陈慕华在国务院召见何康会长、王甘杭秘书长，就加快发展我国花卉业的问题，提出了重要的指导性意见。

10月10日，王甘杭秘书长向国务委员陈俊生呈送了《关于加快花卉业发展的建议》。陈俊生同志批示："花卉在我国是新兴产业，应当引起各方面重视。同意甘杭同志意见。"

10月14日，中国花卉协会发出《关于陈慕华同志对发展我国花卉业的意见的通知》，要求各地结合实际，认真贯彻落实。

1993年

1月19日，中国花卉协会在国务院第三会议室召开常务理事会议。出席会议的有何康、李伯宁、刘琨、单昭祥、陈俊愉等常务理事和特邀理事30多人。会议由何康会长主持，并作工作报告。

2月5日，国务院办公厅参阅文件〔1993〕2号转发何康会长在中国花卉协会1993年常务理事会上的工作报告。

3月5日，中国花卉协会办公室向名誉会长陈慕华、会长何康汇报评选国花的有关情况和建议。

3月19～28日，由中国花卉协会秘书长王甘杭任团长，组织北京、内蒙古、辽宁、浙江、安徽、江西、河南、湖南、广东、四川、陕西等省（区、市）和深圳市等地花协和铁道、水利、林业花协，以及江苏省农林厅、重庆市园林局、昆明市园林局、广州市农业局等单位的104人，参加香港花卉展览。中国花卉协会荣获最佳贡献奖和最佳展品奖杯。北京花卉协会、重庆市园林局和湖南省花卉协会获得最佳展品奖。

4月22日，中国花卉协会与北京花卉协会联合主办的第三届中国花卉博览会在北京全国农业展览馆隆重开幕。名誉会长陈慕华等领导剪彩，何康会长致开幕词。国务院有关部委和北京市领导刘江、钮茂生、张金昌、陈耀邦、臧伯平、洪绂曾、李志坚、焦若愚、王宪、单昭祥等出席开幕式。第三届中国花卉博览会有31个省（区、市）和深圳市等计划单列市及三个部门花协共35个单位组团参展，展出面积2.5万平方米，室外布置园林景点23个，产品销售区集中各种花卉、盆景及其配套产品。展期15天，观众达30多万人次。其中有近百名中央领导和国务院各部委负责同志参观，一致称赞博览会办得好、水平高、有意义。

4月25日，中共中央总书记、国家主席江泽民在全国人大常委会副委员长、中国花卉协会名誉会长陈慕华及中国花卉协会会长何康等陪同下，兴致勃勃地参观了第三届中国花卉博览会。江泽民主席对发展花卉业作了重要指示，指出："因地制宜地发展花卉业，不仅可以增加农民收入，还可以美化人民生活环境，提高人们的精神生活水平。"

4月28日，名誉会长陈慕华召集参加第三届中国花卉博览会的各省（区、市）代表，在北京全国农业展览馆举行座谈会，商讨近年来我国花卉业的发展形势、存在问题以及今后应采取的措施。

4月30日，国务委员陈俊生在参观第三届中国花卉博览会时，高兴地指出"一定要把发展花卉生产与扶贫结合起来，帮助农民致富"，并对何康会长说："花卉生产需要扶持，各部门一定要大力支持这项事业。"

5月25日，中国花卉协会向各省（区、市）花协发出《关于印发陈慕华同志谈加快花卉业发展的几个问题的通知》，要求各地结合实际情况，认真研究，贯彻落实。

5月27日，受中国花卉协会委托，盆景大师赵庆泉赴美国参加在佛罗里达州奥兰多市召开的世界盆栽友好联盟第二届理事会暨1993年国际盆栽大会。应大会主席邀请，赵庆泉在会上作了水旱盆景操作表演，赢得了国际盆栽界权威人士的高度赞扬。

6月8日，在中国花卉协会和江苏省农林厅的重视和支持下，华艺盆景园艺有限公司在荷兰阿姆斯特丹市正式注册成立，为中国盆景出口欧洲市场建立了窗口。

7月24日，为落实江泽民主席和其他中央领导同志的指示，进一步推动花卉业的发展，名誉会长陈慕华在北京主持召开了中国花卉协会常务理事会议，认真分析当前花卉业的发展形势，总结交流发展花卉业的经验，并对解决当前存在的问题和困难提出意见和建议。

8月19日，在国务委员陈俊生主编的《建设高产优质高效农业》一书中，刊登了陈慕华同志关于《大力发展我国花卉业，提高物质和精神生活水平》的文章。

12月25～27日，中国花卉协会在北京重庆饭店召开中国花卉协会第二届理事会议。名誉会长陈慕华作重要讲话。会议审议通过了何康会长的工作报告，修改了协会章程，选举产生了第二届常务理事会以及会长、副会长、秘书长、副秘书长。何康同志继续担任会长，王甘杭担任秘书长。

1994年

2月25日，国务院办公厅秘书局在《信息参考》上刊登《陈慕华、何康同志谈如何加快我国花卉业发展》的文章。

3月1日，根据中国花卉协会第二届理事会议决定，部署在中国花卉协会成立10周年之际，组织评选首届全国花卉先进企业。

3月5日，全国人民代表大会秘书处要求农业部研究办理由何康等30位人大代表提出的《关于尽快评定我国国花的议案》。

3月17～27日，秘书长王甘杭任团长，组织北京、吉林、江苏、浙江、广东、山东、湖南、四川8个省（市）和哈尔滨、成都、深圳、广州4个市花协，参加香港花卉展览。中国花卉协会布置的“中国园”荣获大会颁发的7项大奖。

4月9日，中国花卉协会发出《关于召开海峡两岸花卉发展交流研讨会的通知》。

5月3日，农业部对八届全国人大二次会议第0440号议案给予答复，并责成中国花卉协会组成国花评选领导小组，负责国花评选工作。

5月8日，由中国国际贸易促进委员会牵头，中国花卉协会和中国国际贸易促进委员会农业行业分会参加，接待国际园艺生产者协会（The International Association of Horticultural Producers, AIPH）主席奥特考兹和秘书长罗特文尔等5人代表团，并向代表团陈述我国申请加入国际园艺生产者协会和申办1999年世界园艺博览会的理由和条件。

5月28日，中国花卉协会在南京召开全国花卉协会秘书长会议，分析上半年花卉业发展形势，交流评选国花、评选先进花卉企业、筹办海峡两岸花卉发展交流研讨会的进展情况。

9月2日，中国花卉协会在人民大会堂召开评选国花第一次新闻发布会。陈慕华、何康、王甘杭同志出席并讲话。会后，中国花卉协会发出《关于在全国掀起评选国花高潮的通知》。

9月2日，中国花卉协会与国家科学技术委员会共同组织北京、河北、江苏、浙江、山东、广东、四川等省（市）的有关单位共15人，由中国花卉协会常务理事、浙江省农业厅厅长赵小道任团长，赴法国、比利时、荷兰进行为期18天的考察。在花卉品种引进、人才培训、技术交流等方面进行了广泛的洽谈，达成20多个意向性合作项目。

10月3～8日，中国花卉协会与中国国际贸易促进委员会农业行业分会组成中国代表团，中国国际贸易促进委员会副会长刘福贵任团长，出席在以色列列赫兹利亚市召开的国际园艺生产者协会（AIPH)第46届理事会。会上，中国代表团详细阐述了中国申办1999年世界园艺博览会的规划方案。经过大会讨论，AIPH正式接纳中国为会员国，中国花卉协会成为AIPH会员单位，同意和支持中国申办世界园艺博览会。

10月14～16日，中国花卉协会在北京召开中国花卉协会成立10周年庆祝大会暨海峡两岸花卉发展交流研讨会。名誉会长陈慕华、会长何康出席会议并作重要讲话，充分肯定10年来我国花卉业取得的显著成就。王甘杭秘书长在会上宣布52篇论文获奖和70家企业获全国花卉先进企业称号，并颁发了奖牌、证书。

10月20日，名誉会长陈慕华在北京中山公园主持召开座谈会，研究建立花卉流通网络问题。会长何康、秘书长王甘杭、北京花卉协会副会长单昭祥以及国家计划委员会、农业部、林业部、水利部、国家工商管理局等单位有关人员出席会议。

10月25～27日，中国花卉协会与上海市花卉协会、上海普陀区工商局联合在上海召开全国花卉市场经营管理经验研讨会。王甘杭秘书长主持会议，并传达了陈慕华同志关于建立花卉流通网络的讲话精神。上海市曹安花卉市场、北京花卉交易中心、北京园林花卉市场、浙江省绍兴市花卉市场、江苏省武进华夏花木园林集团公司等单位介绍了经验。与会代表一致认为，建立全国性的花卉流通网络势在必行。

11月14日，中国花卉协会在人民大会堂召开评选国花第二次新闻发布会，陈慕华同志公布了国花候选方案和候选花名单。候选方案和候选花有两套：一是一国一花，牡丹；二是一国四花，牡丹、荷花、菊花、梅花。

11月15日，中国花卉协会发出《关于善始善终地搞好国花评选活动的通知》，要求各省（区、市）和深圳特区国花评选领导小组于11月底将评选结果、产生的依据，连同国花选票一并盖章后报全国国花评选领导小组办公室。

12月，中国国际贸易促进委员会副会长刘福贵率团参加国际展览局在法国巴黎召开的第116届大会。大会一致同意中国于1999年举办世界园艺博览会并列入国际展览局计划。

12月19日，中国花卉协会与北京农业大学联合建立泛华观赏园艺培训中心。该中心挂靠北京农业大学植物科学技术学院，与观赏园艺系联合办公。

12月23日，中国花卉协会向农业部上报评选国花结果。

1995年

1月18日，中国花卉协会在北京召开常务理事会议。出席会议的有陈慕华、何康、祝光耀、周文志、单昭祥、李伯宁、佟志广、储传亨等常务理事40多人。何康会长作工作报告。陈慕华强调要进一步提高认识，抓好流通领域和基地建设，加强人才培训。

3月10～19日，农业部农业司副司长孙小平任团长，组织北京、内蒙古、辽宁、吉林、上海、江苏、浙江、山东、河南、湖南、广东、四川12个省（区、市）以及深圳、广州花协和林业、铁道两个部门花协，参加香港花卉展览。中国花卉协会委托吉林省花卉协会和长春市花卉协会设计制作的主景“蝶恋花”荣获最佳展位设计奖，并获得6项最佳展品奖和最佳贡献奖。

3月29日，中国花卉协会发出《关于编制花卉业“九五”计划有关问题的通知》，要求各地花协充分认识编制花卉业“九五”计划的重要性，提出编制计划的主要内容、编制方法和完成时间。

4月5日，中国花卉协会与香港怡华贸易公司联合创办的北京华艺园插花学校正式成立。何康会长出席并讲话。

5月29日，中国花卉协会在山东省莱州市召开全国花卉协会秘书长会议。会议主要研究编制《全国花卉业“九五”计划》、建立全国花卉信息网络、开展人才培训、举办首届中国花卉交易会以及加强专业分会管理等问题。

6月7日，中国花卉协会颁发分支机构暂行管理办法，要求各专业分会遵照执行。

8月22日，中国花卉协会与北京林业大学、中国插花花艺协会、北京插花艺术研究会联合创办的全国插花花艺培训中心在北京林业大学正式成立。何康会长出席并讲话。

11月1～4日，由中国花卉协会主办，福建省花卉协会承办的全国花木企业家联谊会在福州市召开，国内26个省（区、市）的130多家企业近300人参加会议，何康会长出席并讲话。

1996年

2月14日，中国花卉协会在北京召开常务理事会议，讨论通过《全国花卉业“九五”计划》和花卉协会1996年工作要点。

3月15～24日，由首都绿化委员会常务副主任、中国花卉协会副会长单昭祥任团长，组织北京、吉林、江苏、安徽、山东、湖南、广东、四川、陕西9个省（市）和成都、武汉、洛阳、深圳、广州5个市花协及铁道、农垦两个部门花协，参加香港花卉展览。中国花卉协会设计的主景点“牡丹岛”获大会颁发的最佳展品奖和最佳贡献奖。

4月18日，由全国绿化委员会、国家计划委员会、财政部、农业部、林业部、建设部、水利部、对外经济贸易部联合发出《关于转发〈全国花卉业“九五”计划〉的通知》，要求各地结合实际情况，参照执行。

6月1日，全国绿化委员会、国家计划委员会、财政部、农业部、林业部、水利部、对外经济贸易部联合发出《关于举办第四届中国花卉博览会的通知》，要求各地加强组织领导，抓紧做好各项筹备工作。

7月26日，上海市普陀区人民政府常务副区长张克明、上海市农林局副局长沈兰全、上海市花卉协会秘书长舒大慧等有关同志，专程来北京向中国花卉协会名誉会长陈慕华汇报“第四届中国花卉博览会暨首届中国花卉交易会”的筹备情况。陈慕华同志作了重要指示，希望上海认真做好各项筹备工作，走出一条办展的新路子。

8月23日，经民政部批准，同意中国花卉协会的业务主管部门由农业部变更为全国绿化委员会办公室。同年10月，业务主管部门由全国绿化委员会办公室变更为林业部。

10月3日，名誉会长陈慕华出席林业部召开的全国花卉工作会议，并作了重要讲话。

10月4日，名誉会长陈慕华约见中国花卉协会会长何康，林业部部长徐有芳、副部长祝光耀，中国花卉协会秘书长王甘杭等有关方面负责人，就如何更好地发挥花协的作用发表了意见。陈慕华同志说，花协是群众团体，但离不开行政单位的支持；行政单位既要支持协会工作，又要让它有相对的独立性。花协要面向企业，为企业提供切实有效的服务。

10月15～17日，中国花卉协会在江西省庐山市召开第四届中国花卉博览会暨首届中国花卉交易会第二次筹备会议，国内24个省（区、市）花协和林业、铁道两个部门花协的60多名代表参加会议。会议由秘书长王甘杭主持。上海市普陀区常务副区长张克明汇报了花博会和交易会筹备情况。会议讨论修改了花博会总体设计方案和评奖办法。

1997年

1月20日，《花卉工作通讯》创刊号出版。

1月31日，中国花卉协会在全国妇女活动中心召开常务理事会议。出席会议的有陈慕华、何康、祝光耀、周文志、单昭祥、李伯宁、储传亨、张延喜等领导及在京的常务理事40多人。何康会长作工作报告。会上还听取了上海市普陀区政府常务副区长张克明关于第四届中国花卉博览会暨首届中国花卉交易会筹备情况的汇报。会议增选国家计划委员会副主任陈耀邦为中国花卉协会常务副会长，更改经济日报社社长徐心华为副会长，增补林业部党组成员江泽慧、铁道部副部长蔡庆华为副会长，任命林业部造林司司长朱俊凤为秘书长，王甘杭改任顾问，更换《中国花卉报》总编辑冯德珍为副秘书长。

2月26日，名誉会长陈慕华出席农业部召开的全国花卉产业化工作会议，并作了重要讲话。

2月26～27日，中国花卉协会在上海召开第三次全国花卉协会秘书长会议。会议由中国花卉协会顾问王甘杭主持。会上听取了花博会组委会和各省（区、市）关于花博会的筹备工作情况汇报。秘书长朱俊凤作了会议总结。

3月14～23日，由林业部党组成员、中国林业科学研究院院长、中国花卉协会副会长江泽慧和首都绿化委员会常务副主任、中国花卉协会副会长单昭祥担任名誉团长，秘书长朱俊凤任团长，组织北京、天津、辽宁、上海、江苏、浙江、江西、河南、湖北、湖南、广东、四川12个省（市）以及深圳、广州2个市共60人的代表团，参加香港花卉展览。中国花卉协会荣获大会颁发的最佳展品奖、最佳展位设计奖和最佳贡献奖中的5个奖项。

4月11～20日，第四届中国花卉博览会暨首届中国花卉交易会在上海市长风公园举行。中共中央政治局委员、国务院副总理姜春云为花博会题词“展世上名花，交天下好友”。中共中央政治局委员、上海市市委书记黄菊，全国人大常委会副委员长陈慕华，对外经济贸易部部长吴仪，林业部部长徐有芳，上海市市长徐匡迪，中国花卉协会会长何康等领导也分别为花博会题词。出席开幕式的领导有：全国人大常委会副委员长陈慕华、铁木耳，有关部委的领导有吴仪、陈耀邦、刘广运、祝光耀、刘于鹤、江泽慧、李国华、单昭祥、廖诗权、苏华等。上海市领导黄菊、陈至立、王力平、陈良宇、孟建柱、赵启正、叶公琦、陈铁迪、龚学平、冯国勤等参加开幕式或参观花展。展出总面积7万平方米，共有29个省（区、市）、1个特区、5个部门和专业分会、中国林业科学研究院等36个参展团参展。参加交易会的企业达400多家，成交额超过2000万元，参观人数突破100万人。山东、江苏、北京、浙江、上海、湖北、辽宁、广东、安徽、河北分获团体总分前10名。

4月12日，在上海举办花博会和交易会期间，中国花卉协会召开企业会员座谈会，有100多家企业参会。名誉会长陈慕华作了重要讲话，提出在新形势下，花协的工作重点应尽快转向为企业服务。

7月7～11日，由中国花卉协会与《中国林业报》、中国林业机械协会园林机械专业委员会共同举办的第二届全国花木企业家联谊会议在北京召开。何康会长出席并作了重要讲话，呼吁企业要抓住机遇，诚信务实，团结协作，树立中国花卉企业形象。副会长江泽慧在讲话中指出，全面依靠科技进步是发展我国花卉产业的核心，要加大科技投入，加快新技术、新成果的推广应用。

8月21日，中国花卉协会在浙江省杭州市召开华东6省1市花卉协会秘书长会议。中国花卉协会秘书长朱俊凤、浙江省花卉协会会长赵小道、浙江省林业厅厅长程渭山出席会议并讲话。会议重点研究了举办华东6省1市区域性花卉展销会的有关事宜。

12月7～10日，中国花卉协会在北京召开第三届理事会议。会议通过何康会长作的工作报告，修改了协会章程，选举产生了第三届常务理事会和新一届领导班子：名誉会长陈慕华，会长何康，副会长祝光耀、吴武封、李延龄、白志健、储传亨、蔡庆华、江泽慧、孙广相、殷介炎、刘文杰、王开元、佟志广、徐心华、岳福洪、宋希友；秘书长刘玉祥，专职副秘书长姜伟贤；顾问王甘杭。

1998年

3月6～15日，由中国花卉协会专职副秘书长姜伟贤任团长，组织北京、天津、河北、吉林、上海、江苏、浙江、江西、河南、湖南、广东、四川、贵州、新疆14个省（区、市）和广州、深圳2个市及铁道部花协组成代表团，参加香港花卉展览。中国花卉协会委托上海新艺花行设计制作的主景点“祖国明天更美好”获本届花展最高奖—最佳贡献奖。深圳市花卉协会设计的小景“再创辉煌”获银杯奖。

4月22～27日，由中国花卉协会、上海市花卉协会主办，上海国际展览公司承办的1998年中国国际花卉园艺展览会在上海国际展览中心举行。这是中国花卉协会首次举办的商业性贸易展览，展出面积6000平方米，参展企业187家，其中来自荷兰、比利时、以色列、美国、法国、泰国、意大利、西班牙、澳大利亚、印度尼西亚等国家和地区的花卉企业67家。

8月18日，《中国花卉科技信息全书》正式出版。该书由会长何康、副会长江泽慧题词，中国工程院院士陈俊愉撰写前言，高俊平、姜伟贤、孙世菊担任主编，比较系统地总结了改革开放20年来我国花卉业的科技成果。

9月8日，’99昆明世界园艺博览会花卉新品种命名活动工作会议在国家林业局召开。有关省（区、市）林业（农林）厅（局）或绿委办主管花卉的领导，有关科研单位的负责人，中国花卉协会有关专业分会会长或秘书长参加了会议。会议研究确定了花卉新品种征集工作的计划和具体办法，讨论研究了对提供花卉新品种的育种者和积极推荐花卉新品种的单位或个人的具体奖励办法。

9月11～12日，中国花卉协会在辽宁省大连市召开全国花协秘书长会议。何康会长作了题为《加强管理，正确引导，推动我国花卉业稳步健康发展》的报告。报告在肯定成绩的同时，指出不少地方存在盲目投资、重复建设的问题，集中表现为“三热一冷”，即基地投资热、市场建设热、温室引进热，科研被冷落。会后，何康会长向温家宝副总理写了报告，提出加强花卉行业管理的建议。

9月11～20日，中国花卉协会与中国园艺学会和大连市人民政府联合主办的首届全国花卉科技信息交流会暨第二届中国花卉交易会在大连市举行。会议主题是“花卉与科技”。中国花卉协会副会长江泽慧作了题为《依靠科技进步，发展花卉生产》的重要讲话，中国园艺学会副理事长、中国工程院院士陈俊愉作了题为《跨世纪中华花卉业的奋斗目标》的学术报告。中国花卉协会会长何康、辽宁省副省长杨新华等领导出席了会议。

1999年

3月12～21日，由中国林业科学研究院院长、中国花卉协会副会长江泽慧任团长，组织北京、天津、河北、辽宁、河南、江苏、浙江、江西、湖南、湖北、广东、四川等12个省（市）及深圳市共54人的代表团，参加香港花卉展览。香港特别行政区行政长官董建华夫人董赵洪娉出席开幕式，并参观了中国花卉协会组织设计布置的“绿色畅想曲”展区。该展区获花展设计布置最高奖——金杯奖。

5月1日，’99昆明世界园艺博览会隆重开幕。这是国际A1类博览会，展期从5月1日至10月31日。这次昆明世界园艺博览会创下了8项世界之最，获1999年上海大世界吉尼斯之最证书。

5月3～5日，在’99昆明世界园艺博览会期间，国家林业局、中国花卉协会、云南省园艺博览局、中国园艺学会共同举办了’99昆明世园会花卉研讨会。国家林业局党组成员、中国林业科学院院长、中国花卉协会副会长江泽慧为大会致辞。会议就我国花卉业的发展现状、21世纪花卉业发展趋势、花卉业发展战略和思路等问题进行了研究和探讨。

6月4～9日，应对外经济贸易部邀请，以日本国际贸易促进协会理事长中田庆雄为团长的花卉考察团一行15人，到北京、云南和上海考察花卉生产。中国花卉协会副会长江泽慧在北京会见了考察团全体成员。

6月22日，中国花卉协会发出《关于组织申办第五届中国花卉博览会的通知》。

7月16日，中国花卉协会在国家林业局召开常务理事会。来自全国各地的花协常务理事及代表60人参加会议。会议由国林副会长主持。主要议程是调整协会的领导成员。新的领导班子成员是：名誉会长陈慕华、何康，会长江泽慧，副会长迟海滨、储传亨、王文东、刘坚、王继兴、国林、吴乃文；秘书长姜伟贤，副秘书长王殿富。

8月16日，中国花卉协会会长江泽慧在国家林业局召开联席会议。农业部、对外经济贸易部、国家林业局、海关总署和国家民航总局等部委的有关领导出席。会议主要内容是研究组织联合调查组，对花卉进出口问题进行调查。

9月6～10日，国际园艺生产者协会在云南省昆明市召开第51届年会。来自中国、荷兰、比利时、丹麦、法国、意大利、奥地利、英国、挪威、韩国、泰国、哥伦比亚等16个国家和地区的75名代表参加会议。中国花卉协会副会长王文东作了题为《中国花卉业的发展现状和前景》的报告。

9月10日，中国花卉协会发出《关于编制花卉业“十五”计划的通知》。

9月23～29日，由对外经济贸易部组织的中国花卉贸易考察团对日本花卉生产、贸易进行了考察。国家林业局植树造林司助理巡视员刘红、中国花卉协会秘书长姜伟贤随团参加考察。

11月1日，中国对日经济贸易协调委员会会长陈新华和日本国际贸易促进协会理事长中田庆雄共同签订了《促进中日花卉贸易协议书》。中日双方一致认为，有必要分别设立花卉贸易协调促进机构。中方在现有的中国对日经济贸易协调委员会内设立花卉贸易促进会，由对外经济贸易部、国家林业局、中国花卉协会及有关部门组成。日方在日本国际贸易促进协会内设花卉协议会，由日本进出口销售等企业组成。

11月23～24日，中国花卉协会在广东省广州市召开全国花协秘书长会议。中国花卉协会会长江泽慧、广东省副省长欧广源等领导出席会议。会议讨论修改了《全国花卉进出口调查报告》；研究确定了《全国花卉业“十五”计划》的指导思想；首次通过投票，确定广东省顺德市获得第五届中国花卉博览会的举办权。

2000年

1月8日，中国园艺学会副理事长高俊平、中国花卉协会秘书长姜伟贤主编的《中国花卉科技二十年》一书出版发行。名誉会长陈慕华、何康为该书题词，会长江泽慧为该书题写书名，北京林业大学教授、中国工程院院士陈俊愉作序。该书是《中国花卉科技信息全书》的姊妹篇。

1月27日，中国花卉协会常务理事会议在国家林业局216会议室召开。来自全国各地的50多位常务理事参加会议。会议由副会长王文东主持，江泽慧会长作工作报告。名誉会长陈慕华作了重要讲话。会议通过了《中国花卉协会企业会员管理补充办法》，审核批准了北京莱太花卉交易中心等50多家企业为中国花卉协会新会员，增补国家林业局植树造林司副司长赵良平兼任中国花卉协会副秘书长。

3月10～19日，中国花卉协会会长江泽慧率北京、河北、辽宁、江苏、广东等15个省（区、市）的60人代表团，参加香港花卉展览。中国花卉协会设计了具有浓郁江南园林风格特色的主景点“苏苑”。整个景区400平方米，成为展会最大的亮点之一，获最佳展位设计奖和最佳贡献奖。

4月4～7日，第二届中国国际花卉园艺展览会在北京举办。全国人大常委会副委员长布赫，中国花卉协会名誉会长陈慕华、何康，会长江泽慧，副会长国林、储传亨、王继兴，经济日报出版社社长徐心华，农业部党组成员夏文义，国家林业局副局长李育材，中国航天长城企业集团总裁张新侠，荷兰驻华公使施凯恩出席开幕式。展览会主题为“花卉贸易与交流”，展会面积8000平方米，来自12个国家和地区的200多家花卉企业参展，专业观众2万余名。

6月2日，中国花卉协会与国家林业局联合组织评选的首批59个“中国花木之乡”公布（林造发〔2000〕246号）。

6月23日，由中国花卉协会和澳门临时市政局主办、中国花卉协会荷花分会与澳门公园承办的第14届全国荷花展在澳门举行，展出时间为1个月。

8月14～15日，全国花卉协会秘书长会议在四川省成都市召开。江泽慧会长出席会议并作重要讲话。会议主要内容是：研究确定第五届中国花卉博览会总体方案和实施计划；讨论确定《中国花卉园艺》杂志办刊宗旨。本刊是国内公开发行的花卉园艺综合性刊物。其宗旨是为花卉园艺界的科研、教学、生产及管理人员等提供科学技术交流的园地，传播新成果、新技术信息，为促进花卉园艺科学技术的发展服务。秉承以人为本、民主办刊、开放办刊的理念，实行以学术价值为唯一标准的合乎国际学术期刊惯例的双向匿名审稿制度。

9月28日，中国花卉协会与云南省人民政府共同举办的中国国际昆明花卉节隆重开幕。江泽慧、朱绍芝、黄炳生、邵琪伟等领导出席开幕式。美国、荷兰、法国、比利时、以色列、韩国、日本、缅甸、泰国、新加坡以及中国台湾、香港等12个国家和地区的花商参加了花卉节。有269家中外企业参展，45辆花车巡游，布置了50多个花卉景点，仅现场观赏花车的观众就达上百万人次。

2001年

1月1日，中国花卉协会主办的《中国花卉园艺》杂志创刊。江泽慧会长亲自题词并致创刊词。名誉会长陈慕华题词“发展花卉产业，美化人民生活”。名誉会长何康、国务院原副秘书长刘济民、建设部原副部长储传亨、水利电力部原副部长李伯宁等题词祝贺。

1月5日，全国花卉协会秘书长会议在北京召开。江泽慧会长出席会议并讲话。会议主要讨论《全国花卉业“十五”计划》，通报了第五届中国花卉博览会筹备情况。

1月6日，《中国花卉园艺》杂志创刊号首发式在人民大会堂隆重举行。全国人大常委会副委员长布赫、全国政协副主席赵南起以及有关部门领导出席。

3月9～18日，由中国花卉协会名誉会长何康任名誉团长，姜伟贤任团长，组织北京、山西、辽宁、江苏、浙江、安徽、深圳、广州等省市花卉协会和铁道部花卉协会的50人代表团，参加香港花卉展览。中国花卉协会委托四川省花卉协会、四川锦江宾馆园林花艺工程有限公司设计制作的主景点“迎春园”获金杯奖。

4月1日，由国家质量技术监督局颁布的《主要花卉产品等级》国家标准正式实施。该标准分鲜切花、盆花、盆栽观叶植物、花卉种子、花卉种球、花卉种苗、草坪7个部分。

4月4～7日，第三届中国国际花卉园艺展览会在上海国际展览中心举行。展出面积1.2万平方米，来自中国、荷兰、法国、意大利、丹麦、美国、西班牙、澳大利亚、日本、瑞典、芬兰、比利时、厄瓜多尔、以色列等国家和地区的250家企业参展，专业观众38000人次。

4月13～17日，中国花卉协会副秘书长王殿富赴朝鲜参加在平壤举办的金日成花卉展览会。

4月30日，中国花卉协会与中国插花花艺协会、深圳市人民政府联合在深圳举办首届中国国际插花花艺博览会。展会主题为“插花花艺与生活”。中国花卉协会会长江泽慧、深圳市市长于幼军、天津市副市长孙海麟、深圳市政协副主席邱玫、中国插花花艺协会常务副会长王莲英出席了开幕式。来自中国、美国、英国、荷兰、比利时、澳大利亚等国家和地区的200多个单位参展，参展作品1000多件。

8月10日，中国花卉协会与国家林业局联合印发《全国花卉业“十五”计划》。

9月，由中国园艺学会副理事长高俊平、中国花卉协会秘书长姜伟贤共同主编的《中国花卉科技进展》（1998—2001）正式出版。

9月28日，第五届中国花卉博览会在广东省顺德市陈村花卉世界隆重举行。时任全国政协副主席布赫、周铁农出席开幕式，中国花卉协会会长江泽慧出席开幕式并致辞。展出面积9.8万平方米，全国有31个省（区、市）及香港、澳门、台湾地区全部组团参展，有15个国家参展，国内外参展企业500多家，参观人数达108万人。

9月28～30日，由中国花卉协会和中国园艺学会主办的第二届全国花卉科技信息交流会在广东省顺德市陈村花卉世界举行，有200多人参加，交流论文36篇。

10月1日，由中国文联牡丹书画艺术委员会主办，中国市长协会、中国花卉协会协办的“神州花韵——中国城市市花书画艺术大展”在广东省顺德市陈村花卉世界举办。

10月5日，中国花卉协会零售业分会在广东省顺德市召开成立大会。会议通过了分会工作条例，选举产生了理事会。赵梁军任会长，王兴国任副会长兼秘书长。中国花卉协会秘书长姜伟贤出席会议并讲话。

10月16日，由中国花卉协会会长江泽慧主编的大型花卉系列丛书——《中国牡丹》画册问世。该书由菏泽王建国编辑，中国文学艺术界联合会原党组书记高占祥摄影，中国林业出版社出版发行。

2002年

1月8日，第四届海峡两岸花卉博览会在福建省漳州市马口花卉大世界开幕。中国花卉协会会长江泽慧出席开幕式并致辞。

1月24日，经对外经济贸易部批准，中国花卉协会获得境内举办对外经济技术展览会的主办单位资格。

3月1日，中国花卉协会第四届会员代表大会在北京渔阳饭店召开。会议审议通过了江泽慧会长的工作报告，通过了协会章程，选举产生了新一届领导成员：名誉会长陈慕华、何康，名誉副会长邵华，会长江泽慧，副会长刘坚、韩德乾、张佑才、赵光华、王文东、国林；秘书长姜伟贤，副秘书长王殿富、陈建武。

3月8～17日，中国花卉协会委托浙江省花卉协会、浙江森禾种业公司赴香港参加花卉展览，设计布置的主景点“迎宾园”获最佳贡献奖。

4月5日，中国花卉协会会长江泽慧率15人的代表团参加在荷兰哈勒姆市举办的A1类世界园艺博览会（Floradia）。占地面积177平方米的“中国园”获室内唯一铜奖。中国申报的五盆盆景全部获金奖。

4月10～13日，第四届中国国际花卉园艺展览会在北京全国农业展览馆举办。名誉会长陈慕华、何康，名誉副会长邵华，副会长张佑才、赵光华、国林、王文东，国家林业局副局长李育材，长城展览总公司总裁张新侠等领导、嘉宾出席了开幕式。展出面积1万多平方米，来自中国、荷兰、德国、意大利、比利时、美国、法国、以色列、日本、韩国、澳大利亚、丹麦等10多个国家和地区的240多家企业参加展览，专业观众1.2万多名，社会观众参观人数约2万人。

4月24～29日，中国花卉协会副秘书长王殿富参加韩国安眠岛举办的国际花卉博览会。该展览是国际园艺生产者协会批准的A2类国际花卉博览会。

6月6日，全球环境基金会（GEF）在印度尼西亚巴厘岛授予中国林业科学研究院院长、中国花卉协会会长江泽慧和国家环保总局局长解振华全球环境（GEF）领导奖。该奖旨在表彰长期从事国家或全球环境保护事业的领导人、政府机构、私营部门、非政府团体或个人。

6月17日，根据温家宝副总理与中央财经领导小组办公室关于涉农行业协会调查研究的谈话内容，对全国现有31个省（区、市）花卉协会基本情况进行了全面调查后，将题为《明确行业协会的地位和作用势在必行》的报告提交国务院有关部门。

7月18～19日，全国花卉协会秘书长会议在天津召开。来自全国22个省（区、市）的花协秘书长及零售业分会负责同志参加了会议。江泽慧会长出席会议并作了重要讲话。会议主要研究了中国插花花艺大赛筹备工作；讨论通过了第六届中国花卉博览会申办办法。

9月，新华社《内参》刊登中国花卉协会会长江泽慧题为《花卉业是前景广阔的优势产业》的文章，《人民日报》记者就此进行了专访，引起了国务院有关部门和各级政府的重视。

9月30日，中国花卉协会与中国插花花艺协会和天津市人民政府联合主办的中国首届插花花艺大赛在天津国际展览中心开幕。全国妇联主席顾秀莲，中国花卉协会名誉会长陈慕华、何康和会长江泽慧，天津市市委书记、天津市人大常委会主任张立昌以及天津市和中国花卉协会有关领导出席开幕式。来自全国32个省（区、市）和香港、澳门、台湾地区，以及荷兰、新加坡、韩国、日本、马来西亚等国家的115位代表参加大赛。大赛主题为“插花花艺与文化生活”。共评出展区金奖15名、银奖25名、铜奖41名、优秀奖122名，个人比赛共评出冠军、亚军、季军9名。中国花卉协会零售业分会选送的北京选手万宏获个人比赛冠军。

10月25～28日，中国花卉协会与中国园艺学会联合主办的“加入WTO后中国花卉产业形势与发展战略研讨会”在昆明市召开。来自全国各地的180多位专家、学者及企业界代表参加了会议。会上就如何使我国花卉业融入国际大环境，使民族花卉国际化、进口花卉国产化，培育出拥有自主知识产权的花卉品种，增强国际市场竞争力等问题进行了探讨。

11月20日，中国花卉协会会长江泽慧在国家林业局会见了美国保尔公司总裁安娜·保尔女士。江泽慧会长向安娜·保尔女士介绍了中国花卉业现状、趋势及面临的发展机遇。安娜·保尔女士表示了与中国进一步开展合作的意向。

2003年

3月6日，经国家林业局批准，同意中国花卉协会成立花卉行业职业技能鉴定指导站。

3月6～9日，中国金华国际茶花大会暨国际茶花节在浙江省金华市召开。

3月7日，江泽慧会长在浙江省金华市会见了国际茶花协会主席戴维斯一行。

3月8日，《插花员国家职业标准》正式出版发行。该标准由王莲英、秦魁杰、虞佩珍等插花专家编写和审定，由劳动和社会保障部颁布，于2002年9月29日正式实行。

4月14日，中共中央总书记、国家主席胡锦涛视察广州市东山区劳动就业培训中心，详细了解下岗职工学习插花技术实现再就业的情况。插花专家王绍仪做了汇报，胡锦涛主席十分满意。

4月16～19日，第五届中国国际花卉园艺展览会在上海国际展览中心举行。全国政协副主席、中国社会科学院党组书记、院长陈奎元，中国花卉协会会长江泽慧、副会长国林，中共上海市委常委、副市长周禹鹏等出席开幕式。展区面积1.19万平方米。全国17个省（区、市）和香港、澳门、台湾地区，以及荷兰、德国、法国、美国、丹麦、芬兰、日本、韩国、南非等国家和地区近600个企业参展。

4月17日，在第五届中国国际花卉园艺展览会期间，中国花卉协会召开了企业会员年会。副会长国林作了题为《加强行业自律，推动我国花卉业健康发展》的报告，浙江森禾等11家企业发出《笃守诚信，严于自律》倡议书。中国花卉协会零售业分会会长赵梁军作了题为《中国花卉零售业现状及发展战略》的报告。中国花卉协会秘书长姜伟贤向大会通报了计划2005年在中国举办第四届亚洲杯插花花艺大赛的情况。

7月18日，中国花卉协会主办的机关刊物《中国花卉园艺》杂志网站正式开通。

7月18～20日，由中国花卉协会荷花分会和河北省林业局、河北省花卉协会、保定市人民政府、秦皇岛市人民政府联合举办的第十七届全国荷花展览会，分别在河北省安新县白洋淀与抚宁县南戴河举行。名誉会长何康，原林业部副部长刘于鹤，河北省副省长才利民、宋恩华等出席了白洋淀“荷花大观园”的主会场开幕式。全国人大常委会原副委员长曹志、文化部原部长王蒙、中国花卉协会荷花分会名誉会长高占祥出席了南戴河“中华荷园”分会场开幕式。

8月24～25日，全国花协秘书长会议在新疆乌鲁木齐市召开。中国花卉协会会长江泽慧、新疆维吾尔自治区政府副主席熊辉银出席会议。会议由姜伟贤秘书长主持。主要议题是：投票确定第六届中国花卉博览会举办城市；交流各地花卉协会的工作情况；讨论组织开展花卉业宏观战略研究的有关问题。大连、南京、成都、杭州4个申办城市分别由辽宁省副省长胡晓华、江苏省副省长黄莉新、四川省副省长陈文光、杭州市副市长孙景森带队出席会议。通过各省（区、市）花卉协会秘书长投票，成都获得举办权。

9月12日，经中共国家林业局直属机关委员会批准，中国花卉协会秘书处党支部成立。

9月18～19日，首届全国花卉重点产区宣传工作经验交流会在四川省成都市温江区召开。各地花卉协会、花卉重点产区及花卉企业代表40多人出席了会议。

10月17～25日，中国花卉协会秘书长姜伟贤率团，出席在日本东京召开的亚洲花店业协会第19次年会。会议接受了中国花卉协会提出加入亚洲花店业协会的申请。

11月18日，中国花卉协会网站正式开通。网站设置中英文版，与国内外多家花卉园艺组织网站进行了链接。

12月8日，中国花卉协会与上海《园林》杂志社联合出版了2004年365天原色花历。

12月9日，国务院原副秘书长、《中国花卉园艺》杂志社顾问刘济民来杂志社看望全体人员，并为杂志创刊3周年题词祝贺。

12月28日，中国花卉协会与中国插花花艺协会共同编辑的《花艺时空——中国首届插花花艺大赛专辑》正式出版，中国花卉协会会长江泽慧为专辑作序。

2004年

1月16日，中国花卉协会在国家林业局召开常务理事会议。出席会议的有陈慕华、何康、邵华、江泽慧、韩德乾、国林、王文东、赵光华和国家林业局有关部门及北京地区常务理事40多人。会长江泽慧作了工作报告。陈慕华、何康作重要讲话。

2月19日，全国绿化委员会、国务院西部地区开发领导小组办公室、财政部、铁道部、农业部、水利部、海关总署和国家林业局联合发出《关于举办第六届中国花卉博览会通知》。

3月8日，中国花卉协会会长江泽慧与四川省省长张中伟及有关人员，在四川省驻京办事处商讨筹办第六届中国花卉博览会的有关事宜。

3月19日，中国花卉协会会长江泽慧在国家林业局会见了国际园艺生产者协会主席、荷兰花卉拍卖协会主席法伯等一行15人。参加会见的还有荷兰驻华使馆农业参赞贺仁、国家林业局有关司（局）领导。

4月14～17日，第六届中国国际花卉园艺展览会在北京全国农业展览馆举行。名誉会长何康，名誉副会长邵华，副会长王文东、韩德乾、赵光华，国家林业局副局长祝列克，荷兰驻华使馆农业参赞贺仁等出席开幕式并剪彩。展出面积1.2万平方米。来自全国19个省（区、市）和香港、澳门、台湾地区，以及荷兰、德国、美国、日本、韩国、意大利、法国、英国、比利时、丹麦、希腊、泰国、澳大利亚、斯里兰卡、厄瓜多尔等国家和地区的近300家企业参展。

5月25日，中国花卉协会分支机构秘书长会议在成都市温江区召开。会议讨论通过了《中国花卉协会分支机构管理办法》。

5月26日，第六届中国花卉博览会第一次筹备工作会议在四川省成都市温江区召开。会议主要通报博览会筹备情况，讨论博览会总体方案。中国花卉协会副会长国林、四川省副省长陈文光分别作了重要讲话。

5月27～30日，由中国花卉协会主办、《中国花卉园艺》杂志社和成都市温江区人民政府承办的首届全国花卉主产区县（市）长论坛暨首届全国花卉企业峰会在成都市温江区召开。中国花卉协会副会长国林、山西省政协副主席吕日周、农业部农村经济研究中心主任柯炳生、国家林业局造林司副司长黎云昆作了重要报告。来自全国各地的花协负责人、花卉主产区县（市）长、花卉企业代表及国内外园艺专家、学者400多人参加了会议。

6月5日，中央农村工作领导小组副组长徐有芳任中国花卉协会名誉会长。

6月11日，第六届中国花卉博览会第一次组委会议、第一次新闻发布会和海外新闻发布会在人民大会堂召开。名誉会长、第六届中国花卉博览会组委会名誉主任委员徐有芳，全国绿化委员会办公室副主任、国家林业局副局长、第六届中国花卉博览会组委会副主任委员祝克列，财政部副部长、第六届中国花卉博览会组委会副主任委员廖晓军，商务部部长助理、第六届中国花卉博览会组委会副主任委员傅自在，国务院西部开发办公室、国土资源部、铁道部、水利部、农业部、海关总署、国家旅游局等有关领导，以及四川省副省长、第六届中国花卉博览会副主任委员陈文光，成都市委副书记、市长、第六届中国花卉博览会副主任委员葛红林等出席会议。第一次组委会会议由第六届中国花卉博览会组委会主任委员、中国花卉协会会长江泽慧主持，会议通过了第六届中国花卉博览会会徽、会歌、吉祥物和主题语等。

6月15日，劳动和社会保障部颁布并施行花卉园艺师国家职业标准。

6月30日，中国花卉协会会长江泽慧在国家林业局会见了荷兰观赏植物生产环保项目认证（MPS认证）机构总经理德格鲁和市场营销部经理凡·赫斯女士。双方表达了在花卉认证领域的合作愿望。

8月1～12日，中国花卉协会与国家林业局职业技能鉴定指导中心和全国插花花艺培训中心联合在北京举办首期插花员教师资格培训班。全国20个省（区、市）的109名学员参加了培训。学员主要来自各地的花店从业人员、职业院校教师和大学教师。经过培训和考核，所有学员均获得了插花员培训教师资格证书。

8月9日，中国花卉协会秘书长姜伟贤在国家林业局接待了亚洲花店业协会理事长吉野郁三一行3人。双方就中国花卉协会申请入会及举办亚洲杯插花大赛事宜进行了交流和磋商。

9月1日，在国际园艺生产者协会第56届年会上，由中国花卉协会和辽宁省人民政府共同申办2006年沈阳世界园艺博览会（A2+B1类）获得成功。

12月10日，民政部授予中国花卉协会“全国先进民间组织”称号。

2005年

1月6日，由中国花卉协会和广州市人民政府主办的首届中国盆栽花卉交易会在广东省广州市举办，农业部原部长陈耀邦、国家林业局副局长祝列克、国家林业局造林司司长魏殿生、中国花卉协会秘书长姜伟贤等领导出席开幕式。

1月6日，中国花卉协会盆栽分会筹备成立大会在广东省广州市召开，中国花卉协会秘书长姜伟贤、副秘书长王殿富出席会议，副秘书长陈建武主持会议。

1月18日，中国花卉协会改革座谈会在北京召开。会议决定，花协作为社团组织，要向民间性、自律性方向发展，要把为行业和企业服务作为协会的努力方向和工作重点，建立相配套的管理办法和用人机制。中国花卉协会会长江泽慧主持会议，名誉会长陈慕华、何康、徐有芳，副会长国林、王文东，以及协会秘书处领导参加了会议。

1月25日，中国花卉协会成立20周年纪念大会在北京召开，中国花卉协会名誉会长陈慕华、何康、徐有芳，名誉副会长邵华，会长江泽慧，国家林业局副局长祝列克，副会长王文东、韩德乾、赵光华、国林，中国花卉协会现任常务理事、理事等160多人出席会议。

3月11日，中国花卉协会会长江泽慧、秘书长姜伟贤应邀出席2005年香港花卉展。

3月12日，2006沈阳世界园艺博览会（A2+B1类）组委会第一次会议在北京举行。会议通过了沈阳世界园艺博览会的总体规划、主题词、会徽和吉祥物。中国国际贸易促进委员会会长万季飞、中国花卉协会副会长赵光华、辽宁省省长张文岳、国家建设部总规划师陈晓丽、沈阳市市长陈政高等领导出席会议。

4月6日，由中国花卉协会主办的第七届中国国际花卉园艺展览会在上海市举办。中国花卉协会副会长赵光华，荷兰、厄瓜多尔驻华使节，德国商贸代表等出席开幕式。展出面积1.4万平方米，参展企业374家，专业观众1.3万余名。

4月15日，全国花协秘书长会议暨第六届中国花卉博览会第二次筹备会议在四川省成都市举行。中国花卉协会名誉会长徐有芳，中央财经领导小组办公室、中央农村工作领导小组办公室局长王韩民，中国花卉协会秘书长姜伟贤和副秘书长王殿富、陈建武等领导出席会议。

5月18～20日，由中国花卉协会和国家林业局植树造林司主办的第二届全国花卉主产区县（市）长论坛暨第二届全国花卉企业峰会在湖北省武汉市召开，中国花卉协会名誉会长徐有芳，会长江泽慧，国家林业局植树造林司巡视员郭涛等领导出席开幕式。来自全国19个省（区、市）共360名代表参加了会议。

6月10日，由中国花卉协会和沈阳市人民政府主办的首届“中国杯”插花花艺大赛在辽宁省沈阳市举行。中国花卉协会名誉会长何康、副会长韩德乾、秘书长姜伟贤，亚洲花店业协会会长吉野郁三、副会长林秀德和尹锡壬等领导和嘉宾出席开幕式。安徽省合肥袭人花店王刚、南京绿草地花卉水果商店倪志翔、浙江省义乌梦园鲜花礼品行叶纪黑分别获得A组冠军、亚军、季军，陕西省花卉协会选送的国磊、江苏省花木协会选送的刘飞鸣、吉林省花卉协会选送的李慧淑分别获得B组冠军、亚军、季军。

7月20～31日，由中国花卉协会、中国插花花艺协会、北京林业大学园林学院和佩华花艺学校联合主办的首期高级插花员教师培训班在北京举办，王莲英、秦魁杰、周佩华等花艺专家授课。

8月8日，国家认证认可监督管理委员会与荷兰MPS基金会在北京签署了《中国国家认证认可监督管理委员会与荷兰MPS基金会谅解备忘录》，标志着MPS花卉认证体系合作项目正式启动。中国花卉协会见证了备忘录的签署。

9月8日，全国花卉标准化技术委员会及花卉认证工作指导委员会在北京成立，中国林业科学研究院首席科学家彭镇华、中国花卉协会会长江泽慧分别担任两个委员会主任。国家标准化管理委员会副主任王忠敏、国家认证认可监督委员会副主任程方、国家林业局科技司巡视员李东升、农业部种植业管理司副司长马淑萍、中国花卉协会秘书长姜伟贤和副秘书长陈建武以及两委委员共40多人参加成立大会。

9月20日，中国花卉协会在北京召开国花评选专家座谈会，出席座谈会的10位专家，有8位赞成牡丹为国花，有2位赞成牡丹和梅花为国花。

9月28日，由中国花卉协会和四川省人民政府主办的第六届中国花卉博览会在四川省成都市开幕。全国人大常委会副委员长乌云其木格宣布开幕，全国政协副主席李蒙和全国政协原副主席杨汝岱共同启幕，全国政协人口资源环境委员会副主任、中国花卉协会会长江泽慧等领导致辞。全国人大农业与农村委员会主任委员刘祖明，中国花卉协会名誉会长徐有芳、名誉副会长邵华，全国人大农业与农村委员会副主任委员万宝瑞，水利部副部长鄂竟平，全国绿化委员会办公室副主任、国家林业局副局长祝列克，国家认证认可监督管理委员会副主任程方等出席开幕式。中国花卉协会副会长赵光华宣读回良玉副总理的贺信。

9月28日，由中国花卉协会、国家林业局植树造林司、国家林业局植物新品种保护办公室和第六届中国花卉博览会组委会共同主办的中国花卉产业发展与新品种知识产权国际论坛在四川省成都市开幕。国家林业局副局长祝列克、四川省副省长陈文光、中国花卉协会副会长赵光华、国家林业局植树造林司司长魏殿生、国家林业局新品种保护办公室常务副主任李东升出席开幕式。

9月30日，中国花卉协会召开全国花卉协会秘书长会议，专题讨论国花问题。共有24个省（区、市）花卉协会秘书长出席会议，有19个省（区、市）代表推选牡丹为国花。

12月2日，木犀属植物品种国际登录中心在南京林业大学成立，标志着该中心正式开始对外承担木犀属植物品种国际登录的工作。中国花卉协会桂花分会副会长向其柏为国际木犀属品种登录权威。

12月22日，中国花卉协会第五届会员代表大会在北京召开。会议对第四届理事会的工作进行了总结，修改了中国花卉协会章程及会费缴纳方法，选举产生了第五届理事会。国家林业局党组成员、中国林业科学研究院院长江泽慧当选为第五届理事会会长，王殿富当选为秘书长。中国花卉协会名誉会长徐有芳，副会长韩德乾、冯秀华、赵光华、刘雅芝、张延华，农业部副部长范小建，国家林业局人事教育司司长马安全，国家林业局植树造林司副司长马爱国等出席会议，来自中国花卉协会各分支机构、全国各省（区、市）花卉行业管理部门、花卉协会和花卉企业的代表150余人参加了会议。

12月28日，第二届中国盆栽花卉交易会在广东省广州市开幕，中国花卉协会会长江泽慧出席开幕式并讲话。此次展会共接待游客39.2万人次，花卉订货交易金额达14.5亿元。

12月28日，中国花卉协会盆栽植物分会在广东省广州市成立。这是中国花卉协会组建的第13个分支机构，也是中国花卉协会按照专业领域建立的第二个分支机构。广州花都先锋园艺有限公司董事长李虬当选分会会长，广东省农业科学院花卉研究所所长王碧青、广东维生园艺科技有限公司总裁李华养、上海成美园艺有限公司董事长魏应守等6人当选分会副会长，广州市花卉办公室副主任陈勖良当选分会秘书长。中国花卉协会秘书长王殿富，副秘书长陈建武、张引潮出席成立大会。

2006年

1月8日，北京首届插花花艺大赛颁奖典礼在北京会议中心举行，中国花卉协会秘书长王殿富出席。

1月18日，中国花卉协会秘书长王殿富在北京会见日本麒麟啤酒株式会执行董事、麒麟农业生物公司社长、日本花卉经营协会副会长松岛义幸一行7人，双方交流了中日花卉行业信息，共谋中日花卉行业发展。

2月25日，中国花卉协会组织专家在山东省青岛市召开青岛市城阳区花卉市场建设论证会。中国花卉协会秘书长王殿富、北京林业大学园林学院院长张启翔教授等来自花卉行业协会、科研院校、花卉市场、生产流通企业的10多位专家参加论证会。

3月2日，由中国花卉协会和国家林业局植树造林司主办的第三届中国花卉产业高峰论坛在浙江省杭州市开幕。国家林业局副局长祝列克，中国花卉协会副会长刘向东、秘书长王殿富，国家林业局植树造林司副司长马爱国等领导出席开幕式，并为朱应雄、丁贤云、贾新宪等10位“2005年度全国花卉企业十大新闻人物”颁证。来自全国各地政府管理部门、花卉协会、科研单位、花卉企业的200多名代表参加了会议。

3月3日，由浙江省花卉协会、上海市园林绿化行业协会和杭州市萧山区人民政府共同主办的首届沪浙园林绿化产业交易会暨第三届浙江萧山花木节在浙江省杭州市举行。中国花卉协会副会长刘向东、秘书长王殿富出席开幕式。

3月10日，2006沈阳世界园艺博览会组委会第二次会议在北京钓鱼台国宾馆举行。建设部副部长黄卫、商务部副部长易小准、中国花卉协会会长江泽慧、中国国际贸易促进委员会副会长高燕、国家旅游局副局长王志发等出席会议。

4月11～14日，由中国花卉协会主办的第八届中国国际花卉园艺展览会在北京展览馆开幕。中国花卉协会名誉副会长徐有芳，副会长刘向东、赵光华、韩德乾、冯秀华出席开幕式。此次展会展出面积1.7万平方米，吸引了13个国家和地区的300多家花卉企业参展，1万多名国内外专业观众参观。

4月12日，由国家林业局与国际果树和观赏植物无性繁殖育种协会联合主办的亚洲植物育种者权益保护会议在北京举行。中国花卉协会会长江泽慧、国家林业局植物新品种保护办公室副主任李东升等出席会议。

4月30日，由建设部、商务部、国家旅游局、中国国际贸易促进委员会、中国花卉协会、辽宁省人民政府共同主办的2006沈阳世界园艺博览会（A2+B1类）开幕。全国人大常委会副委员长司马义·艾买提、全国政协副主席李贵鲜、中国花卉协会会长江泽慧、国际园艺生产者协会（AIPH）主席杜克·法伯、联合国副秘书长陈健、韩国前总理李洪九等领导嘉宾出席开幕式。此次世园会展期184天，共接待中外游客1260万余人次，创下了世界园艺博览会展期内接待游客总量的新纪录。

5月24日，中国-荷兰MPS花卉认证合作项目启动仪式在北京举行，标志着中国MPS花卉认证合作项目正式启动。中国花卉协会会长江泽慧、国家认证认可监督管理委员会主任孙大伟、荷兰农业大臣魏尔曼、荷兰MPS基金会执行主席格鲁特出席启动仪式。

6月8日，由亚洲花店业协会（AFA）和中国花卉协会联合主办的第四届亚洲杯插花花艺大赛在广东省广州市举行。亚洲花店业协会会长吉野郁三代表亚洲花店业协会宣布大赛开幕；中国花卉协会会长江泽慧出席开幕式并致辞，副会长刘雅芝出席开幕式，秘书长王殿富主持开幕式。

6月10日，首批中国插花花艺大师颁证仪式在广东省广州市举行。王绥枝、谢晓荣、蔡俊清、王路昌、谢明、丁稳林、张莲芳、梁胜芳、秦雷共9人荣获“中国插花花艺大师”称号。中国花卉协会秘书长王殿富、副秘书长张引潮出席颁证仪式。

7月28日至8月21日，由中国花卉协会、中国插花花艺协会、北京林业大学、北京市东城区佩华花艺职业技能培训学校共同举办的初、中级插花员职业资格培训班和中级插花员教师培训班分两期在北京举行，王莲英、秦魁杰、周佩华、高炎发等知名花艺师担任授课老师。

8月9日，由北京花卉协会、中国插花花艺协会、中国花卉报社联合举办的“2008北京奥运与花卉”论坛在北京举行，探讨北京奥运礼仪用花。中国花卉协会秘书长王殿富出席。

8月9日，中国花卉协会和中国插花花艺协会授予王莲英、蔡仲娟、王绍仪、秦魁杰“中国插花花艺资深大师”称号。

8月22日，中国花卉协会印发《第七届中国花卉博览会申办办法》。

8月26日，亚洲花店业协会（AFA）第24届理事会议在日本仙台召开。中国花卉协会正式成为亚洲花店业协会会员，中国花卉协会秘书长王殿富当选为亚洲花店业协会副会长。

10月25日，中国花卉协会零售业分会第二届会员代表大会在北京召开，中国花卉协会秘书长王殿富出席并讲话。

11月1日，2006泰国世界园艺博览会（A1类）在泰国清迈开幕，中国花卉协会会长江泽慧率团出席开幕式。泰国诗琳通公主、总理素拉育、农业部部长提拉等王室政府官员参观中国展园——中国唐园，全国政协副主席白立忱、中国花卉协会会长江泽慧向诗琳通公主赠送中国唐园纪念品。

11月2日，中国花卉协会举行2006泰国世界园艺博览会中国唐园捐赠仪式，中国花卉协会会长江泽慧、全国政协副主席白立忱、泰国农业部部长提拉出席捐赠仪式。

11月10日，中国花卉协会与国际园艺生产者协会（AIPH）就涉台问题达成共识，并形成书面确认文件。AIPH承诺从2006年11月11日起，将其会员组织台湾花卉发展协会（TFDA）称为“TFDA，Chinese Taipei”，并且在其网站、会员名录、出版物、期刊和所有数据库中，以及协会组织的所有会议、展览的会议文件、资料、名册、日程表、节目单、佩章、座位牌、桌签等涉及台湾组织称谓时都使用“TFDA，Chinese Taipei”。

11月18日，由国务院台湾事务办公室、国家质量监督检验检疫总局、国家林业局、福建省人民政府和海峡两岸农业交流协会共同主办的第八届海峡两岸花卉博览会暨农业合作洽谈会在福建省漳州市开幕，中国花卉协会秘书长王殿富出席开幕式。

2007年

1月16日，由中国花卉协会盆栽植物分会主办的首届中国组合盆栽大赛在广东省广州市举行，广州市拙草园园林园艺有限公司、浙江森禾种业有限公司、广州秀色园艺有限公司的参赛选手从全国各地参赛的41队选手中脱颖而出，分别获得冠军、亚军、季军。

1月18日，由中国花卉协会和广州市人民政府主办的第三届中国盆栽花卉交易会在广东省广州市举行。中国花卉协会副会长刘向东、秘书长王殿富等出席开幕式。

1月19日，由中国花卉协会主办的首届亚洲花卉市场合作论坛在广东省广州市举行，中国花卉协会副秘书长陈建武出席开幕式。17位中外花卉产销企业共同签署了《亚洲花卉市场合作论坛宣言》。

1月25日，由中国花卉协会梅花蜡梅分会主办的第十届全国梅花蜡梅展览在四川省成都市开幕。中国花卉协会副秘书长陈建武，中国花卉协会梅花蜡梅分会会长、中国工程院院士陈俊愉出席开幕式。

2月，由国家林业局和中国花卉协会组织编写的《花卉园艺师职业技能鉴定培训教材》正式出版。

3月18日，第25届亚洲花店业协会（AFA）理事会在中国台湾省台北市召开，中国花卉协会秘书长王殿富、中国花卉协会零售业分会会长赵梁军出席会议。

4月，中国花卉协会网站www.chinaflower.org改版并试运行。

4月11～14日，由中国花卉协会主办的第九届中国国际花卉园艺展览会在上海市举行。中国花卉协会会长江泽慧、副会长刘向东，上海市副市长胡延照，荷兰驻上海总领事王一力出席开幕式并致辞。此次展会展出面积1.7万平方米，吸引了24个国家和地区的360多家企业参展，1万多名国内外专业观众参观。

5月21日，中国花卉协会会长江泽慧在北京会见日本国际贸易促进协会花卉代表团小杉圭一一行。中日双方就花卉产业现状、流通建设、知识产权保护等方面进行了深入交流，双方表示今后将进一步加强交流与合作，实现优势互补，共促花卉产业发展。

6月5日，全国花卉协会秘书长会议在江苏省扬州市举行，会议确定第七届中国花卉博览会在北京市顺义区和山东省青州市两地同时举办。

6月24日至7月4日，中国花卉协会派员赴荷兰参加MPS-GAP花卉认证培训。

6月29日，由中国花卉协会、中国插花花艺协会和北京市园林绿化局联合主办的2008年北京奥运礼仪用花评选暨第三届迎奥运插花花艺设计大赛颁奖典礼在北京举行，中国花卉协会会长江泽慧、国家林业局副局长祝列克、北京奥组委副主席蒋效愚、北京市副市长牛有成、北京市政府副秘书长王云峰出席颁奖典礼并为获奖选手颁奖。

6月29日，全国花协秘书长座谈会在北京市顺义区召开，筹备第七届中国花卉博览会。

7月21～27日，由国家林业局职业技能鉴定指导中心、中国花卉协会和苏州农业职业技术学院共同举办的首届花卉园艺师职业技能鉴定考评员培训班在江苏省苏州市开班。共有40多人参加培训，学员考核合格后可获得花卉园艺师鉴定考评员资格证书。

8月15～17日，由中国花卉协会、国家林业局植树造林司和潍坊市人民政府共同主办的第四届中国花卉产业高峰论坛在山东省潍坊市举行。中国花卉协会会长江泽慧、副会长赵光华，国家林业局植树造林司副司长吴坚出席开幕式。江泽慧发表“大力发展现代花卉业”主旨演讲，秘书长王殿富主持开幕式。来自花卉行业的企业家、专家、学者以及日本、美国特邀嘉宾近200人参加了会议。

8月20日，中国花卉协会会长江泽慧考察浙江省金华国际山茶物种园。

8月20日，亚洲花店业协会（AFA）2007年度理事会在日本广岛举行。中国花卉协会秘书长王殿富一行4人出席会议，并观摩了日本花店业协会（JFTD）举办的第55届日本杯花艺大赛。中国花卉协会零售业分会与日本花丘比特送花组织签订了中日双向鲜花异地配送合约。

9月4日，中国花卉协会会长、花卉认证工作指导委员会主任江泽慧在北京会见荷兰PMS基金会总经理格鲁特，双方交流了中国—荷兰MPS花卉认证项目进展情况。

9月4日，国际园艺生产者协会（AIPH）第59届年会在英国召开，西安成功获得了2011年世界园艺博览会（A2＋B1类）的举办权。

9月23～24日，由中国花卉协会、东南大学、南京市人民政府主办的首届中国花文化国际学术研讨会在江苏省南京市召开，中国花卉协会副会长刘向东出席开幕式并致辞，副秘书长陈建武致闭幕辞。

10月10日，中国花卉协会印发《第七届中国花卉博览会参展补助经费兑现办法》。

10月16日，中国花卉协会会长江泽慧在北京会见泰国农业合作部副部长宋刊滩民拆一行6人，双方希望进一步加强在花卉园艺领域的交流与合作。

10月17日，“中国杜鹃园”在江苏省无锡市正式挂牌。中国花卉协会会长江泽慧为“中国杜鹃园”题写匾名，中国花卉协会秘书长王殿富和无锡市副市长刘鸿志共同为“中国杜鹃园”揭匾。

11月29日，2011西安世界园艺博览会筹备工作情况汇报会在北京召开，中国花卉协会会长江泽慧、秘书长王殿富出席会议。

12月9日，花卉园艺师职业技能鉴定题库开发工作启动会议在北京召开，中国花卉协会副秘书长陈建武主持会议。

12月30日，由三亚市人民政府和海南省兰花协会主办的第二届中国（三亚）国际热带兰花博览会在海南省三亚市开幕。中国花卉协会会长江泽慧出席开幕式并致辞，副会长姜伟贤出席开幕式。

12月31日，由中国花卉协会和广州市人民政府共同主办的第四届中国盆栽花卉交易会在广东省广州市举办，中国花卉协会秘书长王殿富出席开幕式。

2008年

1月11日，国家林业局职业技能鉴定指导中心和中国花卉协会正式启动花卉园艺师职业技能鉴定题库开发工作。

1月16日，中国花卉协会五届三次常务理事会议在北京召开。中国花卉协会会长江泽慧，名誉副会长徐有芳，副会长韩德乾、王兆成、刘向东、赵光华、刘雅芝，国家林业局植树造林司司长魏殿生出席会议。会议由王兆成主持，江泽慧作工作报告。来自各省（区、市）花卉协会、中国花卉协会分支机构的代表80余人参加了会议。

1月25日，全国绿化委员会、国家林业局、财政部、铁道部、科技部、农业部、商务部、海关总署和国家质量监督检验检疫总局九部委联合签发《关于举办第七届中国花卉博览会的通知》(全绿字〔2008〕1号)，标志着第七届中国花卉博览会正式进入了全面筹备阶段。

2月19日，由中国花卉协会、大理白族自治州人民政府主办的中国（大理）第六届茶花博览会在云南省大理市举办，国际茶花协会主席格力高力·戴维斯，中国花卉协会会长江泽慧、副会长姜伟贤出席开幕式。

2月22日，由中国花卉协会兰花分会、中国植物学会兰花分会、中国野生植物保护协会兰科植物保育委员会和温州市人民政府联合主办的第十八届中国兰花博览会在浙江省温州市举行，国家林业局原副局长赵学敏、中国花卉协会秘书长王殿富出席开幕式。

2月25日，中国花卉协会向会员单位发文，了解低温雨雪冰冻灾害对花卉产业造成的损失情况，开展抗灾救灾工作。

3月11日，第七届中国花卉博览会北京市顺义区主展馆奠基仪式在北京市顺义区举行，北京市副市长牛有成、中国花卉协会副会长姜伟贤出席奠基仪式。

3月20日，全国花卉标准化技术委员（以下简称“标委会”）一届三次会议在北京召开。标委会主任委员彭镇华，国家林业局科技司巡视员、标委会副主任委员李东升，中国花卉协会副会长、标委会副主任委员姜伟贤出席会议。中国花卉协会副秘书长张引潮主持会议。

4月9日，由中国花卉协会主办的第十届中国国际花卉园艺展览会暨2008北京园林绿化行业新技术新材料推介会在北京开幕，中国花卉协会会长江泽慧，国家林业局副局长雷加富，中国花卉协会副会长韩德乾、王兆成、刘向东、刘雅芝、张延华、刘卓慧、姜伟贤，北京市第29届奥组委工程和环境部副部长余晓萱，北京市园林绿化局副局长史贵升，北京市2008环境建设总指挥部总体策划部部长魏科，荷兰驻华大使裴靖康等出席开幕式。此次展会展出面积1.8万平方米，共吸引了来自中国、荷兰、比利时等10多个国家和地区的350家企业参展。

4月10日，第七届中国花卉博览会推介会在北京召开。中国花卉协会秘书长王殿富和副秘书长陈建武、张引潮，北京花卉协会会长宋希友，北京市顺义区副区长王振江，山东省林业局副局长吴庆刚，山东省潍坊市副市长陈白峰等领导及荷兰、德国、比利时等8个国家和地区的花卉企业代表，北京、山东两地有关筹备人员共130多人出席推介会。

4月18～19日，由中国花卉协会和扬州市人民政府主办的首届中国扬州万花会暨2008年中国国际花文化学术研讨会在江苏省扬州市举办，中国花卉协会副会长刘向东出席开幕式并致辞，中国花卉协会秘书长王殿富出席会议，中国花卉协会花文化专业委员会会长周武忠主持开幕式。共有来自荷兰、韩国、日本的国（境）内外花艺专家150余人参会。

4月19日，花卉园艺师职业技能鉴定题库开发第一次工作会议在江苏省苏州市召开。国家林业局职业技能鉴定指导中心主任安丰杰、处长陈建，中国花卉协会副秘书长陈建武，苏州农业职业技术学院院长成海钟等出席会议。

4月24～26日，2008国际园艺生产者协会（AIPH）春季会议在匈牙利召开，中国花卉协会秘书长王殿富一行3人出席会议，商讨AIPH展览规则修改问题。

4月28日，由安徽省林业厅、安徽省花卉协会、合肥市人民政府共同主办的第五届安徽省花卉博览会暨2008中国（安徽）花卉文化节在安徽省肥西市开幕。中国花卉协会会长江泽慧出席开幕式并致辞，副会长姜伟贤出席开幕式。

5月21日，针对四川汶川大地震对灾区造成的巨大破坏，中国花卉协会、中国绿化基金会联合发起“关注地震灾区孩子，援建‘希望之花’小学”倡议，当日收到首笔善款50万元。

5月22日，由中国花卉协会月季分会、北京市公园管理中心主办的第三届全国月季展览会及第28届北京月季展在北京植物园举办。中国花卉协会会长江泽慧、秘书长王殿富，世界月季联合会主席杰拉德·梅兰，法国驻华大使馆农业参赞莫里尼亚，世界月季联合会副主席津下孝正，澳大利亚月季品种登录权威劳瑞·纽曼等出席开幕式。

6月18日，由中国花卉协会、国家林业局植树造林司、天津市东丽区人民政府共同主办的第五届中国花卉高峰论坛在天津市举行。中国花卉协会会长江泽慧、副会长刘向东，全国政协委员潘庆林，国家林业局植树造林司副司长万勇，中国花卉协会秘书长王殿富出席开幕式。中国花卉协会会长江泽慧发表了“中国花卉产业发展30年回顾与展望”的主旨演讲。来自花卉生产、科研、教学、管理等方面200多人参加了论坛。

6月19日，全国花卉协会秘书长座谈会在天津市召开，商议确定北京、山东第七届中国花卉博览会室内外规划设计方案，部署各项筹备工作，中国花卉协会会长江泽慧出席会议并讲话。

6月24日，由中国花卉协会荷花分会、北京圆明园管理处联合主办的第二十二届中国（圆明园）荷花展览在北京举行。海淀区委书记谭维克宣布开幕并与中国文学艺术界联合会高运甲副主席、中国花卉协会王殿富秘书长共同启幕，中国花卉协会副秘书长陈建武致辞。

7月8日，中国－荷兰MPS花卉认证合作项目颁证仪式在北京举行，荷兰驻华大使裴靖康，中国花卉协会副会长刘卓慧、秘书长王殿富、副秘书长陈建武等出席颁证仪式，并为首批78家获得MPS（花卉环境计划）认证的花卉企业颁证。这标志着为期两年的中国－荷兰MPS花卉认证合作项目圆满完成。

8月19日，第28届亚洲花店业协会（AFA）理事会在日本大阪召开，中国花卉协会副秘书长张引潮出席会议，商讨第五届亚洲杯插花花艺大赛举办地问题。

8月24～27日，亚洲花店业协会（AFA）2008年度第一次理事会在韩国庆州举行，中国花卉协会秘书长王殿富一行4人出席会议，会议讨论了下届亚洲杯的举办时间、地点，考察了当地的花店。

8月29日，第七届中国花卉博览会组委会第一次会议在北京召开，中共北京市委常委牛有成，山东省副省长贾万志，农业部副部长危朝安，商务部部长助理鲁建华出席会议，中国花卉协会会长江泽慧主持会议。全国绿化委员会、财政部、铁道部、科技部、海关总署、国家质量监督检验检疫总局、国家林业局、中国花卉协会等相关部门参加了会议。会议审定了会徽和吉祥物，并通过了第七届中国花卉博览会室内外实施方案。

9月26日，第七届中国花卉博览会进入倒计时一周年，北京展区和山东展区分别举行倒计时一周年启动仪式。

10月26～30日，国际园艺生产者协会（AIPH）第60届年会在阿联酋迪拜召开，并举行AIPH成立60周年庆祝活动。来自中国、荷兰、比利时等近20个国家和地区的70多名代表参加了会议。

11月，中国花卉协会、中国绿化基金会联合为援建“希望之花”小学的捐款单位和个人颁证。共有70个单位或个人为援建“希望之花”小学捐资，总金额达60.09万元。

11月10日，2011西安世界园艺博览园建设启动仪式在陕西省西安市举行。国家林业局局长贾治邦，陕西省省委书记、陕西省人大常委会主任赵乐际共同启动“2011西安世界园艺博览园建设”的水晶球，并开通了“网上世园会”，中国花卉协会会长江泽慧出席仪式并讲话。

11月26日，中国花卉协会印发《申办世界园艺博览会暂行办法》（中花协字〔2008〕24号）。

12月9日，花卉园艺师职业技能鉴定题库开发工作启动会议在北京召开，中国花卉协会副秘书长陈建武主持会议。

12月12日，由广西壮族自治区人民政府举办的广西壮族自治区成立50周年花卉园艺展暨中国—东盟插花花艺展在广西壮族自治区南宁市开幕，国家林业局党组副书记、副局长李育材，中国花卉协会秘书长王殿富出席开幕式。

12月18日，第七届中国花卉博览会（北京展区）市场开发招商推介会暨首批赞助企业签约仪式在人民大会堂北京厅举行。国家林业局副局长张建龙、中国花卉协会会长江泽慧、北京市委常委牛有成出席仪式。

12月31日，由中国花卉协会和广州市人民政府共同主办的第五届中国盆栽花卉交易会在广东省广州市举行，中国花卉协会秘书长王殿富出席开幕式。

2009年

1月5日，由中国花卉协会、三亚市人民政府、海南省兰花协会主办的第三届中国(三亚)国际热带兰花博览会在海南省三亚市开幕。中国花卉协会会长江泽慧出席开幕式并致辞。海南省原人大副主任、海南省兰花协会名誉会长董范园、英国兰花协会会长亨利·欧克利等领导出席了开幕式。

1月16日，中国花卉协会会长座谈会在北京召开。会议审议并通过了中国花卉协会2008年工作总结和2009年工作计划，并对新形势下花卉产业所面临的机遇与挑战进行了分析。中国花卉协会会长江泽慧主持会议，名誉副会长徐有芳，副会长刘向东、韩德乾、王兆成、赵光华、张延华、刘卓慧、姜伟贤，秘书长王殿富，副秘书长陈建武、张引潮及秘书处的全体成员参加了座谈会。

2月5日，由云南省花卉产业办公室、大理白族自治州人民政府、中国花卉协会兰花分会和中国花卉协会茶花分会主办的中国（大理）第二届国际兰花茶花博览会在云南省大理市开幕。中国花卉协会名誉副会长徐有芳、副秘书长陈建武出席。此次共邀请到英国、德国、意大利等11个国家和地区共188个单位和个人参展。

2月18日，中国花卉协会五届四次常务理事会议在北京召开。会议审议并通过了中国花卉协会2008年工作总结及2009年工作计划。中国花卉协会名誉副会长徐有芳，会长江泽慧，副会长王兆成、冯秀华、刘向东、赵光华、刘雅芝、张延华、姜伟贤等出席会议。会议由王兆成主持。

3月6日，中国花卉协会绿化观赏苗木分会筹备成立会议在浙江省杭州市召开。会议讨论修改了《中国花卉协会绿化观赏苗木分会工作条例》、《中国花卉协会绿化观赏苗木分会筹建方案》，中国花卉协会副秘书长陈建武主持会议。

3月13日，中国花卉协会会长江泽慧、副会长姜伟贤一行应邀参加2009香港花卉展览，第七届中国花卉博览会山东展区获香港花展“最具特色”奖。

4月1～4日，由中国花卉协会主办的第十一届中国国际花卉园艺展览会在上海市举办，中国花卉协会秘书长王殿富、上海市农业委员会副主任殷欧、荷兰驻上海总领事馆王一力、上海市绿化和市容管理局副局长蔡友铭及上海市国际贸易促进委员会秘书长余晨等出席开幕式。本届展会展出面积共1.5万平方米，吸引了来自荷兰、德国、美国等17个国家和地区近370家企业参展，专业观众达13489人次。

4月13日，由中国花卉协会兰花分会、中华民族文化促进会主办的中国第二届兰文化博览会在浙江省绍兴市举行，全国政协常委、中华民族文化促进会会长高占祥，中国花卉协会秘书长王殿富出席开幕式。全国政协副主席、中国花卉协会兰花分会会长罗富和，日本寒兰全国联合会理事长野口高辉等发来贺电。

4月14日，全国花卉标准化技术委员会鲜切花分技术委员会在北京成立。会议审议并通过了鲜切花标委会章程（草案）、秘书处工作细则（草案）和2009年工作计划。秘书处设在云南省农业科学院，中国花卉协会副秘书长张引潮担任主任委员，云南省农业科学院花卉研究所所长王继华任秘书长。

4月16日，由中国花卉协会、国家林业局植树造林司和河南省许昌市人民政府共同主办的第六届中国花卉产业高峰论坛在河南省许昌市举办。中国花卉协会会长江泽慧，国务院研究室农村司司长叶兴庆，中国花卉协会副会长姜伟贤，国家林业局植树造林司副司长吴坚等出席开幕式。江泽慧会长发表了“积极应对挑战　促进科学发展”的主旨报告。论坛期间共签约项目20个，签约总额5.358亿元。来自花卉生产、科研、教学、管理等方面150多人参加了论坛。

4月18日，由中国花卉协会和扬州市政府主办的2009中国扬州万花会在江苏省扬州市开幕。中国花卉协会名誉副会长徐有芳，国务院参事室副主任蒋明麟，国家旅游局党组成员、纪检组组长刘金平，中央文明办局长张建萍，中国花卉协会副秘书长陈建武出席开幕式。

4月18日，由嘉善县人民政府、中国花卉协会杜鹃花分会、浙江省花卉协会主办的第七届中国杜鹃花展在浙江省嘉兴市举行。中国花卉协会秘书长王殿富、中国花卉协会杜鹃花分会会长吴惠良出席开幕式。

4月29日，由中国花卉协会和西安市人民政府主办的第二届“中国杯”插花花艺大赛在陕西省西安市开幕。中国花卉协会会长江泽慧、秘书长王殿富出席开幕式。陕西西安的薛科锋、上海的王志东、江苏江都的韩海分别获得此次大赛冠军、亚军、季军。

6月10日，由中国花卉协会主办的第23届全国荷花展（澳门展区）暨第九届澳门荷花节在澳门开幕。澳门特别行政区代理行政长官、行政法务司司长陈丽敏，中华人民共和国驻澳门特别行政区特派员公署特派员卢树民，中华人民共和国驻澳门特别行政区联络办公室文化教育部副部长张晓光，澳门特别行政区民政总署管理委员会主席谭伟文出席开幕式。中国花卉协会副秘书长陈建武在开幕式上宣读了中国花卉协会会长江泽慧的贺信。

6月29～30日，第七届中国花卉博览会筹备工作会议在北京市顺义区召开。中国花卉协会会长江泽慧、北京市副市长夏占义出席会议。

9月2日，第七届中国花卉博览会新闻发布会在人民大会堂举行。中国花卉协会会长江泽慧，北京市委常委、统战部部长牛有成，北京市副市长夏占义出席发布会，中国花卉协会副会长王兆成主持会议。

9月15日，国际园艺生产者协会（AIPH）第61届会员大会在西班牙召开，中国花卉协会王殿富秘书长一行与青岛市申办2014年世界园艺博览会代表团参会并进行申办陈述，青岛成功获得举办权。

9月26日至10月5日，由国家林业局、中国花卉协会、北京市人民政府和山东省人民政府主办的第七届中国花卉博览会在北京市顺义区和山东省青州市同时开幕。中共中央政治局委员、国务院副总理回良玉，中共中央政治局委员、北京市委书记刘淇，全国政协副主席罗富和，全国人大常委会原副委员长何鲁丽，国务院副秘书长张勇，北京市委副书记、市长郭金龙，国家质量监督检验检疫总局局长王勇，海关总署署长盛光祖，全国政协常委孙有福，中国花卉协会会长江泽慧，国家林业局副局长张建龙，农业部副部长危朝安等领导出席北京展区开幕式。全国人大常委会副委员长桑国卫，山东省省委书记、山东省人大常委会主任姜异康，山东省省委副书记、省长姜大明，国家林业局副局长李育材，农业部副部长高鸿宾，中国花卉协会副会长王兆成出席山东展区开幕式。第七届中国花卉博览会两地室外展区合计1122亩，室内展区11万平方米，交易区总面积20多万平方米。来自全国31个省（区、市）、深圳特区、香港、澳门、台湾地区，以及30多个国家和地区的2000多家国内外知名花卉企业参展，共有40多万件展品参展，为期10天的展会共接待观众300多万人次。

9月28日，以“尊师爱兰 师德兰香”为主题的第七届中国花卉博览会兰花献教师大会在北京市顺义区召开。中国花卉协会会长江泽慧、秘书长王殿富及教育部、国家林业局、北京市、顺义区相关领导和北京市顺义区优秀教师代表等500余人参加大会。

9月29日，中国花卉协会会长江泽慧在北京会见荷兰驻华公使威勒姆·范·伊一行6人，双方就中国参展2012年荷兰世界园艺博览会基本达成共识。

11月13～14日，国际园艺生产者协会（AIPH）主席杜克·法伯一行3人实地考察山东青岛2014世界园艺博览会规划及筹备情况，中国花卉协会和青岛市有关领导及相关人员陪同。考察结束后，杜克·法伯主席签署同意青岛举办2014年A2+B1类世界园艺博览会的确认书，2014青岛世界园艺博览会正式进入筹备阶段。

12月4日，中国花卉协会茶花分会第五届会员代表大会在浙江省金华市召开。会议选举产生了新一届茶花分会领导班子，金华市副市长王建平当选会长，浙江省花卉协会会长徐培金被聘为顾问。中国花卉协会副秘书长陈建武出席会议并致辞。

2010年

1月9日，中国花卉协会会长江泽慧在海南三亚会见前来参加第四届中国（三亚）国际热带兰花博览会的英国兰花协会主席、世界兰花信托基金委员乔伊斯·斯图尔斯等国外兰花组织代表，双方就申办第22届世界兰花大会等方面进行了交流。

1月10～16日，由中国花卉协会、三亚市人民政府和海南省兰花协会共同主办的第四届中国（三亚）国际热带兰花博览会在海南省三亚市举办。中国花卉协会会长江泽慧出席开幕式并致辞，中国花卉协会副会长刘向东、赵光华出席开幕式。本届兰博会展出总面积1.2万平方米，吸引了来自中国、新加坡、马来西亚等19个国家和地区的120多家参展商，展出3万余盆（株）兰花精品及兰艺作品。

1月18日，由中国花卉协会和广州市人民政府主办的第六届中国盆栽花卉交易会在广东省广州市开幕，中国花卉协会秘书长王殿富出席开幕式。

1月18～19日，全国花卉标准化技术委员会在广东省广州市召开花卉标准审定会。会议共审议了8个花卉标准，分别为6个国家标准和2个行业标准。

1月25日，中国花卉协会会长座谈会在北京召开。会议审议并通过了中国花卉协会2009年工作总结和2010年工作计划。中国花卉协会会长江泽慧出席并主持会议，副会长韩德乾、刘向东、赵光华、冯秀华、王兆成、张延华出席座谈会，中国花卉协会秘书长王殿富，副秘书长陈建武、张引潮及秘书处的全体成员参加了座谈会。

2月，由中国花卉协会、中国绿化基金会共同发起的援建“希望之花”小学募捐活动，共有70多个单位和个人募捐68万余元，全部拨付甘肃灾区，用于当地灾后学校建设。

2月19日至3月21日，中国花卉协会梅花蜡梅分会、上海市绿化与市容管理局、上海市浦东新区人民政府、上海市花卉协会共同主办的第十二届中国梅花蜡梅展暨第八届梅与蜡梅国际学术研讨会在上海举行。全国政协外事办公室主任赵启正，中国花卉协会梅花蜡梅分会会长、中国工程院资深院士陈俊愉教授，中国花卉协会副秘书长陈建武出席开幕式。

3月17日，中国花卉协会绿化观赏苗木分会在浙江省杭州市成立。中国花卉协会绿化观赏苗木分会第一届理事会议选举产生了会长和副会长、常务理事单位、秘书长、副秘书长。浙江森禾种业有限公司董事长郑勇平当选为会长，杭州市园林绿化工程有限公司总经理吴光洪等当选为副会长，浙江省林木种苗管理总站站长骆文坚当选为秘书长。中国花卉协会秘书长王殿富出席大会并讲话，副秘书长陈建武主持会议。

3月18日，由国家林业局、浙江省人民政府和中国花卉协会共同主办的2010’中国（萧山）花木节暨第五届中国园林绿化产业交易会在浙江省杭州市开幕。国家林业局副局长张建龙、中国花卉协会副会长王兆成出席开幕式并讲话。

3月19日，亚洲花店业协会第31届理事会在上海市召开，会议决定第五届亚洲杯花艺大赛于2011年3月18～22日在中国台湾省台北市举办。中国花卉协会秘书长王殿富、中国花卉协会零售业分会秘书长商蕴青作为理事出席会议。

3月20～24日，由中国花卉协会和重庆市人民政府主办的第十届亚太兰花大会暨第二十届中国兰花博览会在重庆市举行。全国政协副主席罗富和、中国花卉协会会长江泽慧、国家林业局副局长张建龙出席开幕式并观展。此次博览会展出面积近2万平方米，来自马来西亚、泰国、日本等近30个国家和地区的50家组织机构参加，国内有27个省（区、市）参展参会。参展的兰花珍品近千种，国兰达到5万余株，洋兰3万余株。

4月14～17日，由中国花卉协会主办的第十二届中国国际花卉园艺展览会在北京开幕。中国花卉协会会长江泽慧、荷兰驻华大使裴敬康出席开幕式并致辞，中国花卉协会副会长张延华、刘雅芝、冯秀华出席开幕式。本届展会展出总面积1.7万平方米，有来自中国、美国、加拿大等19个国家和地区的336家企业和机构参展。

4月18日，由中国花卉协会和扬州市政府主办的第三届中国扬州万花会在江苏省扬州市开幕，中国花卉协会副会长刘卓慧、秘书长王殿富出席开幕式。

4月28日，由常州市人民政府、世界月季联合会（WFRS）和中国花卉协会月季分会共同主办的第四届中国月季花展和2010世界月季联合会区域性大会在江苏省常州市开幕。中国花卉协会会长江泽慧，全国花卉标准化技术委员会主任、中国林业科学研究院首席科学家彭镇华，中国花卉协会秘书长王殿富，世界月季联合会主席西娜·哈里斯、前主席杰拉德·梅兰出席开幕式。

5月，中国花卉协会启动中国花卉协会、中国花卉博览会会徽征集活动。

5月10日，中国花卉协会印发《申办中国花卉博览会暂行办法》（中花协字〔2010〕9号）。

6月7日，由中国花卉协会、中国林业产业协会、中国绿化基金会共同募资兴建的甘肃白水江自然保护区管理局李子坝“希望之花”小学工程正式进入招投标程序。

6月17日，2011西安世界园艺博览会组委会第一次会议在北京人民大会堂召开。中共中央政治局委员、全国政协副主席王刚，国家林业局局长贾治邦，中国国际贸易促进委员会会长万季飞，中国花卉协会会长江泽慧出席会议并讲话。

6月21日，中国花卉协会评选出“2010年全国十佳花木种植企业”和“2010年全国优秀花木种植企业”，并推荐全国十佳花木种植企业中排名第一的浙江森禾种业股份有限公司参加2010年度国际种植者评选。

7月7日，中国花卉协会秘书长王殿富在河北省唐山市会见国际园艺生产者协会（AIPH）主席杜克·法伯一行3人，讨论唐山市申办2016唐山世园会相关事宜。

9月6日，由国家林业局、河南省人民政府主办的第十届中原花木交易博览会在河南省许昌市召开。原中共中央政治局委员、中央军委原副主席曹刚川宣布开幕，中国花卉协会会长江泽慧出席开幕式并向许昌市市长李亚颁发“中国花木之都”匾牌，中国花卉协会秘书长王殿富宣读了《关于命名许昌市为中国花木之都的决定》。

9月14日，国家林业局任命刘红为中国花卉协会秘书长。

10月，由国家林业局职业技能鉴定指导中心和中国花卉协会共同编制的“花卉园艺师职业技能鉴定国家题库”正式通过国家人力资源和社会保障部审定。题库将由国家林业局职业技能鉴定指导中心和各省（区、市）人力资源和社会保障局职业技能鉴定部门配发使用。

10月6日，国际园艺生产者协会（AIPH）第62次年会在韩国顺天召开。唐山成功获得2016年世界园艺博览会（A2+B1类）举办权，浙江森禾种业股份有限公司荣获2010国际年度种植者银玫瑰奖。

2010年11月6日至2011年4月25日，2010台北国际花卉博览会在中国台湾省台北市举行。中国花卉协会组织北京市、上海市和西安市参展并出席开幕式。

11月15～17日，第5届亚洲蕨类植物国际研讨会暨中国花卉协会蕨类植物分会第四届会员代表大会在广东省深圳市召开。中国花卉协会副秘书长陈建武出席会议，中国花卉协会蕨类植物分会会长张宪春研究员主持开幕式，来自亚洲、欧洲、北美等15个国家和地区的150余位专家参加了此次会议。

11月20日，2011西安世界园艺博览会特许产品首发仪式在北京举行，中国花卉协会副秘书长张引潮出席仪式。

12月7日，河南省花卉协会第五届理事会成立大会在河南省郑州市召开。会长由省长助理何东成担任，主管部门由农业厅转为林业厅。中国花卉协会秘书长刘红出席并致辞。

12月23日，首届（北京·顺义）精品年宵花展销会暨北京花卉市场物流产业规划研讨会在北京开幕，中国花卉协会副秘书长陈建武出席研讨会。

2011年

1月8～14日，由中国花卉协会、三亚市人民政府、海南省兰花协会主办的第五届中国（三亚）国际热带兰花博览会在海南省三亚市举办。中国花卉协会秘书长刘红出席开幕式并宣读中国花卉协会会长江泽慧的贺信。此次展会展出面积1.2万平方米，来自新加坡、印尼、韩国等16个国家以及中国香港、澳门、台湾地区的120多家参展商，展出兰花3万余盆（株）。

1月12日，中国花卉协会会长工作座谈会在北京召开，会议由中国花卉协会会长江泽慧主持，中国花卉协会副会长韩德乾、冯秀华、王兆成、刘向东、赵光华、刘雅芝、张延华、刘卓慧、姜伟贤出席。中国花卉协会秘书长刘红汇报了2010年中国花卉协会工作总结和2011年工作计划。

3月6日，由国家林业局、中国花卉协会和浙江省人民政府共同主办的2011’中国（萧山）花木节在浙江省杭州市开幕。国家林业局副局长张建龙、中国花卉协会副会长王兆成出席开幕式、致辞，并为“2010年全国十佳花木种植企业”和

“2010中国花木产业年度人物”授牌。中国花卉协会秘书长刘红主持开幕式。

3月9～12日，全国花卉标准化技术委员会在北京组织召开花卉标准审定会议，会议审议并通过了萱草栽培技术规程等7项林业行业标准。

3月18～22日，由亚洲花店业协会授权，台北市政府主办的2011台北洲际杯插花花艺大赛在中国台湾省台北市举行，中国花卉协会推选薛科锋、王志东、韩海参加大赛。中国花卉协会副会长姜伟贤、秘书长刘红、副秘书长张引潮出席。共有来自中国内地和香港、澳门、台湾地区以及日本、韩国、澳大利亚等15个国家和地区的25名选手参赛。

4月2～7日，2011年国际园艺生产者协会（AIPH）春季会议在肯尼亚召开。中国花卉协会派员参会，并组织西安、青岛、唐山3个世园会举办城市代表参会汇报世园会筹备情况。

4月13日，由中国花卉协会主办的第十三届中国国际花卉园艺展览会在上海市开幕，中国花卉协会副会长姜伟贤、副秘书长张引潮出席开幕式。此次展会展出面积近1.5万平方米，共吸引来自中国、荷兰、德国等18个国家和地区的近400家参展商参加。其中，荷兰、法国、韩国和中国台湾省以展团形式参展。

4月14日，2011年中国花卉协会常务理事（扩大）会议在安徽省合肥市召开，会议通过了新增理事人员名单、《中国花卉协会分支机构财务管理办法》、《中国花卉协会命名授牌管理办法》。中国花卉协会会长江泽慧出席会议并作了题为“努力转变产业发展方式　开创现代花卉业发展新局面”的工作报告，中国花卉协会副会长韩德乾、王兆成、刘向东、赵光华、刘雅芝、冯秀华、张延华、刘卓慧、姜伟贤、秘书长刘红及合肥市市长吴存荣、副市长江洪，安徽省林业厅厅长韩柏泉出席会议，会议由中国花卉协会副会长王兆成主持。

4月14日，2013年第八届中国花卉博览会举办城市评定会议在安徽省合肥市召开，中国花卉协会会长江泽慧、副会长韩德乾、王兆成、刘向东、赵光华、刘雅芝、冯秀华、张延华、刘卓慧、姜伟贤出席，会议由中国花卉协会秘书长刘红主持。许昌、唐山、昆明、常州4个候选城市代表进行申办陈述，经推荐投票和全程公证，江苏省常州市获得2013年第八届中国花卉博览会的举办权。

4月18日，2011中国扬州“烟花三月”国际经贸旅游节暨万花会在江苏省扬州市举办。国家林业局局长贾治邦，宁夏回族自治区原党委书记、全国人民代表大会环境与资源保护委员会原主任委员毛如柏，中国花卉协会会长江泽慧出席开幕式。本届万花会共展出1000个品种、200万株的珍稀花卉。

4月23日，中国花卉协会会长江泽慧将“中国映山红第一城”匾牌授予湖北省麻城市，这是中国花卉协会首次以“花”命名城市。

4月28日至10月22日，由国家林业局、中国国际贸易促进委员会、中国花卉协会和陕西省人民政府主办的2011西安世界园艺博览会在陕西省西安市举行。中共中央政治局委员、全国政协副主席王刚，国家林业局局长贾治邦，中国国际贸易促进委员会会长万季飞，中国花卉协会会长江泽慧，国际园艺生产者协会主席杜克·法伯等1000多人出席开幕式。西安世园会展期178天，占地418公顷，52个国家和地区参展，共接待游客1572.89万人次。

5月10日，中国花卉协会印发《“年度全国十佳花木种植企业”评选暂行办法》(中花协字〔2011〕17号）并开展“2011年全国十佳花木种植企业”评选。

6月9日，中国花卉协会同时印发《中国花卉协会分支机构财务管理办法》和《中国花卉协会命名授牌管理办法（暂行）》（中花协字〔2011〕23号）。

7月8日，由中国花卉协会荷花分会、重庆市农业委员会、重庆市旅游局、重庆市林业局、大足县人民政府联合举办的第25届全国荷花展和学术研讨会在重庆市大足县开幕，中国花卉协会副秘书长陈建武出席开幕式。这次荷花展吸引了29个省（区、市）和澳门特别行政区，以及俄罗斯、日本、泰国等国家参展，200余位代表参会。

7月9日，第八届中国花卉博览会举办协议签署仪式在北京举行，中国花卉协会秘书长刘红和常州市人民政府副市长张耀钢共同签署协议。

9月26日，第63届国际园艺生产者协会（AIPH）年会在陕西省西安市召开。中国花卉协会会长江泽慧、国家林业局副局长张永利、AIPH主席杜克·法伯出席开幕式并致辞。来自中国、韩国、印度尼西亚等11个国家和地区的150多名代表出席会议。

9月26日，由国际园艺生产者协会、2011西安世界园艺博览会组委会和中国生态文化协会主办的全球绿色城市高峰论坛在陕西省西安市举行。中国花卉协会会长江泽慧出席会议并发表主旨演讲，陕西省副省长祝列克、西安市市长陈宝根、AIPH主席杜克·法伯和国际竹藤组织副总干事、中国生态文化协会副秘书长李智勇致辞，陈宝根代表全体与会人员宣读《全球绿色城市宣言》。

9月27日，中国花卉协会会长江泽慧在西安市会见青岛市市委副书记、市长、2014青岛世界园艺博览会执委会主任夏耕一行，共同商讨青岛世园会筹备事宜。

9月27日，“2011年度国际种植者”颁奖典礼在陕西省西安市举行，中国花卉协会推荐的浙江虹越花卉有限公司和台湾区花卉发展协会推荐的台大园艺公司获得优秀奖。

9月28日，第八届中国花卉博览会官方网站（http://www.flowerexpo.com.cn/）正式开通，中国花卉协会秘书长刘红出席开通仪式。

11月3～5日，由中国花卉协会主办的2011广州国际盆栽植物及花园花店用品展览会在广东省广州市举行，来自荷兰、美国、韩国、德国等9个国家和地区的73家企业参展，展出面积6000平方米，境内外专业观众3845人次。

11月8日，由中国花卉协会、国家林业局造林绿化管理司和常州市人民政府联合主办的第七届中国花卉产业论坛在江苏省常州市开幕，中国花卉协会会长江泽慧出席开幕式并作了题为“大力发展现代花卉物流业　努力突破产业发展瓶颈”主旨演讲。中国花卉协会秘书长刘红主持开幕式。开幕式上，出席领导为“中国花木之乡”、“2011年度全国十佳花木种植企业”授牌。来自全国花卉生产、科研、教学、管理等方面260多人参加了论坛。

11月9日，第八届中国花卉博览会第一次筹备会议在江苏省常州市召开，中国花卉协会秘书长刘红，副秘书长陈建武、张引潮出席会议。

11月11日，2012荷兰世界园艺博览会（Floriade 2012）中国国家展园奠基仪式在荷兰芬洛举行。中国花卉协会副秘书长张引潮致欢迎辞，Floriade 2012组委会主席鲍尔・贝克、芬洛市市长汉斯・格利森、中国驻荷兰王国大使馆参赞张晋雄分别致辞，国际园艺生产者协会秘书长沙克・朗斯拉克出席了奠基仪式。

11月12～21日，中国花卉协会会长江泽慧率团访问新加坡和斯里兰卡。在新加坡，江泽慧出席了第20届世界兰花大会开幕式，考察了兰花基地，会见了新任世界兰花大会信托委员会主席约翰・哈马斯，并与新加坡总统托尼・谭及夫人进行了交流。在斯里兰卡，江泽慧与斯里兰卡技术研究部帕维拉・万尼阿拉齐部长进行了工作会谈，参观斯里兰卡国立工业技术研究所并开展了竹藤交流研讨，实地考察了由商品共同基金资助、国际竹藤中心和国际竹藤组织共同组织实施的“从中国向孟加拉和斯里兰卡输出竹笋生产、加工和销售技术”项目的竹笋加工生产线、笋用竹苗圃和康提皇家植物园。

2012年

1月4日，中国花卉协会会长工作座谈会在北京国际竹藤大厦召开，中国花卉协会会长江泽慧主持会议，中国花卉协会副会长韩德乾、冯秀华、王兆成、刘向东、赵光华、刘雅芝、张延华、刘卓慧、姜伟贤出席座谈会，国家林业局有关司局的领导应邀参加。会议总结了中国花卉协会2011年工作，确定了2012年工作计划。

1月5日，第六届中国（三亚）国际热带兰花博览会在海南省三亚市开幕。海南省副省长、三亚市市委书记姜斯宪，国家林业局原副局长李育材，中国花卉协会秘书长刘红，国家林业局保护司副司长刘亚文，海南省人大常委会原副主任、海南省兰花协会名誉会长董范园，德国兰花协会会长罗兰・赛特拉等领导出席开幕式。

1月5日，第八届中国花卉博览会会徽、吉祥物、宣传口号征集活动新闻发布会在江苏常州举行，中国花卉协会副秘书长张引潮出席新闻发布会。

1月14日，中国花卉协会在北京召开分支机构工作座谈会，总结各分支机构2011年工作和研究2012年计划。民政部民间组织管理局副局长李勇、中国花卉协会秘书处领导及各分支机构负责人出席了会议。会议讨论了《中国花卉协会分支机构管理办法（暂行）》和《中国花卉协会分支机构开展活动管理办法（暂行）》。

2月6～9日，由国际茶花协会、楚雄彝族自治州人民政府、中国花卉协会茶花分会共同主办的第27届国际茶花大会暨第八届中国茶花博览会在云南省楚雄市开幕。来自英国、美国、日本等16个国家和地区的230多名国外嘉宾和85名国内代表出席了本届博览会。

2月17日，第二十二届中国兰花博览会在浙江省宁波市开幕，中国花卉协会副会长王兆成、副秘书长陈建武出席开幕式。

2月18日，第13届中国梅花蜡梅展览会在江苏省无锡梅园举行。全国人大常委会副委员长华建敏出席开幕式，中国花卉协会副会长王兆成，江苏省副省长、无锡市市委书记黄莉新等领导在开幕式上致辞。梅品种国际登录权威、中国工程院资深院士陈俊愉发来贺信祝贺展会开幕和梅品种国际登录园开园。

2月23日，全国绿化委员会、财政部、铁道部、科技部、农业部、商务部、海关总署、国家质量监督检验检疫总局、国家林业局9部门联合印发《关于举办第八届中国花卉博览会的通知》（全绿字〔2012〕3号）。

2月27～28日，亚洲花店业协会（AFA）第34届理事会在韩国首尔召开，中国花卉协会秘书长刘红一行出席会议。会议进行了亚洲花店业协会会长换届，并就吸收新会员、新建工作委员会等议题进行了讨论。

2月28日，由中国花卉协会和中国绿色时报社联合主办的“2011中国花木产业年度人物”评选结果揭晓，李敏、张卫东、傅剑波、钮效东、白占芳、肖正军、薛建平、李志斌、孙崇格、赵国清获得“2011中国花木产业年度人物”称号。

3月3日，由国家林业局、浙江省人民政府和中国花卉协会主办的2012中国（萧山）花木节在浙江省杭州市萧山区开幕。国家林业局副局长张建龙，中国花卉协会副会长王兆成、秘书长刘红，国家林业局场圃总站总站长杨超，中国绿色时报社社长柏章良等领导出席开幕式并为“2011中国花木产业年度人物”获奖者颁奖。

3月7日，中国花卉协会工会和国家林业局直属机关工会联合举办迎“三八”女干部插花花艺培训，来自局机关、直属单位的40多位女干部参加了培训。

3月26～31日，国际园艺生产者协会（AIPH）2012年春季会议在土耳其召开。中国花卉协会派员参加并组织青岛和唐山参会，会上向AIPH绿色城市委员会递交了西安年会绿色城市专业委员会会议纪要，介绍了2014青岛世园会和2016唐山世园会的筹备情况。

4月4日，2012荷兰世界园艺博览会（A1类）在荷兰芬洛开幕。中国政府代表团团长、国家林业局副局长张永利，中国驻荷兰大使馆大使张军，中国国际贸易促进委员会展览部副部长赵振格，国家林业局国际项目合作中心常务副主任苏明，中国花卉协会秘书长刘红出席开幕式。当天，张永利、张军、国际园艺生产者协会主席杜克·法伯、2012荷兰世界园艺博览会组委会主席嘉伯出席了“中国园”开园仪式，并与中国国际贸易促进委员会展览部副部长赵振格，国际园艺生产者协会副主席和田新也、秘书长沙克·朗斯拉克，2012荷兰世界园艺博览会执委会主席鲍尔·贝克、国际部主任斯蒂马克、克莱嫩考特共同为“中国园”揭幕。

4月11～14日，由中国花卉协会主办的第十四届中国国际花卉园艺展览会在北京全国农业展览馆举行。中国花卉协会副会长刘雅芝、赵光华出席开幕式，秘书长刘红主持开幕式。此次展会展出面积达2.2万平方米，展位750多个，专业观众达1.66万人次。

4月28日，由中国花卉协会组织召开的全国花卉物流发展座谈会在北京举行。浙江森禾种业股份有限公司董事长郑勇平、广州花都先锋园艺有限公司董事长李虬、广州缤纷园艺有限公司董事长周征宇等20多位花卉龙头企业主要负责人，就我国花卉物流业话题展开深入研讨，探讨成立中国花卉协会市场流通分会的可行性。

5月21日，2012荷兰世界园艺博览会中国馆日活动在荷兰芬洛举行。全国政协副主席、中国花卉协会名誉会长张梅颖出席活动并宣布开幕，荷兰霍斯特市市长范·诺耶致欢迎辞，中国花卉协会会长江泽慧、2012荷兰世园会组委会主席嘉伯、中国驻荷兰大使张军致辞。

5月24日，中国花卉协会会长江泽慧率团赴瑞士日内瓦访问国际植物新品种保护联盟（UPOV）。双方就植物新品种情况进行了交流，UPOV介绍了植物新品种保护条例，赠送了与会代表中文译稿，并就以后的合作进行了初步探讨和商议。

6月8日，第八届中国花卉博览会组委会第一次会议在北京召开。中国花卉协会会长江泽慧、江苏省副省长徐鸣、科技部副部长张来武、农业部副部长余欣荣、国家质量监督检验检疫总局副局长魏传忠、国家林业局副局长张永利出席会议，全国绿化委员会、财政部、铁道部、科技部、农业部、商务部、海关总署、国家质量监督检验检疫总局、国家林业局、中国花卉协会、江苏省相关领导以及常州市、武进区领导参加会议。会议审议通过了第八届中国花卉博览会的会徽和吉祥物。

6月12日，陈俊愉先生的遗体告别仪式在八宝山革命公墓梅厅举行。中国花卉协会会长江泽慧敬献了花篮，副会长姜伟贤、秘书长刘红一行参加了遗体告别仪式。

6月18日，中国花卉协会收到《北京市人民政府关于报送2019年世界园艺博览会（A1级）的申办报告和举办方案的函》（京政函〔2012〕56号）。

6月19日，由中国花卉协会组织编写的《全国花卉产业发展规划（2011—2020年）》通过评审。

6月28日至7月5日，国际园艺生产者协会（AIPH）执委会会议在荷兰召开，中国花卉协会派员参加，商议AIPH主席和秘书长改选事宜，讨论AIPH组织机构改革，并讨论提出了AIPH主席和秘书长候选人名单。

8月3日，经戴秉国国务委员、回良玉副总理、李克强副总理和温家宝总理审核，国务院批准同意北京申办2019年世界园艺博览会（A1类），中国花卉协会与北京市正式启动2019年中国北京世界园艺博览会（以下简称2019北京世园会）申办工作。

8月10日，第八届中国花卉博览会第二次筹备工作汇报会在江苏省扬州市召开。中国花卉协会会长江泽慧出席会议并讲话，江苏省副省长徐鸣主持会议，常州市市委副书记、代市长费高云汇报花博会室内外展区建设情况。

8月13日，中国花卉协会正式向国际园艺生产者协会（AIPH）递交由江泽慧会长签字的2019北京世园会的申办函和由中国花卉协会会长江泽慧、国家林业局局长赵树丛、北京市代市长王安顺共同签署的AIPH世界园艺博览会申办调查表。

9月9～13日，第64届国际园艺生产者协会（AIPH）年会在荷兰芬洛召开。会议选举产生了新一任AIPH主席和秘书长，加拿大的维克·克朗当选主席，土耳其的安尼尔·伊尔马兹当选秘书长，并一致通过批准在北京举办2019年世界园艺博览会（A1类）。

9月10日，荷兰世界园艺博览会（以下简称荷兰世园会）“中国园”交接仪式在荷兰芬洛举行。北京市政府副市长夏占义，中国国际贸易促进委员会副会长、国际展览局首席中国代表王锦珍，中国驻荷兰王国大使馆代办张晋雄，中国花卉协会秘书长刘红，荷兰林堡省副省长马克·范荷耶，芬洛市市长副市长斯汀杰，荷兰世园会组委会主席嘉伯，荷兰世园会执委会主席贝克，国际园艺生产者协会主席杜克·法伯等嘉宾出席交接仪式。

9月24日，2014青岛世界园艺博览会组委会第一次会议暨青岛世园会会徽、吉祥物发布仪式在北京人民大会堂举行。国家林业局局长赵树丛，中国花卉协会会长江泽慧，国家林业局副局长张永利，中国国际贸易促进委员会副会长王锦珍，山东省委常委、青岛市市委书记李群，山东省副省长贾万志等出席会议并为会徽、吉祥物揭幕。

9月28日，第八届中国花卉博览会倒计时一周年启动仪式、第八届中国花卉博览会第二次筹备会议在江苏省常州市举行。中国花卉协会副会长刘雅芝、秘书长刘红、副秘书长张引潮等出席活动。

10月7日，中国参展2012荷兰世园会的“中国园”获得AIPH的最高奖项——“绿色城市大奖”、国际室外展园类银奖和盆景类3 个金奖。中国是2012荷兰世园会各参展国中唯一获得最高和最多奖项的国家。

10月24日，中国花卉协会印发《关于开展花卉产业发展扶持政策调研的通知》。

11月29日至12月1日，由中国花卉协会、广州市农业局和广州市花都区人民政府主办的2012广州国际盆栽植物及花园花店用品展览会在广东省广州市举办，中国花卉协会副秘书长张引潮出席开幕式。本届展会面积近1万平方米，有美国、荷兰、意大利等9个国家和地区的150多家单位参展，展位数近300个。

12月25日，国家林业局第10次局务会审议通过《全国花卉产业发展规划（2011—2020年）》。

2013年

1月10日，由中国花卉协会、三亚市人民政府、海南省兰花协会主办的第七届中国（三亚）国际热带兰花博览会在海南省三亚市开幕，中国花卉协会秘书长刘红出席开幕式。

1月18日，2013中国花卉协会分支机构工作座谈会在江苏省常州市召开。各分支机构汇报了2012年工作情况和2013年工作计划，并讨论了各分支机构参与第八届中国花卉博览会筹备工作事宜。中国花卉协会秘书长刘红，副秘书长陈建武、张引潮及各分支机构负责人参加会议。

1月23日，中国花卉协会在北京召开中国花卉协会会长工作座谈会和2012年荷兰世界园艺博览会“中国园”参展工作总结会。会议审议了协会2012年工作总结和2013年工作计划，原则通过了协会会徽设计方案，对参加2012荷兰世园会的中方人员和单位进行了表彰。中国花卉协会会长江泽慧主持会议，中国花卉协会副会长韩德乾、冯秀华、王兆成、张玉香、刘向东、赵光华、刘卓慧、张延华、姜伟贤出席会议，并为“中国园”参展先进单位和先进个人颁发证书，秘书长刘红作工作汇报。

2月6日，中国花卉协会印发《全国花卉产业发展规划（2011—2020年）》（中花协字〔2013〕1号）。

3月17日，由中国花卉协会和中国绿色时报社联合主办的“2012中国花木产业年度人物”评选结果揭晓，王召明、计小良、沈伟东、江先程、赵孝庆、黄建民、陈炎连、孙妙夫、桂敏、张海平获得“2012中国花木产业年度人物”荣誉称号。

3月14～20日，中国花卉协会会长江泽慧、秘书长刘红一行赴香港参加2013年香港花卉展览，香港特首梁振英夫人唐青仪陪同参观。

3月21日，中国花卉协会会长江泽慧出席澳门第31次绿化周世界植树日活动开幕式，并与澳门民政总署管理委员会主席谭伟文共植秋枫。

3月23日，由国家林业局、浙江省人民政府和中国花卉协会共同主办的2013’中国（萧山）花木节在浙江省杭州市开幕。国家林业局副局长张建龙、中国花卉协会副会长王兆成、浙江省人大常委会副主任程渭山、浙江省副省长黄旭明等出席开幕式，并为10位“2012中国花木产业年度人物”授牌。

4月17～20日，由中国花卉协会主办的第十五届中国国际花卉园艺展览会在上海市开幕。中国花卉协会秘书长刘红、上海市农林局办公室副主任殷欧、荷兰王国驻华大使诸参赞代表等出席开幕式并致辞。本次展会展出面积1.8万平方米，吸引了来自荷兰、德国、法国等25个国家和地区的436家参展商参展。

4月18～21日，2013年国际园艺生产者协会（AIPH）春季会议在韩国顺天市召开，中国花卉协会派员参会，并组织青岛和唐山代表参会汇报世园会筹备进展。

4月19日，2014青岛世园会组委会主席、国家林业局局长赵树丛，组委会主席、中国花卉协会会长江泽慧实地考察2014青岛世园会建设工地。

5月21～25日，中国花卉协会副会长姜伟贤等一行3人赴英国参加切尔西花展。

5月30日，中国花卉协会印发《2013年年宵花市场调查报告》（中花协字〔2013〕11号）。

6月24日，中国花卉协会发文通报“‘森禾杯’2013年度全国十佳花木种植企业”评选结果，福建连城兰花股份有限公司、棕榈园林股份有限公司、湖南紫薇投资集团有限公司等10家企业当选。

7月10日，第八届中国花卉博览会第三次筹备会议在江苏省常州市召开，会议通报了第八届中国花卉博览会的筹备进展情况，部署了筹备任务，并审议通过了中国花卉协会会徽和中国花卉博览会会徽。中国花卉协会秘书长刘红出席会议，全国各省（区、市）花协的秘书长、常州市和武进区有关领导参加了会议。

8月10日，第八届中国花卉博览会第二次筹备工作汇报会在江苏省扬州市召开。中国花卉协会会长江泽慧出席会议并讲话，江苏省副省长徐鸣主持会议，常州市市委副书记、代市长费高云和武进区常务副区长顾伟国汇报花博会室内外展区建设情况。

8月24日，由中国花卉协会、中国茶叶流通协会、广西壮族自治区林业厅、南宁市人民政府主办的第八届全国茉莉花茶交易博览会暨2013年中国国际茉莉花文化节在广西横县开幕。中国花卉协会副会长张玉香出席开幕式并致辞，向广西横县人民政府授予“国家重点花文化示范基地（建设试点单位）”牌匾。

9月3日，国际展览局秘书长洛塞泰斯一行赴北京考察2019年中国北京世界园艺博览会筹备工作。北京市委常委、常务副市长李士祥出席会议，国家林业局副局长张永利、中国花卉协会会长江泽慧、中国国际贸易促进委员会副会长王锦珍、2019北京世园会筹委会副主任夏占义分别通报筹备情况。

9月7～12日，国际园艺生产者协会（AIPH）第65届年会在加拿大尼亚加拉瀑布市召开，中国花卉协会派员参会。会议审议并通过了AIPH章程和条例修改稿，并正式任命英国提姆·布莱尔克里夫为AIPH秘书长。

9月28日至10月27日，第八届中国花卉博览会在江苏省常州市举办。全国政协副主席何厚铧宣布开幕，中国花卉协会名誉会长、第八届中国花卉博览会组委会名誉主任陈至立出席开幕式，国家林业局局长赵树丛、中国花卉协会会长江泽慧分别致辞。陈至立和江苏省省长李学勇分别为江苏省常州市武进区、山东省青州市颁发了“中国花卉苗木产业示范基地”证书和牌匾。国家林业局副局长张永利宣读《2013林业植物新品种保护权公告》和《“中国花卉苗木产业示范基地”的认定决定》。江苏省副省长徐鸣主持开幕式。全国政协常委、中国宋庆龄基金会副主席梁保华，全国政协常委、澳门特别行政区经济发展委员会委员颜延龄，全国政协人口资源环境委员会副主任庄国荣，农业部党组副书记、副部长余欣荣，国家质量监督检验检疫总局副局长魏传忠，江苏省人大常委会副主任刘永忠，江苏省政协副主席范燕青，中国花卉协会副会长乐爱妹、韩德乾、冯秀华、王兆成、张玉香、刘向东、赵光华、刘雅芝，世界月季联合会主席史蒂夫·琼斯等领导出席开幕式。本次博览会室内外展出，中国花卉协会12个分支机构首次参展，32个国家和地区的1300多家花卉组织和企业参展，参观人数达268.26万人次。

9月29日，由中国花卉协会、国家林业局造林绿化管理司、国家林业局科技发展中心（植物新品种保护办公室）和江苏省常州市人民政府共同主办的第八届中国花卉产业论坛在江苏省常州市举办。中国花卉协会会长江泽慧出席论坛开幕式并作了题为“创新花卉品种　建设美丽中国”主旨报告。国家林业局副局长张永利宣读“‘森禾杯’2013年度全国十佳花木种植企业”获奖名单。江苏省副省长徐鸣、常州市市委书记阎立在开幕式上致辞。中国花卉协会副会长韩德乾出席开幕式，秘书长刘红主持开幕式。

9月29日，由中国花卉协会、江苏省人民政府主办的第六届中国花卉交易会暨首届中国（夏溪）花木节在江苏省常州市开幕。国家林业局副局长张永利致辞，江苏省副省长徐鸣、中国花卉协会副会长刘雅芝、国家林业局造林绿化管理司司长王祝雄出席开幕式。

10月11～15日，由中国花卉协会、中国插花花艺协会和常州市人民政府主办的第三届“中国杯”插花花艺大赛在江苏省常州市举行。国家林业局副局长孙扎根宣布开幕，中国花卉协会副会长张延华致辞。王志东、卿少波、袁乃夫分别获大赛冠军、亚军、季军。

10月17日，国际园艺生产者协会主席维克·克朗先生考察2019年中国北京世界园艺博览会筹备工作。国家林业局副局长张永利会见了维克·克朗主席，双方就2019北京世园会筹备情况进行了深入交流。

11月9日，中国花卉协会会长江泽慧在北京会见土耳其安塔利亚世界园艺博览会代表团土耳其安塔利亚省省长、2016安塔利亚世园会副主席赛巴哈廷·欧兹图克一行，双方就两国花卉产业发展情况及世园会筹办情况进行了交流。

12月6～8日，由中国花卉协会主办的2013广州国际盆栽植物及花园花店用品展览会在广东省广州市开幕。中国花卉协会副秘书长张引潮、广州市农业局纪委书记吴金田、花都区副区长程学晋等领导出席开幕式。本届展会有来自荷兰、比利时、日本等12个国家和地区的130多家企业参展，展位达300个，展览面积近1万平方米。

12月10日，《中国花卉产业发展报告2013》编写工作会议在北京召开，中国花卉协会会长江泽慧、中国林业科学研究院首席科学家彭镇华、北京林业大学副校长张启翔等专家出席会议，讨论确定了《中国花卉产业发展报告2013》编写大纲。

12月21日，中国花卉协会秘书处赴天津市开展群众路线教育实践，探讨中国花卉企业发展模式与产业发展前景。中国花卉协会秘书长刘红和副秘书长陈建武、张引潮及秘书处全体人员参加。

12月30日，中国花卉协会会长工作座谈会在北京召开，会议审议并通过了中国花卉协会2013年工作总结和2014年工作计划。会议由中国花卉协会会长江泽慧主持，副会长韩德乾、冯秀华、王兆成、刘向东、赵光华、刘雅芝、张延华、刘卓慧、姜伟贤出席座谈会，秘书长刘红作汇报。

2014年

1月8日，中国花卉协会在云南省昆明市召开中国花卉协会分支机构工作座谈会。会议交流了各分支机构2013年工作情况，传达了中国花卉协会工作思路和工作重点，部署了2014年工作。中国花卉协会副秘书长陈建武及协会13 个分支机构的主要负责人出席会议。

1月13日，第二届全国花卉标准化技术委员会会议在北京召开。会议审议并通过了第一届委员会工作报告、新的章程和工作细则，提出了第二届委员会的主要任务。国家标准化管理委员会副主任于欣丽、国家林业局副局长孙扎根、中国花卉协会会长江泽慧出席会议并讲话，国家林业局科技司司长彭有冬主持会议。

2月11日，2019年北京世界园艺博览会（以下简称北京世园会）组委会第一次会议在北京召开。国务院副总理、2019北京世园会组委会主任委员汪洋主持会议，北京市市委书记郭金龙、市长王安顺、常务副市长李士祥、市政府党组成员夏占义等37家单位有关领导参加会议。国际贸易促进委员会会长万季飞、国家林业局副局长张永利、中国花卉协会会长江泽慧、北京市市长王安顺分别汇报A1类世界园艺博览会的背景情况和北京世园会筹备工作进展情况。

2月24日，2014青岛世园会组委会主席、国家林业局局长赵树丛，组委会主席、中国花卉协会会长江泽慧考察指导青岛世园会园区建设。

2月24日，由中国花卉协会组织召开的2014全国花卉产销形势分析会在天津市举办，中国花卉协会副秘书长陈建武主持会议，全国大型花卉企业负责人等50多人参会。

2月27日，由中国花卉协会和中国绿色时报社联合主办的“2013中国花木年度人物”评选结果揭晓，杨铁顺、李谢恩、张力、胡艺春、蒋全、王波、苏涌、郭柏峰、董春燕、王华明获得“2013中国花木年度人物”称号。

3月8日，由国家林业局、浙江省人民政府和中国花卉协会主办的2014中国（萧山）花木节在浙江省杭州市萧山区开幕。浙江省人大常委会副主任程渭山致辞并宣布开幕；国家林业局场圃总站副总站长张周忙出席仪式并讲话，中国花卉协会副会长王兆成、副秘书长陈建武等出席开幕式并为“2013中国花木产业年度人物”颁奖。

4月22日，中国花卉协会印发《2014我国花卉产销形势分析报告》（中花协字〔2014〕10号）。

4月23～26日，由中国花卉协会主办的第十六届中国国际花卉园艺展览会在北京展览馆开幕。中国花卉协会副会长张延华出席开幕式，秘书长刘红主持。本届展会展出面积2.3万平方米，吸引了来自荷兰、德国、法国等27个国家和地区的435余家企业参展。

4月25日，2014青岛世界园艺博览会开幕。国家林业局局长赵树丛、山东省省长郭树清、中国国际贸易促进委员会会长姜增伟、中国花卉协会会长江泽慧、青岛市市委书记李群和国际园艺生产者协会秘书长提姆·布莱尔克里夫等共同插花启幕。

4月26日，2014青岛世界园艺博览会国际竹藤组织园开园。国际竹藤组织董事会联合主席、中国花卉协会会长、青岛世园会组委会主席江泽慧，国家林业局副局长孙扎根，青岛市副市长王晓方出席开园仪式。哥伦比亚、尼泊尔和马达加斯加等20多个国家的驻华使节参加当天开园仪式。

5月22日，2014青岛世界园艺博览会荷兰园艺日活动在山东省青岛市举行。中国花卉协会秘书长刘红、副秘书长张引潮，2014青岛世园会执委会秘书长李奉利，荷兰经济、农业与创新部副部长罗奥德·拉派尔，荷兰驻华大使贾高博出席。

5月28日，第三届荷兰百合日中国区暨第二届海峡两岸百合花节在福建省南平市延平区开幕。中国花卉协会副秘书长陈建武、福建省林业厅副厅长谢再钟、南平市副市长葛晓华、福建省花卉协会会长柴喜堂、中国园艺学会球根分会会长赵祥云等出席开幕式。此次展会共展示了来自荷兰9家企业的400多个百合新品种，吸引了国内600多个花卉企业、种植大户和花店经营者参加。

6月11日，国际展览局（BIE）第155次大会在法国巴黎召开。国际展览局168个成员国一致表决，认可2019年北京世界园艺博览会。国际展览局主席纳吉和秘书长洛塞泰斯向中国代表团代表授予国际展览局局旗。国际展览局中国首席代表、中国国际贸易与促进委员会副会长王锦珍，北京市市长特别代表、北京世园会执委会副主任夏占义，中国花卉协会秘书长、北京世园会执委会副秘书长刘红接受了授旗，标志着北京世园会完成国际展览局认可程序，正式纳入认可类世界博览会范畴。

7月3～4日，由中国花卉协会主办的全国花卉行业信息化管理高级培训班在山东省青州市举办，中国花卉协会秘书长刘红出席会议并讲话，国家林业局信息中心副主任王福东，山东省林业厅副厅长吴庆刚等领导出席，来自全国各省（区、市）花卉协会的信息工作人员参加了培训。

7月19～29日，2014年亚洲杯花艺大赛在日本静冈举行，中国花卉协会秘书长、亚洲花店业协会副理事长刘红出席开幕式。中国花卉协会组织王志东、卿少波和袁乃夫3位选手参赛，袁乃夫名列第7，卿少波获得第12名。

7月24日，第28届全国荷花展（铁岭展区）暨第二届中国铁岭荷花文化旅游节在辽宁省铁岭市开幕。中国花卉协会副秘书长陈建武出席开幕式并为中国荷花专家、荷花分会名誉会长王其超教授和中国花卉协会荷花分会常务理事张行言教授颁发终身成就奖。

8月22日，中国花卉协会确定新疆维吾尔自治区呼图壁县为国家花卉苗木出口试点基地。

9月9～14日，中国花卉协会副秘书长陈建武率团赴南非约翰内斯堡参加第21届世界兰花大会。

9月16日，国际园艺生产者协会（AIPH）第66届年会在山东省青岛市开幕。中国花卉协会会长江泽慧、国家林业局副局长刘东生、山东省政协副主席王乃静出席开幕式并致辞，国际园艺生产者协会主席维克·克朗主持开幕式并致辞。会上，维克·克朗主席向江泽慧会长颁发了国际园艺生产者协会“金玫瑰”奖章”，这是世界花卉园艺界最高荣誉。江泽慧会长是我国首位该项殊荣获得者。

9月16日，中国花卉协会会长江泽慧和国家林业局副局长刘东生在山东省青岛市共同会见了国际园艺生产者协会（AIPH）主席维克·克朗先生和国际展览局（BIE）秘书长特别代表安卡女士一行。

9月17日，2014年度国际种植者颁奖典礼在山东省青岛市举行，福建连城兰花股份有限公司获得了2014年度国际种植者银玫瑰奖，国际园艺生产者协会主席维克·克朗和中国花卉协会秘书长刘红共同为获奖者颁奖。

9月26～27日，中国花卉协会盆栽植物分会换届大会在山东省青州市召开，选举产生了新一届领导机构，天津滨海国际花卉科技园区股份有限公司董事长杨铁顺当选新一届分会会长，山东省青州市花卉管理局成为秘书长单位。27日，中国花卉协会秘书长刘红、副秘书长陈建武为分会揭牌。

10月25日，2014青岛世界园艺博览会闭幕。国际园艺生产者协会主席维克·克朗，秘书长提姆·布莱尔克里夫，2014青岛世园会组委会副主席、国家林业局副局长张永利，2014青岛世园会组委会副主席、中国国际贸易促进委员会副会长王锦珍，山东省政协副主席许立全，2014青岛世园会组委会副主席、执委会主任、青岛市市长张新起，2014青岛世园会国际竞赛组委会主任、中国花卉协会秘书长刘红等出席闭幕式。

10月28日至11月2日，由中国花卉协会主办，中国花卉协会盆景分会、江苏省如皋市人民政府承办的首届“中国杯”盆景大赛暨第八届中国（如皋）花木盆景艺术节在江苏省如皋市举办。国家林业局造林司司长王祝雄，中国花卉协会秘书长刘红、副秘书长陈建武，江苏省农业委员会副主任、江苏省林业局局长夏春胜等领导出席开幕式。本次大赛共有16个省（区、市）的331件盆景参赛，广东陈昌的“回眸一笑满园春”盆景作品获总冠军。

10月28日，北京世界园艺博览会事务协调局（以下简称世园局）揭牌仪式在北京举行。中国花卉协会会长、世园会组委会副主任委员江泽慧，中国国际贸易促进委员会副会长、世园会组委会委员王锦珍，国家林业局副局长、世园会组委会委员张永利，北京市政府党组成员、世园会组委会委员、世园会执委会副主任夏占义共同为世园局揭牌。仪式由世园局党组书记邓乃平主持，江泽慧、王锦珍、张永利及北京市副市长、世园局局长林克庆分别致辞。

10月29日，中国花卉协会盆景分会第一届会员代表大会在江苏省如皋市召开。会议审议通过了《中国花卉协会盆景分会工作条例》，选举产生了中国花卉协会盆景分会第一届理事会，中国花卉协会秘书长刘红、副秘书长陈建武出席会议。

11月5日，中国花卉协会盆景分会成立大会在北京召开。中国花卉协会会长江泽慧出席会议并讲话，国家林业局有关司局、江苏省有关部门和如皋市市委、市政府领导出席会议，盆景分会全体常务理事参加了成立大会。江泽慧会长为盆景分会颁发了牌匾，并向江苏省如皋绿园有限公司董事长郑长才颁发了会长单位牌匾和会长证书。

11月7日，由中国花卉协会和常州市人民政府主办的第九届中国花卉产业论坛在江苏省常州市举行。中国花卉协会副会长赵光华、秘书长刘红、副秘书长陈建武，国家发展和改革委员会农村经济司副司长吴晓松，国家林业局造林绿化管理司副司长王剑波，国家林业局野生动植物保护与自然保护区管理司巡视员刘亚文，国家林业局调查规划设计院党委书记、副院长刘国强，北京林业大学副校长张启翔，江苏省农业委员会副主任、江苏省花木协会会长张坚勇，常州市副市长张耀钢等领导出席开幕式，赵光华作主旨报告，刘红主持开幕式，来自全国各地的花卉专家、学者、企业家、管理人员等200人参加了论坛。

12月3日，2019北京世界园艺博览会组委会主要筹备单位联络小组会议在北京召开，中国花卉协会会长江泽慧、中国国际贸易促进委员会副会长王锦珍、北京市党组成员夏占义以及外交部、国家林业局等有关部门领导出席会议。

12月7日，中国花卉协会印发《中国花卉博览会管理办法》（中花协字〔2014〕22号），启动第九届中国花卉博览会申报工作。

12月24日，中国花卉协会组织开展中国花卉协会成立30周年系列宣传活动。在《中国绿色时报》开辟纪念中国花卉协会成立30周年专栏——“花让美丽中国绽放异彩”，刊登了六篇系列报道文章，总结30年来中国花卉协会伴随着我国花卉产业发展走过的历程以及取得的经验和成果。

12月26日，中国花卉协会印发了《国家重点花文化示范基地管理办法（暂行）》（中花协字〔2014〕25号），启动国家重点花文化示范基地认定工作。

附录二　中国花卉协会各分支机构大事记

1986—2014年中国花卉协会杜鹃花分会大事记

1986年5月1日，中国杜鹃花协会在中国科学院昆明植物研究所正式成立。冯国楣先生任会长，赵禹任秘书长。

1986年7月，中国杜鹃花协会内部刊物《中国杜鹃花通讯》发行。

1987年5月1日，中国杜鹃花协会在无锡市锡惠公园举办中国首届杜鹃花展览。会长冯国楣为“无锡杜鹃专类园”授牌题名。继后，第二至十二届杜鹃花展览分别在杭州、苏州、无锡、昆明、嘉善、南京、上海、毕节、井冈山、麻城举办。

1987年5月，在会长冯国楣及理事会成员的呼吁下，在贵州黔西、大方建立第一个以杜鹃花为主体的自然保护区——贵州百里杜鹃自然保护区，开创就地保护杜鹃花的先例。

1988年4月，中国杜鹃花协会在贵阳杜鹃花饭店召开第一届第二次年会，会议代表考察贵州百里杜鹃林区。部分专家参加“贵州百里杜鹃林区综合考察”项目成功评审。

1989年，会长冯国楣编辑整理了《中国杜鹃花名录》，初步掌握了多省（区、市）的杜鹃花种类。

1990年5月，中国杜鹃花协会在贵州贵阳召开第二届第一次年会，重点研究杜鹃花“九五”计划和统一命名工作。

1991年6月25日，中国首次发行杜鹃花特种邮票，一套8枚。

1993年4月，中国杜鹃花协会第二届理事会在浙江杭州召开，冯国楣连任会长，赵禹任秘书长，61名理事（13名常务理事）组成理事会。

1994年4月，根据民政部有关规定，并经中国花卉协会同意，中国杜鹃花协会正式更名为中国花卉协会杜鹃花分会（以下简称“杜鹃花分会”），迁址贵州贵阳，挂靠贵州省科学院植物园。同期，召开杜鹃花分会第三届会员代表大会，产生了第三届理事会。向应海任会长，李勇任秘书长，冯国楣先生任名誉会长。

1994年5月，中国花卉协会何康会长、王甘杭秘书长一行考察了宜兴华盛杜鹃花实验场，何康会长为其题词“华夏杜鹃第一家”。

1994年10月，杜鹃花分会顾问、贵州人大副主任禄文斌陪同英国爱丁堡皇家植物园杜鹃花专家Chamberlain教授，考察了贵州省植物园和百里杜鹃林区。

1995年5月，杜鹃花分会理事会在贵州贵阳召开，会议形成了《杜鹃花“九·五”计划提纲》（讨论稿）。

1995年9～12月，杜鹃花分会会长向应海、副会长陈训应邀赴英国考察杜鹃花资源及应用情况。

1998年10月，杜鹃花分会在辽宁丹东召开第四届会员代表大会，选举产生第四届理事会，向应海连任会长。同期召开了中国杜鹃花新品种新技术交流会，中国花卉协会副秘书长姜伟贤出席并致辞。

1999年9月，杜鹃花分会在浙江宁波北仑区紫桥镇召开21世纪花卉发展研讨会。

2003年1月13日，杜鹃花分会在河北石家庄召开中国比利时高山杜鹃栽培技术研讨会。

2003年10月21日，在福建漳平市永福镇成立杜鹃花行业协会。

2004年4月，杜鹃花分会在贵州毕节召开年会和百里杜鹃资源保护及开发利用研讨会，同期举办了“百里杜鹃杯”杜鹃花园艺品种展览。

2004年8月，由杜鹃花分会刘永书等编写的《江西杜鹃花》出版。

2004年9月，向应海、方明渊、陈庚锁、管开云、陈学祥、黄茂如、李勇、张乐华、陈振声、周莉、娄义龙、肖建忠、李志斌等13位杜鹃花分会会员入选全国花卉咨询专家库。

2005年1月，第二届高山杜鹃科学技术研讨会在河北石家庄举行，比利时驻华大使馆商务参赞及中国花卉协会杜鹃花分会60多名会员参会。

2005年9月，杜鹃花分会2005年度年会在四川成都温江区会议中心召开，提出了中国花卉协会杜鹃花分会迁址设想。

2005年12月，由杜鹃花分会副会长陈训编写的《贵州杜鹃花》出版。

2006年4月，2006年杜鹃花年会在江苏无锡召开，总结中国花卉协会杜鹃花分会成立20周年来的工作，美籍华人沈荫椿先生作“国际杜鹃花发展趋势”讲座。

2006年10月，杜鹃花分会办公地点迁至江苏无锡。

2007年4月，杜鹃花分会召开第五届会员代表大会。会议总结了中国花卉协会杜鹃花分会成立20周年工作，选举产生了第五届理事会，吴惠良任会长，贾伟任秘书长，增选黄家耀、张乐华为副会长。

2007年7月，中国花卉协会杜鹃花分会网站建立。

2008年7月，为援建四川汶川大地震灾区“希望之花”学校，杜鹃花分会捐款15000元。

2011年6月，中国花卉协会授予湖北麻城市“中国映山红第一城”称号。

2012年5月，杜鹃花分会组织专家进行实地调研和考察重庆南川杜鹃花。

2013年3月，杜鹃花分会召开五届七次常务理事会，传达中国花卉协会分支机构秘书长会议精神，讨论有关办展、财务等方面的制度。

2013年9月，杜鹃花分会参展第八届中国花卉博览会建造的“倚红绣霞 绽放美丽”景点获设计布置特等奖和特色组织奖。

2013年11月，杜鹃花分会常务理事李志斌等一行13人赴德国、荷兰考察欧洲杜鹃花产业发展情况。

2014年4月，杜鹃花分会第六届会员代表大会在江苏无锡召开，选举产生第六届理事会，吴惠良连任会长。

2014年5月，中国花卉协会杜鹃花分会、河北省花卉协会、云南省花卉协会和重庆旅游投资集团联合举办了杜鹃花资源保护与产业发展研讨会。英国爱丁堡皇家植物园、爱丁堡大学、比利时驻京使馆的项目合作官员、荷兰范登柏克公司、国际植物园保护联盟（BGCI）中国科学院昆明植物所、庐山植物园等单位150余人参会，深入探讨杜鹃资源保护、开发应用及现代产业体系发展。

1986—2014年中国花卉协会月季分会大事记

1986年9月23～25日，中国月季协会筹备会议在北京召开，会议推举夏佩荣为筹备组负责人，夏佩荣作了动员和总结。

1986年11月2日，中国月季协会筹备组在北京组织召开了中国月季协会第一届一次会议。会议共选出15位常务理事，一致推举夏佩荣为会长，朱秀珍、马驰、许恩珠为副会长，孙百龄为秘书长，杨忠英、邸秀荣、秦玉明为副秘书长。

1986年11月3日，中国月季协会在北京成立，中国花卉协会秘书长刘近民和中国月季协会会长夏佩荣出席开幕式并讲话。

1987年5月，中国月季协会第一届二次会议在北京召开。会议决定同意申请加入世界月季联合会（WFRS）。

1991年5月9日，中国月季协会第一届三次会议在河南郑州召开。会长夏佩荣传达了中国花卉协会常务会议纪要，并对协会四年半以来的工作做了全面总结。

1991年5月，《月季正名》第一集正式出版发行。共鉴定登录了国内外引进品种506个，国内自育品种83个。

1992年5月19日，中国月季协会第二届二次会议在天津举行。大会由周延江秘书长主持，夏佩荣会长作工作总结，马驰副会长作补充发言，会议增选周延江、孙百龄为副会长。

1993年12月20日，中国月季协会第三届一次会议在广东深圳农业科技园举办。夏佩荣会长提议做好有关国花评选工作，大力推崇月季入选国花。名誉会长刘琨、程绪珂、李传芳，名誉副会长刘洪元、王发祥，副会长马驰、朱秀珍、周延江、许恩珠、王吉训，秘书长王吉训等出席会议。

1994年5月30日，中国月季协会第三届二次会议在山东莱州举办，夏佩荣会长做工作报告。

1994年5月，根据民政部有关规定，中国月季协会正式更名为中国花卉协会月季分会（以下简称“月季分会”），对外名称使用“Chinese Rose Society”。

1994年，月季分会第三届三次会议在江苏淮阴举办。

1996年6月10日，月季分会第四届二次会议在北京召开。朱秀珍、马驰为名誉会长，夏佩荣为会长，增选王发祥、姜洪涛为副会长。

1997年，月季分会编辑出版《月季文献资料集》。

1997年5月9日，月季分会第四届三次会议在上海召开。副会长许恩珠主持会议，对月季分会创始人之一夏佩荣同志的去世表示哀悼。上海市园林局局长胡运骅、上海市人大常委会严玲璋、上海市住房和城乡建设管理委员会孙建平到会做重要讲话，月季分会副会长马驰作了协会工作报告。

1997年5月10日，月季分会召开常务会议，副会长孙百龄主持，并决定会长暂缺过渡期间由孙百龄副会长主持，增补张佐双、姜洪涛为副会长，并由张佐双副会长主持协会日常工作。

1997年7月9日，在比利时布鲁塞尔举行的世界月季协会联络委员会议上，月季分会申请加入世界月季联合会获全票通过。

1997年，中国和新西兰联合发行了一套特种邮票，共两枚。第一枚是北京妙峰山玫瑰，第二枚是新西兰自育月季品种‘白云之乡’。

1998年6月12日，月季分会在京常务会在北京市植物园召开。会议由副会长孙百龄主持，商讨中国月季协会第四届四次会议准备工作。张佐双、姜洪涛、邓长亮、邸秀荣、王易平等10名常务会及名誉会长朱秀珍出席本次会议。

1998年8月，澳大利亚月季专家牛曼夫妇来访。分批赠送月季分会300个蔷薇原始种和古老月季品种。一年后，新月季品种‘Zuo Shuang’诞生，此品种为牛曼先生培育，以月季分会会长“佐双”名字命名，以此纪念、感谢月季分会为中澳月季事业所作的贡献。

1998年10月18～21日，月季分会第五届一次会议在陕西西安召开。孙百龄为名誉会长，选举张佐双为会长，姜洪涛、许恩珠、王发祥、赵旺兔、邓长亮、冯德珍为副会长，改选赵世伟为秘书长，补选方成、王易平、许桂花、刘白为副秘书长。会议决定分会秘书处迁往北京。

1999年，在’99昆明世界园艺博览会上，由名誉会长朱秀珍和常务理事黄善武参与设计、布置的月季园，荣获28个奖项。

2000年4月19～24日，月季分会派代表参加在美国德克萨斯州休斯敦市召开的世界月季联合会第十二届大会。

2000年8月23日，月季分会第五届二次会议在辽宁大连召开。会议讨论、修改了章程，增补张樟德、杨新杭为副会长，决定出版《月季简报》。

2002年3月，月季分会与日本月季协会正式建立联系。日本月季协会向中国赠送蔷薇苗木，以促进中日友谊和中日月季事业的发展。

2002年10月10日，月季分会第六届一次会议在北京召开。会长张佐双作工作报告，增选王贵祥、叶果为副会长。

2003年5月，中澳友谊月季园在北京市植物园建成。

2004年5月22日，月季分会第六届二次理事会在北京召开。北京市科学技术委员会副主任王世雄到会祝贺并做出指示，张佐双会长作工作报告。会议决定2005年举办全国月季展览。

2004年，月季分会第六届三次会议在北京举行。会议讨论并决定由月季分会举办全国月季展，首先由月季市花城市提出申办。

2005年4月28日，首届中国月季展暨月季学术研讨会在郑州市月季公园举行。建设部原副部长、中国公园协会议长赵宝江，国际月季专家劳瑞，月季分会会长张佐双、常务副会长兼秘书长赵世伟等出席。继后，第二至六届分别在沈阳、北京、常州、三亚、莱州举办。

2006年，月季分会首次组团参加了在日本大阪国际交流中心举行的第十四届世界月季大会，月季分会常务副会长兼秘书长赵世伟等出席。

2008年5月22日，第三届中国月季展暨第一届北京月季文化节在北京植物园举办，主题是“和平之花迎奥运”。世界月季联合会主席梅兰、中国花卉协会江泽慧会长等领导出席。

2008年5月24日，恩钿月季公园奠基仪式在江苏太仓举行。月季分会会长张佐双、副会长姜洪涛等出席。

2009年4月28日，第二届中国月季高峰论坛暨恩钿月季公园开园仪式在江苏太仓举行。论坛主题是“月季与现代农业”，月季分会会长张佐双、常务副会长兼秘书长赵世伟等出席。

2009年6月18日，第十五届世界月季大会在加拿大温哥华举办。月季分会会长张佐双，常务副会长兼秘书长赵世伟、王波和孟庆海等出席，常州吴捷、戚维平等出席申办2010世界月季联合会区域性大会。深圳市人民公园荣获“世界杰出月季园”称号，这是我国首次获得该项荣誉，也是迄今我国月季界获得的最高荣誉。

2009年10月，为办好第五届中国月季花展和发展三亚的月季产业，三亚市市委副书记黄明荣，中国花卉协会月季分会会长张佐双、副会长孟庆海一行4人赴荷兰考察月季产业情况。

2010年4月26日，中国古老月季高峰论坛在江苏太仓举行，月季分会会长张佐双、常务副会长兼秘书长赵世伟等出席。

2010年4月27日，月季分会在江苏省常州市召开会议，会议选举出第六届理事会成员，并对协会章程进行了修改。增选方成、王波、潘会堂、葛红、孟庆海、赵梁军、薛永清、宋建春、杨玉勇、王国良、朱维平为副会长。孟庆海在莱州市中华月季园开园仪式上荣获“山东省莱州市荣誉市民”称号。

2010年4月30日，世界月季联合会授予月季分会会长张佐双“国际月季杰出贡献奖”，同获奖的还有副会长朱维平、常州市市长王伟成。

2010年5月15日，月季分会与河南省南阳市卧龙区人民政府联合举办首届南阳月季文化节，月季分会会长张佐双、常务副会长兼秘书长赵世伟等出席。至2014年已连续举办五届。

2011年5月20日，月季分会第六届会议扩大会议在山东莱州召开。会议增选王延庆为副会长，邓长亮为名誉会长。

2011年9月28日，由南昌市政府、中国花卉协会月季分会、江西省花卉协会主办的首届中国·南昌（红谷滩）月季文化节开幕。

2012年10月中旬，在南非第16届世界月季联合会会议上，大兴区区长李长友率团申请在北京大兴举办2016世界月季洲际大会。常州紫荆公园获得了“世界杰出月季园”荣誉称号，月季分会会长张佐双、常务副会长兼秘书长赵世伟等出席。

2013年4月9日，习近平总书记在海南三亚兰德国际玫瑰谷视察，接见了其董事长兼月季分会理事杨莹，就发展花卉产业等方面进行了交谈。

2013年6月，第13届世界古老月季大会在德国桑格豪森月季园召开，大兴区常委、宣传部长姜泽廷出席会议。

2013年8月25日，第六届国际月季研究与栽培学术研讨会在德国汉诺威市召开，会议重点对世界各国月季研究成果、品种选育最新发展动态和栽培技术等方面进行研讨。刘青林博士参加会议并汇报了关于月季开花基因（RLeaFY基因）RNA测序的最新研究进展。

2013年9月28日，常州紫荆公园世界月季名园授牌仪式在江苏常州举行，世界月季联合会主席史蒂夫·琼斯、中国花卉协会会长江泽慧、中国林业科学研究院首席科学家彭镇华、常州市市委书记阎立、世界月季联合会秘书长沃森、中国花卉协会月季分会会长张佐双、美国月季协会第一副主席香丽出席仪式，中国花卉协会秘书长刘红主持。史蒂夫·琼斯和江泽慧共同为紫荆公园世界月季名园揭牌。

2013年11月，大兴区副区长沈洁出席新西兰月季大会，月季分会会长张佐双、常务副会长兼秘书长赵世伟一同出席。2013年11月25日，大兴区世界月季洲际大会执委会启动2016世界月季洲际大会Logo、吉祥物征集活动。

2014年5月，大兴区区长兼2016世界月季洲际大会月季办主任贺锐、月季分会常务副会长兼秘书长赵世伟共同出席在西班牙召开的世界月季大会。

2014年5月25日，在山东莱州中华月季园举办的第六届中国月季展上，月季分会授予孙百龄、李鸿权、黄善武、陈于化、杨百荔五位同志“中国月季杰出贡献奖”。

2014年7月，月季分会会长张佐双一行赴美国克里山植物园出席新建古老月季园开园仪式。期间，考察了美国汉庭顿月季园及美国月季生产基地。

2014年11月，世界月季联合会区域大会在印度海德拉巴举行，并在闭幕式上进行了会旗交接仪式，月季分会会长张佐双接过了世界月季联合会会旗，2016年世界月季洲际大会月季办副主任王雨和大兴区有关部门同志出席交接仪式。

1987—2014年中国花卉协会兰花分会大事记

1987年1月10～14日，全国兰花代表会议在广东顺德召开，会上选举产生了中国兰花协会首届理事。推选广东省农业科学院院长武尚忠为会长，何清正为秘书长。协会挂靠广东省农业科学院。

1987年3月14～25日，中国兰花协会首次派出由伍尚忠等5人组成的代表团参加在日本东京召开的第12届世界兰花会议。继后，先后五次组团赴日本参加东京兰花展览，派员赴英国、泰国、新西兰、韩国、美国进行考察交流。

1988年9月27日，首届中国兰花博览会在广东广州开幕。继后，第二至二十四届中国兰花博览会分别在厦门、深圳、成都、昆明、汕头、北海、中山、无锡、杭州、贵阳、成都、大理、玉溪、乐山、贵阳、武汉、温州、温江、重庆、昆明、宁波、太仓、郑州等地举办。

1989年9月15日，中国花卉协会秘书长刘近民赴广州考察中国兰花协会工作情况，要求推荐一名专家参加在南京召开的中国观赏植物品种登录委员会，中国兰花协会推荐吴应祥参会。

1990年，《中国兰花》（双月刊）与《兰花信息》（月刊）问世，标志着中国兰花协会拥有面向全国发行的内部刊物。

1991年3月，由中国兰花协会和中国兰花学会组成的全国兰花品种登录委员会在浙江绍兴成立。吴应祥任委员会主任委员，何清正任常务副主任委员，办公室设在广东省农业科学院的中国兰花协会。

1991年10月25日，伍尚忠会长与刘清涌教授在广东韶关签订《中国兰花》杂志出版经营协议书，刘清涌任主编。

1992年上半年，恢复出版《中国兰花》，并一直坚持至今。

1992年9月，中国兰花协会副会长余之德、秘书长何清正应美国兰花协会会长邀请前往夏威夷与旧金山考察当地洋兰产销情况，返国后撰写了《美国兰花探访》一文刊在当年10月的《中国兰花信息》上。

1993年7月，建兰‘华强素’通过登录，成为第一个登记注册的国兰品种，标志着国兰登录注册工作正式开始。

1993年4月，在第一届中国花卉博览会期间，台湾、广东、福建、四川、云南、北京、天津、江苏、浙江等省市兰花社团10多位领导在北京长城饭店举行两岸兰花社团高层人士聚会。中国花卉协会会长何康出席活动并讲话。

1994年，根据民政部规定，中国兰花协会正式更名为中国花卉协会兰花分会（以下简称“兰花分会”）。

1995年，广东省农业科学院院长谢明权博士、研究员担任第二届会长。

1995年9月19日，兰花分会组织“国兰万里行”活动，秘书长何清正率海峡两岸兰友从广州乘专车出发，经广东大半个养兰地区后直驱闽西与厦门，历时7天。

1997年2月，为纪念第七届中国兰花博览会，邮电部门首次为博览会发行纪念封，并限量发行兰花邮票一套。

1999年9月18日，由兰花分会策划并审查批准的我国第一个国兰品种园——莲瓣兰品种园正式挂牌成立。

2001年2月16～20日，在贵州省人民政府的支持下，由兰花分会与贵阳市人民政府主办，贵州省兰花协会、贵阳白云区政府承办的“金阳杯”第十一届中国兰花博览会在贵州贵阳举行。本届开创了企业冠名中国兰花博览会的先河，这是继首届兰博会后一次具有里程碑式的兰花活动。

2001年2月16日，中国兰花网（www.guolan.com）正式开通。

2001年春，兰花分会在广东汕头召开新世纪中国兰花交流会，陈心启、何清正等两岸兰界人士出席会议。兰花分会根据中央开发大西部精神，及时提出兰市西移和发展国产化洋兰等举措。

2001年底，广东省农业科学院院长罗富和教授任第三届会长。

2002年，兰花分会批准浙江金定先理事的兰园为“中国春兰样品园”。

2004年2月7～12日，在云南省玉溪市举行第十四届中国兰花博览会期间，召开了兰花分会理事会，会议推举王碧青任秘书长，何清正任常务副会长，并增补刘清涌为副会长。

2004年4月9～11日，首届中国兰文化博览会在浙江省绍兴县举办。全国26个省（区、市）的2600多件兰文化作品及兰花品种参加展出，日本、韩国、美国、东南亚等国家及我国香港、澳门、台湾地区的兰花组织，兰花人士等300多位嘉宾出席开幕式。同期举行的研讨会上，刘清涌副会长首提将兰花作为赠送教师的敬师花。

2004年7月，中国兰花网网友自发组织了爱心义拍活动，共举行各类义拍活动100多场次，募集善款（包含捐钱、捐物）20万元左右，资助贫困生300余人次。

2005年9月10日，兰花分会在广西容县举行了首届大规模的教师节敬师献兰活动，副会长刘清涌、何清正出席活动。

2006年2月17日，兰花分会举行理事会换届会。会议通过了分会工作条例、《中国兰花博览会管理办法》和《中国兰花博览会兰花评审暂行办法》，产生新的领导机构，增补王重农、潘兆清、李金国、陈少敏、王碧青为副会长，朱根发、刘兴邦、郑宇晖、黄毅、卢秀福为副秘书长。

2006年5月，兰花分会与南方报业集团共同主办《兰花宝典》杂志。

2006年9月，兰花分会与湖北省兰花协会、武汉市林业局、武汉市教育局在湖北武汉共同举办了第二十二届教师表彰及献兰敬师大会，向优秀教师赠送5000盆兰花。

2006年12月9～15日，首届中国（三亚）国际热带兰花博览会（以下简称兰博会）在海南省三亚市举办。共有10多个国家以及中国香港、澳门、台湾地区，近100家企业参展，参观人数超过10万人次。世界兰花大会主席、中国花卉协会会长等人对兰博会给予了高度的评价。

2007年1月26日，首届中国兰文化大展（德馨杯）系列活动在人民大会堂、钓鱼台国宾馆、中国军事博物馆、全国政协礼堂成功举办。期间举行了向中华慈善总会捐赠我国首个国兰慈善小学，向希望工程捐助300位“希望之星”的仪式，并发起建立首个中国兰文化博物馆，还举行了中国国际兰文化暨兰花产业发展与野生兰花保育研讨会、中国兰文化大展等活动。全国人大副委员长何鲁丽、全国政协副主席周铁农、中国花卉协会会长江泽慧等领导，以及来自海峡两岸300余位养兰名家和美国、澳大利亚、加拿大、英国、日本、韩国等国著名兰科专家出席了此次活动。

2007年3月9日，兰花分会成立20周年纪念大会在湖北武汉举行。王碧青秘书长代罗富和会长作了协会成立二十周年工作报告。大会向20年来为中国兰花事业做出积极贡献的单位和个人颁发了特别贡献奖、“优秀兰花组织”和“优秀工作者”称号奖牌，聘请陈心启教授为兰花分会名誉会长，并举行了二十周年纪念册《兰香蕙馥二十年》的首发式，向华中农业大学园艺林学学院捐资3万元用作扶贫助学。中国花卉协会副秘书长陈建武、中国野生植物保护协会秘书长陈润生到会祝贺并讲话。

2007年8月，在兰花分会的积极倡导下，浙江省绍兴县第十三届人大常委会第五次会议通过了“兰花定为敬师花”的决议。

2007年12月30日至2008年1月3日，兰花分会支持举办的第二届中国（三亚）国际热带兰花博览会在海南三亚举行。兰博会吸引了中国、马来西亚、美国等12个国家和地区的102家参展商参会，比第一届，参展商增加20%，展出的兰花数量多出1倍。

2008年5月12～15日，四川汶川发生了8.0级大地震，兰花分会慰问四川籍理事和兰友，并向广东省慈善总会捐款人民币1万元，支援四川抗震救灾。9月，响应中国花卉协会、中国绿化基金会倡议，再次捐款1万元，支援建设“希望之花”小学。

2008年，兰花分会批准在湖北武汉东湖风景区内建设“中国蕙兰样品园”。

2009年2月27日，兰花分会举行换届会议，广东省农业科学院副院长陈栋博士任常务副会长，广东省农业科学院花卉研究所所长操君喜任秘书长。

2009年4月13～15日，中国第二届兰文化博览会在浙江绍兴县举行。

2009年5月26～27日，首届中国兰花产业化论坛在广东韶关举行。来自浙江、福建、广东、贵州、云南等14个省（区、市）和台湾地区的代表共80多人参加了此次会议。继后，第二届至第五届中国兰花产业化论坛分别在云南昆明、浙江宁波、江苏太仓、河南郑州举办。

2009年9月26日至10月5日，由兰花分会承办的第七届中国花卉博览会兰花专题展得到中央有关领导和第七届中国花卉博览会组委会的高度赞扬和充分肯定，共吸引了180多万人次前往观赏。中共中央总书记江泽民同志接见了刘清涌副会长等代表。

2009年9月28日，在孔子诞辰2560周年纪念日，由中国花卉协会主办，中国花卉协会兰花分会等单位承办的“国兰敬教师”大会在北京市顺义区举行，中国花卉协会会长江泽慧等领导出席。大会向优秀老师敬献了秋榜墨兰、叶艺墨兰、永嘉寒兰等6个名优品种共700多盆兰花。兰花分会副会长陈栋宣读了《推荐兰花为敬师花倡议书》，向全社会发出了“以国兰为敬师花，让献兰敬师进一步融入当代的民风民俗”的倡议。

2009年，兰花分会制定了《关于以中国花卉协会兰花分会名义授予“中国兰花名镇”等荣誉称号的管理办法（试行）》，并启动了“中国兰花名镇”等荣誉称号的评审授予工作。

2009年，兰花分会批准授予广东省广州市番禺区沙湾镇、浙江省永嘉县桥下镇“中国兰花名镇”称号。

2009年4月，兰花分会推荐“南靖兰花”集体商标申报“中国驰名商标”。

2010年，兰花分会聘任何清正、陈心启为终身名誉会长，潘兆清、王碧青为名誉会长；增补操君喜、王晓光、刘忠贵为副会长，朱根发为秘书长。

2010年9月10日，兰花分会在山东济南大学举办了2010年教师节敬师献兰活动大会。济南大学校长程新主持大会，并向受表彰的300多位教师敬献了兰花。

2010年，兰花分会批准授予云南野生兰收藏基地有限公司为“中国花卉协会兰花分会云南兰花种质资源圃”。

2010年，兰花分会批准授予福建省连城县朋口镇“中国兰花名镇”称号。

2010年，兰花分会批准授予广东省汕头市澄海区莲华镇 “中国兰花名镇”称号。

2011年，兰花分会指导广东佛山顺德国兰协会制定了《商品墨兰栽培技术规程》和《商品墨兰质量等级》等规程标准。

2012年1月，兰花分会批准授予广东省佛山市顺德区“中国兰花之乡”称号。

2012年，《中国兰花》杂志改版。

2013年2月，兰花分会批准授予江苏省太仓市新城兰圃“中国兰花产业文化创意园”称号。

2013年3月，兰花分会秘书长朱根发接替何清正先生担任中国兰花品种注册登记委员会常务副主任委员。

2013年4月12日，兰花分会召开理事会换届会，选举了新一届领导成员，陈栋连任常务副会长，刘清涌、王重农、李金国、陈少敏、刘忠贵、王晓光、赵超艺、朱根发、钱登荣任副会长，陈心启、何清正、潘光华为终身名誉会长，潘兆清、王碧青、操君喜为名誉会长，朱根发兼任秘书长，卢秀福、郑宇晖、黄毅、刘兴邦、周荣、樊宗智、史宗义任副秘书长。

2014年5月6～15日，由青岛世园（集团）有限公司与中国花卉协会兰花分会联合主办的青岛世界园艺博览会洋兰国际竞赛在青岛世园会主题馆内举办。本次竞赛分为大型景观布置、小型景观布置、花艺设计竞赛以及单株竞赛四大类别，共组织了数百种洋兰品种参展。

2014年9月16～20日，由青岛世园会花艺竞赛组委会和中国花卉协会兰花分会联合主办的青岛世界园艺博览会中国兰竞赛在青岛世园会花艺竞赛馆举行。本次竞赛共吸引来自广东、福建等地23家单位参展，共展出333盆精品兰花。

2014年9月17日，在山东青岛召开的国际园艺生产者协会（AIPH）第66届年会上，福建连城兰花股份有限公司获“2014年度国际种植者”银玫瑰奖。

2014年，中国花卉协会兰花分会协助广州市番禺区沙湾镇政府研究制定了《主要商品建兰质量等级》和《商品建兰生产技术规程》两项地方标准，并颁布实施。

2014年12月，兰花分会常务理事陈述新、孙智勇和大理白族自治州兰花协会共捐资70万元新建剑川县金华镇第二初级中学校舍，并命名为“剑川县兰花中学”，设立兰花奖学金。

1987—2014年中国花卉协会茶花分会大事记

1987年3月26～28日，中国茶花协会（根据民政部的有关规定，从1994年起更名为中国花卉协会茶花分会，以下简称“茶花分会”）在浙江杭州召开成立大会。大会选举产生了第一届理事会，冯国楣当选为名誉会长，施奠东当选为会长，陈绍云当选为秘书长。协会创办了《中国茶花通讯》。

1988年3月2日，由茶花分会和浙江省杭州市园林文物局联合主办的首届中国茶花展览会在杭州植物园举行，历时1个月。这是我国首次举办茶花专门展览。

1991年2月1日，第二届中国茶花展览会在云南昆明金殿植物园开幕。国务院总理李鹏为本届茶花展题词“春城茶花甲天下，试问谁家甲春城”。

1996年3月5～25日，由茶花分会与义乌市人民政府主办的中国第三届茶花珍品展览会在浙江义乌举行。展会期间，召开了茶花分会第二届会员代表大会，施奠东连任会长，陈绍云连任秘书长。

1998年3月25～26日，中日两国茶花协会联合举办杭州国际茶花学术研讨会。中国、日本、英国、新西兰等国家和地区的62名代表参加研讨，收到论文22篇。

1999年3月6日，“中国茶花之乡”命名大会和国际山茶物种园奠基仪式在浙江金华举行。国际茶花协会主席帕特·麦克唐纳女士出席命名大会和奠基仪式，中共中央政治局原常委宋平参观了茶花展。

1999年3月23日，在日本召开的国际茶花协会宫崎大会上，浙江金华成功获得2003年国际茶花大会举办权。

2000年6月23～24日，茶花分会由浙江杭州移址至浙江金华，在浙江金华召开第三届理事会议，共有112位代表参加。会议选举产生了新一届理事会。施奠东、陈绍云当选为名誉会长，杨守春当选为会长，施德法当选为副会长兼秘书长，游慕贤当选为专职副秘书长（后任副会长）。

2001年2月21日，茶花分会会长杨守春率团赴美国加州出席国际茶花协会洛杉矶大会。会上，杨守春就 2003年金华国际茶花大会筹备情况向各国代表作了专题汇报，并对中国茶花历史、文化、资源等进行了宣传。

2003年3月6～25日，由国际茶花协会、中国花卉协会、浙江省人民政府主办，金华市人民政府承办，茶花分会等协办的第十六届国际茶花大会暨第四届中国茶花博览会在浙江金华举办。这是国际茶花大会首次在中国召开，吸引了30多个国家和地区的600多名外宾、3000多名国内宾客莅临，数万人参观。全国政协环境资源委员会副主任委员、中国花卉协会会长江泽慧，国际茶花协会主席格力高力·戴维斯出席了大会。

2003年12月24～26日，海峡两岸茶花学术研讨会在广西桂林乐满地召开。

2004年3月25～28日，中国（金华）第二届茶花节在浙江金华中国茶花文化园举行。

2005年3月2日，由茶花分会等主办的第五届中国茶花博览会在广西桂林举行。本届博览会共有国内12个省（区、市）和台湾地区以及美国、日本、新西兰、澳大利亚等6个国家的国际代表团近60个参展团参加，送展500多个品种、8000多株（盆）茶花。

2005年3月20日，国际茶花协会授予浙江省金华市中国茶花文化园“国际杰出茶花公园”称号。这是我国首个获得该项荣誉的公园。

2005年10月20日，茶花分会第四届会员代表大会在浙江金华召开。王建平当选为会长，施德法继续任秘书长。

2008—2014年，国际兰花茶花博览会连续七年在云南大理举办。

2008年2月18日，由中国花卉协会、大理白族自治州人民政府主办，茶花分会、大理市人民政府承办的第六届中国茶花博览会在云南大理举办。中国花卉协会会长江泽慧、国际茶花协会主席格力高力·戴维斯先生出席盛会。本届博览会共有以茶花为市花的国内17个城市、国内及台湾地区的200余家茶花知名企业参展，吸引了美国、英国、澳大利亚、新西兰、日本、荷兰等国家的茶花界专家、学者及生产企业代表参会，展出国内外精品茶花20000株（盆），品种500个。展览期间，举办了国际茶花育种学术交流会。

2009年12月4日，茶花分会第五届会员代表大会在浙江金华召开。中国花卉协会副秘书长陈建武出席会议并致辞，浙江省花卉协会会长徐培金出席会议并被聘请为新一届理事会顾问，王建平连任会长，汤大银任秘书长。

2010年3月8日，由茶花分会与重庆市园林局主办的第七届中国茶花大会暨国际茶花育种年会在重庆举行。中国花卉协会会长江泽慧，国际茶花协会主席格力高力·戴维斯及其夫人以及新当选的国际茶花协会主席派特丽夏·李·肖特出席大会。会议确定了中国林业科学研究院亚热带植物研究所、中国茶花文化园、云南省大理州园艺工作站、广东省佛山市林业科学研究所、重庆市南山植物园和浙江省金华市王大庄茶花新品种繁育基地6家单位为首批中国茶花育种基地。

2012年2月6～10日，由国际茶花协会、楚雄州人民政府、茶花分会主办，楚雄市人民政府承办的第27届国际茶花大会暨第八届中国茶花博览会在云南楚雄举行。国际茶花协会主席派特丽夏·李·肖特出席大会并向中国科学院昆明植物园茶花园、重庆南山植物园和浙江金华国际山茶物种园颁发“国际杰出茶花公园”证书。此次大会共吸引来自英国、美国、日本、澳大利亚等16个国家和地区的200多名嘉宾参加。

2013年2月21日，由国际茶花协会、茶花分会、南宁市人民政府主办的第三届国际金花茶学术论坛在广西南宁举行。国际茶花协会主席派特丽夏·李·肖特、中国花卉协会副秘书长陈建武出席开幕式并致辞，南宁市副市长魏凤君主持开幕式。来自中国、英国、意大利、德国、澳大利亚、越南等国内外知名茶花专家、学者围绕金花茶繁殖育种研究、金花茶保护、开发及应用进行学术交流与合作，并参观南宁市金花茶产业。

2014年3月14日，广西壮族自治区南宁市金花茶公园、广东省佛山市海景森林公园茶花园荣获“国际杰出茶花公园”称号。

2014年12月23日，茶花分会第六届会员代表大会在浙江金华召开，来自全国16个省（区、市）的151名会员代表参加了会议。张伟亚当选为会长，朱飞当选为副会长兼秘书长。

1986—2014年中国花卉协会蕨类植物分会大事记

1986年秋，为纪念秦仁昌院士对世界蕨类植物系统学研究的突出贡献，中国蕨类植物协会在中国科学院植物研究所举办了国际蕨类植物系统学学术会议。来自欧洲、亚洲、美洲12个国家的72位代表到会。中国科学院邢公侠研究员和瑞士苏黎世大学K. U. Kramer教授编辑了这次大会的论文集。论文集收入论文53篇。

1987年7月24～26日，中国蕨类植物协会在浙江杭州召开成立大会。大会通过了协会章程，选举产生了第一届理事会。协会挂靠浙江省自然博物馆。

1988年8月10～11日，中国蕨类植物协会第一次科研协作会议在浙江杭州召开。会议在更新观念、加强科普和引种驯化工作方面达成了共识，并讨论了参加第二届中国花卉博览会的有关事宜。

1993年，有“中国蕨类学之父”之称的秦仁昌院士关于“中国蕨类植物科属系统排列及历史来源”的研究，获国家自然科学一等奖。该奖是目前为止我国植物学研究获得的最高奖项，其分类系统得到国际蕨类学界的普遍重视。

1993年4月，在北京举行的第三届中国花卉博览会上，中国科学院植物研究所的“观赏蕨类引种驯化、种质保存和繁殖研究”项目获中国农业博览会金奖和农业部一等奖。

1994年，根据民政部的有关规定，中国蕨类植物协会正式更名为中国花卉协会蕨类植物分会（以下简称“蕨类植物分会”）。

1998年11月，深圳市仙湖植物园为了纪念中国植物学研究的先驱学者，在深圳市仙湖植物园内建立了植物学家塑像群，其中就有中国蕨类植物研究的创始人秦仁昌院士，以表彰他在国际蕨类植物系统分类学领域的突出贡献。

1999年，为纪念秦仁昌院士诞辰100周年，中国科学院植物研究所张宪春、邢公侠研究员编辑出版了《纪念秦仁昌论文集》。书中收集了中外学者73人撰写的44篇论文，书后附录中收集了纪念秦仁昌的植物学名80个和秦仁昌命名的学名索引近4000个。

2001年5月26～29日，在北京香山举办了中国蕨类植物研究国际学术研讨会。中国科学院植物研究所所长韩兴国研究员和美国密苏里植物园主任Peter Raven教授致开幕词。来自国内外专家学者共50人参会。

2001年，《中国植物志》蕨类部分第2、3、4、5、6卷，《中国高等植物图鉴》第一册蕨类植物部分、《中国蕨类植物科属志》正式出版，《中国高等植物》蕨类植物卷付梓，地方植物志如《四川植物志》、《贵州植物志》、《江西植物志》、《浙江植物志》等志书中蕨类部分撰写完毕。

2002年1月21日，蕨类植物分会在中国科学院植物研究所召开理事扩大会议，成立了新一届理事会。张朝芳、邢公侠任名誉会长，张宪春任会长，石雷任秘书长，共产生理事27名。推荐石雷研究员为中国花卉协会理事。会议决定原《中国蕨协简报》改名为《中国花卉协会蕨类植物分会简讯》。

2002年7月30日，蕨类植物分会作为中国花卉协会的分支机构进行了登记，登记证号为3803-3，业务范围确定为“学术研究，品种鉴定，信息交流，展览展示”。

2005年7月，在维也纳国际植物学第十七届大会上，蕨类植物分会会长张宪春当选为国际蕨类植物学家协会中国理事，任期2006—2010年。

2005年，中国科学院植物研究所的“观赏蕨类植物资源引种、离体保存与繁育技术研究”项目通过了中国科学院组织的成果鉴定，获第六届中国花卉博览会科技成果二等奖。

2006年6月9～12日，2006年全国蕨类植物学术研讨会在云南香格里拉高山植物园召开。来自国内21个省（区、市）及特别行政区的81位代表和来自美国、比利时的专家参加了会议，国内外的35位专家作报告。同期，召开了会员代表大会，选举产生了中国花卉协会蕨类植物分会第三届理事会。

2008年12月17～19日，由蕨类植物分会主办的2008中国蕨类植物学术研讨会在深圳召开。来自国内21个省（区、市）的100余位代表和来自英国、日本的专家参加了此次会议。大会进行了46个学术报告。

2010年11月15～17日，由蕨类植物分会、中国科学院系统与进化植物学国家重点实验室和深圳仙湖植物园共同组织的第五届亚洲蕨类植物学大会在广东深圳召开。中国花卉协会副秘书长陈建武、中国科学院植物研究所洪德元院士到会并致辞。来自亚洲、欧洲、北美和非洲15个国家的150余位专家参加了此次会议。国际蕨类协会（IAP）和中国花卉协会蕨类植物分会（CFS）向邢公侠和Kunio Iwatsuki颁发了终身成就奖荣誉证书。期间，召开了蕨类植物分会第四届代表大会，选举产生了第四届理事会，选举产生了51位理事，周荣汉、林尤兴、武素功为名誉会长，张宪春为会长，邢福武、陆树刚、王全喜、刘保东为副会长，石雷为秘书长。

2011年3月25日，中国野生植物保护协会蕨类植物保育委员会成立大会在中国科学院植物研究所召开。中国野生植物保护协会赵胜利副秘书长主持了会议，臧春林秘书长宣布中国野生植物保护协会蕨类植物保育委员会成立并讲话，中国科学院植物研究所张宪春任委员会主任，委员会由26个单位的39位委员组成。

2011年8月31日，中国野生植物保护协会第二次全国会员代表大会在北京召开，石雷研究员当选为常务理事。

2011年，蕨类植物分会将《中国花卉协会蕨类植物分会简讯》改名为《中国蕨Sinopteris》。

2011年，蕨类植物分会会长张宪春当选国际植物分类学会（IAPT）理事。

张宪春是该学会自成立以来首位当选理事的中国大陆学者，此届理事中唯一亚洲代表，国际维管植物命名委员会委员。

2012年12月11～12日，由蕨类植物分会、中国野生植物保护协会蕨类植物保育委员会主办的2012年中国蕨类植物学术研讨会在海南海口召开。中国野生植物保护协会副秘书长赵胜利致开幕辞，来自国内55个单位的86位代表参加了此次会议。

2012年8月21～23日，由国际生物多样性计划中国委员会、中国科学院生物多样性委员会主办的第十届生物多样性保护与持续利用研讨会在黑龙江省哈尔滨市召开。蕨类植物分会会长张宪春和中国科学院上海辰山植物科学研究中心严岳鸿博士主持了专题7：全球变化中的蕨类植物多样性保护与可持续利用。

2012年10月，中国植物分类学巨著《中国高等植物》14卷全部出版。这部著作汲取了《中国高等植物图鉴》、《中国植物志》和《Flora of China》三部志书的精髓，增加了新内容。

2012年，北京吉鼎立达科贸有限公司以蕨类植物为主打产品，先后完成了“蕨类植物品种引进繁殖技术试验示范”、“观赏蕨类种苗国产化研究”等项目，完成了《盆栽观赏蕨生产技术规程》。

2013年10月16～18日，由蕨类植物分会和中国野生植物保护协会蕨类植物保育委员会主办的2013年中国蕨类植物研讨会在上海辰山植物园举行。来自国内52个单位的135位代表参加了此次会议，包括6个专题48个报告。

2013年，由蕨类植物分会主办、上海辰山植物园承办的第八届中国花卉博览会蕨类植物分会展区获得“第八届中国花卉博览会组委会特色组织奖”，石雷和严岳鸿获评“先进个人”。

2013年，深圳仙湖植物园刘红梅博士的蕨类植物新科——爬树蕨科在国际植物分类学学会的专业期刊《Taxon》上发表，是目前由中国学者命名并被分子系统接受的第四个蕨类植物科。

2013年，由蕨类植物分会会长张宪春编著的《中国石松类和蕨类植物》出版。该书提出了中国石松类和蕨类植物的科属分类系统，介绍了中国分布的全部科和几乎全部的属，共计38科和12亚科，160属1100种（含杂交种、亚种、变种及变型）。

2014年11月19～21日，由蕨类植物分会和中国野生植物保护协会蕨类植物保育委员会主办、广西药用植物园承办的2014年中国蕨类植物研讨会在广西壮族自治区南宁市广西药用植物园召开。来自国内36个单位82位代表参加了会议，共组织了25个专题报告。

1989—2014年梅花蜡梅分会大事记

1989年1月16日，中国梅花蜡梅协会（根据民政部的有关规定，从1994年起中国梅花蜡梅协会正式更名为中国花卉协会梅花蜡梅分会，以下简称“梅花蜡梅分会”）在北京正式成立。陈慕华、何康出席会议。选举陈俊愉担任会长，王杰、吴翼、蒋书铭任副会长，陈耀华任秘书长。挂靠北京林学院（北京林业大学前身）。

1989年1～2月，首届全国梅展在北京举行。继后，第二至十四届全国梅展分别在杭州、合肥、昆明、武汉、青岛、无锡、昆明、武汉、成都、合肥、上海、无锡、昆明举办。

1989年12月，《梅协通讯》第一期出版发行。

1990年2月18～22日，《中国梅花品种图志（续志）》科研协作会议在武汉东湖风景区管理局磨山植物园召开。

1990年4月6日，陈俊愉教授主编的《中国梅花品种图志》首发式在北京林业大学举行。

1991年3月，梅花蜡梅分会在湖北武汉成立中国梅花研究中心，建立中国梅花品种资源圃；此后在江苏无锡和南京建立次中心，在北京建立抗寒梅花资源圃，在山东青岛建立了南北交接的引种资源圃（青岛梅园）。

1992年2月25日至3月25日 ，梅花蜡梅分会与南京园林局共同举办首届国际梅花蜡梅研讨会。在此后的每届全国梅花展期间，都召开了国际性研讨会，并出版了梅论文集（北京林业大学学报专刊）。

1993年，梅花蜡梅分会在河南鄢陵成立蜡梅研究中心。

1994年2月10日，由梅花蜡梅分会会长陈俊愉率领21人代表团赴日本静冈、东京、横滨等地考察梅花，并在日本梅之会上作专题报告。

1995年，由中国花卉协会主持，经国内10多位专家讨论，提出一国两花（梅花、牡丹）、一国四花（春牡丹、夏荷花、秋菊花、冬梅花）两个方案。

1996年，梅花蜡梅分会会长陈俊愉教授主编出版了《中国梅花》，使全国梅花品种总数增至323个。

1997年3月，《蜡梅扦插繁殖技术》发表于《上海农业科技》，该文获得了安徽科学技术研究成果证书。

1998年11月，陈俊愉院士和梅花蜡梅分会被国际园艺协会批准为梅品种国际登录权威。

1999年8月26日，由国家林业局批准在北京林业大学成立梅品种国际登录中心。《梅品种国际登录年报》出刊。

2001年12月，潜山县梅花蜡梅协会成立，陈俊愉院士担任名誉会长。

2002年12月18日，陈俊愉院士代表梅花蜡梅分会与中国园艺学会命名与品种登录委员会签署了续任梅品种国际登录权威4年（2003—2007）认证书。

2003年10月29日，国际梅花登录园规划论证会在北京林业大学召开，会议由北京市科学技术协会辛俊兴副主席主持。该园计划在2007年元旦前建成，并在元旦正式开放，同时开办国际梅学术研讨会与梅展，为迎接2008年北京奥运会“鸣锣开道”。

2004年4月，占地60亩的北京梅品种国际登录精品园的建设启动。

2005年2月18日，中国第九届梅花蜡梅展览暨（武汉）梅国际学术研讨会在湖北武汉举行。同期，举行了中国花卉协会梅花蜡梅分会常务理事扩大会议及梅品种登录活动。

2005年3月12日，中国梅花研究中心成立10周年，美国、意大利求购东湖梅花，引种方支付每个品种一根枝条50美金。

2005年，梅花蜡梅分会会长陈俊愉宣布已有261个中外梅花、国梅品种正式在梅品种登录机构登录。

2006年4月4日，由中国园艺学会、北京园林学会、北京植物园、中国花卉协会梅花蜡梅分会、北京屋顶绿化协会联合主办的2006年赏梅会在北京植物园梅园举行。

2007年4月，陈俊愉院士赴新疆农业大学观察梅花区域试验情况，4个品种的梅花在新疆乌鲁木齐市露地栽培成功。

2008年4月，5个抗寒梅花品种在大庆盛开，使梅花北移2000多千米。

2008年，梅品种国际登录的品种总数达到382个；中国林业出版社正式出版发行国际登录双年报（2005—2006）、(2007—2008)；中国北方最大的蜡梅园——安阳蜡梅园建成并开园；南京中山陵梅园主编的《南京梅谱》(第2版）正式出版，书中记载了南京中山陵梅园栽培的350个梅花品种。

2009年，国际登录了10多个梅花新品种；浙江省长兴县被评为“中国红梅之乡”。

2010年，梅花蜡梅分会与北京崇文园林局、北京花卉协会一起在北京明城墙遗址公园举办了第三届赏梅会；陈俊愉院士主编的《中国梅花品种图志（新版）》出版发行。并于2012年获新闻出版总署“三个一百”工程奖。

2010年2月，梅花蜡梅分会成立二十周年纪念会在上海举行，选举产生了第五届理事会，陈俊愉院士任名誉会长，张启翔任会长，李庆卫任副会长兼秘书长。

2012年2月，梅花蜡梅分会授予陈俊愉院士中国梅花蜡梅终身成就奖。

2012年2月18日，梅园建园一百年周年庆典暨第十三届中国梅花蜡梅展览会在江苏无锡举行。全国人大常委会副委员长华建敏，江苏省常委会、无锡市市委书记黄莉新，前中信泰富董事团主席荣智健先生，中国花卉协会副会长王兆成，中国公园协会副会长郑坤生，北京林业大学副校长、梅花蜡梅分会会长张启翔等领导参加，世界唯一“梅品种国际登录园”一并揭幕。

2012年2月18日，梅花蜡梅分会理事会五届二次会议举行，共议中国梅花蜡梅发展大计。

2012年2月19日，第九届梅花蜡梅国际学术研讨会举行，来自日本、意大利、韩国及我国的梅花专家交流了近年来梅花、蜡梅学术研究及花卉栽培、花卉产业发展盛况。

2012年6月8日，梅花蜡梅分会名誉会长陈俊愉院士逝世，党和国家领导人胡锦涛、温家宝等发来唁电；12日在八宝山梅花厅举行追悼会，中共中央总书记胡锦涛、国务院总理温家宝以及党和国家领导人习近平、李克强、朱镕基、李长春、张高丽、吴官正、刘延东、李源潮等都送了花圈。中国工程院、住建部、国家林业局以及来自全国各地园林、林业行业和梅花界同仁参加了追悼会和纪念活动。

2012年12月27日，由张启翔会长领衔完成的“梅花基因组”研究论文在《Nature Communications》在线发表。研究项目构建完成了世界首张梅花全基因组精细图谱。

2012年，《无锡梅花》和《无锡梅园》等梅花书籍出版发行，《北京梅花》编写工作启动；梅花盆景无土栽培成功，为梅花盆景的产业化尤其是盆景出口奠定了基础。

2014年，《云南梅花》出版发行。

2014年，梅花蜡梅分会获得蜡梅品种国际登录权。

2014年，由北京林业大学主持，四川成都、重庆、河南鄢陵、上海等蜡梅主产区参加的国家林业局林业行业标准《蜡梅切花生产技术规程》编制完成。

1989—2014年中国花卉协会牡丹芍药分会大事记

1989年4月20～23日，中国牡丹芍药协会在河南洛阳召开成立大会。陈俊愉担任会长，王莲英为常务副会长，秦魁杰为秘书长。

从1990年起，牡丹芍药分会先后赴山西、陕西、内蒙古、甘肃、湖北、云南、江苏、浙江、四川、安徽开展大规模的牡丹芍药资源调查，摸清了野生资源的种类和分布情况，在牡丹芍药的科学分类和资源保护等方面取得了重大成果。

1994年，根据民政部的有关规定，中国牡丹芍药协会更名为中国花卉协会牡丹芍药分会（以下简称“牡丹芍药分会”）。

1994年4月18日，牡丹芍药分会在四川彭州召开第三届年会。会议选举了新的领导成员：会长王莲英，常务副会长张佐双，副会长杨千程、秦魁杰等，秘书长张佐双（兼）。同时成立了牡丹品种审定委员会。

1997年4月，由王莲英主编的《中国牡丹品种图志》上卷中英文版正式出版发行。该书被誉为中国牡丹的“圣经”，荣获1999年国家林业局科技进步二等奖。继后，《中国牡丹与芍药》、《牡丹》、《芍药》等一批书籍相继出版。

2000年4月，牡丹芍药分会会长王莲英一行组团参加在日本举办的国际牡丹研讨会，王莲英教授做大会报告。

2002年2月2～10日，由牡丹芍药分会和中国文学艺术界联合会牡丹书画委员会主办的首届全国牡丹花展在广东顺德陈村花卉世界举行。

2003年4月20～28日，牡丹芍药分会在山东菏泽主办首届牡丹专题插花展，首次对牡丹切花品种进行评比。引导切花牡丹品种的筛选与定向培育，至2014年已经连续举办12届。

2004年1月14日，牡丹芍药分会主办的贺岁牡丹花展在北京植物园举行。洛阳、菏泽的10多个单位，400余盆牡丹参展。

2004年4月，牡丹芍药分会在河南洛阳举行了大型牡丹插花花艺展——“王城之春牡丹插花专题展”，该专题展至2014年已连续主办6届。

2004年5月10～12日，牡丹芍药分会在湖北省保康县召开了第七届年会。年会选举产生了新一届理事会，王莲英任会长，秦魁杰任副会长，罗宁新任常务副会长兼秘书长。新理事会研究决定，要在制定标准及销售指导价格，推广牡丹文化与园林应用、品种国际登录、奥运会用花，召开国际研讨会等方面开展切实有效的工作。

2004年7月，牡丹芍药新品种审定委员会已通过鉴定和审定的牡丹、芍药品种超过800个。

2004年10月，由牡丹芍药分会多年选育的200多株牡丹在山东菏泽曹州牡丹园内盛开，使牡丹露地二次开放变为现实，改变了人们对牡丹“养花一年，看了十日”的印象。

2004年起，牡丹芍药分会多次组织专家、学者赴西藏、云南等牡丹芍药产地进行资源调查，并在河南洛阳、山东菏泽、北京等地建立牡丹芍药种质资源圃及野生牡丹迁地保护圃。

2005年5月6～16日，牡丹芍药分会会长王莲英及副会长秦魁杰、王雁研究员等一行6人应邀参加德国慕尼黑国际牡丹研讨会，副秘书长高志民代表分会进行了大会报告。

2005年12月，出版《中国牡丹品种图志（西北西南江南卷）》(李嘉珏主编)、《中国紫斑牡丹》(成仿云主编)、《中国牡丹与芍药》(王莲英、袁涛主编)及《中国芍药》(王建新、张佐双主编）。

2005年，由牡丹芍药分会会长王莲英主持的“牡丹品种分类、选育及栽培新技术”获首届梁希林业科学技术一等奖。

2007年4月，牡丹芍药分会开展牡丹不凋花的设计、制作等技术研发，指导菏泽牡丹企业开拓了牡丹不凋花产品类型。

2008年4月，在山东菏泽率先提出牡丹产业化概念和思路。

2008年6月，为迎接北京奥运会，牡丹芍药分会承担了颁奖花束主花的抑制栽培技术研发，组织技术力量进行攻关，成功获得“夏花牡丹”及“夏花芍药”。

2009年4月，在甘肃兰州将牡丹品种审定委员会更名为“牡丹芍药品种审定委员会”，会长王莲英担任审定委员会主任。

2009年5月2～5日，牡丹芍药分会在江苏省仪征市主办首届中国芍药节，同期还举办了中国芍药产业发展专题研讨会。

2009年12月31日，国家林业局新品种保护办公室授权公告远缘杂交牡丹新品种‘华夏一品黄’、‘俏金星’、‘艳金星’、‘华夏玫瑰红’、‘华夏双娇’、‘华夏红’等，开启了我国牡丹远缘杂交新篇章，以及黄色、玫红色等新花色牡丹品种的新时代。

2010年3月26～29日，牡丹芍药分会在重庆垫江县召开换届大会，成立了新一届理事会，王莲英任会长，秦魁杰任副会长，罗宁任常务副会长，王雁任秘书长。同期，牡丹芍药分会与重庆市花卉协会及垫江县人民政府联合举办了2009中国牡丹行——垫江高峰论坛。

2010年4月8～10日，牡丹芍药分会在河南洛阳主办王城之春牡丹插花专题展期间，邀请了香港、澳门花卉师，就牡丹切花品种筛选与评价问题举办了专题培训班。

2011年2月，牡丹芍药分会在中国科学院北京植物园主办中国首届露地寒牡丹及春节催花牡丹文化展，开创了我国北方年宵室外赏牡丹的先河。

2012年1月、3月、6月，分别组织专家对河南洛阳、山东菏泽及江苏铜陵申报的“中国牡丹城”进行实地考察和评审，同年4月洛阳和菏泽分别获得中国花卉协会授牌“中国牡丹花都”和“中国牡丹之都”。

2012年4～11月，牡丹芍药分会选派河南洛阳神州牡丹限公司参加Florida荷兰国家花卉博览会，中国牡丹成功亮相国际A1级盛会，取得良好效果。

2013年4月9～11日，牡丹芍药分会与河南省洛阳市人民政府共同主办了中国洛阳国际牡丹高峰论坛，邀请美国、荷兰、意大利、比利时等国嘉宾10人，共100余位国内专家、企业负责人参会。论坛通过大会报告、研究简报、宣传展板及盆栽、加工产品等实物，充分体现了国内外牡丹、芍药产业在栽培、育种、产品研发等领域的技术发展及成果与水平。

2013年4月，由牡丹芍药分会会长王莲英等编著的《中国芍药科野生种迁地保护与新品种培育》在中国林业出版社出版。

2013年9月27～28日，牡丹芍药分会承担了常州中国第八届花卉博览会的牡丹芍药专题展览。设计理念是通过牡丹的春、夏、秋、冬四季花开场景，体现“牡丹花期调控技术的成熟”，标志着名花牡丹可以花开随人意，四时吉祥。牡丹不凋花系列产品集中亮相，引起轰动。此次专题展获大会“最具特色奖”。

2013年12月22日，牡丹芍药分会在北京林业大学组织召开了全国油用牡丹专题研讨会，明确分会将科学引导油用牡丹产业发展，及时提供相关技术咨询。

2014年4月26日至5月5日，在2014青岛世界园艺博览会上成功主办“国际牡丹芍药竞赛”，组织了北京、上海、江苏、安徽、山东、河南、四川、甘肃8个省（市）的38家牡丹芍药企业和科研院所参加竞赛，展出了中原、西北、江南、西南及国外五大品种群的500余个牡丹芍药品种，1000余盆盆栽牡丹分别以造景、新品种、“十样锦”等形式参加竞赛，400余枝牡丹芍药切花参加了插花及现代花艺创作与展示。牡丹芍药首次以竞赛的形式参加国际花事活动。

1987—2014年中国花卉协会荷花分会大事记

1987年7～8月，由中国花卉协会荷花科研协作组（荷花分会前称）与山东济南市园林局主办，济南市大明湖公园承办的首届全国荷花展览在山东济南举行。展期60天，60万人次参观。

1988年6月18至8月15日，由中国花卉协会荷花科研协作组与武汉市东湖风景区管理局主办，武汉东湖听涛区、东湖花卉盆景研究所、武汉市园林科学研究所联合承办的第二届全国荷花展览在湖北武汉举行。展期57天，40万人次参观。

1989年5月4日，经中国花协（办）字第7号文批准，成立中国荷花协会。

1989年7月1日，中国荷花协会在北京举办的第三届全国荷花展上成立。由鲁长清任会长，王其超任副会长兼秘书长。继后，荷花分会依次在济南，武汉，北京，合肥，上海，成都，杭州，济南，深圳，苏州，承德，衡阳，桂林，澳门，三水，昆明，秦皇岛、保定，扬州，北京、青岛，杭州、东莞，武汉、大连，北京，澳门、苏州，合肥，重庆，上海，东莞、萍乡，淮安、铁岭等地举办了28届全国荷花展。

1989年10月，王其超、张行言主编的《中国荷花品种图志》由中国建筑工业出版社在北京出版。

1990年8月，荷花分会在江西广昌召开全国首届子莲研讨会。会议收到论文和总结资料34篇，76名代表参会。

1991年1月，中国花卉协会致函武汉市人民政府，建议在武汉东湖成立“中国荷花研究中心”，将原武汉市园林科学研究所荷花课题组与东湖花卉盆景研究所荷花课题组合并。

1991年7月9日，湖北省武汉市建委正式批复在东湖成立“中国荷花研究中心”，挂靠武汉市东湖风景区管理局，基地建设在东湖花卉盆景研究所内。建种植池300个，占地1公顷，收集保护荷花种质资源。

1992年6月，荷花分会编印《荷花科技文选》公开发表各类论文98篇，40余万字。

1993年7月3日至8月25日，第七届全国荷花展览在浙江杭州举行期间，荷花分会召开了第二届理事会第一次年会及学术研讨会，会议选举产生了55个理事，鲁长清、王其超分别继续任会长、副会长兼秘书长。

1994年，根据民政部的有关规定，中国荷花协会正式更名为中国花卉协会荷花分会（以下简称“荷花分会”）。

1994年7月10日至8月15日，由荷花分会与济南市园林局主办的第八届全国荷花展览在山东济南举行，日本莲界朋友首次参加年会。继后，由日本扩大到泰国、韩国等莲友，每届都有外国友人参加并进行学术交流。

1996年8月4～18日，荷花分会副会长冯祥珍、王其超等四位专家组成了“黑龙江野生荷花及其他水生花卉资源”考察组深入黑龙江13个市县，对8个湖泊、泡子、3个人工塘堰和种植地进行实地考察，考察报告收录在《舒红集》。

1997年，荷花分会名誉会长高占祥出版影诗专著《咏荷400首》，创下了世界吉尼斯纪录。之前，分会会员编撰出版《中国莲》、《莲藕世界》、《水生植物栽培》、《中国荷花文化》、《中国荷花》、《荷花》、《中国荷花品种图志》、《中国荷花品种图志·续志》等专著。

1997年6月，中国花卉协会荷花分会遵循中国花卉协会章程，制定了《荷花分会章程》。

1997年7月20日至9月20日，第十一届全国荷花展览在浙江杭州举行期间，召开了荷花分会第三届理事会第一次年会，选举产生新一届理事会，推选理事56人，惠书枝任会长，尤传楷、朱坚平、张元祥、于红生任副会长，王其超任副会长兼秘书长。

1998年，荷花分会派科考小组赴云南省丘北县考察，发掘出20世纪60年代湮没的优秀传统品种‘小洒锦’，以后又在广东等地搜集到传统荷花品种7个。在荷花分会会员的指导下，广东三水市西南镇投资1.2亿元，建成了世界上规模最大，集旅游、度假、科普、生产功能于一体的“三水荷花世界”专类园，占地67公顷。

1999年，荷花分会会员——江两广昌白莲研究所经5年试验，将返回式卫星搭载的莲种子经广谱变异选育成功新子莲品种4个，获江西省科技进步二等奖、抚州市科技进步一等奖、江西省农业科教人员突出贡献二等奖。

1999年11月，由荷花分会王其超、张行言主编，包满珠翻译的《中国荷花品种图志·续志》在中国建筑工业出版社出版发行。

1999年12月20日，在中国荷花研究中心和荷花分会指导下，三水荷花世界、深圳罗湖公园、珠海农业科技中心同时开展荷花反季节栽培均获成功，为澳门回归赠送含苞待放的荷花800盆（缸）。

2000年6月23～27日，第十四届全国荷花展览在澳门特别行政区莲花公园举行。澳门特别行政区行政长官何厚铧、中央人民政府驻澳门特别行政区联络办公室主任王启等领导及嘉宾400余人出席开幕式，这是澳门回归后首次举办的全国性大型花事展览。

2000年11月，在江苏南京江浦县艺莲苑召开荷花分会产业论坛，组织科研院所、民营企业、公园风景区的代表进行学术研讨和交流，共商荷花、睡莲等的开发途径和市场运营机制。

2001年，荷花分会会员——武汉市蔬菜科学研究所开展荷花组培获无毒藕苗植株并诱导试管藕成功，解决了秋繁技术中试管成活率低的难题。三水荷花世界成功选育出耐寒荷花品种3个，在南方沿海亚热带地区栽培，花期可从10月延至元旦。

2001年6月9日至9月9日，在广东三水举行的第十五届全国荷花展览期间，召开荷花分会第四届理事第一次年会，完成换届选举的工作。推选出63位理事，会长张时洪，副会长于红生、尤传楷、朱坚平、张元祥、林金城，王其超任副会长兼秘书长。王其超主编的《灿烂的荷文化》一书，及《识荷问答100例》（张行言、王其超）、《子莲高产栽培技术》（刘光亮）两本科普小册在年会上首发。

2001年9月27日，河南新郑市第一届人大常委会第33次会议审议通过荷花为新郑市市花。

2002年9月7日，荷花分会召开了由黄国振研究员、邹秀文女士主持培育的10个耐寒睡莲新品种的鉴定会，名誉会长陈俊愉院士主持。

2002年11月26～28日，全国水生花卉生产与经营研讨会在江苏南京召开，《中国花卉园艺》杂志主编冯德珍先生提议更名为荷花分会产业论坛第一次会议。继后，第二至十一届分别在重庆、佛山、洪湖、宁波、上海、苏州、南京、广昌、湘潭、铁岭等地举办。

2003年11月23日，荷花分会在广东三水荷花世界召开新闻发布会，全国首例‘冬荷’选育成功，单瓣红花的‘冬红’、单瓣白花的‘傲霜’、重瓣红花的‘雪里红’在南方亚热带地区栽培，5℃能保持叶绿，10℃以上花蕾发育，群体花期从3～12月可长达10个月。

2004年6月12日，由荷花分会、广东东莞市旅游局、东莞桥头镇人民政府主办的首届荷花艺术节在广东东莞举行。

2004年7月8～30日，第十八届全国荷花展览在江苏扬州举行期间，荷花分会召开第四届第四次年会暨首届国际荷花学术研讨会。

2004年7月13～23日，荷花分会副会长王其超、常务理事张行言应日本东京花莲文化研究会，泰国农业大学泰国农业部园艺研究所、泰国花卉协会及农业发展基金会邀请，于7月和9月，分赴日本和泰国进行荷花学术交流和考察，先后作了题为《中国荷花发展25年》、《中国莲之最》的学术报告。

2004年12月14日，为庆祝澳门回归五周年，荷花分会向澳门民政总署赠送500缸荷花新品种‘冬荷’。

2005年1月，由王其超、张行言编著的《中国荷花品种图志》由中国林业出版社正式出版，共收录荷花新品种608个。

2005年7月5日至8月30日，第十八届全国荷花展览分别在北京、山东青岛举行期间，召开了荷花分会第五届理事会第一次会议。推选出75名理事，会长王其超，副会长于红生、尤传楷、包满珠、林金城、张元祥、高晓晖，秘书长王广业。成立了由张行言担任主任委员，包满珠担任副主任委员，黄国振、高克强、丁跃生等任委员的荷花新品种评审委员会。

2006年11月15日，常务理事柯卫东和理事陈龙清一行5人应泰国农业大学邀请，赴泰国进行农业考察、学术交流。

2007年7月18～21日，荷花分会会长王其超、常务理事黄国振教授一行应邀参加在泰国举行的第七届国际睡莲、水景园协会年会，并分别在会上作报告。同时，为庆祝泰国国王八十大寿年，分会组织并为展览提供80个品种240盆荷花的种藕。

2008年7月14～16日，荷花分会会长王其超、秘书长王广业一行赴河南桐柏县考察，并提出了制定桐柏县域全方位、复合型、大视野、深层次的旅游规划建议。

2009年6月10日，第二十三届全国荷花展览举办期间，荷花分会在澳门召开第六届第一次年会，推荐选举产生了82个理事，会长陈龙清，副会长丁跃生、尤传楷、张元祥、林金城、高晓晖，秘书长黄正华。

2009年7月9～11日，第二十三届全国荷展学术研讨会在江苏苏州举行。此次会议汇集了23个省（区、市）、86个参展单位，共展出24000个缸（盆）荷；首发集聚荷花科技、文化、产业文集——《薰风集》。20年来，首次评选出先进会员单位15个，先进个人会员40人。

2009年8月3～10日，荷花分会理事薛建华与日本莲文化研究会会长南定雄、秘书长三浦功大以及会员池上正治、三本和喜、金子明雄等9人组成中日野莲考察队，考察黑龙江省和俄罗斯犹太州的野生莲资源。

2010年4月，上海鲜花港企业发展有限公司、南京艺莲苑花卉有限公司、南京农业大学共同培育的‘世博’荷花在第41届上海世界博览会中国国家馆“感悟之泉”荷花池绽放，花期持续到10月。

2010年6月28日，首届中国荷花品种展览在上海人民公园举行，此次共展出荷花3500余缸，300余个优良品种。继后，第二至第四届中国荷花品种展览分别在宜宾、重庆、铁岭举行。

2010年7月3～6日，在安徽合肥举办第二十四届全国荷花展览期间，召开了荷花分会第六届第二次年会暨第七次中国、澳大利亚、俄罗斯、日本、泰国国际荷花学术研讨会。

2010年8月8日，由荷花分会等承办的2010年中国（岳阳）野生荷花节暨中国野生荷花之乡揭牌仪式在湖南岳阳团湖举行。团湖拥有5000多亩野生荷花，是目前亚洲面积最大的天然野生荷花景区。中国花卉协会副秘书长陈建武、中国花卉协会荷花分会会长陈龙清应邀出席开幕式。

2010年10月17～27日，荷花分会名誉会长王其超、会长陈龙清等一行20人应泰国曼谷农业大学邀请，赴泰国曼谷参加泰国国际荷花、睡莲学术研讨会，王其超作了“荷花发展前景展望”演讲，陈龙清教授以荷花分会二十年为题，介绍了荷花分会的品格、品牌、文化魅力及执著追求。

2010年11月6日，常务理事丁跃生赴中国台湾省台北市参加国际博览会，利用花期调控技术，让荷花在台湾深秋及冬季盛开。

2012年8月16日，荷花分会陈龙清会长应江西萍乡莲花县邀请，在全县三级干部会上作了“国内外莲产业发展现状及启示”的专题报告。对莲花县“莲花”的实至名归起了很大的推动作用。

2013年6月6日至7月31日，第27届全国荷花展览在广东东莞举行期间，荷花分会召开第七届第一次年会。会议推选理事89人，会长陈龙清，副会长丁跃生、尤传楷、林金城、张元祥、吕雄伟、段建国，秘书长黄正华。同时还举行了由王其超、马元浩主编，陈龙清翻译编撰的《出水芙蓉》图册首发式。

2014年7月8～24日，第二十八届全国荷花展览分别在江苏淮安、辽宁铁岭举行。在淮安，荷花分会召开了第七届理事会第二次年会，审议并通过了第七届理事会第二次会议工作报告和有关奖项的评定办法决定；在铁岭，中国花卉协会陈建武副秘书长为中国荷花专家、荷花分会名誉会长王其超教授和中国花卉协会荷花分会常务理事张行言教授颁发了终身成就奖，表彰这一对“并蒂伉俪”为荷花事业作出的突出贡献。

2014年11月，荷花分会建立了会员QQ群、微信群。丁跃生、张秋君分别创建了“荷花爱好者”、“中国睡莲爱好者俱乐部”两个微信群，聚集了200余位群友，每天交流量高达100余次。

1992—2014年中国花卉协会桂花分会大事记

1992年10月6日，根据上海市徐汇区区长张正奎提出“上海要为中国桂花事业多作贡献，积极推进桂花的种植、繁育、科研和桂文化的研究”的要求，中国桂花协会在上海正式成立，上海市环保局局长吕淑萍任会长，严玲璋、施奠东、张良正、王敬峰、孙祥根任副会长，顾锡培任秘书长。成立大会期间，举办了桂花与旅游的学术研讨会。

1994年，根据民政部有关规定，中国桂花协会正式更名为中国花卉协会桂花分会（以下简称“桂花分会”）。

1994年2月26日至3月6日，桂花分会组织专家对安徽省合肥市、江苏省南京市、湖北省咸宁市进行为期9天的中国桂花考察，并召开开拓全国桂花市场研讨会。

1994年9月14～16日，桂花分会第一届二次常务理事会在湖北省咸宁市召开。会上决定出版《中国桂花》专刊，至2004年已出版4期。

1996年9月26～27日，桂花分会与上海桂花节组委共同举办’96上海桂花节，上海市副市长龚学平到会祝贺。同期，还举办了敦煌艺术展和书画艺术展。

1998年10月23日，桂花分会第二届一次常务理事会在广西桂林市召开。会议就中国桂花产业的现状及发展方向和桂花旅游市场开发进行研讨，并对桂花分会会长、秘书长的更换进行了表决。

2001年1月5～7日，桂花分会在北京召开第三届理事会，会上决定由桂花分会组织申报桂花品种国际登录权威。此项工作主要有：召开桂花品种国际登录权威申报研讨会，加强桂花科学研究和产业开发，收集、整理各项申报材料；翻译出版《国际栽培植物命名法规》，用统一的分类标准和方法对桂花品种进行分类研究；编撰《中国桂花——申报桂花品种国际登录权专集（Ⅰ）（Ⅱ）》；建立木犀属种质资源圃；编辑《木犀属专志》、《桂花品种图谱》、《中国古桂》。

2003年9月25日至10月20日，由桂花分会、合肥市人民政府主办的中国首届桂花展览会在安徽合肥举行，展期25天。安徽省副省长赵树丛、中国花卉协会秘书长姜伟贤、桂花分会会长林桂祥等领导及社会各界人士共3000余人出席开幕式。

2004年10月3日，由桂花分会、上海市徐汇区人民政府主办的中国桂花国际研讨会在上海举行。国际园艺学会栽培植物命名与登录委员会副主任兼秘书长艾伦·勒斯列博士发来贺信，国内资深专家及美国、英国、法国等9国植物分类学专家、桂花品种国际登录实施人员以及桂花分会理事参会。

2004年10月27日，国际园艺学会品种命名和登录委员会批准中国花卉协会桂花分会和南京林业大学向其柏教授为“木犀属国际品种登录权威”

（ICRA）。这是中国继1998年获得梅花品种登录权威后，第二个被国际公认的栽培植物登录权威。

2005年9月8日，国家林业局批复同意成立“木犀属植物栽培品种国际登录中心”。

2005年9月20日，中国桂花论坛暨第四届理事会在浙江杭州召开。会上，中国花卉协会桂花分会授予杭州绿地种业公司、苏州桂花公园、桂林黑山植物园为“中国桂花品种繁育基地”。继后，第二届、第三届桂花论坛分别在桂林、上海举行。

2007年9月25日，由桂花分会和桂林市人民政府共同主办的第二届中国桂花展览会在桂林市举行。北京、上海、江苏、浙江、安徽、福建、河南、广西、四川等20省（区、市）参加了展览会。

2011年起，桂花分会组织上海交通大学农学院、南京林业大学、山东农业大学等院校的专家、学者，用嫁接、靠接等技术，对桂花小苗进行了优化培育，实现桂花树形异化，为解决桂花小苗产能过剩寻找出路。

2013年10月，桂花分会第五届理事会第二次会议在江苏扬州召开。中国花卉协会江泽慧会长出席会议并讲话。这是我国桂花事业蓬勃发展时期举办的一次会议，为进一步提高桂花科学研究和应用、推广水平，扩大桂花影响，弘扬桂花文化，起到了积极的推动作用。

2014年12月，由桂花分会推荐的候选人河南大学教授尚富德当选为“2014中国花木产业年度人物”。自2000年以来，他一直从事桂花的基础理论、品种推广与培育等方面的研究工作，带领的课题组在桂花品种分类和桂花种质资源研究方面取得了突出业绩，在国内外居于领先水平。

1994—2014年中国花卉协会花文化专业委员会大事记

1994年10月16日，在北京回龙观饭店召开的庆祝中国花卉协会成立十周年暨海峡两岸花卉发展交流研讨会上，江苏扬州大学农学院周武忠副教授代表与会的全体代表，向海内外热心于中国花文化的各界人士发出了《关于成立中国花文化研究会的倡议书》（刊登在当月的《中国花卉报》上）。并于当年11月在扬州成立了筹委会，周武忠任筹委会主任，扬州市建设委员会主任赵明、扬州市园林局局长张文德任副主任。

1995年4月，《中国花文化通讯》创刊。

1995年8月，按照民政部意见，中国花文化研究会更名为中国花卉协会花文化专业委员会（以下简称“花文化专业委员会”）。挂靠在扬州大学农学院园艺系，首任会长为周武忠副教授。

1998年1月，花文化专业委员会在《花卉工作通讯》上增设“中国花文化”专栏，系统宣传中国的花卉文化。

1998年8月，应国际园艺学会邀请，会长周武忠赴比利时布鲁塞尔出席第25届国际园艺学大会，并作《中国休闲与社区园艺透视》的主题发言。

2000年8月，我国第一部花文化辞典——《中国花文化辞典》在黄山书社出版。本辞典汇总了目前花文化研究的主要成果，具有学术性、资料性、知识性、文学性。共收录词目3000余条，包括概览、典籍、艺术、人物、风物、传说、用花、养花、花胜、养生、成语、花语12个大类（篇）。

2001年11月，经中国花卉协会批准，花文化专业委员会迁至江苏南京，挂靠江苏东方景观设计研究院。

2002年，周武忠教授为东南大学的硕士研究生开设《中西花文化比较研究》，这是我国首次在高等院校系统开设有关花文化的专业课。

2007年9月22～24日，由中国花卉协会、东南大学、南京市人民政府主办，花文化专业委员会等承办的首届中国花文化国际学术研讨会在江苏南京召开。中国花卉协会副会长刘向东出席开幕式并致辞，花文化专业委员会会长周武忠主持开幕式。本次研讨会以“花卉与旅游”为主题，共吸引了来自美国、德国、荷兰等国内外130多位嘉宾出席。

2008年4月18～19日，由中国花卉协会和扬州市人民政府主办，花文化专业委员会等单位承办的中国扬州万花会暨2008年中国国际花文化学术研讨会在江苏扬州举行。中国花卉协会副会长刘向东出席开幕式并致辞，中国花卉协会秘书长王殿富、花文化专业委员会会长周武忠主持开幕式。

2010年9月11日，由花文化专业委员会主办的2010中国国际茉莉花文化节在广西横县茉莉花文化公园开幕。此次文化节以“好一朵茉莉花”为主题，围绕茉莉花之“好”开展好花、好茶、好音乐、好风光、好环境等一系列主题活动，来自全国及日本、泰国等国的专家学者、文化艺人、客商共同参与了此次盛会。

2013年4月26日，由花文化专业委员会会长周武忠教授主编的《深圳市城市公园花文化建设研究》通过评审，这是我国第一部城市花文化发展规划。

2013年8月，中国花卉协会、花文化专业委员会授予广西横县“国家重点花文化示范基地（建设试点单位）”称号。

2014年5月，由花文化专业委员会主办，上海交通大学媒体与设计学院等13所全国设计艺术院校承办的2014首届全国花卉旅游商品创意设计大赛正式启动。此次大赛的主题是“好一朵美丽的茉莉花”，最终东南大学艺术学院设计系研究生厉曙光的作品《一瓣优盘》获得特等奖，上海交通大学、东南大学和东华大学获得首届全国花卉旅游商品创意设计大赛优秀组织奖。

2001—2014年中国花卉协会零售业分会大事记

2001年5月12日，在广东深圳举行的首届中国国际插花花艺博览会上，由上海新艺花行总经理王兴国和武汉常青花店经理曾建国发起，倡议成立中国花卉协会零售业分会（以下简称“零售业分会”），参加倡议的共有60多名花店代表。

2001年9月28日，为贯彻落实中国花卉协会关于促进花卉零售业健康发展的精神，在王兴国的建议下，零售业分会在广东省佛山宾馆召开成立筹备大会。大会讨论通过了分会章程，推荐赵梁军担任会长，王兴国任常务副会长兼秘书长，赵小进、唐梅英、王博等为理事。

2001年10月5日，零售业分会正式成立。

2001年12月20日，在零售业分会的指导下，会员出资成立了上海花商联花卉经营有限公司。本着社企分开原则，一方面零售业分会按照全国花卉零售业发展情况制订公司发展计划，另一方面公司结合发展协助分会开展工作。

2002年9月30日，零售业分会组织会员参加在天津举行的中国首届插花花艺大赛，这是分会成立以来首次以团体形式参加全国性插花花艺比赛，在大赛中零售业分会会员万宏获个人插花比赛冠军。

2003年4月16日，零售业分会通过上海花商联花卉经营有限公司推出CFTD网站。该网站集网上异地送花的转单与接单业务、结算系统、分会日常事务通告以及网上申请入会于一体，为会员提供更为便捷的异地送花网上服务。

2003年11月，零售业分会对全国重点花店进行普查，初步掌握各地花店分布情况以及地区间差异存在状况。

2003年12月25日，零售业分会CFR集体会标经国家工商行政管理总局注册并启用，该集体会标由清华大学美术学院陈楠设计。会标用多种花瓣的图案组成一朵绽开的鲜花，并采用动态构图方式体现分会的动感与活力。

2004年5月31日，零售业分会授权上海花商联花卉经营有限公司与国际花商联（InterFlora）签订了与全球180多个国家之间国际异地送花转单总协议。该协议的签订，标志着分会会员能以国际花商联会员身份参与国际异地送花业务。它为会员开辟了最便捷的学习国际先进花艺、参与国际花卉零售业竞争的途径。

2006年10月24～26日，零售业分会在北京召开第二届会员代表大会。会议审议并通过了零售业分会工作条例和第一届理事会工作报告，选举产生分会第二届理事会及领导班子成员。

2006年11月，零售业分会在北京设立了常驻秘书处办公地点。

2007年4月11～14日，零售业分会召开常务理事会和会员交流大会，增补了常务理事，并在上海国际花展期间布置了200平方米的展区，举行了专场花艺表演。

2007年8月，零售业分会会长赵梁军、秘书长商蕴清一行赴日本参加亚洲花店业协会年会。

2007年11月7～9日，零售业分会2007年年度会议在山东省济南市召开。中国花卉协会、零售业分会有关负责人及零售业分会常务理事、理事、会员及非会员代表共170余人参加了会议。

2008年3月，零售业分会会长赵梁军、秘书长商蕴清一行赴韩国参加亚洲花店协会年会。

2008年5月2日，零售业分会在上海召开2008年第一次常务理事会议。

2008年5月25日，在5·12汶川大地震后，零售业分会发起了“鲜花一日捐，为灾区人民撑起一个家”的行业募捐活动，共筹集款项58851元，并于6月10日，把筹集款项全部捐给中华慈善总会。

2008年8月，制作了第一版的《中国花卉协会零售业分会会员通讯录》。

2008年10月，零售业分会网站www.chinacfr.com开通。

2008年10月29日至11月6日，零售业分会组团参加日本东京国际花展，考察日本的花店。

2009年3月，零售业分会会长赵梁军赴中国台湾省台北市参加亚洲花店业协会理事会，并观摩了台北花展。

2009年4月26日至5月3日，零售业分会组织了40余个境内外组织参展，共有51位会员参加第二届“中国杯”插花花艺大赛。

2009年9月，零售业分会与在华韩国人协会在北京共同主办首届中韩花艺交流会，组织会员与来自韩国的花艺师进行了作品展示和插花表演交流。

2009年10月，零售业分会组织会员考察欧洲4国花店，参观荷兰花展。

2010年3月19日，亚洲花店业协会第31届理事会在上海召开，零售业分会秘书长商蕴清参会。

2010年4月14～17日，第12届中国国际花卉园艺展览会在北京举行，零售业分会组织会员参观并组织了三场花艺表演。

2010年7月，零售业分会组织参加2011年洲际杯插花大赛的选手赴日本参观学习日本杯插花大赛。

2010年10月，零售业分会与在华韩国人协会合作主办第二届中韩插花交流活动。

2010年11月，零售业分会与内蒙古花卉协会合作举办为期3天的内蒙古插花培训班。

2011年3月17～28日，零售业分会组织29人赴中国台湾省参观洲际杯插花大赛及环岛花卉业考察。

2011年4月15日，零售业分会在上海召开第三届理事会改选大会，刘红梅就任新一届理事会会长。

2011年7月18～19日，零售业分会第三届理事会第一次秘书长会议在北京召开，增选李海波、刘冬梅、梁胜芳、林晓辉、劳春美、苗庆凯为副秘书长。

2012年2月，中国花卉协会秘书长刘红，零售业分会会长刘红梅、秘书长商蕴青一行赴韩国参加亚洲花店业协会年会，选举产生新一任亚洲花店业协会会长。

2012年4月11～14日，在北京举办的第十四届中国国际花卉园艺展览会期间，零售业分会邀请德国花艺协会（FDF）设计师Jeanette举行大型插花花艺表演和花艺管理讲座。

2012年4月18日，零售业分会与云南春舞枝花卉有限公司在福建清流召开2012中国花店发展论坛暨全球鲜花速递联盟大会。中国花卉协会派员参加，福建花卉协会会长柴喜堂等出席开幕式并致辞。

2013年1月6日，零售业分会召开2013年第一次秘书长会议。会议对零售业分会2012年的工作及前任秘书长商蕴青离职等情况进行了交流，对2013年的工作安排进行了讨论。中国花卉协会副秘书长陈建武出席会议并就零售业分会所面临的问题、形势和重点工作提出了要求。

2013年4月16日，零售业分会在上海召开了2013年年会。会议总结了2012年工作，部署2013年重点工作，推选王颖为分会秘书长。中国花卉协会副秘书长陈建武出席会议并讲话。

2013年12月，零售业分会开通微信公众号chinacfr。

2013年4月，在上海举办的第十五届中国国际花卉园艺博览会期间，零售业分会组织德国花艺协会（FDF）和日本日比谷花艺师举行大型插花花艺表演活动。

2013年7月5～6日，由零售业分会与中共清流县委、清流县人民政府联合举办的第二届中国花店发展（清流）论坛在福建三明举行。中国花卉协会副秘书长陈建武出席论坛并致辞，来自海内外的花艺大师、专家、学者及全国花店业者600余人齐聚清流，交流花店业的发展。

2013年8月，零售业分会参加在日本召开的亚洲花店协会理事会，与中外代表进行了沟通交流。

2013年12月6～8日，零售业分会与2013广州国际盆栽植物及花园花店用品展览会组委会共同主办了“花艺盛宴”花艺表演，第三届“中国杯”插花花艺大赛冠军王志东、亚军卿少波、选手盘芸希等花艺师分别献上精彩表演。

2014年5月，由零售业分会、中国园艺学会球根花卉分会主办的第三届荷兰百合日中国区暨第二届海峡两岸延平百合花节活动在福建省南平市延平区举行。来自全国各省（区、市）的鲜切花分会会员、花卉批发商、荷兰外商及本地种植户等近500人参加了活动。开幕式以T台秀的形式展出了50个荷兰百合新品种、荷兰花艺大师Len的作品以及高端花店花艺参赛作品，引起全场观众极大兴趣。

2014年6月，零售业分会召开秘书长电话会议，讨论全国星级花店认定工作。

2014年8月，零售业分会组成代表团赴德国观摩2014德国花艺设计锦标赛。

2005—2014年中国花卉协会盆栽植物分会大事记

2005年1月6日，中国花卉协会盆栽植物分会(以下简称“盆栽植物分会”)筹备会议在广东广州召开。会议原则通过了分会工作条例和协会推荐的会长、副会长、秘书长、副秘书长候选人，理事候选人和发起会员单位。中国花卉协会秘书长姜伟贤、副秘书长陈建武等出席会议。

2005年11月26～29日，由盆栽植物分会等主办的首届广东省蝴蝶兰暨室内花卉组合盆栽艺术节在广东广州举行。该艺术节吸引了国内外60多家花卉企业参展，共展示蝴蝶兰及其他高档室内花卉5万多盆。

2005年12月28日，盆栽植物分会在广东省广州市正式成立，这是中国花卉协会组建的第13个分支机构，也是中国花卉协会按照专业领域建立的第二个分支机构。李虬当选分会会长，陈勖良当选秘书长，中国花卉协会副会长姜伟贤、秘书长王殿富、副秘书长陈建武出席成立仪式。

2006年8月11～12日，盆栽植物分会理事会议在四川成都召开。会长李虬向与会代表介绍了分会成立半年多以来的工作情况，会议决定：秘书处聘请1名专职工作人员负责分会的日常工作、执行理事会的决议、聘请顾问小组等。40多名会员代表及特邀代表参加会议。

2007年1月16～21日，由盆栽植物分会主办的首届全国组合盆栽大赛在广东广州举行。来自北京、江苏、广东、广西、贵州等地的41个队80位选手参加了大赛，广州市拙草园园林园艺有限公司、浙江森禾种业有限公司、广州秀色园艺有限公司的参赛选手分别获冠军、亚军、季军，广州花卉研究中心等10队参赛选手获优胜奖。

2007年1月17～19日，盆栽植物分会理事会议在广东广州召开。30多名会员代表及特邀代表出席本次会议。会长李虬作分会2006年的工作总结及2007年工作计划。

2007年1月18～21日，盆栽植物分会理事单位精品展在广州花卉博览园举行。盆栽植物分会组织理事单位每家提供30件“高、精、尖、新”产品集中展示。

2007年5月7～9日，盆栽植物分会与广东陈村花卉世界有限公司共同组织海峡两岸首届蝴蝶兰专题技术研修班，聘请台湾李年等6位知名专家讲课，共30多家单位50多人参加了培训。

2007年9月6日，盆栽植物分会大花蕙兰产业小组在云南昆明成立。产业小组由云南英茂花卉产业有限公司、云南河野教大农业科技有限公司、锦湖综合花卉有限公司等6家公司联合发起，是盆栽植物分会成立的首个产业小组。来自全国各地的30余位代表参加了成立大会。

2007年10月30日至11月8日，盆栽植物分会组织来自江苏、福建、广东、重庆等地19家业内企业前往中国台湾省进行为期10天的花卉考察，参观了台湾国际花展及台北、高雄、台南等地多家花卉市场。

2007年11月12日，盆栽植物分会大花蕙兰产业小组与《中国花卉报》共同举行2007年度大花蕙兰年宵供应量的调查。

2007年12月28日，盆栽植物分会与广东广州花卉博览园有限公司共同举办花卉物流拍卖研讨会。

2007年12月29日，盆栽植物分会在广州召开理事会议。会议通过了分会的年度工作总结，并对2008年度的工作事务进行探讨和部署，增补了9家花卉企业为理事单位。

2007年12月29日至2008年1月4日，由盆栽植物分会、广州花卉博览园有限公司主办的第四届中国盆栽花卉交易会组合盆栽大赛在广州举行。同期，进行了“西关小姐”组合盆栽才艺比赛。

2008年3月8～17日，盆栽植物分会组织国内多家花卉企业的11名管理人员赴中国台湾省进行为期10天的花卉考察。考察了台湾国际兰展，台北、高雄、台南等地多家花卉市场。

2008年8月，2008北京奥运会及残奥会期间，盆栽植物分会负责北京奥运主新闻中心——兰厅花艺景观的具体设计施工，所用的兰花材料均来自广州的先锋园艺有限公司。

2008年10月21～23日，由盆栽植物分会大花蕙兰产业小组召开的首届中国大花蕙兰产销信息交流会在云南昆明举办。此次信息交流会吸引了国内各地区生产、销售大花蕙兰的50多家花卉企业近100名管理人员参加。

2008年12月29日至2009年1月4日，盆栽植物分会理事会议在广东广州召开。会议审议并通过了盆栽植物分会年度工作总结，并对2009年度的工作事务进行探讨和部署。

2009年1月17～18日，盆栽植物分会在广东广州召开全体理事会，会议由会长李虬主持，副会长操君喜、龚振德等16位理事单位代表参加了会议。

2009年4月28日，盆栽植物分会大花蕙兰产业小组在云南昆明举行了2009年春季生产技术及产业信息交流会。本次会议共有来自广东、四川、云南等地的70人参加。

2009年9月21日至10月5日，盆栽植物分会在山东青州举办了现代盆花生产技术培训班、中国现代组合盆栽技术培训班、组合盆栽艺术展示及中国盆栽花卉产业发展论坛等系列活动，首次将组合盆栽艺术展引入中国花卉博览会并成为评奖项目。

2009年10月22～23日，盆栽植物分会等联合举办了蝴蝶兰经营管理、惠兰（国兰）经营管理两场技术讲座，邀请了台湾盆花协会原秘书长、振兴兰业总经理、兰花专家李昆沛先生主讲。来自广州地区的兰花企业、兰农及多家科研院所的100多名人员参加讲座。

2010年1月18～19日，盆栽植物分会理事会议在广东广州召开。会长李虬主持，陈勖良秘书长向到会理事汇报了分会2009年的工作情况及财务收支状况。会议围绕分会组织发展、2010年工作计划、推进各专业组活动事宜、打造交易平台等问题进行了讨论，决定分会理事会不做重大调整。

2010年6月17～26日，盆栽植物分会组织国内多家花卉企业的16名人员前往中国台湾省进行为期10天的花卉考察。参观考察了台湾台南兰花生物科技园区、盆栽花卉批发市场等多家市场和花卉休闲观光农场。

2011年11月1～3日，由盆栽植物分会主办的全国红掌产业发展论坛在广东省广州市从化区举行。广东、上海、江苏等地的16家红掌种苗苗商发起成立了红掌产业小组，推选了广州花卉研究中心主任刘镇南为组长，陕西省苗木繁育中心西部兰花生态园主任张海平等16家全国各地的企业代表单位负责人为副组长。这是盆栽植物分会成立的第二个产业小组。

2011年11月3～5日，由中国花卉协会主办，盆栽植物分会承办的2011广州国际盆栽植物及花园花店用品展览会在广州举行。共有来自荷兰、美国、韩国、德国、日本、厄瓜多尔、中国大陆以及香港特别行政区和台湾省等国家和地区的近100家企业、协会参展，展示面积6000平方米，专业人士3845人次参观洽谈。

2011年11月14～16日，由盆栽植物分会大花蕙兰产业小组和云南省花卉技术培训推广中心组织的全国盆花产业发展交流会暨2012年大花蕙兰订货会在云南昆明举行，共吸引了来自全国各地100余名盆花生产商和经销商参会。继后，连续在昆明举办了3届。

2012年4月10日，由盆栽植物分会红掌产业小组与广州花卉研究中心、盛芳园农业发展有限公司等联合主办的全国红掌产业产销论坛在北京举行，来自全国各地的51个产销企业的69人参加了会议。

2012年5月18～27日，盆栽植物分会与《中国花卉园艺》杂志社合作，组织会员单位赴欧洲参观、考察花卉业发展情况。

2012年10月24日，盆栽植物分会红掌产业小组与广州市花卉行业协会等单位联合在广东广州举办广东地区花卉组培产业发展论坛。论坛就红掌生产技术体系等方面展开互动交流与探讨，吸引了广东省100多名生产管理、技术及科研人员参与。

2012年10月25日，盆栽植物分会红掌产业小组等联合举办的红掌育种及栽培技术讲座在广东省广州市从化区举行，会议邀请了美国夏威夷农业研究中心何小玲博士授课，有近100名花卉生产企业的管理、技术人员参加了讲座。

2013年11月8日，盆栽植物分会等联合举办了广州地区花卉产业发展研讨会，共吸引了广州地区的花卉管理部门及企业的近100名生产管理、技术人员参与。

2013年12月6～8日，盆栽植物分会在广东广州召开小盆栽产业小组成立大会，会议通过了产业小组的工作条例，选举产生了各地活动小组的组长、副组长。来自天津、上海、浙江、福建、山东、广东、四川、云南等地的120名会员单位及小盆栽产销企业的技术、管理人员参会。

2014年6月13～16日，由2014青岛世界园艺博览会执行委员会、盆栽植物分会主办的2014青岛世界园艺博览会组合盆栽国际竞赛在青岛世园会室内展馆举行。本次国际竞赛以“旧物的新生”为主题，参照“中国好声音”的模式，邀请5位国内外优秀的组合盆栽花艺师担任导师，最终在83位报名者中挑选出40个参赛学员，组建了5支参赛队伍，并最终选出1金、2银、3铜作品。

2014年9月19日，中国花卉协会盆栽植物分会组合盆栽专业小组在北京成立。工作小组由李虬、江胜德、吴方林、白燕枫、廉兵、林巧玲等发起成立。这是继大花蕙兰、红掌、小盆栽产业小组后盆栽植物分会成立的第四个产业小组。

2014年9月26日，盆栽植物分会在山东省青州市召开换届大会，选举产生了新一届领导机构，天津滨海国际花卉科技园区股份有限公司董事长杨铁顺当选第三届分会会长，山东省青州市花卉管理局成为秘书长单位。中国花卉协会秘书长刘红、副秘书长陈建武为分会揭牌。中国（青州）花卉博览交易会成为盆栽植物分会主办的行业例会。

2014年11月26日，由盆栽植物分会主办的首届中国花卉小盆栽产业发展高峰论坛在广州花卉博览园举办。本届论坛以“合作、共赢”为主题，来自国内100多家小盆栽生产、经营、电商企业及银行融资机构的约200名代表，就小盆栽产业现状与发展趋势进行了探讨。

2014年12月22日，盆栽植物分会红掌产业小组与广州花卉研究中心、青州市中花盆栽发展中心在山东青州联合举办了红掌生产技术交流会。来自国内的大型红掌生产企业30多家共计80多名参会代表到会。

2009—2014年中国花卉协会绿化观赏苗木分会大事记

2009年3月6日，中国花卉协会在浙江杭州召开中国花卉协会绿化观赏苗木分会（以下简称“绿化观赏苗木分会”）筹备工作会议，研究讨论了分会工作条例、筹建方案和分会第一任会长、秘书长人选，并成立了由中国花卉协会副秘书长陈建武为组长的筹备工作小组。陈建武主持会议，全国各苗木主产区相关部门领导及浙江森禾种业股份有限公司等知名绿化观赏苗木企业代表参加了会议。

2010年3月17日，绿化观赏苗木分会成立大会在浙江杭州萧山召开，大会审议通过了分会工作条例（草案），选举产生第一届理事会。浙江森禾种业股份有限公司董事长郑勇平当选为会长，杭州市园林绿化工程有限公司总经理吴光洪等当选为副会长，浙江省林木种苗管理总站站长骆文坚当选为秘书长。

2010年10月6日，“2010国际年度种植者”颁奖典礼在韩国顺天举行，绿化观赏苗木分会会长单位浙江森禾种业股份有限公司获银玫瑰奖。

2011年3月4日，绿化观赏苗木分会第一届理事会在浙江杭州萧山召开。会议总结了分会2010年的工作情况并提出了2011年的工作思路，评选出“2010年度中国十大创新型绿化观赏苗木企业”。中国花卉协会秘书长刘红、浙江省人大常委会副主任程渭山、绿化观赏苗木分会会长郑勇平出席会议。

2012年3月3日，绿化观赏苗木分会承办2012中国（萧山）花木节暨第七届中国园林绿化产业交易会。

2012年11月2日，由绿化观赏苗木分会等联合主办的2012中国昆明（泛亚）国际观赏苗木展览会在云南昆明举行。本届展会吸引了来自意大利、荷兰、丹麦等国家，上海、杭州、成都等国内大中型城市，云南省内16个州（市），以及国内科研机构、大专院校等478家企业及单位参展参会。

2012年11月2日，绿化观赏苗木分会2012年度会员年会暨首届苗木企业家联谊会在云南昆明召开。绿化观赏苗木分会副会长傅武、秘书长梁永红等100余人参会。秘书长梁永红作了2012年度分会工作报告。

2013年1月9日，绿化观赏苗木分会在四川成都举办全国绿化观赏苗木工作研讨会，交流目前我国绿化观赏苗木产业的发展现状、发展趋势等问题。分会秘书长梁永红参加会议。

2013年3月23日，绿化观赏苗木分会2013年度理事会议在浙江杭州萧山召开。中国花卉协会副秘书长陈建武，绿化观赏苗木分会会长郑勇平、秘书长梁永红等出席会议。梁永红作工作报告，分会副会长吴光洪主持。

2013年3月23日，绿化观赏苗木分会站长会议在萧山召开，绿化观赏苗木分会会长郑勇平等出席会议。会议对全国工作站2013年工作任务进行了部署。

2013年4月8日，受意大利VANNUCCI和SANDRO BRUSCHI两家苗木公司

的邀请，绿化观赏苗木分会常务副秘书长朱学军陪同宁波出入境检验检疫局工作人员赴意大利考察。此次考察积极推动了中国、意大利苗木进出口业务。

2013年5月9日，绿化观赏苗木分会阶段性工作回顾及座谈会在浙江杭州召开，主要对2013年分会工作进行了阶段性的回顾与总结，并对会员服务项目进行了调整完善。分会秘书长梁永红参加本次会议。

2013年6月13日，绿化观赏苗木分会、四川国光农化股份有限公司联合举办的国光大讲堂培训讲座在上海城市园林景观设计及设施展览期间开课，主题内容为“新技术新方法在降低养护成本中的应用”。

2013年8月15日，绿化观赏苗木分会官方电子刊物《中国苗木》首刊上线。

2013年8月21日，受美国俄勒冈州农业厅邀请，绿化观赏苗木分会常务副秘书长朱学军一行6人参加了在美国波特兰召开的美国西部苗木交易会，并考察了美国最大苗木公司（JLPN INC，Surface Nursery Inc，Four Mile等）以及俄勒冈公园，探讨中美园艺贸易合作的可能性。

2013年8月22日，绿化观赏苗木分会、山东省林木种苗协会联合举办的夏季管理人员苗木考察（华北线）开启，考察团由分会副秘书长闫大成带队，途经山东、河北、天津、北京等华北苗木主产区，学习栽植管理新技术，考察苗木市场行情。

2013年8月25日，应日本当地苗木企业的邀请及会员的要求，绿化观赏苗木分会组织会员赴日本考察了日本千叶地区、浜松地区的苗圃以及公园庭院景观，为中日双方进一步合作奠定基础。

2013年9月2日，由绿化观赏苗木分会、浙江省花卉协会花木经纪人分会联合组织的苗乡行考察团赴华南地区进行了为期3天的考察活动。本次共20多名苗木企业管理人参加考察。

2013年10月27日，由绿化观赏苗木分会、浙江省林业厅、湖州市人民政府主办的2013中国（长兴）花木大会在浙江湖州召开。此次大会共吸引来自上海、江苏等10余省（区、市）的200多家企业、500多名客商参展，签订购销总金额达2.7亿元。

2013年12月6日，由绿化观赏苗木分会、广州国际盆栽植物及花园花店用品展览会组委会主办的2013全国绿化观赏苗木企业家联谊会暨中国（南方）绿化观赏苗木高峰论坛在广州花都召开。分会秘书长梁永红等出席会议。

2014年1月10日，绿化观赏苗木分会微信公众号开通。

2014年2月17日，由绿化观赏苗木分会、山东省林木种苗协会主办的2014春季中国北方大型园林、苗木企业交流订货会在山东泰安肥城召开。来自北京、天津、河北等多个省（区、市）的500家大型园林绿化施工、苗木企业参会。

2014年3月7～8日，绿化观赏苗木分会第二届会员代表大会暨2014年度理事会议在浙江杭州萧山召开。中国花卉协会副秘书长陈建武，绿化观赏苗木分会会长郑勇平、秘书长梁永红出席会议，分会副会长吴光洪主持。大会审议并通过了分会2013年工作总结和2014年工作计划。同期，召开了2014中国园林绿化企业家峰会、2014首届中国花木经纪人精英峰会。

2014年3月30日，绿化观赏苗木分会会刊《中国观赏苗木》创刊。

2014年6月20日，绿化观赏苗木分会积极推动的美国独资苗木企业——海宁俄乐岗苗木繁育技术有限公司在浙江省海宁市开业。此次分会成功引入了一家外国独资苗木企业，促进了中外苗木企业的合作。

2014年8月16日，绿化观赏分会江浙线考察活动开启。考察路径包括杭州、海宁、余姚、宁波、常州、南京，全国各地的苗木管理人士共60人参与考察活动。

2014年9月12日，由绿化观赏苗木分会承办的国家职业标准高级花卉园艺师培训开班。苏州农业职业技术学院老师就培训基本概要、园艺园林机具的使用与维护、观赏植物生产技术、观赏植物病虫害防治、花卉应用等专业课程内容进行了培训。来自全国各地的苗木管理人员共30余位参加培训。

2014年10月12日，由绿化观赏苗木分会承办的新疆昌吉回族自治州花木产业经营培训工作开班，浙江省人民政府咨询委员会委员、“三农”发展组组长顾益康教授，绿化观赏苗木分会会长郑勇平，浙江农林大学王正加教授等专家授课。来自新疆昌吉回族自治州林业单位及农林企业的44位学员参与培训。

2014年11月27日，国际植物繁育协会（IPPS）来华考察交流。绿化观赏苗木分会会长郑勇平对中国苗木行业的现状做了简要的阐述，IPPS会长Hans Sittig先生对其协会的背景、行业作用、协会成员、区域划分做简短介绍，并希望能与更多中国同行合作。

2014年中国花卉协会盆景分会大事记

2014年10月29日，中国花卉协会盆景分会(以下简称“盆景分会”)第一届会员代表大会在江苏如皋召开。会议审议通过了《中国花卉协会盆景分会工作条例》，选举产生了盆景分会第一届理事会，中国花卉协会秘书长刘红、副秘书长陈建武出席会议。

2014年11月5日，盆景分会成立大会在北京召开。中国花卉协会会长江泽慧出席会议并讲话，国家林业局有关司局、江苏省有关部门和如皋市市委、市政府领导出席会议，盆景分会全体常务理事参加了成立大会。江泽慧会长为盆景分会颁发了牌匾，并向江苏省如皋绿园有限公司董事长郑长才颁发了会长单位牌匾和会长证书。

2014年10月25日至11月2日，由中国花卉协会主办，盆景分会、江苏省如皋市人民政府承办的首届“中国杯”盆景大赛在江苏如皋举行。国家林业局造林绿化管理司司长王祝雄，中国花卉协会秘书长刘红、副秘书长陈建武，江苏省农业委员会副主任、江苏省林业局局长夏春胜等领导出席开幕式。本次大赛共有16个省（区、市）的331件盆景参赛，广东陈昌的“回眸一笑满园春”盆景作品获总冠军。

附录三　2014年全国花卉统计数据

1. 花卉产销情况

类型	种植面积（公顷）	销售量（单位）	销售量	销售额（万元）	出口额（万美元）
合计	**1270226.8**	–	–	**12794523.7**	**61982.3**
一、鲜切花类	64781.7	万枝	2045830.2	1353349.8	31603.5
其中：鲜切花	51868.0	万枝	1789902.2	1237063.1	25406.7
鲜切叶	7698.1	万枝	134497.2	65304.3	4082.1
鲜切枝	5215.6	万枝	121430.8	50982.4	2114.7
二、盆栽植物类	106615.2	万盆	538572.4	2796668.5	13337.7
其中：盆栽植物	62019.8	万盆	219009.6	1851637.4	9071.2
盆　景	19788.4	万盆	26718.9	525021.9	4151.5
花坛植物	24807.1	万盆	292843.9	420009.2	115.0
三、观赏苗木	740954.2	万株	1333202.4	6590683.3	3190.4
四、食用与药用花卉	250459.4	千克	169774137.6	1276056.6	1540.8
五、工业及其他用途	46842.3	吨	21076388.4	232709.3	4502.1
六、草坪	42860.6	万平方米	177344.4	261773.2	0.0
七、种用花卉类	17092.3	–	–	272400.7	7581.8
其中：种子用花卉	4531.1	千克	579143.8	39464.4	228.0
种苗用花卉	6903.4	万株	589356.3	143391.3	6903.8
种球用花卉	5657.8	万粒	74738.2	89545.0	450.0
八、干燥花	621.2	–	–	10882.3	226.0

说明：1.食用与药用花卉计算干重；2.工业及其他用途花卉计算鲜重。

2. 花卉生产经营实体情况

类型	花卉市场（个）	花卉企业（家）	其中：大中型企业（家）	花农（户）	从业人员（人）	其中：专业技术人员（人）
数量	3286	85406	15127	1881153	5255122	280333

说明：1.花卉大中型企业是指种植面积在3公顷以上或年营业额在500万元以上的企业；2.本表数据可采取多种调查方法，资料来源可多渠道。

3. 主要花卉产销情况

类型	种植面积（公顷）	销售量	销售额（万元）
一、主要鲜切花（万枝）	49013.3	1680758.0	1142072.3
现代月季	14348.2	564268.8	302588.0
香石竹	3325.5	266481.6	100213.2
百合	8977.2	156559.1	394236.4
唐菖蒲	3307.9	36893.9	22861.8
菊花	7426.7	252411.7	122056.3
非洲菊	5749.0	321328.7	132435.5
二、主要盆栽植物（万盆）	57102.3	300292.6	1577900.8
凤梨类	5406.6	19464.5	150728.2
兰花类	10953.6	47397.3	500352.0
花烛属类	2750.6	9841.8	91489.7
观叶芋类	6676.2	12480.0	145175.2
杜鹃花类	1240.7	2807.4	24215.3
中国兰花	753.0	11143.2	119674.9
蝴蝶兰类	506.4	1790.3	23138.6
三、主要盆景（万盆）	5644.2	13783.0	119781.6
四、球根花卉（万盆）	1066.1	6487.30	22636.5

4. 花卉保护地栽培情况

单位	合计	温室	其中：节能日光温室	大（中、小）棚	遮阴棚
面积（万平方米）	129468.2	28442.4	9282.5	56632.9	44392.9

编写说明

1.《2013中国花卉产业发展报告》和《2014中国花卉产业发展报告》的出版发行引起社会广泛反响。《2015中国花卉产业发展报告》旨在全面、系统、准确地反映2014年中国花卉产业发展情况，为广大读者提供参考。

2.《2015中国花卉产业发展报告》由全国篇、专题篇、地方篇、典型篇和附录组成。全国篇，论述了全国花卉产业概况、花卉生产经营、花卉市场与流通、花卉展览、科技教育、社会化服务、国际交流与合作、政策与法规8个方面的情况；专题篇，介绍了中国花卉协会14个分支机构所涉及的专业领域花卉产业发展情况；地方篇，介绍了全国各省（区、市）花卉产业发展情况；典型篇，介绍了6个重点产区的花卉产业发展情况；附录部分，特别编录了中国花卉协会1984—2014年大事记、14个分支机构大事记和农业部2014年花卉统计数据。

3. 书中将花卉分为8类，分别是：鲜切花类（鲜切花、鲜切叶、鲜切枝）、盆栽植物类（盆栽植物、盆景、花坛植物）、观赏苗木、食用与药用花卉、工业及其他用途花卉、草坪、种用花卉类（种子用花卉、种苗用花卉、种球用花卉）、干燥花。

4. 文中全国篇第一、二章及附录中花卉产业统计数据均来源于农业部，第七章部分花卉进出口数据来源于中国海关；专题篇花卉统计数据来源于农业部、行业统计及其他统计渠道；地方篇及典型篇花卉统计数据来源于各省（区、市）花卉产业统计部门。由于数据来源不同，可能出现同一项数据前后不一致的情况，本书原则上尊重各自来源，没有做统一处理。

5. 文中表和附录中所有统计资料和数据均未包括香港、澳门特别行政区和台湾省，拟与国民经济和社会发展计划五年计划相统一，将以上3个区域花卉发展情况每五年一次汇编出版。

6. 文中表和附录中的“空格”表示该项统计指标数据不足本表最小单位数、不详或无该项数据。